TEMAS DE REGISTOS
E DE NOTARIADO

JOSÉ AUGUSTO GUIMARÃES MOUTEIRA GUERREIRO
Conservador do Registo Predial, aposentado
Docente e Investigador no CIJE – Faculdade de Direito da U.P.
Docente na Universidade Portucalense
Advogado

TEMAS DE REGISTOS E DE NOTARIADO

TEMAS DE REGISTOS E DE NOTARIADO

AUTOR E EDITOR
JOSÉ AUGUSTO G. MOUTEIRA GUERREIRO

DISTRIBUIDOR
EDIÇÕES ALMEDINA. SA
Av. Fernão Magalhães, n.º 584, 5.º Andar
3000-174 Coimbra
Tel.: 239 851 904
Fax: 239 851 901
www.almedina.net
editora@almedina.net

PRÉ-IMPRESSÃO | IMPRESSÃO | ACABAMENTO
G.C. GRÁFICA DE COIMBRA, LDA.
Palheira – Assafarge
3001-453 Coimbra
producao@graficadecoimbra.pt

Janeiro, 2010

DEPÓSITO LEGAL
304277/10

Os dados e as opiniões inseridos na presente publicação
são da exclusiva responsabilidade do(s) seu(s) autor(es).

Toda a reprodução total ou parcial desta obra, por fotocópia
ou outro qualquer processo, sem prévia autorização escrita do Editor,
é ilícita e passível de procedimento judicial contra o infractor.

Dedico esta colectânea aos excelentes "compa-nheiros de caminho" – excelentes mesmo – com quem tive ensejo de reflectir algumas das questões aqui tratadas, do Conselho, como os saudosos Marques Coelho, Silva Costa e Fontinha e os que felizmente cá continuam, Rocheta, Silva Pereira, Ema, Mariazinha, Seabra Magalhães, Odete, Bastos, Zulmira, Canela Lopes, Neto Ferreirinha, Vidigal, Ana, Castilho e Cunha, Albino Matos, Botelho, bem como lá fora, Rafael, Léa, Fernando, Nicolás... e em geral aos meus queridos Colegas, incluindo da Judicatura e da Advocacia, com quem em muitas ocasiões e encontros convivi, cabendo ainda realçar os Académicos que contribuíram para que me tivesse debruçado sobre alguma da temática ora publicada, como acontece, designadamente, com Glória Teixeira, Henrique Mesquita, Coutinho de Abreu, Francisco Amaral e Mónica Jardim.

A todos o meu muito forte e amigo abraço,

JOSÉ AUGUSTO GUIMARÃES MOUTEIRA GUERREIRO

PREFÁCIO

O ordenamento jurídico português tem assistido nos últimos anos a uma proliferação de actos legislativos no domínio do direito dos registos e do notariado, fruto de um esforço louvável, por parte do Governo, de informatização dos serviços e desmaterialização dos procedimentos legais e administrativos. Estamos cientes das boas intenções do legislador nesta matéria, que mereceu bom acolhimento da Comissão Europeia e de organizações internacionais, mas a própria comunidade internacional bem como os meios académicos e profissionais estão conscientes que não bastam as intenções.

A obra que tenho o gosto e privilégio de prefaciar ilustra de um modo compreensivo e crítico as recentes alterações legislativas, a sua pertinência e impacto em valores jurídicos essenciais como são a celeridade, certeza e segurança jurídicas.

Estes valores são indispensáveis no direito dos registos e do notariado que, pela sua intrínseca natureza, se apresenta indissociável dos princípios, regimes e técnicas legais do ordenamento jurídico no seu todo. Um especialista em direito dos registos e do notariado tem de carrear consigo uma herança jurídica vasta e profunda, alicerçada nos conceitos fundamentais de direito civil, direito administrativo, direito comercial, direito fiscal, direito internacional e europeu, entre outros.

O autor desta obra possui a qualidade invejável e rara de conciliar um competente conhecimento jurídico, nos seus diferentes e plurais ramos, nem sempre coordenados sistemática e cientificamente, com uma profunda e longa experiência académica e profissional e ainda com qualidades humanas de inteligência, espírito crítico e abertura às experiências internacionais e de direito comparado.

A obra 'Temas de Registos e de Notariado' engloba matérias de natureza técnico-jurídica, elaboradas como suporte para as aulas da disciplina "registos e notariado" e também as participações do autor em conferências nacionais e internacionais, ilustrando o interesse que advém da partilha científica internacional e ao nível do direito comparado.

O direito dos registos e notariado fica portanto mais enriquecido com a participação académica do Dr. Mouteira Guerreiro e, com a nossa firme esperança, irá certamente também contribuir para a correcção e aperfeiçoamento do actual regime jurídico.

Conforme acima exposto, não basta a adaptação pura e simples de procedimentos administrativos informáticos, ficticiamente desburocratizantes e simplificadores, que posteriormente se vêm a revelar potenciadores de fraudes e abusos e comprometedores dos valores essenciais de segurança e certeza jurídica. As pessoas, singulares e colectivas, desejam celeridade e eficiência mas, acima de tudo, certeza e segurança nos seus actos e transacções.

A simplicidade e eficiência neste ramo tão abrangente e complexo do Direito atinge-se com o necessário e indispensável conhecimento jurídico compreensivo e global, a experiência e conhecimento da aplicação do ordenamento jurídico e ainda tomando em consideração as experiências internacionais e de direito comparado já testadas em outros ordenamentos.

Esta obra integra este valioso espólio intelectual e humano e será acolhida avidamente pela sociedade civil, académicos e juristas.

Na qualidade de Directora do CIJE (Centro de Investigação Jurídico-Económica da Faculdade de Direito da Universidade do Porto) tenho tido o privilégio e a honra de conviver, desde há vários anos, com o académico, jurista e também amigo, Dr. Mouteira Guerreiro. O seu trabalho e generosa disponibilidade para coordenar e participar em cursos pós-graduados bem como promover, na qualidade de mentor ou conferencista, os competentes e participados debates que têm tido lugar na Faculdade de Direito da UP, têm deixado marca e profundo impacto na extensa comunidade humana que com ele tem convivido e partilhado conhecimentos e angústias.

Prefácio

O CIJE, a Faculdade de Direito da UP e a comunidade académica e de profissionais agradece reconhecidamente a obra que agora se publica, esperando que o autor continue connosco nesta caminhada feita, por vezes, de curvas estreitas e mal desenhadas, tal é a precipitação para atingirmos metas e ambições.

Porto, 2 de Dezembro de 2009.

GLÓRIA TEIXEIRA
Professora da Faculdade de Direito da UP
Directora do CIJE

NOTA INTRODUTÓRIA

É decorrido algum tempo desde que vozes amigas me desafiaram a publicar os textos que tive oportunidade de produzir em determinadas intervenções. Num dos últimos encontros anuais do *CIJE* na Faculdade de Direito da Universidade do Porto, a Professora Glória Teixeira, enquanto Directora do Centro, foi perguntando aos membros presentes quais os projectos que cada um tinha para o ano seguinte. Chegada a minha vez falei dos assuntos que podia tratar em conferências a realizar na Faculdade. Imediatamente me disse que concordava e convidou-me ainda a juntar esses e os outros temas que já anteriormente tratara num livro a publicar no âmbito do CIJE. Como dizer que não? Só tinha que agradecer.

No indicado contexto propus-me fazer a colectânea cuja organização, no entanto – e devo confessá-lo – logo me causou algumas hesitações. Principalmente estas: que trabalhos incluir? Como os distribuir? Acabei por escolher os que se me afiguraram ser mais úteis, quer para quem lida com estas matérias (tanto na vertente prática como na teórica), como é sobretudo o caso dos estudantes, quer também para todos os que procuram e tentam dar a resposta que consideram pertinente à velha questão respeitante ao papel que os registos e o notariado devem ter na nossa sociedade. Quanto à arrumação dos temas acabei por optar pela que consta do índice – e portanto será desnecessário dizer aqui algo mais.

Um outro ponto que me preocupou e sobre o qual queria dar uma breve explicação é este: nos últimos anos e em locais diversos fiz algumas conferências para as quais fui convidado e que me pareceu oportuno incluir nesta colectânea. Todavia, *os assuntos repetem-se* e em questões concretas acabei por dizer em intervenções seguintes o que já havia exposto, ainda que parcialmente, nas anteriores. Devia, portanto, *retirar* as partes que reeditavam tais comentários para incluir apenas o que ainda não estava dito anteriormente. Optei, contudo, por não o fazer, por duas ordens de razões: 1) eliminando parcelas do discurso, que foi concebido como *um todo coerente*, além da difícil tarefa, a sequência da exposição perderia a sua continuidade lógica e também uma desejável facilidade de percepção por parte do leitor; 2) em muitos casos não se tratava apenas de uma pura e simples repetição do texto, mas sim da "ideia" tratada e da forma como ela veio a ser desenvolvida e até exemplificada, mas que diferindo ou podendo estar mais impressiva nalguns pontos, acabaria certamente por ajudar a clarificá-la. Por estas razões, e embora *pedindo desculpa* por tais repetitivas inclusões, acabei por inserir os textos na íntegra ou quase na integra.

Cabe ainda prestar um esclarecimento diferente: fazem parte da colectânea temas de natureza técnico-jurídica, elaborados sobretudo como suporte prático para os estudantes da disciplina de "registos e notariado". Mas estão também outros de índole algo polemizada, e por vezes com certa insistência, mas que nasceram em contextos de reflexão jurídica. E não seria preferível colecioná-los aparte, podendo formar dois livros que, cada um, pudesse até englobar alguns textos que não foram agora incluídos? Por um lado, talvez tivesse sido melhor. Todavia, acabei por não o fazer principalmente por me ter parecido que o principal "alerta" que, mesmo nos textos mais acalorados, é dado, *tem também um cariz didáctico*. Com efeito, *o que nos preocupa* – e fundamente continua a preocupar quem se interessa por estas matérias – é a incompreensão a que (aliás de há longa data) tem sido votada a função dos Registos e do Notariado, sobretudo no desempenho do seu importante papel social, e o menosprezo a que o legislador "modernista" (mas por certo *não actualizado*) tem votado o *princípio da legalidade* e o valor do documento autêntico. É que, com estas concepções de *desconsideração pelos valores jurídicos*, parece que se intenta justificar (defender) a mediocridade e não, como deveria, *trabalhar para a excelência*, a qual, evidentemente, não corresponde a um "reino da quantidade". Com tal desdém, bem como com o relegar para os próprios interessados um utópico "auto-controlo", inclusive na qualificação dos factos que hão-de ficar registados, o que se tem conseguido *é o descrédito* nos títulos e na informação registral, quando afinal um e a outra são manifestamente *indispensáveis* na actual "sociedade de informação".

Nota introdutória 13

Depois da data em que foram feitas algumas das intervenções ora dadas a lume verificou-se que *a legislação mudou*, ainda que pontualmente. Para que a publicação pudesse também ter utilidade prática, tive de actualizar várias referências. Numas matérias limitei-me a introduzir uma breve nota explicativa, noutras modifiquei a própria redacção. Aliás, houve passagens que, relativamente à versão original, sofreram aqui e além algumas alterações. Subsiste, no entanto, a possibilidade de, quando a colectânea já estiver impressa, formando livro, alguma legislação referida possa já estar alterada (o que nem sequer é de estranhar dada a actual permanente alteração das leis!). No entanto, dessa presumível ocorrência desde já apresento ao leitor esta justificação e as atinentes desculpas, que também são devidas pelas ocasionais falhas, incorrecções e lapsos ortográficos que as minhas parcas qualidades de revisor de textos tenham deixado passar.

Uma explicação é também devida por não ter incorporado uns estudos que têm sido citados e, ao contrário, por acrescentar uma "adenda". Quanto a esta, diga-se que é apenas constituída por três textos os quais, como se reconhece, embora em princípio talvez *não devessem pertencer à colectânea*, no entanto foram nela incluídos (ainda que em simples "adenda") por ter pensado que esta era uma oportunidade de aqui os publicar, acontecendo ainda que um deles (de homenagem ao Dr. ANÍBAL BELO) contém referências relativas a um momento "histórico" importante: a privatização do notariado. Há, por último, uma "aula" que está em espanhol, do que creio poderei ser desculpado, até por ter sido originalmente escrita *apenas* nessa língua (que, mais que o inglês, é habitualmente usada nos congressos internacionais de registos e de notariado), em geral de fácil leitura, sendo agora um pouco fastidioso e desnecessário vertê-la para português. No tocante à não inclusão dos aludidos estudos, direi apenas que tal se deve à circunstância de já estarem divulgados noutras colectâneas (casos da "Reforma da acção executiva", vol. 3.º e de "L' aprovechamiento por turno de bienes inmuebles en Europa" ou da "Scientia Jurídica") e/ou revistas.

Termino esta introdução renovando os meus agradecimentos à Professora Glória Teixeira, não só por me ter incentivado a publicar este livro, como também por se ter disposto a prefaciá-lo.

Esposende, 9 de Dezembro de 2009

JOSÉ AUGUSTO GUIMARÃES MOUTEIRA GUERREIRO

I
TEXTOS DIDÁCTICOS

REGISTO PREDIAL

PUBLICIDADE E PRINCÍPIOS DO REGISTO[*]

1. A necessidade de dar a conhecer os factos, actos e contratos a quem neles não seja parte nem neles tenha intervindo motivou que a ciência jurídica tivesse concebido e criado meios instrumentais vocacionados e estruturalmente orientados para proporcionar esse conhecimento.

É que, sendo a documentação autêntica – sobretudo a cargo da actividade notarial – de essencial importância para a certeza e segurança dos actos e das relações jurídicas, a verdade é que somente *através do título* o conhecimento desses mesmos actos e relações fica circunscrito às partes, ou seja, restringido a quem nele interveio. Para que todos os outros (*omne gentes*) possam igualmente aceder a esse conhecimento – e também para que o acto lhes possa ser oponível – é necessário que o conteúdo do documento seja *publicitado*.

A necessidade *pública* de ser conhecida a situação jurídica dos prédios é evidente e de há muito foi reconhecida. Ao longo da evolução histórica compreendeu-se ainda que se a esse simples conhecimento fosse adicionada uma presunção da verdade do que é publicitado e uma garantia de eficácia (para as partes e terceiros) e consequente oponibilidade – sobretudo para efeitos de maior confiança na contratação – então o "sistema" publicitário tornar-se-ia mais eficaz, melhorando as próprias condições do comércio jurídico. Nasceram assim os registos jurídicos, designadamente o "registo predial" de que ora nos iremos ocupar.

---

[*] Texto de apoio para as aulas sobre o tema – actualizado com as alterações do Dec.-Lei n.º 116/2008, de 4 de Julho.

Num clássico estudo sobre a publicidade e teoria dos registos[1] CARLOS FERREIRA DE ALMEIDA dá um conceito amplo de publicidade como o *"conhecimento ou cognoscibilidade pelo público, atingida por meios específicos e com a intenção própria de provocar esse conhecimento"*. Este Autor indica ainda que há uma outra noção, mais restrita, quando tais meios representam "uma actividade própria de uma entidade destinada tipicamente àquela função", utilizando, como um serviço do Estado, adequados meios técnicos. Haverá então uma publicidade organizada "como *conhecimento ou cognos-cibilidade através dos registos públicos*".

Os registos surgem-nos portanto como *ferramentas* não só con-cebidas, mas verdadeiramente aptas e idóneas para *tornar públicos* e *salvaguardar* os direitos, *identificar* as situações jurídicas[2] e permitir que o público em geral tenha acesso *à informação* que deles consta, presumindo-se legalmente que ela é *válida* e *verdadeira*.

A publicidade que os registos públicos conferem não é, pois, uma publicidade qualquer, apenas geradora da *notícia* da existência dos direitos ou também das "razões de ciência" que os baseiam. É sim uma publicidade que gera *efeitos* quanto à cognoscibilidade da existência desses direitos.

Tais efeitos, que ao longo da evolução histórica foram nos pri-meiros tempos apenas probatórios e depois presuntivos da existência e validade dos direitos, passaram a partir das primeiras leis hipotecá-rias do século XIX a ser também os da *eficácia* em relação a terceiros

---

[1] Exactamente com esse título "Publicidade e Teoria dos Registos" (*Almedina, 1966*), sendo as passagens citadas de pág. 50. Este clássico estudo subsiste com plena actualidade e afigura-se que ainda é o mais completo que entre nós existe sobre a matéria.

[2] Trata-se, portanto, de acautelar os *direitos* e de publicitar as *situações jurídicas* – produzindo correspondentes *efeitos* relevantes – e não simplesmente de enumerar factos ou de produzir notícias (como as jornalísticas). As palavras *registo* e *registar* prestam-se a grandes confusões (por ex:, na 1.ª página do "Jornal de Notícias" de 8 de Março de 2006 enunciava-se: "Obrigatório registar as aves de capoeira", dizendo-se ainda que os "faltosos podem ser multados", mas é evidente que este chamado *registo* nada tem a ver com um registo de óbito de qualquer cidadão…). Os *registos jurídicos* produzem efeitos de direito e regem-se por princípios próprios, tal como iremos referir.

(e com vista a uma eficácia-garantia) e mesmo de uma eficácia absoluta, inclusive para as próprias partes[3].

Os registos destinam-se, portanto, a tornar públicas as situações jurídicas[4] – "objecto da publicidade registral são as situações jurídicas"[5] – e de modo a que tal publicitação possa ser geradora de *efeitos de direito*. Contribuem assim para alcançar, de um modo que vem sendo progressivamente aperfeiçoado, um dos valores fundamentais da ordem jurídica, qual seja o do *conhecimento*, da *certeza* e ainda, em certos casos, da *inquestionabilidade* das situações que *realmente* vão sendo constituídas. Parafraseando o que escreveu José Alberto González[6], dir-se-ia que os registos ajudam a aproximar a ordem jurídica concreta da autenticidade que existe na ordem jurídica abstracta. Constituem, assim, um auxílio, um suporte e um eficaz contributo para a própria realização do direito.

No que toca ao *registo predial* (que também se tem designado como "registo imobiliário", "registo da propriedade" e "registo hipotecário") a certeza jurídica que pode conferir é sobretudo importante para a realização das *transacções* imobiliárias – sua fiabilidade, esta-

---

[3] Na obra citada Carlos Ferreira de Almeida faz, a partir da pág. 115, uma detalhada exposição dos efeitos dos registos "na história e no direito actual". O mais profundo (e quase completo) efeito que o registo pode oferecer será o seu *efeito substantivo* – de que temos exemplo no art.º 17.º, n.º 2 do Código do Registo Predial (C.R.P.) e no art.º 291.º do Código Civil (C.C.) – e ainda o denominado *efeito sanatório*.

[4] Dir-se-á ainda que sendo tal publicidade geradora de *efeitos jurídicos* – e mormente com vista à segurança do comércio jurídico – as situações jurídicas não publicitadas, sendo ignoradas são afinal *clandestinas* para o comércio jurídico.

[5] A frase é de António Pau Pédron *in* "La Publicidad Registral" (ed. do *Centro de Estúdios Registrales*, 2001), pág. 269. Este Autor esclarece que no *registo predial* essas situações são "circunstâncias inerentes e duradouras que afectam os imóveis" e que podem referir-se. a) "ao objecto" (ao prédio) como construções, volume edificável, etc. ou, b) "ao direito", encargos, reservas, estatuto de propriedade horizontal, etc. Apresenta ainda esta interessante ideia: tais *circunstâncias* têm algum paralelismo com os *estados civis* das pessoas. E escreve: "assim como o estado civil das pessoas é o objecto do registo civil, o estado civil dos imóveis é o objecto do registo predial" (*idem*, pág. 270).

[6] No seu livro *Direitos Reais e Direito Registal Imobiliário*, 3.ª ed. rev. pág 329.

20   *Temas de registos e de notariado*

bilidade e segurança – bem como para o *crédito hipotecário*, que poderá ser tanto mais facilitado, eficiente e "barato" quão mais aperfeiçoado e garantido for o sistema de registo.

Na época contemporânea da "sociedade de informação" – em que se vulgarizou a contratação electrónica – os registos públicos têm uma importância crescente[7], dada a sua prática *indispensabilidade*, visto que, em regra, é com base na sua existência e na fiabilidade da *situação jurídica publicitada* que se oferece e se transmite a necessária confiança aos contraentes e a todos se dá uma garantia pública essencial para possibilitar a própria realização dos negócios jurídicos[8]. E é de todos bem sabido que a *segurança documental*, bem como a dos *dados constantes dos registos*[9] constituem hoje *infra-estruturas* absolutamente necessárias para o incremento das relações sociais e para o progresso económico.

2. A forma como nos diversos países tem sido encarada a publicidade registral, os modos como ela se organiza e se articula com o direito substantivo, a própria definição dos objectivos que se preten-

---

[7] Em Inglaterra isto foi bem percebido visto que, a partir de 2002, o registo predial (proveniente da tradição saxónica e que portanto tinha escassos efeitos jurídicos) passou a ser *constitutivo*.

[8] Como e Espanha reconheceu o Tribunal Constitucional, as inscrições registrais têm vida jurídica própria e produzem *efeitos autónomos*, independentes dos do documento. Sob outro ângulo, diremos ainda: só pode invocar a tutela registral quem tem *o seu direito inscrito* no registo.

[9] Num trabalho publicado no *sitio* do CENoR, QUIRINO SOARES diz que (para além da função constitutiva que o art.º 17.º, n.º 2, contempla *e que é excepcional*) o registo tem ainda outras finalidades, como a "declarativa/confirmativa: é a função regra do registo, a qual assegura a quem o consulta que o direito, a existir, continua a pertencer ao titular inscrito e consolida, perante terceiros, o direito desse titular (art. 1.º, 5.º – 1, 6.º e 7.º, CRP)". Tem ainda "uma função publicitária acrescida, com possíveis consequências resultantes da maior publicidade (art. 2.º – 1, al. e) e 5.º – 2, al. a) e b), CRP)" e ainda um efeito atributivo: "nas situações de dupla ou múltipla alienação sucessiva o registo atribui o direito a quem se antecipou a registar o acto por considerar ineficaz o acto não registado ainda que primeiramente celebrado (art. 5.º – 1 e 4 CRP)" (cf. "Terceiros para efeitos de registo predial" *in* www.fd.uc.pt/cenor).

Publicidade e princípios do registo

dem alcançar[10], bem como os princípios (e regras gerais[11]) que vigoram e ainda os *efeitos* que se visam gerar, deram origem á criação de diversos *sistemas registrais*.

Estes sistemas têm sido classificados com base em diversos critérios. Assim, tendo-se em vista o modo como o registo é organizado, diz-se que é um registo de base real[12] se é a partir do *prédio* – ou seja, *com base no prédio*[13] – que se registam os sucessivos factos que se lhe referem e de base pessoal se é com base nos *titulares dos direitos* que o registo é feito. Claro que este último sistema (que serve para localizar *títulos* mas não para organizar *registos*) para

---

[10] Inclusive na esfera *económica,* visto que os diversos sistemas registrais têm importantes *consequências* no âmbito da economia, como vem sendo salientado por FERNANDO MENDÉZ em variadíssimos trabalhos – incluindo a "ponencia" apresentada no XII Congressso Internacional de Direito Registral, cujo tema I foi exactamente este – e mais recentemente o procurou demonstrar BENITO ARRUÑADA no seu conhecido livro "Sistemas de Titulación de la Propiedad"(Palestra Editores, 2004).

[11] Muito embora não se trate aqui de "princípios gerais do *Direito*" e do *sistema jurídico*, mas unicamente dos "princípios de registo" e de sistemas de registo – *e salvas portanto as devidas proporções* – também aqui haverá que considerar os *valores* a salvaguardar, as regras "gerais" e os conceitos *concretos* constitutivos da unidade interna do sistema – no sentido tão doutamente exposto por CLAUS – WILHELM CANARIS naquela que é – no dizer de MENEZES CORDEIRO na também sua magistral introdução – uma "obra de charneira, na grande viragem da Ciência Jurídica dos nossos dias": "Pensamento Sistemático e Conceito de Sistema na Ciência do Direito" (cf. págs. 76,80/81 e CXIII).

[12] Também tradicionalmente designado de *fólio real*, visto que os livros e fichas de registo eram formados por *folhas*. Por isso foi muito usada a designação dos sistemas como de *fólio real* e de *fólio pessoal*.

[13] Claro que falamos do registo predial. Todavia, idêntica é a situação, por ex., do *veículo automóvel* se falarmos de "registo automóvel" ou até mesmo da "sociedade comercial" se tratamos de registo comercial (e apesar deste ser claramente um *registo de pessoas*) uma vez que a inscrição dos factos registáveis se faça *reportando-nos* sempre à respectiva *matrícula* que a identifica e não a cada uma das pessoas que sejam titulares dos direitos que respeitem a essa matrícula (a *esse bem* concreto). Diz-se também que qualquer sistema de registo tecnicamente desenvolvido deve ter uma base *objectiva* – *in casu* o prédio – devendo ser com referência a ela que se inscrevem os factos geradores de direitos.

além das dificílimas buscas relativas aos prédios, não permite obter imediatamente uma informação fidedigna sobre as sucessivas titularidades e encargos referentes ao bem em causa.

Havendo várias outras classificações dos sistemas registrais (por ex: de *inscrição* e de *transcrição* ou *abstracto* e *causal*) há contudo uma que usualmente é apresentada como mais relevante do que aqueloutra que atende ao modo de organização do registo. Referimo-nos à que respeita à *natureza e efeitos da inscrição* (ou seja, do *assento registral*) e que distingue os sistemas de inscrição *constitutiva* dos de inscrição *declarativa*.

Nos primeiros é através da inscrição no registo que o direito (real) se constitui[14]. Nos outros o direito constitui-se *fora* do registo – designadamente por mero efeito do contrato – e ao assento registral fica apenas adstrito o papel de publicar (de *declarar*) o direito.

Os sistemas germânicos (e de inspiração germânica, como é o caso do brasileiro) são conhecidos como tipicamente de inscrição constitutiva e os latinos (como o francês ou o italiano, no direito civil "herdeiros directos" do Código de Napoleão) como de inscrição declarativa.

E o português – e o espanhol, que directamente o inspirou – em que categoria se inserem?

A resposta que sempre se usa dar é a de que se trata de sistemas declarativos "tout court". Creio, todavia, que mais apropriado seria dizer-se que são algo *mesclados* (estão numa espécie de *tertio genus*) ainda que próximos do sistema declarativo. Isto porque no *caso da hipoteca*, que tradicionalmente tem o maior "peso" registral e económico (e em outros como no da penhora[15]) estes sistemas são *constitu-*

---

[14] Num sentido algo distinto QUIRINO SOARES (a propósito do art.º 17.º, n.º 2 do CRP) diz que na eficácia constitutiva: "o registo, se válido, funciona como título constitutivo do direito inscrito, ainda que este seja nulo ou anulável; o registo atribui o direito a quem ele não seria reconhecido segundo as regras do direito substantivo" (cf. citado trabalho "Terceiros para efeitos de registo predial" *in* www.fd.uc.pt/cenor).

[15] É também por isso que não nos parece que a expressão "exceptuam-se" constante do n.º 2 do art.º 4.º do Cód. do Reg. Pred. tenha o correspondente sentido jurídico a que alude o art.º 11.º do Cód. Civil.

tivos. Daí que não nos pareça desajustado dizer que, quanto aos efeitos da inscrição, o sistema português é *misto*, embora afim – ou mais próximo – do declarativo[16].

Todavia, no que toca aos sistemas, a classificação que se afigura de todas a mais relevante é a que respeita aos *efeitos da publicidade registral.* Sob este ângulo poder-se-ão distinguir fundamentalmente três *tipos de sistemas* – ou, talvez mais rigorosamente apenas dois, visto que o primeiro nem sequer se poderá considerar "um sistema". Serão:

1. O denominado "sistema de *recording*" em que se arquivam os sucessivos documentos, sem um prévio *exame* dos mesmos. Também os demais princípios do registo (de que falaremos) não se aplicam ou quando eventualmente algum deles esteja previsto não é aplicado rigorosamente. São sistemas que apenas podem obter meros, escassos e duvidosos efeitos meramente *informativos* e que, portanto, não oferecem garantias de que os titulares dos direitos sejam realmente os que constam do registo. Há quem considere, como nós, que *nem sequer são sistemas de registo,* visto que não têm fiabilidade alguma, podendo gerar toda a espécie de dúvidas sobre a própria existência *e legalidade* do facto "registado"[17]. São os sistemas de raiz saxónica[18].

---

[16] Referimo-nos obviamente ao sistema *vigente*. No domínio do velho Código Civil (o Código de Seabra) o registo teve efeito constitutivo. No entanto, a experiência veio demonstrar que essa não havia sido uma boa opção, principalmente porque mais de 50% dos prédios não se achavam então descritos no sistema registral. Este não é actualmente o caso. Praticamente todos os prédios se acham agora descritos e além disso o registo passou a ser obrigatório. Por isso, era caso para nos questionarmos se não seria melhor atribuir-se-lhe genericamente o efeito constitutivo, bem mais seguro, mormente na época da contratação electrónica e em que o título deixou de ter obrigatoriamente um controlo notarial.

[17] Precisamente porque o que nestes "sistemas" *consta* como arquivado, inscrito ou transcrito não oferece fiabilidade alguma não se está perante "registos" – a que se possa aplicar essa designação. Daí que onde "isto" vigora tenha havido necessidade de meios *soi-disant* "alternativos", como é o caso dos *seguros de títulos* – que não conseguiram "entrar" na Europa, apesar de há anos terem existido "tentativas" por parte de multinacionais seguradoras norte-americanas.

2. Os sistemas de mera *inoponibilidade*[19], são aqueles em que a não inscrição do título no sistema registral o torna inoponível ao terceiro que, de boa fé, o tenha inscrito. Também conhecidos como de "registo de documentos" são sistemas que não oferecem uma informação *garantida* sobre a titularidade do bem, embora prestem *alguma informação* sobre essa titularidade, designadamente no sentido de que "o dono será um dos que o registo publica"[20]. São os sistemas de inspiração francesa.

3. Sistemas de registo de direitos, também designados de *fé pública*. Trata-se dos que mais e melhores efeitos produzem. Em síntese, dir-se-á que fornecem uma publicidade credível dando também uma *garantia* do que é publicitado. Quem contrata confiado no que o registo publica – e regista – fica, portanto, plenamente garantido na sua aquisição. Trata-se de sistemas que informam de forma eficaz e insofismável as "balizas do direito", designadamente as titularidades e os encargos que impendem sobre o prédio. Precisamente por isso, a qualificação dos títulos tem de ser rigorosa e exercida por juristas habilitados e competentes.

Esperemos que isso não venha a ocorrer em Portugal depois das adversas (funestas) alterações do Código do Registo Comercial – que aliás se acredita que algum dia, por imperativo da própria *fiabilidade da instituição*, venham a ser revistas.

[18] Dizem-se de "raiz" ou proveniência saxónica, muito embora *actualmente* em Inglaterra vigore um sistema *constitutivo*.

[19] Ao dizer de *inoponibilidade* (e não de mera *oponibilidade*) quer a generalidade da doutrina indicar que os efeitos da inscrição registral são puramente negativos. Pretende portanto explicitar-se não o valor do *acto inscrito*, mas sim e apenas dizer-se que o acto *não inscrito* não tem valor (designadamente porque *não se presume conhecido*) face ao terceiro. CARLOS FERREIRA DE ALMEIDA (*op. cit.* pág. 253) sintetiza assim: "princípio positivo – os factos registados são oponíveis a terceiros; princípio negativo – os factos não registados são inoponíveis a terceiros"

[20] É a elucidação dada por FERNANDO MÉNDEZ em "La función económica de los sistemas registrales" (Club Siglo XXI, Madrid, 2002) pág. 9.

Consequentemente, estes sistemas permitem reduzir ao mínimo a conflitualidade e os denominados "custos de transacção". São sobretudo (mas não apenas) os de raiz germânica, ainda que se possam subdividir do modo seguinte:

a) O direito que se publicita é *o único que existe*: sistema germânico (e um outro, bem diferente, denominado sistema *Torrens* ou australiano);

b) O direito publicado é *o único* que quem contrata *necessita de conhecer:* sistema espanhol[21].

São estes, num muito breve resumo, os principais *tipos de sistemas*. E dizemos "tipos" – no sentido de enunciados *genéricos* – de sistemas porque, em rigor, não há nos próprios países da Europa comunitária dois sistemas que, embora pertencendo ao mesmo *tipo*, sejam rigorosamente coincidentes[22]. É o que acontece, por exemplo, com o sistema francês, o italiano ou o belga (todos do tipo supra indicado sob o n.º 2) que entre si são bastante diversos ou com o alemão, o austríaco, o suíço ou o espanhol (todos eles do tipo de registo de direitos) mas que têm acentuadas diferenças.

A grande variedade dos sistemas registrais resulta fundamentalmente das diferentes soluções do direito substantivo que cada país adopta, bem como da sua estrutura fundiária, da articulação com outros institutos (v.g. do cadastro) e ainda da própria evolução doutrinária, da adaptação aos objectivos legais, da experiência concreta quanto ao bom ou mau funcionamento do sistema que se utiliza. Todavia, apesar das diferenças, subsistem alguns traços comuns e idênticos objectivos a prosseguir que a doutrina estuda e analisa sobretudo no sentido de alcançar uma evolução teórico-prática, buscando as melhores soluções já experimentadas nos diversos sistemas.

---

[21] Esta subdivisão foi apresentada na *ponência* espanhola (sob o título "a inscrição como instrumento de desenvolvimento económico") ao XII Congresso Internacional de Direito Registral (a pág. 26).

[22] Num recente congresso foi dito (e creio que com razão) que na "Europa a 15" havia, pelo menos, 16 sistemas registrais. Sobre os diversos sistemas registrais mais conhecidos pode ver-se de J. M. GARCIA GARCIA"Derecho Inmobiliario Registral o Hipotecario , Tomo I (*Civitas*, 1988) pág. 337 e segs.

Diz-se mesmo que o direito registral tem uma *vocação compara-tista*[23] que contribui para o seu aperfeiçoamento e até para a sua sistematização.

Cada sistema registral é constituído por *um conjunto orgânico de normas* que tem por objecto definir e organizar o registo e que no seu conjunto formam o que se poderá designar como o *ordenamento jurídico registral.*

Diremos, assim, que o ordenamento jurídico registral é o que respeita a um dado "sistema de registo" e tem por objecto um conjunto orgânico de normas e princípios que estrutura e particulariza (individualiza) esse sistema, ou seja, que diferenciando-o dos demais, revela *como nele se constrói a publicidade dos direitos reais.*

3. As regras básicas, caracterizadoras, estruturantes, tanto jurídica como organizacionalmente, que um sistema de registo tem – e deverá ter – constituem *princípios de registo.* Cabe esclarecer: não se trata de princípios ou regras gerais *de direito*, mas tão só *de registo*[24], ainda que estejam (como aliás devem estar) aliadas e *ao serviço* das soluções vigentes no domínio do direito substantivo.

Trata-se, portanto, de orientações gerais e dos elementos ou traços essenciais que fundamentam e estruturam *um sistema de registo.* Por isso se diz que "têm um papel muito importante na construção científica do direito hipotecário"[25] ainda que não tenham "validade universal"[26]. Os *princípios hipotecários* (ou de registo), sublinhemo-

---

[23] Cf. ANTÓNIO PAU PÉDRON "La Publicidad Registral", pág. 11 e segs e J.M. GARCIA GARCIA *op. cit.,* pág. 336 e segs. Existe mesmo uma organização internacional [o *Centro Internacional de Direito Registral* – CINDER (cf. www.cinder.info)] que realiza periodicamente *congressos internacionais* em que são aprovadas *conclusões* sobre os vários temas em debate, que se têm revelado de grande importância para a evolução do direito registral.

[24] Isto mesmo acentua J. M. GARCIA GARCIA (*op. cit.,* pág. 533 e segs.) que diz não se tratar aqui de princípios filosóficos ou do Direito em geral, mas sim e unicamente de "princípios hipotecários" (este Autor prefere utilizar a expressão "direito hipotecário" à de "direito registral").

[25] Cf. a obra citada na nota anterior, a pág.536.

[26] Neste sentido portanto: há sistemas que adoptam uns princípios o outros que adoptam princípios *diferentes.* Mas isto não quer dizer que estejam todos

-lo, são sim os que vigoram em *determinado sistema*. Fala-se assim dos princípios do sistema alemão, do sistema francês, do sistema português. E há os que existem no sistema alemão e não no sistema francês ou os que vigoram no português e não no italiano. Sucede, contudo, que muitos deles *são comuns* aos diversos *tipos* de sistemas de que falámos.

São usualmente apresentadas algumas classificações dos princípios de registo, como a que distingue os *materiais,* os *formais* e os *mistos*[27] ou, talvez mais adequadamente, a que os divide em essenciais ou imanentes e técnicos ou acidentais[28]. No entanto, afigura-se que estas classificações não são de todo inequívocas e os que alguns autores consideram de menor valia já outros encaram como essenciais. Importante sim é a concepção dos princípios *em si mesmos*, tendo sobretudo em atenção que *orientam* e facilitam a interpretação e aplicação do direito registral[29], já que ajudam a entender os seus pilares estruturantes e por isso mesmo talvez devessem integrar um capítulo próprio dos códigos de registo, mesmo porque a sua compreensão ajuda à "aplicação do Direito"[30].

"ao mesmo nível". Há os que estruturam sistemas menos ou mais evoluídos, mais perfeitos, e permitem por isso conferir maior e melhor protecção registral ao titular inscrito conferindo (ou não) uma informação *autêntica e garantida* aos próprios e a terceiros.

[27] V.g. CELESTINO CANO TELLO, "Manual de Derecho Hipotecário", 2.ª ed., pág.102 e segs.

[28] Vide: ANTÓNIO PAU PÉDRON, *op.cit.*, pág. 180. Este Autor explicou ainda que além dos "princípios indiscutíveis" que estruturam o sistema há outros, "certos mas humildes", que não têm uma origem clara e precisa nas normas legais ou que não resultam da sua generalização, mas que são implicitamente admitidos. São o que chamou "princípios apócrifos", tais como o princípio do consentimento, o da imprescritibilidade e o da individualização (*op. cit.* pág. 166). Neste nosso sucinto trabalho não se afigura oportuno abordar estes "princípios apócrifos" – que aliás nem são admitidos por boa parte da doutrina.

[29] *Idem* (Autor e obra citados na nota anterior) pág. 181.

[30] É a muito pertinente proposta de MENEZES CORDEIRO, ao que cremos pela primeira vez expressa por este Professor no artigo "Evolução Juscientífica e Direitos Reais" publicado na *Revista da Ordem dos Advogados*, 1985, I, págs. Neste notável artigo o seu Autor refere ainda que não se deve esquecer que "a maioria dos actos de aplicação jurídica não é de ordem judicial: os conservadores, os notários,... aplicam o Direito" (*idem*, pág. 72, nota (4)).

Vamos abordar em síntese os principais princípios vigentes no sistema português (muitos dos quais são comuns a outros sistemas, como o espanhol) e que também são dos usualmente mais falados na doutrina.

4. Um princípio que resulta de diversas disposições do Código do Registo Predial (que doravante referiremos apenas como Código) e não apenas de uma norma que claramente o estabeleça – mas que, todavia, se tem de considerar como um dos mais importantes – é o *princípio da especialidade*, que, consabidamente, é também um dos princípios dos direitos reais.

Este princípio diz-nos que todos os elementos do registo (da relação registral) devem ser certos e determinados: os sujeitos, o objecto e os factos que se querem inscrever[31].

No que toca aos sujeitos dever-se-á esclarecer o seguinte: quando o registo é feito pode acontecer que não estejam identificados com todos os elementos que a lei (nomeadamente a alínea e) do n.º 1 do art.º 93.º do Código) exige, mas a sua *identidade* tem de ser certa e a sua identificação *determinável*. É o que resulta do n.º 3 daquele art.º 93.º.

Quanto ao objecto[32] dessa mesma *relação registral,* ou seja, neste sentido, *o prédio,* também tem de ser certo e determinado. Ao

---

[31] É também frequentemente referido que este princípio funciona "em relação com o sujeito, o objecto e *o direito*" (cf., por ex., Celestino Cano Tello, *op.cit.* pág. 119). Também Roca Sastre (*in* "Derecho Hipotecário", a pág. 58 do Tomo II, 5.ª ed) diz que o princípio se manifesta "em três aspectos relativos ao *prédio* descrito, ao *direito* inscrito e ao *titular* registral". Todavia, como se inscrevem *factos* (para se publicitarem direitos) pareceu-nos preferível aludir aqui ao *facto* a inscrever e não ao *direito* inscrito.

[32] Referimo-nos aqui ao *objecto do registo* com a mesma significação de *prédio,* objecto da *relação registral* e do *assento* (cf. Lacruz Berdejo e Sancho Rebullida "Derecho Inmobiliario Registral", 1984, pág 58 *in fine*). É claro que falando de objecto do registo num outro sentido *de objectivo do registo* ou *finalidade do registo* (significação esta que é a dada pela generalidade dos Autores quando falam do *objecto do registo*) é claro que, neste sentido (e apenas neste sentido), objecto do registo são *os factos* a ele sujeitos (o objecto do registo será, portanto, *a publicitação de determinados factos*). Contudo, o *objecto*

tratar da descrição do prédio, o Código indica (art.º 82.º) as menções gerais que cada uma deve ter. Note-se que pode acontecer (e frequentemente acontece) que alguma ou algumas delas possam estar desactualizadas, erradamente indicadas ou que aparentemente (sobretudo para quem desconheça a técnica do registo) pareçam referir-se a outro prédio[33].

Contudo, não pode haver dúvida quanto à *identidade* do prédio – que necessariamente tem de ser *aquele* e não, eventualmente, qualquer outro. Aliás, se o registo tivesse sido feito ocasionando tal dúvida ou *incerteza* quanto à *identidade* do prédio, seria nulo (art.º 16.º, c) do Código).

Não é também, portanto, possível efectuar-se o registo sobre uma coisa ideal ou abstracta como é o caso das *universalidades*. O que então poderá ocorrer – como quando se trata da herança – é que se *destaque* individualmente o prédio ou prédios que dela façam parte para o(s) *identificar* inequivocamente. Não é igualmente possível efectuar o registo sobre um prédio *alternativo* ou de existência *incerta*[34].

O princípio da especialidade refere-se ainda aos factos que se pretendem inscrever. Aliás, diz-se mesmo que este princípio surgiu para que a hipoteca *se concretizasse* evitando as denominadas hipotecas gerais[35]. Depois estendeu-se a todos os direitos reais passíveis

---

da relação jurídica *registral* (que não da relação jurídica "tout court") e do *assento que se lavra* é o prédio *sobre o qual incidem* os direitos inscritos. Note-se quanto ao tema do prédio como *objecto* da relação jurídica registral que também esta é a concepção *legal* (cf. art.º 16.º c) do Código). É que "o registo compõe-se da descrição do prédio e da inscrição dos direitos ou encargos que sobre ele recaem" (cf. CATARINO NUNES, "Código do Registo Predial, Anotado", pág. 11) e assim "objecto, neste sentido, do registo predial são as coisas imóveis" (*idem*, pág. 10).

[33] É por exemplo o caso de um prédio ainda descrito como rústico (v.g. um simples "terreno de mato") e com a menção do artigo matricial rústico e que é hoje urbano (uma casa e quintal) e inscrito na matriz sob um artigo urbano. Como se sabe, *registralmente* a descrição é a mesma, havendo apenas que efectuar o averbamento de construção e a sua correspondente actualização.

[34] Cf., entre outros, AFRANIO CARVALHO, "Registro de Imóveis", 2.ª ed. (Rio de Janeiro,1977) pág. 227.

[35] No dizer de JERÓNIMO GONZÁLEZ este princípio terá surgido "nos alvores do regime hipotecário" precisamente "como reacção contra as hipotecas gerais (cit. *apud* C.CANO TELLO, *op. cit.* pág. 119).

de registo, de harmonia com o sistema do "numerus clausus". É pois necessário que o acto jurídico em questão – relativo a *quaisquer* factos, aquisitivos ou de oneração – esteja claramente determinado, com a indicação precisa da sua espécie, dos valores sobre que incidam os ónus ou encargos, da causa aquisitiva e ainda das cláusulas que eventualmente se convencionem[36].

5. Na exposição sumária dos principais princípios, prossigamos agora seguindo a ordem porque vêm indicados no Código.

A designação do que nos surge em primeiro lugar (no art.º 4.º) não é consensual. Assim há autores que o denominam *princípio da inscrição*[37] e outros *da eficácia do registo*. A nosso ver esta última talvez seja preferível para evitar confusão com o princípio que vigora *apenas* quando a inscrição é constitutiva e também porque é a decorrente da expressão usada pela lei na própria epígrafe do art.º 4.º.

Diz-nos este princípio qual é o resultado, qual é o valor da inscrição registral e qual o *efeito útil* que produz tanto para as partes como para com terceiros, mormente no tocante à constituição e à eficácia do direito real a que o assento de registo se refere.

De harmonia com o disposto no art.º 4.º do Código há duas situações: a do n.º 1 segundo o qual, apesar de o facto sujeito a registo não estar registado, os seus efeitos produzem-se plenamente entre as partes; e a do n.º 2 que diz que os factos constitutivos de hipoteca constituem *excepção* a esta regra. Com base nesta formulação simples (a nosso ver *simplista*) diz-se (dizem quase todos) que a disposição legal consagra o entendimento do sistema registral português como *declarativo*, dado que *só excepcional* (e *unicamente*) no

---

[36] A lei prevê (em consonância com este *princípio da especialidade*) determinados requisitos gerais e especiais que a inscrição registral deve conter. Acham-se indicados no Código, nomeadamente, nos artigos 93.º e 95.º. E, quanto às cláusulas que *devem* constar da inscrição rege o disposto no artigo 94.º.

[37] É o caso de J.M. Garcia Garcia (*op. cit.* pág. 539 e segs.) que diz que é o princípio "que determina o valor da inscrição" (que poderá *ou não* ser constitutiva) designadamente quanto à constituição do direito real. Outros há, porém, que entendem que este princípio só vigora quando a "transferência real"se conclui com o *assento registral* (é esta, ao que parece, a posição de A. Pau Pédron (*op. cit.* pág. 72 e segs.).

Publicidade e princípios do registo   31

caso da hipoteca, é constitutivo. Acresce que, substantivamente, o Código Civil estabelece [art.ᵒˢ 408.º, n.º 1 e 1317.º, a)] que os direitos reais se constituem "por mero efeito do contrato".

Ao contrário do que (pelas sumariamente expostas razões) entende a generalidade da doutrina e também a jurisprudência, não cremos, todavia, que se possa dizer que o sistema registral português é pura e simplesmente declarativo. Fundamentalmente por estas razões:

– Em primeiro lugar, o caso da hipoteca[38] não se deve considerar como uma "excepção" no sentido técnico-jurídico. Com efeito há outras situações (à semelhança do que ocorre com o sistema espanhol) em que o registo é constitutivo. É, por exemplo, o caso da penhora que *se realiza* através do registo[39]. Serão ainda outros casos, como o do *destaque* de uma parcela para construção nos termos consentidos pela *lei do loteamento*[40].

---

[38] Quanto à hipoteca a opinião dominante é a de que, quanto a ela, o registo tem *efeito constitutivo* (citado n.º 2 do art.º 4.º e art.º 687.º do Código Civil) isto é, como expressivamente diz MENEZES CORDEIRO, "a hipoteca é um direito real sujeito a *publicidade registal constitutiva*" (cf."Direitos Reais- *Reprint* ", pág. 759).Pelo menos, esse efeito tê-lo-á sempre no caso da hipoteca legal (que *nem sequer existe* antes do registo). Mas há quem entenda (MARIA ISABEL H. MENÉRES CAMPOS "Da Hipoteca", pág. 188 e seg.) que o registo se configura como uma *conditio juris* da eficácia da hipoteca. Trata-se de uma opinião que aqui não poderá ser debatida, mas da qual discordamos.

[39] A epígrafe do art.º 838.º do Cód. Proc. Civil (redacção do Dec.-Lei n.º 38/2003, de 8/3) fala expressamente na "realização da penhora" e o n.º 1 diz que se *realiza* pela "comunicação" à conservatória que "vale como apresentação". Ora, é a apresentação que dá início ao processo de registo. Portanto, o preceito diz-nos (ainda que numa redacção algo rebuscada) que a penhora *se realiza* (se constitui) com o registo.

[40] Estes *destaques* – que estão previstos nos n.ºs 4 e 5 do art.º 6.º do Dec-Lei n.º 555/99, de 16/12 (republicado em 4/6/2001) – só são *possíveis* se verificados os pressupostos legais. Todavia, não é pelo simples facto de se verificarem essas condições (ou pela circunstância de a Câmara Municipal certificar que tais condições –*v.g.* a confrontação com arruamento e o projecto de construção aprovado – existem) que se opera *ipso facto* o destaque. Na verdade, este só *se opera com o registo*.

– Acresce que o próprio registo de hipoteca não é *em si mesmo* uma "excepção" dentro do sistema registral. É um registo fundamental. O próprio direito registral é denominado por muitos (designadamente os autores espanhóis) como *direito hipotecário*. Aliás, o registo de hipoteca é até *anterior* (nas primeiras leis hipotecárias) ao próprio registo de aquisição da propriedade. Por isso, o livro de registo das hipotecas (livro C) surgiu *antes* dos das outras inscrições (livros F e G) que só mais tarde se passaram a efectuar. O registo de hipoteca tem, pois, o estatuto de um registo fundamental, ou mesmo de *primacial importância*.

– Por outro lado ainda, *só uma parte* dos factos registáveis é que respeita às transmissões de direitos reais que emergem de contratos. Por isso o argumento tirado da lei civil – a transmissão opera-se por mero efeito do contrato – não colhe para se dizer se o sistema é, ou não, basicamente constitutivo.

– Finalmente, há certos factos em que o registo, se não tem um claro efeito constitutivo do direito, assume pelo menos uma natureza de *pressuposto* para o seu exercício. Será o caso do registo do loteamento e, quiçá, do da propriedade horizontal[41]. Tratar-se-á do que denominamos um *efeito constitutivo indirecto* ou um efeito *semi-constitutivo*[42].

Por todas estas razões afigura-se mais adequado dizer que o sistema registral português é em parte declarativo e em parte consti-

---

[41] No tocante à propriedade horizontal , tal como estabelece o n.º 1 do art.º 62.º do Cód. do Notariado, não podem ser lavrados actos sobre fracções autónomas se não se demonstrar que aquela se acha inscrita no registo. Afigura-se que não se trata aqui da legitimação dispositiva prevista no art.º 9.º do C.R.P. (de que adiante falaremos) visto que essa regra se terá de aplicar para provar que *a fracção* está registada *a favor* de quem a quer transmitir ou onerar *e não* para demonstrar que o próprio *regime da propriedade horizontal* está inscrito no registo, como exige o Cód. do Notariado.

[42] Esta ideia foi inicialmente exposta na intervenção que fiz na Faculdade de Direito de Coimbra no *Congresso dos Direitos Reais* (no âmbito das comemorações dos 35 anos do Código Civil e 25 da Reforma de 1977) publicada em separata do "Boletim dos Registos e Notariado" n.º 11/2003 e também agora insirida neste livro.

Publicidade e princípios do registo

tutivo ou, se quisermos, semi-declarativo (ou semi-constitutivo). O que parece é que o mais correcto não será dizer (como é habitual ler-se) que se trata pura e simplesmente (*tout court*) de um sistema declarativo.

6. O princípio que respeita aos *efeitos do registo* e à sua eficácia para com terceiros está *basicamente* previsto no art.º 5.º do Código do Registo Predial. E dizemos basicamente porque há outras disposições – inclusive os artigos 17.º, n.º 2 e 122.º deste Código e 291.º do Código Civil – onde também tais efeitos se acham previstos.

Na epígrafe daquele art.º 5.º o princípio é designado como o da "oponibilidade a terceiros" e o n.º 1 esclarece que os factos sujeitos a registo só produzem efeitos contra terceiros depois de registados. Os n.ºs 2 e 3 prevêem excepções à aplicação do princípio e o n.º 4 *tenta* dar uma definição do conceito de "terceiros para efeitos de registo"[43]

A ideia sobre a aplicação deste princípio é, por certo, a que mais "tinta tem feito correr" tanto na doutrina como na jurisprudência – mormente a respeito da definição do *conceito de terceiro*[44] – e a que

---

[43] Este n.º 4 foi introduzido pelo Dec.-Lei n.º 533/99, de 11/12 e terá procurado "dar resposta" às sucessivas mudanças de entendimento – na doutrina e mormente na jurisprudência do STJ que chegou mesmo a preconizar a definição do "conceito de terceiro" *por via legislativa* (v.g. no Ac. do STJ n.º 3/99 disse-se que "só por via legislativa, repetimo-lo se poderá resolver satisfatoriamente o problema") – e veio a *fixar* a antiga definição proposta por MANUEL DE ANDRADE (*in* "Teoria Geral da Relação Jurídica", II, pág. 19). Todavia, esta "definição legal", longe de eliminar a polémica, se não a agravou, pelo menos não a terá diminuído, até porque há outros preceitos legais que dispõem em sentido diverso. Além dos conhecidos acórdãos do STJ n.ºs 15/97 e 3/99 (publicados, respectivamente, nos *Diários da República* I-A de 4/7/97 e de 10/7/99) pode ver-se o parecer do Conselho Técnico de 31/7/2003 (publicado no *Boletim dos Registos e Notariado*, II, n.º 8/2003, de Setembro de 2003) que resume a evolução jurisprudencial e doutrinaria sobre esta matéria, bem como os trabalhos no *sítio* do CENoR: www.fd.uc/cenor/

[44] Na alteração que o C.R.P. sofreu pelo Dec.-Lei n.º 116/2008, de 4 de Julho, não foi aclarado este conceito (como nos parece que deveria – como referimos na conferência feita na *Associação Jurídica de Braga* em 30 de Setembro de 2008 – tendo-se o legislador limitado a alterar *insignificativamente* a redacção do n.º 3 deste art.º 5.º.

aqui apenas referimos, visto que em cursos ministrados (mormente no âmbito do *CENoR*) sempre têm sido previstas aulas especificamente dedicadas a este tema.

A maioria dos autores espanhóis designa este princípio como de *inoponibilidade* para acentuar esta ideia essencial, que é afinal a acolhida pela própria redacção do art.º 32.º da "Ley Hipotecaria": *os títulos que não estejam devidamente inscritos no registo não prejudicam o terceiro.* Isto é: o título que não se ache registado não *pode ser oposto* ao que já está registado. Esta expressão – com uma redacção em forma negativa – não significa menor *efeito* do princípio. Pelo contrário, visto que de modo abrangente diz que é todo o título *não inscrito* que não pode prejudicar terceiros.

Entre nós, porém, este princípio é designado (numa formulação dir-se-ia que afirmativa) como de *oponibilidade* para indicar que é só *depois do registo* é que o facto (a ele sujeito) é oponível a terceiros. E isto porque é depois de ter sido registado que o facto *se presume conhecido*[45]. Por conseguinte, aquele que se registou deve prevalecer sobre o que não foi registado.

Dizem, porém, alguns autores que sem a *limitação* do conceito de terceiro a aplicação do n.º 1 do art.º 5.º conduziria à ilação de que o sistema registral português era constitutivo. Ora, nos termos do disposto no art.º 4.º, ele é declarativo. Não podemos concordar com esta ideia essencialmente por duas ordens de razões:

> – em primeiro lugar não parece que se possa afirmar que o nosso sistema é nítida e patentemente declarativo e que o art.º 4.º conduza a uma tal interpretação. Será antes, como já anterior e sucintamente se referiu, um sistema híbrido, *misto*, nuns casos declarativo[46] noutros claramente não.

---

[45] CARLOS FERREIRA DE ALMEIDA diz que este é o *fundamento da oponibilidade*: a presunção de que o facto registado é conhecido e que "esta é uma afirmação praticamente incontestada na doutrina" (*op. cit.* pág. 254). Também adiante este Autor fala de *inoponibilidade,* referindo nomeadamente que "o aspecto negativo da eficácia em relação a terceiros enuncia-se assim: os factos sujeitos a registo e não registados são inoponíveis a terceiros" (cf. pág. 260).

[46] E ainda assim, pelo menos, no sentido de que sobre os sobre os bens sujeitos a registo "não existem outros direitos reais senão os que o registo documenta e publicita", pois "os direitos não inscritos no registo devem ser tratados

Publicidade e princípios do registo

– em segundo lugar porque é uma coisa muito diferente dizer-se que o direito real só *nasce* com a inscrição no registo (como nos sistemas germânicos e mesmo no brasileiro) e outra que a *eficácia* para com terceiros e que a "protecção geral" da segurança do comércio jurídico (expressamente prevista no art.º 1.º do Código) significa ou implica que esse *nascimento* ocorra necessariamente com o registo. Claro que tal nascimento pode ocorrer com o contrato e apesar disso a *eficácia da inscrição* e a protecção dos terceiros ser praticamente total (como acontece no sistema espanhol – *maxime ex vi* do art.º 34.º da L. H.) ou o inverso: o sistema ser constitutivo e aquela eficácia e protecção não ser a plena (como ocorre no sistema brasileiro).

Os defensores da ideia do conceito restrito (de terceiro) tecem ainda outras considerações a respeito do registo que nos parecem desajustadas – e até mesmo *arcaicas*[47] – tais como a da presumida ideia que existe no povo (mas existe?) a concepção de que "não fará falta" registar[48] ou também a de que no actual "estado das coisas" a

---

como direitos «clandestinos», que não produzem quaisquer efeitos contra terceiros", como douta e sugestivamente escreveram Antunes Varela e Henrique Mesquita na *Revista de Legislação e Jurisprudência* (Ano 127.º, pág. 23).

[47] Não se quer ferir susceptibilidade alguma, mas apenas dizer o seguinte: nesta matéria dos efeitos do registo (talvez mais claramente do que noutras) os conceitos têm de ter uma *consonância efectiva* com a *vida real*. Ora no século XXI contrata-se pela *Internet*. Os registos hão-de poder pedir-se por *e-mail* (e portanto por telemóvel) e entre nós (como aliás na generalidade dos países, até dos ditos "pobres") já estão hoje totalmente informatizados. Sem registos fiáveis, prestando *informação* válida e com efeitos *seguros,* estas novas formas de contratação pura e simplesmente *não funcionam* ou funcionam muito deficientemente, *não protegendo* a boa-fé dos contraentes nem assegurando "os valores" que o ordenamento *tem obrigação de assegurar.* Por outro lado, não pode (numa perspectiva que se afigura retrógrada) pensar-se o contrário para eventualmente proteger algum ancião da serra profunda... porque mesmo esse já tem telemóvel... deve merecer "igual atenção" dos serviços e sabe (não menos claramente que o citadino) que deve pedir o registo da leira que compra.

[48] Tal como foi referido em alguns conhecidos acórdãos. Todavia, este argumento que visava sobretudo restringir o conceito de terceiro está hoje ultrapassado visto que, como no texto se refere, o registo passou a ser *obrigatório* (art.º 8.º -A do C.R.P.).

posse deve continuar a prevalecer e portanto o registo não pode ainda desempenhar o seu papel de instrumento ao serviço da segurança do comércio jurídico.

Sem pretender (nem ser oportuno) tratar aqui esta matéria, direi apenas que me parece que, hoje, a *ideia da justiça real* conduz exactamente às conclusões opostas, designadamente porque o *princípio da legitimação* vigora há já mais de 20 anos[49] – e consequentemente a necessidade do registo já há muito tempo que *não é ignorada* pela população – e que, na realidade actual, a invocação da posse serve mais para "cumprir um ritual" (ou até mesmo para sacralizar uma mentira) do que para contribuir para a "certeza do direito" ou para demonstrar uma qualquer aparente verdade substantiva[50]. Por outro lado, o Dec.-Lei n.º 116/2008, de 4 de Julho tornou o registo *obrigatório* (art.º 8.º-A do C.R.P.) de modo que aquele argumento até estaria deslocado do actual contexto legal.

Uma observação caberá ainda fazer a propósito desta matéria: parece que devemos concluir (como aliás a jurisprudência tem entendido) que a oponibilidade verifica-se plenamente quanto ao adquirente de boa fé[51], mas já assim não se deverá entender quanto ao de má fé.

Aliás, a excepção do n.º 3 do art.º 5.º, ainda que não constitua uma aplicação desta regra, de algum modo a aproxima. Constitui, sim, uma excepção (e uma sanção) precisamente porque a invocação da oponibilidade quando não se cumpriu a obrigação de promover o registo não representa uma actuação diligente e de *boa fé* (no sentido

---

[49] O que significa portanto que, desde então, para efectuar transacções – aquisições e onerações de prédios – foi necessário ao transmitente ou onerante demonstrar que o prédio *se encontrava registado* a seu favor.

[50] Esta é uma matéria, evidentemente, complexa pelo que não poderá ser minimamente exposta em tão breves considerações. Tentei abordá-la em algumas ocasiões, como no aludido *Congresso dos Direitos Reais* (v. nota 30).

[51] E é adquirente de boa fé o que baseou a sua aquisição no que o registo publica. Como diz QUIRINO SOARES (a pág. 26 do citado trabalho no *sítio* do CENoR) "deve presumir-se a boa fé naquele que baseia no registo os seus actos (art. 7.º do CRP)".

Publicidade e princípios do registo　　　37

de se ter uma conduta cuidadosa) e, então, o representante legal não é havido como terceiro[52].

As excepções do n.º 2 referem-se aos casos em que o facto produz efeitos contra terceiros *independentemente* do registo (o que, portanto, não quer dizer que *não possa* ser registado) porque ele não é *necessário*, já que *a publicidade se verifica mesmo sem o registo* (casos das alíneas a) e b) deste n.º 2) ou porque ele nem será possível (caso da alínea c))[53].

7. O princípio que o Código menciona no art.º 6.º é o *princípio da prioridade*.

Já se tem dito – ainda que a nosso ver impropriamente[54] – que o registo predial existe sobretudo para definir e graduar prioridades, segundo a velha máxima latina *prior in tempore, potior in iure*: o que é primeiro no tempo é melhor no direito – aqui porém não referida à sua concepção e versão originária, mas sim à meramente tabular.

Expliquemo-nos: não se trata da prioridade da *criação* do direito (a que se aplicava a frase latina) no sentido de que o primeiramente *constituído* prevalece sobre o nasceu depois, mas sim na de que o *registado*[55] em primeiro lugar tem prevalência – ou deve ser *graduado* primeiramente – sobre o que é *posteriormente* inscrito, ainda que este tenha *nascido* antes.

Diz-se ainda que complementa esta regra aqueloutra que veda o acesso ao registo *definitivo* do posterior acto incompatível – e que tem a sua formal tradução tabular no princípio do trato sucessivo, de que falaremos.

---

[52] Como explica CATARINO NUNES no citado "Código do Registo Predial, Anotado", pág. 218.

[53] De harmonia com o *princípio da especialidade*, já mencionado. É, porém, possível efectuar o registo sobre um ou mais prédios que se *destaquem* da universalidade, como também se referiu. Aí, porém, o registo é desse (ou desses) prédio (s) especialmente considerados e não *da universalidade*.

[54] E dizemos que impropriamente porque nos parece indubitável que o registo predial existe fundamentalmente para publicitar e garantir as situações jurídicas. A sua *hierarquização,* sendo embora importante, é apenas um dos aspectos daquela publicitação.

[55] O que, portanto, quer dizer que, sendo o princípio da prioridade um dos *princípios do registo, obviamente* só se aplica aos *factos a ele sujeitos*.

Temos pois que, sendo o facto sujeito a registo, que já foi inscrito, *incompatível* com o que posteriormente se quer registar (mesmo que *constituído* antes) essa anterior inscrição *exclui* o definitivo acesso tabular desse outro que agora se pretende inscrever. É o que ocorre com os registos de aquisição.

Contudo, se a relação que existe entre o acto já inscrito e o posterior é a de uma "concorrência" *conciliável* – como acontece com os direitos reais de garantia – então já não haverá exclusão (o *ulteriormente pedido* pode ingressar definitivamente) mas sim uma *graduação prioritária*.

Faz-se notar que esta graduação prioritária tem o seu correspondente relevo jurídico[56] e ainda um valor económico *próprio*. De facto, para além da *reserva de prioridade* que representam os registos provisórios por natureza poder conter em si tal valor – sobretudo para o credor hipotecário ela terá sempre um *adicional valor* e interesse por permitir que o registo definitivo venha a possuir o grau prioritário que (já antes da hipoteca definitivamente titulada) tinha o provisório – há, por exemplo, o caso do art.º 729.º do Cód. Civil que permite a transmissão (e, é claro, a correspondente negociação por um preço) do próprio *grau prioritário* da hipoteca[57].

E como se determina a prioridade?

O n.º 1 do art.º 6.º tem uma redacção que – apesar do disposto no n.º 1 do art.º 77.º do Código – se presta a certa confusão. É que primeiro diz "por ordem da data dos registos", mas depois (sendo da mesma data) é que fala na ordem "das apresentações"[58]. Pode, pois,

---

[56] Como também resulta do disposto no n.º 2 do art. 604.º do Cód. Civil e do n.º 3, b) do art.º, 864.º do Cód. Proc. Civil.

[57] Como explicam Pires de Lima e Antunes Varela – no Código Civil Anotado em colaboração com Henrique Mesquita – em comentário a este art.º 729.º, o grau prioritário é o fixado pelo registo e "não se cede a hipoteca, porque já existe outra"; cede-se sim e unicamente "a preferência resultante da prioridade do registo".

[58] O já citado Dec.-Lei n.º 116/2008, de 4 de Julho acrescentou – na parte final do n.º 1 do art.º 6.º – a palavra "temporal" que a nosso ver só confunde (como já tivemos oportunidade de referir na citada conferência na *Associação Jurídica de Braga*) visto que é a ordem *sequencial* das apresentações a que releva.

Publicidade e princípios do registo 39

à primeira vista, dar a ideia que a *data da feitura do registo* é a que primeiramente conta. Todavia, não é assim. É *sempre* – com excepção dos registos oficiosos independentes[59] e da hipótese ressalvada no n.º 2 – *a apresentação* com a sua data e número de ordem, que *fixa* o grau prioritário do registo, nada importando o momento em que o registo *é lavrado*, tenha ou não sido deferida a urgência, esteja ou não a conservatória "em dia", tenha ou não sido cumprida a "regra de ordem" prevista no n.º 1 do art.º 75.º *in fine*.

A apresentação (de que trata todo o Capítulo IV do III Título do Código) tem pois uma importância determinante na estrutura do registo, mormente porque é *através dela* que é fixada a respectiva prioridade.

A disposição do n.º 2 do art.º 6.º – de justiça algo questionável, mas que vem copiada dos códigos anteriores, destinando-se a dar cumprimento à idêntica regra da lei civil que estava prevista na parte final do art.º 1017.º do Código de Seabra[60] – indica que em caso de inscrições hipotecárias do mesmo dia ("com a mesma data") entre elas não haverá prevalência, pelo que o pagamento dessas hipotecas (designadamente na acção executiva) irá ser feito "pró-rata".

O n.º 3 estabelece a importante regra da *reserva de prioridade* que é obtida através do registo provisório, visto que se este vier a ser convertido (obviamente dentro do prazo da sua vigência) em definitivo, a prioridade que lhe vai corresponder *é a que já tinha* enquanto provisório. Deste modo, é possível aos interessados obter desde o registo provisório (quer por natureza quer por dúvidas) e se usarem da diligência de o converter atempadamente, uma imediata *protecção* prioritária do seu direito. Ou seja: a definição do grau prioritário *vai ser dada* não quando o registo for (*puder ser*, nomeadamente por o

---

[59] Ainda que o citado n.º 1 do art.º 77.º fale, em geral, dos registos que *não dependam* de apresentação, parecendo portanto abranger *todos os oficiosos*, o certo é que quanto àqueles que devam ser lavrados *na dependência* de um outro registo que deva ser apresentado (caso do n.º 1 do art.º 97.º) a sua data e n.º de ordem são *os correspondentes* ao daquele de que dependem. Por isso, a disjuntiva ("ou se desta não dependerem") aplica-se *unicamente* aos registos oficiosos *independentes*.

[60] Vide, por ex., a anotação ao art.º 9 do Código de 1959 feita por A. A. GAMA VIEIRA *in* "Código do Registo Predial", *Coimbra Editora*, 1960, pág. 47.

contrato já ter sido titulado) definitivo, *mas logo* na altura em que ainda é provisório.

Por último, o n.º 4 (que constituiu uma novidade do Código de 1984) contém outra disposição do maior interesse: uma idêntica *reserva de prioridade* não já para provisoriedade do registo, mas sim para a hipótese da recusa em o lavrar – ou melhor, no caso de *proceder o recurso* contra tal *recusa*. Quer dizer: tratando-se do registo *provisório* a indicada pré-protecção prioritária do direito (que se obtém pela já mencionada reserva de prioridade) é autorizada pelo n.º 3 e no caso da *recusa* que foi julgada indevida – isto é, quando acaba por se decidir que o acto não devia ter sido recusado, mas sim *lavrado*, ainda que o tenha de ser provisoriamente – aquela autorização é dada pelo n.º 4.

Assim, o acto que foi recusado (afinal indevidamente) pode vir a ser lavrado e a conservar a prioridade correspondente *à da sua apresentação*. Mas para que a *situação tabular* não iluda quem entretanto consulte o registo, o Código estabeleceu um "mecanismo" de *alerta* e de salvaguarda de uma publicidade verídica – insusceptível de que terceiros sejam induzidos em erro. Trata-se do seguinte: a recusa é anotada na ficha (art.º 69.º, n.º 3) e a interposição de recurso também o é (art.º 148.º, n.º 1). Estas anotações oficiosas, que passam obrigatoriamente a constar do registo, servem portanto para dar a conhecer a todos que, com base em determinada apresentação, houve uma recusa e que (se a final for julgada indevida) *pode* vir dar lugar a um registo com a prioridade correspondente à dessa apresentação.

8. O princípio que o Código contempla no artigo seguinte (o 7.º) é designado como o da *presunção de verdade* que – diremos – engloba dois: a *presunção de verdade* e a *presunção de exactidão*.

A esta última (*presunção de exactidão*) refere-se *apenas* a parte final do preceito: *nos precisos termos em que o registo o define*. Talvez possamos, assim, entender que o artigo exprime na sua primeira parte ("o registo definitivo constitui presunção de que o direito existe e pertence ao titular inscrito") o princípio da *presunção de verdade* e na última (nos "precisos termos") o da *presunção de exactidão*.

De qualquer modo estas são designações do princípio que a generalidade da doutrina considera equivalentes, mas que temos adoptado só *após* a publicação do actual Código – e para não o confundir com o princípio de "legitimação dispositiva" nele introduzido pelo art.º 9.º –, visto que anteriormente o princípio da presunção de verdade se designava quase sempre como princípio da legitimação[61] e ainda agora assim continua a ser chamado pelos autores espanhóis[62]. Este é, porém, e seja qual for a designação que se lhe dê, um princípio *fundamental* da publicidade conferida pelo registo, pois indica que o seu *conteúdo* se presume certo e verdadeiro.

Trata-se de uma presunção em regra elidível[63], mas portanto, enquanto não for comprovado e *decidido*[64] o contrário, há-de considerar-se que a verdade que publicita é coincidente com a verdade material.

E é também por isso que a decisão judicial que considere inválido o facto registado deve ter como consequência tabular o próprio cancelamento do registo. É o que traduz o comando legal constante do artigo 8.º[65] que assim *complementa* o princípio presuntivo constante do artigo 7.º – preceito este que estabelece a presunção *tantum iuris* a favor do titular inscrito mas que, em certos casos, poderá mesmo ser *iuris et de iure* a favor de terceiro.[66-67]

---

[61] Por exemplo CATARINO NUNES diz (quanto ao Código de 67) que o preceito "estabelece o chamado *princípio da legitimação*" (*op. cit.* pág. 222) e A. A. GAMA VIEIRA refere (quanto ao Código de 59) que no "artigo consigna-se o *princípio da legitimação*" (*op. cit.*, pag.

[62] Por todos, *vide* A. PAU PÉDRON *op. cit.* pág. 188.

[63] De harmonia com o disposto no n.º 2 do art. 350.º do Código Civil.

[64] Num âmbito jurisdicional, entenda-se. Não é portanto um particular, qualquer interessado ou terceiro, ou uma entidade administrativa, que pode *declarar e provar* –e bastando isso– que fica elidido o conteúdo de determinado assento registal.

[65] Na anterior redacção este preceito indicava que quando numa acção judicial se pretendesse impugnar a veracidade dos factos publicitados pelo registo tornava-se igualmente necessário pedir *o cancelamento* do próprio registo, ficando aliás o prosseguimento da acção *condicionado* à formulação deste pedido. Na actual redacção é estabelecida a presunção (que a nosso ver é inilidível) de que quando são impugnados os factos publicitados pelo registo é também pedido (tacitamente) o cancelamento do respectivo registo.

[66] Será o caso da designada *fé pública registral* – quando se podem produzir *efeitos substantivos* (v.g. nas hipóteses do art.º 17.º, n.º 2 e do art.º 291.º do Código Civil). Tem-me ainda parecido que há *zonas cinzentas* (que se situam

Deve ainda fazer-se notar que a presunção dura enquanto vigora o registo e *cessa* quando os efeitos deste se extinguem (por cancelamento) ou se transferem (mediante novo registo), em conformidade com o disposto no art.º 10.º do Código.

Como pertinentemente foi dito[68] – e se concorda, acrescentando-se apenas, no nosso sistema jurídico, a previsão do artigo 1268.º do Código Civil – a prova necessária para *elidir a presunção* pode consistir num dos seguintes cinco pontos:

"1 – Nulidade, falsidade ou erro do assento.
2 – Nulidade, falsidade ou defeito do título:
3 – Falta de conformidade da inscrição com o título (...) no seu conteúdo real.
4 – Existência de títulos posteriores que tiverem modificado o que baseou o registo vigente.
5 – Extinção do direito inscrito".

A concluir diremos apenas que este princípio possibilita que (nos termos do disposto no 1 do art.º 350.º do C. C.) ao titular inscrito *baste*, para invocar e comprovar o seu direito – sobretudo o direito de propriedade[69] – citar o registo feito a seu favor.

---

num *meio termo* da possibilidade da elisão) e de difícil enquadramento numa das duas clássicas espécies de presunções – questão esta que, todavia, não será aqui oportuno desenvolver.

[67] Cf. CELESTINO CANO TELLO, *op. cit.* pág. 287 e segs. onde, nomeadamente, se diz: "a presunção de exactidão é *iuris tantum* em matéria de princípio de legitimação *e iuris et de iure* em relação com o princípio de fé pública; daí que possa falar-se de um duplo aspecto do princípio de presunção de verdade ..." (pág. 288). Adiante esclarece ainda que como "de legitimação" o princípio presuntivo "protege fundamentalmente o titular registral" e como "de fé pública... protege os terceiros" (*idem*, pág. 298).

[68] Por SANZ FERNÁNDEZ, mencionado por LACRUZ BERDEJO e SANCHO REBULLIDA (*in op. cit.* pág. 145).

[69] Dizemos *sobretudo* porque para prova do qual não basta, como é sabido, invocar um *título translativo* (v.g. uma escritura de compra) visto que não é através de correspondente *aquisição derivada* que este direito se *constitui*. De modo que, sendo praticamente impossível reconstituir *todos* os sucessivos títulos aquisitivos (fazer a chamada "prova diabólica"), a propriedade ou se prova através da aquisição *originária* (designadamente a usucapião) ou se *dispensa a*

Publicidade e princípios do registo   43

8-A. A última reforma do Código (operada pelo Dec.-Lei n.º 116/2008) alterou o artigo 8.º e aditou os 8.º-A a 8.º-D. Quanto ao artigo 8.º a *ratio* da disposição mantém-se, apesar da revogação do nº 2. É que o preceito tinha em vista que *não pudesse* subsistir um registo a publicar uma situação jurídica *diferente* daquela que viesse a ser judicialmente considerada a verdadeira. Por isso, como disse o Supremo[70], esta disposição visava "condicionar" a impugnabilidade dos factos tabularmente comprovados "ao simultâneo pedido de cancelamento do registo". Ora, com a actual redacção, a lei veio estabelecer a *presunção*[71] de que ao impugnar os factos comprovados pelo registo o pedido de cancelamento *também ficou* (ainda que tacitamente) *feito*.

No que toca aos novos artigos – os 8.º-A, B, C e D – vieram introduzir a *obrigatoriedade do registo*, introdução esta que a nosso ver representou *a mais relevante* das alterações ao Código operadas pela reforma. É que se concordamos todos que a "verdade tabular" deve ser (quanto se puder) coincidente com a "verdade jurídica", não será admissível – porque contraria a sobredita finalidade pública - que quem pratica actos jurídicos que alteram o conteúdo dos registos não seja obrigado a solicitar imediatamente a correspondente inscrição registral.

Mas será que essa obrigatoriedade integra um dos *princípios de registo*? Não nos parece[72]. É que os princípios, constituem, como já se disse, "regras básicas, caracterizadoras e estruturantes de um

---

prova, através desta *presunção do registo* – que apesar de não ser, no nosso sistema registral, *iuris et de iure,* no entanto *inverte* o ónus probatório (quem quiser demonstrar o contrário é que o terá de provar) e só pode ser elidida nos casos que a lei admite.

[70] O Acórdão em que inicialmente foi referido este fundamento afigura-se-nos ter sido o de 4/7/1972 (publicado no BMJ n.º 219, pág. 196).

[71] Pareceu-nos que deveria ter ficado mais claro que se tratava de uma presunção *"iuris et de iure"*, porque, pela referida *ratio*, não faz sentido que a lei admita a elisão.

[72] Não haverá, porém, um consenso geral. Recordemos que, entre outros, GARCIA GARCIA indica entre o que designou como "princípios que se referem à prática da inscrição", um que, por assim dizer, representa o *contrário da obrigatoriedade*: o "princípio da voluntariedade da inscrição" (*op. cit.* pág. 547).

sistema de registo", sobretudo no que respeita aos seus *efeitos jurídicos*. Ora, a obrigatoriedade de solicitar o registo nada tem a ver com isso. É tão-só uma determinação, uma *imposição legal* de formular o pedido – pedido esse que tem de ser feito, nos termos gerais, de harmonia com o *princípio da instância*.

Os artigos seguintes (os 8.º-B, C e D) indicam *quem* deve pedir o registo, em que prazo e, não o cumprindo, qual a consequência. Uma observação para referir que esta é apenas a sujeição ao pagamento do emolumento em dobro[73].

9. O princípio que o Código consagra no artigo 9.º é o que se indica, na epígrafe respectiva, como da "legitimação de direitos sobre imóveis" e que, talvez com maior precisão, se pudesse designar como *princípio da legitimação dispositiva*.

Na verdade, este princípio quer, muito resumidamente, significar o seguinte: é o *titular inscrito* que está *legitimado* para *dispor* do prédio em causa. Por isso, quem quiser dispor de qualquer imóvel – no sentido de o alienar ou de o onerar – deve demonstrar que ele *está registado* a seu favor.

Trata-se, assim, da *disposição* dos imóveis. Consequentemente, o princípio dirige-se principalmente a quem tem a tarefa de *titular* tais disposições de prédios, elaborando os correspondentes documentos, ou seja, por regra, o notário. Daí que *também* venha previsto no n.º 2 do art.º 54.º do Código do Notariado.

Sendo óbvio que este princípio contribui de uma forma determinante para a segurança das transacções imobiliárias, o certo é que entre nós só foi introduzido na lei com a reforma do registo predial operada pelo Código de 1984, ainda que anteriormente – cabe reconhecê-lo – a maioria dos notários procurasse sempre certificar-se da sinceridade das declarações dos outorgantes também no sentido de que, ao dispor dos bens, estariam legitimados para o fazer. De

---

[73] Não está, porém, previsto nenhum procedimento para que tal obrigação seja *efectivamente cumprida*, o que nos parece desajustado da referida finalidade legal. Por outro lado, também não está previsto, como parece que devia estar, a invocabilidade de *motivo justificativo* para a circunstância de não se ter podido requerer o registo no prazo fixado.

Publicidade e princípios do registo 45

qualquer modo, a introdução do princípio constituiu um avanço notável no âmbito da segurança do comércio jurídico que afinal, como resulta do art.º 1.º do Código, constitui objectivo essencial do registo. Além disso, foi uma das medidas do novo Código que, como justa e pertinentemente se escreveu, "veio dinamizar a actividade interna dos efeitos do registo."[74]

Assim, a prova dada ao documentador passou a ser a *autêntica*, ou seja, a constante da certidão do próprio registo, emitida pela conservatória. Note-se que esta *certeza de legitimação* advém do facto de que "o titular registral, pelo simples facto de o ser, está *legitimado* para actuar no processo e no tráfico com a titularidade que o registo manifesta"[75].

A consagração legal deste princípio veio, pois, "condicionar a própria alienabilidade dos direitos *á existência prévia de registo* a favor do alienante"[76]. Assim, porque o título não pode ser lavrado se o transmitente ou onerante não tiver o registo a seu favor, diz-se (a nosso ver pertinentemente) que a introdução do princípio acabou por tornar o registo *indirectamente obrigatório*. Foi deste modo superada a dicotomia vigente nos códigos anteriores – registo obrigatório numa parte do País e facultativo noutra[77] – para o tornar, em todo o território nacional, indirectamente obrigatório.

A regra geral que condiciona a titulação do acto dispositivo à existência do registo a favor do alienante tem algumas excepções que, como veremos, não têm grande significado, mas que não são inteiramente coincidentes nos dois Códigos (do Registo Predial e do Notariado).

A que vem referida na alínea a) do n.º 2 do art.º 9.º do C.R.P. e não está, nem teria que estar mencionada no C.N. (já que se trata de actos do âmbito judicial e não notarial). Como se sabe a expropriação conduz a uma aquisição originária por parte da entidade expropriante

---

[74] A frase é de Menezes Cordeiro no referido artigo *Evolução Juscientífica e Direitos Reais*, a pág. 109.

[75] Cf. Lacruz Berdejo e Sancho Rebullida *op cit*. pág. 53.

[76] Cf. citado artigo de Menezes Cordeiro, pág. 109 (itálico nosso).

[77] Nos termos do art.º 14.º (tanto do Código de 1967, como no 1959) o registo era *obrigatório* "nos concelhos onde esteja em vigor o cadastro geométrico da propriedade rústica". Era *facultativo* nos outros. Presentemente é directamente obrigatório (art. 8.º-A).

e a averiguação do titular (inscrito ou não) releva *não* para que este deva praticar um qualquer negócio jurídico, mas sim para que receba a *indemnização* devida, isto é, tem um significado meramente *obrigacional*. A partilha (introduzida pelo Dec-Lei n.º 116/2008) é um acto meramente *distributivo*[78]. Quanto aos outros actos são judicialmente determinados e, por isso, é ao juiz do processo que cabe averiguar a *legitimação* que, no caso, lhes possa corresponder.

As outras duas alíneas daquele n.º 2 são no essencial coincidentes com as do n.º 3 do art.º 54.º do C.N., verificando-se apenas quanto à a) deste n.º 3 que é feita a exigência do "conhecimento pessoal do notário" que não é requisito imposto pela alínea b) do n.º 2 do art.º 9.º. Por isso, tratando-se de acto *praticado por notário*[79] é exigível aquele "conhecimento pessoal", mas sendo-o por outra entidade (que, *in casu*, não tenha de reger-se pelo C.N.) já não o é.

A *ratio* desta excepção é, a nosso ver, de mera natureza prática. E justificável: dir-se-á que facilita a celebração dos negócios jurídicos sem riscos, visto que, por um lado, quase não seria viável "no mesmo dia" conseguir-se a apresentação e o registo do 1.º acto a favor do adquirente e, por outro, que este pudesse ainda transmitir a outrem, que também registasse essa nova aquisição, defraudando as partes e terceiros e conseguindo portanto frustrar a aplicação do princípio.

A outra alínea também não é inteiramente coincidente nos dois códigos, referindo-se a do registo apenas à urgência "por perigo de vida dos outorgantes" (que terá de ser devidamente comprovada) e

---

[78] Como é sabido, existe alguma polémica doutrinária a este respeito. Todavia, como adiante se dirá (cf. *nota 70*) à luz do disposto no art.º 1316.º do Cód. Civil *causa aquisitiva* (que portanto importa ao registo) da propriedade é a "sucessão por morte" – que *se comprova* pela habilitação e não pela partilha.

[79] Dado que a actual legislação admite que os actos de disposição e oneração de imóveis sejam praticados *por quem não é notário* parece, à primeira vista, que a norma se aplicará igualmente aos outros *tituladores* que não sejam notários. Todavia, aqui o "conhecimento pessoal" também estará ligado à *fé pública* de que goza o notário. Como os tais outros tituladores *a não têm*, afigura-se que o preceito não se lhes poderá aplicar. Porém, quanto aos que nem sequer se têm de reger pelo C.N. (de que fala o texto) tal inaplicabilidade é manifesta.

Publicidade e princípios do registo

que é situação *raríssima*[80] e a do notariado também aos casos de incêndio e outras calamidades como tal oficialmente reconhecidas[81].

O n.º 3 do art.º 9.º e a alínea b) do art.º 55.º do C.N. aludem ao mesmo caso, que só formalmente é excepção ao princípio. Dissemos que antes do Código de 84 o registo era obrigatório numa parte do País e facultativo noutra. Pois bem: onde era facultativo, o outorgante que queira dispor do prédio, em vez de provar que *já está feito* o registo a seu favor, pode juntar o(s) documento(s) comprovativo(s) de que ele está em condições de o ser ou então, *simultaneamente* justificar o seu direito. Isto é, demonstra a titularidade do prédio não através do registo, mas sim através dos documentos (ou da simultânea justificação) que a comprovam.

A uma última hipótese se refere o Código do Notariado na alínea a) do art.º 55.º[82]: a partilha ou a transmissão de bens da herança feita pelos herdeiros habilitados. É que a causa *translativa* da propriedade não é a partilha mas sim a *sucessão por morte*[83] que se prova pela habilitação. Por outro lado, a lei admite que o prédio não descrito (ou sem inscrição de aquisição) se registe directamente a favor dos herdeiros (e meeiro) antes da partilha – "em comum e sem

---

[80] É que não sendo difícil de obter um vulgar atestado de doença já o é quando tiver de especificar que o potencial outorgante corre perigo de vida. Por outro lado, esse outorgante poderia facilmente passar procuração (mesmo com o efeito previsto no art.º 1175.º do C.C.). Assim, não se tem conhecimento de terem sido celebradas escrituras invocando esta excepção de *extraordinária urgência*.

[81] Trata-se das situações (também muito raras) que foram especialmente contempladas no Dec.-Lei n.º 312/90, de 2 de Outubro e que, se incumprido o princípio ora em causa (bem como o que registralmente lhe corresponde do *trato sucessivo*) iam dar lugar a registos provisórios por natureza previstos no art.º 2.º, n.º 1, do mesmo diploma.

[82] A redacção desta alínea, embora alterada pelo citado Dec-Lei n.º 116/2008, diz essencialmente o mesmo, No entanto, a introdução da "partilha" na alínea a) do n.º 2 do art.º 9.º do C.R.P. compatibiliza melhor a previsão deste Código com a do Código do Notariado.

[83] A sucessão por morte é a causa de *aquisição* – cf. art. 1316.º do C.C. – e o momento em que ocorre não é o da partilha dos bens. É sim o da "abertura da sucessão" (art.º 1317.º b) do C.C.) A partilha é apenas a causa (origem e fundamento) da *distribuição* dos bens. A este tema se refere pormenorizadamente ISABEL MENDES no Código do Registo Predial, Anotado, em comentário ao art.º 9.º.

determinação de parte ou direito" – *apenas* com base na habilitação e em simples declaração que identifique o prédio (art.º 49.º). Só que, havendo partilha feita, não é necessário fazer este registo (*soi-disant* intermédio a favor de todos) podendo registar-se directamente a favor daquele a quem foi adjudicado o prédio. Seria assim despropositado que, a propósito deste princípio da legitimação, o legislador tivesse uma perspectiva diferente.

10. Abordaremos ainda mais sucintamente os princípios que, na sequência do Código, vêm seguidamente tratados – do *trato sucessivo* e da *instância* – visto que o primeiro é usualmente aprofundado numa aula própria[84] e o outro é bem conhecido e tratado nas cadeiras de processo civil.

O *princípio do trato sucessivo* – que está consagrado no artigo 34.º do Código – tendo em si um cariz formal, é todavia um dos mais importantes para que o registo possa alcançar um elevado grau de credibilidade e de certeza. Isto porque é através deste princípio que é possível concretizar-se na ordem tabular a essencial regra jurídica de que o direito *já tem de existir* em quem transmite visto que, de harmonia com o velho brocardo, ninguém pode transmitir o que não tem (*nemo plus iuris ad alium transferre potest quam ipse habet*).

É que – salvo quando se trata de uma *aquisição originária* – o direito do adquirente tem de basear-se no do transmitente, que, por-tanto, neste já tem de existir[85]. E é porque o registo exige essa prova de um *trato sucessivo* que também existe fundamento lógico para que a lei estabeleça a presunção de verdade do assento registral (que, como dissemos, o art.º 7.º consagra).

---

[84] Que nos cursos do "CENoR" vem sendo ministrada por Silva Pereira. Quanto ao respectivo texto de apoio (além de outras publicações) está disponí-vel no *sítio*: www.fd.uc.pt/cenor/public.html.

[85] Na verdade, porque os actos translativos da propriedade (*venda, doação, etc.*) não são *constitutivos* do direito, apenas o transferem (cf. Pires de Lima e Antunes Varela, C.C. Anotado em colaboração com Henrique Mesquita, Vol II, nota 5 ao art.º 1311.º) haveria que fazer – se não existir a *presunção do registo* – a chamada "*probatio diabólica*" ou então a da aquisição originária. Como se observou no Ac. do STJ de 475/1976 (*in* BMJ n.º 257, pág 82) é o que diz a doutrina já "desde antes do Código de Seabra, assim como na vigência deste diploma e do Código de 1966" e também a "francesa, espanhola e brasileira".

Publicidade e princípios do registo 49

Como se vê, trata-se de um princípio que assegura uma *legitimação registral* (ou tabular) e por isso se tem dito que assim como o princípio da legitimação dispositiva se dirige fundamentalmente a quem elabora o documento (isto é, sobretudo ao notário) o do trato sucessivo visa quem tem de efectuar o registo, ou seja, dirige-se principalmente ao conservador.

O princípio do trato sucessivo – embora já previsto na legislação anterior – foi apenas instituído "como regra condicionante da inscrição de qualquer acto dispositivo"[86] pelo Código de 1959 (que entrou em vigor em 1/1/1960) e passou a ter duas vertentes, traduzidas nos números 1 e 2 do artigo correspondente (o 13.º): a da primeira inscrição ou *inscrição prévia* – relativa a prédio não descrito ou sem inscrição de aquisição em vigor – e a das inscrições subsequentes. Assim, no primeiro caso, quando se tratava de um negócio jurídico aquisitivo *posterior* à data da vigência do Código (1/1/1960), para se efectuar a *primeira inscrição* tornava-se necessário que o título respectivo fosse anterior a essa data, pelo que, em tal caso, antes de se lavrar o registo a favor do requerente (o interessado no registo) havia que efectuar *os outros* registos *prévios*, recuando até ao que antecedesse a referida data. No outro caso – quando sobre o prédio existia uma inscrição de aquisição em vigor – não era, e continua a não ser, possível lavrar nova inscrição (seja de aquisição seja de ónus ou encargos) sem a intervenção do titular inscrito. Tratando-se de *aquisição* tem de haver uma *continuidade de inscrições* correspondentes aos "elos da cadeia" das sucessivas aquisições derivadas[87]; e de encargos eles só podem ser registados *contra* o titular inscrito ou ser por ele mesmo constituídos.

---

[86] Como se diz no Preâmbulo do Decreto-Lei n.º 42 565, de 8 de Outubro de 1959, que aprovou o Código.

[87] E quanto à aquisição originária? Há que notar o seguinte: nesta espécie de aquisição o direito do adquirente *por definição* é original, não deriva nem se fundamenta no do transmitente e, portanto, não existe, nesta perspectiva, qualquer *trato sucessivo*. Só que o titular inscrito goza da *presunção* que o artigo 7.º lhe confere. Por isso, o princípio do trato sucessivo *actua aqui* no sentido de *obstar* a que com desconhecimento (e com presumível oposição) desse *titular inscrito* (dir-se-á: "á sua revelia") seja lavrada uma nova inscrição.

No Código vigente e na actual redacção dos n.ºs 1 a 3 do art.º 34.º é em síntese dito o seguinte: nos encargos, o registo definitivo depende da inscrição prévia a favor de quem onera *por negócio jurídico*. Na aquisição de direitos depende da inscrição a favor de quem transmite ou da prova do direito[88] ou transmitente, ressalvando-se contudo, neste caso da transmissão, a aquisição com base na partilha (n.º 3 do art.º 34.º).

O *primeiro registo* é, por regra, o da propriedade – ou seja, para lavrar um outro registo (seja de aquisição seja de encargos) é necessário que o prédio esteja previamente inscrito em nome de quem o transmite ou onera. Mas é apenas *por regra* e não sempre, visto que o princípio não se aplica aos *encargos* que não sejam constituídos por *negócio jurídico* (como é, por exemplo, o caso da penhora).

No tocante à outra vertente – e é apenas a esta que normalmente a doutrina se refere ao tratar do "trato sucessivo" – o Código actual mantém (no n.º 4) o que já constava dos anteriores e que já indicamos: é necessária a intervenção do titular inscrito para poder ser lavrada uma nova inscrição *definitiva*[89]. A parte final do n.º 4 do art.º 34.º, utilizando a expressão "salvo se", parece conter uma excepção ao princípio. Todavia, não é excepção alguma, pois trata-se antes de uma sua *confirmação*, já que, sendo o acto *consequência* "de outro anteriormente inscrito", é nesse outro que radica e que busca o correspondente "efeito real". É o que ocorre no clássico exemplo da venda executiva *consequência* da respectiva e anterior penhora registada. Não será o titular inscrito que no título "aparece" a transmitir, mas o acto translativo *é consequência* da penhora anteriormente registada.

---

[88] A lei admite que no caso de não haver registo a favor do transmitente seja apresentado "documento comprovativo do direito" deste (n.º 2 do art.º 34.º).

[89] A nossa lei admite (ao contrário, por exemplo da espanhola) que, quando o acto de disposição não é praticado pelo titular inscrito, apesar disso ingresse no sistema registral *provisoriamente* – porque, entende-se, pode haver mera *desactualização* do registo (por existir título em que esse titular alienou ao que ora foi transmitente e não uma alienação *a non domino*) ou então *convalidação* do contrato translativo (art.º 895.º do C.C.). Em qualquer dos casos poder-se-á converter a inscrição provisória com a realização, *embora posterior*, do(s) registo(s) desde o titular inscrito até ao transmitente.

Publicidade e princípios do registo 51

Apenas se prevê a dispensa da "inscrição intermédia" para se efectuar o registo em nome dos titulares de herança indivisa (artigo 35.º).

O princípio do trato sucessivo aplica-se, portanto, à generalidade das situações decorrentes das transmissões e dos encargos voluntariamente constituídos (por negócio jurídico), bem como ao registo *das acções*, já que quando existe inscrição de transmissão em vigor o titular inscrito deverá ser demandado ou pelo menos chamado a intervenção no processo[90].

11. O princípio da instância, consagrado no artigo 41.º do Código, diz-nos que *por regra* o registo é feito *a pedido* das partes ou de outros eventuais interessados, só se podendo efectuar com base nesse pedido. Os casos de *oficiosidade* constituem excepção, uma vez que só existem quando a lei expressamente os prevê[91].

Cabe no entanto aclarar que este princípio, no que toca à legitimidade para formular o pedido[92], tem no âmbito registral uma muito maior flexibilidade do que no processo civil, dado que se admite que quem solicita o registo possa ser um interessado *indirecto*[93] e não

---

[90] O tema é objecto de análise no citado trabalho de SILVA PEREIRA, que indicamos em nota anterior. Entre nós, e mais recentemente, o trato sucessivo foi também analisado na bem documentada obra de JOSÉ ALBERTO GONZÁLEZ "A Realidade Registal Predial para Terceiros", a págs. 173 e segs.

[91] Esta excepcionalidade, a nosso ver, não quererá dizer *taxatividade,* pois há casos que se enquadram num *género* amplo, como os de registos errados (art.º 121.º, n.º 1) cujos contornos de erro são por demais abertos. Entre os casos de oficiosidade assumem particular importância os da "inscrição cumulativa necessária" do art.º 97.º n.º 1 e os de certas conversões e cancelamentos (v.g. art.ºs 92.º, n.º 6, 101.º n.ºs 4 e 5, 148.º, n.º 4 e 149.º).

[92] Pedido que, portanto, salvo nos casos de oficiosidade, *é sempre necessário* para a realização do registo. A *regra geral de legitimidade* está prevista no art.º 36.º do Código.

[93] Um interessado indirecto – que não significa qualquer pessoa – é, num exemplo clássico, o credor que pretende cancelar (pois lhe convém e obteve o documento bastante) um encargo respeitante a um outro credor que incide sobre o mesmo prédio. É ainda quem tem obrigação de promover a feitura do registo. No tocante à grande *flexibilidade* do princípio é, entre outras situações, apontada a possibilidade de, sem requisitos nem consequências relevantes, se desistir do

apenas, como no processo civil (art.º 26.º do C.P.C.), o que tiver o interesse *directo* em demandar ou em contradizer.

Contudo, no que respeita à legitimidade para pedir averbamentos às descrições a lei é mais restritiva. Como ideia geral pode dizer-se que estes averbamentos, havendo proprietário inscrito, só por ele podem ser pedidos ou, pelo menos, inferindo-se que não se verificou a sua oposição. É que, como já há tempos se havia escrito, *existindo registo de aquisição* "é impossível passar por cima da intervenção do respectivo titular"[94]. De resto, a lei – no artigo 38.º do Código – estabelece pormenorizadamente as regras para que, consoante o caso concreto, se possa formular um pedido de averbamento à descrição. Cabe porém notar que nem sequer haverá necessidade de formular pedido – sendo então o averbamento *oficioso* – quando a alteração de qualquer dos elementos da descrição constar "de documento expedido por entidade competente para comprovar o facto", ou houver acesso à respectiva base de dados, ou ainda se tiver sido "lavrado com intervenção da pessoa com legitimidade para pedir a actualização" (art.º 90.º, n.º 1).

Diz-se que o princípio da instância confirma o *carácter civil*, no âmbito do direito privado, do registo, diversamente do administrativo onde, sendo admitidas as solicitações dos interessados, no entanto a actuação oficiosa dos serviços constitui a regra[95].

O princípio da instância concretiza-se através da formulação do pedido de registo. Esse pedido formal[96] é *apresentado* na conservatória, com os documentos que o acompanham e o baseiam.

O conceito de apresentante não está claramente definido na lei – no sentido de ser o que *envia* material ou electronicamente o pedido

---

pedido (art.º 74.º), bem como a da possibilidade de liberalmente se suprirem deficiências (art.º 73.º) e ainda a de o interessado poder ser representado informalmente (art.º 39.º).

[94] Cf. CATARINO NUNES, C.R.P. Anotado, pág. 307.

[95] É, v.g., o que refere J. M. GARCIA GARCIA (*op.cit.*, pág. 546)

[96] O artigo 41.º-B indica *as modalidades* da formalização do pedido. Antes do aludido Decreto-Lei n.º 116/2008 o pedido era feito por meio de um impresso "de modelo aprovado", o que (como na anterior versão do "texto de apoio" a esta aula havíamos referido) não correspondia já à actual era da comunicação electrónica.

ou antes o que *assume* (ou *subscreve*) esse pedido – mas propendemos a considerar que é *quem formula* o pedido (e não quem materialmente o vai entregar no correio ou na conservatória) ou que nele próprio como *apresentante* se identifica.

Cabe ainda referir que o pedido de registo é – e a nosso ver *deve ser* cada vez mais – facilitado, pois para os interessados e para o comércio jurídico há um *óbvio* interesse em que o registo *esteja actualizado*[97]. Neste sentido, o Código admite uma ampla possibilidade de formalização do pedido (citado artigo 41.º-B) e de *representação* do registante, como se vê do disposto no artigo 39.º e, por outro lado, impõe aos "sujeitos da obrigação registar" que promovam o registo – artigo 8.º-B – em determinado *prazo* (artigo 8.º-C) e no caso de o não fazerem atempadamente sujeita-os ao pagamento do emolumento em dobro (artigo 8.º-D).

12. O último dos princípios que figura na sequência das disposições do Código – no seu artigo 68.º – e que será por certo o primeiro em termos *qualitativos*, é o *princípio da legalidade*.

Enunciado de uma maneira muito simples este princípio diz-nos que só podem ser registados os factos que estejam conformes com a lei e sejam baseados em títulos válidos e correctos[98] e ainda que respeitem a sujeitos *identificados* (que já figurem nos títulos como

---

[97] Cabe, porém, sublinhar o seguinte: a vantajosa – necessária mesmo – facilitação do *pedido de registo* não significa que, feita a apresentação, deva depois *fazer-se tudo* o que os interessados pedem, ingressando no sistema o que é legal e o que é ilegal, o que é certo e o que é errado (como o legislador fez nos *depósitos* do *registo comercial*) e tal como melhor veremos a propósito do princípio da legalidade.

[98] Esta é a expressão de ROCA SASTRE (no seu clássico e citado tratado, II vol. pág. 5.). Escreve este Autor: "O princípio da legalidade é o que impõe que os títulos a ser inscritos no Registo da propriedade sejam submetidos a um *prévio exame, verificação* ou *qualificação*, a fim de que aos livros hipotecários só tenham acesso os títulos válidos e perfeitos". E acrescenta: "num sistema em que os assentos registrais se presumem exactos ou concordantes com a realidade jurídica, é lógica a existência de um prévio trâmite depurador da titulação apresentada a registo. De contrário, como diz JERÓNIMO GONZÁLEZ, os assentos só serviriam para enganar o público, favorecer o tráfico ilícito e provocar novos conflitos".

completamente identificados ou que possam ser incontroversamente identificáveis) bem como a prédio *determinado*.

Para que este princípio se possa concretizar é indispensável que o responsável pelo registo – que entre nós (e v.g. também em França) se chama *conservador*, noutros países (v.g. nos saxónicos ou em Espanha) *registador* e noutros ainda (v.g. na Alemanha) *juiz do registo* – faça um juízo sobre a *viabilidade* do pedido de registo no sentido de o *admitir* (definitiva ou provisoriamente) ou de o *rejeitar*.

A esta apreciação – a este juízo – que o conservador deve fazer para apreciar a possibilidade de o pedido ser satisfeito e o acto inscrito no sistema registral (ficando, portanto, revestido da correspondente autenticidade *erga omnes*) chama-se juízo de qualificação ou simplesmente *qualificação*. Dever-se-á referir que a qualificação deve ser exercida de um modo competente e responsável (ainda que quanto possível célere) e também, como sempre se deve sublinhar, de forma independente e imparcial.

Por isso se diz que, apesar de não ser uma função judicial, deve no entanto "exercer-se de modo semelhante[99] e consiste num juízo de valor, não para declarar um direito duvidoso ou controvertido, mas sim para incorporar ou não no Registo uma nova situação jurídica imobiliária". É usualmente designada como uma função *jurisdicional*[100] de natureza *específica*, visto que nem se pode considerar administrativa (é praticada no âmbito do *direito privado* e não no do administrativo e também não na dependência de qualquer *despacho* da Administração ou numa cadeia hierarquizada à semelhança dos registos de informação administrativa[101]) nem judicial, relativa à justiça que

---

[99] Esta é uma ideia que perpassa pela generalidade da doutrina (v.g. J. M. GARCIA GARCIA, *op. cit.,* pág. 551), mas a frase citada é de LACRUZ BERDEJO e SANCHO REBULLIDA (*op.cit.*, pág. 305).

[100] V.g., entre muitos, A. PAU PÉDRON (*op.cit.* pág. 191 e seg.), J.M. GARCIA GARCIA (*op. cit.*pág. 551), ROCA SASTRE (*op. cit.* pág. 11 e JERÓNIMO GONZÁLEZ, aí citado). Não é, porém, opinião incontroversa. Tem, aliás, sido muito debatida na doutrina a natureza da função (cf., por todos, o estudo de LACRUZ BERDEJO "Dictamen sobre la naturaleza de la función registral y la figura del Registrador", *in* "Revista Crítica de Derecho Inmobiliario",Ano LV, 1979).

[101] O tema tem sido tratado por diversos autores, podendo ver-se uma muito clara síntese no estudo de JUAN A. LEYVA DE LEYVA "Planteamento general de los

Publicidade e princípios do registo   55

compete e que é – *só* pode e aliás só deve poder ser – exercida pelos Tribunais.

Como resulta do exposto, a apreciação da viabilidade do pedido de registo só deveria poder ser feita pelo conservador, que está jurídica e legalmente habilitado[102] para este efeito. No entanto, face ao que agora dispõe o artigo 75.º-A tal apreciação pode, quanto a alguns casos, ser também feita pelos oficiais dos registos, o que – apesar da direcção da conservatória pertencer apenas ao conservador – nos parece incoerente[103].

De harmonia com o disposto no art.º 68.º a apreciação da viabilidade do pedido dever-se-á fazer tendo por base três pressupostos essenciais:

a) As disposições legais e regulamentares que se apliquem ao caso.

b) O que está titulado, ou seja, o que consta dos documentos que foram apresentados e que ainda o possam ser[104].

c) A situação tabular – isto é, tudo o que *já consta* do registo.

Registros públicos y su división en Registros administrativos y Registros jurídicos" *in* "Revista Critica de Derecho Inmobiliario", Ano LXV, 1989, páss. 261 e segs.

[102] Dizemos *legalmente* visto que, à face da lei vigente, o conservador, para além de ser necessariamente licenciado em direito, terá de ser admitido em curso de formação específica e de o concluir com êxito e depois tem também de fazer os estágios com aproveitamento e posteriormente de ser aprovado nos exames (provas públicas) que versam essencialmente sobre as matérias que irá ser chamado a apreciar.

[103] Mormente face ao que se refere na nota anterior – e muito embora não se conteste a experiência e dedicação de muitos dos oficiais dos registos – dever-se-á concluir que o conservador é quem está jurídica e tecnicamente habilitado para fazer a qualificação do pedido de registo. Assim, no texto, ao tratar do *juízo de qualificação*, continuamos a referir-nos ao conservador.

[104] Quer-se significar o seguinte: a perspectiva do conservador – para o *juízo* que deve fazer – não é coincidente com a do juiz. Não se trata de proferir uma sentença sobre a viabilidade do pedido, mas sim, na medida do – *legal e facticamente* – possível, de o procurar *satisfazer*. Assim, não deve perder de vista um horizonte de *assessoramento* das partes, no sentido de lhes sugerir e aconselhar uma atempada (e rápida) *apresentação complementar* (que o art.º 73.º, n.º 2, admite e que os novos n.ºs seguintes até – a nosso ver exageradamente – em certos casos impõem) de algum documento ou declaração em falta.

56 Temas de registos e de notariado

Diz ainda o preceito que o conservador deve ter em especial atenção quatro questões:

1. a da *identidade* do prédio: saber se o pedido respeita *ao mesmo* prédio que consta dos documentos e da descrição que porventura exista[105];
2. a da legitimidade dos interessados;
3. a "regularidade formal dos títulos", ou seja os requisitos extrínsecos e *formais* dos documentos;
4. a validade *substantiva* dos actos dispositivos que estão titulados.

Quanto a estes últimos pontos, convirá precisar o seguinte: o conservador terá sempre que analisar os requisitos de forma, mas quanto aos substantivos e que respeitam fundamentalmente à *validade do acto* não o poderá fazer quando se trata da decisão judicial transitada, dado que esta assume um carácter de *incontestabilidade* que, nos próprios termos constitucionais (expressos no artigo 208.º, n.º 2 da Constituição) *não pode* ser posto ser posto em causa.

Por isso sempre se diz que quando o pedido de registo é baseado em sentença transitada em julgado podem ser opostas razões tabulares, mas não as de ordem substantiva[106].

Por isso, logo que verifique essa falta, o conservador, por via de regra, deverá contactar (v.g. telefonicamente) o interessado *e suster* (o que, evidentemente, só o poderá ser feito por pouco tempo) a *realização* do registo para possibilitar tal apresentação complementar.

[105] Convém notar que a questão da identidade do prédio *não é* a da possível divergência de alguma ou algumas menções das descrições (v.g. das referidas no art.º 82.º) quando se vê que, apesar disso, se trata *daquele* prédio. Em tal caso, essas divergências dariam lugar a uma *provisoriedade* do registo, mas *nunca* à recusa. Diferente é, pois, a questão é de *identidade* que apenas se coloca quando se vê que o prédio é (deve ser) *outro*.

[106] Casos típicos são o de prédio diferente (ou com menções diferentes) e o do trato sucessivo: por exemplo o prédio acha-se registado a favor de A e a sentença *apenas julga provada* a transmissão a favor de C, feita por B. Claro que a esse C , para obter o registo a seu favor, não basta juntar a certidão da sentença (já que esta *apenas* prova que B transmitiu a C), uma vez que se torna necessário comprovar também a transmissão de A (titular inscrito) para B. Mas se, por exemplo, a transmissão respeitar a um lote de terreno para construção – e o respectivo alvará não foi junto ou nem existe – o conservador não poderá opor

Um outro tema que tem sido debatido a propósito da apreciação que o conservador terá de fazer da validade substantiva do acto é o do chamado *duplo controlo de legalidade*. De facto, exigindo em geral a lei (*e bem*, para que possa haver uma indispensável *certeza*) que os actos constem de documento autêntico, torna-se necessário que quem os autentica – que é por regra e *por definição* o notário – faça o controlo da sua legalidade. Então, se assim é, porquê exigir-se que o conservador também o faça? Não haverá uma duplicação desnecessária?

Cremos que não e que este tema – que foi sobretudo debatido em Espanha[107] – redunda numa *falsa questão*. De facto, a qualificação do notário é feita na presença dos outorgantes, cuja identidade e suficiência de poderes verifica – verificação essa que já não é feita pelo conservador, salvo, no tocante á intervenção e aos poderes, *quando* aquela pode ser ulteriormente ratificada ou estes completados. E isto, como é óbvio, para *facilitar* a completa validação do acto e o seu posterior "aproveitamento". Acresce que a actuação notarial ocorre na fase de *preparação* do documento, sendo para tanto prestada a correspondente assessoria às partes e sendo a estas – e apenas a estas – que a sua intervenção respeita. Diversamente, o conservador tem de analisar o caso verificando também tudo quanto ocorreu *depois* da respectiva titulação e "qualifica a legalidade do acto para efeito da sua inscrição no registo, como órgão que não autorizou o documento e portanto com possibilidades de qualificar o dito documento de outra perspectiva", mormente a que respeita a terceiros que

---

a *nulidade* desse acto translativo que tenha sido titulado por sentença transitada em julgado.

[107] Tanto por notários como por registradores. E já ROCA SASTRE considerava que se podia evitar que a validade do mesmo documento fosse apreciada por dois juristas com preparação idêntica, sugerindo que a qualificação feita pelo notário "pudesse limitar-se ao negocio obrigacional" e a do registrador "ao de disposição" (cf. *op. e loc. cit.* pág. 7). Entre nós, na citada obra de JOSÉ ALBERTO GONZÁLEZ "A Realidade Registral Predial para terceiros" é também tratado a págs.114 e segs. (ainda que não possamos concordar com algumas das afirmações, como a de pág. 119 quando diz que não se vê obstáculo a que um dos controlos seja eliminado). Não é aqui possível desenvolver este tema. Dir-se-á apenas que essencialmente são controladas coisas distintas e sob perspectivas diferentes, como sumariamente se refere no texto.

nele não intervieram e "tendo em conta não só as manifestações das partes, como os dados resultantes do registo"[108].

Por outro lado, a qualificação do documento notarial é e tem de ser diferente da que respeita ao documento judicial (a que, como regra, só podem ser opostas razões tabulares), desde logo porque nunca produz *caso julgado* (sendo sempre susceptível de ser rectificado, completado ou revogado) e porque, como pacificamente se reconhece, o notário certifica que foram feitas as declarações constantes do documento, mas não que as mesmas são verídicas e *sinceras*, como soi dizer-se. Pelo contrário a decisão judicial *define* o direito e torna-o *incontroverso* – insusceptível de reapreciação face aos correspondentes dados de facto.

Em conclusão: afigura-se que a qualificação que respeita à preparação e à outorga do documento é *indispensável* para que este possa oferecer as necessárias (e convenientes) garantias de autenticidade, mas tal *indispensabilidade* do controlo da legalidade *também* se verifica *sempre*[109] na fase do registo, sobretudo se este não for um mero arquivo de documentos e antes estiver ao serviço do interesse *das partes* e da sua segurança, mas igualmente do interesse *público*

---

[108] Cf. J. M. Garcia Garcia , *op.cit.* pág. 551/2. Entre nós, num recente parecer do Sindicato dos Magistrados do Ministério Público a propósito da denominada "Casa Pronta" – e apesar de se considerar *que existe* o falado "duplo controlo" – considera-se que essa não será "uma questão" controversa ou que deva ser superada. De facto, diz-se textualmente que "o sistema vigente entre nós é aceite pela comunidade jurídica como um sistema que permite um controlo eficaz da legalidade dos actos", mesmo porque "antes de serem inscritos no Registo Predial são verificados por dois licenciados em Direito (em dois momentos distintos), o que permite que o conservador do Registo Predial detecte eventuais falhas que tenham escapado ao controlo do Notário" (no *sítio* do SMMP).

[109] Mesmo no que toca ao *documento judicial* – sendo certo que o conservador *não pode* discutir a decisão judicial ou opinar "sobre o seu acerto ou desacerto"- pode e deve, no entanto, "examinar o conteúdo do documento para verificar se é válido registralmente" (como disse o Supremo de Espanha em 4/5/1995), mormente se existem razões tabulares que impedem o seu ingresso definitivo (as transcrições são de A. Pau Pédron, *op cit.* pág. 196). Note-se ainda: há – e tem de haver – além do controlo notarial e registral – correspondendo a funções *diferentes* – o fiscal, o administrativo... Enfim: cada função *deve ter* o seu.

Publicidade e princípios do registo   59

que constitui a segurança do comércio jurídico em geral. Não parece, pois, defensável (nem sequer *conveniente* para os próprios interessados directos) a "moderna", mas ao que se crê injustificada ideia de *eliminar* uma dessas qualificações.

Em consequência do exame que fez sobre a viabilidade do pedido de registo o conservador pode tomar uma de três atitudes: lavrar o registo definitivamente (o que, em princípio, será a hipótese normal), lavrá-lo provisoriamente ou recusá-lo.

A primeira é a situação que corresponde à inexistência de quaisquer óbices tanto no que respeita à plena suficiência e validade dos documentos (quer os principais que titulam o facto, quer os complementares que *in casu* devessem ser apresentados) como às circunstâncias de ordem tabular.

A segunda (referente à provisoriedade do registo) tem duas vertentes:

1. A de a lei prever directamente a hipótese, estabelecendo que naquele caso o registo é provisório: trata-se das provisoriedades *por natureza* (que, diga-se também, correspondem a situações típicas, habituais e *pretendidas*, em que o registo é logo *pedido* como provisório);
2. Todas as outras situações em que há *um obstáculo* – seja referente aos próprios documentos, seja ao facto, seja à situação tabular – que impede que o registo seja lavrado como definitivo (ou "como foi pedido"[110]), mas que, todavia, não é tão grave que deva determinar a recusa (de harmonia com o previsto no art.º 68.º) tal óbice conduz à provisoriedade por dúvidas[111].

É a hipótese que o artigo 70.º prevê.

Vemos, portanto, que os casos de provisoriedade por dúvidas se estabelecem, por assim dizer, por *exclusão de partes*: são os que não

---

[110] Pode, por ex., o registo ter sido pedido como provisório por natureza e, no entanto, não ser essa a qualificação que deva ter, mas sim (ou também) a de provisório *por dúvidas* (v.g. falta de um documento).

[111] Não cabe no âmbito desta exposição tratar do *suprimento de deficiências* previsto no artigo 73.º.

podendo ser definitivos nem estando previstos entre os casos da provisoriedade por natureza, também não dão lugar à recusa.

A respeito destas provisoriedades, a Lei Hipotecária de 1863 referia-se (no art.º 67.º) aos casos em que os títulos apresentados eram de "duvidosa legalidade". A propósito – e tal como hoje pacificamente se entende – convém frisar o seguinte: o conservador *não pode duvidar*, nem também a legalidade do título ou do acto pode ser *duvidosa*. É, ou não é, legal. Falta, ou não falta, certo documento ou determinada declaração.

Em suma: quando o conservador qualifica um acto como provisório por dúvidas não pode ser porque ele próprio *hesite* ou tenha *as suas* dúvidas acerca da qualificação. É, sim, porque *tem a certeza* de que *deve ser essa* (e só poderá ser essa) a caracterização do acto.

Os casos de provisoriedade por natureza estão mencionados nas sucessivas alíneas dos n.ºs 1 e 2 do artigo 92.º e os de recusa são os que se acham previstos no artigo 68.º[112], cuja análise, ainda que importante, nos parece, contudo, que excederia a simples exposição do princípio da legalidade.

Quando há um obstáculo essencial à feitura do registo – que vai ao ponto de impedir que este seja lavrado, mesmo como provisório – terá de ser recusado. Trata-se das situações que o artigo 69.º contempla.

Um último apontamento para dizer que havendo lugar à recusa ou à provisoriedade por dúvidas o conservador deve justificar essa qualificação através de *despacho*[113] – fundamentado, mas sucinto, que tem de ser notificado ao interessado.

---

[112] Afigura-se que os casos de recusa são *apenas* esses, como de resto resulta de alguns debates que antecederam a publicação do Código (entendeu-se que as hipóteses de total rejeição não deviam ser deixadas à consideração casuística do registador). Por outro lado, a disposição do n.º 2 não significa que inexista uma taxatividade. É que os casos (embora genéricos) *são apenas esses*: 1) a natureza do acto (v.g. o usual averbamento) não admite a provisoriedade ou, 2) há uma total falta de elementos (dos sujeitos, do prédio ou do facto) que impossibilita que o registo se faça.

[113] Este despacho é *obrigatório*. No entanto, tem-me parecido que noutros casos (v.g. de registo definitivo) específicos ou complexos, nada impede que o conservador justifique a qualificação feita. Quanto à notificação, também deve ser feita em diversos casos de provisoriedade *por natureza* (art.º 71.º, n.º 2).

NOTAS DE DIREITO REGISTRAL:

O PEDIDO, O PROCESSO
E OS ACTOS DE REGISTO[*][1]

1. Prosseguindo o nosso estudo do direito registral imobiliário[2] cabe fazer uma referência ao *processo de registo* – que não é o de uma demanda, mas é o de uma instância. Ou seja: trata-se de um procedimento que deve nascer por iniciativa e a instância do interessado[3], mas que não se destina a dirimir quaisquer conflitos. Pelo contrário – salvo no caso do registo de acções – *pressupõe que não os haja*, até porque se baseia em *títulos* cujo conteúdo não pode ser controverso ou dúbio (sob pena de o registo não poder ser definitivo), devendo antes ser feita a *prova bastante* através do documento que a lei exige.

---

[*] Estas notas constituem um *texto de apoio* destinado aos alunos do curso de "direito imobiliário", no âmbito do *CIJE* e ministrado na Faculdade de Direito do Porto, bem como dos cursos ministrados na Universidade Portucalense. O texto foi actualizado depois da publicação do D.L. n.º 116/2008, de 4/7.

[1] Diz-se no início do texto que se *prossegue o estudo* visto que a 1.ª parte do Curso, sobre os *princípios do registo* foi já apresentada, tendo sido objecto do artigo antecedente.

[2] A designação de "direito registral imobiliário" tem sido usada sobretudo em Espanha (são bem conhecidas as "Lecciones de Derecho Inmobiliario Registral" de LACRUZ BERDEJO, cuja 1.ª edição data de 1957) mas também entre nós vem sendo adoptada (*vide*, v.g., a obra de JOSÉ ALBERTO GONZALÉZ "Direitos Reais e Direito Registal Imobiliário", 3.ª ed., 2005) e será, por certo, mais adequada do que a de "direito do registo predial" ou outra semelhante.

[3] Como se fez notar quando se tratou de analisar o *princípio da instância*, no direito registral imobiliário – que se insere no domínio do direito privado – vigora o *princípio dispositivo*, pelo que os casos de oficiosidade são a excepção e não a regra (ainda que sejam em maior número do que no processo civil).

O processo de registo começa portanto pelo *pedido* feito pelos interessados e, diz o Código, (doravante ao dizer apenas *Código* queremo-nos referir ao Código do Registo Predial vigente) que o deve ser através de uma das modalidades previstas no artigo 41.º-B (que as disposições seguintes especificam), tendo-se abolido a exigência de um "impresso" próprio visto que actualmente se considera – e bem – uma imposição desnecessária (embora ao tempo da publicação do Código com ele se tivesse pretendido *facilitar* a formulação do pedido[4]). De facto, a petição até poderá ser feita por via electrónica (como já se pratica noutros registos, como no comercial *on line*) e deve reconhecer-se que tal é possível e desejável. O que afinal importa é que o interessado *manifeste* de forma clara *a vontade* de que seja feito determinado registo.

O pedido deve ser feito por quem tenha legitimidade (como já vimos ao tratar dos princípios do registo), tal como confirma o artigo 41.º, e vai basear a apresentação, como adiante veremos. O artigo seguinte (que dizia que o notário podia apresentar ou enviar o pedido "subscrito pelos interessados") foi revogado, o que todavia não significa que o legislador tivesse "mudado de opinião", visto que o notário quando intervém até tem obrigação de "promover o registo" (art.º 8.º-B, n.º 1, b)). O artigo 42.º indica quais os elementos que o pedido deve conter e que, em síntese, são os relativos à identificação do apresentante, do prédio – se não descrito, dever-se-ão também indicar complementarmente os seus ante-possuidores (n.º 6) e em caso de compropriedade, os comproprietários (n.º 7) – do facto e dos documentos.

Quando formula o pedido o requerente deve ainda juntar os documentos necessários para comprovar o facto que pretende ver

---

[4] O qual, no domínio dos anteriores códigos – e salvo no de 1983, que nunca chegou a entrar em vigor – era feito num *requerimento* com determinados requisitos e cuja formulação nem sempre foi considerada fácil. O impresso-requisição constituiu uma espécie de solução de compromisso ou de "meio-termo" entre o pedido meramente verbal e o anterior requerimento (cf. ROCHETA GOMES, "Instância e Oficiosidade no Registo Predial", separata do *BRN* – Boletim dos Registos e Notariado – de Maio de 1985).

O pedido, o processo e os actos de registo 63

registado[5], bem como os que, apesar de terem uma função acessória, possam ser legalmente exigidos. Quanto aos primeiros são os que, para cada caso, a lei prevê[6], com a mais variada natureza, que aqui não seria viável pormenorizar[7]. De entre os outros o Código começa por indicar no artigo 46.º um dos que tem sido objecto de alguma crítica, a nosso ver infundada: referimo-nos às "declarações complementares". De facto, estas declarações não existem para complicar a instrução do pedido de registo, mas muito pelo contrário *para facilitar* o acesso ao registo, mormente ao definitivo. É que, por vezes, alguns títulos (mesmo judiciais) contêm menções incompletas (v.g. na identificação dos sujeitos ou nas descrições dos prédios) ou divergentes com as que constam de outros ou dos próprios registos. Ora, tais anomalias são solucionáveis, nos casos previstos nas alíneas a) e b) do n.º 1 do artigo 46.º, através de *declaração complementar* que os interessados podem facilmente subscrever.

---

[5] Não se quer dizer que seja *sempre* obrigatório *juntar* (no sentido material) os documentos. Por ex. tratando-se de documentos *já arquivados* (na conservatória ou em serviços da Administração Pública) basta indicá-los, ou seja, fazer a respectiva "menção" (n.º 5 do art.º 43.º).

[6] Como é sabido, o Código Civil dedica à prova documental uma secção (a IV do Capítulo referente às provas) e no n.º 1 do artigo 363.º diz-nos que os documentos escritos podem ser autênticos ou particulares. Ora, para fins de registo, os documentos *só podem* ser os documentos escritos e, de entre estes, em princípio, os *autênticos*, visto que os documentos particulares (salvo disposição expressa em contrário) não podem basear registos definitivos. De resto, já há muitos anos e mesmo a nível internacional, se havia concluído (1.ª conclusão da 3.ª Comissão do III Congresso Internacional de Direito Registral) que "título para efeito da sua inscrição no Registo Jurídico de Bens Imóveis, é o documento autêntico que pela sua forma e conteúdo pode considerar-se suficiente tanto para justificar a existência de um direito a favor de um sujeito sobre um imóvel descrito como para que no registo se lavre o assento que respeite a esse bem e a esse direito" (cf. J. M. GARCIA GARCIA "Dereecho Inmobiliario Registral o Hipotecário", *Madrid 1988*, pág. 506 e www.cinder.es).

[7] Tem havido, de resto, alguns casos controvertidos, como o que respeita à transacção judicial e ao âmbito da prova que esta pode produzir (v.g. no tocante ao acordo quanto à aquisição derivada e original). Podem consultar-se sobre esta e outras matérias de documentos (bem como das demais questões técnico-jurídicas) os pareceres do Conselho Técnico no sítio do IRN : www.irn.mj.pt.

Quanto aos documentos especiais (indicados na Secção II do Capítulo III, dedicado aos documentos) cabe referir o seguinte: não estão previstos no Código para *ampliar* ou *complicar* a formalização dos actos que se acha prevista na própria lei geral. Pelo contrário: a forma que esta exige – e como considera tituláveis as diversas situações – é sempre necessariamente bastante para efeitos de registo. Os casos que naquela Secção II vêm referidos são sobretudo os que, apesar de terem *menor formalidade*, foram no entanto havidos como suficientes e admitidos para basear os registos aí contemplados. E afigura-se que bastará ler as disposições dos artigos 47.º a 59.º para se saber quais são tais registos e documentos.

Será, todavia, oportuno referir o seguinte: logo no primeiro daqueles artigos (o 47.º) vem previsto um dos documentos mais frequentemente utilizados para efeito dos registos provisórios por natureza de aquisição e de hipoteca (al. g) do n.º 1 do art.º 92.º). Trata-se de uma declaração unilateral, feita apenas pelo promitente vendedor ou pelo hipotecante que, *sendo reconhecida* nos termos do n.º 2, pode basear aqueles registos provisórios. O n.º 3 contém uma disposição que vem esclarecer e confirmar o que já havíamos referido: o documento que nos termos da lei geral é bastante para provar a promessa de alienação (*in casu* o contrato-promessa) é-o também para titular o registo provisório de aquisição a favor do promitente--comprador. Aliás, até lhe poderá ser mais vantajoso, visto que o prazo de validade do registo é maior e pode ser prorrogado (mas não quando for baseado na indicada declaração unilateral: artigo 92.º n.º 4).

O artigo 48.º-A veio permitir que o registo provisório de aquisição por venda judicial fosse efectuado com base em simples "comunicação electrónica" feita pelo agente de execução e na qual sejam indicados os elementos necessários para a inscrição.

O registo de aquisição "em comum e sem determinação de parte ou direito" sobre algum (s) prédio (s) que integre (m) a herança indivisa pode ser efectuado com base no documento que titule a habilitação e, tratando-se de prédio não descrito, numa simples declaração do herdeiro ou meeiro que identifique tal prédio. É claro que, facilitando-se assim a registabilidade do facto, pode por outro lado, "abrir-se a porta" a eventuais fraudes. E essa tem sido uma crítica habitualmente feita (e que nos parece pertinente) a este "demasiado

O pedido, o processo e os actos de registo 65

fácil" título[8] que, de modo algo aligeirado, dá possibilidade de ingresso no sistema registral de qualquer prédio e do seu próprio registo de aquisição sem que baseado num acreditável título aquisitivo.

Depois das disposições seguintes – que prevêem outros documentos que não têm levantado dúvidas de interpretação e por isso aqui não referiremos – cabe aludir ao disposto no artigo 58.º, que no n.º 1 contém uma disposição de fácil entendimento, mas cujo n.º 3 torna conveniente uma explicação. De facto, como é hoje pacífico, quem em caso de venda executiva adquire o prédio penhorado *adquire-o do executado* (e não do tribunal) e portanto *em consequência* da penhora que havia sido registada. E mesmo que esse executado tivesse posteriormente vendido o prédio a outrem (que registasse tal aquisição) essa venda seria ineficaz relativamente à execução e o adquirente nesta poderia sempre obter o registo definitivo a seu favor (também *ex vi* do disposto na parte final do art.º 34.º n.º 2). Ora, se a penhora fosse cancelada, subsistiria apenas tal venda *posterior* (posterior à penhora, entenda-se) e o adquirente na execução não conseguiria (com base na penhora) obter o registo a seu favor[9]. De modo que a lei entende – e muito bem – que tendo havido a venda executiva a penhora *não pode ser cancelada antes de feito o registo de aquisição que lhe corresponda.*

2. O registo é feito em departamentos próprios – as conservatórias – com uma organização territorial cuja área na generalidade do país coincide com a do concelho, ainda que nas grandes cidades

---

[8] Dizemos "demasiado fácil" não como crítica à "habilitação" em si mesma – que é um documento perfeitamente admissível – mas porque nela *não se identificam quaisquer prédios* como pertencentes a determinada herança. Trata-se, consabidamente de uma mera "declaração de sucessão" que apenas indica quem é herdeiro e que, aliás, até pode ser feita por três outorgantes totalmente alheios à herança. Será, pois, controverso que constitua um *título para registo*, mormente de prédios não descritos e sem inscrição de aquisição.

[9] Justamente porque se *interpunha* o registo de aquisição a favor do que comprou ao executado e que, é claro, poderia sempre *ficar com o prédio* se pagasse a quantia exequenda antes da venda executiva. E então (porque ele ficava com a propriedade do prédio) nada obstava a que se cancelasse a penhora.

exista mais do que uma conservatória, pertencendo então a cada uma delas apenas alguma ou algumas das freguesias que integram o concelho.

Quer dizer: as conservatórias têm – à luz da actual legislação[10] – uma definição territorial baseada no lugar da situação dos prédios. E se este[11] abranger a área de duas ou mais conservatórias? Ou até duas ou mais freguesias[12] dentro da mesma conservatória?

O Código, antes da última alteração legislativa, *dava* uma clara resposta nos n.º 2 do artigo 19.º: os registos eram *repetidos* na área de cada uma das conservatórias territorialmente competentes. Esta (e as seguintes) disposições foram revogadas, mas afigura-se que orientação que continham deve permanecer. O n.º 3 referia-se a outra

---

[10] Como é sabido, depois das alterações que o registo comercial sofreu (pelo Dec.-Lei n.º 76-A/2006), nesse registo, quiçá em nome da sua informatização total, eliminou-se a regra da competência territorial. Todavia, parece-nos que esse nem sempre é *um bom caminho* – mas que o legislador nacional tem vindo a seguir, aliás ignorando as ponderosas razões que levaram à manutenção da competência territorial na Europa da nossa tradição jurídica – e que conduz a erros, à incerteza nas orientações e à irresponsabilização na qualificação dos actos. No registo predial, estando os prédios inseridos num dado território (na divisão administrativa territorial) é dificilmente concebível que as fichas electrónicas de registo a ele não se tenham *sempre* de se reportar. Por outro lado, as câmaras municipais e as repartições de finanças (que tutelam as matrizes prediais) têm a sua competência circunscrita ao respectivo concelho. Por tudo isto, não se entende muito bem a total eliminação da competência territorial das conservatórias. De qualquer modo, apesar de os artigos 19.º a 21.º do Código terem sido revogados, a prática registral que aí era indicada (v.g. no tocante à localização dos prédios em mais do um concelho) continua a ser orientadora.

[11] Dizemos "este" e não "estes" visto que as indicadas regras se aplicam ao caso de *um só prédio* ter uma parte na área territorial de uma conservatória (onde é feita uma descrição) e outra (ou outras) na da conservatória (s) vizinha (s), onde também tem de ser descrito. As descrições deverão, porém, referir a área que corresponde à da descrição em causa e que o prédio "continua" indicado, na parte restante, na descrição da(s) outra(s) conservatória(s). Sendo mais prédios, o procedimento é igual para cada um deles.

[12] Visto que os prédios (a sua numeração) e as fichas de registo (incluindo as electrónicas) são *organizados por freguesias* (é claro, pertencentes aos respectivos concelhos aos quais devem ser referenciadas).

O *pedido, o processo e os actos de registo* 67

situação: a do *facto* sujeito a registo dizer respeito a dois ou mais prédios situados, cada um, na área de outra(s) conservatória(s). Claro que cada conservatória registará esse facto relativamente ao "seu" prédio, havendo apenas que indicar no extracto da inscrição – e como refere a al. f) do n.º 1 do artigo 93.º – que o facto inscrito abrange diversos prédios.

No artigo seguinte (20.º) explicitava-se que nos casos de alteração de área (da freguesia ou do concelho onde o prédio se situa) a única entidade competente – à luz do próprio Código Administrativo – para certificar o facto, mesmo se estão em causa apenas os limites da freguesia, *é câmara municipal* do respectivo concelho que o deve dizer e não a junta de freguesia – regra esta que se mantém.

3. Os documentos que dizem respeito ao pedido de registo (a que aludem os artigos 41.º a 42.º-A), devem ser entregues (ou dar entrada) na conservatória e servem de suporte à *apresentação*.

A apresentação – ou melhor, a *anotação da apresentação* – é o primeiro acto de registo e aquele *que lhe fixa a prioridade* (art.º 6.º, n.º 1). Portanto – salvo os casos especiais referidos nos n.ºs 2 a 4 do artigo 60.º – as apresentações devem ser logo feitas[13], à medida que os documentos são recebidos na conservatória.

Apresentam-se *documentos* ou apresenta-se um *determinado pedido* de registo? Ou seja, a *apresentação* consiste na entrega dos documentos ou no pedido em que se solicita que seja registado um facto a ele sujeito?

Afigura-se que, muito embora o artigo 60.º aluda apenas aos "documentos", a resposta correcta será *apresentam-se ambos*: documentos *e* pedido. Este é, aliás, um dos elementos da apresentação

---

[13] Na anterior redacção do n.º 1 do art.º 60.º acentuava-se esta ideia dizendo que deviam "impreterivelmente" ser feitas pela ordem de entrega das requisições, o que já no domínio dos códigos anteriores era também frisado. Houve mesmo um despacho (de 2/10/1967) em que se disse que o conservador incorreria em responsabilidade disciplinar se deliberadamente retardasse a apresentação dos requerimentos e documentos entregues (*citado a pág. 144 da edição da D.G.-R.N. – Imprensa Nacional – do Código de 1967*). A eliminação daquela expressão ("impreterivelmente") talvez considerada supérflua, não significa contudo que a apresentação possa ser retardada. Tem de ser feita imediatamente.

(art.º 61.º, n.º 1, c)). Por isso, parece-nos que a apresentação consiste na entrega de documentos *com a formulação* do pedido de que se registe determinado facto deles constante e por eles comprovado[14]. Uma coisa é, por assim dizer, inseparável da outra.

Por cada acto de registo *solicitado*[15] deve ser feita *uma apresentação distinta* (n.º 5 do art.º 60.º), muito embora tanto as descrições como os seus averbamentos que decorram de outros actos solicitados (como é sobretudo o caso de inscrições) não tenham apresentação própria[16].

As disposições que regem a apresentação (Capítulo IV do Título III, referente ao "Processo de Registo") regulam alguns dos aspectos mais importantes que a ela se referem. Assim, o artigo 61.º diz quais são os elementos que deve conter[17] e indica que tais elementos são

---

[14] Indicamos esta noção do que é a apresentação, muito embora a lei não a defina e pareça antes inculcar a ideia de que ela consiste *apenas* na entrega dos documentos (cf. art.º 60.º).

[15] Também por isto pensamos que o *pedido* integra o conceito de apresentação. É que se o pedido de registo de determinado facto não tiver sido feito, mas quando for lavrado o acto solicitado se verificar que há *um outro* acto que também deve ser oficiosamente efectuado (v.g. nos casos do n.º 1 do art.º 97.º) esse registo *terá de ser feito*, muito embora *não tenha sido objecto de uma prévia apresentação autónoma* (ele é lavrado com *a mesma* apresentação do acto pedido, com a indicação "of."). Note-se ainda que nada obsta a que um acto, apesar de oficioso, tenha sido solicitado e portanto dele se tenha feito uma apresentação própria.

[16] O n.º 6 do art.º 60.º fala apenas dos "averbamentos de anexação e desanexação". Todavia, não parece que esta menção seja rigorosa. Com efeito, por um lado, *todos os outros* averbamentos que não sejam *independentes* – isto é, que os que decorram da actualização resultante de qualquer outro acto pedido – e que dimanem do que consta dos documentos, *não têm apresentação própria*. Por outro lado, pode o acto pedido ter sido apenas uma anexação ou desanexação (v.g. um *destaque*) necessária para que seja aberta uma nova descrição e, então esse acto (anexação ou desanexação) tem *necessariamente* apresentação própria. Por isso, o que releva para efeito de apresentação é o tratar-se (ou não) de um averbamento independente: este tem apresentação própria, os outro não.

[17] Tendo o nosso sistema registral sido inspirado no espanhol, no entanto a verdade é que no tocante aos elementos que constam dos registos sempre foi bastante mais sucinto. Também na apresentação, diversamente do que ocorre

O pedido, o processo e os actos de registo   69

extraídos da própria petição (n.º 2) – ou seja, não há necessidade da conservatória, nesta fase, os confrontar e conferir com o conteúdo dos documentos. Claro que isto pode acarretar problemas futuros e responsabiliza mais o requerente Daí que seja recomendável uma atenção e cuidado na formulação do pedido de registo.

O preceituado no artigo seguinte (o 63.º, visto que o 62.º foi revogado) alude ao modo de proceder quando há apresentações simultâneas e o 64.º à necessidade de entregar ao apresentante um documento comprovativo da apresentação para que ele fique com uma prova de ter apresentado os documentos e com um recibo de ter pago o preparo.

A apresentação pode ser feita pelo correio ou por via imediata (cf. art.º 41.º-E), mas nesses casos será anotada no fim das que no mesmo dia devam ser referenciadas, tal como indica o 4 artigo 60.º.

A apresentação também pode ser *rejeitada*. Estes casos de rejeição, que evidentemente são casos extremos e *taxativos*[18], estão contemplados no artigo 66.º. O da alínea b) é óbvio (as apresentações que não digam respeito a actos de registo predial não podem, evidentemente, ser aceites), mas já se afigura um pouco "antiquada" a maneira como está formulada a prevista na alínea d) (que respeita ao pedido não ter sido feito no "modelo aprovado") apesar da actual redacção ter clarificado que tal falta de utilização do modelo aprovado *só é* motivo de rejeição da apresentação se não forem indicados os "elementos necessários" e essa omissão não for suprível.

---

com o "asiento de presentación" (cuja redacção é pormenorizada e os elementos extraídos do conteúdo dos documentos, como indica o art.º 423, do "Reglamento Hipotecário") só se indica o seu número de ordem (automático), o apresentante, o facto que se quer registar, o n.º da descrição e o n.º e espécie dos documentos.

[18] Quanto aos de *rejeição da apresentação*, afigura-se que estaremos todos de acordo que tem tal carácter taxativo. A expressão "apenas" do n.º 1 não dá lugar a opinião diversa. No entanto, quanto aos casos de *recusa* (nomeadamente os previstos no art.º 69.º, *cujo n.º 2*) a sua taxatividade não é aceite por todos (v.g. JOSÉ ALBERTO GONZÁLEZ , *op. cit.*, pág. 420, nota (1256) entende que "claramente não há" uma taxatividade nos casos de *recusa* – opinião esta de que discordamos, como já em anterior trabalho tentamos demonstrar.

As apresentações, tradicionalmente, sempre foram lançadas no livro Diário[19] (que era o livro "A") que em cada dia, no final das apresentações, das anotações e do horário de funcionamento, devia ser traçado "a tinta". É claro que, com a informatização dos serviços, já não é este o "modus faciendi" (actualmente os livros são informatizados) mas a concepção geral mantém-se – e deve manter-se – com esta ideia básica: o tempo e a ordem das apresentações *não podem ser alteradas nem oferecer quaisquer dúvidas* e o sistema tem de ser suficientemente seguro para que elas não surjam nem possam surgir[20].

4. Dissemos que a apresentação constitui a "porta de entrada" no sistema e é também o primeiro acto de registo. Todavia, na sistematização do Código não aparece aí integrada, mas no último capítulo do título que trata do "processo de registo". Quanto ao dos actos de registo compreende apenas as descrições e as inscrições (e respectivos averbamentos), além de um primeiro capítulo de disposições gerais.

Com respeito a estas "disposições gerais" caberá apenas lembrar que o prazo geral para a feitura dos registos é de 10 dias (n.º 1 do art.º 75.º) embora *não releve* o dia em que, concretamente, um registo é feito, visto que *se considera sempre*, à luz do n.º 1 do art.º 77.º, que "a data dos registos é a da apresentação" – tanto dos que foram objecto de apresentação como dos que deles dependam – e *só* quando não houver lugar a apresentação alguma é que a sua data é aquela em que foram feitos.

---

[19] A designação de Diário – a que os n.os 1 e 2 do artigo 60.º fazem referência – tem-se mantido, apesar de não existir materialmente qualquer *livro*, como presentemente acontece com o suporte informático.

[20] Não podemos esquecer que o grau de certeza dos registos se mede sobretudo pelo cuidado e rigor com que são feitos, pelo "crivo de entrada", pelos adequados princípios que a lei estabelece e também pelo sentido de responsabilidade e competência de quem os tem de admitir. Ora, como todos reconhecerão, um dos princípios essenciais do registo é o da *prioridade* – de evidente importância no âmbito dos próprios direitos – pelo que a ordem das apresentações *tem de ser indubitável* para as partes e para terceiros.

Os actos de registo são fundamentalmente de duas espécies:

– as descrições, onde os prédios são *descritos*, ou seja, indicados através das menções que o Código prevê;
– as inscrições, onde são mencionados os factos, situações jurídicas e direitos[21] que a lei sujeita a registo.

Refira-se, porém, que qualquer desta espécie de actos pode ter os seus respectivos *averbamentos* e *anotações*, que também para a lei (n.º 1 do art.º 76.º) são ainda (embora, por assim dizer, secundariamente) "actos de registo". Por isso, dir-se-á que, além da apresentação, estes são de quatro espécies: descrições, inscrições, averbamentos[22] e anotações, podendo os dois primeiros considerar-se principais – no sentido de básicos, estruturais do sistema – e os dois últimos complementares, no sentido de que aditam, alteram ou complementam menções *já constantes* dos primeiros e que por isso lhes estão intrinsecamente *ligados*. Não há averbamentos ou anotações que não sejam feitos a uma *inscrição* ou a uma *descrição*.

Todos os actos de registo devem ser redigidos de forma sucinta e precisa – presentemente são-no em todo o País em suporte informático – e assinados (claro, também informaticamente) em regra pelo conservador. A falta de assinatura deverá ser suprida nos termos previstos no artigo 78.º e, não sendo possível esse *suprimento*, o registo é considerado inexistente (art.º 14.º, b)) o que se afigura excessivo e quiçá apenas teórico.

---

[21] À face da letra da lei tratar-se-ia *apenas* de "factos" sujeitos a registo. Todavia, (e aliás de acordo com alguns autores) não parece muito rigoroso que designemos a hipoteca, a penhora ou a acção como *factos* sujeitos a registo. Daí que tenhamos acrescentado as sobreditas expressões, muito embora antecipadamente saibamos que tal é sujeito a crítica, já que a lei usa o termo "factos" em sentido amplo, como tratando-se de um fim, de um *desígnio* (ou, como usualmente se diz, de um objecto de registo), ou seja, "de tudo aquilo" que a lei entende que deve ser registado.

[22] Os averbamentos parecem ser específicos do sistema português. J. M. Garcia Garcia diz mesmo que "uma especialidade do sistema português são os *averbamentos*" ("Derecho Inmobiliario Registral o Hipotecário", Tomo I, 1988, pág. 366).

5. À descrição e seus averbamentos dedica o Código o segundo capítulo deste título dedicado aos actos de registo. A descrição, dissemo-lo, é um dos dois *actos básicos* do registo: aquele que serve para identificar os prédios, ou melhor, *o prédio*, visto que a cada prédio corresponde uma só descrição e esta não pode abranger mais do que um prédio[23].

A descrição não é uma *narrativa*, uma exposição minuciosamente redigida para explicar como é o prédio. É antes a mera indicação lacónica – sucinta e precisa – de determinadas *menções* que a lei considera indispensáveis para *identificar o prédio* nos seus aspectos *físico, económico* e *fiscal* (art.º 79.º, n.º 1). Tais menções, tratando-se "de prédio", são as constantes do artigo 82.º. E dizemos "de prédio" porque a lei actual[24] entende que as fracções autónomas e as temporárias (denominadas unidades de alojamento ou apartamento, relativas ao direito real de habitação periódica) também devem ter uma descrição própria, ainda que *subordinada* à do prédio em que se integram. Neste caso, as menções são as constantes do artigo 83.º.

Ao percorrer as sucessivas alíneas do n.º 1 do artigo 82.º verificamos que – além do próprio número da descrição – apenas se pretendeu que fossem referenciados alguns elementos que basicamente poderão permitir identificar um qualquer prédio. Trata-se de menções de fácil apreensão e, por isso, não nos iremos deter sobre cada uma delas. Sublinharemos, no entanto, isto: o artigo da matriz (ou melhor, a "situação matricial", pois poderia "estar omisso") é a

---

[23] Cf. n.º 2 do artigo 79.º. Pode é acontecer que de uma descrição façam parte, por exemplo, duas ou mais casas (ou edifícios), logradouros, etc. (v.g. dois ou mais edifícios que façam parte de uma "quinta"). Todavia, quando isso ocorre, *tem de tratar-se*, à luz do direito civil, de *um único* prédio, para que lhe possa corresponder uma só descrição.

[24] A lei "actual", visto que nos códigos anteriores as fracções autónomas eram mencionadas na descrição, como "partes" do mesmo prédio. Esta talvez fosse a solução teórica mais "ortodoxa". Todavia, na prática, estava longe de ser a mais correcta. Recorde-se que cada fracção tem *autonomia* (compreendida embora num prédio constituído por *zonas comuns* a todas as fracções – formando a *descrição genérica*) e é objecto de direitos próprios, tal como qualquer prédio. Por isso, uma descrição para cada fracção permite que esses direitos sejam directamente publicitados com referência à respectiva fracção autónoma.

menção que vem indicada na última alínea[25]. É pois apenas *uma das menções* da descrição. Não é a descrição. Frisamo-lo porque muitas vezes se confunde "artigo matricial" ou "inscrição matricial" com "descrição", quando são, como se vê, realidades distintas e que têm funções diferentes[26]: aquela de natureza fiscal, principalmente com vista ao pagamento das contribuições e impostos e esta de natureza marcadamente civil, com vista à publicitação dos prédios e das situações jurídicas que (através das inscrições àquelas ligadas) sobre eles incidam.

Apesar de serem *realidades diferentes*, o legislador entendeu, todavia, que alguns dos elementos que cada uma – descrição e matriz – contêm não deveriam estar em contradição e, por isso, instituiu uma série de regras, nos artigos 28.º a 32.º, com vista à respectiva *harmonização*. O primeiro destes preceitos faz a seguinte distinção quanto ao âmbito da pretendida concertação: tratando-se de prédios rústicos onde já esteja em vigor o cadastro geométrico a harmonização deve abranger os elementos previstos no n.º 1 (localização, área e artigo da matriz) e quanto a eles a descrição deve ser coincidente com a matriz. Nos outros casos – prédios urbanos, bem como os rústicos ainda não cadastrados – tal coincidência de elementos é limitada à *área* e ao número do artigo[27].

---

[25] Esta alínea fala, aliás, do artigo da matriz ou da "menção de estar omisso". Todavia, à face da actual legislação fiscal, *esta situação já não existirá*, visto que, logo que participada a omissão, é atribuído um *artigo provisório*. Portanto, haverá sempre *artigo matricial*.

[26] Ainda que pudessem estar mais interligadas – mas esse é obviamente um outro tema. Não parece, de resto, que a curto prazo se consiga alguma *melhoria*. Seria talvez possível se entre nós existisse um Cadastro multifuncional, totalmente independente dos Serviços Fiscais. Mas, de facto e de há longa data, os serviços cadastrais "estão totalmente confundidos com os serviços fiscais a cujas razões se subordinam completamente" (cf. o "Relatório" de GONÇALVES MARQUES e ROCHETA GOMES *in* "Regesta" 1982, pág. 225/P)

[27] Afigura-se um pouco estranho que a lei fale no *número* do artigo matricial, quando é certo que tal indicação obviamente pertence *apenas* à matriz. Pode é acontecer que, quanto a esse elemento, haja erro ou desactualização *da menção constante da descrição*. Em tal caso, porém, terá sempre de se proceder de modo idêntico ao de *qualquer outra* menção desactualizada ou errada: actualizá-la ou rectificá-la.

A questão da harmonização da área surge assim como uma espécie de *ideia dominante* relativamente a todos os prédios (rústicos ou urbanos, cadastrados ou não) que, diga-se, tem levantado uma série de problemas, decorrentes aliás da multiplicidade de situações que quotidianamente se verificam. Sendo portanto praticamente impossível apresentá-las todas, vamos apenas tentar esquematizá-las de uma maneira muito singela.

É o próprio Código que considera possível sanar a divergência se ela "resultar de alteração superveniente ou de simples erro de medição" (art.º 28.º, n.º 3). Por outro lado, é "dispensada a harmonização" se as diferenças entre as áreas constantes da matriz e da descrição não excederem as percentagens indicadas no artigo 28.º-A. É a situação mais simples que não levantará outras dificuldades[28]. Mais complexo será o caso se as diferenças forem maiores. Aí, como critério básico – que deve ser o padrão essencial na apreciação da matéria – há que ver: trata-se ou não *do mesmo* prédio? Isso é o que fundamentalmente importa saber.

---

[28] E isto porque se a própria lei declara que é "dispensada a harmonização" (ou seja, *é exceptuada da regra da harmonização*) parece evidente que não teriam de se levantar quaisquer questões *presentes ou futuras* de "harmonização". Por isso nos parecia excessivo o entendimento (expresso, por ex., por ISABEL MENDES *in* C.R.P. Anotado, no comentário ao art.º 28.º) segundo o qual "uma vez mencionada a área exacta, não poderão os interessados voltar a alterá-la". Tal óbice, a nosso ver, só poderia surgir se o interessado promovesse sistemática e reiteradamente a alteração da matriz (o que de todo não seria fácil, para não dizer mesmo, actualmente, na prática impossível) para depois querer alterar a menção da área na descrição. Nem seria *o receio* de que essa situação pudesse vir a ocorrer que justificaria o sobredito entendimento restritivo. As percentagens previstas na disposição legal (e a nosso ver, *até podiam ser superiores*) fundamentam-se nas imprecisões matriciais e na quase impossibilidade de se medir um prédio (mormente rústico) com rigor absoluto. Diz-se até que se dois agrimensores, utilizando cada um o seu critério, medirem o mesmo prédio, *obterão áreas diferentes*. Contudo, aquele *entendimento restritivo* (e apesar de se ter anunciado uma *simplificação*) veio a ter acolhimento legal: cf. n.º 3 do art.º 28.º-B. Assim, presentemente, o recurso àquela percentagem da "dispensa de harmonização" *apenas pode ser efectuado uma única vez*. Esclareça-se ainda outro aspecto da questão: não nos parece que possa ser utilizada *qualquer percentagem* (ainda que pequena) em certos casos, como o dos *lotes de terreno* cuja área é fixada no alvará.

A "identidade do prédio" é pois *o ponto essencial* da questão, que o conservador tem de analisar e o que ao interessado cabe comprovar. E não apenas à face da inscrição matricial, mas também dos títulos. Neste sentido, tratando-se de uma alteração superveniente (do *mesmo* prédio, repete-se), deve esta matéria ser esclarecida ou apresentando-se prova documental ou explicando-a em declaração complementar.

Há ainda a possibilidade de se invocar o "simples erro de medição" quando exista divergência de área entre a descrição e o título, nos termos previstos no n.º 1 do artigo 28.º-C. No caso de a divergência ser em percentagem superior à prevista na lei (art.º 28.º-A) ou, apesar de não o ser, se a faculdade já antes foi utilizada, não basta a aludida declaração. É necessário:

– Tratando-se da matriz cadastral, que exista a "informação" e se faça a "declaração", tal como é indicado na alínea a) do n.º 2 daquele preceito (art.º 28.º-C)

– Na matriz "não cadastral" há duas possibilidades: 1.ª) a junção de uma planta "elaborada por técnico habilitado"[29] *acompanhada* da declaração do titular de que não houve alteração na configuração do prédio; 2.ª) a junção de uma planta do prédio (feita por qualquer pessoa) e uma declaração subscrita *pelos confinantes*[30] de que não houve alteração na configuração do prédio. No caso de não ser possível obter a assinatura de um (ou mais) confinante (s) a lei prevê (n.ºs 3 e 4 do art.º 30.º)

---

[29] Para quê esta exigência? E que *habilitação*? Diploma profissional de topógrafo? A lei não o diz, mas parece que tanto poderá a do topógrafo, do engenheiro, do arquitecto, do desenhador... E será que a circunstância da planta ser feita por um qualquer "técnico habilitado" dá alguma credibilidade adicional quanto ao facto que, afinal, fundamentalmente releva: o prédio descrito e o titulado ser *o mesmo*?

[30] Esta *declaração* já era subentendida nas assinaturas dos confinantes apostas na própria planta. Depois do Dec-Lei n.º 533/99, de 11 de Dezembro, deixou de haver necessidade de a planta ser por eles assinada e exigiu-se a declaração. Todavia, a nosso ver, não será obrigatório que se apresente "um papel" aparte. Parece-nos que pode a declaração (subscrita pelos confinantes e dizendo não terem ocorrido as ditas alterações) ser feita *na própria planta* – o que, diga-se, até lhe aumentará a credibilidade.

que ela seja "suprida" pela notificação judicial avulsa desse(s) confinante(s)[31].

Como a principal razão de ser da assinatura dos confrontantes é a de estes confirmarem que o interessado "não se quis expandir" sobre os prédios contíguos (tentando assim *alargar as estremas* do seu próprio prédio à custa das dos vizinhos) sempre se me afigurou que não havia necessidade, nem justificação alguma, de ser junta a planta (e a declaração) se o interessado indicar que área é *menor* do que a referida na descrição, na matriz ou nos títulos[32].

Quanto à área, há ainda um outro aspecto da questão que deve ser dito: como os prédios não aumentam (mesmo a terra de aluvião a que alude o art.º. 1328.º do C.C. hoje em dia quase só teoricamente existe) o que por vezes pode ocorrer – sobretudo quando não houve um "erro de medição" ou a divergência de áreas é bastante elevada – é que se pretenda "anexar" ao prédio descrito e registado algum outro (ou parcela de outro) que não está descrito nem registado ou, ainda que o esteja, continua mencionado como pertencente a outrem que o terá transmitido intituladamente e, por isso, o ora registante não dispõe de documento que comprove essa aquisição. Claro que, em tal caso, o caminho não pode ser o da rectificação da área, mas sim o do suprimento do título em falta[33].

---

[31] Simplesmente, se ele se opuser – o que, *por não ter querido assinar*, será afinal o mais provável – tal oposição (a um mero *pré-documento*?) "é anotada à descrição" (!!!). Ou seja: como soi dizer-se, "é pior a emenda que o soneto". Nada é suprido e o caminho, mesmo através de um processo de rectificação, torna-se para o interessado (após tal anotação "bloqueadora") *muito mais difícil*.

[32] Isto foi referido no citado P.º 150-R.P. 90 e resulta também da óbvia razão que *a ninguém interessará* declarar, perante o Registo, que o seu prédio é *menor* do que realidade é. Não tanto assim perante o Fisco (quiçá com a perspectiva de o interessado pagar menor contribuição) pelo que *aí* (e com razão, diga-se) provavelmente não será dispensada a planta ou a avaliação. Ao ser alterado o C.R.P. o legislador teria tido oportunidade de esclarecer esta questão o que, todavia, não fez. Note-se ainda que a mera indicação de área menor (geralmente "sem problemas") não parece admissível no caso dos *lotes* sem que haja prévia alteração do alvará.

[33] Designadamente através da *justificação*. Esta não será, todavia, uma mera "justificação da área" (como já se tem feito) que, em si, *nada é*. Deverá, sim, ser, como as demais, uma justificação *do título aquisitivo* em falta.

Por tudo isto se vê que nesta, por vezes complexa, questão da área dos prédios há que tentar apurar – e demonstrar, nomeadamente através da planta – a realidade dos factos, mas quando tal se mostre inviável pelo processo mais simples a que vimos aludindo, *só através do da rectificação*. Contudo, também este apenas deve ser instaurado quando a divergência for verosímil e se verifique, portanto, que se trata *do mesmo prédio* e que não se pretenda, por esta via, obter o registo de *outro prédio*.

6. A descrição não é um acto de registo que possa "nascer" autonomamente, salvo quiçá (numa certa perspectiva[34]) no caso da abertura das descrições dos lotes de terreno para construção (art.º 80.º, n.º 3). Mas, mesmo neste caso, não pode pedir-se, como sendo *o próprio acto de registo solicitado*, a abertura da descrição de um prédio. As descrições só podem *resultar* (ser "dependentes") de uma inscrição ou de um averbamento (art.º 80.º, n.º 1) ainda que este possa simplesmente ser o de desanexação de uma parcela de terreno para formar um novo prédio.

Disse-se já que descrição não é uma exposição que deva ser redigida para explicar como é o prédio. É antes a mera indicação formal de determinadas *menções* que a lei prevê no artigo 82.º. A este propósito notaremos apenas o que seguidamente se indica.

A situação compreende, em geral, a indicação da freguesia (o que aliás é feito no cabeçalho das fichas, visto que estas são ordenadas por freguesias), do lugar, rua e número de polícia. Se não tiver estas referências (como acontece com os prédios rústicos e em zonas rurais) devem mencionar-se as *confrontações*, ou seja, a indicação das estremas do prédio com referência aos quatro pontos cardiais (e que pode ser a indicação do respectivo proprietário confinante ou até uma referência geográfica – v.g. um rio, uma estrada).

---

[34] Numa "certa perspectiva" visto que *a autorização de loteamento* (a seguir referida) incide tão-só sobre o prédio loteado e a descrição dos lotes como *novos prédios* é acto logicamente ulterior. Mas, sob outro ponto de vista, (quiçá *mais exacto*) tal abertura das descrições dos lotes não deixa de *depender sempre* da inscrição de autorização de loteamento, afinal de modo idêntico ao de uma vulgar desanexação, incluindo a da "parcela" de terreno para construção.

A natureza "rústica, urbana ou mista" (referida na al. b) do n.º 1) não é a coincidente com a noção fiscal. Aproxima-se mais da civil[35] – visto que em termos de registo predial importa sobretudo a *publicitação da situação jurídica* dos prédios com vista à segurança do comércio jurídico imobiliário – muito embora, no tocante ao *lote de terreno* (que ainda não tem qualquer construção implantada) se entenda que deve ser qualificado como *prédio urbano*. Também a designação de *prédio misto* não se acha prevista no art.º 204.º, n.º 2 do Código Civil, mas a sua definição é fácil: trata-se do prédio que é composto por uma *parte* rústica e outra urbana[36], integradas unitariamente num mesmo prédio.

A denominação e composição são elementos de fácil compreensão: a primeira – que muitas vezes nem existe – consiste no *nome* que é dado ao prédio[37]. Na composição indicam-se sucintamente os elementos de que o prédio é constituído[38].

Para prova da situação matricial do prédio e a fim de poderem ser alterados os correspondentes elementos da descrição[39], a lei exige que essa verificação seja feita[40], salvo tratando-se de cancelamento ou se já o tiver sido há menos de um ano noutro acto ou no título (n.º 5 do art.º 31.º).

No caso de alteração dos artigos da matriz a comunicação (electrónica) é, em princípio[41] oficiosamente feita pelos Serviços Fiscais,

---

[35] Ou seja, da que é referida no art.º 204.º, n.º 2 do Código Civil.

[36] É o caso típico da tradicionalmente denominada *quinta* – que tem uma zona agrícola e outra urbana (casa de habitação) que fazem parte de um só prédio.

[37] V.g. "Edifício Ribamar", "Quinta do Vale", etc.

[38] V.g.: "edifício de 10 pisos e logradouro", "casa de habitação com quintal", "campo de lavradio e vinha", etc.

[39] Não se tem apenas em vista a referida harmonização da área, mas os outros elementos matriciais que devem constar da descrição, como o próprio número do artigo da matriz.

[40] É o que refere o n.º 1 do art.º 31.º. Dado que actualmente os Serviços têm acesso directo às bases de dados matriciais a verificação dos elementos passou – nos termos do n.º 2 da disposição – a ser feita oficiosa e gratuitamente.

[41] Dizemos "em princípio" porque, não obstante tratar-se de uma obrigação legal, a verdade é que frequentemente não é cumprida, pelo que os interessados têm então de procurar obter (ou que a conservatória obtenha) a respectiva prova.

O pedido, o processo e os actos de registo 79

mas havendo impossibilidade de se estabelecer a correspondência entre os antigos e os novos artigos, os interessados poderão *declarar* qual o artigo em vigor, declaração essa que, então, pode basear o correspondente averbamento à descrição (art.º 29.º).

7. As descrições não podem ser canceladas (n.º 1 do art.º 87.º)[42], mas devem ser *inutilizadas* quando ocorra alguma das causas previstas no n.º 2 do artigo 87.º. Trata-se de fazer cessar a publicitação registral relativamente àquele prédio descrito, visto que ele deixou de ter qualquer autonomia descritiva, isto é, *perdeu a sua identidade*[43]. É o que ocorre quando toda a área do prédio foi dividida em lotes para construção (al. e)) ou, à luz do Código actual[44], quando os prédios são totalmente anexados (ficam juntos) para dar origem a uma nova descrição.

As novas descrições não têm que ser abertas apenas em caso de anexação de prédios ou quando estes ainda estejam omissos[45]. Também

---

[42] Pela óbvia razão de que os prédios *não se extinguem* – transformam-se. É o que ocorre quando um edifício é demolido: subsiste o solo e o prédio *transformou-se* num simples terreno. A descrição mantém-se, devendo ser averbada a nova composição (e eventualmente a nova natureza) do prédio.

[43] Como escreveu Seabra Magalhães (*in* "Estudos de Registo Predial", pág. 63) "o imóvel, enquanto realidade fisicamente transformável e objecto de comércio jurídico, vai sendo depois sucessivamente confrontado com uma série de vicissitudes, para além das quais há-de manter a sua identidade de origem, isto é, a rigorosa correspondência com a porção de superfície terrestre que a descrição fixou". Porém, quando a transformação material que sofreu foi tal que lhe fez perder essa *identidade*, essa concordância básica com uma dada "superfície terrestre", a descrição *deixou de lhe corresponder*, perdeu essa *identidade descritiva* e, por isso, deve ser inutilizada.

[44] Como indica a. alínea c). No domínio dos Códigos anteriores o entendimento era diferente. Considerava-se que *a um dos prédios* era anexado o outro (ou outros) e, desse modo, *aproveitava-se* aquela descrição e averbava-se a anexação do(s) outro(s) mencionando-se a nova composição com que o prédio ficava após a anexação. É o que se ainda se verifica em algumas descrições antigas.

[45] É situação que embora actualmente seja rara, todavia ainda ocorre, apesar das várias tentativas do legislador para a solucionar – ou, pelo menos, para a *identificar* (como é o caso da abertura do *verbete* previsto no n.º 3 do art.º 25.º) – já que essa omissão prejudica todo o sistema e, portanto, a segurança do comércio jurídico imobiliário.

quando há lugar a uma desanexação – que é a *separação* de uma parte do prédio, portanto operação "inversa" da anexação – deve ser aberta uma nova descrição correspondente a essa parcela (a essa área) que foi separada do "prédio-mãe"[46]. O artigo 85.º dá conta, aliás, – ainda que de modo algo redundante – que quando há quaisquer operações que envolvam anexações ou desanexações de prédios (já descritos ou ainda não descritos) ou de parcelas de prédios, haverá sempre lugar à abertura de *uma nova descrição* que irá definir aquela realidade predial – aquele "novo prédio" – que resultou de tais operações.

A menção dessas anexações e desanexações é feita na descrição existente através de *averbamento*, ou em certos casos de *anotação*,[47] que são actos de registo visam consignar *uma alteração* ao conteúdo da descrição. Mas naquele tal indicação tem um carácter indubitável. Porém, nem sempre é assim na anotação. Deste modo, quando o *facto* sujeito a registo que determina uma desanexação[48] deva ser inscrito *provisoriamente* (por natureza ou por dúvidas) não se fará um "averbamento de desanexação", mas sim uma *anotação*. Se o registo não vier a ser convertido em definitivo o prédio que *ficaria* sem a parcela (cuja desanexação foi *anotada*) afinal não ficou: regressa ao "*statu quo ante*". Por isso, poder-se-á dizer que o averbamento à descrição – que não pode ser feito provisoriamente – publicita uma *consumada alteração* a essa descrição. Se a alteração é *precária* (é "provisória") ter-se-á de fazer uma anotação[49]. Esta é

---

[46] É assim que é tradicionalmente designado *o prédio original* de onde provêm as parcelas desanexadas.

[47] Dir-se-á que a anotação pode, de um modo simplificado, consignar *uma qualquer* indicação que a lei entendeu que podia (devia) ser referenciada através dessa figura tabular mais ligeira.

[48] Referimos apenas a desanexação, visto que na *anexação* o procedimento deve ser diferente (como aliás se chegou a dizer num já antigo parecer). Quando o facto é inscrito provisoriamente e respeita a prédios a anexar *esta não se fará*. A inscrição *é repetida* em cada um dos prédios que (se ela fosse definitiva) deviam ser anexados.

[49] Porém, quando o facto que determinou a anotação (de *desanexação*) é provisório, mas depois foi *convertido em definitivo*, também a anotação deverá ser convertida em *averbamento*.

O pedido, o processo e os actos de registo   81

portanto, quanto à matéria descritiva, a figura tabular de certo modo menos "forte" (ou menos "relevante") do que o averbamento e que, por isso, se compagina com a provisoriedade da inscrição que irá determinar a aludida alteração.

Isto, porém, não quer dizer que quando há uma anotação à descrição a referência que ela contém seja *sempre provisória*. Há anotações que consignam factos que se verificaram definitivamente: é o caso das descrições duplicadas (n.º 2 do art.º 86.º) e das inutilizadas (art.º 87.º, n.º 3) e agora todas as que foram chamadas "anotações especiais à descrição" e que são as constantes das três alíneas do artigo 90.º-A.

Além destes factos – anexações e desanexações – que envolvem uma alteração da área constante da descrição, as demais menções que ela contém podem também ser completadas ou sofrer diversas alterações, as quais são consignadas através de averbamento. Este é, pois, o acto de registo que serve para consignar *quaisquer modificações dos elementos da descrição*, incluindo as que sejam determinadas por uma rectificação. A actual informatização dos registos permite, aliás, que essas "mudanças" dos elementos descritivos sejam *incorporadas* no próprio texto da descrição, de tal modo que quem queira conhecer o seu conteúdo o pode fazer de um modo directo e actualizado[50].

Os elementos que o averbamento contém são muito simples: além do seu número e data (da apresentação ou, não a havendo, a da sua realização) há apenas que fazer a menção dos elementos que foram alterados (art.º 89.º). Cabe ainda referir que quando para registo é apresentado um documento[51] que contenha determinado elemento que foi actualizado, se ele teve intervenção de quem podia (legitimamente) pedir a actualização ou provém "da entidade competente",

---

[50] Isto é: quando se solicita a certificação de determinado registo, a descrição "aparece" tal como ficou *depois* de feitos todos os sucessivos averbamentos. Caso porventura se pretenda saber quais foram esses averbamentos, haverá que solicitar o "histórico" da descrição.

[51] O preceito citado no texto refere apenas o "documento". Todavia, com a actual informatização e a possibilidade de se consultarem *on line* os elementos de outros serviços públicos (v.g. os dados matriciais) deve a conservatória proceder igualmente à actualização oficiosa desses elementos.

deve então ser *oficiosamente* lavrado o averbamento para declarar essa alteração. Essa oficiosidade na actualização também se verifica quando exista "acesso à base de dados da entidade competente" (art.º 90.º, n.º 1, a), b) e c)).

8. Os *factos sujeitos a registo* são consignados no sistema registral através de inscrições ou de averbamentos às inscrições.

A inscrição é o *assento registral* onde ficam exarados, através de um resumido extracto, os factos, actos e contratos que a lei permite (e considera) que a ele tenham acesso, com vista à publicitação dos correspondentes direitos[52].

São as inscrições que podem ser *definitivas* ou *provisórias*[53] e estas *por dúvidas*[54] ou *por natureza* – que são as que a lei no artigo 92.º expressamente prevê[55]. Um imediato olhar que se lance a esta disposição verificará que ela tem dois números: o n.º 1 com doze alíneas e o n.º 2 apenas com quatro. Porquê esta distinção? Creio que radica no seguinte: os casos do n.º 1 referem-se a provisoriedades por natureza características, que em todos os códigos pretéritos sempre o foram. Diversamente, os do n.º 2 eram consideradas hipóteses de

---

[52] Esta é apenas uma *explicação* simples do que se entende ser a inscrição – não tendo pois o intuito de apresentar uma *definição* completa e rigorosa do conceito de inscrição. Procuramos apresentar algumas tentativas de definição deste conceito em nossas "Noções de Direito Registral" (2.ª ed. a págs 205/206).

[53] Não há – nem pode haver – descrições provisórias, visto que os prédios ou existem ou não existem. Por isso, ela é sempre *definitiva*, mesmo quando é aberta na dependência de uma inscrição provisória. O que então acontece é que continua a subsistir, mas sem nenhuma inscrição em vigor que lhe diga respeito.

[54] A propósito do princípio da legalidade aludimos já aos registos provisórios por dúvidas e que ora muito sucintamente recordamos: a provisoriedade por dúvidas tem lugar quando se verifica que há *um óbice* legal para que o registo possa ser definitivo (por ex:, por não ter sido apresentado um documento acessório) mas não tão grave que imponha a recusa do acto (nos casos que o art.º 69.ºindica). Trata-se portanto das situações que "por exclusão de partes" o artigo 70.ª prevê. Diversamente, a provisoriedade por natureza contempla tão-só os casos que se acham enunciados e *tipificados* no artigo 92.º.

[55] Trata-se portanto – e a nosso ver indubitavelmente (inclusive com o n.º 2) – de uma enumeração *taxativa* .

O pedido, o processo e os actos de registo 83

provisoriedades *por dúvidas*[56], além de que os diversos assuntos aí contemplados têm (e devem ter) *possibilidades de conversão próprias*, num *regime específico* que é sobretudo enunciado nos n.ºˢ 5 a 8 do artigo 92.º.

Percorrendo as sucessivas alíneas do n.º 1, verifica-se que se trata de situações em que o direito ainda não se acha definitivamente titulado ou definido, mas *antes disso* a lei consente que o facto possa ser imediata e provisoriamente registado[57], mormente para que o interessado – na expectativa da ulterior conversão do registo – obtenha desde logo uma "pré-protecção" que a regra da prioridade indicada no n.º 3 do artigo 6.º prognostica e que a conversão lhe vai permitir concretizar.

São, entre outros, os casos do registo de acção[58] (al. a)) de propriedade horizontal antes de concluída a construção do prédio (al. b)) ou de aquisição antes de titulado o contrato (al. g))[59]. E as demais

---

[56] Inclusive os da alínea a) que são casos de *incumprimento do trato sucessivo*, visto que se trata de situações em que o prédio não se acha acto a registado a favor do executado ou do requerido.

[57] Através de inscrições provisórias também denominadas *pré-inscrições*. A prática tem revelado que esta possibilidade conferida pela nossa legislação (mas lamentavelmente nem por todas) há mais de um século constitui um "instrumento" de grande valia na vida económica, mormente no que concerne às hipotecas provisórias e às transacções imobiliárias, através do frequentíssimo "registo provisório de aquisição". Sobre este, e com esse título, *vide* o estudo de MÓNICA JARDIM *in* www.fd.uc.pt/cenor.

[58] Como é sabido no registo de acção (e agora também dos "procedimentos") inscreve-se o pedido que, sendo formulado na acção, a parte que solicita o registo pretende publicitar *erga omnes*. O pleito (a controvérsia) *subsiste*. Portanto, o registo tem de ser um registo provisório. Só será definitivo após o trânsito em julgado da acção (ou do procedimento). Mas então será um registo da *decisão* (ou da providência decretada) e não um registo de acção.

[59] Este registo pode ser feito com base na declaração unilateral do promitente vendedor (documento previsto no art.º 47.º) ou em simples contrato-promessa. A diferença reside sobretudo no prazo de validade (apenas 6 meses *não renováveis* no primeiro caso), mas que são *renováveis* no caso do contrato-promessa – n.º 4 do art.º 92.º. Estes são, em qualquer destas hipóteses, registos provisórios por natureza. Não se podem confundir, portanto, com o registo *da promessa de venda com eficácia real* (al. f) do art.º 2.º) que é um registo *definitivo*.

alíneas – que aqui não carecem de especial análise – prevêem hipóteses de uma idêntica "não finalização" (ou inacabada finalização) do acto, do prédio (al. b)), ou negócio[60].

Diversas são as situações que o n.º 2 prevê, embora a da primeira alínea tenha uma justificação diferente das três restantes. Trata-se de uma circunstância de incumprimento do trato sucessivo (a inscrição do prédio *em nome de pessoa diversa* do executado, do insolvente ou do requerido) com origem num procedimento judicial e relativamente ao qual a lei procurou encontrar "um mecanismo" quanto possível *célere* que, sem quebra dos princípios e sobretudo das presunções derivadas do registo, permitisse que no próprio processo se resolvesse (quanto possível) a questão, mormente *suprindo-se* a intervenção do titular inscrito. Esse mecanismo é o que o artigo 119.º enuncia e regula.

Uma breve análise desta disposição permite que concluamos: não é à conservatória que cabe resolver este (pelo menos aparente) diferendo. O prédio acha-se registado a favor de A, mas o executado é B. Ora esse A ainda é o dono do prédio ou já o terá transmitido a B que não registou? Se existe uma controvérsia substantiva, também não vai poder ser resolvida no processo executivo, mas se ela for apenas formal (designadamente devida à mera *desactualização* do registo) já pode. Assim, a lei – como se vê dos sucessivos números do artigo 119.º – quer saber se o titular inscrito – ou, eventualmente, os herdeiros – têm "algo a dizer" sobre esta questão e, para se saber, deve o juiz ordenar a sua citação (ou a dos seus herdeiros): n.ºs 1 e 2. Se essa "voz" do titular inscrito não criar obstáculo à realização do registo – e a lei interpreta o seu *silêncio* no sentido de que ele não levanta qualquer óbice (n.º 3) – o registo lavrar-se-á (isto é, converter-se-á oficiosamente). Caso contrário, só nos "meios comuns" pode a questão ser dirimida (n.º 4). Acontece ainda que, apesar disso, a lei quer permitir que se *salvaguarde a prioridade* deste registo. Fá-lo deste modo: primeiro *suspendendo-se o seu prazo de caducidade*, se for registada a acção declarativa (n.º 5); depois, se o regístante da penhora, arresto ou apreensão obtiver ganho de causa contra o titular

---

[60] Note-se que a anteriormente constante da alínea e) foi revogada (e a nosso ver *mal*, como no texto, adiante publicado, em que se fez a "apreciação crítica" às alterações do CRP se comentou).

O pedido, o processo e os actos de registo 85

inscrito, *permitindo-se-lhe* que no prazo de 10 dias após o trânsito dessa acção ainda possa pedir a conversão do registo provisório (n.º 6).

Verifica-se portanto que o legislador, com estes sucessivos passos e hipóteses de solução previstos no artigo 119.º, encontrou uma via facilitada para que o registo provisório por natureza referido na alínea a) do n.º 2 *possa vir a ser a ser convertido em definitivo* sem pôr em causa o direito e a presunção legal de que goza – de que deve gozar – qualquer titular inscrito.

Disposição com muito interesse[61] é também a da alínea b) do n.º 2. Na versão inicial referia-se apenas aos registos *dependentes* de um anterior (de um primeiro) registo provisório[62], mas na actual abrange também os que com ele sejam *incompatíveis*[63]. A fundamental razão de ser desta alínea é a da *interligação* destes registos, enunciada no n.º 6 do artigo 92.º: o prazo de validade do registo provisório dependente (ou incompatível) é, em princípio[64], o mesmo que tem aquele de que depende, mas, por outro lado, não pode – não é justificável que possa – subsistir para além daqueloutro do qual depende (ou

---

[61] Talvez se possa mesmo dizer que a introdução desta alínea (e das seguintes c) e d)) constituiu uma das inovações mais importantes do Código de 84 em matéria de técnica e de transparência do registo.

[62] Registo provisório *por natureza* ou *por dúvidas*. Entendeu-se, inclusivamente, num complexo caso, que poderia a *dependência* verificar-se relativamente *a um registo definitivo*, mas cuja *definitividade* estava "abalada" e posta em causa por um ulterior registo de acção que o "atacava" (v. P.º 1/39 RP95 *in* BRN 1/96).

[63] Pode numa muito breve síntese dizer-se que os registos dependentes de um anterior são os que *dele carecem* para poder subsistir: por exemplo um registo de hipoteca voluntária supõe que exista (e subsista) um anterior registo de aquisição a favor do hipotecante (este só pode hipotecar um prédio de que seja o titular, ainda que provisório). Os incompatíveis são os que se contradizem, são *soi-disant* de "sinal contrário". Só que – tratando-se da vigência do *segundo registo* enquanto vigora o *primeiro* (o anterior) – esta incompatibilidade não pode, evidentemente, ser a de "todos e quaisquer" registos entre si antagónicos. Terá de haver uma *sujeição* da sorte do "segundo" à do primeiro para que possam funcionar as regras dos n.ºs 6 a 8 do artigo 92.º. Por isso será de certo modo também uma *dependência*, embora de "sinal contrário".

[64] *Em princípio*, visto que pode caducar por outra razão, nomeadamente por alguma causa de caducidade que directa e exclusivamente diga respeito ao registo dependente (n.º 6, *in fine*).

com o qual colide). De modo que a caducidade do "primeiro" acarreta necessariamente a caducidade do "segundo" dependente. Inversamente, a conversão em definitivo do "primeiro" determina a conversão oficiosa do dependente e a *caducidade* do incompatível. Por outro lado, o cancelamento ou caducidade do "primeiro" conduz à conversão do "segundo" incompatível (n.ºs 7 e 8). Verifica-se, portanto, que há uma espécie de ligação "umbilical" entre a validade e os efeitos de um primeiro registo provisório e os de um posterior (um "segundo") igualmente provisório, que estruturalmente os inter-liga, associando *o destino* (a "sorte") de um ao do outro.

No tocante à alínea c) – hipótese de muito rara ocorrência – deve recordar-se que é a provisoriedade por natureza prevista no n.º 3 do artigo 138.º e relativa à reclamação que, em caso de reconstituição de registos, determina que seja feita a inscrição reclamada e eventualmente omitida.

A última alínea – a d) – tem uma razão de ser similar à da b) e implica idênticas actuações oficiosas[65], só que especialmente determinadas pela *impugnação das decisões* contra a recusa em se efectuar um registo[66], tendo ainda em vista o adequado cumprimento da regra de prioridade prevista no n.º 4 do artigo 6.º.

Uma última observação no tocante às provisoriedades por natureza: como é sabido o *prazo geral* de validade das inscrições provisórias é de *seis meses* (art.º 11.º, n.º 3) e é *sempre esse* o dos registos provisórios por dúvidas. Porém, os que o são *por natureza* podem ter *prazos especiais* de validade: são os que os n.ºs 3 a 7 e 11 do artigo 92.º referem. Note-se que o n.º 11 até nem estabelece prazo algum[67].

---

[65] Neste caso não são as indicadas nos n.ºs 6,7 e 8 do artigo 92.º, mas sim as do n.º 9 e as que o *artigo 149.º* contempla.

[66] Tem-se entendido – e parece que correctamente – que a previsão desta alínea se aplica igualmente ao caso da pendência da *rectificação* do registo.

[67] Com a – e a nosso ver pouco razoável -ideia de "evitar" que o autor da acção ou o requerente da providência tenha de se" preocupar" com o prazo de validade do registo... como se isso não fosse *sempre necessário* em *qualquer registo provisório* (!). Além disso, esse ilimitado prazo de vigência vem a representar um forte (e quiçá inaceitável) ónus para com o titular inscrito que vê o seu prédio permanentemente onerado até ao trânsito em julgado da decisão que julgue a acção improcedente.

O pedido, o processo e os actos de registo 87

O número 10 deste artigo não tratando de prazos, prevê um caso especial de actuação oficiosa[68] da conservatória: a conclusão das obras de edificação do prédio em regime de propriedade horizontal. Convertendo-se este registo provisório (al. b) do n.º 1), haverá que converter *oficiosamente* os registos provisórios previstos na alínea c) do n.º 1, relativos às correspondentes fracções autónomas.

9. Dissemos que a inscrição é o acto de registo em que ficam exarados, através de um *sucinto e "característico" extracto*[69], os factos que a tanto a lei admite. Por isso, as inscrições têm uma estrutura ajustada a essa finalidade e certos requisitos que a todas *são comuns*. É o artigo 93.º que no-los indica. Uma breve análise deste preceito mostra que, além da própria identificação da apresentação que lhe corresponde[70], importa fundamentalmente que fique referida a *relação jurídica registral* com os seus elementos: os sujeitos (activo e passivo)[71], o objecto (o prédio) e o facto que se inscreve. E com esta ideia: como o extracto da inscrição deve ser quanto possível resumido, se os sujeitos passivos já estiverem identificados em inscrição

---

[68] Parece que na revisão do Código se poderiam ter junto num só artigo (como noutro texto chegamos a sugerir) todos estes casos de *actuação oficiosa* que, assim, claramente evidenciavam quando é que não havia lugar à regra geral do princípio dispositivo (previsto no art.º 41).

[69] Trata-se de um extracto específico, *típico*, que obedece aos requisitos (gerais e especiais) consignados na lei, de modo que qualquer pessoa (mormente sendo jurista) sabe o que lá pode estar e o que lá não pode encontrar. Não deve, portanto, conter outras menções (ainda que sugeridas em "circulares" ou "despachos") que não sejam as constantes da lei.

[70] A espécie das inscrições continuou, antes da revisão do Código (DL 116/2008), a ser referenciada, certamente não apenas pelo mero facto de "manter a tradição", mas antes para evitar equívocos sobretudo no tocante às letras (C – hipotecas, G – de propriedade e F – diversas) que vinham dos antigos livros.

[71] Se não puderem ser identificados deverão ser *identificáveis* (v.g. um legado feito a favor dos herdeiros de certa pessoa viva) e nunca *indeterminados*, o que, evidentemente, não pode acontecer num registo (e se ocorresse determinaria a recusa). Sendo os sujeitos determináveis, o n.º 3 permite que a inscrição se faça, mas dela devem constar "as circunstâncias que permitem determinar a sua identidade".

anterior (obviamente relativa *àquele* prédio) não há necessidade de a repetir, bastando indicar o seu nome (ou firma) e número de contribuinte (n.º 2). Nas *inscrições de ampliação* a al. g) do n.º 1 manda que se indique o número da inscrição ampliada.

Além destes requisitos gerais, cada espécie de inscrição tem ainda determinados "requisitos especiais", que vêm enunciados nas sucessivas alíneas do n.º 1 do artigo 95.º e que, sendo facilmente perceptíveis, não carecem de mais explicações. Deve, porém, mencionar-se que aos requisitos das inscrições de hipoteca dedicou o Código uma disposição própria (a do artigo 96.º) e regulamentou (no artigo 98.º) o modo de proceder quanto às de "propriedade limitada", ou seja, àquelas em que existe um usufruto, uso ou habitação. No primeiro caso (da hipoteca) tem-se em vista concretizar o princípio da especialidade no tocante a esta espécie de inscrições, de modo a que fique indicado o fundamento[72] bem como o montante do crédito e seus acessórios[73] e ainda o montante máximo assegurado[74]. No caso peculiar da hipoteca de fábrica haverá que mencionar o inventário dos equipamentos abrangidos (art.º 96.º, n.º 1, b)).

---

[72] O fundamento da hipoteca é, evidentemente, a sua causa (requisito de certo modo equivalente ao da al. a) do art.º 95.º, n.º 1 quanto às inscrições de aquisição) que deve ser concretamente indicado, dado que não são permitidas as *hipotecas gerais*. Todavia, tem-se admitido inscrever como fundamento da hipoteca uma habitual e prolixa "lenga-lenga" que figura nas minutas dos bancos ("garantia de todas e quaisquer obrigações assumidas e por assumir, letras, livranças, cheques, ..." etc. etc.) por se entender que, no fundo, ela traduz uma pura e simples "abertura de crédito" e, portanto, um fundamento determinado.

[73] Os acessórios do crédito – que podem ser convencionados ou não – compreendem aos juros (remuneratórios e moratórios), à cláusula penal, bem como a quaisquer eventuais despesas fixadas, mormente para a cobrança do crédito. Devem ser especificados, até porque são os que relevam, nos termos e para os efeitos do disposto no n.º 1 do artigo 693.º do Código Civil, como os acessórios do crédito. No caso de não ter sido fixado o valor dos juros (mas se existirem) o n.º 2 do art.º 96.º manda que estes *fiquem a constar* da inscrição, reportados à "taxa legal".

[74] Este "montante máximo" é o *valor* que a hipoteca garante – e que corresponde à soma do capital e dos acessórios do crédito, incluindo portanto todos os que se referiram (cf. nota anterior) e sendo os juros de *três anos*, de harmonia com o disposto no n.º 2 do art.º 963.º do Código Civil.

Quanto às regras previstas no artigo 98.º cabe notar o seguinte: o Código procurou que o registo ficasse ajustado à concepção do usufruto que decorre do Código Civil[75] e que vê este direito (bem como o uso e habitação) não como uma propriedade imperfeita, mas sim como *um encargo* que *comprime* a propriedade[76]. Isto significa que a inscrição de propriedade é sempre lavrada *como tal*, mesmo existindo o usufruto (que, como se disse, para o registo é visto como um "encargo") e quando este, por qualquer causa[77], se extingue, deve ser cancelado (art.º 100.º, 3). E se a inscrição for apenas de "nua propriedade" (sem que o usufruto deva ser registado (n.º 1) ou já esteja registado) é também para o registo uma inscrição "de propriedade" embora nela se deva mencionar que está sujeita ao encargo (usufruto), com esclarece o n.º 2.

Além destes preceitos referentes a algumas espécies de inscrição, existe, quanto a todas elas, a obrigatoriedade de serem inseridas certas cláusulas que eventualmente sejam convencionadas. É o tema de que trata o artigo 94.º. Portanto, são essas, e *apenas essas*[78], que devem constar das inscrições. Trata-se, como se vê do conteúdo da disposição, de cláusulas reais – que podem produzir efeitos reais – e

---

[75] Diversa da do anterior – o "Código de Seabra", de 1867 – que via o usufruto como uma *propriedade imperfeita* (o artigo 2189.º, n.º 4, incluía neste conceito "o usufruto e o uso e habitação") e, por isso, quando ele existia, a propriedade era perspectivada como sendo constituída pela raiz *mais* o usufruto. *Vide* também, nas sucessivas edições do C.R. P. Anotado, de ISABEL MENDES, o comentário ao artigo 98.º e à própria "história" deste preceito.

[76] Cf. o citado trabalho de ROCHETA GOMES "Instância e Oficiosidade no Registo Predial", onde é feita uma clara exposição desta matéria e das motivações da solução actual.

[77] Incluindo, portanto, a *confusão* resultante da aquisição pelo proprietário da raiz. Por isso, quando a aquisição é simultânea (da raiz e do usufruto) *sujeito passivo* é *apenas* o proprietário da raiz e não *também* o titular do usufruto. Este direito (ora visto como um "encargo") é *cancelado oficiosamente*.

[78] Ao que nos parece, isto não quer, todavia, dizer que nesta questão das cláusulas a inserir na inscrição, devamos excluir a interpretação *analógica*. É que esta norma do artigo 94.º, sendo especial, não assume de modo algum um carácter *excepcional*. A própria 2.ª parte da alínea b) tem um âmbito *geral*. Quanto às demais alíneas, por serem suficientemente claras, não nos parece que aqui careçam de mais explicações.

90 *Temas de registos e de notariado*

não de meras convenções obrigacionais que, em princípio, não têm que ter ingresso no registo.

Para finalizar esta breve análise da *inscrição* cabe aludir a duas regras relevantes: as previstas nos artigos 97.º e 99.º. Começando por este último, diríamos que ele é um preceito no qual é também reflectida a ideia de que é conveniente que a inscrição – uma só inscrição – publicite claramente a *propriedade plena*. Assim, nos casos de compropriedade, se as *quotas indivisas* forem transmitidas, embora por títulos diferentes, ao mesmo adquirente, deve lavrar-se *uma única inscrição* e não tantas quantas corresponderiam às diversas transmissões dessas quotas-partes. E se os diversos comproprietários pedirem simultaneamente a aquisição de cada uma das suas quotas indivisas, também se deve lavrar uma única inscrição.

No artigo 97.º o Código prevê o que se tem designado como a "inscrição cumulativa necessária", com vista à devida e cabal publicitação da *verdade do negócio*. Trata-se, portanto, de uma disposição do maior interesse prático e que, em termos gerais, significa o seguinte: quando juntamente com a aquisição[79] é constituído, transmitido ou extinto qualquer outro direito *registável* devem tais factos (um ou mais) ser registados (inclusive através de *cancelamento*) *simultaneamente*. Assim, se alguém vende um prédio e ao mesmo tempo constitui uma servidão de passagem sobre o prédio vendido (obviamente a favor de outro prédio) ao efectuar-se o registo de aquisição *tem também de ser lavrado* – e, embora não seja requerido, é lavrado *oficiosamente* – o registo da servidão. Se o pai doa a um filho um prédio por conta da legítima e reserva o usufruto, ao lavrar-se a inscrição de aquisição com base nessa doação, terá também de ser feito o registo do ónus de colação, *bem como* o registo do usufruto a favor do doador[80]. E os exemplos, como se depreende, são múltiplos

---

[79] Aqui não está em causa apenas a aquisição da "propriedade plena", mas sim *qualquer* aquisição (v.g. de quotas indivisas) incluindo-se também a mera posse (pese embora a circunstância de este ser um direito meramente teórico, que actualmente não "aparece").

[80] Neste exemplo são indicados *dois* registos "cumulativamente necessários". Mas podem ser três ou mais. Serão, portanto, os registos de *todos os factos constituídos simultaneamente* com a aquisição.

O pedido, o processo e os actos de registo   91

e variados,[81] sendo a única excepção – tal como prevê o n.º 2 do artigo 97.º – a da hipoteca legal para garantia do pagamento de tornas[82] quando estas forem de valor inferior ao indicado naquela disposição.

Em suma, quer-se estabelecer o seguinte: ainda que o adquirente quisesse que fosse *apenas* lavrado o registo de aquisição a seu favor e que o sistema não publicasse também aqueloutro facto (ou factos) que considera desfavoráveis, a verdade é que isso não lhe é consentido[83] e eles *têm de ser registados*, queira ou não o requerente que o sejam.

10. As diversas alterações que as inscrições podem ter – quer quando o seu conteúdo é actualizado ou restringido, quer quando é rectificado – têm ingresso no registo através de averbamento (art.º 100.º, n.º 1). Todavia, há duas espécies distintas de averbamentos: os que designaremos como comuns e os que, sendo especiais, constituem "verdadeiras inscrições"[84]: as denominadas *subinscrições*, que se acham previstas no n.º 1 do artigo 101.º.

---

[81] Note-se, todavia, que a definição do âmbito de aplicação deste preceito tem sido objecto de distintas opiniões: a que considera que são "os factos" (todos os factos) constituídos simultaneamente com a aquisição que devem ter inscrição oficiosa e a que defende que serão tão-só os que estão *directamente ligados* ao próprio contrato aquisitivo. Como a actual redacção do preceito incluiu ainda a eventualidade de o registo de aquisição ser acompanhado "da extinção de facto registado" talvez a interpretação ampla esteja mais de harmonia com o que ora será "o intuito do legislador".

[82] É claro: quando for pedido o registo de aquisição com base em partilha (judicial ou extrajudicial) em que ao registante tenham sido adjudicados os bens em causa com a obrigação de pagar tornas e estas não se mostrem liquidadas.

[83] Há muito que não era consentido: os códigos anteriores não tinham uma disposição idêntica à deste n.º 1 do art.º 97.º, mas previam a *recusa* do registo de aquisição (artigos 243.º, n.º 1, d) do Código de 1967 e 241.º, n.º 1, c) do de 1959) se não fosse *também* pedido o registo do facto constituído simultaneamente – o que era obrigatório (respectivamente, art.ºs 185.º e 182.º). Ou seja: pretendia-se de igual modo – ainda que *indirectamente* – vincular o registante, muito embora então a interpretação restrita parecesse mais adequada.

[84] A expressão é de ROCHETA GOMES no artigo publicado na "Revista do Notariado, Registo Predial e Crítica Jurídica" Ano 39.º, pág. 65. As subinscrições

Aqueles averbamentos comuns são os que o n.º 1 do artigo 100.º genericamente contempla e ainda – muito embora a lei os qualifique como *especiais* – os que vêm referidos no n.º 2 do artigo 101.º [85]. É que o regime destes em nada difere dos demais averbamentos gerais. Regime *especial*[86] têm apenas os que contêm subinscrições, visto podem ser lavrados provisoriamente – por natureza ou por dúvidas (art.º 101.º, n.º 3) – e devem ter menções que (na parte aplicável) correspondem às das inscrições (art.º 103.º, n.º 1). Todos eles (gerais e especiais) devem, no entanto, conter as referências previstas no artigo 102.º das quais avulta – para além da apresentação e data e ainda a da respectiva inscrição – a "menção do facto averbado", bem como, sendo o caso, dos sujeitos desse mesmo facto[87].

Deve notar-se que se o facto *ampliar* os direitos, ónus ou encargos inscritos não pode (salvo disposição em contrário[88]) ser registado por meio de averbamento, devendo neste caso ser lavrada uma outra inscrição (art.º 100, n.º 2). O averbamento só é, portanto, possível *até* aos limites ou dentro dos limites dos direitos, ónus e encargos publicitados pela inscrição[89].

---

têm a forma do averbamento ("de averbamento só têm o hábito") mas *o conteúdo* corresponde basicamente ao das inscrições, tanto mais que quanto aos seus "requisitos especiais", como é dito no texto, a lei remete (no n.º 1 do art.º 103) para os que são próprios das inscrições (art.º 95.º, n.º 1).

[85] Ao incluir no elenco dos *averbamentos especiais* esses mencionados no n.º 2 (cujo regime é igual ao dos *comuns*) talvez o legislador tenha apenas pretendido tornar claro que se trata de factos que devem ser *averbados*.

[86] Regime especial este que, note-se, vem já herdado de todos os anteriores códigos que contemplavam as subinscrições (de início os artigos 210.º e 237.º § 1.º do Código de 1929 e depois os artigos 193.º e 195.º, n.º 1 do de 1959 e 199.º e 201.º, n.º 1 do de 1967).

[87] Os n.ºs 2 e 3 do artigo 103.º esclarecem que os averbamentos de conversão e de cancelamento devem apenas conter a menção desses factos.

[88] O único caso que tem sido apontado como permitido por lei é o da *rectificação* do erro de registo (que é feita por averbamento: n.º 3 do art.º 121.º). Cf. Catarino Nunes, C.R.P. Anotado, pág. 440.

[89] Assim, por exemplo: se está lavrada uma inscrição provisória de hipoteca para garantia de *100* e depois na escritura se convencionou que seria para garantia de *130* este título só permitirá a conversão da inscrição provisória "dentro

Quanto aos casos de subinscrição, escreveu-se já que correspondiam às situações jurídicas em que há "direitos sobre direitos"[90] e essas serão efectivamente as mais vulgares. A primeira que a lei refere (al. a) do n.º 1 do art.º 101.º) é o dos encargos – designadamente penhora, arresto e arrolamento – sobre *créditos* garantidos por hipoteca ou consignação de rendimentos. Este averbamento de subinscrição é lavrado na inscrição da hipoteca (ou da consignação de rendimentos) sobre *o prédio*.

As hipóteses contempladas nas alíneas seguintes – de transmissão ou usufruto de créditos hipotecários, de cessão da hipoteca ou do seu grau de prioridade[91] e da convenção de indivisão – não suscitam dificuldades, cabendo apenas notar, quanto a esta última, que a convenção de indivisão *só é subinscrição* quando não constar do título aquisitivo (como aliás é habitual) como uma cláusula da inscrição (cf. art.º 94.º, d)), mas correspondendo a uma convenção posterior à aquisição.

Na alínea e) vem indicado um dos clássicos casos de subinscrição: o da alienação do quinhão hereditário ou da meação[92], a que a actual revisão do Código aditou a declaração de insolvência que afecte esses direitos e os procedimentos com vista ao arresto ou a outras providências. Trata-se, portanto, do seguinte: existe uma ins-

---

dos limites" nela mencionados (isto é, os *100*) devendo lavrar-se *uma nova inscrição* (e esta, é claro, já com outra apresentação e com o grau de prioridade que lhe é próprio) para garantia dos *30* restantes que *ampliaram* o facto que havia sido publicitado pelo registo provisório.

[90] Cf. CATARINO NUNES, *op. cit.* pág. 439. Parece, todavia, que a afirmação deste Autor de que "todas as situações" de direitos sobre direitos devem ser *subinscrições* – "quer as contempladas na lei, quer as que tenham escapado ao legislador, quer as que venham a ser criadas" – é exagerada, pois há várias hipóteses que não são (e que talvez não devam ser) de subinscrição.

[91] Trata-se, como é sabido, de casos diferentes, previstos no Código Civil: o da cessão de créditos hipotecários no n.º 2 do art.º 578.º (*acompanhada* da garantia: n.º 1 do art.º 582.º) podendo também haver sub-rogação no crédito hipotecário (art.ºs 589.º e seg.). A hipoteca pode ainda ser cedida *autonomamente* (isto é, desacompanhada do crédito) – art.º 727.º ou apenas *o seu grau prioritário*: art.º 729.º.

[92] Num já antigo parecer (Proc.º 39/96 RP-4 *in BRN* de Fev. 1997) considerou-se ainda ser admissível o registo do arresto da meação por averbamento (isto é, como subinscrição) à inscrição de aquisição (na comunhão dos cônjuges).

crição de aquisição *em comum e sem determinação de parte* a favor de todos os herdeiros (e meeiro) e um deles alienou (ou, v.g., foi pedido o arresto ou penhorado) o seu direito na herança[93]. O adquirente (o credor) registará *esse quinhão* que foi adquirido (ou a providência) *por averbamento* àquela inscrição a favor de todos os herdeiros.

Das demais alíneas – que incluem casos nítidos como a cessão de posição contratual, o trespasse de usufruto, a consignação de rendimentos em prédio penhorado, as transmissões de arrendamento, de concessões e da locação financeira[94] – caberá apenas chamar a atenção para a g): "a transmissão de imóveis por efeito de transferência de património de um ente colectivo para outro". A este propósito deve chamar-se à atenção para o próprio texto da lei: *só* haverá subinscrição quando existir uma *transferência de património*, mas não quando se transferirem vários prédios, *individualmente considerados*, de uma pessoa colectiva para outra. Aí haverá a normal *inscrição*. Também não há lugar a esta subinscrição quando a pessoa colectiva se transformou, subsistindo com a sua *identidade*, embora com outro nome[95]. Terá, sim, de ser lavrada a subinscrição se, por exemplo, por efeito de uma fusão (que gerou a transferência do património das sociedades fundidas) os prédios das antigas sociedades passaram para a nova. É que neste caso (e noutros idênticos) não foi alienada a propriedade de alguns prédios da pessoa colectiva, mas sim o seu *património*, globalmente considerado, é que foi transferido para a outra. E é *apenas esta* a situação que a lei contempla,

---

[93] Na universalidade da herança, da qual foi destacado e registado o prédio em causa. Note-se ainda que ao incluir as providências que afectem o direito (esse "quinhão") o legislador esclareceu – e bem – que eram *registáveis*, tema este que anteriormente à revisão do Código teve diferentes interpretações.

[94] A transmissão da locação financeira era um dos casos que justificaria a *subinscrição*, mas que a redacção inicial do Código não contemplava. Foi apenas com o Dec.-Lei n.º 533/99, de 11 de Dezembro que esta hipótese passou a constar do n.º 1 do art.º 101.º (al. m)).

[95] É o que acontece quando uma sociedade comercial (ou outra pessoa colectiva, como a "empresa pública") altera o seu contrato social e se transforma: era a sociedade com a firma X, Lda. e passou a ter a firma Y, S.A. A sociedade *permanece a mesma* e à inscrição de aquisição dos prédios que possua será feito um *vulgar* averbamento (não de *subinscrição*) para dizer exactamente isto: que o nome da sociedade passou a ser aquele.

O pedido, o processo e os actos de registo

permitindo que a nova titularidade (isto é, a que passou a ser a da pessoa colectiva adquirente) dos prédios que integravam esse património ingresse no registo através de averbamento.

Ao artigo 101.º foi aditado (pelo Dec.-Lei n.º 533/99, de 11 de Dezembro) o n.º 5 que veio esclarecer uma antiga dúvida: como é sabido, à luz do direito substantivo, os bens adquiridos na "venda em execução" são transmitidos livres de ónus e encargos (artigo 824.º, n.º 2 do Cód. Civil) e, por isso, no processo executivo existe uma disposição que determina o cancelamento desses registos (artigo 888.º do Cód. Proc.º Civil[96]), procedimento este que tem carácter oficioso. Ora, registralmente, é também justificável esta oficiosidade: com uma particularidade, porém. Não deve ser cancelada a penhora *antes* de feito o registo de aquisição a favor do adquirente naquela venda executiva, pelas razões que já foram sumariamente aduzidas a propósito dos *documentos* e do n.º 2 do artigo 58.º.

De sorte que, quando for lavrado esse registo de aquisição, o conservador deve *oficiosamente* efectuar o cancelamento de todos os registos que na acção executiva foram mandados cancelar[97].

11. Quando os interessados não dispõem de documento que lhes permita instruir o pedido, a lei prevê que lancem mão das *justificações*.

REMISSÃO: este tema já foi, no entanto, objecto de estudo[98], pelo que nos dispensamos de aqui o reeditar.

Deste modo, damos por concluídos estes apontamentos sobre o pedido, o processo e os actos de registo.

---

[96] Que, antes da reforma da acção executiva, correspondia ao artigo 907.º – cuja redacção "são oficiosamente mandados cancelar os registos... – originou diversas questões, já que o *oficiosamente* seria apenas dirigido ao juiz do processo (e não à conservatória) no sentido de dever proferir oficiosamente o despacho a ordenar tal cancelamento.

[97] Tem também sido motivo de algum debate a questão de saber se uma ordem geral (v.g.: "cancelem-se todos os encargos sobre o prédio penhorado"), com todos os perigos que encerra, pode ou não basear o cancelamento dos registos. Este tema, foi, de resto, objecto de numerosos pareceres. Em nossa opinião não poderá basear o cancelamento, em concreto, de determinado registo.

[98] A seguir publicado nesta mesma colectânea.

NOTAS SOBRE AS JUSTIFICAÇÕES[*]

1. Um dos princípios que permite que o sistema registral seja estruturado com exactidão e credibilidade é, consabidamente, o do trato sucessivo.

Não cabe agora falar sobre este princípio (que aliás já foi tema de outra aula), mas recordar apenas que para ele poder ser cumprido é preciso que os interessados *disponham dos documentos necessários*: os comprovativos da aquisição dos prédios a seu próprio favor e, no caso da aquisição derivada, e se eles não estiverem registados a favor de quem os transmitiu, *também* dos documentos que titulem a aquisição a favor dos transmitentes.

Ora isto é o que por vezes não acontece.

Para solucionar o problema da falta dos documentos comprovativos da aquisição – porque de todo nunca existiram, porque não se sabe onde se encontram ou porque se terão extraviado – colocou-se ao legislador o problema de procurar a melhor e mais expedita maneira de resolver a questão. A solução encontrada, com vista a *suprir a falta desses documentos*, consistiu precisamente na permissão (e divulgação) das *justificações* como um meio idóneo para o ingresso dos prédios no sistema registral e para o estabelecimento ou restabelecimento do trato sucessivo.

Claro que esta previsão não constituiu, nessa altura, uma ideia *original*, visto que já bem antes (desde 1918[1]) havia sido criado um "processo especial de justificação" que veio a ficar regulado no artigo

---

[*] *Texto de apoio para aula sobre o tema das justificações e do processo de justificação, mas que também em parte* (v.g. no início e no final) *reproduz passagens da conferência feita em Cabo Verde a 24 de Julho de 2007 no 1.º Encontro de Notários e Conservadores dos Países de Língua Oficial Portuguesa.*

[1] Pelo Decreto n.º 4619 de 13 de Julho de 1918.

209.º do Código[2] de 1929. Fora deste âmbito estritamente *judicial* foi, em 1945 criado um *processo administrativo*[3] que se processava nas repartições de finanças e que era unicamente destinado a obter título para registo dos bens pertencentes ao domínio *privado* do Estado. Sublinhemos que eram apenas os do domínio privado, visto que os bens do domínio *público* estão e sempre estiveram excluídos do *comércio jurídico* e, portanto, *fora do próprio âmbito do registo predial*[4]

Além daquele processo administrativo, também um procedimento *extrajudicial* veio a ser previsto na Lei n.º 2049, de 6 de Agosto de 1951, embora a *escritura pública* de justificação apenas tivesse sido criada em 1956, através do Decreto-Lei n.º 40.603, de 18 de Maio desse ano.

Foi, todavia, no Código de 1959 – e depois no de 1967, que praticamente reproduziu a partir do artigo 203.º as disposições que naquele estiveram contidas nos 197.º e seguintes – que o legislador instituiu "um processo simples e económico de "justificação judicial", além de também permitir o recurso à *escritura de justificação* tanto para obter a primeira inscrição no registo como para reatar o trato sucessivo. Pretendia-se, ao fim e ao cabo, como explicitou o próprio legislador, *tornar efectiva a concordância do registo com a realidade jurídica*. Aliás, a própria epígrafe do Capítulo desse Código que tratava das *justificações* referia-se expressamente aos "meios de garantir a concordância entre o registo e a realidade".

A justificação, tanto através do *processo simplificado*[5] como da escritura pública, surgiu, portanto como um meio fácil e expedito para que qualquer interessado que – real e indiscutivelmente[6] – tivesse

---

[2] Doravante, ao indicar apenas "Código", pretendemos referir o *Código do Registo Predial* (CRP), e, sem indicação de data, o vigente.

[3] Através do Decreto-Lei n.º 34 565, de 2 de Maio de 1945.

[4] É o que desde logo decorre do disposto no art.º 202.º do Código Civil. Cf. também CATARINO NUNES "Código do Registo Predial, Anotado" (*Atlântida*, 1968) onde, logo no inicio (pág. 12) frisa este ponto.

[5] Processo este que (contrariamente ao que o legislador dizia pretender) esteve sempre regulado *fora* do Código do Processo Civil (CPC). Quando no CRP de 1984 não ficou regulamentado neste Código nem no CPC, passou para um diploma *avulso* – o Dec-Lei n.º 284/84, de 22 de Agosto.

[6] Este sempre foi um *pressuposto essencial*, como adiante se dirá. De facto, é óbvio, que o legislador nunca pôde ter querido que as justificações servissem para titular situações fraudulentas.

o direito, mas que todavia o interessado não dispusesse dos necessários documentos, ou seja, *do título* que formal e legalmente o habilitasse a obter o registo, ou não o conseguisse com uma razoável celeridade, através desse instrumento simples e acessível.

E a justificação teve inicialmente duas vertentes que correspondiam a duas situações registrais distintas: a primeira era do prédio não descrito ou que, embora descrito, sobre ele não existia em vigor qualquer inscrição de transmissão. Neste caso (a que dizia respeito o n.º 1 do art.º 13.º dos Códigos de 59 e de 67, bem como o n.º 1 do de 84, na redacção inicial) a justificação tinha em vista obter *a primeira inscrição*. A outra correspondia ao caso do prédio registado a favor de alguém, mas esse titular inscrito não tinha sido o transmitente. Tornava-se, pois necessário (para dar cumprimento ao n.º 2 do citado artigo) obter os documentos a partir do titular inscrito até ao adquirente (ora registante).

Esta última situação consiste, pois, essencialmente no seguinte: o adquirente, que pretende registar o prédio a seu favor, tem um título aquisitivo. Contudo, quem lhe transmitiu o prédio *não foi o próprio titular inscrito*. E acontece ainda que o transmitente – e quer ele, quer eventualmente ainda outros de quem também tenha adquirido – não dispõe de documento comprovativo da sua aquisição. Haverá consequentemente que suprir esse(s) documento(s) em falta (ou que terão existido, mas não se encontram) *a partir do titular inscrito até ao próprio adquirente* – o que se poderá conseguir através da justificação. Esta é, note-se, a situação típica do reatamento do trato sucessivo.

A doutrina apontou depois uma terceira hipótese[7] – a do estabelecimento de *um novo trato* – que veio a ficar contemplada no actual Código. E que situação é esta? É a que ocorre quando não existem as sucessivas *transmissões* (transmissões e *não apenas* os documentos)

---

[7] Esta matéria foi, aliás, anteriormente abordada a propósito da possibilidade de se invocar a usucapião mesmo quando havia um titular inscrito (v.g. por Borges de Araújo *in* "Prática Notarial"), tendo sido objecto de despacho favorável no Proc.º 17-R.P. 26 (citado no Código do Notariado, edição da DGRN, *Imprensa Nacional*, 1973, pág. 147). Já depois do Código do Registo Predial de 1984, foi analisada em diversas ocasiões, nomeadamente no Parecer do Conselho Técnico do Proc.º n.º 143/2000 (*in* BRN n.º 3/2001 e no *sitio* www.dgrn.mj.pt/BRN.

desde o titular inscrito. *Rompeu-se* o trato sucessivo e a certa altura – designadamente por ter havido *abandono* por parte desse titular – começou a formar-se, a estabelecer-se, *um novo trato* que *já nada tem a ver com o anterior* precisamente porque emerge não de uma aquisição derivada a partir dele, titular inscrito, mas sim de uma *aquisição originária* que se inicia *contra ele*, ou que pura e simplesmente o *esqueceu*, já que pressupõe ter havido por parte daquele titular inscrito *um abandono* do seu direito. Este caso da usucapião (que se verifica *contra* ou *independentemente* do titular inscrito) implicando portanto um "novo trato sucessivo" é a que prevê o n.º 3 do artigo 116.º do actual Código.

3. Na perspectiva do legislador verifica-se, que qualquer *justificação,* seja por processo, seja por escritura, só é admissível quando se verifiquem determinados *pressupostos* que tornem legítimo e lícito o recurso a este meio.

O primeiro desses pressupostos é a total *ausência* de qualquer situação controvertida. Na verdade, se existe uma *dúvida* quanto à real *existência do direito* por parte do justificante ou alguma indefinição, antagonismo ou litígio relativamente ao prédio em causa, *já não é possível* o recurso à justificação. É que nunca é ao notário ou ao conservador que incumbe *dirimir litígios*, visto que essa é uma exclusiva função *judicial* (ou *jurisdicional*) e que, portanto, só através dos tribunais e unicamente pelo juiz pode ser exercida[8], como aliás decorre do que se acha constitucionalmente garantido[9].

Por outro lado, mesmo tratando-se do processo de justificação (e *também* na época em que este esteve a cargo do juiz) sempre foi uma solução pensada e legalmente estruturada *apenas* para resolver problemas da falta de *título*, não da falta do *direito*. Isto é, para que possa proceder-se a uma justificação, tanto através do processo como da escritura pública, é necessário que haja uma razoável *certeza* de

---

[8] Salvo, é claro, os denominados "meios alternativos" (como é o caso da arbitragem) que aqui não se afigura estarem em causa.

[9] Este princípio – da *administração da justiça* pelo juiz – decorre sobretudo do disposto no n.º 1 do art.º 205.º da Constituição da República Portuguesa. *Vide* GOMES CANOTILHO e VITAL MOREIRA *Constituição da República Portuguesa, Anotada*, 3.ª ed., 1993, pág. 792 (ponto III).

Notas sobre as justificações 101

que o direito *existe* e neste último caso, que o notário, que preside à celebração do documento e o tem de elaborar, esteja minimamente *convencido* dessa mesma existência, porque caso contrário não deverá lavrar a escritura, mas sim recusar a prática do acto, sendo certo que também o conservador não poderá despachar favoravelmente a pretensão do justificante se, no processo respectivo, ele não provar que *o direito existia*.

Portanto, pressuposto legal é o de que a justificação visa unicamente *actualizar o registo* através da obtenção de um título formal, ou seja, do documento que irá permitir lavrá-lo. Dito de outro modo: é suposto ser verdade e do conhecimento público que o justificante realmente *tem o direito* que invoca e por isso, tanto na escritura como no processo, ele e as testemunhas – que na escritura co-outorgam como declarantes[10] – *o deverão afirmar.* Sucede *apenas* que esse justificante não tem – porque não a possui ou porque não encontra – a prova *documental* necessária para que o registo possa ser feito.

Por isso é que o notário só deve admitir como declarantes – que, como se disse, na escritura vão co-outorgar e confirmar as próprias declarações prestadas pelos justificantes – unicamente pessoas com idoneidade para ser testemunhas instrumentarias[11] e também por isso fará a todos a advertência (que deve constar da escritura) de que incorrem nas penalidades correspondentes ao crime de falsas declarações perante oficial público se dolosamente e em prejuízo de outrem prestarem ou confirmarem declarações falsas.

Também no caso do processo de justificação havia um outro "passo", que tendo sido revogado (a citação do Ministério Público, nos termos do n.º 1 do artigo 117.º-G), no entanto não significa que

---

[10] Cabe notar que as questões básicas relativas aos pressupostos da justificação notarial se aplicam (no fundamental) ao *processo de justificação*. Acontece é que a via normalmente utilizada (e quiçá mais fácil) é a da *escritura de justificação* e, por isso, a ela inicialmente nos estamos a referir.

[11] Esta *condição* consta do art.º 96.º, n.º 2 do Código do Notariado actual de 1995. No de 1967 era ainda acrescentado (no art.º 105.º, n.º 2) "que o notário considere dignas de crédito": Chegou também a ser acompanhada de uma outra – que, por razões de *facilitação* desapareceu da lei – que exigia que as testemunhas residissem na *mesma freguesia* onde se encontrava o prédio.

se tenha eliminado a *fiscalização* do Ministério Público. É que este poderá sempre *recorrer* da decisão do conservador (art.º 117.º-I) se verificar que esta não respeitou a legalidade (que necessariamente terá de substar) ou que não houve uma regular utilização do processo. Portanto, manifestamente também no caso do *processo de justificação* o justificante deve *ter o direito que alega* e não pode usar esse meio para outros fins, diversos dos legalmente previstos.

Quer dizer: a lei envolve a justificação de uma série de cuidados principalmente com vista a que *apenas sirva* para proporcionar aos interessados *uma prova* – uma prova facilitada, diga-se – de um direito que *realmente possuem* e não para que dela se utilizem com o propósito de conseguir ratificar, aprovar ou difundir uma qualquer *mentira*, que "ajude" a falsear a real situação jurídica dos prédios em vez de a esclarecer.

4. Vimos que uma das condições para que a justificação se possa fazer consiste na demonstração testemunhal do direito do justificante. Assim, a escritura de justificação só pode ser lavrada se as declarações dos justificantes forem confirmadas pelo testemunho de três pessoas, cuja idoneidade o notário verificará e que também outorgam no acto. No *processo de justificação* tal prova é igualmente necessária (n.º 1 do art.º 117.º-C).[12]

E quem é e pode ser *justificante*? Antes de mais aquele que se arroga ser o titular do direito que se quer comprovar. Mas, além desse – chamemos-lhe *titular directo* – aqueloutro que alega ter dele adquirido esse direito: é o caso típico de reatamento do trato sucessivo em que o registante dispõe de título, mas não já o que lhe transmitiu ou eventualmente um outro seu *antecedente*. E estes (até à alteração de 2001 ao C.N.[13]) eram os que tinham legitimidade para intervir na *escritura* de justificação, muito embora, no tocante ao processo,

---

[12] Na anterior redacção do preceito não exista a obrigatoriedade de o requerente indicar um número fixo testemunhas:, sendo apenas referido que o número máximo era cinco.

[13] Tratou-se da nova redacção dada ao artigo 92.º, n.º 2, do C.N. pelo Decreto-Lei n.º 273/2001, de 13 de Outubro, que também aditou ao CRP os artigos 117.º-A a 117.º-P.

Notas sobre as justificações

tivesse sempre funcionado a regra do processo civil segundo a qual tinha legitimidade quem quer que demonstrasse ter *legítimo interesse* no deferimento do pedido[14]. Presentemente, com a nova redacção do n.º 2 do artigo 92.º do C.N. também se considera que igual regra vigora na escritura de justificação[15].

Além da *legitimidade* para outorgar como justificante ou formular o pedido na conservatória, há ainda outros pressupostos que igualmente devem existir – em qualquer caso, tanto no do processo como na escritura – para que a justificação possa ter lugar. O que em primeiro lugar cabe referir é o da *impossibilidade,* ou melhor, da *inviabilidade,* de se obter o título pelas normais vias extrajudiciais. É pois necessário que se verifique, em concreto, se o interessado poderá, ou não, segundo os critérios da razoabilidade, conseguir o título. Apenas para dar um exemplo fácil, vejamos o caso da declaração de sucessão. Como é sabido, em princípio será sempre fácil fazer uma escritura de habilitação de herdeiros e por isso, à primeira vista, parece que não seria de aceitar que se outorgasse uma escritura de justificação para suprir uma de habilitação. Todavia, já houve situações em que a justificação foi considerada possível e oportuna. Um deles foi o caso em que um dos filhos do *de cuius* tinha nascido no estrangeiro, em país com o qual já não havia normais relações consulares e que seria, embora não absolutamente impossível, de facto praticamente inviável aos interessados obter a respectiva certidão de nascimento, indispensável para instruir a habilitação de herdeiros. Assim, nesta hipótese, considerou-se, e creio que bem, que se verificava o pressuposto da "impossibilidade" – num sentido da mera *inviabilidade prática* – de obter o título em falta pelas vias extrajudiciais normais e que, afinal, no caso, era simplesmente a habilitação.

Esta é, pois, mais uma circunstância em que bem se demonstra quão necessária é, na *escritura,* a intervenção do notário, assim

---

[14] Após a alteração de 2008 ao CRP não há que ter atenção a regras de *competência territorial* uma vez que deixou de existir, tendo sido revogados os artigos 19.º a 21.º.

[15] Vide, Neto Ferririnha e Zulmira Neto L. Silva, "Manual de Direito Notarial" 4.ª ed., 2008, pág. 491, onde também se exemplifica com o caso do *credor* do titular do direito, que referem ter legitimidade para outorgar como justificante.

104   *Temas de registos e de notariado*

como, no *processo de justificação*, a do conservador, visto que, qualquer deles, como juristas especializados, podem *avaliar* concreta e correctamente a verificação dos pressupostos legais para que a escritura ou o processo (e o seu prosseguimento), possam ser *autorizados*[16].

Um outro requisito tem natureza objectiva e a nosso ver encontra, desde logo, uma fácil explicação. Trata-se da inscrição matricial do prédio, visto que representa a sua *identificação fiscal* e constitui um dos elementos obrigatoriamente tem de constar da descrição.[17]

Havia, ao que parece, uma outra ideia subjacente à justificação notarial: a de que a inscrição na matriz constituía uma espécie de *prova mínima* de natureza objectiva de que o direito e o prédio *existiam de facto*, não sendo uma pura *invenção* dos justificantes[18]. E conjugando o estabelecido nos Códigos do Notariado e do Registo Predial víamos que a existência da inscrição matricial era uma condição para que a escritura pudesse ser lavrada, ao passo que quando *apenas* feita a participação para a inscrição ter-se-ia de recorrer ao processo de justificação[19] Todavia, como se anotou, actualmente já não há que fazer a distinção das situações.

---

[16] Diz-se na generalidade da doutrina que o notário *autoriza* a celebração da escritura. No caso do processo, o termo *autorizar* não será adequado se nos quisermos referir à sua *instauração*, mas já o será se nos reportarmos ao seu *prosseguimento* mesmo *inicial* (cf. por ex. o n.º 1 do art.º 117.º-F do CRP).

[17] A lei fala da "situação matricial do prédio" já que se quer referir quer ao artigo matricial *já existente*, quer a indicação de estar omisso na matriz. Porém, à luz do actual normativo fiscal a mera "declaração para a sua inscrição" – prevista no art.º 117.º-C, a) – dá imediatamente origem à atribuição de um *artigo provisório*, pelo que parece ser apropriado referirmo-nos apenas à "inscrição matricial".

[18] Esta era uma das explicações dadas quando o Código do Notariado considerava (no art.º 92.º, n.º 2) que só tinha legitimidade para outorgar a escritura de justificação aquele cuja inscrição matricial estivesse feita *em seu nome* ou no *de quem ele tivesse adquirido*. E esta era a posição do Conselho Técnico, muito embora outra tenha sido defendida – entre nós sobretudo protagonizada por ALBINO MATOS em diversas intervenções e comentários Contudo, a redacção do preceito foi alterada e, presentemente, a legitimidade para outorgar como justificante estendeu-se a "quem demonstre ter legítimo interesse..."

[19] Esta diferença no *pressuposto da inscrição matricial* vem do tempo em que o *processo* era *judicial* e teria, nisso (e na circunstância de poderem ser

Notas sobre as justificações   105

Cabe dizer que a relação com o Fisco não se circunscreve à prova da inscrição matricial do prédio. Deve ter-se em atenção o que dispõe o artigo 117.º. Por isso, quando se visa reatar o trato sucessivo[20], há que comprovar – ainda que se não for apresentada prova esta possa, oficiosamente, ser obtida[21] – a "regularidade fiscal" no que respeita às diversas transmissões justificadas, sendo porém certo que a lei se contenta, quando não há o documento comprovativo, com a simples certificação pela repartição de finanças de que não é possível atestar se o imposto foi, ou não, pago.

Por outro lado, cumpre ainda referir que nunca será através da justificação – por escritura ou através do processo – que se pode obter um título *que viole* qualquer comando legal, como é o caso típico das prescrições administrativas relativas ao *loteamento urbano*. Para evitar tais violações o notário e o conservador têm de estar atentos a estes condicionalismos, verificando se os diversos *pressupostos legais* inerentes às transmissões dos imóveis – e, é claro, referimo-nos aos correspondentes à lei vigente ao tempo em que se processou a aquisição – são ou não cumpridos. Um desses condicionalismos é, relativamente aos prédios urbanos, a *licença de utilização*, muito embora seja questionável essa exigência, mormente no caso de ser invocada a usucapião[22].

5. Um outro ponto a que já aludimos, embora muito brevemente, mas que se afigura dever ser destacado, prende-se com a própria natureza do registo e dos bens que dele são objecto mediato.

---

feitas outras diligencias complementares) o seu fundamento. Porém, como decorre do que se referiu na nota "15", presentemente o pressuposto é idêntico.

[20] Tratando-se de um novo trato – ou *sempre* que é invocada uma aquisição originária – a prova do pagamento do imposto não tem que ser feita "ex ante". Há, contudo, lugar ao pagamento "ex post" do imposto do selo (anterior "sisa") que passou a ser devido quando a causa aquisitiva é a usucapião.

[21] De harmonia com a actual redacção (benéfica para os interessados) do n.º 1 do artigo 73.º do CRP.

[22] Vide sobre o tema o que referem NETO FERRIRINHA e ZULMIRA NETO L. SILVA no citado "Manual de Direito Notarial", págs. 498 e segs. Aliás, afigura-se que também se o acto for lavrado no estrangeiro (v.g., em consulado) a exigência pode tornar-se impraticável. Além disso, a licença de utilização nada tem a ver com a definição da titularidade dos imóveis.

Referimo-nos ao facto de os imóveis deverem estar no *comércio jurídico*. Na verdade, o registo predial destina-se à publicitação dos direitos privados, como é tipicamente o caso dos direitos reais. Por isso é que se na edição do Código de 67 anotada pela própria Direcção Geral dos Registos e do Notariado se escrevia textualmente o seguinte: "só as coisas imóveis integradas no património privado das pessoas singulares e colectivas (...) podem ser objecto de actos de registo"[23]. Também CATARINO NUNES muito sugestivamente diz que "o registo predial é um instituto do direito privado e para o direito privado". Observa ainda que a Lei Hipotecária Espanhola "assim o declara expressa e textualmente no seu artigo 5.º".[24]

Os bens do domínio público estão portanto *excluídos* do comércio jurídico, aliás de harmonia com o que se acha taxativamente disposto no n.º 2 do artigo 202.º do Código Civil. E trata-se de bens que se acham mesmo indicados no artigo 84.º da Constituição da República Portuguesa, muito embora este preceito admita na alínea f) do n.º 1 que a lei ordinária venha ainda a incluir outros nessa classificação.[25]

Estando estes bens em si mesmos fora do comércio jurídico, todavia não o está a sua *utilização*, inclusive através de negócios jurídicos. De facto, poderá o ente público (designadamente o Estado) concessionar o aproveitamento económico desses bens sobretudo através de contratos de *concessão*. Ora, neste caso e quando se pretende registar hipoteca sobre o direito concedido, vemos que o Código vigente em Portugal (o de 1984) admite (no art.º 84.º) que se descrevam parcelas delimitadas do terreno público sobre o qual vai incidir a concessão.

---

[23] Cf. a edição da Imprensa Nacional, 1970, pág. 10.

[24] E acrescenta: "supõe as actividades económico-jurídicas particulares". (Cf. C.R.P. Anotado, pág. 12).

[25] Não cabe aqui sequer tentar uma definição ou enumeração dos bens do domínio público. Poder-se-á, contudo, estudar esta matéria em conhecidos Autores, como MENEZES CORDEIRO no "Tratado de Direito Civil Português" I, Parte Geral, Tomo II, 2.ª ed. págs 35 e segs, (a pág. 55 este Autor nota que estes bens conquanto fora do comércio são susceptíveis de meios possessórios de defesa), GOMES CANOTILHO e VITAL MOREIRA "Constituição da República Portuguesa, Anotada" (3.ª ed., ver.) págs. 410 e segs.

Esclareçamo-nos, todavia: o que é objecto de registo é *a hipoteca* sobre a *concessão.* Ora, a concessão é *um direito,* não é um prédio. Consequentemente, temos de concluir que apesar de a lei registral admitir que se inscrevam aqueles direitos, isso não significa que *os bens* do domínio público possam, como tais[26], ser descritos e registados sendo, portanto, susceptíveis de justificação.

No que toca a esta matéria, cabe ainda referir o seguinte: um ente público, *maxime* o Estado, pode não ser apenas possuidor dos bens públicos, sobre os quais exerce o seu império e autoridade própria. Terá também aqueloutros que integram o seu *domínio privado.* Ora, estes, podem ser objecto de diversos direitos civis, tal como os dos particulares. Não estão excluídos do comércio jurídico e são, portanto, passíveis de registo e, consequentemente, do meio de suprimento do título que é a justificação, muito embora para eles tenha sido previsto um processo especial de justificação administrativa[27].

Por outro lado, os próprios bens dominiais poderão ser desafectados do domínio público e uma vez concluída tal desafectação ingressarem no património privado da entidade pública a que pertenciam, passando então a ter o mesmo tratamento dos demais bens privados. A desafectação – que pode operar-se quer de modo expresso, seguindo as formalidades legalmente previstas para tanto, quer implícita ou tacitamente quando é perdida a sua finalidade pública – torna-se assim essencial para que os bens dominiais possam ingressar no aludido *domínio privado* e, portanto, no comércio jurídico. Naquele caso da desafectação expressa não haverá, todavia, necessidade de recorrer à justificação, uma vez que o documento comprovativo de tal desafectação já será, por si próprio, título bastante para o registo.

Note-se também que se houver necessidade de justificação relativamente a imóveis do domínio privado do Estado, não deverá esta fazer-se por escritura ou através do processo na conservatória. Será antes nas repartições de finanças e através do processo próprio de justificação administrativa a que aludimos.

---

[26] Aliás, a redacção do art.º 84.º do Código confirma esta ideia: não se trata de descrever *um prédio*, mas sim da descrição "do objecto de concessões".

[27] Para obter o registo dos prédios a favor do Estado foi, há já longa data, publicado o Decreto-Lei n.º 34.565 de 2 de Maio de 1945.

No que toca aos bens do domínio público, convirá recordar uma vez mais que notários e conservadores devem estar particularmente atentos às situações em que deles se possa tratar – como é tipicamente o caso de terrenos em praias[28] – para nessas hipóteses não autorizarem as justificações.

6. Outro tema que nos parece dever ser realçado – e que ficou expressamente resolvido na alteração de 1984 ao Código do Notariado (art.º 99.º) – é o da *notificação prévia* no caso de estabelecimento de *um novo trato sucessivo*. É a já referida situação em que terá havido, por parte do titular inscrito, um abandono do seu direito, tendo-se iniciado uma *nova posse* sem ligação alguma com a inscrita propriedade daquele. Só que – e tal é, pelo menos registralmente, um aspecto essencial da questão – esse mesmo titular, que tem a seu favor uma inscrição de aquisição vigente, goza à face da lei *da presunção* de que o prédio lhe pertence.

Consequentemente, à luz dos princípios que regem tanto o direito registral como o notarial, ter-se-á de considerar que não deve agora ser celebrada uma escritura ou feito um registo definitivo *ignorando* aquela *preexistente* inscrição, sem intervenção alguma de quem nela continua a figurar como titular inscrito ou ao menos sem que lhe seja dada essa possibilidade. Ele deverá *poder reagir* e só depois, se o não quiser ou não puder fazer – e dado que a lei interpreta o seu silêncio no sentido de considerar que ele não se opõe à prática daquele acto que vai afectar o direito que se achava *registado* a seu favor – é que então, mas só então, poderá ser feita a justificação.

Na verdade, *não há que presumir o abandono do direito* por parte daquele titular inscrito. Pelo contrário, de harmonia com as presunções que o Código estabelece, designadamente no artigo 7.º, ter-se-á de presumir que tal direito lhe continua a pertencer *nos precisos termos em que o registo o define*. Daí tornar-se essencial que *antes* de ser celebrada a escritura de justificação ou de decidido o

---

[28] Note-se que para se comprovar que não se trata de terrenos dominiais a nosso ver não será normalmente bastante (como em princípio deveria ser) a circunstância de existir *artigo matricial* em nome de um particular, dada a fácil existência de casos em que isso ocorre, apesar do terreno ser do domínio público.

Notas sobre as justificações 109

processo, se proceda à *notificação* do titular inscrito ou, no caso da sua ausência ou falecimento, à dos herdeiros – permitindo a lei que sejam notificados independentemente de habilitação.

Vemos, pois, que a *comunicação solene* ao titular inscrito[29] – feita através de notificação judicial avulsa ou, no caso do processo, de notificação, que até poderá ser edital[30] – é pressuposto *indispensável* para que a justificação se possa fazer.

7. Caberá agora referir alguns dos pontos mais relevantes do *processo de justificação* que se acham especialmente previstos nos artigos 117.º- B a 117.º P – dizendo-nos este último preceito que o Código de Processo Civil se aplicará (com as adaptações necessárias) subsidiariamente.

Foi o Decreto-Lei n.º 273/2001, de 13 de Outubro, que – como refere o Preâmbulo – operou "a transferência de competências " "dos tribunais judiciais[31] para os próprios conservadores de registo", na sequencia de uma política que se designou como "de desjudicialização de matérias que não consubstanciam verdadeiro litígio".

Não se trata, portanto, como anteriormente, de um processo judicial, mas antes de um procedimento que é instaurado na conservatória e decidido, numa primeira instância, pelo conservador. Assim,

---

[29] O n.º 1 do art.º 99.º do Código do Notariado diz (algo eufemisticamente) a propósito da obrigatoriedade da notificação: "quando se verificar a falta de título...". Perguntar-se-á: mas *se há título* em que interveio o titular inscrito... para quê a justificação? Todavia, talvez o legislador tivesse pretendido reforçar a ideia de que *é necessário* o *conhecimento* ou a expressa *intervenção* do titular inscrito. De facto, à sua "revelia" não pode ser feita a justificação.

[30] No processo de *justificação judicial* regulamentado no anterior Código de 67, estava prevista, relativamente à inscrição matricial em nome de pessoa diversa do justificante, a citação dessa pessoa (n.os 2 e 3 do artigo 205.º). Esta imposição não consta do n.º 2 do art.º 117.º-G do Código actual (que é o preceito que tem de ser cumprido) e a citação do M.ª P.º e a dos interessados incertos foi abolida com a revogação do n.º 1. Às notificações editais aplica-se o disposto nos n.os 6 e 7 daquele art.º 117.º-G.

[31] De facto, embora o *processo de justificação* estivesse fundamentalmente regulado nos artigos 205.º a 214.º do Código anterior (e 199.º a 208.º do de 1959) tinha um cariz tipicamente *judicial*, designando-se como *acção de justificação judicial,* cuja petição era "dirigida ao juiz da comarca" e por ele decidida.

110   *Temas de registos e de notariado*

também já não se inicia (como no domínio do direito anterior) com a "petição inicial", mas sim com um simples "pedido"[32] que, tal como indica o artigo 117.º-B, pode ser apresentado em qualquer conservatória do registo predial.

O justificante deve pedir "o reconhecimento do direito em causa,"[33] no sentido de referir que, apesar de lhe faltar *o documento* comprovativo, *tem o direito* que se arroga. Deve ainda indicar os meios de prova, mencionando a *causa da aquisição* – evidentemente quando se trata, como é usual, de justificar a falta de documento aquisitivo[34] – e o motivo pelo qual não a pode comprovar pelos meios normais[35]. Na hipótese do reatamento do trato sucessivo (n.º 2 do art.º 116.º) terá também de indicar as sucessivas transmissões e suas *causas* desde o titular inscrito até ele, justificante, juntando os documentos que *tiver*, ou seja, os que *não vão* ser objecto de justificação. Tratando-se do estabelecimento de um novo trato (n.º 3 do art.º 116.º) a lei

---

[32] Não está especificado no art.º 117.º-B o modo como pode ser formulado o pedido. No entanto, parece que deverá ser em forma de requerimento (que não carece de ser articulado) apresentado numa das modalidades que o art.º 41.º-B genericamente consente.

[33] É isto que diz o n.º 2 do art.º 117.º-B, mas, a nosso ver, de forma pouco rigorosa. Com efeito, não é *neste processo*, nem também *por decisão do conservador*, que o interessado pode obter "o reconhecimento do direito" no sentido usual, substantivo, do termo (e daí talvez também derive a motivação de algumas, ainda que controversas, decisões do STJ). Para que a justificação possa ter lugar, como já se frisou, *esse direito* tem necessariamente de preexistir na esfera jurídica do justificante e de ser reconhecido por todos. O que lhe falta será unicamente *o documento* comprovativo que lhe permita titular o pedido de registo. Portanto, o pedido será, rigorosamente, o de obter o *suprimento desse documento em falta* e não o do "reconhecimento do direito".

[34] Não é, portanto, a hipótese da justificação para efeito de obter o *cancelamento* de ónus ou encargos, prevista no art.º 118.º.

[35] Esta é tradicional redacção da lei (v.g. no art.º 89.º, 1, do C. N.) repetida agora no art.º 117.º-B, 2,a) e cuja alegação nestes termos se indica para o caso da *primeira inscrição*. No entanto, nos outros – de reatamento do trato sucessivo e de novo trato – *também* o justificante deverá alegar que não pode fazer a prova *que carece* através do título normal. Em suma: o interessado deverá sempre declarar que não pode provar a aquisição em causa porque *lhe falta o documento* legalmente previsto para tanto.

esclarece (art.º 117.º, 2, c)) que também devem ser indicadas quer as possíveis transmissões *anteriores* quer as *posteriores* à aquisição originária que vai ser objecto da justificação[36].

Em qualquer das hipóteses de justificação em que se invoque a usucapião, de que adiante falaremos, a lei (no art.º 117.º-B, n.º 3) diz que devem ser "expressamente alegadas as circunstâncias de facto que determinam o início da posse, quando não titulada" e ainda as que "consubstanciam e caracterizam a posse geradora da usucapião".

No requerimento devem ainda ser indicadas as testemunhas (como já se disse, são três) e oferecida a prova documental.

O requerimento e os documentos que o acompanham deverão ser apresentados na conservatória territorialmente competente e aí anotados no diário (n.º 1 do art.º 117.º-D). A lei prevê um único caso de rejeição da apresentação: a falta de pagamento dos "emolumentos devidos"[37]. Tal rejeição deve constar de despacho do conservador, que é impugnável (art.º 117.º-D, n.ᵒˢ 2 *in fine*).

Depois da apresentação segue-se o averbamento oficioso da pendência da justificação previsto no artigo 117.º-E[38], seguindo-se os

---

[36] Ou seja: há estabelecimento de *um novo trato* quando existe um titular inscrito, podendo, ou não, este ter transmitido o prédio. Mas, o que aconteceu é que essa *cadeia* das sucessivas transmissões (titulando as respectivas aquisições *derivadas*) se rompeu porque ele *abandonou* o seu direito, iniciando-se uma posse de outrem, conducente à usucapião. Ora, é esta aquisição por usucapião – portanto aquisição *originária* que não se funda no titular inscrito nem naqueles a quem este eventualmente haja transmitido o seu direito – que vai ser objecto da justificação. Mas, quer as transmissões tituladas que (eventualmente) a tenham precedido, quer as que se lhe seguiram *até ao justificante*, devem ser indicadas (e comprovadas) pelo requerente.

[37] Afigurava-se inapropriada a cobrança de emolumentos que *podiam vir a ser devidos* pelos registos a efectuar, prevista na anterior redacção do n.º 2 do art.º 117.º-D. Na verdade, ao receber o pedido ainda *não se sabe* se ele irá proceder e se a justificação será, ou não, procedente, nem o conservador pode (*nem deve*) dar ao interessado *qualquer garantia* a esse respeito que lhe poderia legitimar a cobrança de tais emolumentos (que, obviamente, só seriam devidos por actos *futuros* e de realização *incerta*). Todavia, na actual redacção do preceito, fala-se apenas, e bem, dos "emolumentos devidos".

[38] Como diremos, não nos parece apropriado este "mecanismo" cujo justificabilidade neste tipo de procedimento nos parece contestável – ao contrário

procedimentos nele referidos, algo similares aos que teriam lugar no caso de um normal registo de acção. A nosso ver, toda esta disposição é *infeliz*, precisamente porque não se ajusta aos princípios e à natureza da justificação. É que – e muito sucintamente diremos apenas isto – o processo de justificação não é, ele próprio, equiparável a um procedimento *registável*. Mesmo quando corria nos tribunais a designada *acção de justificação* sempre se considerou (e ao que se crê, pacificamente) que não era registável[39].

Com o registo de acção visa-se obter uma *eficácia retractiva da decisão* que vai fixar e definir *o direito*. Assim, esta não se tornará oponível apenas após o trânsito em julgado, mas sim (retroactivamente *ex vi* do art.º 6.º, n.º 3) desde o registo provisório da acção (que a decisão permite converter em definitivo). *Não é assim no processo de justificação*. De facto, *os efeitos* da procedência do pedido consistem *apenas* no suprimento do *documento* em falta, não no do *direito* que tal documento comprovará. Também por isso nos parece que não devia haver lugar quer ao averbamento da pendência da justificação (que fará reportar a esse momento os efeitos dos registos a lavrar – art.º 117.º-E, n.º 1) quer *sobretudo* ao "mecanismo" da alínea b) do n.º 2 do art.º 92.º[40] – mecanismo este que, tendo já sido

---

do que ocorre no processo de rectificação, em que tem toda a pertinência, mormente atentos "os direitos adquiridos a título oneroso por terceiros de boa-fé" (art.º 122.º).

[39] O tema é analisado por Isabel Mendes, ao comentar o art.º 3. Aí sintetiza muito bem a razão essencial deste entendimento: Diz que "não faz sentido o registo (...) da acção de justificação (...) porque ela se destina precisamente à obtenção de um documento que possibilite o registo, e esse desiderato só se atinge com a sua procedência". E antes já referia: "há efectivamente um tipo de acção, de que é exemplo a justificação (...) que *não pode estar incluído no elenco das acções sujeitas a registo*" (cf. C.R.P. Anotado, em notas ao art.º 3.º, mas itálico nosso).

[40] Não pretendemos, de modo algum, criticar a provisoriedade por natureza prevista na alínea b) do n.º 2 do art.º 92.º, que consideramos ter sido uma das medidas legislativas *mais oportunas e mais úteis* introduzidas pelo Código de 1984. Mas apenas dizer que essa previsão – adequada enquanto faz depender o registo provisório e a sua vigência (n.º 6) do resultado, "da sorte" (expressão que há anos usamos num parecer, mas que não será a mais própria de um texto legal!) de um outro do qual (directa ou indirectamente) depende – não parece ajustada para o procedimento de um mero *suprimento de documento*, aqui em causa.

Notas sobre as justificações 113

tratado noutra ocasião, nos dispensamos de aqui repetir a propósito do n.º 4 do artigo 117.º-E.

Depois de se lavrar (logo que recebido o processo) o citado averbamento de pendência, o conservador deve *examinar o processo* a fim de verificar se pode ou não prosseguir e proferir um dos seguintes despachos[41]: de indeferimento liminar, de aperfeiçoamento ou de notificação.

Assim, no caso de o pedido – e não apenas a petição – ser *manifestamente improcedente* o conservador devê-lo-á indeferir liminarmente (n.º 1 do art.º 117.º-F).

O despacho de indeferimento liminar é passível de recurso e de eventual reparação da decisão (n.ºs 3 e 4 daquele art.º 117.º-F).

Pode, no entanto, o desacerto não ser tão grave, admitindo antes um despacho que convide o interessado *a completar* a instrução do pedido com a junção dos documentos necessários (n.º 2 do mesmo art.º 117.º-F) no prazo de10 dias, mas face à actual redacção do n.º 3 pode mesmo tal nem ser necessário se a conservatória puder obter esses documentos, mormente através de acesso às bases de dados.

Não havendo lugar ao indeferimento liminar nem ao referido aperfeiçoamento, caberá proferir o despacho de notificação, em conformidade com o disposto do n.º 2 do art.º 117.º-G. São notificados (notificação essa que, nas hipóteses previstas, será edital) para os termos do processo o titular da última inscrição quando não tiver intervindo no título ou os seus herdeiros, caso aquele tenha falecido ou seja ausente em parte incerta.

O n.º 3 deste artigo determina que as notificações são feitas nos termos da lei do processo civil e os n.ºs 6 e 7 explicam que os editais são afixados pelo prazo de 30 dias e mencionam os locais onde se deve fazer a publicitação.

---

[41] Tem sido questionado o problema do prazo para ser proferido o despacho liminar, assim como o prazo para a prática de actos pelo requerente. Todavia, neste tipo de processo, quando a lei que especialmente o regula nada disser, dever-se-á aplicar *subsidiariamente* o Código de Processo Civil. Assim, num caso e noutro o prazo será de 10 dias (art.ºs 160.º, n.º 1 e 153.º, n.º 1 do CPC). Mas este é, como se sabe, um *prazo limite*, sendo desejável para a celeridade do processo que quem decide (o conservador) não o esgote e antes, se possível, até o decida imediatamente

Como já acentuamos, o processo de justificação destina-se apenas a suprir o documento em falta e não a dirimir um conflito. Por isso, se qualquer interessado deduzir oposição, o requerente é imediatamente remetido para os meios comuns e o processo declarado findo (n.º 7 do art.º 117.º-F e n.º 2 do art.º 117.º-H). Mas, não a havendo, findo o prazo das notificações, a instrução do processo prossegue com a inquirição das testemunhas que é "reduzida a escrito por extracto" (n.º 3 do art.º 117.º-H).

Ainda que não exista preceito expresso, propendemos a considerar que, nos termos gerais, poderão eventualmente ocorrer diligências complementares (v.g. a junção de documento) que possam esclarecer algum ponto que ficou em dúvida e principalmente no sentido de se tentar "aproveitar o processado".

Finda a instrução, deve ser proferida a decisão no prazo de 10 dias. A lei não pormenoriza o conteúdo desta decisão – referindo apenas que deve especificar as sucessivas transmissões, suas causas e sujeitos –, mas tratando-se de uma decisão *final*, deverá ter um relatório, preciso e sucinto, do que foi pedido, das diligências efectuadas e da prova que se obteve. Seguir-se-á a parte decisória propriamente dita, com a respectiva fundamentação de facto e de direito.

A decisão é recorrível (art.º 117.º-I)[42] para os tribunais cíveis comuns – inicialmente para os de 1.ª instância e depois para a Relação (art.ºˢ 117.º-L) – dentro do prazo de 30 dias (n.º 2 do art.º 117.º-I e n.º 1 do art.º 685.º do Cód. Proc.Civil). Uma vez decidido o recurso deve o processo ser devolvido à conservatória (art.º 117.º-M).

Tratando-se de um processo que quiçá se possa qualificar como de jurisdição voluntária[43] – visto que não se destina a dirimir um

---

[42] A interposição do recurso é apresentada na conservatória – n.º 4 do art.º 117.º-I – mas tal apresentação *não tem que ser anotada no Diário*, tal como se disse (e afigura-se que bem) no Proc.º 357/2003 (*in BRN n.º 10/2004*) devendo fazer-se "uma interpretação revogatória ou ab-rogante de parte das normas dos artigos 117.º-I, n.º 4 e 131.º, n.º 4", visto que "não é um facto sujeito a registo" (*cf.* www.dgrn.mj.pt/BRN).

[43] Mesmo que não se entenda que se trata de um processo de jurisdição voluntária, a verdade é que não deve nunca considerar-se um típico "processo administrativo" visto que, como se diz no texto, os recursos correm sempre, em todas as circunstâncias, nos tribunais *cíveis* e não nos tribunais administrativos.

conflito e à "aplicação da lei ao caso concreto", mas antes de um procedimento em que o julgador intervém mais propriamente como um gestor de interesses[44] – a decisão *não forma caso julgado* e, por isso, se o interessado não conseguir provar a sua pretensão e o pedido não for julgado procedente, poderá intentar nova justificação (novas justificações) tal como prevê o artigo 117.º-N. Esta possibilidade de o procedimento poder ser repetido, confirma, por um lado, o seu carácter não litigioso e, pelo outro a sua natureza meramente instrumental – de suprimento de um documento em falta e não da *definição do direito*. A justificação – qualquer justificação – só pode ter lugar quando a situação jurídica subjacente é clara, é incontroversa e pacífica. Se for duvidosa ou controvertida não pode haver lugar à justificação do direito – não é então o processo próprio para tal – como resulta das aludidas disposições do Código e também das conclusões da Doutrina.

Diga-se, por último, que quando se tratar do suprimento do título para se obter o *cancelamento* de ónus ou encargos, podem os interessados socorrer-se do processo de justificação, sendo então aplicáveis (com as necessárias adaptações) as normas previstas para o que regula a primeira inscrição (art.º 118.º).

8. O processo que acabamos de analisar pode ser considerado como o *processo comum de justificação*. E isto porque há (e houve) outros que são verdadeiros *processos especiais de justificação*, visto que têm uma tramitação própria e apenas se aplicam aos casos específicos para os quais foram previstos. É a eles que, muito sucintamente embora, nos vamos agora referir.

Aludimos já a um: o que se processa nas repartições de finanças e diz respeito aos bens do domínio privado do Estado[45]. Trata-se de

---

[44] Cf., entre outros, ANTUNES VARELA "Manual de Processo Civil", 2.ª ed., sobretudo a pág. 69.

[45] A este não se aplica o que acima dissemos (nota 35) quanto ao processo comum. Trata-se aqui de um típico *processo administrativo*, instituído pelo referido Dec-Lei n.º 34.565, de 2 de Maio de 1945. Aí no Preâmbulo se disse (como citamos em nossas "Noções de Direito Registral", 2.ª ed., pág. 260) ser "incompreensível que o Estado dê o mau exemplo de não ter registados em seu nome os prédios do seu património".

um procedimento extremamente simples que, em termos genéricos, consiste apenas na afixação de editais nos quais se afirma que o prédio em causa pertence ao Estado, convidando-se os interessados incertos a deduzir oposição. Se, no fim do prazo da afixação, ninguém vier opor-se, a certificação deste facto permite titular a justificação.

Um outro caso foi previsto no Decreto-Lei n.º 103/90, de 22 de Março. Trata-se da justificação para o que se chamou "determinação da situação jurídica dos prédios" que sejam abrangidos pelo *emparcelamento*. É uma justificação semelhante à notarial, que foi especialmente pensada apenas para a falta de título comprovativo da titularidade de prédios compreendidos numa "operação de emparcelamento" da propriedade.

No âmbito do registo comercial o novo artigo 79.º-A do Código do Registo Comercial veio criar um outro processo especial – a que chamou "procedimento simplificado de justificação" – destinado a *declarar* a "dissolução imediata de sociedades", que se inicia por um requerimento ou por um auto que reduz a escrito o pedido verbal e a que logo se segue a "confirmação do facto por três declarantes" que o conservador considere idóneos, imediatamente seguida da decisão (n.º 4 desse artigo). A nosso ver não haverá grande interesse prático nestas justificações à face do actual regime[46], mas a verdade é que estão previstas na lei.

Pelos artigos 3.º a 7.º do Decreto-Lei n.º 312/90, de 2 de Outubro, tinha ainda sido instituído um outro processo especial designado "de suprimento da prova do registo predial", e que teve, para os casos a que se aplicava, a sua importância prática, mas que o Decreto-Lei n.º 273/2001, de 13 de Outubro – que regulamentou o citado processo comum – revogou.

---

[46] Que é, ele próprio, o regime *simplificado* (RJPADLEC) previsto na al. e) do art.º 1.º do Dec.-Lei n.º 76-A/2006, de 29 de Março. Afigura-se que *apenas* se terá pretendido *substituir* o (ou dar uma alternativa ao) revogado art.º 79.º que, esse sim, tinha anteriormente pleno cabimento quanto às *quotas* (cuja transmissão era, ao tempo, sujeita à forma da escritura pública) mas que, com a reforma do registo comercial, deixou de o ter. Não foi, todavia, revogado o art.º 94.º do Código do Notariado que, por idêntico motivo, também parece ter deixado de ter qualquer vero interesse prático.

Como decorre do que se referiu, os procedimentos especiais de justificação *nada têm a ver* com o processo comum e, portanto, *só* na medida em que neles se remeta para alguma disposição deste último é que ela se terá de aplicar.

9. A causa que em quase todas as justificações é invocada pelos interessados é a usucapião.

Como sabemos, a usucapião é uma das formas de aquisição originária que se fundamenta na posse exercida por certo tempo com determinados requisitos e características. Consequentemente, terão estas de ser devidamente referenciadas na escritura ou alegadas no pedido quando se trate do processo de justificação.

Muito embora nunca tivesse sido negada a possibilidade de recurso à figura da usucapião no caso do processo (e da antiga acção de justificação), já no da escritura tal faculdade foi, antes da vigência do actual Código, objecto de alguma contestação[47]. Todavia, permitindo a lei que seja invocada esta causa aquisitiva, já hoje, atenta a própria previsão expressa da lei, não resta dúvida alguma de que também é pertinente alegá-la na escritura de justificação[48] e quer para o caso da primeira inscrição, quer para o do estabelecimento de um novo trato. Assim, apenas na hipótese do reatamento do trato sucessivo (em que se pretende comprovar uma aquisição derivada *intermédia*) é que, por definição, não pode estar em causa a usucapião.

O que tem vindo a ser constantemente esclarecido é que não basta indicar *os conceitos jurídicos* que baseiam uma posse conducente à usucapião – designadamente que é exercida em nome próprio e de modo pacífico, público e continuado – mas que se torna necessário mencionar, especificamente os *actos materiais* da posse,

---

[47] Veja-se, por exemplo, CATARINO NUNES que formulava esta interrogação: "Como é que 4 cidadãos, quaisquer que sejam, podem ir, para uma escritura, pronunciar-se sobre a posse, contínua, pacífica, pública, em nome próprio e inversão de título, tudo conceitos de direito e dos mais difíceis?" (cf. C.R.P., Anotado, pág. 450).

[48] Como aliás foi (já há muito) considerado no Parecer do Conselho Técnico de 12 de Julho de 1969 (P. 44-R.P.2) citado no aludido *Código do Notariado* ed. da D.G.R.N., pág. 147.

bem como os *factos* concretos que permitem ilustrar e *concluir* que ela teve todas aquelas características.

Além disso, quando é invocada a usucapião, a lei no já referido n.º 3 do art.º 117.º-B obriga a que se aleguem "as circunstâncias de facto que determinam o início da posse" (quando esta, como é usual, não estiver titulada). Deste modo, não basta que na escritura de justificação se indiquem os fundamentos materiais e objectivos que tornam possível a aquisição originária, pela *transformação em jurídica* da situação de facto[49] de uma posse mantida por certo lapso de tempo com os sobreditos elementos. Como se disse, é ainda necessário explicar quais as *circunstâncias concretas* que estiveram na origem da posse.

Ora, esta explicação é, a nosso ver, importante para se aquilatar da própria credibilidade e veracidade da alegação desta causa aquisitiva.

É claro que neste vasto tema da usucapião muito mais haveria a dizer, mas por ora sublinhamos apenas que parece inteiramente admissível que na explicação que se dê quanto à origem do início da posse conducente à aquisição originária se incluam todas as situações legalmente aceitáveis, incluindo as da *inversão do título* de uma mera detenção em nome alheio que, por virtude das circunstâncias e dos factos, que se expliquem, se tenha transformado *na posse relevante*. E esta é, afinal, a que interessa.

10. Ao finalizar esta notas creio que não será descabido recordar uma vez mais que as escrituras, assim como os registos, são importantes meios não apenas probatórios dos direitos, mas que igualmente visam *garanti-los* e assim proteger e assegurar em geral o tráfico jurídico.

Nascem e existem no âmbito do direito privado, mas pela sua própria finalidade assumem um interesse público. Trata-se, ao fim e ao cabo, de instrumentos que visam firmar, titular e publicitar direitos subjectivos das pessoas (singulares e colectivas), mas que se projectam numa informação generalizada a toda a sociedade sobre a existência

---

[49] Esta expressão "transformação em jurídica duma situação de facto" é de PIRES DE LIMA e ANTUNES VARELA referida no *Código Civil Anotado*, em colaboração com HENRIQUE MESQUITA, III, 2.ªed. rev., pág. 64, em comentário ao art.º 1287.º.

e o âmbito desses mesmos direitos – em geral e comparativamente por *um custo baixo*, como é sempre desejável.

É assim fundamental que quer na legislação que se vai produzindo, quer no funcionamento prático, se busque que estas instituições traduzam de um modo transparente e tanto quanto possível insofismável, *a verdade substancial* ou, mais concretamente, que se procure sempre fazer coincidir o que é titulado pelas escrituras e publicitado pelos registos com a *intrínseca verdade* fáctica e jurídica.

Deste modo se, pelo contrário, se prescinde da qualificação dos actos ou se essa qualificação é aligeirada, corre-se o risco de que venha a entrar pela janela tudo aquilo a que se quer fechar a porta, ou seja, as ilegalidades, as mentiras e as fraudes. Diga-se ainda que tal necessária qualificação nada tem a ver (como por vezes parece que se quer confundir) com a desejável celeridade e a desmaterialização dos actos e, é claro, com o total tratamento informatizado dos serviços – hoje praticamente *indispensável* em todos os sectores de actividade. Tem sim a ver com a segurança do comércio jurídico, com a informação fiável e com a diminuição dos custos de transacção. E, para tanto, a correcta e judiciosa *verificação da legalidade dos actos é sempre indispensável*. Como é evidente, a informatização dos serviços não pode constituir desculpa para que a qualificação seja aligeirada.

Mais: a meu ver *é ainda acrescidamente necessário* que tal qualificação seja *exigente* se os títulos e os registos são difundidos com maior amplitude – como é indiscutivelmente o caso das novas tecnologias de informação e difusão electrónica. De outro modo a informação viria a ser *em si mesma* abundante, larga, célere, eficiente... mas *os conteúdos* difundidos, esses, seriam pouco fiáveis, senão mesmo enganosos e falsos – e, portanto, não dando confiança, não assegurando devidamente o comércio jurídico, prejudicando o investimento e, consequentemente, o funcionamento do mercado.

Concluindo e pedindo escusa por insistir numa matéria que se afigura importante, reafirmarei que as justificações constituem um instrumento útil e prático para *actualização* dos direitos publicitados pelos registos, principalmente as titularidades, mas também, inexistindo o título, para o cancelamento de ónus ou encargos. Como também se disse, *a usucapião* é uma das causas aquisitivas mais comummente invocadas pelos interessados. Só que não poderá sê-lo quando não se verifiquem *todos os necessários pressupostos* a que já aludimos e o prudente juízo dos notários e conservadores é nesta matéria mais uma vez *indispensável*, permitindo que a justificação sirva tão-só para que os registos contribuam eficazmente, como devem, para a segurança do comércio jurídico e para a diminuição dos conflitos, mas não para rápida e infundadamente "tapar qualquer buraco".

E vimos ainda, muito sucintamente embora, quão relevante é – diríamos mesmo fundamental, sobretudo nesta espécie de *procedimentos* que são as justificações – a intervenção do notário e do conservador que, como juristas habilitados e especializados sabem *qualificar* e executar os diversos actos, pela parte do notário atribuindo autenticidade e fidedignidade aos títulos e pela do registador conferindo a devida exactidão e conformidade legal aos registos, mas ambos cooperando, como é seu dever, na credibilidade e na pública fé que é sempre preciso imprimir à actividade que lhes cabe desempenhar para que, sabendo-se que respeitam a verdade e que cumprem o inquestionável *princípio da legalidade*, os cidadãos neles continuem a confiar. E é assim que estes são bem servidos. Não se imediata e acriticamente se lhes fizer "tudo o que quiserem", até porque ser-se servido *na hora* pode constituir uma ilusão que gere incerteza e litígiosidade futura, em vez da sempre preferível segurança.

E hoje aos próprios economistas não restarão grandes dúvidas sobre a *importância*, cada vez mais saliente, que a veracidade dos títulos e dos registos têm para o crescimento económico, e para todos os tradicionais valores da segurança do comércio jurídico, da confiança na contratação e na autenticidade e legalidade dos actos, bem como na fidedignidade das instituições.

Para que tudo isto exista e seja *na teoria e sobretudo na prática* uma realidade concreta, e não apenas uma miragem distante, *é indispensável* – perdoem-me que insista e o repita – a intervenção atenta e competente dos juristas e também a de todos os outros agentes da justiça e dos próprios responsáveis políticos. Só assim, todos juntos, é que conseguiremos alcançar a certeza contratual, a verdade na publicitação dos direitos e a informação célere e fidedigna e, como natural corolário de tudo isto, a concretização – num dos importantes e quotidianos sectores da vida prática – do próprio conceito de Justiça.

REGISTO COMERCIAL

AS SOCIEDADES NO NOVO QUADRO NOTARIAL E DE REGISTOS[*]

1. A publicitação da situação jurídica das sociedades feita de uma forma clara e quanto possível rigorosa, que possibilite vir a ser, neste domínio, proporcionada alguma segurança ao comércio jurídico, supõe ou exige mesmo, um sistema que a todos preste a correspondente informação, dotada de efeitos ligados à sua própria cognoscibilidade.

Os sistemas que permitem conferir uma publicidade, mormente no tocante às situações jurídicas – e ultrapassadas que foram as fases históricas da publicidade espontânea, em que apenas se possibilitava o conhecimento e bem assim da provocada na qual já passou a haver a intenção de dar a conhecer – foram, como disse CARLOS FERREIRA DE ALMEIDA[1], os que, além destas características, lhes adicionaram as de uma adequada organização e perfeição técnica. E estes continuam a ser os sistemas que com propriedade se designam como registrais.

De sorte que está ligado ao próprio conceito de sistema registral o tratar-se um procedimento estruturado que procura, de modo tecnicamente conveniente e devidamente articulado, dar a conhecer as situações jurídicas. Quando a "porta de entrada" nesse sistema tem uma barreira e um guardião competente e portanto o controlo da legalidade dos actos que nele ingressam é exercido de forma eficaz, também as consequências para o comércio jurídico podem ser bené-

---

[*] Texto da conferência no âmbito do IDET – Instituto do Direito das Empresas e do Trabalho – Faculdade de Direito de Coimbra – em 29 de Março de 2008. Cingimo-nos aqui apenas ao quadro dos "registos".

[1] Na sua conhecida obra "Publicidade e Teoria dos Registos". A pág. 51 este Autor fez um quadro comparativo destas características da publicidade espontânea, provocada e registral.

ficas, sobretudo no sentido de que todos podem confiar no que esse mesmo sistema publica.

Por isso que aqueles que estudam e se dedicam a estas matérias do registo – e de entre os quais me permito destacar os clássicos juristas espanhóis, cuja vastíssima bibliografia neste domínio tem merecido e continua a merecer o maior apreço de todos – estes estudiosos sempre apelam para o cuidado e atenção que deve merecer o controlo da legalidade dos actos que se pretendem inscrever. Procurando-se que o exercício da qualificação seja célere – o mais célere possível – tal não pode justificar que seja menos justa, menos cuidada ou menos rigorosa.

2. Ao enunciar estas ideias básicas, pretendemos apenas recordar que um sistema de registo funciona mal, ou melhor, nem sequer se poderá dizer que funcione, se não estiver estruturado num quadro de cumprimento pelo princípio da legalidade.

É que, só assim pode proporcionar a todos os agentes da vida jurídico-económica e em particular às sociedades, as presunções de autenticidade e de verdade dos actos que são – e devem ser – publicitados[2], presunções estas que, consabidamente, constituem um dos mais relevantes efeitos da publicidade registral.

Por outro lado, o registador só pode exercer o controlo da legalidade dos factos que se pretendem registar através da qualificação dos títulos que os interessados apresentem, admitindo os válidos e verdadeiros e rejeitando os nulos. Deste modo, a validade dos títulos e dos actos neles contidos constitui um pressuposto essencial para que o próprio registo possa desempenhar a sua função. Mais: se porventura algum registo fosse feito com base num título inválido seria também ele que ficaria ferido de nulidade.

Por isso – e sendo certo que ao longo da evolução histórica só passaram a existir registos quando a publicidade organizada deles decorrente passou a prestar uma informação autêntica ou pelo menos com alguma garantia de veracidade – parece que podemos concluir

---

[2] Depois de também legalmente *titulados*. Este tema da titulação dos actos e da *actividade notarial* não faz hoje da presente intervenção, sendo embora tratado por outrem no âmbito deste mesmo encontro.

que só há "registos" no sentido técnico-jurídico quando eles não são feitos *ad libitum* e quando deles resultam determinados efeitos jurídicos, mormente o da presunção da verdade publicitada.

3. Vêm estas considerações – que nos parece poderem ser consensuais – a propósito das recentes alterações ao Código do Registo Comercial que vieram estabelecer, entre diversas "novidades" – que ora não é possível pormenorizar – a dos chamados registos por depósito e a da desvalorização dos princípios da legalidade e da presunção de verdade. Ora, bastará dizer isto para imediatamente se pensar que, assim, o registo comercial não irá poder cumprir a sua função. E, de facto, não vai.

Vejamos então o chamado *registo por depósito*, muito embora liminarmente se deva dizer que não pretendemos referir-nos aqui ao *depósito das contas*, visto que estas já antes eram depositadas nas conservatórias *apenas* a mero título de notícia, em consequência do seu "tratamento" e qualificação incumbir unicamente aos serviços fiscais.

Aqui queremos mencionar os que agora foram denominados (v.g. no artigo 53.°-A) registos por depósito. E a primeira coisa que se poderá dizer é esta: chame-se-lhe o que se quiser chamar, a verdade é que não se trata de um *registo* no sentido próprio e jurídico do conceito. Isto, fundamentalmente, por três ordens de razões: uma é porque esse erradamente chamado registo não produz efeitos jurídicos próprios, sendo certo que a produção de efeitos jurídicos é, consabidamente, um requisito essencial para que se possa falar de publicidade registral. A outra é porque os factos entram no sistema e permanecem nas bases de dados introduzidos sem se saber por quem, se provêm ou não da sociedade em causa e sem "bater à porta" do responsável, ou seja, entram à vontade do freguês, e pior ainda, mesmo que este nem sequer seja ou possa ser considerado "freguês". A terceira é porque a lei entende que esse pseudo-registo *nunca é nulo*. Isto é: mesmo que publique factos falsos ou até inexistentes, que respeite a outra coisa ou que viole flagrantemente qualquer disposição imperativa, não é "possível" declarar nulo esse tal mal-chamado (indevidamente chamado) "registo".

Como resultado destas incongruências desde os primeiros dias da vigência do apelidado registo por depósito a vida prática logo começou a demonstrar a produção das mais diversas ilegalidades por parte de algumas sociedades, mormente no tocante às transmissões de quotas e que aqui nos dispensamos de pormenorizar, até porque a abundante repetição de algumas delas já as tornou suficientemente conhecidas.

Sublinhe-se ainda que estas simples e lineares constatações não são postas em causa por quaisquer outras demonstrações ou mesmo por simples indícios de que nesses casos do depósito possa haver *um registo* em sentido jurídico e que por vezes se pretendem descortinar – quiçá para tentar pontual e artificiosamente defender que há alguma possibilidade de se lhes chamar registos – baseando argumentos em determinadas disposições do Código, como será o caso das normas sobre a rectificação.

Vejamos: em primeiro lugar dever-se-á recordar que o procedimento de rectificação se enquadra numa *soi-disant* patologia registral, já que visa sanar alguma irregularidade ou invalidade do registo, necessariamente excepcional. Por isso, apesar de o Decreto-Lei n.º 8/2007, de 17 de Janeiro, ter vindo aditar um n.º 2 ao artigo 81.º, para dizer, algo incompreensivelmente, que tal procedimento se aplica, com as necessárias adaptações, aos registos por depósito, apesar disso, nem sequer se entende que possa haver aí uma rectificação em sentido próprio – e muito menos com possibilidade de ser oficiosa – já que o facto a rectificar nunca é considerado inválido, nem tãopouco é susceptível de qualificação. Aliás, como seria possível admitir que um registo indevidamente lavrado, enfermando de nulidade nos termos da alínea b) do n.º 1 do artigo 22.º, pudesse ser cancelado se fosse um chamado registo por depósito? Como seria então possível cancelá-lo se ele afinal nunca é nulo?

Vejamos ainda sob outro ângulo: mesmo que o conservador *verifique* que o próprio acto é nulo – por exemplo surge transmitida a quota de um menor ou incapaz sem sequer ter havido intervenção do representante e sem prova de qualquer espécie de autorização (e note-se que estou a citar caso concreto que foi bem conhecido) – mesmo assim o conservador nada pode fazer para promover a rectificação ou o cancelamento deste pseudo-registo.

Por outro lado, no tocante a outras rectificações, que poderíamos dizer menores, como é o caso das inscrições contendo algum elemento errado em relação ao título que a baseou, como é que isso se poderia aplicar aos tais depósitos em que nem há inscrição alguma? E será que podemos admitir que a lei, que não aceita o mais, ou seja, que possa haver nulidade do registo, vai aceitar o menos – isto é, que possa haver a mera irregularidade de um registo por depósito susceptível de rectificação?

Acresce que a rectificação implica uma reavaliação do acto com vista a reparar o erro cometido, ou seja, pressupõe uma requalificação. Pode dizer-se mesmo que em geral a rectificação consiste nessa *requalificação* e decorrente sanação. Ora, perguntamos: se na fase em que o acto é lavrado não há qualificação alguma, será que dele pode haver uma requalificação? Isto é: não há qualificação, mas haveria depois requalificação? E mesmo existindo a citada previsão da lei é juridicamente acertado defender isto?

Por último e para procurar ser o mais breve possível, direi apenas o seguinte: parece ser consensual que a principal ressalva dos efeitos da rectificação é a que vem referida no artigo 83.º. A de, nas condições nele previstas, ela não prejudicar os direitos adquiridos a título oneroso por terceiros de boa fé. E que incongruente não seria estar a considerar aqui registos por depósito se eles afinal *não produzem efeitos registrais elementares*[3], ainda que houvesse algum pretendido – mas a nosso ver impossível, mesmo nos tais casos leves – fundamento para a rectificação?

É claro que ao constatar tudo isto, não se pode defender que o tal chamado registo por depósito permaneça errado. Então que fazer? Talvez o seguinte: como se trata de acto que entra "sem bater à porta", a sociedade (que o "qualifica") emendá-lo-ia *internamente* e

---

[3] Não produzem, desde logo, o da elementar presunção de verdade. Mas não também o da prioridade. E o da *oponibilidade*? Muito embora a lei pareça incluir estes registos (no art.º 14.º) propendo a considerar que é aqui pertinente uma interpretação ab-rogatória na medida em que a instituição registral *não tem controlo algum* sobre que registros entram (mesmo quando nulos e inexistentes) e como entram. E se tais registos nunca *são nem podem ser nulos*, ainda que publicitem *factos nulos* ou até *inexistentes*, será que mesmo assim podem ser oponíveis?

126 *Temas de registos e de notariado*

promoveria novo depósito. Se logo "à partida", quando ingressa no sistema é considerado *acto interno* da sociedade e é *pressuposto* que o seja (a que a conservatória é totalmente alheia) será possível defender que para o rectificar não tenha de ser a sociedade – e só ela – a fazê-lo?

Mas passemos a outro ponto:

O depósito de documentos previsto nos artigos 59.º e 60.º do Código de 86 passou a ser obrigatório em cumprimento do n.º 2 do artigo 3.º da 1.ª Directiva (a n.º 68/151/51 CEE, de 9 de Março de 1968) e de harmonia com o disposto naquele artigo 60.º a natureza desse depósito era a da própria inscrição. Quer dizer: esta seria provisória ou definitiva, mas ainda que certos elementos não estivessem referidos na inscrição, se constassem dos respectivos documentos, necessariamente arquivados na pasta da sociedade, seria afinal como se constassem da inscrição. Tal depósito com o Código de 86 passou a equivaler a um acto de registo[4]. Note-se, porém, que isto nada tem a ver com o "registo por depósito" agora *inventado*[5] pela reforma operada pelo Decreto-Lei 76-A/2006. Pelo contrário: os registos eram lavrados por inscrição e todos os correspondentes documentos que haviam sido apresentados tinham de ser qualificados e portanto apreciada a sua suficiência e validade intrínseca.

Esse depósito tinha, portanto, todo o cabimento, foi uma vantajosa inovação do Código de 86, já que por assim dizer *completava* a própria inscrição, pois publicitava *erga omnes* diversos elementos e menções que a inscrição poderia não referenciar expressamente. Ora bem: que aconteceu a este importante avanço em matéria de registo, aliás decorrente daquela 1.ª Directiva? O que lhe aconteceu? Foi pura e simplesmente revogado[6].

---

[4] Isto mesmo foi notado no estudo de ROCHETA GOMES "Um passo intermédio na dinâmica do registo comercial" na Revista "O Direito", 1990, n.º 1, págs. 41 e segs.

[5] Utiliza-se a expressão num sentido simbólico e não rigoroso: é que já há muito que o registo da prestação de contas (art.º 42.º do CRC) consistia – e bem – no mero depósito destas, visto que elas são analisadas pelos Serviços Fiscais e não pelas conservatórias.

[6] Foi revogado pelo artigo 61.º do Dec-Lei n.º 76-A/2006, de 29 de Março.

4. É difícil descortinar estas e praticamente todas as outras opções de um legislador que alterou completamente regras e princípios que haviam sido objecto de estudo e de reflexão ao longo de décadas e também de uma benéfica evolução do registo comercial que vinha sendo ajustado – e em nosso entender *bem ajustado* – às normas substantivas e aos fins do direito das sociedades.

E em nome de quê? Diz-se que de uma simplificação. Mas que simplificação é esta? É difícil dizê-lo sobretudo se nos cingirmos ao Código, como aqui procuramos fazer, já que outras leis como as que criaram a chamada "empresa na hora" e a dissolução imediata de sociedades constam de diplomas avulsos e foram já anteriormente analisadas, mormente em conferências do "IDET"[7] e não sobra aqui e agora o tempo necessário para reeditar esses já conhecidos temas.

No tocante aos registos – que nesta altura me cumpre referir – não parece que se possa considerar ter havido uma simplificação se eles deixam de cumprir a sua finalidade e até mesmo de poder servir para quaisquer efeitos. Referimo-nos já a essa insólita inovação dos registos por depósito[8] e que constituem uma das duas "modalidades" previstas no artigo 53.º-A. Mas também à outra: os que agora são, também algo ilogicamente, denominados registos *por transcrição*.

---

[7] Sobre a "Empresa na Hora" o estudo de ALEXANDRE SOVERAL MARTINS está publicado na Colectânea "Temas Societários", 2, do *IDET* a pág. 79. No tocante à dissolução imediata também F. CASSIANO SANTOS que faz uma lúcida análise do tema. A pág 149 refere que a complexidade da aplicação das alíneas b), c) e d) do art.º 142, n.º 1 do CSC respeita a "interesses conflituantes que se põem de sócios entre si, de credores entre si e com sócios, etc". Pode ainda ver-se o artigo de PAULA COSTA E SILVA na Colectânea "A Reforma do Código das Sociedades Comerciais" (Almedina, 2007) a págs. 279 e segs. e ainda alguns comentários nossos no texto "Registo Comercial: ainda existe?" no sítio do CENoR (www.fd.uc.pt/cenor). Louvando estas iniciativas há muitas intervenções de responsáveis do Ministério da Justiça e que podem ver-se nos *sítios* respectivos.

[8] Não consideramos que a "prestação de contas" fosse, mesmo à luz da anterior redacção do art.º 42.º "um acto de registo" em sentido usual e próprio, já que era uma "entrega" de documentos destinada apenas ao cumprimento formal de uma obrigação – aliás não analisada nas conservatórias, mas *unicamente nos serviços fiscais* – e que consistia no arquivamento na pasta da sociedade desses mesmos documentos.

128 *Temas de registos e de notariado*

De facto não se entende a razão pela qual se alterou a anterior designação dos registos, feitos por inscrição para se passar a dizer que são por transcrição. É que na realidade continuam a ser por inscrição, como logo se vê pelo n.º 2 desse artigo 53.º-A. Aliás, este legislador do Código do Registo Comercial é o que meses depois alterou o Código do Registo Civil e aí continuaram a designar-se por inscrição aqueles assentos que extractam – ou resumem – os elementos relevantes e por transcrição aqueloutros que *copiam* ou "transcrevem" na integra todos os elementos constantes do documento que os baseia, como ocorre com determinados assentos de casamento. Mas no Código do Registo Comercial não há assentos ou registos por "transcrição". Há-os apenas *por inscrição* já que como se diz no artigo 63.º, que os define, eles não copiam, mas "extractam dos documentos apresentados" os elementos determinantes. De resto, diga-se ainda que nos artigos seguintes os registos em causa continuam a ser denominados *inscrições*. Então em que ficamos e que podemos concluir? Que o legislador quando se referiu aos registos por transcrição ou desconhecia o conceito ou se enganou? Vê-se é que qualquer destas conclusões não abona a favor de um legislador que despreza os registos, como se confirma pelo próprio anúncio feito no preambulo do aludido Decreto-Lei, que proclama como uma vantagem e um progresso a supressão de vários factos anteriormente sujeitos a registo – e curiosa mas incompreensivelmente a registo *facultativo*[9] – quando, como é sabido, a orientação doutrinária e comunitária é exactamente *a oposta* e vai no sentido de que toda a informação, incluindo a registral e quando difundida electronicamente, *deve ser mais completa possível*, incluindo portanto outros dados e factos não previstos em leis anteriores. É que, para além da defesa dos direitos das pessoas e das sociedades, não pode esquecer-se que os registos prosseguem fins de interesse público, como o da própria segurança do comércio jurídico[10].

---

[9] No tocante às sociedades comerciais foram eliminados os factos referidos nas alíneas h) e x) que não se incluem entre os que devem ser (obrigatoriamente) registados e se acham referidos no art.º 15.º.

[10] No registo imobiliário, por exemplo, defende-se que ele deve publicitar certos planos urbanísticos ou informações médio-ambientais (como se vê em

As sociedades no novo quadro notarial e de registos

Mas, o retrocesso mais grave talvez seja o da depreciação de vários princípios fundamentais do registo, designadamente o da legalidade. É claro que aqui nos referimos às inscrições, já que quanto aos chamados registos por depósito não há quaisquer princípios[11], incluindo este da legalidade que, como parece evidente, nunca e em circunstância alguma poderia ser desprezado num Estado que queira ser plenamente "de direito".

E porque dizemos que mesmo no tocante às inscrições este princípio acabou por ser desconsiderado? Desde logo porque na própria formulação do artigo 47.º foi suprimida a parte inicial: a responsabilidade da qualificação deixou de ser do registador – do conservador – para passar a ser, na maioria dos casos, "de qualquer um", ou seja de um funcionário indiferenciado, sem preparação jurídica alguma e sem ter passado por adequada formação, estágios e exames, como continua a ser indispensável, e bem, para se adquirir a necessária *qualificação profissional* de registador. Na verdade, é bem sabido que a apreciação do pedido de registo tem uma natureza semelhante à jurisdicional[12], sempre tendo representado, como devia continuar a representar, uma barreira suficientemente segura para defender o sistema registral de nele poderem entrar toda a espécie de ilegalidades que afinal só acabariam por prejudicar os agentes económicos e o comércio jurídico em geral. E esse juízo tem necessariamente de ser

---

Espanha – cf. "la oficina registral y la información medioambiental" *in* www.registradores.org: "Servicios" – Expert Corner) o que há anos seria impensável. Além desta *informação*, considera-se ainda que o Registo (contendo as bases de dados de sociedades e das *titularidades* territoriais) será a instituição mais apta para prestar *uma outra*, necessária para se poder dar cumprimento à Directiva da U.E. n.º 2004/35, de 21 de Abril, em matéria de responsabilidade ambiental.

[11] Trata-se de um registo puramente mecânico como pertinentemente observa MENEZES CORDEIRO (cf. "Manual de Direito das Sociedades", 2.ª ed. pág. 525).

[12] Poderão a este propósito citar-se tão-só as conclusões da 1.ª Comissão do IV Congresso Internacional de Direito Registral (a denominada "Carta de México") que tratou do tema "A função registral face à função judicial e à função administrativa" e ainda a muito conhecida observação de LACRUZ BERDEJO: *"no es función judicial pero se ejerce com independência semejante"* (cf. "Derecho Inmobiliario Registral", 1990, pág. 305).

feito com competência, isenção, responsabilidade e *conhecimento*, mormente do direito substantivo – já que as principais questões que se levantam são essas e não as da mera técnica registral – mas conhecimento esse que obviamente não possui um qualquer (frequentemente impreparado) funcionário administrativo.

Referimo-nos aqui em especial ao n.º 2 do artigo 55.º-A que enumera uma série de actos cuja qualificação passou a ser feita por um indistinto oficial que, salvo raras e honrosas excepções, ignora completamente – até porque isso nem sequer faz parte dos requisitos para o seu recrutamento – qualquer dos ramos de direito, designadamente o direito comercial. E vai, por exemplo e entre vários outros casos, poder apreciar se uma alteração ao contrato de sociedade e se uma designação dos órgãos do governo ou dos liquidatários da sociedade é ou não legal? E igualmente o pode fazer quando se trata de actos das cooperativas, das empresas públicas, dos agrupamentos complementares de empresas e dos agrupamentos europeus de interesse económico? Que diremos? Que a verificação do princípio da legalidade em todos estes casos não tem importância alguma? Que afinal e de um modo tão evidente, se promoveu a *desqualificação profissional* quando os anúncios governativos dizem exactamente o contrário?

Qualquer que seja a resposta o que parece indubitável é que se poderá concluir que esta desvalorização do princípio da legalidade constituiu mais um nítido retrocesso do registo comercial e é igualmente um motivo para se questionar outra das propagandeadas inovações: a eliminação da competência territorial[13]. De facto, não é por necessidade de uma total informatização dos registos que se justifica a eliminação deste princípio. É errado sustentá-lo. Haja em vista que em Espanha essa informatização total se verificou desde antes do ano 2000 e até ao momento funciona bem melhor do que entre nós. Cada serviço tem a sua necessária autonomia e o seu próprio portal, mas o

---

[13] O que a seguir se diz não invalida que se tenham de reconhecer algumas *importantes vantagens* na eliminação das regras de competência territorial, principalmente por se poderem com alguma facilidade abolir *os atrasos* de certas conservatórias – o que, embora por vezes sem culpa dos conservadores, já há anos constituía uma lamentável situação em vários pontos do País.

que acontece é que todos estão interligados entre si e através da base central – sedeada no Colégio de Registradores em Madrid – podendo portanto qualquer cidadão ou sociedade solicitar e obter em toda a parte do País os actos e certificações pretendidos, como só agora ocorre entre nós.

A qualificação do pedido de registo implica *um juízo* – e um juízo por vezes complexo – quanto à sua viabilidade e legalidade. Deste modo o sistema estabelece simultaneamente uma porta de entrada para os actos lícitos e um dique para impedir o ingresso dos ilegais, para que só venham a poder ser inscritos os actos válidos. O que acontece com a perda da competência territorial? Pura e simplesmente isto: em termos de registo a sociedade pode escolher quem irá apreciar a viabilidade do pedido, quem vai portanto julgar a sua procedência ou improcedência. Por isso, embora com sede em Coimbra onde está matriculada e com a respectiva pasta, sabendo que o Conservador entende que determinado acto é ilegal, porventura até incompatível com os anteriormente inscritos, vai a qualquer outro lado do País e, descobrindo algum funcionário ignorante, consegue que ele faça esse registo à revelia do entendimento de quem tinha – e noutros países continua a ter – a responsabilidade de o praticar[14].

Portanto, se essa sociedade pensa que tem razão, em vez do *recorrer* da decisão desfavorável, tratará antes de encontrar alguém no País que lhe *patrocine* essa sua pretensão. Ou seja, no fundo e na prática, procura quem desempenhe uma função de advogado ou solicitador ou melhor até: apenas quem faça o que ela quer.

Se não se acreditar no papel do registo, como pelo contexto da reforma do registo comercial se vê que o nosso legislador não acredita, poder-se-á porventura defender esta concepção, mas se (como é o nosso caso) entendermos que o registo deve, sobretudo na "sociedade de informação" desempenhar um relevante papel no conhecimento

---

[14] É sabido que apesar dos muitos atrasos judiciais em algumas comarcas bem mais do que noutras (que até "estão em dia") e da informatização dos tribunais e da natureza meramente "relativa" dos casos desta espécie de incompetência, nunca sequer se propôs a eliminação das regras da competência territorial dos tribunais, que, a nosso ver, tem aí um significado e importância proporcionalmente menor do que nos registos.

correcto e na difusão certa, legal, segura e verdadeira das situações inscritas – e portanto na própria segurança do comércio jurídico – então parece que já não poderemos concordar que deixe de existir um conservador responsável, mormente em função da sede da sociedade e que embora podendo e devendo prestar alguma assessoria às partes, não actua nunca como o advogado, mas mais como o julgador, sabendo que não deve patrocinar ninguém em particular, mas antes ter sempre uma postura "super partes", já que deve apenas obediência à lei e a defesa da legalidade é o seu "juramento" e indubitavelmente a sua principal função.

5. Uma outra incongruência que revela uma profunda depreciação e até menosprezo por parte do legislador sobre qual é e deve ser o papel das conservatórias, bem como uma forte *ilusão* sobre a realidade que se vive nas sociedades, designadamente na generalidade das sociedades por quotas, consistiu na introdução ao Código das Sociedades Comerciais dos artigos 242.º B a 242.º-E – e mormente deste último.

Com efeito, é sobremaneira evidente que a apreciação da viabilidade do *pedido* de registo terá de ser feita por quem tem a responsabilidade de *fazer* esse registo e não sobre quem *pede* que ele seja efectuado. Quem pede quer sempre que o seu pedido seja deferido – como é óbvio!

Ora bem: à face desta nova disposição quem deve promover o registo e também *apreciar* se ele é viável à face da lei, dos documentos apresentados e das inscrições anteriores é a sociedade – mas afinal não é ela que o faz. É na conservatória que o registo vai ser feito. Francamente, não se percebe esta incongruência. Na verdade, das duas uma: ou é a sociedade *que regista* nos seus *próprios livros* (informatizados ou não), e apenas aí, o facto e porque tem essa responsabilidade deve verificar se o pode fazer, mormente à face das disposições legais, dos registos anteriores e dos documentos apresentados, ou então é a conservatória que vai efectuar o registo, mas nesse caso terá necessariamente de ser ela, conservatória, a verificar se pode ou não fazê-lo.

Para além desta constatação de lógica elementar, temos que se o registo é lavrado na sociedade – como no caso das acções – será feito por ela própria no livro a tal destinado. E temos ainda que a

As sociedades no novo quadro notarial e de registos   133

difusão e o controlo público do facto – e dos que dele decorram – não vai pertencer à conservatória, que a ele ficou alheia, mas sim a outras entidades que o poderão controlar, como os próprios serviços fiscais ou até a CMVM.

Ora, nas quotas, é apenas à sociedade interessada que fica a caber o *auto-controlo* desses registos, mas que, afinal, são feitos na conservatória, a qual, porém, à face desta lei *nada pode controlar*. Afigura-se que mais não será preciso dizer para se constatar o absurdo desta situação. Todavia, acresce ainda o seguinte: o rol das sociedades por quotas é constituído não por grandes, mas sim por pequenas ou pequeníssimas sociedades. Ou seja: não por aquelas que têm o seu secretário, os seus juristas e os seus gabinetes (como em geral as anónimas), mas sim por aqueloutras que quando necessitam de um serviço jurídico têm de contratar um advogado e, diga-se a verdade, de fazer até algum sacrifício para suportar as inerentes despesas. Portanto, ao retirar das conservatórias a incumbência de qualificar todos aqueles actos, *que é o seu trabalho* e constitui a sua especializada função, o legislador veio também impedir que estas praticassem *um serviço público* socialmente útil para qualquer interessado, nomeadamente para todas as sociedades por quotas. E não se entende que em vários casos, como os do n.º 5 do artigo 53.º-A, tenha sido retirado aos conservadores o poder-dever de qualificar os actos resultando assim que, inadmissivelmente, eles não possam cumprir esse *nobile officium...* porque a lei não os deixa cumprir.

6. Ainda recentemente tomei nota de uma frase muito certa e pertinentemente dita por uma alta responsável do partido da actual governação. Foi esta: " precisamos como de pão para a boca de instituições que nos livrem de ilegalidades"[15]. Não posso estar mais de acordo. Mas o que a reforma do registo comercial operada pelos Decretos-Lei n.ºˢ 76-A/2006, de 29 de Março e 8/2007, de 17 de Janeiro, fez foi exactamente o contrário: as inovações introduzidas na estrutura dos registos, patente logo na primeira linha do capítulo

---

[15] Apesar desta frase poder ter sido dita em muitas ocasiões, foi-a (como se anotou) por MARIA DE BELÉM ROSEIRA, no programa "Frente a Frente" da *SIC-Notícias* pelas 21,30 h. do dia 22 de Fevereiro de 2008.

que trata dos "actos de registo" (n.º 1 do artigo 53.º-A) cifra-se, como muito sumariamente se procurou demonstrar, numa *minimização* do registo comercial. Traduz-se num ruir da credibilidade e da legalidade dos actos – o que não é nem pode ser entendido como simplificação. E para que se fez isto? Para a necessária – diria mesmo *indispensável* – informatização? Não o creio. E não o creio porque essa prática procedimental poderia ter sido tecnicamente introduzida mesmo sem se alterarem as disposições do código[16], à semelhança aliás do que ocorreu no registo civil com o programa denominado SIRIC que realizou a informatização deste sector muito antes de ter sido alterado o respectivo código.

Não posso pois concordar com alguns Autores de indiscutível saber[17] que em parte consideram positiva a reforma do registo comercial por a entenderem indispensável "para a informatização do registo". Ao que é dado constatar, nada de mais ilusório. Basta olhar para os nossos vizinhos espanhóis, que já muito antes de nós realizaram bem melhor e mais rapidamente a total informatização dos registos (de todos) sem alterarem os códigos e sem menosprezarem quaisquer dos princípios fundamentais, desde a legalidade à presunção de verdade, da prioridade ao trato sucessivo. É que – com alguma experiência o digo – eles não improvisam: sabem o que fazem e como o devem fazer, Desejável seria portanto que o legislador buscasse inspiração nesse e noutros sistemas em que a fé pública é (como deve ser) inerente ao registo comercial não sofresse dúvidas e atropelos.

---

[16] Salvo algum *ajuste* que pontualmente pudesse ser necessário, como aconteceu com a revogação do n.º 5 do art.º 70.º (que se aplaude, até porque há já muitos anos que também foi proposta numa "comissão de reforma") e que não deixa de ser corajosa atentos os interesses da imprensa local e regional.

[17] É o caso de Carlos Ferreira de Almeida – cujo saber nesta área dos registos é sobremaneira evidente – que no texto "O Registo Comercial na Reforma do Direito das Sociedades de 2006" (inserto na colectânea "A Reforma do Código das Sociedades Comerciais", *Almedina* 2007) considera claramente positivas certas "alterações" – como a do "caminhar no sentido da total informatização" (com o que *todos* estaremos de acordo) – mas que realmente não descortinamos como se poderão achar positivas as alterações introduzidas no tocante *aos registos*. Aliás, quiçá as mais significativas "simplificações" (v.g. as relativas à constituição de sociedades) constam é de diversos *diplomas avulsos*. A alteração do Código, como se demonstra, veio, sim, *depreciar* os registos.

Também não se consegue perceber porque razão não tem sido mais acentuadamente criticado o facto de o registo comercial ter deixado de controlar a legalidade de uma grande parte dos actos que permanecem sujeitos a registo[18], entre os quais figuram os que respeitam às quotas a que já sucintamente aludimos. Nem tão-pouco que a própria sociedade – por melhor boa vontade que tenha no sentido de respeitar as incumbências referentes ao registo que agora lhe foram cometidas, entre outros, pelo artigo 242.º-C do C.S.C. – não tenha o controlo, como de facto não poderá ter, da prioridade relativa a actos que o próprio sócio pode directamente praticar, como seja um importante registo de acção[19].

7. Poderiam ser altamente positivas – e "em si mesmas" sem dúvida que o são – várias medidas tomadas no sentido de agilizar e facilitar a informação e proporcioná-la às sociedades e aos sócios de um modo acessível e permanente.

Só que, porque muitos dos registos e necessários documentos – como é o caso dos respeitantes às quotas – não passaram por qualquer crivo ou controlo, acontece que o seu conteúdo passou a não ser fidedigno e, portanto, em vez de auxiliarem o comércio jurídico prejudicam-no. Em lugar da indispensável certeza que todo o registo – e em particular o registo comercial – deveria ter, o que acontece é que se gera a dúvida, a ambiguidade e a descrença, mesmo por parte de muitos advogados e notários quando são chamados a titular diversos actos.

É bom, é importante, que existam certidões permanentes, mas é claro que deixam de interessar se *os conteúdos certificados* – que incluem os chamados registos por depósito – deixam de ter credibilidade.

A descredibilização e minimização do registo comercial constituiu, a meu ver, um lamentável retrocesso. O que não é qualificado

---

[18] É o caso, já referido, de todos os que constam das sucessivas alíneas do n.º 5 do artigo 53.º-A.

[19] Referimo-nos, por exemplo, a uma acção destinada a obter o cumprimento específico de um contrato-promessa de transmissão de quota – que o interessado pode registar directamente, passando inteiramente à margem das deliberações e dos "registos" apresentados pela sociedade.

pode ser falso, ilegal e fraudulento. E se os registos não publicam a verdade, mas ao contrário difundem algumas situações inverídicas e ilícitas contribuem para criar desconfiança nas instituições.

8. Que devemos, pois, concluir?

Que poderia (a nosso ver devia) ter sido feita uma reforma do registo comercial a sério, *valorizando a instituição*, tornando-a mais credível, mais rigorosa e mais célere, mas sem pretender que, apenas para se obter um ultra-rápido sistema, se viesse a abdicar de todos os princípios quanto a diversos registos, já que isso é extremamente grave, pois consabidamente basta que *alguns deles* não ofereçam informação fidedigna para que *todo o instituto* registral perca a indispensável credibilidade – que, sublinhe-se, na actual era da contratação electrónica *é necessária mais do que nunca antes*, designadamente para o investimento e para a confiança dos agentes económicos.

9. Diz-se que não se deve governar pelas primeiras páginas dos periódicos ou pelas aberturas dos telejornais – o que *está certíssimo*. Mas não menos certo estará dizer que o nosso legislador se devia orientar pelos princípios da verdade, da legalidade e da certeza – mormente no tocante aos registos com efeitos jurídicos – e não por meras estatísticas e simples padrões de quantidade ou pelo aplauso fácil, mesmo que proveniente de grandes sociedades ou de poderosos grupos.

Por isso, de novo, e nesta oportunidade que o *IDET* me dá, peço que os estudiosos destas matérias e a doutrina em geral alertem, frontal e convincentemente, os responsáveis pela elaboração das leis para a *necessidade de se arrepiar caminho*, alterando as disposições inadequadas, no sentido de se eliminarem todas as apontadas incongruências, a fim de que o registo comercial possa ser cada vez mais, como se pretende, um instrumento eficaz ao serviço do direito, da segurança do comércio jurídico, das empresas e, consequentemente, da própria economia do País.

REGISTO CIVIL

NOÇÕES BÁSICAS DE REGISTO CIVIL[*]

1. O registo civil é o registo público que se destina a publicitar, a provar e a tornar invocáveis os factos a ele obrigatoriamente sujeitos e que na sua essência são os concernentes ao estado civil das pessoas[1].

Esta necessidade de se saber *quem são as pessoas*, qual o seu nome, a sua filiação, o seu estado, foi sentida desde a mais alta antiguidade[2]. Além das cerimónias públicas nas quais se dava uma publicidade-notícia, festiva nos nascimentos e casamentos e fúnebre nos óbitos, também se registavam por escrito esses factos. Assim, entre os hebreus a filiação era anotada em rolos conservados pelos sacerdotes (e até a Bíblia insiste nas genealogias), na Grécia clássica havia registos pessoais, conservados por funcionário de tal incumbido,

---

[*] Texto sumariado de apoio às aulas teóricas sobre o registo civil, designadamente as ministradas no 3.º Ano do Curso de Direito da Universidade Portucalense em 2007/2008.

[1] Não se pretende dar uma *definição* de "registo civil" (que aliás não descortinamos na doutrina) mas tão-só enunciar *o conceito* que expresse a sua principal finalidade. Diga-se ainda que em geral a doutrina francesa considera que mais rigorosamente se trata do *registo dos actos do estado civil* (cf. PLANIOL Y RIPERT, *Traité Elémentaire de Droit Civil*, 1948, I, pág.232) e outros apontam outras acepções da expressão "registo civil". JOSE PERE RALUY considera que são essencialmente três: 1) a repartição que tem a seu cargo o serviço registral; 2) o conjunto de livros e documentos que integram e documentam o estado civil das pessoas; 3) a instituição respeitante à publicidade dos factos do estado civil: cf. *Derecho del Registro Civil*, I, 1962, pág. 40. Nesta obra o Autor faz também um aprofundado estudo do conteúdo e definição do "estado civil" (a partir de pág. 12).

[2] Na conhecida obra de CARLOS FERREIRA DE ALMEIDA "Publicidade e Teoria dos Registos" (sobretudo a pág. 137 e segs) é feita uma síntese histórica do registo civil. É também dada indicação bibliográfica sobre este tema podendo aí aprofundar-se o que sumariamente se refere no texto.

tanto no nascimento, como na maioridade e na plenitude da cidadania. Em Roma existiam livros onde funcionários próprios escrituravam "o nascimento, emancipação, casamento, divórcio e morte"[3].

Depois da oficialização da religião cristã e durante toda a Idade Média e Moderna o registo civil foi ficando, praticamente em toda a Europa, a cargo da Igreja. Era normalmente em três livros eclesiásticos que se inscreviam os factos mais relevantes do estado civil das pessoas: os baptismos – onde também se referia a data do nascimento –, os casamentos e os óbitos. Após a Revolução Francesa começou a entender-se que esta função do *registo civil* devia ser pública, pertencendo ao Estado ou aos municípios. Entre nós, apesar das normas já contidas no Código de Seabra, foi só em 1910[4] – na sequência da implantação da República – que o registo civil passou a ser *concretizado* como função do Estado[5], tendo sido definitiva e normativamente instituído pelo "Código do Registo Civil" de 1911 (18 de Fevereiro de 1911). Rapidamente se estendeu a todo o território nacional e passou a constituir um serviço credível e bastante bem organizado, que começou a existir em todos os concelhos, funcionando nas "conservatórias do registo civil", que estão a cargo e são dirigidas pelos *conservadores do registo civil*[6].

Algumas resistências decorrentes da implantação do registo prenderam-se sobretudo, no que respeitou aos registos de nascimento, com as grandes dificuldades económicas de parte da população (visto

---

[3] Cf. *op cit.* na nota anterior, pág. 138.

[4] Curiosamente no Brasil já havia sido mais de 20 anos antes, com a *Lei do Registro Civil* de 1888.

[5] Cf. Decreto n.º 1 , de 25 de Dezembro de 1910. Dissemos *concretizado* porque na verdade muito antes – com o Decreto de 16 de Maio de 1836 – se havia *legislado* no sentido de que "a matrícula geral de todos os cidadãos" pertencia ao registo civil (art.º 69.º). Depois de sucessivos diplomas (inclusive o próprio Código Civil de 1866) que contiveram normas sobre o registo civil, foi o Decreto de 28 de Novembro de 1878 que mais pormenorizadamente regulou o instituto.

[6] Os conservadores são obrigatoriamente licenciados em direito e juristas especializados que (tal como os demais congéneres que tem a cargo os registos predial, comercial e de automóveis) só podem ingressar na carreira depois de curso, estágio e provas públicas.

Noções básicas de Registo Civil 139

que havia que pagar emolumentos) retardando-se e em alguns casos raros omitindo-se até a respectiva declaração e, no tocante aos casamentos, com a tradição de os celebrar canonicamente. Aliás, esta questão só veio a ter razoável resolução com a Concordata de 1940 que atribuiu efeitos civis ao casamento católico.

O Código de 1911 foi sendo sucessivamente alterado, até que em 1932 foi publicado um novo Código que vigorou até ao de 1959 (aprovado pelo Decreto-Lei n.º 41967 de 22/11/1958), o qual só na sequência da publicação (em 1966) do Código Civil veio a ser substituído pelo de 1967 (Decreto-Lei n.º 47678 de 3/5/1967). Dado que as normas sobre *direito da família* contidas no Código Civil foram profundamente modificadas pelo Decreto-Lei 496/77, de 25 de Novembro, e o registo civil devia acompanhar no seu âmbito adjectivo e instrumental essas alterações substantivas, veio a ser publicado em 1978 um novo Código do Registo Civil que vigorou até 1995 (Decreto-Lei n.º 131/95, de 6 de Junho) data em que o actual Código foi publicado. No respectivo preâmbulo é dito que se passaram a contemplar "importantes alterações no domínio da competência dos conservadores do registo civil[7], a par de outras (...) e com adaptações às modernas tecnologias e à informática". Diz-se ainda que "o escopo das mudanças preconizadas assenta, assim, na facilitação da vida dos utentes e na simplificação e desburocratização de procedimentos". Depois de sucessivas alterações (v.g. pelos Decretos-Lei n.ᵒˢ 36/7 de 31/1, 120/98, de 8/5, 375-A/99, de 20/9, 228/2001, de 20/8273/2001, de 13/10, 113/2002, de 20/4 e 53/2004, de 18/3) foi por último publicado o Decreto-Lei n.º 324/2007, de 28 de Setembro, que tendo introduzido muitíssimas modificações, – ainda que com o mesmo propósito de simplificação e ajuste às novas tecnologias já enunciado em 1995 – *republicou* o Código do Registo Civil (C.R.C.).

É portanto a este diploma republicado em 2007[8] que doravante nos passaremos a referir.

---

[7] Trata-se sobretudo da atribuição de competência própria aos conservadores para a decisão de vários processos previstos no Código, entre os quais o de divórcio por mútuo consentimento.

[8] Depois desta republicação e da elaboração deste texto houve várias alterações legislativas que estão indicadas. Porém, quanto às mais recentes já não houve oportunidade de as referenciar.

140   *Temas de registos e de notariado*

2. Os *princípios* que regem o registo civil não se acham sistematizados num capítulo próprio, ainda que no tocante à *obrigatoriedade, valor* e *efeitos* do registo os artigos 1.º a 4.º se lhes refiram expressamente. Assim, o primeiro daqueles preceitos, embora "misture"[9] num só dispositivo legal um *princípio* de registo com o *objecto* do registo, indica de modo inequívoco que os factos sujeitos a registo são de inscrição *obrigatória*. Trata-se de "uma obrigatoriedade geral e absoluta, no sentido de que têm de ser levados a registo todos os factos a ele sujeitos"[10]. Este princípio data dos primórdios do registo civil (já estava consagrado no Código de 1911) mas, presentemente, o seu incumprimento em geral não faz incorrer o sujeito obrigado a promover o registo em coima ou penalidade[11]. A sanção é relativa à ininvocabilidade do facto que não foi registado.

O outro princípio que vem previsto na disposição seguinte – artigo 2.º – é por lei denominado da *atendibilidade dos factos sujeitos a registo*, mas que penso que é mais claro se o denominarmos *princípio da imposição probatória* do registo (ou ainda, se preferirmos, *princípio da eficácia absoluta*) que em síntese nos diz o seguinte: os factos sujeitos a registo civil obrigatório só podem ser invocados por qualquer pessoa – isto é, quer por aqueles a quem o registo diga respeito quer por terceiros – se estiverem registados[12]. Por isso, dir-se-á que o

---

[9] Com efeito, o artigo 1.º do Código aglutina num único preceito o que são realidades (fácticas e jurídicas) muito diferentes: o *princípio da obrigatoriedade* e o *objecto do registo*. Os Códigos anteriores ao de 95 referiam no artigo 1.º quais os factos que constituíam objecto do registo civil e no artigo 2.º indicava quais os factos obrigatoriamente sujeitos a registo.

[10] Cf. CÂNDIDA RODRIGUES DIAS, "Código do Registo Civil, Comentado", Edição da Autora, *Imprensa Nacional,* pág. 21

[11] Antes de ter sido consagrada a gratuitidade dos actos (de que falaremos) entre outras sanções existentes, citem-se as seguintes: se fosse excedido o prazo para declarar o nascimento ou o óbito havia lugar a uma "multa"; o pároco que não enviasse o duplicado do assento do casamento católico incorria "na pena de desobediência qualificada" (art.º 368.º do Código de 78); etc. Todavia, actualmente, a lei continua a prever a "responsabilidade civil" de funcionários e outros agentes (artigos 294.º e segs), bem como as sanções indicadas nos artigos 295.º a 297.º.

[12] Assim, por ex., tanto os próprios a quem o acto respeita, como qualquer pessoa, seja a que propósito for, só podem dizer que A e B são casados se existir

registo civil não só publicita os factos, mas também os *titula de uma forma necessária* para que possam ser considerados e aceites por todos. Existe assim *uma ineficácia* que é "absoluta em relação a todos, antes do registo"[13].

O artigo 3.º contempla, ao que nos parece, dois princípios: o princípio da *prova absoluta* e o princípio da *presunção de verdade* e que consistem no seguinte: o primeiro diz-nos que a *prova* dos factos sujeitos a registo obrigatório e ao estado civil das pessoas e constantes do registo é feita de forma a que não cede face a outro meio probatório em sentido oposto, excedendo assim o conceito de "prova plena" que decorre do artigo 347.º do Código Civil (C.C.). Daí que esta prova feita pelo registo civil tenha sido apelidada de *prova pleníssima*[14]. Mas o mesmo artigo 3.º contém ainda, embora em parte só tacitamente, um princípio presuntivo de que o *estado civil* constante do registo existe, tal como neste se acha definido[15], ou seja, estabelece-se um princípio de *presunção de verdade* do registo civil. E que presunção é? Propendemos a considerar que se trata de uma presunção "iuris et de iure", visto a prova feita pelo registo é *inilidível* salvo nas acções de Estado e nas de registo[16]. Trata-se, pois, de uma presunção absoluta e não daquela que pode ser afastada

---

o seu registo de casamento. E se o registo faltar o acto não é eficaz mesmo para as partes e até, em certos casos, nem existe.

[13] Cf. Carlos Ferreira de Almeida, *op. cit.* pág. 292.

[14] Cf. Castro Mendes, "Direito Processual Civil", III, 1980, pág. 198.

[15] Esta é sensivelmente a mesma maneira como é enunciado no Código do Registo Predial (art.º 7.º) o *princípio da presunção de verdade* e que o C.R.C. não reproduziu integral e expressamente, ainda que se deva considerar que se acha contido, ao menos de forma tácita, no próprio artigo 3.º.

[16] Esta ressalva parece contrariar a primeira parte da disposição quando diz que a prova do registo "não pode ser ilidida por qualquer outra". Todavia, como se entende que a própria presunção "iuris et de iure" nunca poderá ao ponto de *impedir* que uma decisão venha a consumar um caso julgado que, relativamente à matéria presumida, a *fixe* de modo diverso, também propendemos a considerar que aqui a decisão judicial quanto ao próprio registo não afasta o conceito da presunção inilidível. Aliás, há quem entenda (cf. Cândida Rodrigues Dias, *op cit.* pág. 25) que "a prova fornecida pelo registo goza de autoridade semelhante à do caso julgado" pois este "é verdadeiro acto de jurisdição, cujo valor só pode ser ilidido mediante a competente acção de registo".

"mediante prova em contrário" de acordo com o disposto no n.º 2 do artigo 350.º do C.C. (isto é, a mera presunção *tantum iuris*). Além disso, a impugnação em juízo dos factos que o registo comprova está condicionada a que simultaneamente se peça "o cancelamento ou a rectificação dos registos correspondentes" (n.º 2 do art.º 3.º).

O princípio que o artigo 4.º em parte enuncia – mas que também os artigos 211.º e seguintes contemplam – é o *princípio da publicidade*, no sentido da *publicidade formal*[17]. Este princípio indica-nos que, relativamente aos factos sujeitos a registo civil obrigatório, não pode ser utilizado meio probatório distinto daquele que o próprio Código prevê. Dito de outro modo: para comprovar os aludidos factos é *requisito absoluto* a utilização de uma das modalidades certificatórias que se acham previstas nos artigos 211.º e seguintes. Tornar-se-ia portanto, ilegal pretender provar o estado civil de uma pessoa através de um outro qualquer meio[18].

Além destes princípios enunciados nos artigos iniciais do Código, há outros que não se acham mencionados num determinado preceito concreto, mas decorrem de vários deles e do próprio sistema registral. O que desde logo devemos anunciar é o *princípio da legalidade*. Trata-se de um dos que é comum às várias espécies de registos jurídicos[19] e que, em síntese, nos diz que os factos, anotações, declarações, comprovativos ou quaisquer dados contrários ao que se acha

---

[17] Tem sido habitual distinguir a *publicidade formal* da *publicidade material,* consistindo aquela na possibilidade do acesso público ao que os assentos referem e esta – a material ou substantiva – na presunção "iuris et de iure" do contudo do registo (e que afinal é o princípio que se designa como da *presunção de verdade* e que já mencionamos). Esta distinção é também referida no registo imobiliário (Cf. LACRUZ BERDEJO e SANCHO REBULLIDA, "Derecho Inmobiliario Registral", 1984, pág. 51).

[18] Por isso, também em termos de registo predial ou comercial, não é correcto que se pretenda provar o estado de qualquer dos sujeitos (omitido no título) através de "declaração complementar" (prevista no art.º 46.º do Cód. Reg. Predial para suprir v.g. determinadas omissões)

[19] E também ao *notariado*, muito embora o Código do Notariado, tal como o do Registo Civil, não enuncie em preceito algum, diversamente do que ocorre no caso dos registos predial e comercial (art.ºs 68.º e 47.º dos respectivos códigos).

estabelecido nas disposições legais não podem ser inscritos no registo[20]. Por isso, o conservador não poderá receber uma declaração quando existe alguma norma que, naquelas circunstâncias, não a permite aceitar[21].

Outro princípio que vigora no registo civil é o que poderemos designar como princípio da *instância verbal* ou princípio *da oralidade*. Assim, o pedido para que se pratique qualquer acto de registo ou para que seja fornecido um meio de prova ou ainda *normalmente*[22] para que seja instaurado um processo, não carece de ser formulado por escrito. A instância verbal é suficiente. Assim como as declarações que baseiam os assentos ou outros actos de registo podem ser feitas oralmente pelos interessados.

Há ainda o que poderá ser designado como *princípio da actualização oficiosa*. Não apenas "actualização", mas também com essa característica da oficiosidade, visto tratar-se de um princípio que se concretiza através de uma *actuação oficiosa* dos serviços.

Trata-se do seguinte: por um lado, o registo civil visa publicitar o estado civil dos cidadãos de uma forma *permanentemente actualizada*, mas, pelo outro, os factos que modificam o estado civil podem ocorrer em vários e distintos locais. Por isso, desde os primórdios da instituição do registo civil, se foi considerando que as conservatórias deviam *comunicar oficiosamente* umas com as outras através do envio de "boletins" (cuja recepção era também comprovada) os quais consentiam que fossem sendo averbadas aos assentos todas as alterações relevantes do seu conteúdo. Isto permitia conhecer o estado civil das pessoas de um modo habitualmente *actualizado*. Esta "filosofia" tem-se sempre mantido (e bem) nas sucessivas alterações legislativas, com a única diferença de que os actuais meios técnicos facultam que essas intercomunicações se façam electronicamente e quase sempre de modo fácil e automatizado.

---

[20] Esta é uma ideia bastante sucinta. Para mais ampla reflexão pode, entre outros, referir-se a citada obra de JOSE PERE RALUY, que dedica todo o Capítulo XXIV (págs. 297 e segs.) à qualificação e à análise do princípio da legalidade. Diz a certa altura este Autor: "a exigência do princípio da legalidade e da adequação do Registo à realidade extraregistral, exigem imperiosamente que se dote o Registador de uma faculdade qualificadora (...). A supressão da função qualificadora suporia o derrube das garantias básicas do Registo" (pág. 297).

Tem também sido indicado um outro princípio (embora entre nós de introdução recente[23]) e que habitualmente se diz ser característico do registo civil: o da *gratuitidade*. Com ele quer-se significar que a maior parte dos actos fundamentais relativos ao estado civil das pessoas – designadamente os assentos de nascimento, perfilhação, casamento urgente, óbito e outros – são gratuitos[24]. A pessoa quando nasce *tem direito* a que o seu nascimento fique inscrito no registo civil imediata e gratuitamente, comprovando-se portanto desde logo a sua própria cidadania.

3. Os factos sujeitos a registo acham-se indicados no n.º 1 do artigo 1.º [25] e, ao percorrer as sucessivas alíneas vemos que da a) à h) e depois a o) e p) respeitam efectivamente a *factos de registo civil* e portanto ao *estado civil* dos cidadãos. Aparecem, todavia – a nosso ver *inexplicavelmente*[26] e quiçá *inconstitucionalmente*[27-28] – as alíneas j) a n) que *não tratam* de factos correspondentes ao estado civil.

---

[21] Para tanto deve ser feito o juízo de *qualificação*. São inúmeras as circunstâncias que se podem ocorrer. A mero título exemplificativo, dir-se-á que não pode ser aceite uma declaração para casamento (e muito menos que ele seja celebrado) se existe entre os nubentes um impedimento dirimente; ou que num registo de nascimento não pode consignar-se a indicação de uma paternidade não presumida, nem reconhecida, nem que se pode vir a reconhecer.

[22] Dizemos "normalmente" visto que não é *sempre*. Por exemplo, para que seja instaurado o processo de divórcio é necessário que os interessados apresentem requerimento escrito e devidamente subscrito (art.º 271.º).

[23] Recorde-se que ainda na tabela emolumentar referente ao Código de 78 (que antecedeu o vigente de 95) os assentos de nascimento e óbito não eram gratuitos.

[24] Além disso, qualquer outro acto será gratuito no caso de comprovada insuficiência económica do interessado, mas nesta hipótese não há "novidade" alguma, visto que o mesmo ocorre noutras instituições.

[25] *Depois* da elaboração deste texto foi publicado o Decreto-Lei n.º 103/2009, de 11 de Setembro que introduziu uma *nova alinea* i), que contempla "o apadrinhamento civil e a sua revogação". Assim, não ficou analisado neste trabalho.

[26] A única explicação que é dada – a de certas disposições do Código que regula a insolvência demandar *um registo* dos aludidos factos – *não parece ser explicação alguma*. Com efeito, é bem sabido que as dívidas, o seu incumprimento ou o passivo de uma pessoa não podem, à luz dos princípios do

Noções básicas de Registo Civil

Iremos assim ver, daqueles factos que o artigo 1.º enuncia, apenas os que importam à finalidade e objecto do registo. São eles: 1) o nascimento; 2) a filiação; 3) o casamento; 4) o óbito – todos estes que são registados *por assento* – e, 5) a adopção; 6) a regulação do exercício do poder paternal; 7) a sua inibição ou suspensão; 8) a interdição ou inabilitação definitivas; 9) a tutela de menores ou interditos e a curadoria de inabilitados; 10) a curadoria de ausentes e a morte presumida – que ingressam no sistema registral através de *averbamento ao assento de nascimento* – 11) as convenções antenupciais; e, 12) os factos extintivos ou modificativos do conteúdo do facto registado – que são *averbados ao assento respectivo*. Note-se, porém, que *a filiação* pode não ser – e a maior parte das vezes não é – registada por meio de um assento *autónomo* (como

---

nosso Ordenamento e da nossa Civilização afectar o *ser* da pessoa, o seu *estado civil* ou a sua *identidade*, os seus *direitos de personalidade*. E é destes aspectos e destas realidades que trata o registo civil, *nunca* das dívidas ou das contingências da actividade económica, cujo único cabimento será, entre nós, no registo comercial. Nem se diga que os não comerciantes não estão sujeitos a registo, porque as próprias heranças jacentes têm inscrição no RNPC e se o legislador sujeitou os aludidos factos a registo civil (???) porque não os poderia tê-lo feito (como seria adequado) ao registo comercial? Além disso, por um lado, foi abolida a antiga dicotomia *falência* (para comerciantes) e *insolvência* (para não comerciantes) e, pelo outro, as acções e procedimentos relativos à insolvência têm (todos eles) inscrição no registo comercial – que tem, pois, a inerente "base de dados".

[27] Trata-se de questão que não temos visto debatida. Todavia, parece-nos claro que a C.R.P. proíbe (nomeadamente no art.º 26.º n.os 1 e 2) a divulgação de informação – como é o caso no registo civil e por averbamento ao *assento de nascimento*!!! (art.º 69.º,n.º1, al.s g)a l)) de factos que atentam contra o "bom nome" da pessoa, como é o caso desta não liquidar as dívidas e ser declarada insolvente (vejam-se os comentários de GOMES CANOTILHO e VITAL MOREIRA na C.R.P., Anotada, 3.ª ed. Rev. pág. 179/80).

[28] Não afasta a apontada (e a nosso ver claramente existente) inconstitucionalidade a circunstância dos correspondentes averbamentos poderem vir a ser eliminados e feito *um novo assento* (art.º 81.º-A). Essa possibilidade só *confirma* que o legislador considerou aquelas menções como discriminatórias e que, portanto, a sua (possível) eliminação *justificava* a feitura de um novo assento.

quando se trata da perfilhação ou da declaração de maternidade), mas sim como *uma menção* própria do assento de nascimento (e será a propósito deste assento que abordaremos a filiação) e também que as convenções antenupciais e alterações do regime de bens são publicitadas registralmente *por menção* no assento de casamento ou por averbamento a este (quando apresentadas posteriormente).

Os registos *são feitos*[29] nas conservatórias: as conservatórias do registo civil e a Conservatória dos Registos Centrais, que a lei considera "órgãos privativos" do registo (art.º 8.º), podendo também sê-lo – e o Código então diz, ao que nos parece, de modo não rigoroso, que "a título excepcional"[30] – por "órgãos especiais", que são os que vêm referidos no artigo 9.º, cabendo realçar os *consulados* que são organismos oficiais e que, fundamentalmente para as comunidades portuguesas que residem e trabalham no estrangeiro, têm uma importância muito significativa, já que para elas praticam, na respectiva área, a maior parte dos actos de registo civil e notariais. Os registos que lavram devem, no entanto, ser integrados *em suporte informático* no "registo civil nacional", de harmonia com o estatuído no artigo 5.º. Isto para que a "base de dados" do registo civil possa estar em condições de publicitar de uma forma permanente e actualizada, o estado civil de todos os cidadãos nacionais.

As conservatórias têm, em razão da matéria, *competência genérica*, como resulta do disposto no n.º 1 do artigo 10.º, quando diz

---

[29] Não aludimos, portanto, a locais onde pode ser feita a declaração para registo (que vai basear o registo), visto que essa poderá ser prestada noutros locais, como acontece com as maternidades. Aliás, o artigo 57.º até refere, de uma maneira muito ampla, *qualquer lugar* "a que o público tenha acesso". O Código vigente aboliu, no entanto, os "postos" que os anteriores previam (e que podiam reduzir a auto as declarações das partes: arts 18.º e 19.º do Cód. de 78).

[30] Não parece rigoroso dizer-se "a título excepcional" (expressão "herdada" dos códigos anteriores) porque, tal como se diz no texto, os consulados (referidos na *alínea a)* do n.º 1) praticam permanente e habitualmente – e também por competência própria e directa (estabelecida no "Regulamento Consular") – variadíssimos actos de registo civil, assim como actos notariais. Não o fazem, portanto, a título *excepcional*, como ocorre nos casos a que aludem as restantes alíneas. JOSE PERE RALUY explica mesmo que nos consulados (e como ocorre "na generalidade das legislações") se praticam os *actos de registo civil* e que "O Registo consular é um Registo principal" (*op. cit,* págs. 184/5).

Noções básicas de Registo Civil 147

que lhes cabe efectuar o registo de "todos os factos": À face da actual legislação têm também, em razão do território, uma competência geral que – "salvo disposição especial" (como diz o artigo 12.º) – abrange *todo* o "território português, qualquer que seja a nacionalidade dos indivíduos" a quem os factos digam respeito.

A Conservatória dos Registos Centrais (que em tempos era a única competente para registar os factos ocorridos no estrangeiro) tem hoje uma competência limitada aos actos e factos indicados no artigo 11.º, que respeitam principalmente aos factos ocorridos no estrangeiro[31]. Além disso, tem ainda competência para outros actos, sobretudo os relativos ao "Registo Central da Nacionalidade", a que alude o Capítulo II do Título II do Regulamento da Nacionalidade Portuguesa, aprovado pelo Decreto-Lei n.º 237-A/2006, de 14 de Dezembro (actos esses que obviamente são de grande relevo, mas dos quais aqui não iremos tratar).

Quaisquer petições ou documentos que sejam dirigidos à Conservatória dos Registos Centrais podem ser apresentados numa das conservatórias do país – que, assim, nesses casos, funcionam como intermediárias daquela (artigo 13.º).

A forma de efectuar os registos é hoje totalmente informatizada. Foram, pois, revogados os artigos 18.º a 38.º que tratavam dos livros e verbetes, assim como as que previam a redução a auto de certas declarações prestadas (v.g. as do art.º 64.º)[32]. Aliás, prevê-se ainda que o conteúdo dos anteriores livros de assentos venha a ser todo informatizado, designadamente através do processo de digitação[33], permitindo-se assim a imediata intercomunicação das conservatórias,

---

[31] Cujas sucessivas alíneas abrangem quer os actos que devem ingressar no registo por inscrição, quer por transcrição (caso da alínea g) referente aos *actos lavrados pelas autoridades estrangeiras*, a que se refere o art.º 6.º). Note-se que no tocante às *sentenças estrangeiras* rege o disposto no art.º 7.º: a matéria da revisão dessas sentenças está muito bem explicada no C.R.C., *Anotado*, de ALVARO SAMPAIO em comentário ao art.º 7.º (na 3.ª ed., *Almedina*, 2003, pág. 44 e seg.).

[32] Não foram totalmente abolidas (nem por certo deveriam ter sido) as "reduções a auto" de declarações prestadas, que, embora raramente, ainda se mantêm (v.g. no caso da al. a) do n.º 1 do art.º 150.º).

[33] É este o que vem sendo utilizado (conforme orientação do IRN) e não o da digitalização.

que anteriormente era feita sobretudo através dos "boletins" enviados pelos correios. Consequentemente, foram revogadas as disposições que se lhes referiam (v.g. art.ᵒˢ 35.º, 75.º e 218.º).

Se o acto (v.g. um assento de nascimento) tiver sido feito numa conservatória e um outro (v.g. o casamento), que lhe deva ser averbado, constar de uma outra, haverá lugar a um averbamento que deve ser imediata e directamente efectuado no *sistema* (que é único e geral para todo o País). Assim como, se em qualquer momento se detectar que determinado averbamento ainda não foi feito pode – e deve – qualquer conservatória *fazê-lo logo*. Isto porque, como se disse, nenhuma delas tem uma determinada competência territorial: qualquer uma é competente para praticar todos os actos, seja a que local for do território nacional[34].

4. O conceito de "partes" é, em registo civil bem mais abrangente do que na lei processual civil. Com efeito, o artigo 39.º refere que são partes não só as pessoas a quem o facto diz directamente respeito, como também as pessoas "de cujo consentimento dependa a plena eficácia deste" e ainda com um alcance que diríamos essencial, *os declarantes*[35]. Nos processos de registo – e como já muito bem se observou – o Código utiliza ainda a expressão partes num sentido amplo de "interessados"[36].

Além das partes – que são os *intervenientes principais* – há outros que designaríamos como *acidentais* e que são todos os outros a que aludem os artigos seguintes (41.º a 45.º). Trata-se dos intérpretes,

---

[34] A "base de dados" do registo é *uma só* para todo o território nacional, embora os assentos sejam referenciados à conservatória respectiva (v.g. assento de nascimento n.º 000x da Conservatória de XY).

[35] Com efeito, vários assentos (e quando lavrados por inscrição) são feitos com base nas declarações prestadas pelos *declarantes*, os quais, como determina o art.º 40.ª, devem ser identificados *no próprio texto* dos assentos.

[36] É o que explicam Filomena Mocica e Maria de Lurdes Serrano (*in* C.R.C., Anotado – *Rei dos Livros*, 2003, pág. 79/80). "Trata-se de designar as pessoas ligadas entre si por uma relação processual equivalente ao binómio "requerente – requerido", nos processos privativos do registo civil, a que se pode fazer corresponder, muito simplesmente, a figura de "interessados" nesses mesmos processos (cf. art.ᵒˢ 78.º, n.º 2, 225.º, n.º 3 e 291.º, n.º 1)".

Noções básicas de Registo Civil

procuradores e testemunhas. Os primeiros podem ser nomeados – quando as partes necessitem – nos casos de surdez, mudez[37] ou de ignorância da língua portuguesa.

Os procuradores devem, em qualquer caso, ter "poderes especiais para o acto" (n.º 1 do art.º. 43.º) e no caso do acto do *casamento* só são admitidos para *um dos nubentes* (n.º 1 do art.º 44.º) e o instrumento de procuração deve sempre identificar o outro nubente e a modalidade do casamento (n.º 2).

A intervenção de testemunhas é facultativa para as partes nos casos dos assentos de nascimento (duas) e de casamento (entre duas e quatro), mas pode ser obrigatória em qualquer espécie de assento "se ao conservador se suscitarem dúvidas fundadas[38] acerca da veracidade das declarações ou da identidade das partes" (n.º 2 do art.º 45.º). Exigindo a lei que as testemunhas sejam "pessoas idóneas e maiores ou emancipadas" (n.º 1 do art.º 46.º), não considera, todavia, que o parentesco ou afinidade quer com as partes quer com os funcionários seja motivo de impedimento (n.º 2) ao invés do que ocorreria no processo civil[39].

5. Os actos de registo são de duas espécies: os *assentos* e os *averbamentos* (art.º 50.º) e, por seu turno, os assentos também podem ser lavrados por duas formas: por *inscrição* e por *transcrição* (art.º 51.º). A lei não define estas duas modalidades de assentos: apenas enumera os que são lavrados por inscrição (art.º 52.º) ou por transcrição (art.º 53.º). No entanto a distinção é facilmente perceptível. Diremos que o registo por inscrição tem lugar quando o ele é feito com base em declaração *prestada directamente* ao funcionário do registo civil (sendo certo que no estrangeiro quem desempenha a função é o agente diplomático ou consular, que na área da respectiva

---

[37] Sobre a intervenção de intérpretes dessas pessoas, *vide, no* C.R.C., *Anotado*, de Alvaro Sampaio, o comentário ao art.º 41.º (pág. 60/1).

[38] Não aponta a lei critério algum para haver o "fundamento" na exigência de testemunhas. Todavia, propendemos a considerar que deve tratar-se de um fundamento *objectivo*: v. g. as partes (ou o declarante) não terem consigo um documento de identificação e serem desconhecidos do conservador (e funcionários).

[39] Cf. art.º 617.º do Código de Processo Civil.

jurisdição tem competência directa para a prática de actos do registo civil). Nos assentos lavrados por transcrição tal declaração *é indirecta*, ou seja, é feita a outrem que não o próprio funcionário que vai lavrar o registo. Por isso este é efectuado, não em face da própria declaração directa, mas sim com base *num título* (documento ou declaração) de diversa espécie e proveniência admitidas por lei (v.g. num auto, num duplicado, numa comunicação) onde, *aí*, é que ficou exarada a *declaração directa* que o interessado fez.

Os assentos têm determinados requisitos – que são comuns às duas espécies (art.º 55.º) – e outros que apenas existem para os lavrados por transcrição (art.º 56.º). Não parece que levantem dúvidas e, por isso, faremos apenas um breve comentário: a alínea d) do n.º 1 do artigo 55.º tem nova redacção, mas passou a conter uma *superfluidade*: sendo a declaração directa já se sabe que é prestada na conservatória, portanto é feita "perante oficial público". Por outro lado, eliminou-se o requisito da "assinatura das partes" que constava da anterior redacção e, esse sim, parece-nos que era *indispensável*[40] manter, até porque seria facilmente digitalizável, podendo integrar (com o recurso a uma técnica hoje simples) o assento informatizado. Os assentos depois de lavrados devem (como diz o art.º 61.º) ser lidos na presença de todos (e eventualmente corrigido algum lapso) sendo depois aposto o nome do conservador ou do oficial que o lavrou, após o que fica "completo", não podendo o seu *texto* ser alterado (art.º 62.º, n.º 1) – no sentido de "adulterado" – muito embora o seu *conteúdo* possa ser "emendado" em processo próprio (v.g. de rectificação) e modificado por posterior averbamento.

Os averbamentos são, pois, uma espécie "abreviada" de registos – lavrada com referência ao assento respectivo e de harmonia com o modelo legal (art.º 73.º, n.º 1) – que se destina essencialmente a alterar, completar ou actualizar o conteúdo dos assentos. A lei por-

---

[40] Por ex., no eventual caso (que se deseja nunca venha a acontecer) de se suscitar forte e fundada dúvida sobre o conteúdo de uma declaração ou sobre a própria identidade do declarante (fisionomicamente muito parecido com algum seu "sócia" ou gémeo que dolosamente interveio) como se resolve a questão? Claro que a assinatura é sempre passível de exame pericial e, além disso, pensamos que em nenhum sistema registral latino foi eliminada. É que o registo civil é um registo que tem de ser inquestionável e totalmente seguro.

Noções básicas de Registo Civil 151

menoriza (respectivamente nos artigos 69.º, 70.º e 71.º) quais os averbamentos que, em especial, devem ser efectuados aos três basilares assentos: de nascimento[41], casamento e óbito. Indica ainda (art.º 72.º) que ao assento de perfilhação poderá ser ulteriormente averbado o assentimento do perfilhado.

A feitura dos averbamentos é *oficiosa*. Assim, por ex., quando é lavrado o assento de casamento, deve este ser imediata e oficiosamente averbado ao assento de nascimento dos cônjuges. E o mesmo ocorre com respeito aos diversos factos e relativamente aos vários assentos a que aludimos. No caso de haver incertezas sobre a localização do assento a que o facto tenha de ser averbado, deve a conservatória tomar todas as providências necessárias para a sua localização (e identificação) e se porventura houve omissão ou erro no assento também deve "ex officio" ser instaurado o competente processo de justificação (art.º 77.º). Por outro lado, se for detectado que um averbamento que devia ter sido lançado não o foi, deverá igualmente a conservatória tomar oficiosamente as providências necessárias para suprir essa omissão (art.º 81.º).

6. Nas disposições seguintes (art.ᵒˢ 83.º e segs.) o Código trata da omissão, dos vícios, do cancelamento e da rectificação dos registos.

Quando se verifica que determinado registo não está feito – está *omisso* no sistema registral – há que promover *oficiosamente* o seu suprimento, para o lavrar com a possível brevidade e, evidentemente, com a necessária certeza e segurança quanto às menções que dele hão-de constar. Para tanto, a lei tem basicamente dois caminhos (art.º 83.º, n.º 1): 1.º) tratando-se de um registo a lavrar por inscrição, há que instaurar um processo de justificação administrativa[42] (de que

---

[41] Sendo certo que é *através dos averbamentos ao assento d*e nascimento que, como se disse, se torna possível provar o estado civil (actualizado) da pessoa. Sobre diversas questões que ocorrem relativamente a estes averbamentos *vide* os citados C. R. C. *Anotados,* de Filomena Mocica e Maria de Lurdes Serrano (pág. 114 e segs) e de Alvaro Sampaio (pág. 90 e segs).

[42] Nos Códigos anteriores era um processo de justificação judicial que, embora organizado e instruído na conservatória, era decidido pelo juiz. Com o Código de 95 (D.L. 131/95), que "desjudicializou" algumas matérias, passou (e a nosso ver bem) a ser decidido pelo conservador.

falaremos) para que, nele, o conservador decida como deve ser lavrado o registo, "fixando" os seus elementos (art.º 84.º); 2.º) se o registo tiver de ser lavrado por transcrição, deve o conservador diligenciar para que a entidade respectiva remeta à conservatória o título que irá basear o registo e só se não for possível obter esse título é que então se segue "o caminho" como se o registo houvesse de ser lavrado por inscrição (al. d)).

Os vícios do registo que o Código contempla são dois: a inexistência e a nulidade. A primeira é, evidentemente, mais grave, embora o seu regime seja, em termos de registo civil, algo diverso daquele que em geral "se diz"[43] como atinente ao negócio jurídico, desde logo porque exige um processo para a sua declaração (art.º 86.º). Os casos de inexistência são os previstos no n.º 1 do artigo 85.º[44] e os de nulidade os indicados nas quatro alíneas do artigo 87.º. Não levantando especiais dificuldades, não carecemos de os enumerar, ainda que o legislador tenha sentido necessidade de esclarecer que não se verifica a "falsidade" nos termos genéricos a que alude o n.º 2 do artigo 372.º do C.C., mas sim e apenas nas situações especificadas nos artigos 88.º e 89.º. A primeira parte do artigo 90.º diz o que é óbvio: "a nulidade do registo só pode ser invocada depois de declarada", mas a parte final contém uma "novidade"[45] relativamente ao regime geral: "por decisão do conservador".

Verificando-se que o registo – ou o próprio facto registado – é inexistente ou nulo há que o cancelar. Os casos em que o registo deve ser *cancelado* estão contemplados nas sucessivas alíneas do n.º 1

---

[43] Como se sabe alguma doutrina contesta a pertinência de uma figura jurídica autónoma de "inexistência", embora outra (quiçá dominante) considere que tem lugar próprio, visto que na inexistência do negócio não existe sequer a "aparência mínima" e, portanto, nem tão-pouco carece de ser declarada.

[44] A alínea c) parece prever um caso de inexistência *sanável* – o que seria juridicamente em absurdo. Só que tem de entender-se que o n.º 3 do artigo não constitui um processo de "sanar" uma "inexistência", mas sim uma *ressalva* para esse caso de inexistência – que *só existe* se a falta de assinatura for *insuprível*.

[45] Referimo-nos aos códigos anteriores que (antes da chamada "desjudicialização" das matérias do registo) exigiam que a declaração fosse *judicial*. A epígrafe do respectivo artigo – v.g. no Código de 78, o artigo 113.º – era elucidativa desse entendimento: *"necessidade da acção de declaração de nulidade"*.

do artigo 91.º[46]. Uma nota ainda quanto à parte final da alínea b): o registo de casamento nulo ou anulado *não pode ser cancelado*, visto que o casamento putativo produz efeitos face ao disposto no artigo 1647.º do C.C. (diversamente do que ocorre com o inexistente, que, não produzindo qualquer efeito – art.º 1630.º – pode ser cancelado).

Quando se coloca a questão do cancelamento, para o averiguar e decidir deve ser instaurado um *processo de justificação administrativa*, que todavia é dispensado nos casos (previstos nas alíneas c) e d)) de duplicação do registo e de ele ser lavrado em conservatória incompetente[47], casos estes em que a lei se contenta com o "simples despacho do conservador" (n.º 4).

As últimas disposições – artigos 92.º a 95.º – do capítulo que sucintamente estamos a analisar falam-nos da *rectificação do registo*.

Resulta do disposto no artigo 92.º, n.º 1, que quando o registo sofre de um vício – que não seja o da inexistência ou nulidade – é susceptível de ser *rectificado*, mas quando se tratar daquelas graves situações (inexistência ou nulidade) deve ser *cancelado*. A lei, todavia, terá utilizado o conceito de rectificação do registo em sentido amplo (aliás todas as disposições em causa integram a Subsecção IV, sob a epígrafe "*Rectificação de registo*"), abrangendo também o procedimento que deva conduzir ao cancelamento[48].

---

[46] Houve alguma controvérsia sobre a questão de saber se os casos estavam aqui referidos *taxativa* ou *exemplificativamente*, até porque antes do Código de 78 a lei dizia "só serão cancelados". Por essa razão, ARNALDO AUGUSTO ALVES considerava (*in* C.R. C., *Anotado*, Coimbra Editora, 1979, pág. 77) que "aqui a enumeração não é taxativa". Não nos parece, contudo, que a alteração da redacção da lei tenha tido essa intenção e cremos portanto que a enumeração dos casos *permanece taxativa*.

[47] A incompetência é hoje apenas em razão da matéria (e não já do território). Curioso seria saber como decidir no caso "daqueles" factos referidos nas alíneas j) a n) do artigo 1.º, n.º 1 – que a nosso ver *não são* de "registo civil" – terem sido registados no "registo comercial": ao que nos parece estariam aí *bem registados* (apesar daquela iníqua previsão legal) e não deviam ser cancelados.

[48] Claro que são coisas distintas e, em sentido rigoroso, um acto inexistente ou nulo não pode ser "rectificado" (seria mesmo um "*non-sens*" sustentá-lo). Aliás, os códigos anteriores referiam-se à rectificação que "não torne" o registo "juridicamente inexistente ou nulo" (v.g. art.º 115.º, n.º 1, do Código de 78).

É o conservador que deve ajuizar da necessidade de accionar esse procedimento, podendo *sempre* instaurá-lo oficiosamente[49] (n.º 3 do art.º 92.º) e tem mesmo de o fazer quando a *culpa* for dos serviços (n.º 2).

O *modus faciendi* é simples: consiste habitualmente num mero "despacho" (n.º 1 do art.º 93.º) e só quando, face aos documentos, tal for manifestamente impossível ou se tratar de um caso de cancelamento (inexistência ou nulidade) é que há lugar a um "processo" propriamente dito. Este é, em princípio, o de "justificação administrativa" (n.º 2 do art.º 93.º). Contudo, quando existirem "dúvidas acerca da identidade das pessoas", então o processo terá de ser o da "justificação judicial" (art.º 94.º).

A rectificação (ou o cancelamento) do registo é feita por meio de averbamento, mas pode ser "integrada no texto" do assento e até, se os interessados pedirem, pode mesmo ser feito um "novo registo", cancelando-se o que foi rectificado (art.ºs 92.º, n.º 4 e 95.º, n.º 1).

Vejamos agora sucintamente o essencial da matéria relativa aos três principais assentos: nascimento, casamento e óbito. Aludiremos por último aos processos e meios de prova.

7. O primeiro e mais significativo facto registável – a que alude a alínea a) do n.º 1 do artigo 1.º – é o *registo de nascimento*.

O registo de nascimento é pois o primacial registo, o básico, aquele que define a *identidade do cidadão* e onde também ficam consignados direitos fundamentais, cabendo desde já realçar o basilar direito de personalidade que é o *direito ao nome*. É, alem disso, o registo que comprova o *estado civil*, visto que é a esse assento que imediatamente vêm a ser averbadas todas as alterações que ao longo da vida

---

Assim, temos de entender que a disposição actual – que no texto abrange os dois conceitos de "cancelamento" e de "rectificação" – só admite esta última quando o caso *não é* de inexistência ou de nulidade. Sendo-o há lugar ao cancelamento (como também resulta do disposto no art.º 91.º, n.º 1, a)) ainda que o processo para o decidir possa ser o mesmo que deva ser utilizado para a rectificação.

[49] Já em tempos tivemos ocasião de referir (embora noutro contexto) que o conservador *pode sempre* (e *deve*) promover a rectificação. É sua primeira função "cuidar da veracidade do registo" (v. "A rectificação do registo", separata do "Boletim dos Registos e do Notariado", Novembro de 1985).

do cidadão o seu estado civil vai sofrendo e, por último, onde também é averbado o óbito. Por isso, o registo de nascimento prova a cidadania da pessoa, a sua nacionalidade[50], o seu estado civil e até se é viva ou se já faleceu. É assim, no registo civil, o *assento que deve ser considerado principal*, visto que é a ele que os factos registáveis são (através de sucessivos averbamentos) "entre si conectados"[51].

O registo é feito com base na "declaração de nascimento", que tem o prazo legal de 20 dias para ser efectuada e, no território nacional[52], pode sê-lo em qualquer conservatória do registo civil ou em "unidade de saúde" autorizada[53] e onde a parturiente ainda se encontre (artigo 96.º). Se, porém, for excedido o prazo, a declaração deve ser igualmente prestada sem que haja lugar a qualquer sanção[54].

---

[50] Referimo-nos à *nacionalidade originária*, que se prova, nos termos do n.º 1 do art.º 21.º da Lei da Nacionalidade (Lei n.º 37/81, de 3 de Outubro, sucessivamente alterada, mormente pela Lei Orgânica n.º 2/2006, de 17/4) pelo assento de nascimento. A matéria da nacionalidade é, como se sabe, sobremaneira importante, mas não será tratada nesta síntese.

[51] CARLOS FERREIRA DE ALMEIDA define "registo público" como" o assento efectuado por um oficial público e constante de livros públicos, do livre conhecimento, directo ou indirecto, por todos os interessados, no qual se atestam factos jurídicos conformes com a lei e respeitantes a uma pessoa ou a uma coisa, factos entre si conectados pela referência a um assento considerado principal, de modo a assegurar o conhecimento por terceiros da respectiva situação jurídica e do qual a lei faz derivar, como efeitos mínimos, a presunção do seu conhecimento e a capacidade probatória" (Cf. cit. "Publicidade e Teoria dos Registos", início do Capítulo VII, n.º 32, pág. 97, exactamente na passagem dedicada à "definição de registo público".

[52] Isto não quer dizer que as disposições do Código se não apliquem aos nascimentos ocorridos no estrangeiro, nomeadamente os declarados nos consulados portugueses. *Aplicam-se sem qualquer dúvida*. Aliás, de harmonia com o estabelecido no Regulamento Consular (aprovado pelo Dec-Lei n.º 381/97, de 30/12), sobretudo no artigo 53.ª, "o exercício de funções consulares no âmbito do registo civil rege-se, com as necessárias adaptações, pelas disposições do Código do Registo Civil".

[53] A permissão para as unidades de saúde privadas depende, à face da nova disposição do artigo 96.º-A, de um "protocolo" e de "portaria conjunta dos membros do Governo responsáveis pelas áreas da justiça e da saúde".

[54] Mesmo antes da gratuitidade do registo, essa sanção consistia apenas num agravamento emolumentar.

Existe, sim, a obrigatoriedade das autoridades (ou mesmo "qualquer pessoa") participarem o facto ao conservador ou ao M.º P.º (artigo 98.º). A lei *não quer* que qualquer nascimento fique por registar. Há, porém, lugar a alguns "cuidados" legais (indicados no artigo 99.º) quando o nascimento tiver ocorrido há mais de um ano (n.º 1) e também a obrigatoriedade da intervenção de duas testemunhas e se possível de documento comprovativo da veracidade das declarações, quando o nascimento ocorreu há mais de 14 anos (n.º 2)[55].

A declaração deve, em primeiro lugar, ser prestada pelos pais, por outros representantes legais do menor ou por quem para tal seja por eles mandatado (em mero "escrito particular"). Poderá ainda e sucessivamente sê-lo pelo "parente capaz mais próximo" e pelo representante da unidade de saúde onde ocorreu o nascimento (artigo 97.º). Existe, portanto, para todas essas pessoas que tomaram conhecimento da ocorrência do nascimento *a obrigação* de participar e promover o registo desse facto. E é claro que sendo a obrigação cumprida por qualquer delas as demais ficam desoneradas da incumbência (n.º 2).

Logo que lavrado o registo de nascimento, serão efectuadas (logo que publicada a Portaria respectiva) por via electrónica, algumas comunicações para efeito da inscrição da criança nos respectivos serviços (segurança social, finanças e, eventualmente, o das crianças em risco) de harmonia com o disposto no artigo 102.º-A.

Como já se frisou não existem actualmente limitações quanto à competência territorial das conservatórias, mas subsiste o conceito da *naturalidade* do nascido que, além do "lugar em que o nascimento ocorreu, foi alargado (depois do Código de 78) ao da "residência habitual da mãe". Sendo evidente que a naturalidade é importante

---

[55] A lei não torna obrigatória a apresentação desse "documento" (ou documentos), pelo que quando o declarante disser que não o possui, é (como aliás em qualquer caso) ao conservador que compete "promover as diligências necessárias ao apuramento dos factos" (citado n.º 2 do art.º 99.º). Esta declaração tardia (nascimento há mais de 14 anos) antes da última revisão do Código obrigava à instauração do "processo de autorização para inscrição tardia de nascimento" (art.ᵒˢ 283 e segs, ora revogados), pelo que era sempre exigido um despacho escrito do conservador (art.º 285.º) – de que a lei actual prescindiu.

Noções básicas de Registo Civil 157

para a própria identificação da pessoa, o que é certo é que o lugar do nascimento pode ser ocasional e fortuito e por isso pouco relevante, pelo que o legislador considerou que também podia ser indicado – por quem faz a declaração do nascimento – o da *residência habitual da mãe*. Só que, se os pais não estiverem de acordo então "a naturalidade será obrigatoriamente a do lugar do nascimento" (artigo 101.º).

O assento de nascimento deve conter determinados elementos (especificados no n.º 1 do artigo 102.º) que, estando ligados "ao início da personalidade", envolvem também o "acoplamento de noções biológicas e jurídicas"[56]. Para além da data do nascimento, do sexo, da naturalidade, da *filiação* – identificação (quando possível) dos pais e dos avós – e de outras eventuais menções, avulta, como a mais relevante, o *nome*.

O direito ao nome é, consabidamente, um dos básicos direitos de personalidade[57], que "toda a pessoa" tem, como diz o n.º 1 do artigo 72.º do C.C., e é o que consta do assento de nascimento. Ao tratar deste, o Código explica no artigo 103.º que o nome é indicado pelo declarante – e só se porventura o não fizer é que então deve sê-lo pelo funcionário que recepciona a declaração[58] – e que terá, no máximo, "seis vocábulos gramaticais, simples ou compostos"[59], dos quais só dois como nome próprio e quatro como apelidos que pertençam ou a que tenham direito "ambos ou um só dos pais"[60]. Os nomes próprios (como indica a alínea a) do n.º 2) devem ser portugueses – salvo nos casos referidos nas alíneas b) e c) – e "constantes da

---

[56] As expressões são de JOSE PERE RALUY (*op. cit.* pág. 383).

[57] Sobre este tema VILHENA DE CARVALHO publicou uma obra bastante elucidativa e completa: "O Direito ao Nome" (*Coimbra, 1972*).

[58] Como se depreende esta será uma situação verdadeiramente excepcional. Só o não é no caso de registo de abandonados, visto que então é mesmo obrigação e *competência própria* do conservador atribuir o nome: artigo 108.º, n.º 1.

[59] A lei anteriormente falava em "vocábulos gramaticais simples" (v.g. no art.º 128.º, n.º 1 do Código de 78) o que se considerou bastante restritivo, mormente no tocante a apelidos, já que há vários "compostos".

[60] Esta permissão de os apelidos e em número de quatro poderem pertencer apenas ao pai ou à mãe vem já do Código de 78 (assim como a dos últimos apelidos poderem não ser os paternos) embora anteriormente (v.g. no n.º 3 do art.º 123.º do Código de 58) existissem outras regras.

onomástica nacional"[61] não devendo levantar dúvidas quanto ao sexo e a irmãos não pode ser dado o mesmo nome, salvo se um for falecido.

O nome deverá, em princípio, acompanhar a pessoa durante toda a sua vida, ainda que lei admita a sua alteração nuns casos (objectivamente justificados) de modo fácil e imediato (os previstos no n.º 2 do art.º 104.º)[62] e noutros apenas "mediante autorização do conservador dos Registos Centrais" (a que alude o n.º 1) e precedendo um processo próprio onde a questão é decidida: o "processo de alteração de nome" regulado nos artigos 278.º e seguintes[63].

O Código nas subsecções seguintes à do "registo de nascimento" trata dos casos especiais do *registo de abandonados* e dos *nascimentos ocorridos em viagem*. Consideram-se abandonados (como refere o art.º 105.º) os recém-nascidos de pais desconhecidos que forem encontrados ao abandono, mas também – dir-se-ia que apenas para efeitos do registo e por extensão do conceito[64] – os menores de 14

---

[61] No n.º 2 do artigo 128.º do Código de 78 impunham-se ainda *outras regras* (v.g. não serem denominações de fantasia ou confundir-se com nomes de coisas ou qualidades) que deixaram de constar da lei, visto que se considerou bastante a actual referência à onomástica nacional. Aliás, *se subsistirem dúvidas* sobre a composição do nome rege o disposto no n.º 4 do artigo 103.º. Note-se ainda que nos citados C.R.C. *Anotados*, de ALVARO SAMPAIO (a pág. 127 e segs) e de FILOMENA MOCICA e MARIA DE LURDES SERRANO (a pág. 165 e segs) são feitas relevantes anotações ao artigo 103.º, entre as quais a que, no primeiro, refere que "o conceito amplo de onomástica nacional permite que nele se possam incluir vocábulos emergentes da evolução da própria língua" (pág. 128) e o segundo recordando que as listas de vocábulos publicadas (v.g. no B.R.N. n.º 8/98) são *meramente exemplificativas* (c. pág. 165).

[62] Sendo nesses casos o nome facilmente alterável, não quer dizer que sejam *fáceis* as questões decorrentes daquele n.º 2 do art.º 104. V.g. nos Códigos Anotados citados na nota anterior são reportados alguns casos complexos que, a esse propósito, têm surgido.

[63] Este processo está hoje muito facilitado (quiçá *excessivamente facilitado*, dado o alcance do nome) cabendo apenas ao requerente "justificar a pretensão e indicar as provas oferecidas" (n.º 2 do art.º 278.º).

[64] O qual já vem do Código de 58. Anteriormente a lei falava em "expostos" e em "abandonados", mas não definia este conceito.

Noções básicas de Registo Civil 159

anos, ou dementes de qualquer idade[65], cujos pais se ausentaram para parte incerta "deixando-os ao desamparo". O abandonado deve ser apresentado o mais brevemente possível (no prazo de 24 horas e com suas roupas e pertenças) à autoridade administrativa ou policial *e é esta* que deve promover o registo de nascimento, devendo para tal levantar um *auto*. A lei preocupa-se com a futura possibilidade de completa identificação do abandonado e com a feitura do assento (artigo 102.º) e, por isso, o auto terá de conter as referências que o n.º 2 do artigo 106.º menciona.

No caso de o nascimento ocorrer em viagem de navio ou avião (por terra não tem hoje especialidade alguma – artigo 111.º) a "autoridade de bordo" lavra o assento em duplicado e no primeiro porto ou aeroporto em que se entre, se for estrangeiro, esse duplicado é entregue à entidade diplomática ou consular que lavrará o assento e, sendo nacional, é remetido (no prazo de 20 dias) à Conservatória dos Registos Centrais.

Dissemos que o nome era a primeira e básica menção do assento de nascimento. A outra cuja grande importância resulta óbvia é a *filiação*, que resulta do vínculo geracional e que afinal motiva todo o parentesco[66]. Quando a Ordem Jurídica acolhe e reconhece este vínculo, mormente em conformidade com o mencionado no assento de nascimento, diz-se que há o "estabelecimento da filiação"[67]

Quanto ao estabelecimento da maternidade, por regra não se suscitam dúvidas – "*mater semper certa*" – ainda que a lei assuma certas cautelas, tais como a da comunicação à mãe se a declaração não tiver sido feita por ela própria ou pelo seu marido (artigo 113.º), cautelas essas que são maiores se o nascimento tiver ocorrido *há mais de um ano* e se a declaração não tiver sido feita pela mãe ou se

---

[65] Os que não sofrem dessa incapacidade, se forem maiores de 14 anos, podem fazer eles próprios a declaração de nascimento.

[66] Como diz CASTRO MENDES todo o "parentesco e afinidade têm por causa ou concausa filiações". (cf."O Direito da Família, lições de 78/79 policopiadas, A.A.F.D. de Lisboa, pág. 203).

[67] Trata-se, portanto, não do mero facto biológico – ainda que englobando as actualmente difundidas e complexas questões da chamada "procriação artificial" –, mas sim da relação geracional *tal como é* acolhida pelo direito. A este propósito têm de se estudar as disposições dos artigos 1796.º e segs. do C.C..

ela não estiver presente ou representada no acto de registo. Em tal caso a pessoa indicada como mãe deve ser notificada pessoalmente para no prazo de 15 dias confirmar a maternidade, sob a cominação de o filho ser considerado seu. Se negar o facto, a menção da maternidade fica sem efeito (artigo 114.º). Em tal caso, assim como em qualquer outro em que a maternidade não conste ou deixe de constar do assento – e salvo no caso de parentesco próximo (n.º 2 do art.º 115.º) – o conservador remeterá certidão ao tribunal, sendo portanto a situação decidida judicialmente (artigos 115.º e 1808.º e segs do C.C.).

No que toca à paternidade há essencialmente as seguintes hipóteses: **1)** ou existe a "paternidade presumida" (artigos 1826.º e segs do C.C.) ou ela é reconhecida (artigos 1847.º e segs do C.C.) – usualmente por declaração prestada pelo próprio pai no momento do registo – e então (*salvo no caso do art.º 119.º*) *é essa* que deve constar do assento, ou; **2)** a paternidade *é desconhecida* e nesse caso (como vimos no da maternidade) deve ser remetida certidão ao tribunal a fim de poder ser averiguada oficiosamente a identidade do pai (artigos 121.º e 1864.º e segs do C.C.). A hipótese do artigo 119.º é diferente: ao fazer a declaração de nascimento a mãe diz que o nascido *não é* filho do marido. Ora, tal declaração afasta a presunção de paternidade decorrente do n.º 1 do artigo 1826.º do C.C. Se o pai biológico estiver presente é admitido o reconhecimento voluntário e essa paternidade é a que ficará a constar do assento[68].

Quando a maternidade ou a paternidade não ficar a constar do assento de nascimento, mas apenas posteriormente vier a ser determinada voluntariamente haverá lugar a um assento próprio: no caso da maternidade chama-se o registo de "declaração de maternidade" (artigos 125.º a 128.º) e no da paternidade denomina-se registo de "perfilhação" (artigos 130.º a 133.º). Na hipótese da determinação ser judicial o facto irá ingressar no sistema registral apenas[69] através

---

[68] Estas – e outras – situações que eventual e futuramente podem ser postas em causa, levam-nos a considerar que a *assinatura* das partes se tornaria verdadeiramente *indispensável* e havendo, como há, facilidade na sua digitalização, não se descortina o motivo pelo qual o legislador a eliminou.

[69] Dizemos *apenas* porque nesses casos não vai haver lugar a um assento. Contudo, *averbamento* há sempre e *em qualquer caso* de estabelecimento da

de *averbamento* ao assento de nascimento (artigo 69.°, n.° 1, b)), o que também ocorre quando o estabelecimento da filiação é feito por testamento ou por escritura.

Os requisitos destes assentos estão referidos no artigo 126.° (na perfilhação "ex vi" do n.° 1 do art.° 130.°), devendo notar-se que, de acordo com o disposto no artigo 1857.° do C.C., quando o filho é maior ou emancipado, torna-se necessário que dê "o seu assentimento" para que a perfilhação produza efeitos, pelo que essa anuência, podendo ser prestada "a todo o tempo" (art.° 131.°, n.° 1), deve constar do texto do assento (n.° 2 do art.° 130.°). Quando a perfilhação é havida como secreta, também o assento o deve ser (art.° 133.°).

Nas hipóteses de estabelecimento de filiação, alteração de nome e outras (tais como a adopção plena) a lei (art.° 123.°) permite que esses factos (que são averbados ao assento de nascimento) fiquem integrados "no texto do assento", mediante a feitura *um novo* assento de nascimento. Trata-se de situações posteriores à feitura do assento e que se poderiam considerar depreciativas para o cidadão em causa ou quiçá adversas à reserva da sua vida privada e que portanto ficarão mais resguardadas através de um novo registo em que não é mencionada a existência de alterações.

8. O assento que o Código trata na Secção seguinte (Secção III) é o de *casamento*. Não começa, todavia, pelo registo, mas sim pelo "processo preliminar de casamento"[70]. Este *processo preliminar* – que o Código regula, mas que também é imposto pela lei civil – destina-se a comprovar a *capacidade* matrimonial dos nubentes, isto é, se existem ou não *impedimentos* à celebração do casamento (art.°s 1600.° e segs. do C.C.) e só pode ser dispensado nos casos previstos no artigo 1599.° do C.C.

---

filiação. Mesmo quando é lavrado um assento próprio, ter-se-á de seguidamente averbar o facto (estabelecimento da filiação) ao assento de nascimento.

[70] Este *processo preliminar* é agora chamado "de casamento" ao invés da lei civil que o continua a designar "processo preliminar de publicações" (v.g. no art.° 1597.° do C.C.) que sempre foi (na lei civil e nos Códigos do Registo Civil) a sua tradicional designação.

Este processo inicia-se com a "declaração para casamento" (art.º. 135.º) feita pelos nubentes ou por seu procurador ou ainda – mas neste caso através de *requerimento* – pelo pároco, no caso de casamento católico, ou pelo ministro do culto respectivo, nas hipóteses de outras religiões. Esta declaração (ou requerimento) além de identificar os nubentes tem de conter outras menções que o artigo 136.º enumera, percebendo-se que algumas se destinam a verificar a inexistência de impedimentos. Tal é a hipótese da menoridade de qualquer dos nubentes (será necessário identificar os pais ou, sendo o caso, o tutor) ou das novas núpcias (e o artigo 139.º esclarece como se prova a não vigência do anterior casamento). Há ainda as que respeitam à indicação da modalidade do casamento, à existência de convenção antenupcial, de filhos e eventualmente ainda outras que a disposição menciona.

A declaração (ou requerimento) deve por norma ser acompanhada dos documentos previstos no artigo 137.º, cabendo, no entanto, notar que habitualmente não será necessário anexa-los fisicamente, uma vez que a própria conservatória, logo quando é feita a declaração, deve *oficiosamente* comprovar pela "base de dados do registo civil" (n.º 4 do art.º 137.º) e eventualmente ainda junto de outras entidades (caso do n.º 7 o conteúdo de tais documentos (v.g. e designadamente os registos de nascimento dos nubentes)). Haverá, no entanto, necessidade daquela *junção física* noutras hipóteses, como a de nubente estrangeiro, cuja certidão de nascimento deverá obedecer à forma exigida pela lei do seu país (n.º 2).

No caso, embora raro, de não ser viável obter, em tempo útil, a prova pelos meios normais dos registos de nascimento dos nubentes (ou dos de óbito que se mostrem necessários) a lei permite que ela seja feita através de "certificados de notoriedade" (n.º 5) que serão emitidos mediante a instauração do "processo de suprimento da certidão de registo" regulado nos artigos 266.º e seguintes.

O processo preliminar é público (artigo 140.º) no sentido de pode ser dada a conhecer a qualquer pessoa a identidade dos declarantes, o seu intuito de contrair casamento e certos outros elementos da declaração (n.º 1). Até à recente revisão do Código fazia parte deste processo a publicação de editais contendo esses dados (a própria epígrafe do art.º 140.º era "afixação de editais"), mas tal meio de conferir publicidade foi revogado e, presentemente, ela é apenas feita

Noções básicas de Registo Civil   163

através da entrega a quem o solicite de uma cópia da parte da declaração que contenha os sobreditos elementos.

A publicitação do intuito de casar que os nubentes declararam tem sobretudo em vista apurar se existem *impedimentos* ao casamento. E os próprios funcionários da conservatória que o constatem devem declará-lo, assim como qualquer pessoa que deles tenha conhecimento. No caso de que algum venha a ser declarado o processo suspende-se até que cesse ou venha a ser dispensado[71] ou então que por *decisão judicial* o aparente impedimento venha a ser julgado improcedente.

Uma vez instaurado o processo pode haver lugar a algumas diligências instrutórias (artigo 143.º), mas não as havendo é logo no prazo de um dia proferido o "despacho final", no qual o conservador verifica a identidade dos nubentes, a existência ou não de impedimentos e a sua capacidade matrimonial, concluindo por autorizar o casamento ou então por mandar arquivar o processo. Este despacho é notificado aos nubentes e, no caso (normal) da autorização, o casamento deverá ser celebrado no prazo de seis meses (art.º 145.º). Quando o casamento *não é* celebrado na conservatória (como no caso do casamento católico ou do civil sob forma religiosa) há lugar à passagem de um *certificado* o qual contém os elementos previstos no artigo 147.º e se diz que os nubentes podem contrair casamento. Este certificado tem de ser entregue (v.g, por via electrónica) ao respectivo celebrante para que o casamento se possa realizar. Todavia, se depois do despacho favorável (ou da passagem do certificado) houver conhecimento de impedimentos, a celebração do casamento deverá "ser sustada" (art.º 148.º).

Um dos impedimentos – que pode ser dirimente no caso previsto na al. a) do artigo 1601.º do C.C. ou impediente no da al. a) do artigo 1604.º – é a *menoridade*. Ora, tal impedimento impediente deixa de existir quando for dada autorização pelos pais (ou, sendo o caso, pelo tutor) ou ainda sendo "suprida" pelo conservador (n.º 1 do art.º

---

[71] Só alguns impedimentos – os que n.º 1 do art.º 1609.º do C.C. menciona – são susceptíveis de dispensa. E o dá-la ou não "compete ao conservador do registo civil", que deve *fundamentar a decisão*, pois só a dará se houver "motivos sérios que justifiquem a celebração do casamento" (n.º 2 daquele art.º).

1609 do C.C.). A autorização (ou *consentimento*, como chama o C.R.C.) pode ser prestada por qualquer das formas previstas no artigo 150.º.

Quando o despacho final do conservador for favorável o casamento, pode celebrar-se no prazo de seis meses. Todavia, se o não for, o processo também pode ser revalidado (n.º 2 do art.º 145.º). De qualquer modo, para que o casamento se possa celebrar – e salvo no caso do casamento urgente – é necessário, como dissemos, que tenha havido a aludida decisão favorável.

O casamento[72] é um *acto solene*[73] e deve obedecer a uma formalidade própria – pormenorizada no artigo 155.º – que visa sobretudo confirmar e assegurar que os nubentes pretendem inequivocamente e de sua *livre vontade* casar[74] e que não existem *impedimentos*. Algo diferentes são as formalidades na hipótese do casamento urgente (artigo 156.º) que, como é sabido, só pode ter lugar nos casos previstos na lei: artigos 1622.º, n.º 1 do C.C. e citado 156.º do C.R.C. Nesse caso, embora possa não ter havido processo preliminar, o acto fica no entanto sujeito a *posterior homologação*, que será recusada nas situações previstas no artigo 160.º.

No tocante aos casamentos celebrados no estrangeiro – que o podem ser perante as autoridades locais, ou pelas diplomáticas e

---

[72] Ao introduzir o tema da "noção jurídica de casamento" ANTUNES VARELA diz que "é o *acto* jurídico fundamental do direito da família, pois através do vínculo matrimonial se constitui o cerne da sociedade familiar" (cf. "Direito da Família" I, 4.ª ed. 1996, pág. 175). A *definição legal* de casamento é dada no art.º 1577.º do C.C.

[73] Esta solenidade traduz-se nos *sucessivos passos* do acto (indicados no art.º 155.º) e nomeadamente no uso da fórmula que deve ser usada pelos nubentes (al. e) do n.º 1) para manifestar a livre vontade de casar. Todavia, tais expressões não devem ser entendidas em termos radicais. Por isso, se eventualmente se provar que foi utilizada (ou aditada) outra(s) palavra(s) – mas desde que fique *inequivocamente* manifestada a vontade de casar – tal não torna o casamento nulo (cf. PEREIRA COELHO, "Curso de Direito de Família", I, 1970, pág. 170).

[74] Essencial à *validade* do acto. ANTUNES VARELA lembra que "há anomalias no contrato de casamento" (v.g. falta da vontade e vícios do consentimento) "que nem a solenidade do acto consegue prevenir, mas que podem influir na *validade* do matrimónio" (*op. cit.* pág. 267).

consulares, ou por sacerdote católico (art.º 161) – é também exigida a precedência do processo preliminar. Mas tratando-se de cidadão estrangeiro que queira casar em Portugal, o processo deve ser instruído com um *certificado* (art.º 166.º) comprovativo da sua capacidade matrimonial. Também o português que pretenda casar no estrangeiro deverá obter idêntico certificado que pode pedir em qualquer conservatória (art.º 163.º).

O *assento de casamento* poderá ser lavrado por *inscrição* – se for o casamento civil[75] – ou por *transcrição*, nos casos do casamento católico[76] ou civil sob forma religiosa. No primeiro caso (casamento civil) tem de conter as menções fixadas no artigo 181.º (salvo no caso do casamento urgente em que rege o artigo182.º) e no do casamento católico o "assento paroquial" as que estão indicadas no artigo 167.º. Quanto ao civil sob forma religiosa as que o artigo 187.º-A menciona. Em ambas estas hipóteses é o *duplicado* do assento lavrado pela entidade religiosa – e que esta tem a *rigorosa obrigação*[77] de enviar (salvo o caso do art.º 170.º), no prazo legal, à conservatória (artigos 169.º e 187.º-B) – que vai servir de base à *transcrição* no registo, a qual é efectuada no prazo de um dia (artigos 172.º e 187.º-C). Contudo, os efeitos civis do casamento não se contam a partir da transcrição, mas antes *retroagem* à data da *celebração* do casamento (artigo 188.º).

---

[75] Sendo celebrado em Portugal não se coloca dúvida alguma quanto ao facto de o assento ser por inscrição. Também se for no estrangeiro perante agente diplomático ou consular é *aí* lavrado por inscrição e depois ou ingressa directa e electronicamente sistema ou nele virá a ser integrado. Contudo, se for perante as autoridades locais é depois *transcrito* ou no consulado ou numa conservatória em Portugal.

[76] O casamento católico produz directamente *efeitos civis* (como diz a Concordata, o Estado Português "reconhece efeitos civis" ao casamento canónico). O que venha a ser celebrado (ou cuja celebração só venha a ser conhecida) *depois* do casamento civil é apenas *averbado* ao assento do casamento civil (art.º 179.º).

[77] O Código contempla no Capítulo II do último Título a matéria da responsabilidade e no artigo 296.º diz que incorre *na pena* aplicável ao crime de desobediência qualificada o ministro da igreja que pratique algum dos factos aí referidos, como é o caso do não envio do *duplicado* (al. c) do n.º 1).

Note-se que se a celebração do casamento não tiver sido precedida do processo preliminar a transcrição só pode fazer-se depois deste ter sido organizado (v.g. artigos 159.º, n.º 1, 173.º e 185.º, n.º 1) e, verificando-se que não existem os necessários requisitos ela não será efectuada, só o sendo *se* os mesmos vierem a ser preenchidos (v.g. artigos 174.º, 175.º e 185.º, n.º 3). Mas neste caso a lei impõe que o assento seja lavrado num brevíssimo prazo (indicado nas já citadas disposições) para que também nessas situações, como em quaisquer outras, o registo – essencial instrumento adjectivo do direito[78] – fique rápida e devidamente actualizado face à realidade substantiva.

Entre as menções do assento de casamento figuram a do consentimento (ou suprimento) no caso da menoridade e a indicação de haver, ou não, convenção antenupcial. Ela pode ser celebrada na conservatória e mencionada no assento se for apresentada até à celebração do casamento ou, sendo posterior, é averbada ao assento (artigos 189.º e 190.º).

9. O outro importante assento de que trata o Código é o de *óbito*.

Também este registo é obrigatório: o falecimento de qualquer indivíduo (nacional ou estrangeiro) que ocorra em território português, *deve ser declarado*, no prazo de 48 horas (artigo 192.º) pelas pessoas sucessivamente indicadas nas alíneas do n.º 1 do artigo 193.º. A declaração é verbal, mas terá de ser acompanhada do certificado médico, que é passado gratuitamente e que à luz da ciência médica também *confirma* o óbito (artigo 192.º, n.º 1).

No caso de o declarante não ter podido apresentar o certificado é o funcionário da conservatória que o deve requisitar (n.º 2) e só na "impossibilidade absoluta" de o médico verificar o óbito é que o certificado pode ser substituído pelo *auto* previsto no artigo 195.º. E quando nem sequer o auto de verificação tenha sido lavrado? Nesse caso, diz o artigo 199.º, só mediante decisão proferida em processo de justificação administrativa.

---

[78] Até porque também quanto ao casamento (como nos demais factos de que falámos, sujeitos ao registo obrigatório) "o registo é a única prova legalmente admitida do casamento, o qual, enquanto não for registado, não pode ser invocado" (frase de PEREIRA COELHO, citada por ANTUNES VARELA, *op. cit.*, pág. 304).

Se do certificado médico constar que a causa da morte é desconhecida, ou quando se trate de "morte violenta" ou ainda se houver "suspeitas de crime", a conservatória deve de imediato participar tais situações ao Ministério Público (ou à autoridade policial) e o assento *só pode* ser lavrado depois da autoridade respectiva comunicar que foi realizada ou dispensada a autópsia (artigo 197.º).

Os requisitos que especialmente devem constar do assento de óbito vêm indicados nas sucessivas alíneas do n.º 1 do artigo 201.º. Todavia, o n.º 4 esclarece só são indispensáveis as que sejam necessárias à identificação do falecido[79]. As outras, que depois cheguem ao conhecimento do conservador, são registadas *por averbamento* ao assento. Tratando-se de pessoa desconhecida, devem ser feitas as menções a que se refere o artigo 202.º e as que possam concorrer para possibilitar *futura identificação* do falecido.

O aludido Decreto-Lei n.º 324/2007 veio aditar os artigos 202.º-A e 202.º-B, respeitantes à menção – que deve ser feita por cota de referência ao assento de óbito – da habilitação de herdeiros ou do processo de inventário em que a mesma tenha ficado titulada. Esta menção é necessariamente posterior ao registo do óbito, visto que a habilitação só pode ser efectuada ou o inventário instaurado *com base* no assento e não antes dele. Aliás, para que este processo possa ser instaurado (quando "obrigatório") ou a tutela instituída (quando for o caso) devem ser feitas ao Ministério Público as comunicações referidas no n.º 1 do artigo 210.º. Para tanto, o conservador tem de ouvir o declarante do óbito e reduzir a auto as suas declarações (n.º 2). Devem também ser feitas outras comunicações conforme se indica no n.º 3 deste artigo.

Nos casos especiais dos óbitos que se deram em estabelecimentos hospitalares ou prisionais há que comunicar a ocorrência aos serviços (ou postos autorizados) do registo civil (artigo 203.º). São

---

[79] A lei não especifica quais são essas menções indispensáveis, mas dir-se-á que são as que permitem reconhecer *de quem se trata*. Com efeito, o urgente é que o assento se faça e, portanto, o importante é *identificar* o falecido. Depois "haverá tempo" para completar as menções em falta. Todavia, se não for possível *identificar* exactamente quem é o falecido, então a situação cai no domínio do artigo 202.º de que no texto a seguir se fala.

168   *Temas de registos e de notariado*

ainda merecedores de acrescidas diligências os casos dos óbitos ocorridos em viagem (artigos 204.º e 205.º) e dos que resultem de acidente (incêndios, naufrágios, terramotos etc. e a que se refere o artigo 206.º). Nestes, porém, se os cadáveres não forem encontrados ou as vítimas não puderem ser identificadas há lugar ao procedimento mais complexo da *justificação judicial* que deve ser promovido pelo Ministério Público por intermédio de qualquer conservatória (artigo 207.º). O mesmo procedimento terá lugar em caso de naufrágio, (artigo 208.º, n.º 1), mas nessas situações é à autoridade marítima que incumbe fazer as averiguações e a participação ((artigo 208, n.º 2).

A respeito do óbito o Código contém a subsecção V respeitante à *morte fetal*, quando exista o tempo de gestação de 22 semanas ou superior (artigo 209.º). Como é sabido, nesse caso não se trata ainda de *pessoa* (o artigo 66.º do C.C. diz que a personalidade se adquire "no momento do nascimento completo e com vida), pelo que não há lugar a um assento, mas apenas ao *depósito* do certificado médico acompanhado de um "auto" contendo as menções – especificadas no n.º 3 do artigo 209.º – que o requerente do depósito deve indicar. O artigo 209.º-A veio dispensar a apresentação do certificado médico se a morte fetal ocorrer por "interrupção voluntária de gravidez".

A subsecção seguinte (a VI) é constituída apenas pelo artigo 210.º que obriga a que sejam feitas determinadas comunicações (as "comunicações obrigatórias" de que falavam os códigos anteriores) ou que se disponibilizem as bases de dados para que o Ministério Público possa tomar conhecimento das situações sujeitas a tutela ou a inventário. Foi ainda introduzido o n.º 3 obrigando a comunicações ao ITIJ.

10. Depois de tratar do assento de óbito e destas comunicações, o legislador introduziu uma nova subsecção – a VII – a que deu o título "Procedimentos simplificados de sucessão hereditária" e que no *sítio* da Internet do IRN vêm designados como "Balcão das heranças"[80].

---

[80] Aliás, a designação completa do *sítio* é "Balcão das heranças e Balcão do divórcio com partilha", já que no tocante ao processo de divórcio foram também introduzidos os artigos 272.º-A a 272.º-C , remetendo este último para várias disposições referentes à sucessão hereditária.

Noções básicas de Registo Civil 169

Estes procedimentos têm em vista, na sequência do óbito, a titulação dos actos respeitantes à habilitação dos herdeiros e à partilha – ou apenas a um desses actos, sendo certo que o primeiro (a habilitação) só é feito isoladamente quando os interessados não quiserem logo proceder à partilha (art.º 210.º-G, n.º 1) – e ainda a feitura dos consequentes registos e o cumprimento das respectivas obrigações fiscais. Em suma: trata-se de uma das modalidades, processada nas conservatórias do registo civil, daquilo que vem sendo designado como "balcão único" e que, neste caso, tem a referida designação de "balcão das heranças"[81].

A possibilidade da titulação, registo e cumprimento tributário num só *atendimento*, que é da "competência do conservador" (n.º 5 do art.º 210.ª-A), está condicionada à *legitimidade* do requerente (que pertence ao cabeça de casal – art.º 210.ª-B)[82] e também, no tocante à partilha, ao facto de na herança existirem bens sujeitos a registo (art.º 210.º-A, n.º 3).

É ainda necessário que, além da verificação "da qualidade de herdeiro", sejam também verificadas a identidade e capacidade dos interessados e, no caso de representação, a suficiência dos poderes respectivos. No caso da partilha, deve ainda ser comprovada "a titularidade dos bens" e a inscrição matricial (art.º 210.º-E).

O "atendimento presencial único", sendo feito no mesmo dia, pode ser precedido de um "atendimento prévio" para se prepararem os actos necessários, os quais são sempre realizados por meios electrónicos (art.º 210.º-D). A conservatória deve ainda elaborar os documentos necessários, efectuar as devidas participações fiscais, promover a liquidação dos impostos, efectuar os registos, entregando no final a "certidão gratuita" a que alude a última alínea do n.º1 do artigo 210.º-F. Além das diligências subsequentes (comunicações fiscais e estatísticas – art.º 210.º-J), a pedido dos interessados, a conservatória

---

[81] A regulamentação destes "procedimentos simplificados de sucessão hereditária", bem como dos da "partilha do património conjugal" acha-se feita na Portaria n.º 1594/2007, de 17 de Dezembro.

[82] Na formulação inicial também ao *prazo* de três meses após o óbito – art.º 210.º-C, n.º 1. Todavia, esta disposição foi alterada pelo art.º 31.º do Dec-Lei n.º 247-B/2008, de 30 de Dezembro.

pode requerer a isenção do IMI, alteração do domicílio fiscal e da situação matricial dos imóveis (art.º 210.º-I).

Estes "procedimentos simplificados de sucessão hereditária" poderão ser indeferidos no caso de ocorrer alguma das hipóteses previstas nas sucessivas alíneas do n.º 1 do artigo 210.º-L, das quais destacaremos o incumprimento da lei e a existência de vícios, omissões ou deficiências impeditivas da prática dos actos e a "verificação de factos" que possam afectar a formação e manifestação de vontade das partes. É claro que estas são questões essenciais que devem constituir um obstáculo absoluto[83] que impeça a realização desses procedimentos.

Nas últimas disposições desta subsecção vemos que os artigos 210.º-N e 210.º-R referem evidências (porventura desnecessariamente explicitadas) dizendo o primeiro que se aplicam subsidiariamente as leis do registo e do notariado e o último que a partilha nesta espécie de procedimentos tem os mesmos efeitos do que a feita por outras vias. O artigo 210.º-O, na sua essência, reproduz o conceito de habilitação contido no artigo 83.º do Código do Notariado. Todavia, o seguinte admite a habilitação de legatários nos casos aí previstos. No artigo 210.º-Q está contemplada a impugnação judicial da habilitação, que dará lugar ao "respectivo averbamento" e à comunicação fiscal que a conservatória deve efectuar.

11. No Titulo III, a partir do artigo 221.º, vêm previstos os processos privativos do registo civil – os quais, como resulta deste artigo, se dividem em duas espécies fundamentais: o processo comum, chamado de "justificação" e os processos especiais.

Note-se desde já que esta expressão "justificação" nada tem a ver com a justificação de direitos prevista nos artigos 117.º-A e seguintes do Código do Registo Predial e 89.º e seguintes do Código do Notariado. Os processos "de justificação" do registo civil desti-

---

[83] Parece-nos que estes serão impedimentos absolutos, enquanto que o motivo de recusa do registo ou a não liquidação dos impostos em princípio *nada tem a ver* com a titulação da *sucessão hereditária*, apenas se compreendendo que para tal constituam impedimento porque se entendeu que tais procedimentos só têm lugar quando exista o referido *atendimento único*.

Noções básicas de Registo Civil 171

nam-se a corrigir deficiências de que enfermem os registos, a suprir omissões de assentos, a rectificar erros e a verificar invalidades, em suma, a sanar irregularidades de actos de registo, bem como a completar o que tenha faltado, tudo isto de modo a "repor a verdade" do sistema registral.

Dentro destes processos, aquele que se diria "habitual" é o da justificação administrativa –cuja decisão cabe ao conservador –, visto que o Código vigente tornou o da justificação judicial (cuja decisão cabe ao juiz) verdadeiramente excepcional[84], apenas aplicável às situações em que há dúvidas acerca da identidade das pessoas a que registo respeita (art.º 94.º) ou quando se trata de certos óbitos ocorridos em acidente ou em naufrágio (art.os 207.º e 208.º).

No capítulo dos processos o Código começa (artigos 221.º a 232.º) por tratar das disposições comuns, seguindo-se o da justificação judicial (artigos 233.º a 240.º) e só depois vem regulado o da justificação administrativa (artigos 241.º a 244.º), apesar deste ser o processo habitual.

A instauração de quaisquer processos obedece, em geral, ao princípio da instância (art.º 223.º), muito embora o conservador ou mesmo o Ministério Público tenham a obrigação de os desencadear quando tomem conhecimento dos factos respectivos (art.º 229.º), como será o caso se detectarem algum erro ou omissão. É que temos de ter a noção de que, em Registo Civil, o princípio da verdade (da verdade substantiva, entenda-se) *deve sempre substar* como regra básica e directriz que oriente o conservador para a que a "verdade tabular"[85] lhe venha, quanto possível, a corresponder.

No caso da instauração oficiosa, o conservador deve elaborar um "auto de notícia" (previsto no n.º 1 do art.º 234.º e no n.º 3 do art.º 241.º) e na sua sequência organizar o processo. Quando o pedido é feito pelos interessados, também o mesmo deve ser escrito. Poderá,

---

[84] FILOMENA MOCICA e MARIA DE LURDES SERRANO, a propósito deste processo observam justamente que "a alteração introduzida visou reduzir ao mínimo as situações de recurso a este tipo de processo" (*op. cit.*, pág. 325).

[85] Como é evidente, a expressão (que vem das "*tabulae*" romanas) continua actual e nada tem a ver com o facto de já não haver registos em suporte material de papel.

no entanto, ser formulado verbalmente, mas nessa hipótese a conservatória reduzi-lo-á a escrito em nome do conservador (art.º 224.º, n.º 2).

Tratando-se da justificação administrativa a decisão do processo cabe ao conservador e de justificação judicial ao juiz da comarca, passível de recurso para a Relação (art.º 240.º). A lei esclarece ainda que os processos correm em férias (art.º 228.º) e logo que transitados em julgado devem ser remetidos à conservatória onde ficarão arquivados (art.º 230.º) e se executa a decisão.

Em *quaisquer* processos é admitida a prova testemunhal, que deve sempre ser reduzida a escrito (art.º 226.º) e o conservador pode também efectuar diversas diligências (art.º 227.º), tais como solicitar documentos e informações que entenda pertinentes para o apuramento dos factos.

Os processos de justificação judicial são instruídos na conservatória e, concluída esta, o conservador, antes de remeter os autos a juízo, deve proferir um despacho – que a lei designa como "informação final" (art.º 237.º) – no qual exprime o seu parecer acerca da procedência da pretensão. Quando o processo é recebido no tribunal deve ter vista do Ministério Público (art.º 238.º) e só depois é concluso ao juiz. Até à fase de recurso estes processos (como aliás quaisquer processos de registo civil) gozam de isenção de custas (art.º 232.º).

O processo de justificação administrativa é bastante simplificado e célere. A sua instrução é habitualmente apenas documental, o que significa que em regra é logo feita quando recebida a petição ou lavrado o auto de notícia, bem como a inquirição da pessoa a quem o registo respeita (art.º 242.º, n.º 2, 3)[86]. Segue-se o despacho final no qual se explicitam as razões de facto e de direito, formulando-se a conclusão decisória (art.º 243.º) e, caso se entenda que é necessário o recurso à via judicial o processo *é convertido* no de justificação judicial (art.º 244.º).

---

[86] Como quando se elabora o auto de notícia a interessado está normalmente presente, foi prática que utilizei "fazer a inquirição" no final do *próprio auto*, dizendo por exemplo o seguinte: "F..., presente neste acto, declara confirmar que... e vai subscrever o presente auto comigo, Conservador, que o lavrei".

Noções básicas de Registo Civil 173

12. No que toca aos processos especiais, a sistematização do Código é no sentido de regular primeiramente os que se relacionam com o casamento e só por último (art.os 278.º a 282.º) tratar do que se prende com o nascimento: o da alteração do nome fixado no assento. Mas, como já se referiu, sendo este o primeiro (e básico) registo, começaremos pelo processo de alteração do nome.

Recorde-se que o nome constante do assento de nascimento pode em certos casos ser alterado independentemente de qualquer procedimento especial (cf. art.º 104.º, n.º 2), mas não sendo tal a hipótese subsumível nessa previsão legal, só através do "processo de alteração do nome" se poderá modificar o que ficou a constar do registo de nascimento.

A petição deve ser dirigida ao Conservador dos Registos Centrais, visto que actualmente[87] é a ele que cabe a decisão do processo, que admite recurso judicial (art.º 282.º).

No que respeita à formulação da pretensão, a primeira observação que é necessário fazer é esta: há que *justificar* o pedido da alteração. Não é possível que o interessado alegue que quer alterar o nome "x" para "y" simplesmente "porque quer". Além de apresentar uma justificação, incumbe igualmente ao requerente *demonstrá-la*. É o que o n.º 2 do artigo 278.º claramente explicita. Contudo, dever-se-á dizer que as motivações da mudança do nome podem ser as mais variadas e que revestem quase sempre um forte grau de subjectividade, pelo que não é habitual haver um entendimento restritivo no deferimento do pedido, nem que seja feita uma complexa instrução, ainda que o Conservador dos Registos Centrais possa sempre ordenar diligências que repute adequadas (art.º 279.º).

Relativamente aos outros processos especiais respeitantes ao casamento, o Código começa por tratar dos que se referem aos impedimentos. Nos artigos 245.º a 252.º do de *impedimento* (ou mais compreensivelmente, de *declaração* de impedimento) e nos 253.º e 254.º do de *dispensa* de impedimento. Ou seja, no primeiro caso trata-se de procurar averiguar se existe ou não um impedimento que foi

---

[87] Até à última revisão do Código (citado Dec-Lei n.º 324/2007) a decisão cabia ao Ministro da Justiça.

174   *Temas de registos e de notariado*

denunciado[88] e no segundo de os nubentes pedirem que o conservador decida *dispensar* (obviamente, quando a dispensa seja admissível) o impedimento que os cônjuges reconhecem que existe.

Na hipótese do processo de impedimento os nubentes são citados a fim de poderem impugnar a declaração do impedimento. Se nada disserem ou confessarem que ele existe o conservador manda arquivar o processo de casamento (art.[os] 247.º e 248.º). Se houver impugação o processo é decidido judicialmente (art.[os] 249.º e 250.º), mas a decisão da 1.ª Instância é susceptível de recurso para a Relação (art.º 251.º).

No caso do processo de dispensa de impedimentos, os interessados devem formular o pedido, dirigido ao conservador, justificando os motivos pelos quais solicitam a dispensa e oferecem as provas (documentais ou testemunhais). Produzidas estas e ouvidos os pais ou tutor dos nubentes menores, o conservador decide. Desta decisão cabe recurso para o juiz da comarca (cf. art.[os] 253.º e 254.º).

Depois desta matéria dos impedimentos em geral vem tratado o caso especial da menoridade no tocante ao *suprimento* da autorização para o casamento do nubente menor[89]. Neste caso também a petição deve ser dirigida ao conservador, juntando-se os documentos e eventualmente indicando-se testemunhas ou outras provas. Quanto aos pais do menor, (ou tutor) são sempre *citados* para se pronunciarem. Pode ainda acontecer que um consinta e o outro não. Então, o suprimento referir-se-á *apenas* ao que não tiver dado o consentimento, mas o que deu deverá (é claro, se for possível) ser ouvido. O conservador decide, mas ponderará se o menor tem maturidade suficiente e se há "razões ponderosas"[90] que justifiquem que o casamento deva

---

[88] Denuncia essa que, naturalmente, não é lícito fazer se não existirem motivos e que muito menos pode ser feita *dolosamente*, visto que, em tal caso, o denunciante "fica sujeito à pena do crime de falsas declarações" (art.º 252.º, n.º 2).

[89] É claro que o suprimento em causa respeita apenas à menoridade enquanto impedimento *impediente* (art.º 1604.º, a) do C.C.) visto que o dirimente (art.º 1601.º a) do C.C.) que nunca é suprível.

[90] Há que reconhecer que tais "razões ponderosas" revestem sempre um acentuado grau de subjectividade. Parece, no entanto, que nos tempos actuais não é preciso demonstrar que pode haver risco de um "drama shakespeariano" para que o consentimento seja suprido, até porque se o menor casar o casamento

Noções básicas de Registo Civil 175

ser celebrado. Da decisão do conservador pode o interessado recorrer (cf. art.^{os} 256.º e 257.º).

Há ainda dois processos especiais relacionados com a celebração do casamento: o da sanação da anulabilidade por falta de testemunhas – muito simples, que tem em vista a decisão do conservador decide após a justificação do pedido (art.^{os} 258.º e 259.º) – e o de suprimento da certidão de registo (art.^{os} 266.º a 270.º). O que anteriormente se achava previsto para "verificação da capacidade matrimonial de estrangeiros" (Subsecção V) foi suprimido (revogados os art.^{os} 261.º a 265.º).

Como se indicou, quem pretenda organizar o processo de casamento deve indicar o seu assento de nascimento e, se não for possível o acesso à base de dados, terá de juntar a respectiva certidão. Todavia, quando ocorra alguma circunstância que inviabilize tal junção "em tempo útil" (como no caso do registo "se ter extraviado", não ser encontrado ou ter sido lavrado no estrangeiro) a lei prevê que possa ser emitido um "certificado de notoriedade" do qual fiquem a constar os elementos básicos de identificação do interessado, permitindo assim "substituir" a prova que normalmente seria feita através da certidão.

O processo tem uma tramitação simples, visto que depois de apresentada a petição – na qual apenas se exige que o interessado indique o projectado casamento e especifique "o dia e lugar do seu nascimento, a repartição em que foi lavrado o registo e os elementos levados ao assento"[91] – apenas são feitas as "diligências necessárias"[92]

---

não é inválido. As sanções referem-se especialmente aos bens (art.^{os} 1649.º e 1650.º do C.C.).

[91] A lei não o refere expressamente, mas ter-se-á de entender que a expressão "levados ao assento" não se circunscreve aos elementos que ficaram a constar do registo *quando o nascimento foi declarado,* mas deve ainda englobar os que foram *posteriormente introduzidos*, nomeadamente através de averbamentos a esse assento de nascimento (caso de casamento(s) anterior(es) e respectiva(s) dissolução).

[92] Não se refere quais sejam tais diligências, dando-se assim possibilidade de efectuar as que se mostrem pertinentes: v.g. a inquirição de testemunhas que comprovem a identidade do interessado, a junção de fotocópia de algum documento que a indique, etc.

e o conservador profere logo a decisão, deferindo ou indeferindo a passagem do certificado.

Este só tem validade para o fim em vista – embora possa destinar-se a suprir outras certidões (art.º 270.º) – e pelo prazo de seis meses.

O último dos processos especiais a que iremos aludir é talvez o mais importante que é processado nas conservatórias do registo civil: referimo-nos o processo de divórcio ou de separação de pessoas e bens por mútuo consentimento[93].

Foi o Código de 95 (citado Dec-Lei n.º 131/95) que veio permitir que este processo corresse seus termos nas conservatórias do registo civil, de harmonia com o programa legislativo que concretizou uma "estratégia de desjudicialização de matérias que não consubstanciam verdadeiro litígio" e também porque se constatou "a cuidada preparação técnico-jurídica reconhecida aos conservadores do registo civil e a especial vocação destes na área do direito de família"[94]. E, de facto, a experiência tem demonstrado que a tramitação deste processo nas conservatórias, ainda que inicialmente tivesse suscitado dúvidas por parte de alguma doutrina, o certo é que depois de mais de 14 anos da sua aplicação prática, não têm "de facto" ocorrido apreciações negativas. E para os cidadãos torna-se mais fácil (e menos traumatizante) que se decida nas conservatórias.

Inicia-se com o requerimento subscrito pelos cônjuges, ou seus procuradores (art.º 271.º), acompanhado dos documentos referidos no n.º 1 do artigo 272.º. No entanto, o n.º 2 logo esclarece que, à excepção da certidão da sentença que regulou o exercício do poder

---

[93] Na opinião de ALVARO SAMPAIO (in citado C.R.C., Anotado, pág. 278), com a qual concordamos, "a inclusão deste processo nos processos privativos do registo civil constitui sem dúvida a mais ousada das opções do novo Código. E ainda bem que foi tomada quer na perspectiva dos interessados, que assim podem obter uma decisão mais rápida e perante uma entidade menos constrangente, quer na óptica dos conservadores do Registo Civil...". E o Dec--Lei n.º 272/2001, de 13 de Outubro veio alargar a competência dos conservadores para todos os processos (no território nacional) em que haja mútuo consentimento.

[94] A primeira das frases citadas entre aspas é do preâmbulo do Decreto-Lei n.º 273/2001, de 13 de Outubro e a última do preâmbulo do Decreto-Lei n.º 131/95, de 6 de Junho, que aprovou o Código do Registo Civil.

Noções básicas de Registo Civil

paternal (prevista na al. c)) e da e da certidão da escritura de convenção antenupcial (al. e)), podem todos os outros, por solicitação verbal dos requerentes, ser elaborados – quando tal for necessário[95] – na conservatória.

Havendo filhos menores, torna-se necessário regular o exercício do poder paternal. Todavia, existindo acordo entre os cônjuges podem indicá-lo e o conservador e este, depois de "fazer uma prévia apreciação"[96] do mesmo, deve remetê-lo a juízo para ser homologado.

No tocante às certidões necessárias e à convenção antenupcial (se efectuada na conservatória) deve ser consultada a base de dados do registo civil, pelo que os cônjuges também ficam dispensados da junção desses documentos.

Nos n.ºs 4, 5 e 6 do artigo 272.º esclarece-se que, nada sendo dito em contrário, os acordos são aplicáveis quer durante a pendência do processo, quer posteriormente e que se aplicam, com as adaptações necessárias, os artigos 142.º a 1423.º e 1424.º do Código de Processo Civil e ainda que a decisão destes processos é da exclusiva competência do conservador[97]. Dessa decisão cabe recurso para o Tribunal da Relação (art.º 274.º, n.º1).

A alteração ao Código operada pelo referido Dec-Lei n.º 324/2007 veio introduzir os artigos 272.º-A a 272.º-C que prevêem a partilha do património conjugal em que os cônjuges acordem e os actos

---

[95] Como muito bem dizem FILOMENA MOCICA e MARIA DE LURDES SERRANO a não existência de casa de morada de família, ou de bens a relacionar, ou se os cônjuges prescindirem de alimentos, "são factos que basta referir no requerimento para serem aceites" (cf. citado C R.C. *Anotado* pág. 347). Nestes casos não há, pois, necessidade alguma de junção do(s) respectivo(s) documento(s).

[96] Esta foi a conclusão expressa no P.º CC 20/02 DSJ-CT (*in* BRN n.º 5/2003, II) igualmente citado por FILOMENA MOCICA e MARIA DE LURDES SERRANO (*op. cit.* pág. 346).

[97] Não podemos deixar de louvar esta disposição legal (n.º 6 do art.º 272.º) visto que é necessário salvaguardar que qualquer decisão sobre a aplicação da lei seja feita por quem tenha a necessária preparação jurídica. Inversamente, lamentamos que o *facilitismo* (ou quiçá demagógica *ligeireza*) tenha levado a que nos registos comercial e predial muitos das questões sobre *qualificação* do pedido de registo possam ser *decididas* por funcionários a que não é exigida qualquer espécie de preparação jurídica!

consequentes, tais como os relativos à titulação da partilha e ao registo dos bens, bem como à liquidação dos impostos devidos. Porque nesta partilha está em causa uma matéria similar à da sucessão hereditária (a que já se aludiu) o artigo 272.º-C remete para as disposições que regulamentam esta última.

13. O título III do Código trata também (e logo no início) da publicidade e prova dos registos ou, como diz a epígrafe do Capítulo I, "dos factos sujeitos a registo"[98].

O registo prova-se através de certidões e "pelo acesso à "base de dados do registo civil", isto é, pelo que nesta existe.

As certidões – que são documentos autênticos legalmente destinados a atestar o conteúdo dos registos (ou de documentos) – podem ser integrais, se reproduzem completamente (integralmente) o teor daqueles, ou de narrativa, se tal reprodução *apenas* diz respeito a uma parte do que a totalidade do registo (isto é, o assento e os respectivos averbamentos) ou do documento contém e podem ser subscritas por qualquer funcionário da conservatória.

As certidões, que deverão ser passadas imediatamente (logo que solicitadas), podem ser emitidas por meios informáticos ou em suporte de papel e, neste caso, "conforme modelo aprovado ou por fotocópia" (n.º 1 do art.º 216.º). Podem também ser entregues directamente na conservatória, enviadas pelo correio ou emitidas por via electrónica (n.º 2 do art.º 215.º).

Podem, em princípio, ser pedidas por qualquer pessoa, embora no tocante ao seu conteúdo, a lei tenha uma preocupação: a de que, na medida do possível, se evite a difusão de elementos ou menções discriminatórias da filiação. Neste sentido, o n.º 4 do artigo 212.º indica que tais menções devem ser eliminadas (a não ser nos casos aí referidos) e passadas sempre que possível por meios informáticos. No que respeita ao *conteúdo*, é regulamentado no artigo 213.º. Por outro lado, nos n.ᵒˢ 2 a 4 do artigo 214.º estabelecem-se várias ex-

---

[98] A nosso ver os "factos sujeitos a registo" são comprovados pelos *próprios registos*. A prova de que trata este capítulo (v.g. através de certidões) é a que se refere ao *conteúdo* dos *registos*. Também se afigura que a sistematização desta matéria estaria melhor no final e não no início do Titulo.

Noções básicas de Registo Civil 179

cepções (incluindo o caso da pendência da adopção) à regra geral da legitimidade para as pedir.

Além das certidões dos registos, podem também ser livremente passadas as dos documentos arquivados, com excepção do certificado médico do óbito e de registo cancelado[99], que só o poderão ser se o interessado demonstrar ter nisso um interesse "legítimo e fundado".

O mencionado Decreto-Lei n.º 324/2007 veio introduzir os artigos 220.º-A a 220.º-F relativos à "base de dados do registo civil", que se destina a "organizar e manter actualizada", em suporte electrónico e para tratamento automatizado, a informação relativa ao objecto do registo civil a fim de poder ser disponibilizada nos termos e dentro dos limites legais.

Os artigos seguintes regulam a responsabilidade por aquele tratamento – que cabe ao presidente do IRN, sem prejuízo da que, no exercício da sua função, possa caber aos conservadores – bem como a recolha dos dados, os direitos à informação e ao sigilo e ainda a segurança que deve subsistir nesta espécie de informação.

14. No último Título (o Título IV) o Código começa por se ocupar (no Capítulo I) de outro importante tema: o dos *recursos do conservador.*

Do que afinal se trata é da mesma matéria – e regulada de modo similar – que também surge na parte final dos demais códigos dos registos: a da impugnação das decisões do conservador[100] no sentido de recusar a "prática de qualquer acto de registo nos termos requeridos". Quer dizer: o interessado pediu (ou declarou) quer um determinado acto de registo quer um facto porventura a ele sujeito, ou ainda que tal registo fosse efectuado com certas características ou menções, e o conservador fê-lo de maneira diferente ou pura e simplesmente não o fez.

---

[99] O n.º 3 do artigo 217.º alude ainda à certidão dos livros de extractos, em caso de extravio dos livros originais. Todavia, estes livros de extractos há muito que deixaram de se fazer, pelo que a norma não tem interesse prático.

[100] Com este título "Impugnação das Decisões do Conservador dos Registos", ISABEL FERREIRA QUELHAS GERALDES publicou um valioso trabalho (*Almedina*, 2002) onde explicita e explica, no âmbito dos registos predial e comercial, as duas hipóteses de impugnação (hierárquica e contenciosa) de que a seguir iremos falar.

Quando em tais casos esse interessado não se conformar com a decisão do conservador, a lei permite que a venha impugnar por duas vias, pelas quais pode livremente optar: a do *recurso hierárquico* e a do *recurso contencioso* Mas, como é óbvio, se escolher este último não pode depois interpor recurso hierárquico[101]. Contudo, a inversa é verdadeira: se a decisão do Presidente do IRN lhe for desfavorável, pode *depois* recorrer contenciosamente (art.º 288.º, n.º 1).

O prazo para recorrer é, em qualquer dos casos de 15 dias (art.º 288.º, n.º1) visto que ao recurso hierárquico também se aplicam as disposições do contencioso (art.º 286.º, n.º 4). Este prazo conta-se a partir da nota dos motivos da recusa que será entregue – e só *nesse caso* é que é entregue[102] – se o interessado declarar (verbalmente ou por escrito) que quer recorrer (art.º 287.º).

O recurso hierárquico, ou o contencioso, inicia-se com a *petição de recurso* na qual o interessado expõe, de modo simples e que não carece de ser articulado, as razões da sua discordância com a decisão do conservador e conclui dizendo o que pretende. No primeiro caso a decisão deve ser proferida no prazo de 90 dias pelo Presidente do IRN (art.º 286.º, n.º 4) e no do contencioso o processo tem vista ao Ministério Publico e depois é proferida a sentença (art.º 290.º). Desta cabe recurso para o Tribunal da Relação e em certos casos, que serão bastantes[103], para o Supremo Tribunal de Justiça.

---

[101] É a sentença transitada que "define o direito" e à luz da própria Constituição (*maxime* art.º 208.º, n.º 2) tem força obrigatória geral. Em Espanha, até há relativamente pouco tempo, e embora na estrita matéria do registo, podia recorrer--se da decisão judicial para a "Dirección General de los Registros y Notariado",o que, todavia foi (e bem) alterado, dada a própria inconstitucionalidade subjacente a essa regulamentação.

[102] No caso dos registos predial e comercial, da decisão desfavorável do conservador o interessado é *sempre* notificado. Todavia, como no âmbito do registo civil há, em regra, um princípio de *oralidade* e os casos de recusa são bem mais raros, é inteiramente justificada a referida diferença de regime.

[103] Não nos esqueçamos que o registo civil trata fundamentalmente do *estado civil* das pessoas e das disposições dos artigos 312.º e 678.º, n.º 1, do Código de Processo Civil. Aliás, tratando-se de matérias *essenciais* (v.g. direito ao nome, filiação, estado civil, etc.) sobre as quais é importante a definição do direito, será frequentemente admissível o recurso de revista.

As últimas disposições deste capítulo versam dois temas diferentes: o artigo 292.º trata da recorribilidade (e como mais claramente dizia a anterior redacção do preceito também por parte do conservador e do Ministério Público) das decisões em matéria da homologação (ou falta dela) da transcrição do casamento e da apreciação do "valor probatório" de documento emitido no estrangeiro. Por seu turno o artigo 293.º consagra o princípio da irresponsabilidade do conservador (ou do funcionário que decidiu) na hipótese de recusa julgada improcedente, salvo, é claro, em caso de dolo.

15. Nos Capítulos II a IV (daquele mesmo Titulo IV) vêm tratadas as matérias referentes à responsabilidade (civil, penal e disciplinar), à estatística e aos emolumentos.

Depois de enunciar genericamente, no artigo 294.º, que tanto os funcionários, como os párocos, como os agentes diplomáticos e consulares respondem civilmente pelos danos a que derem causa se não cumprirem as obrigações que o registo civil lhes impõe, o Código concretiza, nas disposições seguintes, casos especiais de responsabilidade.

Assim, são contempladas três situações: no artigo 295.º a da não declaração do nascimento ou do óbito por parte de quem estava legalmente obrigado a prestá-la (o que implicará a aplicação da coima aí prevista); no artigo seguinte as infracções cometidas pelos párocos relativamente aos casamentos (que podem incorrer no crime de *desobediência qualificada* se o celebrarem sem certificado, ou indevidamente *in artculo mortis* ou não enviarem o duplicado); finalmente, no artigo 297.º as sanções em que incorrem os funcionários, também no que toca aos casamentos.

No Capítulo III, que tem apenas o artigo 298.º, é dito que as conservatórias devem fornecer (por via electrónica) às entidades competentes os dados estatísticos com os elementos dos actos que praticam, nomeadamente os referentes aos assentos e aos processos de divórcio e separação de pessoas e bens.

O artigo 299.º enuncia que pelos actos que as conservatórias praticam são devidos emolumentos, "salvo os casos de isenção". Afigura-se que esta formulação do preceito não será a que mais se ajusta ao *princípio da gratuitidade* próprio do registo civil. Talvez mais adequado fosse a lei referir ao contrário, isto é, que *só* são devidos emolumentos nos casos especialmente previstos na tabela emolumentar.

Na última parte do Código, sob o título de "disposições transitórias", é tratada a matéria das *transcrições* dos actos lavrados no estrangeiro por agentes diplomáticos e consulares. A lei diz que para aqueles que o tiverem sido até 1 de Janeiro de 1968 é competente (continua a ser competente) a Conservatória dos Registos Centrais.

No que concerne às "disposições finais" são esclarecidos, no artigo 304.º, os casos da não obrigatoriedade de serem lavrados alguns registos (relativos a factos anteriores à data em que passaram a ficar sujeitos a registo) e no último – o artigo 305.º – esclarece-se que os assentos "lavrados em Macau durante a administração portuguesa" mantêm a sua força probatória e deles podem ser extraídas certidões.

E estas são, em muito breve resumo, as matérias tratadas no Código. Outras pertencem também do âmbito do registo civil, designadamente as concernentes à nacionalidade e ao respectivo registo, mas que, como já se aludiu, aqui não vão ser tratadas, cabendo apenas referir que são da competência própria da Conservatória dos Registos Centrais.

NOTARIADO

APONTAMENTOS DE DIREITO NOTARIAL
– (SUMÁRIOS)* –

1. O direito notarial[1] trata sobretudo do *exercício* da *função notarial*, que se traduz na *formalização* dos actos jurídicos extrajudiciais, de modo a conferir-lhes *fé pública*. Sendo esta a noção elementar contida no n.º 1 do artigo 1.º do Código do Notariado, verifica-se, no entanto, que é completada pelo disposto no artigo 4.º, n.º 1 deste Código *e também* por idêntico preceito (art.º 4.º, n.º 1) do "Estatuto do Notariado" (aprovado pelo Decreto-Lei n.º 26/2004, de 4 de Fevereiro). Na verdade, estas disposições esclarecem que cabe igualmente ao Notário[2] "redigir o instrumento público" com os requi-

---

* Texto de apoio relativo à 1.ª parte (da Parte Geral) das aulas teóricas de notariado integradas na disciplina de "Registos e Notariado" ministrada no 4.º Ano do Curso de Direito da Universidade Portucalense (curso geral).

[1] Enunciamos o *objecto do direito notarial* e não propriamente uma *definição* de "direito notarial". Aliás, não tem sido ensaiada pela generalidade dos autores essa definição. Todavia, seria importante fazê-lo. Nestes simples sumários, porém, não o iremos tentar. Poder-se-á, no entanto, aludir à que (a nosso ver de modo demasiado sintético) foi apresentada por LARRAUD: "o conjunto sistemático de normas que estabelecem o regime jurídico do notariado". Todavia, falta aí fazer referência à função notarial e aos requisitos do instrumento público. Assim, propomo-nos adoptar a que foi apresentada por GIMÉNEZ-ARNAU, que se afigura correcta e perfeitamente compreensível. Este Autor, depois de explicar que o "Direito Notarial" é o direito relativo aos notários e às funções que estes realizam, *define-o como* "o conjunto de doutrinas ou de normas jurídicas que regulam a organização da função notarial e a teoria formal do instrumento público" (cf. "*Derecho Notarial*", Pamplona, 1976, pág. 30)..

[2] Como se afigura evidente é ao Notário que primeira e essencialmente compete exercer a *função notarial*. Daí que, mesmo quando ela eventualmente possa ser exercida por quem o não é – como no caso do *cônsul* (não confundir

sitos aí explicitados, mormente os de indagar e consignar a vontade dos interessados, *adequando-a* ao Ordenamento Jurídico.

Através deste simples enunciado, deduzimos que é apropriado fazer a interpretação das normas relativas à *função notarial* contidas no Código do Notariado *também* á luz do disposto no Estatuto do Notariado e mesmo que quem o tenha de fazer não seja Notário. Por outro lado, verifica-se que é uma característica básica da função notarial a *redacção* do *instrumento público*[3], exarando com precisão a vontade das partes, de modo a que fique *conformada* com a lei, isto é, com o que se acha estabelecido no ordenamento jurídico.

Consequentemente, não se deve encarar o exercício da função de um modo *mecânico*, isto é, como se a prática notarial se traduzisse num mero preenchimento de formulários ou de impressos pré-elaborados[4] que devesse ser seguido[5]. Não é assim. O Notário deve *indagar*

---

com o chamado "cônsul honorário", que não exerce função notarial) ou até de algum funcionário que eventual e legalmente o possa substituir – a verdade é que essa pessoa *deve actuar como se o fosse*, isto é, cumprindo as regras inerentes ao exercício da função notarial. Consequentemente, quando nos referirmos ao Notário dever-se-á entender que também queremos mencionar todos aqueles que estiverem a exercer a função notarial e legalmente o puderem fazer .

[3] O instrumento público paradigmático é a *escritura pública*. No nosso trabalho "Em busca da definição de escritura pública" (integrado nesta colectânea) procuramos alinhar as suas características essenciais.

[4] Que, a nosso ver, *não devia* ser, ainda que o legislador venha dizendo o contrário.. Aliás essa *nefasta* ideia não é nova. Já em 1993 o Dec-Lei n.º 255/93, de 15/7, no caso de venda de prédios com financiamento hipotecário, veio considerar que tais actos (a venda e a hipoteca) se podiam efectuar não por escritura pública, mas sim e apenas através do preenchimento de um impresso fixado em Portaria – o que, diga-se, não veio na prática a ter grande sucesso. Mas esse caminho – dito de *simplificação* e de *desburocratização* – continuou com diversos diplomas (v.g. os Decs-Lei n.º 36/2000, de 14/3, 111/2005, de 8/7 e vários outros como o recente 116/2008, de 4/7) que até hoje têm vido, progressivamente, a desvalorizar e desvirtuar a função notarial (note-se que ocorre entre nós, mas não em países europeus mais evoluídos: casos de Espanha, Alemanha, Itália, etc.).

[5] Discordamos, pois, da apresentação do Direito Notarial como se tratasse de um mero conjunto de fórmulas, bem como de que se designem certos actos – praticados por diversas entidades, incluindo as conservatórias – como *actos*

Apontamentos de direito notarial

a vontade real dos interessados e redigir *personalizadamente* (isto é, individualmente) o documento com estas características essenciais: que tudo o que fica nele *declarado* e plasmado corresponda a essa vontade real – pressupondo-se a *capacidade* de quem a pretenda exprimir – e que o seu *conteúdo* seja legalmente permitido enquadrando-se também na *fatispécie* legal e, é claro, no caso de se tratar de direitos reais, na previsão do *numerus clausus*. Para tanto, pode (dir-se-ia até que *deve*) prestar assessoria às partes (art.º 1.º, n.º 2) mormente para *conformar* a sua vontade real com a vontade do Ordenamento e com o que fica plasmado no documento.

E se o que os interessados querem não for legal? Nesse caso, abrem-se duas hipóteses: 1) Ou o Notário lhes apresenta uma *alternativa que seja legal*, inquirindo se ela corresponderá ao que querem e, se sim, lavra o documento em conformidade com essa alternativa; 2) Ou no caso de não corresponder e se porventura não houver alternativa deve pura e simplesmente *recusar-se* a lavrar o documento (como também resulta do disposto no n.º 2 do artigo 11.º do E. N.).

Além disso, depois de elaborado, o documento notarial tem de ser *lido* aos intervenientes e *explicado* o seu conteúdo e consequências legais, "de modo a que os outorgantes fiquem a conhecer, com precisão, o significado e os efeitos do acto" (art.º 50.º, n.º 3) de modo que, ao subscrevê-lo, estejam inteirados de que corresponde à sua *vontade real* e ao que a lei permite.

Dir-se-á, portanto, que subjaz a toda a actividade notarial o cumprimento do *princípio da legalidade*, ainda que ele não esteja enunciado (diversamente do que ocorre nos Códigos do Registo Predial e do Registo Comercial) num artigo próprio do Código do Notariado (e mencionando-se apenas *Código*, bem como um preceito legal, sem qualquer outra indicação, será ao *Código do Notariado* que nos estamos referir). Todavia, deduz-se do contexto das normas aplicáveis, tais como as já citadas – e de várias outras a que aludiremos, designadamente do que está consignado no próprio artigo 11.º

---

notariais. A nosso ver a *redacção personalizada* do documento é, como se refere no texto, uma das características indispensáveis do "acto notarial". Os formulários, a nosso ver, apenas poderão servir para *recordar* alguns dos elementos que determinados actos devem conter.

do Estatuto do Notariado (E.N.)[6] – que este é um *princípio essencial* que em quaisquer circunstâncias tem de ser respeitado[7].

Portanto: um princípio básico da actividade notarial é o da *legalidade*. A nosso ver, dir-se-á até que os princípios essenciais e estruturantes da actividade notarial[8] são:

– O princípio da fé pública notarial;
– O princípio da legalidade.

Há ainda obviamente outros princípios que, embora se pense que não tenham o mesmo relevo estrutural[9], devem, no entanto, ser igualmente respeitados. De entre eles, salientaremos os que o Estatuto do Notariado menciona no artigo 10.º e mais três, cuja importância também se crê óbvia. Assim, nos termos do disposto artigos 12.º a 16.º deste diploma, são de considerar:

– O princípio da *autonomia*;
– O princípio da *imparcialidade*;
– O princípio da *exclusividade*;
– O princípio da *livre escolha*.

---

[6] A Secção II do 1.º Capítulo do Estatuto do Notariado trata dos "princípios da actividade notarial" que, como decorre desta epígrafe da Secção II e do que neles consta, têm uma importância fundamental para o exercício da actividade *do Notário* (autonomia, imparcialidade, exclusividade e livre escolha) mas não se referem directamente aos *actos notariais* em si mesmos (e até se forem praticados por outras pessoas) que como tal estão regulados no C.N.

[7] Isto não significa, porém, que o juízo sobre a legalidade do acto feito pelo notário venha a formar um *caso julgado*. Não forma. É que, não apenas o juiz, como também o próprio notário, outro colega ou o conservador, podem vir a ter diferente entendimento, podendo mesmo o acto se rectificado, alterado ou completado para ficar mais incontroversamente aclarado ou melhor o conformar com a lei.

[8] Da *actividade notarial* enquanto função especialmente destinada a dar forma legal aos actos, conferindo-lhes fé pública.

[9] Não temos visto teorizada, nas obras de direito notarial a que tivemos acesso, esta questão (que todavia se crê importante) dos *princípios*. O simples "ensaio" que ora se tenta fazer, representa sobretudo – e apenas – uma visão pessoal do tema.

Além destes princípios, deverá dizer-se que há outros importantes[10]. Todavia, aqui destacamos apenas os seguintes:

– O da *acessibilidade pública* à *reprodução* e *certificação* dos actos;
– O da *responsabilidade*;
– O da *conservação* e *arquivo* dos actos e documentos[11].

2. Não procuraremos apreender isoladamente cada um dos princípios fundamentais do direito notarial já que estão estruturalmente ligados ao próprio exercício da *função notarial* e, por isso se "entrelaçam" uns com os outros. Mas vejamos (muito sumariamente) o seguinte:

Além do cumprimento do princípio da legalidade (a que aludimos) – cabendo todavia, no âmbito deste, destacar ainda o que se acha referido no artigo 11.º, n.º 2, b) do E.N.[12] – uma característica

---

[10] No muito interessante estudo de ERIC DECKERS entre nós publicado com o título "Função Notarial e Deontologia" – tradução de ALBINO MATOS (*Almedina* 2005) – na parte que especificamente dedica à deontologia aponta (a pág. 83 e segs.) a "confidencialidade", abrangendo o *segredo profissional* e o *dever de descrição*. Claro que sim. Está aliás referida no art.º 23.º do Estatuto do Notariado. Mas como a *confidencialidade* é também própria de várias outras profissões liberais (v.g. a advocacia e a medicina) não se nos afigurou necessário incluí-la entre os princípios próprios do notariado.

Pareceu-me também que não devia incluir uma outra ideia (como princípio) pelo facto de substar a toda a actividade e à *própria função notarial* e, portanto, se dever considerar, por assim dizer, *mais do que um "princípio"*. Mas, se porventura se lhe quisesse chamar "princípio", poder-se-ia designar como o "princípio da redacção adequada do documento". De facto, o documento notarial tem sempre de ser adequadamente redigido, num duplo aspecto: *formal*, de boa expressão sintáxica, gramatical e linguisticamente correcta, e *substancial*, no sentido da redacção que é utilizada dever exprimir bem e cabalmente o que se quer, isto é, a "vontade real" do declarante.

[11] Note-se que a raiz etimológica da palavra "cartório" (que, como se sabe e está dito no art.º 5.º do E.N. actualmente significa o escritório onde o Notário exerce a sua actividade) corresponde à de *arquivo*.

[12] Quer dizer que, em sede notarial, para o cumprimento deste princípio, não basta verificar a legalidade do *acto*, em si, mas sim, também, a *capacidade* (de gozo e de exercício) de *quem* o quer praticar.

própria da actividade notarial é a de atribuir *autenticidade* aos factos que sejam percepcionados e atestados pelo notário, bem como a de conferir *fé pública* aos actos e documentos por si elaborados ou confirmados.

É delicado *definir* fé pública, mas já não o será tanto se apenas pretendermos (como é aqui o caso) dar uma explicação resumida da finalidade e do conteúdo deste conceito. Assim, dir-se-á que a fé pública tem por objecto atribuir à matéria em causa (designadamente ao documento, em sentido amplo) uma *segurança* e um *crédito* públicos, uma valia apodíctica, de modo que se torne e fique legalmente incontestável, salvo em hipóteses muito restritas (como a da falsidade). Consequentemente, esta finalidade também se traduz na *confiança pública* que fica atribuída por lei a esse facto, acto ou documento, bem como ao seu valor e eficácia probatória *plena* (cf. artigos 371.º, n.º 1 e 377.º do Código Civil)[13].

Os princípios que directamente se referem ao exercício da actividade do Notário estão claramente enunciados nos artigos 12.º a 16.º, pelo que aqui não será necessária outra explicação. Parece-nos, no entanto, que o enunciado nesse último preceito (o da *livre escolha*) terá de ser complementado com a noção de que os interessados podem não apenas escolher livremente a *pessoa* que desejam que lhes vá praticar o acto, mas têm igualmente um *livre acesso* à actividade notarial em si mesma, particularmente no que concerne à elaboração do "instrumento público" e à formalização dos actos. Aliás, se o Notário se recusar a praticar o acto, os interessados podem *recorrer* da recusa nos termos do disposto nos artigos 175.º a 182.º do C.N. e se a decisão lhes for favorável esse acto deve ser efectuado.

Neste domínio da acessibilidade aos actos, assume relevo próprio o princípio da sua certificação (artigos 164.º a 171.º-A) aberta a todos. Dada a natureza pública da função é possível que *qualquer*

---

[13] Sob este aspecto verifica-se que a lei atribui *fé pública* ao documento exarado por "autoridade ou oficial público" nos limites da sua competência – art.º 369.º,n.º 1 do Código Civil – e ainda, dado o disposto no art.º 377.º do mesmo Código, aos que forem autenticados por todos aqueles que legalmente o possam fazer (como no caso do Advogado). Todavia, essa *fé pública* não é *genérica* como a do Notário.

pessoa peça uma certidão ou fotocopia dos mesmos, salvo nos casos de confidencialidade previstos no n.º 1 do artigo 164.º.

O outro princípio – *responsabilidade* – deriva, na lúcida explicação de ERIC DECKERS[14] de que, apesar de se tratar de uma função pública, no entanto o seu exercício tem necessidade de *confiança*. Para o próprio *funcionamento* da actividade notarial, quer para o público e para as partes, quer ainda para o Estado, esta confiança é uma condição básica. O Código alude à responsabilidade *pelos danos* no artigo 184.º e o Estatuto do Notariado trata da responsabilidade *disciplinar* no Capítulo IX.

Por último, cabe referir que, de entre os diversos princípios que regem o notariado, um dos mais importantes é o da conservação e arquivo dos livros dos actos[15] – designadamente das escrituras e testamentos – e de outros instrumentos, bem como dos documentos que tenham servido de base ou de complemento para os actos, como enuncia o artigo 27.º.

Por isso, e diversamente do que ocorre com outros profissionais liberais (v.g. no caso paradigmático do Advogado), o Notário, além de estar, como se indicou, obrigado a atender qualquer cliente que se dirija ao seu cartório e de lavrar o instrumento público solicitado[16], deve ainda proceder ao arquivo dos actos e documentos. Trata-se, pois, de um *arquivo público* que se destina a salvaguardar a *memória* dos factos, em especial para *prova* futura, permitindo a conservação dos mesmos *"ad perpetuam memoriam"*.

3. No âmbito do notariado latino a função notarial é *genérica e abrangente,* visto que concerne a todo o universo dos factos jurídicos privados extrajudiciais *e a fé pública é-lhe inerente.* E cabe ainda sublinhar que esta não se refere apenas ao *instrumento público*, mas antes se estende a quaisquer factos, actos, documentos ou circunstân-

---

[14] Cf *Op. cit.* pág107 e segs.

[15] É evidente que nesta referência a *livros* se englobam os de qualquer espécie: isto é, em suporte de *papel* ou qualquer outro, nomeadamente o electrónico (tal como outrora foram os de pele ou de papiro).

[16] O que não significa que tenha de *fazer* o que o cliente quer. Aliás, se ele pretender que seja titulado um acto ilegal, o Notário tem até o *dever* de o recusar, com já se referiu.

cias que o Notário autentique. Por isso também (e a nosso ver correctamente) se diz que ele tem uma função *autenticadora*. E no que toca aos documentos, também se sublinha que é o arquétipo do *documentador*. Trata-se de um jurista especializado na elaboração do documento em conformidade com a lei e pode lavrar documentos de qualquer espécie.

Outra é, porém, a concepção anglo-saxónica, baseada na "common law", que desconhece o valor do documento autêntico[17] e a de outros sistemas notariais, que aqui não importa desenvolver e que quiçá nem devam ser considerados "sistemas notariais".

A actividade notarial, em todo o espaço próprio do notariado latino, é exercida pelo Notário – que, como a generalidade da doutrina indica, é simultaneamente um *oficial público*[18] e um *profissional liberal*, e dentro destes, um *técnico do direito*, ou seja, um *jurista especializado*[19]. Esta dupla vertente *pública* e *privada* está referenciada logo no artigo 1.º do "Estatuto do Notariado", cujo n.º 2 expressamente o indica e o n.º 3 também o elucida, pois declara que "a natureza pública e privada da função notarial é incindível".

A simultânea *dupla natureza* – pública no *exercício* da função e privada na *gestão* – também levou o legislador a considerar que se tratava de um *regime especial* ou, como alguma doutrina referia,

---

[17] Afigura-se, pois, que são de lamentar as opções do legislador quando quer adoptar tais conceitos anglo-saxónicos em detrimento das concepções e práticas que decorrem do muito mais evoluído sistema jurídico romano-germânico e do "notariado latino" que, no âmbito documental, lhe corresponde.

[18] Com esta expressão não se quer significar que seja um *funcionário público*, que não o é. Aliás, considerá-lo seria até contraditório com a actual *privatização* do notariado. Este regime privatizado é similar ao que em geral existe nos países que integram o notariado latino.

[19] Esta *especialização* tem de ser comprovada nos próprios exames de acesso ao exercício da função e que abrangem não só as matérias respeitantes ao direito notarial, mas também as de direito substantivo. É, por isso, algo absurdo que na prática se pretendam equiparar inteiramente as competências do Notário e as dos outros "práticos", alguns dos quais nem juristas são (tema que aqui não tratamos, mas a que somente aludimos). Com efeito, para tratar bem qualquer assunto, designadamente a da delicada elaboração dos títulos e autenticação dos actos, quem melhor que os especialistas na matéria?

uma espécie de *tertium genus* entre as funções que são consideradas (mormente pelos administrativistas) como tipicamente *pública* e *privada*[20]. Em suma, parece que se poderá concluir o seguinte: o exercício da função tem uma componente *pública*, no tocante à prática e execução da actividade notarial, bem como ao acesso à mesma, e uma *privada*, no que respeita ao seu exercício como profissão liberal.

Além desta dupla natureza diz-se (e bem) que esta função se insere no âmbito da "segurança jurídica" e da "tutela cautelar" dos actos e negócios jurídicos que é inerente ao sistema jurídico romano- -germânico. Deve ainda referir-se que estas características – aliadas sobretudo à apontada *fé pública* e à *conformação* da vontade expressa com a do Ordenamento – permitem garantir a verdade e validade do que fica declarado no documento, evitando assim a litigiosidade, ou seja, os futuros conflitos e o necessário recurso à actividade judicial para os dirimir.

A regulamentação do exercício da função notarial, bem como o acesso á profissão, as normas relativas aos direitos e deveres, à instalação dos cartórios, ao funcionamento, fiscalização e disciplina e várias outras respeitantes à actividade profissional acham-se presentemente codificadas no Estatuto do Notariado[21].

4. Aos actos notariais dedica o Código o Título II, dividido em dois capítulos, o primeiro dos quais tem a epígrafe "disposições gerais", sendo o segundo relativo aos actos "em especial". Logo no início, face à disposição que abre este Título II (art.º 35.º), comprovamos que o Notário sendo, como se disse, um técnico do direito especializado na própria "confecção" (*autoria*) do documento escrito, pode lavrar, autenticar ou confirmar qualquer dos seus diferentes

---

[20] Foi criticado este conceito do *tertium genus* (que se me afigurou ser elucidativo) pois, dizia-se: não se trata de função "intermédia" (entre a *pública* e a *privada*), mas sim de uma que é "simultaneamente" pública e privada. Creio que isto está certo. De facto, a função tem um âmbito de *actuação publica*, mas no entanto deve ser exercida (e actualmente é) como *profissão liberal*, ou seja, que neste aspecto (e só nele) tem uma natureza privada. Todavia, com a expressão *tertium genus* também se pode querer – e se quer – significar isto.

[21] Sobre estas matérias poderão consultar-se os *sítios* do Ministério da Justiça, www.mj.gov.pt e do Instituto dos Registos e do Notariado: www.irn.mj.pt

tipos, de harmonia com o estatuído 363.º do Código Civil: autênticos, autenticados ou particulares, tendo estes "apenas o reconhecimento notarial".

O n.º 2 do artigo 35.º prevê uma clássica distinção do documento autêntico notarial: o que é lavrado *nas notas*[22] ou o que o é *fora das notas*, isto é, o que fica escrito num *livro* próprio a tal destinado, ou numa folha avulsa. É certo que na nossa época, em que o suporte electrónico é quase o único que em diversos serviços habitualmente se utiliza, poderá considerar-se que já não fará grande sentido esta distinção, sobretudo se for introduzida a escritura pública electrónica. Todavia, por um lado, a lei continua a fazê-la (referindo-se o citado n.º 2 aos documentos exarados "nos respectivos livros, ou em instrumentos avulsos") e, pelo outro, pode também ser sempre conveniente (e certamente o será) a existência de *livros*, embora electrónicos.

No tocante aos livros vigentes o Código (art.º 36.º) refere que neles são lavrados:

a) Os testamentos públicos;

b) Os actos para os quais a lei exija escritura pública.

Há ainda outros "livros especiais"[23] que, todavia, aqui não mencionaremos.

Ao longo da Secção I (art.ºs 37.º e segs.) vêm indicados os requisitos de ordem formal a que obedecem os livros, tais como a sua composição, os materiais que devem ser utilizados, as regras a que a sua escrituração deve obedecer e sobretudo a redacção dos actos.

É que, convém recordá-lo, tanto o testamento público como as escrituras são documentos *redigidos* pelo Notário a quem (como noutro ensejo referi) cabe "traduzir" em *vocábulos* precisos e tecni-

---

[22] O substantivo "nota" e o verbo "notar" – que, além do significado de "observar" e "observação" ou "lembrete", querem também dizer "apontar" e "apontamento" (sobretudo o apontamento *escrito* que fica indicado ou "exarado") – estão na raiz da própria palavra "notário". Aqui mencionamos "nas notas" com o sentido de "nos livros" do notário.

[23] É a designação também dada por Neto Ferreirinha e Zulmira Neto no "Manual de Direito Notarial" (Coimbra, 2008, 4.ª ed. pág. 62) que os indicam: desde os livros de protesto aos das contas. Todavia, aqui não os mencionaremos.

camente adequados o que as partes lhe dizem e que na verdade deve corresponder ao que por elas é *efectivamente querido*. E tais vocábulos, mormente os que têm um significado próprio ou implicações jurídicas, também devem ser conjugados, compostos e interligados de forma precisa e "postos na boca" dos outorgantes de modo a que, na redacção do acto, o que venha a figurar tendo sido como por elas declarado – e que vai ter a indicada força probatória plena, demonstrativa de que elas *realmente declararam* o que ficou escrito – alcance que o documento venha a espelhar concretamente que tais declarações constituem *a imagem fiel do acto ou negócio pretendido*.

Estas regras, que são essenciais no "acto notarial" – e para que ele tenha aquele valor determinante que apontamos[24] – acham-se resumidas no artigo 42.º[25]. O artigo seguinte de algum modo reforça a ideia de que o Notário deve cumprir o essencial das enunciadas regras, bem como o princípio da legalidade, visto que, apesar de ser apresentada uma *minuta* para o acto, ela não deve ser transcrita se infringir lei imperativa e se não estiver redigida em conformidade com o artigo 42.º (n.º 2 do art.º 43.º). Além disso, "se a redacção da minuta for imperfeita, o notário deve advertir os interessados da imperfeição verificada e adoptar a redacção que, em seu juízo, mais facilmente exprima a vontade dos outorgantes" (n.º 3).

Nas disposições seguintes o Código trata da admissibilidade da utilização dos documentos passados no estrangeiro e da dos existentes no cartório e aí arquivados. Trata-se de disposições de fácil interpretação e que, portanto, não carecem de maior desenvolvimento.

5. No tocante às normas relativas aos requisitos que devem conter os instrumentos notariais (art.ᵒˢ 46.º e 47.º e segs.) verifica-se que o Código faz uma distinção: as que denomina "formalidades comuns" (previstas no art.º 46.º) e as menções especiais" dos instru-

---

[24] Haja também em vista que entre nós, bem como nos países do Notariado Latino, a Jurisprudência geralmente nunca põe em causa a verdade do que é referido num acto notarial e a sua força probatória plena.

[25] São, portanto, *regras legais importantes* e que a nosso ver devem ser seguidas por qualquer jurista – como é, designadamente, o caso do Advogado – que tenha sido incumbido de elaborar um documento destinado a comprovar determinado acto ou contrato.

194 *Temas de registos e de notariado*

mentos que se destinem a titular actos sujeitos a registo (art.º 47.º). Por seu turno, esta disposição inicia a subsecção I, relativa aos requisitos gerais desses instrumentos, a que se segue a subsecção II respeitante aos requisitos especiais. Vejamos então em que consistem todas estas "formalidades".

As que se acham designadas como *comuns* são as que, como a própria expressão indica, qualquer dos instrumentos notariais deve conter. Numa muito breve síntese, dir-se-á que se referem à data precisa do instrumento e ao correspondente lugar, à identificação do Notário ou de quem preside ao acto[26] (do "funcionário", diz agora inadequadamente a lei) e ainda dos outorgantes e eventualmente dos seus representantes, bem como dos documentos que comprovam tal qualidade e poderes[27], à forma como foi verificada a identidade dos que intervêm no acto – questão esta que, quanto aos outorgantes, o artigo 48.º pormenoriza – e aos documentos (devendo especificar-se os que foram apenas *exibidos* e os que ficam *arquivados*) destinados a instruir o acto. As alíneas h) a j) respeitam à identificação e ao juramento de outros intervenientes e ainda ao cumprimento de demais formalidades exigidas por lei. Antes das assinaturas (ou eventualmente da menção da sua falta) a alíneas l) contém uma importante indicação: a referência à leitura do instrumento na presença de todos e à explicação do seu conteúdo[28]. É claro que com esta prescrição a lei não tem em vista o cumprimento de uma mera formalidade ou

---

[26] A lei (na al. b)) diz "que nele interveio". Todavia, esta expressão afigura-se um pouco dúbia ("intervir" pode inculcar "intrometer-se" ou intervir "acidentalmente", o que não é obviamente o caso) e, por isso, à semelhança aliás do que refere alguma doutrina, preferimos falar em *presidir ao acto*.

[27] No comentário ao Código de 1967, Anotado – edição da *Direcção--Geral dos Registos e do Notariado,* Imprensa Nacional, 1973 – faz-se notar que "qualidade e poderes são dois aspectos distintos do problema da representação, uma vez que à qualidade (...) não estão necessariamente ligados os poderes para a prática de todo e qualquer acto" (cf. pág. 62).

[28] No comentário ao Código de 1967 referido na nota anterior (27) dizia-se (e bem) que a explicação "deve abranger não só o significado do acto como também o correspondente alcance e efeitos, quer em relação às partes, quer a terceiros", devendo ser feita "em termos facilmente acessíveis ao entendimento dos outorgantes" (cf. pág. 84).

Apontamentos de direito notarial

que se faça um simples comentário irrelevante. Pelo contrário: antes de o instrumento ficar concluído – e face à sua leitura e elucidação – trata-se de *averiguar* se afinal o que nele ficou consignado corresponde exactamente à vontade real dos outorgantes, para só em caso afirmativo ser subscrito. E é também por isso que a lei estipula que a sua "leitura, explicação, outorga e assinatura" deve ser feita "em acto continuado" (art.º 53.º).

Os subsequentes números daquele artigo 46.º referem-se a alguns casos concretos que não exigem mais pormenorizações. E o mesmo se diga quanto às indicações contidas nos artigos 48.º a 53.º [29]. Mas, no que toca aos instrumentos destinados a titular actos sujeitos a registo, convém verificar que tais actos devem não apenas conter as referências especiais previstas nas sucessivas alíneas do artigo 47.º, n.º 1 (como a parte inicial da disposição parece inculcar), mas também as indicadas na Subsecção II (art.os 54.º e segs) às quais já nos referimos noutros textos[30]. Recordamos, no entanto, que apesar da epígrafe do artigo 54.º utilizar a expressão "menções", nesse e nos artigos seguintes, não se trata apenas de nos instrumentos se fazerem *meras indicações*, mas sim de dar cumprimento a um importante *princípio* – o princípio da legitimação dispositiva – igualmente previsto no artigo 9.º do Código do Registo Predial[31]. Quanto às menções matriciais e à, por vezes ingrata, questão da *harmonização* (art.º 58.º) convirá também que se tenham presentes as normas constantes dos artigos 28.º a 31.º do Código do Registo Predial e que a actual redacção do artigo 58.º (dada pelo Dec-Lei n.º 116/2008) também acolheu.

---

[29] Note-se que não se quer, de modo algum, significar que estes preceitos sejam de somenos importância. Não o são. Em especial no que concerne à *verificação da identidade* dos outorgantes (art.º 48.º) deve sublinhar-se que quem pratique algum acto notarial tem de estar particularmente atento a essa verificação.

[30] Referimo-nos, entre outros existentes na "Secção de Textos", aos intitulados "princípios do registo" e "notas de direito registral: o pedido, o processo e os actos de registo", estes ora inseridos na presente colectânea. Também aí se explicitam as excepções e a "dispensa" prevista no art.º 55.º do C.N.

[31] Muito embora se trate de um princípio também enunciado (e parece que bem) nesse Código, o certo é que visa essencialmente o *título* (e portanto a actividade notarial) e que de certo modo tem o seu reflexo registral no princípio do trato sucessivo.

Note-se ainda que estas exigências legais respeitam aos títulos *inter vivos*, mas *não se aplicam* aos testamentos (cf. art.º 61.º).

No que respeita ao condicionalismo imposto pelo n.º 1 do artigo 62.º propendemos a considerar que não se trata de uma concretização do princípio da legitimação – e muito menos de "legitimação dispositiva"[32] – mas sim do próprio efeito que aqui tem o registo da propriedade horizontal (que noutro estudo defendemos tratar-se de um efeito *semi-constitutivo*) visto que, neste caso da alienação ou oneração das fracções, a lei considera que o respectivo *regime* não pode ser comprovado a não ser através do registo.

Relativamente à constituição ou alteração da propriedade horizontal – que tem a fundamental importância de definir o *estatuto jurídico do imóvel*[33] – haverá que ter atenção à necessidade de comprovar, através do documento camarário, o facto de as fracções satisfazerem os requisitos legais e ainda de não lhes poder ser atribuída finalidade diferente da que conste desse documento sob pena da nulidade do título[34].

Os dois últimos artigos desta Subsecção II tratam do *valor dos bens* e dos *documentos complementares*. Quanto ao valor que fica mencionado no título – que é o de cada bem, isoladamente, e também ao global daqueles a que o acto respeita[35] – ele é, por regra, o

---

[32] Claro que este princípio se terá de observar quando se trate de verificar a *titularidade* de qualquer das fracções autónomas – que terá de pertencer a quem quer dispor ou onerar – mas isso não tem a ver com o facto de o próprio *regime* da propriedade horizontal não poder ser invocado na transmissão (ou oneração) da fracção antes de estar inscrito no registo.

[33] No III vol. do Código Civil Anotado de Pires de Lima e Antunes Varela, em colaboração com Henrique Mesquita, diz-se que "a jurisprudência nem sempre tem atribuído ao título constitutivo da propriedade horizontal o relevo que ele assume na definição do estatuto jurídico do imóvel (cf. 2.ª ed., rev., Coimbra Editora, 1984, pág. 413).

[34] É o que consta do n.º 3 do artigo 1418.º do Código Civil. Aliás, já antes da redacção deste preceito dada pelo Dec-Lei n.º 267/94, de 25/10, o Assento do S.T.J. de 10/5/1989 havia consagrado idêntica consequência.

[35] A lei continua a dizer que esse valor global será indicado "sempre que dele dependa a determinação do valor do acto". Esta referência era necessária para cálculo do valor emolumentar (a sua parte *variável* em função do valor) que actualmente (e ao que se pensa também injustificadamente) quase desapareceu.

Apontamentos de direito notarial 197

indicado e declarado pelas partes. Todavia, se o não for (ou, ao que se afigura, quando inferior ao patrimonial) dever-se-á referir o *valor patrimonial* documentado.

O Código permite (art.º 64.º) que a descrição dos bens a que o acto respeita, bem como os estatutos de certas pessoas colectivas, as cláusulas contratuais de instituições de crédito e outras "em que a extensão do clausulado o justifique"[36], seja feita em *documento complementar* avulso que, depois de lido quando necessário[37], é igualmente subscrito pelas partes e pelo Notário e que ficará devidamente arquivado, e, quanto aos relativos a instrumentos avulsos, terá o mesmo destino desse instrumento (art. 105.º).

6. No capítulo das disposições gerais relativas aos actos notariais falta ainda abordar os temas dos "intervenientes acidentais" (art.os 65.º a 69.º) e das "nulidades e revalidação" dos actos (art.os 70.º a 78.º).

Os designados como "intervenientes acidentais" são todos aqueles que não sendo *partes* no acto[38], nele desempenham um papel acessório, para auxiliar, esclarecer ou confirmar as declarações dos outorgantes. Enquadram-se assim neste conceito os intérpretes – designadamente como tradutores (art.º 65.º) e como explicadores a

---

No entanto, parece que se deve considerar que tem sempre interesse saber-se o *valor do acto* e, por isso, quando estiverem em causa vários bens é adequado mencionar-se o seu valor global.

[36] Trata-se, pois, de poupar um trabalho material em pricípio evitável. Claro que, com o desenvolvimento da informática, isso pode em muitos casos não ter razão de ser. Mas, como o uso do documento complementar é *facultativo* cabe ao Notário indicar quando será, ou não, conveniente utilizá-lo.

[37] O n.º 4 do artigo 64.º indica quando pode ser dispensada a leitura. A lei não fala – ao que se afigura mal – na *explicação do seu conteúdo* que, quanto aos instrumentos, como se disse e consta do artigo 46.º, n.º 1, l) (parte final), é obrigatória. E, por exemplo, quanto aos estatutos de uma fundação, sociedade, etc., pode ser pertinente (indispensável mesmo) que o Notário explique o seu conteúdo. Por isso, apesar de a lei não o dizer expressamente, devê-lo-á fazer *sempre que o entenda conveniente.*

[38] Que é aqui mais um conceito civil do que processual: em síntese, são os que outorgam (tanto como interessados num negócio jurídico, como numa mera declaração unilateral) o próprio acto notarial.

surdos e mudos do conteúdo do instrumento (art.º 66.º) – bem como as testemunhas e os peritos (art.º 67.º). Qualquer deles, quando intervém, deve prestar o juramento ou o compromisso de honra de bem desempenhar as suas funções (art.º 69.º). E, nos termos do disposto no artigo 68.º, não poderão intervir se tiverem alguma incapacidade ou inabilidade legal.

O Código, nos citados artigos, elucida como se processa a intervenção destes intervenientes acidentais, parecendo-nos desnecessárias mais detalhadas explicações. Recordamos no entanto que é dispensada a intervenção de tradutores quando o Notário (ou quem presidir ao acto) "dominar a língua dos outorgantes" (art.º 65.º, n.º 3). Significa isto que não basta um conhecimento superficial, tornando-se necessário um conhecimento *capaz* de indagar a vontade real das partes de modo que o que fica titulado corresponda de modo indubitável e adequado ao que é efectivamente querido[39].

No que respeita à intervenção de testemunhas – que nos termos do n.º 1 do artigo 67.º apenas terá lugar no caso das três alíneas desse preceito – deve esclarecer-se que tal intervenção é a prevista enquanto estas têm o papel de meros "intervenientes acidentais" e não de outorgantes do acto. É que nas hipóteses de algumas "escrituras especiais" – casos da *habilitação* e da *justificação* – as três testemunhas a que se referem os n.ºs 1 dos artigos 83.º e 96.º não desempenham uma função acessória, mas sim a de declarantes necessários, que também são *outorgantes do acto.*

Quando há conveniência em comprovar a "sanidade mental" dos outorgantes – seja por existirem dúvidas a tal respeito, seja mesmo para ulteriormente as procurar dissipar – podem as partes ou o próprio Notário solicitar que intervenham no acto (escritura, testamento, ou outro) *peritos médicos* (art.º 67.º, n.º 4). Trata-se também de intervenientes acidentais que apenas têm a missão de, no referido aspecto, atestar a capacidade desse outorgante.

7. A nulidade do acto notarial pode ocorrer por *vício de forma* (art.º 70.º) ou, como designa o Código, em *outros casos* (art.º 71.º).

---

[39] Trata-se portanto, como temos procurado explicitar, de bem cumprir a própria *função notarial.*

Prevê-se também que "o acto nulo" possa ser *revalidado* (art.º 73.º). E bastará a previsão desta possibilidade para se concluir que existem aqui o que a doutrina designa como *nulidades atípicas*[40]. Isto, todavia, não quer de modo algum significar que esta matéria das nulidades seja despicienda e que não se deva ter *o maior cuidado* em as evitar. De facto, o acto notarial é, como temos vindo a sublinhar, fundamental para a credibilidade, segurança e garantia dos negócios jurídicos e de quaisquer actos que através dele possam ser titulados. Ora, se ficar ferido de nulidade, essas características saem prejudicadas[41].

As nulidades que podem ser sanadas – e de uma forma facilitada – são as previstas no n.º 2 do artigo 70.º e no n.º 3 do artigo 71.º. Os casos de *revalidação*[42] são mais complexos, pois envolvem um *processo* com vista a que seja proferida uma *decisão* deferindo (ou indeferindo) o pedido.

As omissões das referências a que alude a alínea a) do artigo 46.º, 1, bem como eventuais inexactidões (que não determinem a nulidade), se não se suscitarem dúvidas, podem ser supridas ou rectificadas através de simples *averbamento* (art.ºs 70.º, n.º 2, a) e 132.º n.º 7). Quanto aos outros casos indicados nas demais alíneas do artigo 70.º, n.º 1, só poderão ser sanados se for possível obter as declarações "por forma autêntica"[43] referidas nas alíneas b) a e) do n.º 2; e os dos números 1 a

---

[40] Já que a *nulidade* tipicamente não é susceptível de "revalidação", nem pode ser sanada.

[41] Ainda que, diga-se, isso não *invalide* tudo o que se disse sobre as vantagens do acto notarial. Tenhamos em vista que casos de nulidade podem também ocorrer com a sentença judicial, com um registo, ou com qualquer acto administrativo.

[42] A epígrafe do artigo 73.º refere-se aos "casos de revalidação notarial". Na redacção inicial da Código (dada pelo Dec-Lei n.º 207/95, de 14/8) a revalidação era só a *judicial* (dizia-se que o acto "pode ser judicialmente revalidado"). Esta alteração deveu-se ao que o legislador designou como a "desjudicialização de matérias" que não envolvem um conflito (um litígio) que só *judicialmente* pudesse ser decidido.

[43] Embora a expressão da lei pareça referir-se apenas ao "documento autêntico", propendemos a considerar que abrange o que tenha força probatória equivalente, como o autenticado (art.º 377.º do Código Civil). De resto, nem seria curial que ora se admitisse este último para titular uma multiplicidade de actos translativos de imóveis e não para os casos acima referidos.

3 do artigo 71.º "por decisão do respectivo notário", no caso de se verificarem as circunstâncias previstas nas alíneas deste n.º 3. E quando não se verifiquem? Aí a lei abre uma segunda hipótese, que é a da *revalidação*. Esta – que também só é possível nas situações a que aludem as alíneas a) a f) do artigo 73.º – determina, como se disse, a organização de um processo que se inicia pelo *pedido* formulado por qualquer interessado e que, após as notificações e a audição deste (art.º 76.º), culmina com a decisão e o seu cumprimento o qual, em caso afirmativo, consiste na feitura do respectivo averbamento. Essa decisão é passível de recurso (no prazo processual geral) para o Juiz da 1.ª instância e deste para o tribunal da Relação.[44]

---

[44] REMISSÃO: a matéria subsequente é explicada na 2.ª parte.

EM BUSCA DA DEFINIÇÃO
DE ESCRITURA PÚBLICA[*]

1. Quando, já há mais de uma dúzia de anos, fui relator de um parecer[1] em que tinha de analisar a natureza jurídica de um título apresentado para instruir o correspondente pedido de registo e para o qual a lei exigia a *escritura pública* como condição de validade do negócio[2], deparei-me com a grave dificuldade da inexistência de uma definição legal deste tão importante documento[3].

---

[*] Texto apresentado no Congresso do Notariado Português em 18 de Maio de 2007.

[1] Tratou-se do parecer proferido no Proc. n.º 76/92, R.P. 4, que foi aprovado em sessão plenária do Conselho Técnico (sem qualquer "voto contra" e também sem qualquer "declaração de voto") e posteriormente publicado (v.g. na "Regesta" n.º 4/1992, a págs. 24 e segs.). Ao retomar agora o tema aproveitarei uma parte significativa do estudo que então fiz.

[2] Tratando-se de forma *legalmente prescrita* era *condição de validade* daquele negócio, em conformidade com o estabelecido no art.º 220.º do Código Civil (C.C.).

[3] Inexistência essa que, como é evidente, se referia à lei vigente *ao tempo do parecer*. Diga-se que também não encontrei na doutrina (nacional e estrangeira) uma desejada e cabal definição. Quanto à questão subjacente ao parecer, foi depois objecto de recurso judicial, tendo dado lugar aos Acórdãos da Relação do Porto de 12 de Julho de 1994 (*in* "Colectânea 1944-, IV, pág. 184 e segs.) e do Supremo de 3 de Outubro de 1995 (*in* BMJ 450, p 508). Nestes arestos, que acolhem a doutrina do parecer, foi enunciada, a meu ver, uma *demasiado breve* definição de *escritura pública* (em que apenas se diz tratar-se de documento autêntico com força probatória plena e executiva lavrado pelo notário no livro de notas) e que se afigura manifestamente insuficiente.

Procurei contornar a dificuldade através da enumeração e explicitação dos elementos que caracterizam o conceito de escritura pública[4], para tentar concluir se naquele caso ela realmente existia, pensando embora que mais tarde poderia voltar ao tema, tentando nessa altura e já sem estar pressionado pela urgência do parecer, retomar a ideia e arriscar uma definição quanto possível completa.

É claro que esta tentativa, que agora faço, só pode ter algum efeito útil e credibilidade se previamente conseguir sumariar os fundamentais elementos do conceito que, sendo acolhidos pelo nosso Ordenamento de modo expresso ou implícito, também tenham obtido um generalizado consenso doutrinário.

2. Um dos dados elementares da noção de escritura pública é o de que se trata de um *documento escrito* que consubstancia uma *declaração de vontade*. Será, pois, um documento *redigido* por escrito e destinado a tornar conhecido "um certo conteúdo de vontade negocial"[5].

A *declaração de vontade* obedece, consequentemente, a uma determinada *forma*[6] – a escrita – que deve traduzir de modo *expresso*

---

[4] No tocante à exposição e análise dos vários elementos que caracterizam o conceito já existe uma muito abundante doutrina, sobretudo estrangeira e no âmbito do *notariado latino*. Entre nós tal doutrina é escassa e a *noção* a mais completa (ainda que virada para a *etiologia* do documento) que encontrei (mas já depois daquele parecer) foi a que deu ALBINO MATOS: "Uma escritura, sabemo-lo, é um documento que contém um negócio jurídico, que exige a presença das partes no momento solene da outorga e pressupõe uma *rogatio* prévia, não formalizada mas meramente verbal, com auscultação da vontade das partes, com a sua interpretação, integração e tradução em termos jurídicos, transformando a vontade empírica em vontade jurídica ou, como dizia Satta, a vontade privada em vontade do ordenamento" (Cf. "Para a reforma do notariado. A separação dos registos" *in* " Temas de Direito Notarial-I", pág. 231)

[5] Cf. MANUEL DE ANDRADE "Teoria Geral da Relação Jurídica", Vol. II (*Almedina*, 1987), pág. 123.

[6] Com MENEZES CORDEIRO dir-se-á que a *forma* "dá sempre corpo a uma certa exteriorização da vontade" e *forma de negócio* é "o modo utilizado para exteriorizar as competentes declarações de vontade"(cf. "Tratado de Direito Civil Português", Parte Geral, Tomo I (*Almedina* 1999) pág.317.

e *unívoco* o que é pretendido, assim servindo para "conservar e reproduzir uma determinada representação de um facto"[7].

Dentro das modalidades dos documentos escritos que o artigo 363.º do Código Civil (C.C.) prevê, a escritura pública integra a espécie dos *documentos autênticos*.

O conceito legal de documento autêntico provém do disposto no artigo 2422.º *Código de Seabra* – conceito este que, como indica VAZ SERRA, foi inspirado no Código francês (artigos 1371.º e segs.)[8] – que muito sinteticamente o definia como "o que foi exarado por oficial público, ou com intervenção deste exigida por lei". O artigo seguinte distinguia os documentos autênticos oficiais (provenientes das repartições públicas, câmaras e autoridades eclesiásticas, os actos judiciais e os registos públicos) dos extra-oficiais (os instrumentos, actos e escrituras exarados por "oficiais públicos"[9] ou com sua intervenção).

Aquela sumária definição era, no entanto, completada pelo que constava doutras disposições, designadamente as dos artigos 2425.º, 2426.º e 2428.º. Nesses dois primeiros dizia-se que, em geral, tais documentos faziam *prova plena* do acto e no outro estabelecia-se que a sua falta "não pode ser suprida por outra espécie de prova, salvo nos casos em que a lei assim o determinar expressamente".

No essencial – mas ressalvada a distinção entre documentos autênticos oficiais e extra-oficiais, que desapareceu – as antigas e sedimentadas ideias do *Código de Seabra*, precisadas pelos debates doutrinários que antecederam a publicação do actual Código, para ele vieram a transitar. E assim o n.º 2 do artigo 363.º indica que "autênticos são os documentos exarados, com as formalidades legais, pelas autoridades públicas nos limites da sua competência ou, dentro do círculo de actividade que lhe é atribuído, pelo notário ou outro oficial público provido de fé pública".

---

[7] Cf. o estudo de VAZ SERRA "Provas" *in* Boletim do Ministério da Justiça (BMJ) n.os 110 a 112, sobretudo nota n.º 509.

[8] Cf. citado estudo, *in* BMJ n.º 111, pág. 75.

[9] Esta não é, contudo, a designação dada na redacção original do preceito, que a respeito dos documentos autênticos "extra-oficiais" dizia, *muito mais correctamente*, que eram "os instrumentos ou actos exarados por notários, ou com sua intervenção destinados à declaração de vontade dos outorgantes"

Para que os documentos sejam havidos como autênticos exige, pois, a lei que se cumpram dois requisitos básicos:

1) Que sejam lavrados "com as formalidades legais", isto é, que se cumpram os requisitos, prescrições e solenidades que a lei exija, quer como elementos prévios, quer também no próprio momento em que são exarados; e,

2) Que provenham de uma autoridade pública[10] nos limites da sua competência[11], ou do notário[12], ou ainda, dentro do círculo de actividade que lhe é atribuído,[13] de outro oficial público provido de fé pública.

---

[10] A lei não especifica agora – como o fazia o C.C. de 1867 no § 1.º do art.º 2423.º – quais são as *autoridades públicas*, mas ter-se-á de entender que são, genericamente, os funcionários da administração central e local, além de magistrados e agentes detentores de poder público. A desnecessidade de se ter especificado resultará da restrição que logo a seguir é feita: "*nos limites da sua competência*".

[11] Isto é, "dentro dos limites dos seus poderes oficiais" (cf. VAZ SERRA, op. e loc. cit., pág. 81). Os autores (v.g. JACINTO RODRIGUES BASTOS, "Das Relações Jurídicas", pág.130) citam o exemplo de FERRUCI relativo ao documento emanado de uma câmara ou junta de freguesia declarando que certo indivíduo pagou uma dívida particular e que seria "chocante" considerá-lo documento autêntico. Terá, porém, *autenticidade* quando essa junta atestar que o mesmo indivíduo reside na freguesia.

[12] A lei distingue – e bem – a "autoridade pública" do *notário* que, exercendo uma actividade *pública*, não está, todavia, integrado em qualquer funcionalismo *público*. Mas é *provido de fé pública*. Quer dizer que o nosso legislador, em conformidade com *os princípios* do "ordenamento latino", também aqui acolhe (ainda que em parte tacitamente) a integração do nosso notariado no "notariado latino" – único que, aliás, verdadeiramente se pode chamar *notariado*.

[13] Afigura-se que esta *maneira de dizer* da lei quando referida ao *notário* torna-se não só arrevesada como pouco esclarecedora. De facto, a função notarial não abrange "um círculo" mais ou menos restrito de actividades, visto que se destina *precisamente* a "conferir fé pública" (*a dar autenticidade*) a *todos* os "actos jurídicos extrajudiciais". Isto é, trata-se de uma abrangente competência *genérica* (cf. art.º 1.º, n.º 1, do Código do Notariado). Contudo, esse "círculo de actividade" justifica-se, plenamente quando se fala de qualquer "outro oficial público". Por isso, optamos por enunciar o requisito *da proveniência* do documento de forma tripartida: 1) autoridade pública "nos limites da sua competência"; 2) notário; 3) outro oficial público no seu "circulo de actividade".

Sendo certo que o n.º 1 do artigo 369.º do C.C., quanto às autoridades públicas, esclarece que a autenticidade do documento por elas exarado depende da sua competência em razão da matéria e do lugar e da inexistência de impedimento para o lavrar (ainda que n.º 2 e o artigo seguinte estabeleçam presunções de autenticidade) a verdade é que no tocante ao notário a lei, e bem, não faz restrição alguma, até porque é ele próprio que funcional e legalmente pode – tem *competência legal* para – atribuir *fé pública*[14] aos documentos e a quem, portanto, incumbe, de um modo geral, *conferir-lhes autenticidade*.

Por isso, tratando-se de documento lavrado por notário, com as formalidades legais, tem de considerar-se que é *autêntico*.

Verificamos assim que, sendo a escritura pública um documento escrito que obedece ao formalismo prescrito e que é lavrada por notário ou por quem estiver num exercício legalmente autorizado da função notarial – isto é, que cumpre todos os requisitos enunciados no n.º 2 do art.º 363.º do C.C. – devemos concluir que é um *documento autêntico*.

Além disso, a doutrina acentua que se trata de documento *uno*. Ainda que possa conter uma pluralidade de factos e de actos jurídicos, a escritura pública é um *acto uno*. Como disse NUÑES LAGOS, "a unidade do acto objectiva-se e concretiza-se numa unidade de texto consentido, que implica uma unidade de texto documental – integridade – e uma unidade de consentimento"[15]. Portanto, a *unidade do*

---

[14] A *fé pública* que, consabidamente, se traduz na *confiança pública* é, em todo o âmbito do "notariado latino", inerente à *função notarial*. O n.º 1 do art.º 1.º do Código do Notariado enuncia (aliás também de modo análogo ao que estabelecem idênticos diplomas dos ordenamentos *romano-germânicos*) que a função notarial se destina a dar forma legal e a "conferir fé pública aos actos jurídicos extrajudiciais". Escrevemos no supracitado parecer: "Dar fé pública, na formação do documento ou na sua publicidade jurídica, *realiza o direito* – o que consabidamente constitui um dos principais fins do Estado". E acrescentava: "Relativamente aos factos a que respeita, poder-se-á distinguir a fé pública administrativa, a judicial, a notarial e a registral". A notarial – salientemos – é *genérica e abrangente*, visto que concerne a todo o universo dos factos jurídicos privados e extrajudiciais.

[15] *In* Hechos y Derechos", citado por E. GIMÉNEZ-ARNAU, "Derecho Notarial", Pamplona, 1976, págs. 686/7. Este Autor cita ainda GONZÁLEZ PALOMINO (*in* "Negocio

acto deve entender-se como um imperativo inerente ao conceito de escritura pública.

Por outro lado, como também diz a doutrina[16], trata-se de um documento autêntico *especial*[17], visto que é revestido de *uma rigorosa formalidade* que lhe é própria que (como também no aludido parecer se acentuou) tem fundamentalmente em vista a sua intangibilidade, clareza, correcção jurídica e integridade, até para que – nos limites do legalmente admissível – fique, em princípio, assegurada a sua *incontestabilidade.*

Dentro deste objectivo se insere a necessidade, apontada pela lei e pela doutrina, de ser – de uma forma precisa e indubitável – *datada e localizada*[18]. Ou seja, é requisito essencial da escritura pública que liminarmente dela conste a data precisa em que é outorgada. De resto, a alínea b) do n.º 1 do artigo 46.º do Código do Notariado (C.N.) alude especialmente à "designação do dia mês e ano" e ainda, se "solicitado pelas partes, a hora" – bem como a expressa designação do local em que é subscrita.

3. A força probatória que a lei confere ao documento autêntico é, consabidamente, a *plena*. E, neste tema, sendo usual a distinção entre a força probatória formal e a material, importa aqui fundamentalmente analisar esta última, já que, quanto à formal, não se suscitarão

---

jurídico y documento", pág. 19) para quem a *unidade* deste acto *é essencial* para o compreender.

[16] Cf. Marcello di Fábio, "Manuale di Notariato", Giuffrè Editore- Milano, págs. 164 e segs.

[17] Como diz Giménez-Arnau (*op. cit.*, pág 402) com o fim de *criar ou dar forma* aos negócios jurídicos e de os *provar*, dar *eficácia*, ou melhor, de lhes *"dar certeza"*. Este Autor define depois o "instrumento público" (a escritura) como *"o documento público, autorizado pelo notário, produzido para provar factos, solenizar ou dar forma a actos ou negócios jurídicos e assegurar a eficácia dos seus efeitos jurídicos"*. Pese embora toda a consideração que temos por este excelente Autor, não concordamos com esta sua definição que, além do mais, se nos afigura incompleta.

[18] É da maior importância prática para a própria *definição dos direitos* que se possa futuramente demonstrar – ficando, portanto, plenamente provado – *quando* é que os mesmos se constituíram.

dúvidas relativamente à *genuinidade* de uma escritura pública, que é subscrita pelo notário[19] e à qual, por isso, se aplica directamente o disposto no n.º 1 do artigo 370.º do C.C.

No que toca à força probatória material – que é a respeitante ao *conteúdo* do documento[20] – rege, como é sabido, o artigo 371.º, pelo que ficam plenamente comprovados na escritura os factos que o notário diz ter praticado ou de que se certificou (inclusive porque se passaram na sua presença), bem como as declarações que menciona terem sido feitas pelos outorgantes. É claro que, quanto a estas declarações, a prova plena respeita ao facto de elas, na realidade, terem sido *prestadas* e não à sua própria veracidade intrínseca ou, na expressão de alguns autores, à sua *sinceridade*[21]. Esta é, aliás, a solução dos ordenamentos jurídicos que nos são próximos[22], que a jurisprudência acolhe[23] e que também a doutrina corrobora[24].

---

[19] Repete-se: ao falar em *notário* não se quer aludir exclusiva e restritivamente à *pessoa do notário*, já que antes se pretende abranger genericamente todo aquele que, à face da lei, estiver *no exercício* da *função notarial* – como é o caso do substituto ou do cônsul – ainda que se possam criticar (como frontalmente criticamos) as situações em que a lei admite tal exercício a quem, de facto, não está preparado para as exercer.

[20] Cf. citado estudo de Vaz Serra, BMJ n.º 111, pág. 131, onde diz: "a força probatória material do documento é a que se refere ao conteúdo do documento, isto é, às declarações escritas nele".

[21] No que a este tema diz respeito foram proferidos alguns acórdãos, de entre os quais o da Relação de Lisboa de 26/3/1985 (*in*" Colectânea" 2, p. 113) comentado e criticado por Albino Matos que, na hipótese em causa (o outorgante *confessou* ao notário que recebeu o preço, o que ficou consignado na escritura) considerou que o valor probatório em questão ere não já apenas o próprio do documento autêntico (o documentador *não percepcionou* a entrega do preço) mas sim o da *confissão* extrjudicial (o mesmo que a judicial) constituindo uma *prova pleníssima*, que não admite prova em contrário (cf. "Temas de Direito Notarial-I, págs. 381 e segs.).

[22] Vaz Serra (*in* cit. BMJ, pág. 133 e segs) refere, por ex., o § 417.º do Cód. Proc. Civil alemão e o artigo 2700.º do Código italiano, sendo certo que idênticas são as soluções nos direitos espanhol e francês.

[23] V.g. no Ac. do STJ de 18 de Julho de 1969 (*in* BMJ n.º 189, págs. 246 e segs.) considerou-se que a declaração (inverídica e não comprovada pelo notário) feita na escritura pelo vendedor de já ter recebido o preço "é irrelevante" se for contrária "à verdade apurada".

Consequentemente, a escritura pública é um documento autêntico que faz prova plena dos factos *verificados* pelo notário ou por ele *apurados* e bem assim de que os outorgantes efectivamente *fizeram as declarações* que nela constam.

Cabe ainda notar que a escritura pública, além de ter força probatória plena, tem também *força executiva*, sendo portanto um dos títulos que podem servir de base ao processo executivo, como *condição necessária* deste[25].

Foi o Código de Processo Civil (CPC) de 1876 (art.º 798.º, n.º 3) que entre nós – e, de resto, como já ocorria noutros sistemas jurídicos – "criou este título executivo"[26]. Os Códigos subsequentes mantiveram esse apanágio da escritura: o de 1939 referindo-o de modo expresso (a *escritura pública* constituía o título executivo mencionado no n.º 3 do art.º 46.º) e os seguintes incluindo-a entre os documentos "exarados ou autenticados por notário".

Trata-se, pois, de um título executivo extrajudicial e, de entre estes, de um título negocial[27], já que na escritura "se contêm manifestações de vontade dos outorgantes recolhidas pelo notário"[28]. Como qualquer dos títulos – incluindo os jurisdicionais – além da forma, tem de ter um certo *conteúdo*.

Sob este ângulo, "deve representar um facto jurídico constitutivo de um crédito"[29]. Por isso, a alínea b) do artigo 46.º do CPC, referin-

---

[24] *Vide*, entre outros, Pires de Lima e Antunes Varela C.C. Anotado, 4.ª ed. em colaboração com Henrique Mesquita, pág. 328, Alberto dos Reis, Cód. Proc. Civil, Anotado, (comentário ao art.º 530.º), III, pág. 365 e segs., Rodrigues Bastos, "Das Relações Jurídicas", V, pág.153 e segs., Planiol – Rippert, "Traité", VII, n.º 1452, e R. de Valkeneer, "Précis du Notariat", 1988, pág. 172.

[25] Cf. Manuel de Andrade, "Noções Elementares de Processo Civil", I, 1963, pág. 58.

[26] Cf. Alberto dos Reis, "Processo de Execução", vol. 1.º, pág. 149.

[27] Alberto dos Reis equipara o conceito de título *extrajudicial* ao de *negocial* (v. *op. cit.*, pág. 124, onde diz: "títulos *negociais* ou extrajudiciais"). Todavia, outros autores, como Manuel de Andrade (citadas "Noções Elementares de Processo Civil", pág. 59) consideram (e parece que mais exactamente) que *títulos negociais* são uma das espécies que – tal como os *administrativos* – fazem parte do género dos *extrajudiciais*.

[28] Cf. Alberto dos Reis, loc. cit.(pág. 124).

[29] *Idem*, pág. 125.

do-se aos documentos exarados ou autenticados por notário, diz expressamente: "que importem constituição ou reconhecimento de qualquer obrigação". Sendo a prestação futura, é ainda necessário comprovar, por documento, que a obrigação *existe* (que alguma prestação foi realizada ou obrigação constituída como previsto). A forma desse documento "pode ser livremente estipulada na escritura exequenda"[30], mas, se o não foi, deve ter força executiva.

Quer dizer que a escritura pública tem força executiva, que se mantém, mesmo para obrigações futuras e, neste caso, também nela própria pode ser convencionada *a forma* como se há-de comprovar, no processo executivo, que a obrigação existe. Além disto, como referi no parecer que inicialmente foi mencionado, a eficácia executiva deste título (escritura pública) não lhe advém "de decisão alguma, *exequator* adicional, ulterior ou extrínseco ao documento, de convenção das partes ou qualquer outra razão" já que "deriva *ex lege* dela mesma escritura, como uma manifestação mais da sua eficácia sintética"[31].

Por último, diga-se ainda que – como sublinhou GARCIA MÁS[32] – a força executiva da escritura é, diversamente do que ocorre com outros documentos (*maxime* com o documento particular), uma força executiva *europeia*, ou seja, reconhecida em *todos* os países do ordenamento romano-germânico.

4. Um dos dados fulcrais da escritura pública é o de que se trata de documento *redigido* pelo notário – ou por quem exerça função notarial[33] – e que se torna verdadeiramente o seu *autor*. É nela que o

---

[30] V. EURICO LOPES CARDOSO, "Manual da Acção Executiva", 3.ª ed., 1964, pág. 73. A solução é a mesma do art.º 50.º Código actual.

[31] *Vide* "Documento Notarial y Seguridad Jurídica", *Academia Sevilhana do Notariado*, E.D.R. (Editorial Revista de Derecho Privado), pág. 77 e seg, onde também se acrescenta que tal força não deriva "de um convénio das partes ou de uma *submissão* do devedor". Contudo, tratando-se de escritura estrangeira (inclusive dentro da U.E.) para haver título executivo já vigora, em regra, tal necessidade de *exequator*.

[32] Na sua intervenção no Congresso do Notariado Português, em 18 de Maio de 2007 publicada a pág. 103 e ss. do "número especial" (Setembro de 2009) da "Revista do Notariado".

[33] Ainda que se nos afigure lamentável que a *função notarial* possa ser exercida por quem não seja notário e não tenha a *necessária* preparação técnica

notário atesta como *exteriorizado* e *declarado* o que lhe foi dito, mas que afinal ele *reinterpreta* e *conforma* para exprimir e traduzir a *vontade real* dos outorgantes.

Deste modo, ao elaborar a escritura, terá de inquirir, sondar *escutando,* (e não simples e superficialmente ouvindo) e examinar atentamente o que as partes lhe dizem, de modo a que fique escrito e consignado o que é por estas *efectivamente querido.* Como foi muito bem dito pelo grande processualista italiano Satta, na escritura o notário é "o homem que escreve diante do homem que fala; o homem que sabendo escreve... e que é já um ministro daquele que com ele fala"."A verdade é que num certo ponto a relação entre palavra e escrita se esfuma..." Trata-se assim "não de escrever a palavra, mas *de fazer nascer a palavra* e a palavra não nasce do homem que fala, mas num acto conjunto também do homem que escreve"[34]. Ou ainda, como recentemente bem o citou Albino Matos, "conhecer o querer que aquele que quer não conhece"[35]

Vemos assim que na escritura o notário tem de traduzir em *vocábulos* precisos e tecnicamente adequados o que entende, através das palavras que lhe são ditas pelas partes, que na verdade irá corres-

---

e académica a verdade é que a lei, em certos casos, o admite. Referimo-nos v. g. aos ajudantes dos cartórios e aos secretários das câmaras. Não, porém, aos cônsules a quem, para o exercício da função, são exigidas provas académicas e que estão integrados numa *carreira profissional* com responsabilização semelhante à dos notários. Fernandez Casado (*in* "Tratado" I, pág. 18, citado por G. Arnau, *op cit.* pág. 388) diz mesmo que os cônsules são *verdadeiros notários* pela sua lei orgânica e porque também gozam de fé pública.

[34] Cf. Satta, "Poesia e veritá nella vita del Notaio", citado por A. Morello, E. Ferrasri e A. Sorgato em "L' Atto Notarile", págs. 230/231 (mas itálico nosso). Antes daquelas passagens estes Autores também citavam Satta quando, a propósito do acto notarial, como acto público, considerava que ele é essencialmente *um juízo.* E, esclarecia que aqui se entende por juízo não no sentido de fazer um julgamento, mas sim no de "dar corpo ou individualidade ao que fora da documentação permanece". Entre nós o citado artigo de Satta foi traduzida por Albino Matos e publicado na "Revista do Notariado", 1987, pág. 248 e ss.

[35] Citação ultimamente feita na conferência realizada por Albino Matos no Congresso do IDET, na Faculdade de Direito de Coimbra, em 14/15 de Dezembro de 2006.

ponder ao que por elas é *efectivamente querido*. E tais vocábulos, mormente os que têm um significado próprio ou implicações jurídicas, devem ser conjugados, compostos e interligados de forma precisa e "postos na boca" dos outorgantes de modo a que, na redacção do acto, o que venha a figurar como declarado pelas partes – e que vai ter a indicada força probatória plena, demonstrativa de que elas *realmente declararam* o que ficou escrito – alcance que o documento venha a espelhar concretamente que tais declarações constituem *a imagem fiel do acto ou negócio pretendido*.

A escritura pública é o paradigma do documento público, o protótipo do *título*, que corresponde a requisitos de forma predeterminados, que, como muito bem se escreveu "indissoluvelmente consubstanciam o negócio e representam o declarado e o querido"."Por isso o notário, que formou o negócio sob o pedido das partes e formulou as suas declarações, não é apenas um documentador público, mas é um operador do direito que qualifica o interior e o exterior (...) adequando-o com a interpretação literal ao direito positivo e formando assim o acto que é em si mesmo um todo: *volizione teorica materializzazione giuridica*"[36]. Trata-se, deste modo, do exercício de uma *função cooperante* com as pretensões individuais e as possibilidades legais, fazendo aquilo que pertinentemente se tem chamado uma *interpretação conciliadora*[37] do direito.

A escritura pública não é, portanto, um texto que se limite a reproduzir e autenticar um qualquer *palavreado* que as partes queiram *impingir* ao notário[38], antes de mais porque este deve *qualificar* as declarações, verificando não apenas se elas se ajustam ao acto ou

---

[36] Cf. A. Morello, E. Perrari e A. Sorgato, "L' Atto Notarile" , pág. 126. Estes Autores acrescentam seguidamente que o exposto encontra ainda amplo "conforto na doutrina do notariado".

[37] Cf. "La Seguridad Jurídica y el Notariado", (cit. Revista de Derecho Privado) pág. 104.

[38] Não se pretende, como é óbvio, revelar pouca consideração ou *menosprezar* os utentes habituais dos cartórios. Quer-se apenas dizer que a linguagem usual, enfermando de imprecisões (ou até contradições), repetições, ambiguidades e superfluidades várias, não é *tecnicamente correcta*, não é *indubitável* e, portanto, não pode ser *directamente vertida* na escritura. Consequentemente, terá de ser *qualificada* e re-interpretada pelo notário.

212 Temas de registos e de notariado

negócio querido, mas também se – palavras e negócio – correspondem ao que o Ordenamento prevê e consente. E, ao fazê-lo, cumprir-lhe-á igualmente "assessorar" as partes, elucidando-as quanto à "melhor forma de ajustar a vontade declarada às exigências legais, condicionantes da plenitude da sua eficácia jurídica e, consequentemente da efectiva realização dos objectivos desejados ou acordados"[39].

Portanto: o notário *percepciona* a vontade das partes, molda-a *fielmente* à previsão da lei e *tradu-la* por escrito de modo livre[40], mesmo quando é apresentada uma *minuta*[41]– formando assim *a unidade* entre o pensamento, a possibilidade legal e o que verte na escrita, ou seja, entre o *documento* e o *documentado* – deste modo "cumprindo um juízo e uma representação *dessa vontade*; é por este trâmite que, como diz Satta, tal representação *vem assumida à vontade do ordenamento*"[42].

Consequentemente, a escritura pública é um documento em que o notário deve exprimir o pensamento e as pretensões dos outorgantes, *redigindo* o documento de modo a *conformá-lo* com a previsão legal[43], sendo portanto "um instrumento válido *na forma* e *no*

---

[39] Cf. "Código do Notariado", *Edição actualizada e anotada*, "Ministério da Justiça", 1973, pág. 6. O tema da *assessoria* que o notário – como verdadeiro *consultor jurídico* das partes – deve prestar está abundantemente tratado (e é consensual) na doutrina.

[40] Esta *liberdade* – que tem como contraponto a inerente *responsabilidade* – significa que na redacção (e na *qualificação*) do acto o notário goza de *autonomia* (identicamente ao magistrado e ao próprio registador) e não deve *obediência* a qualquer *hierarquia*. É, portanto, um *profissional independente*.

[41] De facto, tal liberdade também se verifica quando o acto é lavrado *por minuta*, visto que, neste caso, o notário só deve (e pode) reproduzi-la se verificar que a sua redacção cumpre o disposto no art.º 42.º do Cód. do Not. (cf. art.º 43.º, n.º 2). E idênticas disposições existem nos vários países no âmbito do *notariado latino*.

[42] Cf. A. Morello, E. Ferrari e A. Sorgato, *op. e loc. cit.*, mas itálico nosso.

[43] O n.º 1 do art.º 4.º do *Estatuto do Notariado* (aprovado pelo Dec.-Lei n.º 26/2004, de 4/2) diz que compete ao notário redigi-lo devendo "indagar, interpretar e *adequar ao ordenamento jurídico*" e esclarecer as partes "do seu valor e alcance" (itálico nosso). E também basicamente o mesmo refere o n.º 1 do art.º 4.º do Código do Notariado, bem como similares disposições de diversos países que fazem parte do *notariado latino*.

Em busca da definição de escritura pública 213

fundo"[44] para o fim querido pelas partes. Contrai, nesse sentido, "uma obrigação de resultado", garantindo o bom funcionamento do comércio jurídico[45].

Em suma: o notário, *elabora a escritura* e tê-lo-á de fazer para fixar, formal e materialmente, adequadamente com a lei e de modo *inequívoco,*[46] a vontade negocial dos outorgantes. È que ele actua não como um mero documentador (que aplique simplesmente a lei a uma dada "fatispécie"), mas sendo sim, como explicou BETTI, como o "autor" do documento[47] – o *auctor* latino. Tem, aliás, na comum expressão da doutrina, *a paternidade* do documento[48], mesmo porque apesar de materialmente poder não ser ele próprio a escrevê-lo, é sempre ele que o cria, que o *confecciona* e em nome de quem é escrito e, portanto, aquele de quem procede e nasce a escritura pública

---

[44] Excelente síntese que JEAN RIOUFOL e FRANÇOISE RICO fazem em "Le Notariat Français", *Presses Universitaires de France"*, pág. 116.

[45] *Idem.* E – acrescentaríamos – contribuindo *determinantemente* para a diminuição da conflitualidade e, portanto, para a *pacificação* da vida social. Quiçá por tudo isso a profissão de notário tem sido considerada uma das mais belas profissões do mundo.

[46] Todos os autores acentuam este aspecto como essencial para o próprio *fim* da escritura pública, pois que no âmbito da contratação é o *acto público* eficaz e dotado de força probatória plena. Assim é indispensável que exista uma certeza *inequívoca* das declarações (o que na expressiva designação da doutrina italiana é a *"univocità delle dichiarazione"*).

[47] Cf. A. MORELO, E. FERRARI e A. SORGATO, *op .cit.*, pág. 123, incluindo a citação de E. BETTI (*in* "Interpretazione dell'atto notarile"). Cf. ainda GIMÉNEZ--ARNAU ("Derecho Notarial", *Ediciones Universidad de Navarra*, 1976, págs. 451 e segs) que, citando vários outros reconhecidos juristas (v. g. CARNELUTTI, que refere o autor como o que *confecciona* ou *forma juridicamente* o documento e RODRIGUEZ ADRADOS aludindo ao *causante da formação* do documento) conclui que o *notário é*, no caso, o incontestável "autor" do documento. Há uma tese segundo a qual o notário não é o único autor (v.g. a de GONZÁLEZ PALOMINO) pois também o serão os outorgantes, os peritos, os intérpretes, etc. De qualquer modo, é o "autor principal", ou melhor, como disse NÚÑES LAGOS (*in* "Revista de Derecho Notarial", XVI, pág. 23) vêem a ser, afinal, "as suas declarações" as que lhe dão (ao documento) a *"qualidade formal de documento público"*.

[48] Cf. *op.cit.* pág. 236, citando ainda GUIDI que *in* " Teoria Giuridica del Documento", Milão, 1950, págs. 62 e segs. se ocupou *ex professo* deste tema.

como "acto notarial"[49] – em que ficou contemplada a validade formal e substantiva do acto escriturado – de modo a que este exista realmente e não seja apenas um simples "instrumento de prova"[50]

5. Diz-se ainda que o notário co-outorga a escritura pública com as partes, na sua presença, cuja *identidade* verifica e com elas se *compromete*[51] e *responsabiliza*,[52] e que também com elas a *subscreve*. Deve, aliás, fazê-lo depois de explicar o conteúdo dos factos documentados e das suas consequências legais – "de modo que os outorgantes fiquem a conhecer, com precisão, o significado e os efeitos do acto" – e isso na presença simultânea de todos[53]

---

[49] Em toda a doutrina dos chamados ordenamentos *civis* (portanto, do âmbito do *notariado latino*) a escritura pública é usualmente designada como o "acto notarial" ou o "documento público". A escritura pública é, diríamos, o *acto notarial típico*.

[50] Cf. a interessante resenha no 150.º aniversário da cadeira de direito notarial – "Société, Notariat, Université" (*Lovain-La-Neuve*, 1986) em cujas "sínteses e conclusões" JACQUES DEMBLON diz (a pág. 364), referindo também outros Autores e o conceito de "autentificação activa", que "a necessidade de conselho jurídico é hoje mais imperiosa que a necessidade de instrumento de prova". E o acto notarial (a escritura) exprimirá a "verdade notarial", como o julgamento exprime a "verdade judiciária"(pág. 362).

[51] Dir-se-á que, subscrevendo o documento, também com as partes se compromete e se envolve. JEAN RIOUFOL e FRANÇOISE RICO (na obra cit. pág 115) sintetizaram muito bem esta ideia: depois de referirem que o notário não é "um simples intermediário que prepara um contrato para ser assinado pelos seus clientes", acentuam que "ele próprio o assina" e que isso significa "qu'il s'engage avec chacune des parties".

[52] Responsabiliza-se também em termos de poder vir a *responder* civil, criminal e disciplinarmente por actos que pratique (v.g. arts.41.º e segs. do Estatuto da Ordem dos Notários) e também por eventuais danos que possa causar (cf. art.º 184.º do Cód. do Not.)

[53] De harmonia com o disposto na al. l) do art.º 46.º do Cód. do Not a escritura deve-o mencionar expressamente e nos termos do n.º 1 do art.º 50.º a leitura é feita em voz alta "e na presença simultânea de todos os intervenientes". O n.º 3 dispõe sobre a explicação do acto. Estas são, aliás, consabidas disposições que provêem dos Códigos anteriores. De resto, como diz GIMÉNEZ-ARNAU (*op. cit.* pág. 675), além de "requisito" a leitura constitui "um imperativo lógico e formal", pois que "para assentir no conteúdo da escritura, faz falta conhecê-lo".

Trata-se, portanto, de um documento em que o notário se *envolve* juntamente com as partes na sua preparação, pelo que antes de mais terá de saber quem são, o que pretendem, se existem as condições para o poderem pretender e também em que circunstâncias – designadamente de tempo e de lugar – é que manifestaram tal "declaração de vontade". E porque tudo isto deve ter um *enquadramento próprio* é habitual (um pouco à semelhança do articulado cível) que na escritura pública se distingam *três partes*: a do preâmbulo ou protocolo inicial, a do texto dispositivo e a do fecho, que constitui um encerramento do acto.[54]

A primeira parte começa[55] precisamente pela indicação da data e local onde a escritura é lavrada e pela *identificação* do notário que a lavra, bem como das pessoas que comparecem[56], daquelas – como o

---

[54] MARCELLO DI FÁBIO no seu (supra citado) "Manuale di Notariato" (págs. 132/3) refere muito claramente o "conteúdo-tipo" do "*atto notarile*":

"a) *Protocolo iniziale: intestazione, datazione, comparrizione, dichiarazione della conoscenza dell'identità delle parti o dell'accertamento fattane per mezzo dei fidefacienti;*

b) *Testo o dispositivo;*

c) *Protocolo finale, o escatocollo o chiusa: lettura dell'atto, indicazione della persona que l'ha scrito, del numero dei fogli e dellepagine scritte, eventuale indicazione dell'ora, sottoscrizione,.."*

Afigura-se que esta sistematização está de acordo com direito notarial entre nós vigente e é mais harmónica do que a proposta por outros autores: v.g. GARCIA GARCIA – *in* "Revista de Derecho Notarial", 1954, IV, págs. 171 e segs – que indica quatro partes (*comparecimento, exposição, parte dispositiva* e *autorização*) e GIMÉNEZ-ARNAU – *op. cit.*, pág. 518 – que propões cinco partes: *o comparecimento,* a *exposição,* a *estipulação, o outorgamento* e a *autorização.* Os autores espanhóis falam sempre da *autorização,* na parte final da escritura, que consiste no selo e assinatura do notário. GIMÉNEZ-ARNAU diz mesmo que *é então* "que o acto formal sai da esfera privada e se converte num instrumento público" (cit. pág. 518).

[55] Referimo-nos ao início do *documento*, isto é do *texto* escritura. Portanto, não temos aqui em vista o começo *conceitual* do acto notarial que principia, como é evidente, pela própria "comparência" das partes a quem cabe a *iniciativa* e a *rogatio* para a celebração da escritura pública (cf, por todos, a *op.cit.* de MORELLO, FERRARI e SORGATO, pág 363 e segs).

[56] As pessoas que comparecem não são necessariamente *as partes* que outorgam o acto: é o caso das referenciadas na alínea h) do art.º 46.º do Cód. do

caso das pessoas colectivas – a quem o acto respeita, bem como das que o vão outorgar.

A identificação completa dos outorgantes e das demais pessoas que comparecem terá, portanto, de constar da escritura e de ser devidamente *comprovada* pelo notário, que fará consignar no documento a forma como fez tal verificação (alíneas c) e d) do art.º 46.º, n.º 1 do C.N.). De modo que na escritura pública não poderá haver dúvidas de que foram realmente *aquelas pessoas* – e não quaisquer outras – as que compareceram para outorgar ou intervir no acto.

Além disso, o notário tem de verificar a capacidade de gozo e de exercício dos outorgantes e, no caso destes intervirem como procuradores ou como representantes de outrem – como quando se trata de pessoas colectivas –, deverão comprovar tal qualidade cabendo ao notário apurar se efectivamente têm os necessários poderes para a prática do acto em causa (citadas alíneas, bem como a e) do art.º 46.º). A intervenção de estrangeiros bem como a de surdos e mudos também se acha sujeita a regras próprias cuja observância terá de controlar (art.ºˢ 65.º e 66.º do C.N.).

No que toca a outros eventuais intervenientes – caso dos intérpretes, peritos, tradutores e testemunhas – dever-se-á ainda referir que, para além das hipóteses de incapacidade ou de inabilidade contemplados na lei (art.º 68.º, n.º 1, do C.N.), só poderão intervir no acto os que o notário considere idóneos e, sendo testemunhas, que ache dignas de crédito (n.ºˢ 3 e 4 do mesmo artigo). Trata-se de preceitos que obviamente têm em vista assegurar a própria idoneidade e certeza das declarações e que aliás, entre nós, como em geral no âmbito do *notariado latino*, se acham sedimentados na própria lei.[57]

Notariado (intérpretes, testemunhas, etc.) e que podem até vir a ser identificadas só no final da escritura. De qualquer modo, numa perspectiva de sistematização com base nos requisitos e na *lógica do acto* enquadram-se numa sua primeira parte *introdutória* (no tal "*protocolo iniziale*") no ponto em que se alude a quem comparece, e que é prévia ao *texto* e ao *fecho*.

Estes *requisitos gerais*, constantes do referido art 46.º não são exclusivos da legislação portuguesa. Antes são comuns às demais legislações no âmbito do "notariado latino" (*vide* obras supracitadas).

[57] Na nossa lei interna poderá ver-se oart.º 82.º do C.N. de 1967 e o art.º 68.º do actual C.N.

Em busca da definição de escritura pública 217

Quer dizer que na escritura pública a identidade e capacidade dos outorgantes bem como a idoneidade dos intervenientes são dados *certos*, cuja validade e segurança não poderá ser posta em causa, já que o notário os verificou e *qualificou*[58], em obediência a estritos e rigorosos trâmites e a imperativos preceitos legais.

6. Quando as partes solicitam ao notário[59] a celebração da escritura pública fazem-no *oralmente*. É mesmo, a este propósito, referido que existe um "princípio da oralidade"[60]. Tal oralidade traduz-se depois na própria redacção do documento, que deve ser escrito na *língua materna* – ou seja, no idioma nacional – e tem também outras consequências a que sumariamente iremos aludir.

Ao enunciar as regras básicas de redacção dos actos notariais o artigo 42.º do C.N. estabelece, no n.º 1, que eles "são escritos em língua portuguesa". E acrescenta ainda que devem "ser redigidos com a necessária correcção, em termos claros e precisos"[61] e de modo a afastar, ao máximo, quaisquer hipóteses de erro[62]. E, note-se

---

[58] V*ide*, entre outros, E. GIMÉNEZ-ARNAU, *op. cit.*, pág. 526 e segs.

[59] Diz-se que tem de haver uma *instância* para que o notário celebre a escritura. GONZÁLEZ PALOMINO (*in* "Negocio jurídico y documento", pág. 166) refere sugestivamente que é necessário "o requerimento (*verbal*) de prestação de funções". O pedido do interessado, o assentimento do notário e a licitude do acto são, segundo SANA HÚJA (citado por G. ARNAU, *op. cit.* pág. 445) requisitos fundamentais para a celebração do instrumento público (ou seja, da escritura pública). A este propósito é sempre importante que as partes *digam claramente o que querem*. LOPES DE FIGUEIREDO no seu "Código do Notariado" (Almedina, 1991, pág. 273) refere-se aos *mandamentos* que os interessados devem cumprir: desde logo, "expor, com clareza, o negócio que pretendem realizar".

[60] Trata-se de um princípio *processual*, aliás, como é sabido, consagrado no âmbito judicial: a tramitação da causa diante do juiz (a audiência) *é oral*. Identicamente o é a exposição oral que as partes têm de fazer diante do notário. (Cf. MORELLO, FERRARI e SORGATO, *op.cit.* pág. 423).

[61] Trata-se de preceito que já provem dos Códigos anteriores (v.g. do art.º 58.º do de 1967 e do art.º 57.º do de 1960) e que foi objecto de inúmeros despachos e pareceres (sumariados v.g. na citada edição do Ministério da Justiça, anotada ,do Código de 1967, de pág. 49 a 54).

[62] É que deve também o notário zelar para que a escritura (documento autêntico por excelência) jamais venha a ser objecto de contestação judicial por

218 *Temas de registos e de notariado*

que também estas não são normas exclusivas do nosso direito interno, mas antes existem nas demais legislações de países do âmbito do notariado latino[63] que, portanto, conhecem o que é a escritura pública.

Ainda sobre a redacção do acto notarial – e sendo evidente que muito mais haveria a dizer – cabe fundamentalmente reafirmar que se exige um grande rigor tanto na precisão *das expressões* utilizadas, como no seu sentido e alcance jurídico, como ainda na clareza *das frases*, de modo a traduzirem, umas e outras, correcta, inequívoca e realmente a vontade das partes[64].

Por isso – e com este objectivo – é que são impostas regras concretas na escrita dos actos e na ressalva das palavras (art.os 40.º e 41.º do C.N.) e também, quando os outorgantes forem estrangeiros e não falem o português ou quando o notário não domine o seu idioma, é feita a exigência da intervenção de tradutores (art.º 65.º do C.N.).

Cabe ainda referir que, quando intervierem surdos ou mudos, a lei igualmente impõe os adequados actos e comportamentos (art.º 66.º do C.N.) de modo a que não resultem quaisquer erros ou equí-

---

querela de falsidade quer quanto ao conteúdo das declarações quer quanto às pessoas que nela intervêm quer quanto à materialidade do documento. Cf. PIETRO ZANELLI "Il Notariato in Itália", *Giuffrè*, 1991, págs 43/44, que a propósito deste "acto notarial" precisamente distingue tal eventualidade de querela judicial quando possa haver aquelas hipóteses de falsidade (*falsità ideológica, falsità personale* ou a *falsità materiale*).

[63] Citar-se-á apenas o art.º 54.º da lei italiana (*gli atti notarili devono essere scriti in língua italiana*) e, relativamente ao direito espanhol, G. ARNAU (*op. cit.*, pág. 435) que ao referir o estabelecido no art.º 148.º da Lei notarial, acentua que "os instrumentos públicos devem redigir-se necessariamente em idioma espanhol empregando neles estilo claro, puro, preciso, sem frase nem termo algum obscuro, nem ambíguo, e observando como regras imprescindíveis, a verdade no conceito, a propriedade na linguagem e a severidade na forma". No caso do idioma próprio da região rege o art.º 149.º (que permite que se utilize esse idioma e, em "dupla coluna" a do espanhol e a desse idioma). R. DE VALKENEER em "Précis du Notariat", Bruxelles,1988, a pág. 201 e seg. também cita a lei que alude à necessidade de o acto ser redigido na própria "língua do procedimento".

[64] Cf., o n.º 2 do art.º 42.º do C.N. E, entre outros, G. ARNAU, *op. cit.* pags. 435 e segs. R. DE VALKENEER, *op.cit* .pág. 198 e seg.

Em busca da definição de escritura pública 219

vocos quanto à válida e exacta vontade das partes, incluindo das que têm essa limitação.

Dever-se-á, portanto, concluir que a escritura pública é um documento que, obedecendo sempre a rigoroso procedimento, deve também consagrar, no próprio idioma – que poderá designar-se como a *língua materna* ou *língua oficial* – as inequívocas e genuínas manifestações de vontade dos outorgantes.

7. Para que na celebração da escritura se verifique uma efectiva conformidade das declarações com a lei é fundamental que exista a aludida *adequação*[65] da vontade das partes com a previsão do ordenamento jurídico, mas na generalidade das situações é também necessário que se complemente tal manifestação de vontade com uma exigida *prova documental* que vai instruir o acto.

Consequentemente, a lei estabelece os casos em que o notário verifica a conformidade dos factos – e que respeitam quer às pessoas, quer aos bens, quer às declarações – pela prova documental que lhe é feita, havendo ainda as situações de identificação dos outorgantes em que a pode dispensar, tanto por conhecimento pessoal como por abonação testemunhal.

---

[65] A doutrina que a este propósito se tem produzido é abundantíssima. Citaremos apenas que numa das obras já referidas: MARCELLO DI FÁBIO ao falar da função de adequação ("la funzione di adeguamento") e aludindo a um outro Autor, define-a "como a conveniente adesão do intuito empírico manifestado pelas partes aos paradigmas oferecidos pelo ordenamento positivo" (Manuale di Notariato", pág. 86). E explicita que a função "*è piuttosto complessa*" porque comporta uma série de poderes-deveres: entre outros, indagar pessoalmente a vontade das partes, fornecer-lhes o acto *mais idóneo* e o *mais económico* para atingir o fim pretendido, reportar aquela vontade e o acto fornecido à lei, aos bons costumes e à ordem pública...E acontece ainda que esta função de *adaptação* da norma às novas e múltiplas exigências da vida vem a contribuir não apenas para a criação de novos institutos, como para *a própria formação do direito*. Esta *função de adequação* – que é distinta da de *certificação* – é própria do "notariado latino" e é inexistente no saxónico (*idem,* pág. 88). Diga-se: no que é *indevida* e *impropriamente* chamado "notariado saxónico" (que não é "notariado", já que não goza da necessária *fé pública* e antes se limita a uma *leve* certificação).

Temos, pois que a escritura pública é um documento que não só na sua confecção obedece a uma *rigorosa e caracterizada formalidade,* como também na sua própria *preparação* a apurado e criterioso exame, por parte do notário, do cumprimento dos diversos condicionalismos legais – incluindo os de natureza fiscal – e bem assim ao da veracidade das várias circunstâncias e à autenticidade dos elementos de facto que no documento ficam referidos como tendo sido por ele verificados[66].

É o que se passa no que concerne à identificação das pessoas, a que já aludimos. Outrossim quanto à identidade dos imóveis, em que sobretudo se terá de fazer prova da sua inscrição matricial e registral e comparar e conferir os seus elementos descritivos, designadamente quanto à localização, composição e área.

No tocante aos elementos do registo predial, na sequência do Código de 84 foi publicado o Decreto-Lei n.º 286/84, de 23 de Agosto, que alterou vários artigos do Código do Notariado, entre eles o 71.º – actual 54.º – que precisamente diz respeito às menções do registo. Em síntese, dir-se-á que o princípio da *legitimação dispositiva* passou a ser também controlado pelo notário. Sempre se me afigurou que esta evolução legislativa constituiu mais um importante passo, que afinal só veio *acrescentar valia* ao fundamental documento que é a escritura pública, precisamente porque permite verificar que as declarações dos outorgantes, quanto à titularidade dos bens, se mostram comprovadas pelo registo e, portanto, tornam-se mais *fiáveis.*

De facto, se é certo que quem pretende alienar ou onerar um prédio deve estar legitimado para o poder fazer, também a verdade é que tal não se demonstra por meras afirmações verbais que as partes façam ao notário. Mas, pelo contrário, se o tiverem de fazer através da certificação da competente inscrição no registo, já na escritura ficará comprovada a *veracidade* de tais afirmações. Ora, se isto for ainda complementado com a existência de uma pré-inscrição registral do acto titulado pela escritura, torna-se manifesto que este documento permitirá conferir uma quase cabal segurança jurídica às partes.

---

[66] Note-se que é também isto que ocorre nos demais países que se inserem no âmbito do "notariado latino".

Em busca da definição de escritura pública   221

Para a celebração da escritura, ou melhor, da maioria das escrituras, outros documentos com tal cariz são necessários, como é sobretudo o caso dos comprovativos do pagamento de impostos[67]. Mas, infelizmente, também há os que têm consequências burocratizantes e não concernem ao negócio jurídico que se pretende titular[68]. Isto é: o Estado *aproveita o ensejo* do acto notarial para obrigar as partes a cumprirem certas obrigações e determinando que a escritura não se possa celebrar sem que seja feita a prova do seu cumprimento. Contudo, esta é que é uma verdadeira *imposição burocrática,* que aliás tem merecido a reprovação da maioria dos notários, até por não estar ao seu alcance poder *dispensar*, quando o entendessem pertinente[69], a apresentação de tais documentos verdadeiramente alheios ao negócio em causa. Só que não são estes os que relevam e que especialmente nos havíamos referido.

Portanto, e em resumo, poder-se-á concluir dizendo que a escritura pública só poderá ser celebrada quando as partes demonstrem e o notário verifique, designadamente através dos documentos apresentados, que as manifestações de vontade dos outorgantes são lícitas e produzidas em conformidade com a lei.

8. Vimos que a escritura pública contém "uma unidade de texto consentido", ou seja, é um acto *uno*. Todavia, isso não significa que esse texto não possa reportar-se a documentos que o complementem. Pode, tal como entre nós, à semelhança do que ocorre noutros ordenamentos, prevê o artigo 64.º do C.N.

Trata-se dos chamados "documentos complementares", onde podem ser relacionados bens, estatutos de pessoas colectivas, extensas cláusulas referentes a contratos com bancos e outras instituições

---

[67] É o caso dos impostos devidos pela transmissão patrimonial (de bens e de direitos). Em alguns países (como a França) é também atribuída ao notário uma função de *liquidador tributário*. Mas, mesmo quando não tem tal função, usualmente semore se exige que o notário seja *um colaborador* do Fisco, que advertindo os outorgantes para a obrigação do pagamento dos impostos devidos, quer participando à Administração Fiscal a realização de vários actos (cf, por todos, GIMÉNEZ-ARNAU, *op.cit.* pág.559 e segs.

[68] Chegou a ser publicado um diploma

[69] E como, de resto, sucede nos países que acolhem o *notariado latino.*

de crédito e que se tivessem de ser materialmente inseridas no próprio texto iriam avolumá-lo excessivamente. Daí que o legislador tenha admitido que pudessem constar de um documento que *integra* a própria escritura e que é arquivado no respectivo tombo (tecnicamente designado "maço de documentos"[70]).

Todos esses documentos têm, obviamente, que ser analisados e qualificados pelo notário já que, afinal, fazem parte – completam – aquela mesma unidade de *texto consentido*. E também por isso têm de ser subscritos pelas partes e pelo notário, aplicando-se-lhe as mesmas "regras de escrita" a que aludimos.

Porém, não são apenas os documentos complementares os que devem ficar arquivados. A outros alude a lei, como é o caso das procurações ou dos relativos ao pagamento de alguns impostos. Refiram-se ainda os que, estando já arquivados, podem ser reutilizados e, por último, os que são restituídos às partes. Quanto a estes, em termos gerais, poder-se-á dizer que são meramente instrumentais da aludida *conformidade legal* das declarações e, portanto, não será necessário que, para definir o conceito de escritura pública, lhes tenhamos de fazer qualquer referência específica. Uma nota apenas para referir que o notário é também um *confidente* das partes e, por isso, os documentos particulares que lhe foram entregues para preparar e elaborar a escritura ficam sujeitos à regra do *segredo profissional*, tal como a lei explicitamente indica (art.º 32.º, n.º 1 do C.N.).

9. Uma importante característica da escritura pública é a de que se trata de um documento destinado a *perdurar* e a ser conservado duradoura e indefinidamente e que portanto não é descartável, não pode ser apagado ou destruído.

---

[70] Nos diversos manuais de notariado quase sempre se pormenoriza a organização dos diversos maços de documentos (e a *do arquivo*, que o notário *tem de zelar*, como aliás sempre foi considerado *necessário* e *importante*). *Vide*, v.g. o "Manual de Direito Notarial" de F. Neto Ferreirinha e Zulmira Neto L. Silva, 3.ª ed., págs. 45 e segs. Deve no entanto fazer-se notar que estando a tradicional ideia de *arquivo* ligada aos *suportes em papel,* nada obsta a que se faça e se promova uma *actualização* do conceito (e da actuação prática) no sentido de o adaptar à presente realidade dos documentos e suportes electrónicos.

Esta particularidade tem um duplo sentido: por um lado traduz-se na chamada inalterabilidade[71] dos materiais utilizados na escrita dos actos que o artigo 39.º do C.N. concretiza. Pelo outro, na guarda das escrituras que vão sendo feitas e na sua conservação em arquivo público a cargo do notário.

Aquele preceito – que também provém dos códigos anteriores (art.[os] 54.º do de 1960 e 55.º do de 1967) – diz-nos que a escrita do acto deve ser feita em "cor preta, conferindo inalterabilidade e duração à escrita". Ou seja, como se disse em antigo comentário ao Código: "cabe ao notário a livre escolha dos materiais a utilizar na composição dos actos, desde que a sua qualidade dê as indispensáveis garantias de inalterabilidade e duração da escrita"[72].

É claro que nada obsta à utilização de meios e de materiais cada vez mais actualizados, como primeiro aconteceu com a, aliás já desusada, escrita dactilográfica e acontece hoje com os computadores e impressoras, cuja qualidade vai cada dia melhorando.

Note-se que ao referirmo-nos aos computadores não queremos nem tão-pouco poderíamos dizer que a escritura pública seja um documento inteiramente *desmaterializado*. Não o é. Muito embora apesar da sua confecção ser actualmente feita, e creio que sem excepções, em computador[73], a verdade é que o documento elaborado

---

[71] Como vimos no início (ponto 2) a escritura pública é um documento especial *revestido de uma rigorosa formalidade própria* e que também é caracterizado pela sua *intangibilidade, inviolabilidade* e *integridade*. Por conseguinte, os materiais utilizados *têm de poder dar resposta* a estes objectivos.

[72] Cf. o aludido Código do Notariado, anotado, edição da Imprensa Nacional, pág. 44. A ideia da durabilidade da escrita teve uma curiosa manifestação no Regulamento Notarial espanhol de 1944 (art.º 152.º) que expressamente impunha o uso de "tinta indelével".

[73] O facto de o texto das escrituras ser *confeccionado* em computador não significa que depois não se torne necessário imprimi-lo em *suporte de papel*. É *sempre necessário* fazer essa impressão – até porque é *no papel* que as partes e o notário assinam (e, não o sabendo fazer, onde são apostas as impressões digitais). De resto, cabe notar, o tradicional papel não está ultrapassado nem constitui em si qualquer mal. Há mesmo uma corrente moderna que aponta para a denominada "reabilitação do papel" (por exemplo em fotografia considera-se ser ideia avançada "voltar a dar vida ao papel").

em base electrónica tem ainda de ser impresso em suporte de papel para ser assinado pelas partes e pelo notário, que também numera e rubrica todas as folhas, formando depois estas um livro – o *livro de notas*[74] – que é arquivado. Note-se que também, no caso dos outorgantes não saberem ou não poderem assinar, é à margem daquele fólio que devem ser apostas as respectivas impressões digitais (art.º 51.º do C.N.).

Significa isto que está excluído do âmbito da escritura a pura contratação electrónica? Em certo sentido, parece que sim. De facto, não será concebível – na actual concepção legal do que é este *típico* documento público autêntico – e sustentável que as partes possam, elas mesmas, dotar tal contratação dessa fundamental característica. Mas, num outro sentido, parece que é possível. Isto é, se o *notário* intervier no contrato, co-outorgando com as partes tal espécie de documento digital, conformando-o com a vontade delas próprias e com a do ordenamento e o dotar de autenticidade nos termos requeridos, o subscrever (embora, é claro, também electronicamente) e o conservar, afigura-se perfeitamente possível que possamos conceber – e *até incentivar* – o desenvolvimento programático de uma escritura publica electrónica, *totalmente digitalizada*. Todavia, este é um outro tema, que carece de ser devidamente estudado e que, como é evidente, só noutras intervenções poderá ser analisado – até porque *excede* esta simples tentativa de definição do conceito de escritura pública. O que, porém, se deve dizer é que este conceito e as indicadas regras da perdurabilidade documental não são incompatíveis – antes pelo contrário, são harmonizáveis – com a ideia da escritura pública electrónica.

Um ponto que é, sempre foi e, tanto quanto nos é dado ver, continuará a ser, de grande relevância, é o da conservação em livro próprio (numerado e legalizado) e o arquivo da escritura e dos aludi-

---

[74] Dever-se-á dizer que os livros de notas são comummente utilizados em todo o âmbito do *notariado latino* e foram sempre importantes para a própria *organização* das escrituras. Portanto, a nosso ver, no actual estádio da evolução legislativa e doutrinária, não são de considerar supérfluos ou mesmo, porventura, "uma «relíquia» do nosso notariado" (cf. NETO FERREIRINHA e ZULMIRA NETO, *op. cit.*, pág. 39).

Em busca da definição de escritura pública 225

dos documentos, que não têm um tratamento *avulso*[75]. A própria palavra "cartório" tem alguma sinonímia com "arquivo" e há mesmo autores que incluem nas funções do notário também a de *arquivista*[76].

É que o facto de o documento, mesmo de depois de concluído, ter de ser devidamente guardado em arquivo que permaneça sob a custódia e a responsabilidade do notário, permite de certo modo *acrescer* a sua própria força probatória intrínseca, exactamente porque a torna *duradoura*, publicamente acessível a todo o tempo. E assim, tal força não é momentânea nem tão-pouco balizada num dado tempo convencionalmente admitido. É antes dotada de *perenidade*, mesmo porque, depois de decorrido um longo período – usualmente 100 anos[77] – os livros de escrituras, podendo deixar o arquivo do notário, transitam para os arquivos históricos onde os actos, apesar da sua antiguidade, podem continuar a ser consultados e certificados, conservando, portanto, toda a sua valia e eficácia e não um simples "valor histórico".

10. Ficando a escritura pública integrada no correspondente (e tradicionalmente designado) "livro de notas" e este no arquivo do notário, a sua prova e a sua *eficácia externa* só poderão concretizar-se através de reproduções ou cópias da mesma.

---

[75] BORGES DE ARAÚJO em colaboração com ALBINO MATOS dizem na obra "Prática Notarial" (*Almedina*, 4.º ed., pág. 20): "A distinção entre escrituras e instrumentos fora das notas é tradicional, continua a ser correcta face ao direito vigente e tem a maior repercussão prática. É que as escrituras são instrumentos públicos que *à nascença ingressam no arquivo notarial*, tendo um tratamento completamente diferente dos instrumentos avulsos" (itálico nosso).

[76] V.g.(entre muitos) MARCELLO DI FABIO *op. cit.*,pág. 75 e esgs. JEAN RIOUFOL e FRANÇOISE RICO dizem expressamente: «*Le notaire est un conservateur-archiviste*» (*op. cit.* pág. 37) e E. GIMÉNEZ-ARNAU dedica toda a parte 6.ª da sua citada obra à conservação e reprodução do instrumento público. Claro que antes de ser *arquivista* o notário é fundamentalmente um *documentador*, um assessor das partes, um *"soi-disant"* «advogado especializado» em titular actos e contratos.

[77] Dizemos *usualmente* porque foi esse o período de tempo que vimos estar consignado em significativas leis notariais: v.g. as francesa, espanhola e italiana.

Daí a necessidade que há de que tais cópias possam revestir a *mesma* força probatória do documento original[78] que, como se disse, terá de ficar sempre arquivado. E isto, é claro, independentemente de poderem ser fornecidas outras cópias com mero valor informativo. De qualquer modo, a verdade é que o conteúdo da escritura – tanto entre nós como em todos os ordenamentos que prevêem esta espécie de documento – deve poder ser demonstrado através reproduções do seu próprio conteúdo, e quer por fotocópia, por simples cópia, por telecópia ou por outros meios que se descubram, desde que ofereçam a necessária fiabilidade e as adequadas garantias.

A esta matéria dedica a lei notarial (e mesmo a lei substantiva) a devida atenção, estabelecendo os requisitos que as certidões devem conter para que exista a possibilidade de serem autenticadas, designadamente por se verificar que estão conformes com os originais a que se reportam, podendo portanto, como diz a lei civil, ter a mesma força probatória destes.

Ficando a escritura guardada no arquivo do notário – ainda que o seu conteúdo possa ser reproduzido através de certificações – como responde a lei à própria natureza *pública* deste documento? Dir-se-á: exactamente não restringindo o *acesso* a essas certificações, isto é, admitindo que qualquer pessoa possa, a todo o tempo, requisitá-las. Esta regra está enunciada para todos os instrumentos notariais no n.º 1 do artigo 164.º do C.N. e apenas sofre as óbvias excepções dos documentos confidenciais, como é o caso dos testamentos e das escrituras que os revoguem.

---

[78] GIMÉNEZ-ARNAU diz que a força probatória da cópia é sempre menor do que a do "documento público" (isto é, da escritura) porque há sempre a possibilidade de a cópia poder *falsear* o conteúdo do original, apesar de conservar o aspecto daquele. Mas, a nosso ver, *não é essa* a questão que releva. "Possibilidades" existirão sempre: inclusive até a de que alguém pudesse ter acesso (v.g. por assalto ao arquivo) ao documento *original* para o adulterar nalgum ponto. A questão é outra: é a de *a lei* poder (e cremos que *dever*) atribuir a mesma força à cópia, desde que esta seja *autenticada* pelo notário (ou por funcionário que dele receba permissão). E é esta a solução da nossa lei (art.º 383.º, n.º 1, do C.Civil).

11. Ao terminar esta análise do conceito de escritura pública – documento com profundas raízes históricas[79] nos ordenamentos latinos e também nos germânicos – será oportuno, até porque ajuda a clarificar o conceito, dizer, ainda que muito brevemente, o que nos parece que nunca se poderá considerar ser uma *escritura pública*.

Em primeiro lugar seria qualquer documento em que o notário (em sentido amplo, abrangendo portanto quem *in casu* exerça a função notarial) não fosse (como no citado parecer escrevi) "um activo interveniente no acto". Isto é, que não fosse *ele próprio* a elaborar e conformar o acto, mas se limitasse a *autenticar* um escrito feito por outrem.

Depois, poder-se-ia apontar como nunca se podendo considerar uma escritura pública, a hipótese do simples acto *avulso*, até porventura escrito num qualquer idioma que os clientes desejem e cujo original não devesse permanecer sob a custódia do notário.

Outro dado fundamental é ainda o da própria força probatória do documento, designadamente de harmonia com a "lex loci", ou seja a correspondente ao local onde ele é feito. Portanto, ainda que o documento externamente *aparentasse* ser uma escritura pública, nunca como tal poderia ser considerado se, à face dessa mesma "lex loci", não fosse *reconhecido* como documento autêntico dotado de força probatória plena e de força executiva.

Ora, demonstra-se que todas estas omissões existem nas impropriamente chamadas escrituras inglesas, que são utilizadas pelos alcunhados *"public notarys"*[80] de Londres e dos off-shores britânicos

---

[79] Diz-se que a escritura pública provém já dos antigos *instrumentos* escritos que ao tempo do Código de Justiniano eram designados por "*instrumenta pública confecta*" e que faziam *prova plena* (cf. A. MORELLO, E. FERRARI e A. SORGATO *op. cit.*, pág. 62 e seg. e GUIMÉNEZ-ARNAU, *op.cit.* pág. 90 e segs). E, como é sabido, os ordenamentos onde o direito romano esteve na origem do seu actual sistema jurídico são os "ordenamentos romano-germânicos" (cf. v.g. o citado "Manuale" de MARCELLO DI FÁBIO, 1 e nota 1).

[80] Ao usar a expressão "alcunhados" não se trata, como é evidente, de qualquer afronta, mas apenas de lembrar que é um simples "apelido" que não se pode traduzir *nem corresponde* ao conceito de "notário". Aliás, os *notarys* nem sequer foram admitidos como membros da "União Internacional do Notariado Latino" (cf. a "Revista del Notariado" espanhola, n.º 764, págs. 533 e segs.)

unicamente para *vender* aos estrangeiros. É que, como se sabe, não têm qualquer das apontadas características essenciais[81], nem no Reino Unido são consideradas documentos autênticos ou autenticados[82], nem tão-pouco são usadas pelos próprios cidadãos britânicos.[83]

Portanto, e em síntese, diremos que faltando qualquer dos elementos ou das características fundamentais que tentamos apontar, não se pode considerar que estejamos perante uma *escritura pública*, ainda que, porventura, assim seja apelidada nalgum escritório e que quem a subscreva tenha, erroneamente, um nome parecido com o de notário (caso do *notary*) e também mesmo que o documento possua toda a *aparência* externa de se tratar de uma escritura. De facto, para que esta possa existir, é sempre essencial que se cumulem os requisitos básicos da *certificação, autenticação e adequação* ao ordenamento da vontade dos outorgantes, feita pelo notário ou por quem no acto estiver a exercer essa função legal de delegatário da fé pública[84].

12. Deste modo e em conclusão:

Feitas todas as precedentes observações, parece que poderemos tentar uma definição de escritura pública. Assim, a nosso ver, ela é:

---

[81] De facto, como se verificou no caso dos acórdãos citados na nota "3", tratava-se de documentos escritos não no idioma do local e do apelidado "notary" mas sim na própria língua dos outorgantes e que, além de não ter outras características da *escritura pública*, também de harmonia com a "lex loci" não tinha força probatória plena nem executiva.

[82] Em trabalho já de há alguns anos (comunicação, por Espanha, ao *XX Congresso do Notariado Latino*) J. BOLAS, LORA-TAMAYO e M. SAGARDIA sustentam que o *notary* nem sequer "autentica" o documento, cuja legalidade não controla. A sua função será, quando muito, a de mera *certificação*.

[83] Como se sabe, o mero "papel" que para os cidadãos britânicos documenta os contratos é feito pelo "solicitor" (e por vezes pelo "scrivaner" ou pelo advogado que vai a tribunal, o "barrister"). Aliás, o direito inglês *desconhece* o que seja o documento autêntico – até porque o conteúdo de qualquer documento pode sempre ser posto em causa por mera prova testemunhal – sendo certo que também "não conhece a profissão de notário" (cf. J. A. JOLOWICZ, "Droit Anglais", 1986, pág. 34).

[84] A escritura pública é, portanto, um documento próprio dos sistemas jurídicos romano-germânicos.

O documento original, uno e autêntico, datado e localizado, revesti-do de rigorosa formalidade própria, de força probatória plena e de força executiva, lavrado pelo notário – ou por quem estiver a exercer a função notarial – e por ele inequivocamente redigido na própria língua oficial e assessoradamente configurado com a lei, na forma e no conteúdo, para conter o negócio jurídico com as exactas, genuínas e lícitas manifesta-ções de vontade dos outorgantes, a solicitação e na presença destes e de outros eventuais intervenientes, de quem verifica a identidade, capacida-de e conformidade legal das declarações, cujo conteúdo explica (e adver-te) e que, lendo-o, com eles subscreve, devendo ainda, depois de outorga-do nas notas, conservá-lo, com os correspondentes documentos, no seu próprio arquivo público, podendo então qualquer pessoa, a todo o tempo, obter a respectiva certificação autenticada.

Esta é a definição de *escritura pública* proposta. Deixem, po-rém, que me penitencie e me defenda.

É que, não sendo embora uma definição *nem breve* (como seria desejável), *nem quiçá completa* (como pretendíamos), *nem perfeita* (e havê-las-á perfeitas?), penso no entanto que constitui, por ora – e apesar da sua extensão descritiva – uma tentativa que se afigurou aceitável à luz do direito positivo vigente e dos desenvolvimentos da doutrina já que, ao que se afigura, inclui os elementos essenciais comummente admitidos.

Não gostaria, porém, de terminar sem rapidamente fazer duas observações.

A primeira é esta: verifica-se que a escritura pública é, para o Ordenamento Jurídico, um documento fundamental e também *da maior importância prática* para a generalidade dos cidadãos que, não sendo juristas, podem nos vastos domínios dos direitos imobiliá-rio, societário, contratual e sucessório obter – e hoje por um módico custo – uma *assessoria* eficaz, uma certeza de que são cumpridas as prescrições legais[85] e uma segurança indiscutível dos seus bens e dos seus direitos.

---

[85] Como resulta do que ficou dito. Refira-se ainda a publicação "Le Notaire, Votre Partenaire, Aujourd'hui et Demain" das Jornadas Notariais, 1992, em Louvain-la-Neuve, em que PHILIPPE PIRON diz (a pág. 24), referindo-se à assesso-ria e ao *conselho* no acto notarial, que também o público vê o notário como um magistrado e como "um homem em que se pode contar para que as coisas este-jam em regra" (fiquem legais).

Na época da contratação electrónica os notários terão também a obrigação de demonstrar que a escritura pública não é um documento do século passado, desde logo por revelarem que podem concretizar e aplicar *todas as características definidoras* da escritura – que a tornam um documento verdadeiramente *indispensável* para a segurança do comércio jurídico – a *um mesmo* documento totalmente informatizado. Subsistiria assim, reforçada com a plena utilização dos novos meios, comprovada a *enorme importância actual* da escritura pública.

A constatação que faço desta grande importância é de natureza académica e também fruto da própria experiência de mais de quarenta anos de múltipla actividade prática no sempre aliciante mundo do direito.

Acontece, porém, que no debate actual (para o qual já tenho procurado contribuir) em torno da formalização-desformalização dos actos jurídicos intervêm muitas pessoas com escassa ou nula preparação (ou pior, com a mera *alcunha* de juristas), que confundem os conceitos. Desde logo o de *titular* um negócio jurídico com o de o *burocratizar*. Titular ou formalizar o negócio é *necessário* (como se demonstra ao estudar a *teoria geral da relação jurídica*) e enquadra-se manifestamente na esfera privada dos cidadãos. Ao invés burocratizar é dispensável – dir-se-ia mesmo nocivo – e pertence ao domínio estatal e público[86]. É, pois, perfeitamente errada e ilegítima a confusão dos conceitos e até dá pena (para se ser *suave*) ver que aparecem agora equiparados no discurso populista de alguns políticos e até em preâmbulos de textos legais.

Ter-se-á, portanto, de entender que, em sentido lato, "dar forma", configurar ou *formalizar* o negócio é sempre indispensável e constitutivo dele mesmo. Mas, também em sentido estrito, quando a lei impõe uma dada formalidade, seja para a validade seja para a prova do negócio, fá-lo para o *assegurar*, para o tornar firme e eficaz. Ora, a escritura pública – tendo todas as características que indicamos – corresponde a tais objectivos e portanto realiza cabalmente o desiderato da lei[87]. Além de que, como se acentuou, faz *prova plena* do

---

[86] Este é um tema que, por si só, nos vai dar azo a uma abordagem autónoma.

[87] E ao declará-lo não se pretende referir que *só* a escritura pública possa cumprir esse desiderato. O que se quer dizer é que a escritura pública é um documento idóneo para o permitir fazer.

Em busca da definição de escritura pública 231

acto jurídico que titula, o que é naturalmente estruturante da sua pública veracidade e do próprio valor fulcral que é o da *certeza do direito*.

A segunda nota é esta: pretender-se que o registo pode *substituir* a escritura pública constitui uma lamentável confusão que radica na mesma *errada ideia* de que se pode prescindir da formalização dos actos e contratos. Todavia, tal formalização é tão importante para o comércio jurídico como a sua subsequente publicitação e oponibili- dade *erga omnes*[88] através de um adequado sistema de registo[89] o qual deve ser, ao que se crê evidente, o de um *registo de direitos*[90]. Mas seja qual for o sistema, o certo é que a *titulação* e a *publicitação* dos direitos não se sobrepõem, completam-se. É tão importante a constituição dos negócios jurídicos como a sua eficaz oponibilidade *erga omnes*. Não há uma função que esteja "a mais", como certos teóricos *pseudo-modernos* pretendem fazer crer.

---

[88] É diversíssima a doutrina sobre esta função do registo. Todavia, referi- mos apenas que na recente publicação "El Oficio de Jurista" (coord. De Luís M. Díez-Picazo, ed. *SigloXXI*, 2006) e sobre "O Notário", José Ángel Martínez depois de referir (a pág. 229) que a escritura dá vida ao negócio (como o «*negócio jurídico notarial*») e o dota do conjunto de requisitos e de "umas garantias de legalidade e de autenticidade tais que a convertem em título inscritível no regis- to de propriedade" conclui, acentuando: "para graças à sua inscrição (no registo) receber a máxima protecção do sistema, que se predica *da conjugação de am- bas, escritura e inscrição*" (itálico nosso).

[89] Sobre o que possa ser *um adequado sistema de registo* muito se tem dito e escrito: cf., entre todos, os trabalhos de Fernando Méndez González "La Función Económica del Sistema Registral " e "Registro de la Propriedad y Desarrollo de los Mercados de Credito Hipotecário" (*in* "Revista Critica de Derecho Inmobiliario", respectivamente de 2002 e (p.f.) de 2007 – admitindo o Autor comentários no seu e-mail fpmendez@registradores.org). Sobre os vários siste- mas existentes citaremos apenas a obra de J. M. Garcia Garcia "Derecho Inmobiliario Registral o Hipotecário" Tomo I (*Civitas*, 1988), págs. 337 a 480, contendo diversas referências bibliográficas.

[90] Não havendo aqui oportunidade de explicitar desenvolvidamente as vantagens (aliás óbvias para a própria economia e confiança *do mercado*) que decorrem dos sistemas de *registo de direitos*, dir-se-á apenas (e o mais sintetica- mente que podemos) que estes asseguram não apenas formal, mas também subs- tantivamente, a existência e a *precedência* dos direitos inscritos. Permitem que o registo dê ao direito cariz "científico".

Na verdade e pelo contrário, constituem antes as duas metades de uma mesma esfera de uma só e global *acção jurídica*[91] que, tendo embora um cariz adjectivo e instrumental, no entanto, nessa sua própria complementaridade, concretiza, realiza mesmo, diversos princípios fundamentais do direito – como, de entre outros, os da certeza e da igualdade e ainda o actualíssimo "princípio da protecção do consumidor".

De resto, contém e engloba a constituição e a credibilidade das relações jurídicas, a eficácia de múltiplos direitos privados, dando-os a conhecer e assegurando-os de modo a evitar situações de indefinição, de precariedade, de ineficiência e de controvérsia que, como óbvia consequência, acabam por causar e agravar a litigiosidade.

Possa então esta nosso breve e final alerta – face ao errado *facilitismo* que propagandisticamente se apregoa – constituir um contributo, ainda que singelo, para a sempre almejada certeza do direito e para a consequente diminuição das situações de insegurança, de obscuridade e de dúvida, que são, afinal, as geradoras dos conflitos e do próprio entorpecimento da vida económica.

* * *

Depois desta intervenção, foi-me solicitado que apresentasse um projecto de conclusões. Apresentei-o nos termos seguintes:

---

[91] Dir-se-á que, na verdade, o *título* e o *registo* constituem as duas metades de *um só universo jurídico* que, sendo global, compreende duas partes: uma a criação e *instituição dos direitos* e a outra a da *oponibilidade geral, hierarquização* e *segurança* desses direitos – em que a primeira, ou seja, a metade notarial nos aparece na *formação* ou génese do acto e da relação com os inerentes efeitos jurídicos e a outra, a metade registral. na da sua *publicitação* e eficácia *erga omnes*. Sendo *indispensável* que os direitos sejam constituídos e formalizados é-o também que sejam conhecidos, *hierarquizados*, graduados, de tal sorte que os sucessivos títulos (e de diversas proveniências: *notarial, judicial* ou *administrativa*) possam reportar-se, *todos eles*, ao bem em causa, tornando-se assim tais direitos conhecidos, *públicos, oponíveis* e *ordenados* segundo as inerentes regras legais e prioritárias.

Projecto de Conclusões:

1. A escritura é para o Ordenamento Jurídico, um documento fundamental e também da maior importância prática para a generalidade dos cidadãos que podem obter no campo dos direitos imobiliário, societário, contratual e sucessório, e por um módico custo, uma assessoria eficaz, uma certeza de que são cumpridas as prescrições legais e uma segurança indiscutível dos seus bens e dos seus direitos.

2. Com efeito, esta conclusão resulta directamente das próprias características definidoras da *escritura pública*, que de forma estrutural e precisa diferencia este documento de qualquer outro, sobretudo pelos seguintes elementos fundamentais:

- é lavrado pelo notário – ou por quem legitimamente exerça a função notarial – isto é, por um habilitado, especializado e experimentado profissional do direito e da documentação pública.
- trata-se de um documento revestido de autenticidade e de rigorosa formalidade própria, comprovadamente datado e localizado, com força probatória plena e força executiva;
- é redigido no idioma próprio e de modo inequívoco pelo notário, que, prestando assessoria às partes, o configura com a lei, na forma e no conteúdo, de modo a exprimir a vontade real destas;
- e *contem* o negócio jurídico com as exactas, genuínas e lícitas manifestações de vontade dos outorgantes, a solicitação e na presença destes e de outros eventuais intervenientes, dos quais é também o próprio notário que verifica a sua identidade, capacidade e conformidade legal das declarações;
- cujo conteúdo explica (e adverte) e que, lendo-o, com todos eles igualmente o subscreve e que, depois de outorgado, conserva com os correspondentes documentos no seu próprio arquivo público, podendo depois qualquer pessoa, a todo o tempo, obter a respectiva certificação autenticada.

3. Estas relevantes características da escritura pública podem igualmente concretizar-se e aplicar-se de modo idêntico se este documento for totalmente informatizado utilizando-se plenamente os actuais instrumentos electrónicos.

4. Dar forma aos actos e aos negócios jurídicos é sempre indispensável e a escritura pública contém todas as características necessárias seja para a prova, seja para validade legalmente exigida de tais actos e negócios.

5. A titulação dos actos não pode ser substituída simplesmente pelo seu registo, sob pena de se porem em causa elementares princípios gerais do direito.

6. A titulação e a publicitação dos actos respeitam a dois momentos e a duas fases distintas: uma (a primeira, do título) à da manifestação e consignação da vontade das partes e a outra (a subsequente, do registo) à da eficácia externa, *erga omnes*, desses actos.

7. A escritura pública é um documento essencial para permitir que se possam alcançar os princípios da igualdade dos cidadãos na contratação, sobretudo ante poderosas instituições, bem como os da defesa do consumidor e da certeza do direito.

II
TEMAS GERAIS

CONGRESSOS INTERNACIONAIS

O REGISTO IMOBILIÁRIO
necessário instrumento do progresso económico-social[*]

1. *"A Terra é minha Mãe"* foi velha máxima comum aos povos da Antiguidade – que, perdurando através dos tempos, continua a ter verdade actual.

De facto, a terra é a nossa mãe comum e quiçá a única verdadeira e sólida riqueza. E, para além dos oceanos (de cuja indispensável salvaguarda não cabe aqui tratar) é, afinal, *o solo* o outro elemento básico que importa considerar.

É, pois, manifesto que tudo o que diz respeito à defesa, repartição e preservação do *solo* e dos correspondentes *direitos* não pode deixar de ser encarado como essencial e estruturante da própria vida do Homem sobre a Terra.

Sabe-se que os economistas dos nossos dias – analisando a transitoriedade , senão mesmo a efémera representatividade, de muitos dos *padrões* e dos "valores" que têm feito girar os mercados e flutuar a distribuição dos bens (consabidamente complexa, quando não mesmo socialmente incómoda e injusta), e dos réditos individuais e colectivos – vêm reflectindo sobre o papel progressivamente maior que terão de desempenhar *os imóvei*s – o *primordial bem que é o solo* – como capital estável[1] constituindo uma imperecível "riqueza

---

[*] Trabalho apresentado no XII Congresso do CINDER, em Marrakech, de 2 a 6 de Novembro de 1998.

[1] Um dos "pais" da Ciência Económica, DAVID RICARDO (*in* " Principles of Political Economy and Taxation ") considera o solo como essencial, referindo-se às "propriedades originais e indestrutíveis do solo". Posteriormente, é sabido que a teoria económica passou a distinguir nos *factores de produção* apenas o *capital* e o *trabalho*, englobando no conceito de capital (que é um factor composto e resultante da aplicação do trabalho aos recursos naturais) *o solo* – Cf. RAYMOND BARRE, " Manual de Economia Política" (ed." Fundo de Cultura") 2.º vol. Pág.12.

das nações" (*maxime* das mais pobres), com carácter genérico e permanente[2].

Não estamos, obviamente, em *"forum"* próprio para tratar da indispensável e complexa perspectiva politico-económica que decorre da amplitude deste tema, mas estaremos, sim, na de uma sua simples e concreta aplicação prática: a da necessidade de *publicitação dos direitos sobre o solo* e do seu contributo para o desenvolvimento das sociedades, designadamente no que toca ao progresso económico – que é, afinal, o primeiro tema deste Congresso.

2. Cabe, porém, notar que quando nos referimos à publicidade dos direitos sobre o *solo* não pretendemos limitar o objecto destes ao que é, em si, o terreno ou o subsolo, isto é, ao que na economia tradicional se entendem ser os *recursos naturais*.

Com efeito, nesse ponto de vista tais elementos não se consideram, em si mesmos, "factores de produção". A terra, para ser rentável precisa de ser trabalhada e as riquezas que o subsolo contenha só o serão se forem extraídas e exploradas. Deste modo, será sempre um outro factor, que é o *trabalho*, que permite valorizar o que originariamente a natureza oferece.

E, no que diz respeito a essa incorporação – *do trabalho* – e aos direitos que gera e que se constituem sobre o próprio solo, convirá ainda recordar que não podemos encarar apenas os que correspondam aos sectores primários, que são a agricultura e as industrias extractivas. É igualmente (senão mesmo principalmente) às intervenções humanas que *transformam* a terra que necessariamente se vão estender os inerentes *direitos*, os quais, assumindo natureza *real*, são também (como é pacífico) carentes de publicidade.

Aliás, todos os aspectos que respeitem às construções, ao direito de edificar, ao urbanismo, à divisão fundiária, ao direito do ambiente

---

[2] Não pretendemos reformular ou sustentar aqui qualquer tese *fisiocrata*, muito embora devamos dizer que (em nossa modesta opinião de *leigos* na ciência económica) nos parece que QUESNAY e seus seguidores (incluindo os filósofos enciclopedistas MIRABEU, DUPONT DE NEMOURS e outros) tinham razão ao pretender defender a " ordem natural" e *o respeito* pela natureza e suas leis. Os ambientalistas dos tempos actuais (face aos riscos do nosso Mundo) vieram, como é sabido, a dar-lhes razão.

O *Registo Imobiliário* 239

e à inter-relação com os próprios objectivos públicos do planeamento territorial, estão umbilicalmente ligados *à publicidade registral*, como tivemos ocasião de aprofundar no Congresso de Lisboa.

Retomando agora as ideias que vínhamos expondo e as resultantes das conclusões a que então foi possível chegar, diremos que, com vista ao desenvolvimento económico – e à pressuposta confiança de que, para tanto, a propensão para o investimento carece – parece óbvio que não se conseguirá alcançar esse objectivo (ou, pelo menos, alcançá-lo devidamente) sem a existência de uma *publicidade registral credível*, que propicie as transacções, o crédito e a indispensável segurança dos direitos sobre os imóveis, compreendendo nestes as construções (nas diversas modalidades e possíveis encargos) as operações urbanísticas e todos os investimentos que se pretendam realizar sobre o solo, que, evidentemente, inclui o respectivo espaço aéreo e o subsolo.

3. Os pontos de vistas *jurídico* e *económico* encaram, consabidamente, a actividade humana sob ângulos distintos, ainda que pressupondo-a inserida numa *organização social* – que para o jurista é mister regulamentar através de *normas de conduta* e para o economista por meio do melhor *aproveitamento* (produção, distribuição e consumo) dos *recursos* sempre escassos.

Dissemos já que na perspectiva em que nos colocamos não pretendemos – nem deveríamos – restringir a análise desta questão aos contornos da "economia rural" ou ainda ao ângulo que apenas procurasse examinar a "actividade imobiliária", mas antes situarmo-nos no âmbito de toda a *análise económica*, globalmente considerada, perspectiva esta que, tendo, a nosso ver, a altura necessária para a devida abordagem do tema do *desenvolvimento*, nos leva, ao mesmo tempo e por outro lado, a reconhecer a sua dificuldade e sobretudo a escassez das nossas forças e de uma adequada preparação.

Procuraremos, no entanto, transmitir o que para um Congresso de juristas registadores da propriedade poderá ter algum interesse e, principalmente, alguma utilidade.

4. Um dos oito factores que no *"Word Economic Forum"* são identificados e considerados determinantes para o desenvolvimento[3] é precisamente o das "instituições civis"[4] tidas como as de natureza legal e civil, relevando "para uma economia de mercado competitiva". Aí se indica "o papel da lei e das ofertas de protecção dos direitos de propriedade". Diz-se depois, nomeadamente, o seguinte: "Há prova que demonstra que o papel da lei e da dominialidade são fundamentos para uma economia de mercado competitiva e são condições necessárias para um país prosperar"[5].

Estas citações reflectem de modo inequívoco o papel, que, para um foro especializado e de tanto prestígio entre os economistas mundiais como é o "Word Economic Forum", devem desempenhar os sistemas que visem assegurar a protecção dos " property rights". Ora, tais sistemas são, evidentemente, os que têm por objecto *o registo da propriedade imobiliária.*

Consequentemente, se os critérios de análise económica apontam para a necessidade de garantir a instituição de um sistema de publicidade registral imobiliária e se este mesmo *é determinante* para o "funcionamento de uma economia de mercado competitiva" – base do crescimento global –, teremos de concluir que a existência, em qualquer país, de um serviço destinado à publicitação dos direitos

---

[3] Identificados no "Global Competitivement Report 1966", que incluiu no seu estudo 49 países dos " leading industrialized countries, such as the G7 to big emerging economies such as China, Indonésia and Russia". (Cf. " Medthodology, by Dr. Frederick Hu, Head of The Research Tean", p. 36).

[4] Esses factores além das "Civil Institutions" são os seguintes: "Openeness", "Governmement", "Finance", "Infrastructure", "Technology", "Management", e "Labor" (v. *op.* e *loc. cit.*).

[5] Cf. *cit.* "Methodology", pág. 37. O texto do " Report" é o seguinte: "We are interested in assessing whether a society has established the rule of law and offers protection of property rights. There is evidence that demonstrates that the rule of law and private ownership are foundations for a competitive market economy and are the necessary conditions for a country to prosper." Também no conhecido manual de KINDLEBERGER "Economic Development" ("Internacional Student Edition") é dito que importa fixar certos direitos: "1 – Security of terrure" (…). 2 – Alienability (…)" (v. pág. 332, 333).

O *Registo Imobiliário* 241

sobre os imóveis é condição essencial para o seu desenvolvimento económico[6].

5. Um dos conhecidos apologistas da *"nova economia"* e do pensamento filosófico que lhe subjaz – HENRI LEPAGE[7] – considera que a *crise* contemporânea é fruto da "economia política resultante de uma análise económica centrada na *quantidade*, num pensamento teórico, desfasado da realidade, numa errónea concepção do papel e funções do Estado, enfim nos múltiplos desvios à "economia de mercado"[8] que, afinal, será a que melhor permite a distribuição possível dos recursos raros. Haverá que restabelecer a "verdade económica" e reanalisar os múltiplos factores[9] que interferem no *funcionamento* das sociedades. E entre tais factores relevam, como essenciais, o próprio *"capital humano"* e o *"movimento dos direitos de propriedade"*.

Há que explicar os fenómenos económico-sociais e a investigação científica deste domínio devê-lo-á fazer[10]. E modernamente, quanto ao "capital humano" têm sido apresentadas duas ideias: a) a de que "o *tempo* é um recurso raro que tem um *preço* implícito"; b)

---

[6] Note-se que existência de um serviço deste tipo foi reconhecido como prestante mesmo em países que não adoptam um regime de "economia de mercado".

[7] Autor, entre outros, de dois conhecidos livros traduzidos em português e editados por "Publicações Europa-América": "Amanhã o Capitalismo" e "Amanhã o Liberalismo".

[8] Que , note-se, é distinta da que os ultra-liberais, sobretudo os seguidores da "teoria monetarista" de MILTON FRIEDMAN, consideram e defendem. Por outro lado, também não consideramos que a "desrregulação" do mercado seja benéfica.

[9] As escolhas individuais " encontram-se estreitamente condicionadas pela estrutura existente das instituições". H. LEPAGE observa: "a teoria económica convencional sofre neste capítulo de uma grave lacuna: ela trata as instituições sociais e políticas como dados exógenos relativamente fixos" (Cf. "Amanhã o Liberalismo", pág. 40/1).

[10] H. LEPAGE (*in* "Amanhã o Capitalismo") cita GARY BECKER quando diz: "Falar da irracionalidade dos seres humanos não passa as mais das vezes de um alibi dos especialistas para camuflar a sua incapacidade de explicar determinados fenómenos.. O que a investigação económica está hoje em condições de fornecer às ciências humanas é previamente um instrumento que permite reduzir essa zona de desconhecido" (pág. 24/5).

a de que, para se poderem tomar decisões, haverá necessidade da "prévia acumulação de certa quantidade de *informação*, que também é um recurso raro e dispendioso". Os custos do tempo e da informação, no dizer do Autor que vimos citando, levam-nos directamente à noção de «custos de transacção» em que se baseia toda a problemática da teoria dos direitos de propriedade e que é, provavelmente, uma das noções mais fecundadas de toda a economia moderna (encontramo-la, por exemplo, no centro da análise dos fenómenos políticos)"[11].

As bases em que a doutrina assenta são, além da dos *custos de transacção*, a da "produção do direito", a da análise comparada da *eficácia* das organizações económicas e da "aplicação do raciocínio económico à redescoberta da História". No que toca à também designada teoria económica do direito, ensina LEPAGE: "A troca através do mercado é o mecanismo de atribuição de recursos mais eficaz possível para a sociedade. Mas para que funcione é necessário que aqueles que negoceiam possuam *um direito de propriedade preciso, exclusivo e livremente transferível* sobre o que trocam. De contrário, os custos de negociação no tocante à distribuição dos recursos seriam proibitivos"[12].

As normas legais permitem que todos *economizem recursos*, uma vez que, sem elas, e na situação de anarquia, os indivíduos dispenderiam grandes esforços, quer para contratarem, quer para utilizarem e se apropriarem dos bens, quer até a lutar uns contra os outros. O Direito ajuda a aumentar "o rendimento económico, através da definição de regras que contribuem para baixar o nível de

---

[11] Vide: op. cit., pág. 25/ 6, onde a seguir se explica que a teoria dos direitos de propriedade na análise económica está ligada a RONALD COASE, "um inglês um tanto solitário", fundador, em 1958, do "Journal of Law And Economics" e professor em diversas universidades, como as de Virgínia – daí a designação de "Escola de Virgínia" – e de Chicago. Outros famosos economistas (alguns reconhecidos com o "Nobel") como DOUGLASS NORTH, MC GEE, NUTTER, MC KEAN, e demais professores têm vindo a defender essa teoria.

[12] *Idem,* pág.27, mas itálico nosso. Sem direito de propriedade preciso e com custos de negociação elevados *a procura* diminui – o que, desde as teses de MALTHUS, está demonstrado que implica uma baixa do crescimento económico. Com efeito, para o crescimento é indispensável "uma procura efectiva de produtos". (Cf. HENRI DENIS, " História do Pensamento Económico", trad. port. pág. 356).

O Registo Imobiliário 243

custos de transacção no meio da sociedade" – o que conduz "directa-mente à natureza económica do Direito"[13].

E, quanto ao conceito do "custo de transacção" – que terá sido formulado pela primeira vez por RONALD COASE, em 1937 – funda-se na ideia de que "o mercado não pode resolver todos os problemas", sendo "um mecanismo caro", em que é necessário obter informação e dispender energia, tempo, decisão. Quanto mais complexa se torna a economia (saindo dos primitivos esquemas de trocas directas) tanto mais o mercado se torna um *mecanismo caro*, em que os *custos de transacção* não são negligenciáveis. Negociar obriga a que quem negoceia – para o poder fazer e mesmo para estar devidamente infor-mado – tenha de suportar os inerentes "custos de transacção".

6. Na análise dos *custos de transacção* sobre o bem essencial que é o solo, com todos os direitos que se lhe ligam, múltiplos têm sido os contributos ultimamente dados por professores, economistas e juristas[14]. E, em síntese, dir-se-á que convergem no sentido de concluir que os sistemas registrais com maior *efeito protector* são os

---

[13] Op. Cit., págs. 28/9. Também na citada análise económica se invoca DOUGLASS NORTH, na sua conhecida obra " As Origens do Mundo Ocidental", na qual este reputado economista diz que a própria revolução industrial radica "menos num acidente tecnológico do que na lenta gestação através dos tempos e desde o feudalismo, de um sistema de instituições e de direitos de propriedade susceptível de permitir explorar de forma cada vez mais eficaz as motivações individuais para assegurar a orientação de capitais e energia no sentido das actividades socialmente mais úteis."

[14] RAFAEL ARNAIZ EGUREN , Secretário-Geral do CINDER, na Conferência feita em 17/9/97 no Instituto de Registro Imobiliário do Brasil (com página na "Inter-net") demonstra de forma sucinta mas convincente que o Registo é instrumento essencial para a diminuição dos " custos de transacção" a que os economistas se referem. Neste sentido, importantes achegas foram também dadas, entre outros, por FERNANDO P. MENDEZ GONZÀLEZ no estudo "La funcion calificadora: una aproximacion desde el analises economico del derecho" (*in* "La Calificacion Registral" – "Civitas", Vol I, pág. 23 e segs.) e por CELESTINO PARDO NÙÑES, no estudo "Seguridad del tráfico inmobiliário y circulación del capital" (*in*, Revista Critica de Derecho Inmobiliário", Jul-Ag.1994, pág. 1522 e segs.), com vasta bibliografia que cita.

244 *Temas de registos e de notariado*

que asseguram aos cidadãos em geral e sobretudo enquanto *agentes económicos* os menores *custos de transacção*. E, como recordou RAFAEL ARNAIZ (e não é despiciendo sublinhar), "o Banco Mundial inclui a organização de sistemas de publicidade registral nos países que carecem deste mecanismo jurídico como um dos seus *objectivos prioritários*"[15] e, por isso, recomenda a sua rápida instituição e diligente entrada em funcionamento[16].

Para melhor compreender esta recomendação convirá que recordemos que o *desenvolvimento económico*[17] é fruto de vários factores, entre os quais avultam além do óbvio crescimento e eficiência dos factores de produção e do produto, uma bem estruturada *organização económica*, por forma a que as transacções dos bens, serviços e direitos sejam assegurados com *celeridade* e *eficácia* e também no pressuposto do funcionamento das leis de mercado, com *liberdade* de escolha, de aquisição e de contratação. E, para que estes objectivos se possam alcançar e concretizar, torna-se indispensável que: a) Na fase *pré-contratual* os cidadãos (os agentes económicos em

---

[15] Cf. citada conferência, p. 3, e ainda o *"Informe"* do Banco Mundial, de Março 1966 e o estudo da "Economic Comission for Europe – UN – "Land Administration Guideliness, with Special Reference to Countries in Transition", Geneve, 1966.

[16] Deve sublinhar-se que o Banco Mundial ainda recentemente financiou, nos Países de Língua Oficial Portuguesa, um projecto de reestruturação e modernização da Direccção-Geral dos Registos e Notariado da República Democrática de São Tomé e Príncipe (Crédito IDA – N.º 2325 –STP – Banco Mundial).

[17] A expressão que aparece referida é *crescimento económico* ("economic grouth") – mais directamente relacionada com o *aumento da capacidade produtiva* e do *rendimento nacional*. No entanto, como dizem G. BANNOCK, R BAXYER e RAY REES (*in* "Dicionário de Economia") "as teorias económicas de crescimento têm-se revelado bastante abstractas e formalistas e tem-se dado muito mais atenção às propriedades lógicas e matemáticas dos vários modelos de crescimento do que à sua relevância empírica (...)". Daí que até fosse talvez mais adequado falar-se sobretudo em *progresso econcómico-social,* que nos parece ser um conceito não só ligado ao aumento dos factores de produção e do p. i. b., mas sobretudo à *prosperidade*, à evolução na utilização dos bens, e ao *desenvolvimento geral* – que é o que mais releva para o bem-estar e a paz social. E estes são, afinal , a nosso ver, os valores que basicamente importam para a nossa cultura e para a nossa civilização.

O *Registo Imobiliário* 245

geral) estejam devidamente *informados* não só sobre as qualidades dos bens relativamente aos quais pretendem realizar as diversas operações e contratos, como sobre a *titularidade* desses mesmos bens – cientes que quem aparece a transmiti-los está legitimado para o fazer e é seguro adquiri-los; b) Na fase *contratual* a aquisição se torne eficaz e segura, se *conserve* integra na titularidade do adquirente, de tal modo que este possa praticar todos os actos que o Ordenamento lhe consente e; c) Na fase *final* (ou post-contratual) possa também válida e legitimamente dispor, contratar, (onerando ou alienando) os bens outrora adquiridos, repondo-os no mercado. E *este ciclo* só termina bem, só funciona devidamente, se forem eliminados os riscos de erróneas ou fraudulentas transacções e se estas forem céleres, de baixo custo, mas eficazes e garantidas.

Estes "ingredientes" operam assim, (e, ao que nos foi dado aperceber, representam mesmo uma verdadeira *ideia comum* aos indicados autores da ciência económica) como *um lubrificante*, um "óleo" que permite credibilizar e assegurar o *funcionamento dos mercados* e de todas as transacções que neles se geram.

7. Quanto aos *valores mobiliários*, representados por títulos de diversas espécies, as instituições e mecanismos indispensáveis para a sua credível e válida transmissão funcionam na generalidade dos países civilizados de forma informada, organizada e com uma celeridade hoje necessária e que há alguns anos seria difícil prever – o que acaba por ser propiciado pela sua própria natureza e fácil mobilidade. E seria, na verdade, *impensável* que os mercados económicos (financeiros) pudessem, nos nossos dias, dispensar tais instituições e mecanismos.

E quanto aos bens imóveis?

No entender da generalidade dos economistas e demais autores que vimos citando, a necessidade da existência de um serviço e sistema *credível* que preste a informação, a garantia, a vigilância e a fundamentação dos direitos sobre imóveis – como é, reconhecidamente, o caso paradigmático do Registo, até hoje não superado em parte alguma do Mundo por qualquer outra instituição – essa necessidade *ainda mais* se faz sentir. É que, por um lado, é *"a situação jurídica dos imóveis* que determina a sua *utilidade* e *valor"* e por outro esta "não é susceptível de ser descoberta mediante um *esforço pessoal* de busca"[18].

Com efeito, como é axiomático, não são os próprios imóveis, enquanto tais, que são susceptíveis de transferência, mas sim os *direitos* sobre eles. E não é nunca a "observação" do prédio que permite conhecer a sua titularidade, os encargos que o oneram, ou os demais direitos que sobre ele recaiam.

Deste modo, um particular que pretendesse, à sua custa e apenas por seus próprios meios identificar os direitos incidentes sobre um dado imóvel, ver-se-ia de facto e na prática *impossibilitado* de alcançar esse desiderato. Como observa PARDO NUÑEZ "o verdadeiro *estado jurídico da propriedade* não é susceptível de ser descoberto por esforço pessoal de *busca*"[19], tendo sobretudo em conta não só as vastíssimas hipóteses de constituição de direitos sobre os imóveis, como o quase ilimitado universo de potenciais titulares.

8. Os *custo de transacção* a que nos temos referido estão, pois, directamente ligados aos *custos de informação*[20] e implicitamente aos *custos de vigilância*.

Para que a transacção se processe é primordial que o agente económico esteja informado sobre as qualidades do produto, incluindo os direitos, reservas, encargos, utilidades que contém e pode proporcionar – e que constituem factores determinantes do seu valor – bem como sobre *as condições* em que a própria transacção se pode concretizar. Por outro lado, o mercado, ou melhor, os indivíduos que nele operam, necessitam conhecer a existência de produtos similares

---

[18] Cf. C. PARDO NUÑEZ, cit. "Seguridad del tráfico inmobiliario y circulación del capital", pág. 1531.

[19] Op. Cit., pág. 1531. E este autor acrescenta: "ou de investigação por parte do que pretende adquirir: o hipotético comprador encontraria dificuldades insuperáveis para saber se o verdadeiro proprietário é o que se oferece como tal e se há mais ónus ou encargos do que os aparentes. Neste ponto o potencial cliente está indefeso".

[20] Como se nota na Ponencia da autoria de FERNANDO MÈNDEZ GONZÀLEZ "os conceitos de *custos de informação* e de *custos de transacção* não são idênticos" (v. pág. 10).

e suas características. Só assim se poderão verificar os pressupostos indispensáveis ao seu correcto funcionamento.

As despesas e esforços que se mostram necessários para que se possa obter a informação *prévia* à transacção não esgotam os custos desta. É que existem ainda os que respeitam a *ela mesma* (e que, frequentemente, têm até incorporados encargos de natureza tributária) e os que, *após* a sua celebração. têm em vista defender, conservar e *assegurar a subsistência* dos bens adquiridos na esfera jurídica do adquirente, inclusivé preservando-os da apropriação por terceiros. E, assim, cumpridas estas etapas, a transacção consuma-se *eficientemente*.

Verifica-se, no entanto, que os *custos* que implica não são factor despiciendo. E os economistas salientam que é um objectivo essencial diminui-los mas, sem que, com isso, resulte diminuída a *eficiência* da transacção. É sobretudo necessário que as poupanças que se consigam não acarretem, na outra face da moeda, *perdas superiores*, quer quanto às *incertezas* que determinem baixas dos valores do mercado, quer quanto aos *danos* que causam aos próprios agentes económicos.

Daí que, na opção da organização dos sistemas que visam assegurar a eficácia das transacções se torne imperioso indagar quais são aqueles que, *com menos custos,* conseguem obter os resultados desejados dando a mais adequada (e barata) resposta às necessidades sócio-económicas.

9. É usual fazer-se quanto aos sistemas da publicidade imobiliária – e também no que toca aos que têm em vista a *titulação* dos actos – *uma distinção*, que afinal é o reflexo de uma diferente *tradição jurídica*. Assim, temos, de um lado, os romano-germânicos (ou, abreviadamente, *sistemas latinos,* como também são conhecidos) e, do outro, os que derivam do direito consuetudinário *saxónico*. E, quanto aos primeiros, devem distinguir-se: a) os que consideram o direito publicitado como o único *que existe* (tradição germânica) ou, pelo menos, o *único* que o adquirente *precisa de conhecer* (sistema espanhol); b) os que exigem a inscrição tabular para que o acto possa produzir efeitos contra terceiros, conferindo esta uma simples presunção *iuris tantum* (sistemas de origem gauleza).

Há ainda que salientar outros aspectos fulcrais da distinção e que têm, na realidade, a maior importância. É que, para os sistemas primeiramente referidos, a publicidade registral só é feita com base em documento autêntico (com *força legal* bastante, usualmente a escritura pública ou a sentença judicial) e mediante prévia apreciação do seu *conteúdo intrínseco* (excepto, obviamente, quanto à decisão judicial ou a outros eventuais casos previstos na lei) e à compatibilidade com o anteriormente publicado – ou seja, trata-se de sistemas que acolhem *o princípio da legalidade* e o dever de *qualificação* dos actos por parte do registador. Esta *defesa* no ingresso dos actos é, no reverso, complementada com o que designamos por *legitimação*. Significa que quem pretende transmitir terá de demonstrar perante o documentador, que vai titular a transmissão, que está *legitimado* para o poder fazer.

Do outro lado, temos os denominados sistemas saxónicos, em que a *protecção pública e legal* se acha inteiramente *esbatida*, para não dizer mesmo eliminada. Os documentos têm natureza particular (porque lavrados pelas partes ou pelo *"solicitor"*), tendo um âmbito eminentemente privado, sem prévio exame dos direitos e da legitimação dos contraentes (não há verdadeiramente direito notarial), limitando-se o registo a um mero arquivo, que não verifica a intrínseca legalidade dos actos.

É claro que, tendo em atenção as precedentes considerações sobre a necessidade de verdade e transparência do mercado, fácil é verificar que os sistemas saxónicos apenas permitem obter um conhecimento *meramente presuntivo* dos titulares e dos encargos. Como se tem observado, trata-se de sistemas que servem para *auxiliar* a busca da situação jurídica do imóvel, permitindo coadjuvar o " *adviser*" normalmente contratado (e que, as mais das vezes, não o é a titulo individual, sendo antes importantes sociedades, de advogados, de consultores, de auditoria e outras) para *informar* e aconselhar a transacção. Não a *defendem* nem a *garantem*.

Em consequência, os interessados na aquisição (bem como na oneração ou na constituição de qualquer direito sobre o imóvel) têm necessidade de *complementar* o papel que nos países da tradição romano-germânica é desempenhado pelo *Registo*, não só contratando, na fase prévia, o *"adviser"*, como ainda na post-transacção cons-

O Registo Imobiliário

tituindo o denominado *"seguro de títulos"*[21]. Deste modo, os *custos da transacção* saem fortemente *acrescidos* em relação ao que se passa nos sistemas registrais latinos e germânicos. Daí que o próprio Banco Mundial (na sequência, aliás, das teses de economistas e juristas a que aludimos) tenha recomendado a instituição, como regra, destes sistemas eficazes, sobretudo nos países em "transição para a economia de mercado[22].

A segurança do comércio jurídico imobiliário – pressuposto indispensável do desenvolvimento – há-de, pois, alcançar-se ou mediante um sistema *público* (que poderá, e quiçá deva, ser privatizado, embora com tutela pública) e *fiável* de publicidade registral, ou por recurso a métodos e organismos alternativos que visem alcançar idêntico objectivo. A análise exaustiva a que se tem procedido[23] demonstra, sem margem para dúvidas, que estes últimos são bastante mais onerosos – e juridicamente muitíssimo menos eficientes. Bastará dizer que, neles, é sempre possível obter decisão judicial infirmatória do acto e dos seus efeitos.

Os custos acrescidos que o interessado tem de suportar não são, pois, nos sistemas do tipo saxónico, *compensados*, nem por acrescidos e credíveis possibilidades de transacção, nem por mais e melhores efeitos que esta venha a ter.

---

[21] LACRUZ BERDEJO e SANCHO REBULLIDA dizem que "em países aonde falta um sistema fiável de publicidade imobiliária" recorre-se à "solução alternativa: o seguro de títulos". Só que, como explicam, não é verdadeiramente nem *alternativa*, nem *solução*. (Cf. "Derecho Inmobiliario Registral", *Bosch,* 1984, pág. 19).

[22] Note-se que esta recomendação se estende, em geral, *a todos*. No entanto, como relatam alguns dos autores que vimos citando, há fortes obstáculos sobretudo nos *Estados Unidos*, onde as influências e pressões das aludidas sociedades e das seguradoras têm constituído o principal motivo da manutenção do *"statu quo"*. É que, diz-se, os montantes que as companhias de seguros perderiam pela falta dos prémios dos *seguros de títulos* seriam bastante maiores do que o acréscimo de custo necessário ao funcionamento de um sistema registral latino.

[23] Não vamos aqui transcrever tais pormenorizadas análises, que se encontram, designadamente, nos trabalhos citados por C. PARDO NÙÑEZ (*in* cit. R. C. D. I. pág. 1521 e segs.) e na Ponencia da autoria de FERNANDO MÈNDEZ, (pág. 22 e segs.).

10. A eficácia do sistema registral exige, como se disse, que o ingresso dos factos e dos direitos dependa de um apurado controlo da legalidade dos actos – e, como é evidente, a fiabilidade de tudo quanto se encontre inserido será tanto maior quão mais apertado for o *crivo* porque tais actos terão de passar – e ainda de uma apurada *definição* do publicado, aliada à permanente *protecção* contra a entrada de quaisquer novos factos que briguem com o que já consta das tábuas. O que, note-se, é basicamente assegurado também porque o serviço se acha a cargo do Registador, jurista preparado e especializado – e que, cada vez mais, haverá necessidade de que o seja.

Dissemos que os *custos* (os custo sociais *globais* e, designadamente, os *custos de transacção*) inerentes a um eficiente *sistema registral* são bem menores dos que os que terão de ser suportados na ausência desse sistema ou, mesmo quando existente, se desprovido *de efeitos* que possibilitem a credível informação dos direitos e a validade dos actos e contratos projectados e, depois de concluídos, permita garantir tanto a integridade do direito adquirido, como a sua preservação e custódia – evitando, portanto, os complementares *custos de vigilância*[24] e os litígios ou mesmo a necessidade de *definição* judicial dos direitos.

---

[24] Os sistemas *saxónicos*, que não dão a necessária publicidade nem a desejada defesa dos direitos, existem em regimes político-sociais (como o dos E.U.A) que "reverenciam" os proprietários e, paradoxalmente, os países onde a propriedade tem uma *função social* e limites bem definidos, com restrições várias, adoptam (e têm vindo progressivamente a adoptar) sistemas *do tipo germânico*. Mas, é preciso notar que – como muito bem salienta FERNANDO P. MÉNDEZ GONZÀLEZ (*in* cit." La Calificacion Registral, pág. 28) – "O essencial – insisto, o essencial – não é a protecção dos proprietários como classe social, mas sim a protecção do sistema de *property right*, para o que é necessário que *todos os direitos sejam facilmente identificáveis e verificáveis*, que o seu estatuto não esteja sujeito a excessivas *incertezas jurídicas* e que sejam objecto de uma *delimitação* suficientemente precisa para que possam ser protegidos eficazmente contra as intromissões de outros". Ou ainda, como muito impressiva e justamente diz RAFAEL ARNAIZ, "o importante é a eficácia do sistema e não o conceito jurídico em que se apoia" (op. cit. pág. 10).

Resulta também dos estudos efectuados que quanto maior é o controlo da legalidade e o efeito protector que o sistema oferece, menores são os custos globais e mais célere, transparente e eficiente é o mercado.

Cabe notar que tudo isto está comprovado no que toca aos direitos sobre imóveis. Mas, também pensamos que idênticas razões existem no que toca à publicidade registral dos *móveis* por lei *equiparados* aos imóveis[25] e também à situação jurídica dos próprios agentes económicos – *pessoas* singulares e colectivas que operam no "mercado", como, de resto tem sido sustentado[26].

Com efeito, como nos parece óbvio, são as instituições da publicidade registral as que naturalmente estão vocacionadas para ter e desenvolver sistemas credíveis de *informação* sobre a *situação jurídica* dos móveis legalmente sujeitos à publicitação dos correspondentes direitos, bem como à salvaguarda dos mesmos. É que não só os princípios que regem o Ordenamento são, evidentemente, comuns, como os próprios serviços estão vocacionados (prática e teoricamente) para a observância desses mesmos princípios e para a execução dos actos necessários.

Outrossim no que toca às pessoas. A segurança do comércio jurídico é (cada vez mais) um conceito global. Torna-se indispensável conhecer *quem* vincula, quem pode praticar os actos e *se* os pode praticar. E esta *informação* (e a sua normal necessidade) está, pois – ao menos numa parte – ligada à transparência do mercado e aos aludidos *custos de transacção*.

Em suma: os sistemas de publicidade registral, que devem ter um acesso generalizado do público e são, também eles, um serviço

---

[25] E outros. Existe mesmo um projecto da "Convenção do Unidroit" cuja Comissão em que tenho participado tem elaborado relevantes estudos quanto às garantias (ao nível nacional e internacional) sobre certos bens móveis incluindo navios, helicópteros, composições ferroviárias, satélites, plataformas petrolíferas e outros bens sobre que se considera conveniente haver um registo jurídico.

[26] Cf. Luis FERNÁNDEZ DEL POZO, na Ponencia "Registro de Bienes – Registro de Personas y Desarrollo Económico", onde, a dado passo, observa: "Os princípios jurídicos substantivos do registo de bens devem completar-se – ou *integrar-se* – com princípios jurídicos substantivos paralelos do registo de pessoas" (cf. pág. 3).

público – embora não *funcionalizado*, pois que, como generalizadamente se reconhece, isso *só viria a prejudicar os próprios cidadãos utentes* que é mister assessorar e bem servir, substando a correspondente responsabilidade pessoal do registador – são indubitavelmente os que melhor asseguram a necessária *informação jurídica*, com os *menores custos*, mas de forma isenta, credível e eficaz. E são igualmente os que dispensam adicionais gastos com a *vigilância do direito* ou a sua *definição judicial*.

Deste modo, tais sistemas – e referimo-nos principalmente aos que acolhem os princípios tabulares fundamentais, em especial o da *legalidade* – são os que, comprovadamente, melhor e mais adequadamente concorrem para o bom funcionamento dos mercados e os que acabam por conseguir proporcionar menores *custos de transacção* – ou seja, em última análise, os que efectiva e praticamente contribuem para o *desenvolvimento económico*.

11. Além das apontadas razões estritamente económicas, o incremento das transacções, a progressiva celeridade com que os mercados tendem a funcionar, o quase "anonimato" dos agentes (tanto dos que neles pretendem operar, como dos que invocam a titularidade dos bens) a multiplicidade das hipóteses de oferta – tudo isto e por vezes até o indiscriminado "apetite" do lucro, aliado às tentativas de *ocultação* de bens e de capitais – tem demonstrando que se torna socialmente *imperioso* o correcto funcionamento de um sistema de *publicidade registral*. E que este é tanto mais desejável quão maior *informação* puder prestar e mais *garantias* puder oferecer.

No entanto, há que reconhecer que os sistemas registrais são produto da evolução histórica dos povos e consequência das suas normas civilísticas, mormente no que toca à transmissão e oneração dos direitos reais (que quase todos os países são renitentes em alterar), sendo básica e tradicionalmente o instrumento ajustado à publicitação destes direitos.

Por outro lado, tais sistemas são intrinsecamente *bastante diversos* (oferecendo, portanto, graus muito distintos de protecção e de informação), mesmo entre comunidades como a União Europeia, a Mercosul, e outras.

O Registo Imobiliário 253

Quer dizer: há *uma certa contradição*, entre, por um lado, a progressiva necessidade de uma autêntica e prestigiosa actividade notarial, aliada a uma credibilizada e eficiente publicidade registral, mesmo ao nível das transacções trans-fronteiriças, e, pelo outro, a profunda divergência entre os diversos sistemas, incluindo os que fazem parte das mais conhecidas comunidades.

Parece que será importante tentar, de algum modo *superar esta contradição* – que é prejudicial à segurança das transacções e, *"in extenso"*, ao progresso económico. Na verdade, há cada vez mais que proteger não apenas o comércio jurídico *interno* do país, mas igualmente o que se processa a nível *internacional* e que *o progresso* da economia e dos mercados a tanto obriga. E não só isso. Há também que proteger os utentes, os *consumidores*, os potenciais adquirentes, que, tendo *outra nacionalidade* podem acreditar na informação registral que lhes é localmente prestada, mas que com toda a probabilidade diverge profundamente (no seu conteúdo e nos seus efeitos) da que corresponderia ao país de origem desse interessado – o qual poderá, por hipótese, não contratar um seguro de títulos quando tal seria necessário ou, inversamente, fazê-lo quando com isso não obtém proveito algum e antes sofrerá forte e inglório agravamento de custos.

E é desnecessário multiplicar aqui os exemplos ou desenvolver as precedentes considerações, de tal modo elas se nos apresentam como notórias. Só que essa notoriedade não se tem traduzido (ao que julgamos saber) numa intensa procura de soluções que, mesmo ao nível de propostas, tentem, (na medida do possível e do realizável) colmatar tais desajustamentos.

Julgamos que será oportuno insistir a este propósito, pelo que apresentamos as seguintes sugestões:

1. Não há verdadeira publicidade imobiliária se o *universo* predial não estiver inserido no sistema. Consequentemente, propomos que, entre as conclusões a votar, seja inserida esta proposta: para o devido funcionamento dos sistemas registrais (e quaisquer que eles sejam) é importante diligenciar no sentido de que se promova a descrição *de todos os prédios* compreendidos na zona de competência territorial do serviço em causa.

2. Haverá que encontrar mecanismos para que as transacções imobiliárias se possam concretizar e publicitar a nível internacional e inter-comunitário no pressuposto de que:

   a) Os sistemas são muito diversos e a tradição jurídica que lhes subjaz é igualmente diferente;

   b) É extremamente difícil (ou talvez mesmo inviável) procurar que os países em que vigora um dado sistema venham a adoptar qualquer outro.

   c) Apesar destas dificuldades temos de ser capazes de dar *resposta à vida* até porque se não soubermos (ou não pudermos) aceitar os *ajustamentos necessários*, por certo que outros mecanismos surgirão – ainda que indubitavelmente menos experientes e competentes – para viabilizar tais transacções.

3. Apesar da diversidade dos sistemas, para que, em transacções internacionais, seja viável que a informação *circule* entre os diversos países, mostra-se indispensável que os serviços estejam *informatizados* e possam ser inter-relacionados nos termos a definir em correspondentes tratados ou protocolos.

4. Sendo certo que os sistemas são substancialmente distintos, é necessário que, com as informações que eventualmente venham a ser prestadas, seja anexo um *quadro-tipo* do sistema em causa, quer quanto *ao prédio* (sua *realidade* física e como é comprovada) quer quanto *aos direitos* inscritos, quer quanto aos *efeitos* e grau de protecção conferida.

5. É desejável que se caminhe no sentido de se encontrar, ao menos, um elementar *denominador-comum* que, não obstante a diversidade de sistemas, possa ser identicamente *entendido* por todos. E esta sugestão relaciona-se, portanto, com o 2.º tema do Congresso e a vantagem, que perfilhamos, da elaboração de um "*léxico*" jurídico-registral.

6. Ao "CINDER" pode e deve caber um papel relevante na procura de compatibilização dos sistemas, no desenvolvimento dos estudos para tanto necessários, na dinamização dos Institutos membros, para que os indicados objectivos possam ser alcançados. A este propósito não será despiciendo colher algumas das experiências do que actualmente ocorre quanto aos valores mobiliários (realizando-se as ope-

O Registo Imobiliário 255

rações sem que os títulos, o "bem subjacente", se cheguem a deslocar) e à circulação de uma informação por todos aceite.

7. Para que os descritos objectivos possam concretizar-se é necessário que os serviços actuem com *celeridade*[27] e que a informação prestada goze da *fiabilidade* requerida.

12. As precedentes ideias conduzem-nos a avançar a seguinte proposta de *conclusões*:

1. Os direitos sobre *o solo* – bem essencial que constitui permanente suporte para o desenvolvimento económico – carecem de publicidade registral.

2. Igual necessidade existe quer quanto *às pessoas*, singulares e colectivas, que como titulares desses direitos ou seus adquirentes, são os sujeitos das correspondentes relações jurídicas, quer quanto aos bens *móveis* que a lei, para os indicados efeitos publicitários, equipara aos imóveis.

3. Para a análise económica contemporânea constitui dado relevante o grau de *protecção* que é atribuído aos *direitos de propriedade* (bem como, em geral, aos direitos reais do gozo e de garantia) e, identicamente, a *informação* credível que, quanto aos mesmos, é possível obter – sendo certo que a qualquer particular, por si só, é, na realidade, impossível conseguir esse desiderato.

4. Os *custos de transacção* constituem um dos elementos que no funcionamento das leis do mercado têm que ser tomados em consideração e abrangem, nomeadamente a informação

---

[27] Tal como "Justiça que não é célere *não o é*" ("maxime" pelo que perde em credibilidade e eficiência), também a actividade registral que a doutrina maioritária considera *para-judicial* (ou jurisdicional) *desmerece desse qualificativo* quando a informação que oferece não é a *actualizada*. No entanto, convirá recordar que muitos dos entraves que por vezes se colocam (e que fazem com que alguns operadores económicos tenham má imagem dos serviços notariais e registrais que, segundo dizem, *emperram* e *burocratizam* a prática dos actos) não são unicamente ou sobretudo devidos à falta de diligência dos notários e dos registadores, mas sim às *exigências* da lei ou até à imprecisa, (ou falta) de regulamentação adequada.

sobre a qualidade dos produtos (dos bens móveis e imóveis), as garantias sobre a validade das transacções e os custos de vigilância sobre a manutenção dos bens adquiridos.

5. Os custos de transacção mais baixos propiciam uma melhor oferta, incrementam a procura, favorecem as possibilidades negociais e contribuem, assim, de modo significativo para o *progresso económico*.

6. Os sistemas de publicidade registral são múltiplos havendo, no entanto, essencialmente, os que radicam no direito consuetudinário saxónico – e que não afiançam a fidedignidade das informações que prestam nem garantem os direitos que publicitam – e os que correspondem aos ordenamentos jurídicos romano-germânicos, os quais asseguram o grau prioritário dos direitos inscritos, bem como a validade e exactidão das informações que prestam.

7. De entre estes últimos sistemas relevam os que, baseando-se nos básicos princípios registrais – designadamente os da prioridade, legalidade e legitimação – são geridos por juristas especializados e responsáveis, constituindo a informação prestada base segura para quaisquer transacções imobiliárias e oferecendo às partes completa garantia, tanto para a constituição como para a conservação dos direitos.

8. Nos sistemas registrais que não acolhem estas regras e princípios podem os interessados contratar os serviços de *consultores* e ainda a constituição de *seguros de títulos* (como usual e tradicionalmente fazem), sendo certo que os custos que suportam *excedem* em muito os que, por via de regra, correspondem aos daqueles actos registrais.

9. Consequentemente, os sistemas registrais que *maior efeito protector* conferem são também os que globalmente concorrem com menores *custos de transacção* – para além de evitarem questões adicionais, incluindo os litígios e a necessidade de definição judicial dos direitos – e, assim, *são os que* acabam por mais proficuamente contribuir para o desenvolvimento económico.

10. As necessidades actuais dos mercados, a globalização da vida económica e o incremento das transacções imobiliárias (incluindo a constituição de garantias) motivam que se caminhe no sentido da *internacionalização* dos procedimentos e na busca de soluções que permitam dar adequada resposta a tais solicitações.

11. Para alcançar esse objectivo torna-se necessário que nos diversos serviços registrais se descrevam *todos os prédios*, que se encontrem meios que permitam ajustar e credibilizar *as informações* e que estas se compatibilizem e se complementem com determinados *elementos-base* por forma a não iludir os interessados.

12. É também importante que os diversos serviços estejam informatizados e possam dar uma resposta célere, eficiente, com fácil possibilidade de inter-relacionação e de modo que as *informações* prestadas sejam devidamente entendidas – até porque baseadas em acordados *denominadores comuns* mínimos – e ajustadas aos fins propostos pela doutrina e pelas legislações.

AS GARANTIAS DOS DIREITOS REAIS MEDIANTE O SISTEMA DE REGISTO E O SISTEMA DE SEGURO*

1. O 1.º Tema deste Congresso põe em confronto as garantias que podem ser conferidas aos sujeitos de direito pelo Registo Imobiliário ou antes (impraticavelmente) através do denominado "Seguro de Títulos". Ora convém, desde já, notar que, a nosso ver, a formulação da própria epígrafe deste 1.º Tema não é precisa: *a garantia* (qualquer que seja) é, em si, apenas um abono, uma caução, uma segurança relativamente ao negócio ou ao acto que é garantido.

Ora, como se sabe, os *direitos reais* são os que conferem ao seu titular um poder directo e imediato sobre *a coisa* – poder esse que se opõe "erga omnes", sobre bens certos e determinados.

Por isso, qualquer sistema que vise *garantir* um direito real só pode ter esse nome se caucionar o referido *poder directo e imediato* sobre a coisa concreta. Daí que não possa garantir o direito *real* qualquer sistema que se limite a conferir *um mero* direito *de crédito* por muito avultado (e não será) que este possa vir a ser. Trata-se, obviamente, de campos diferentes, de realidades juridicamente distintas: o direito real é uma coisa o direito de crédito *é outra*.

É preciso saber o que se está *"a oferecer"* ao público e aos "consumidores" que adquirem bens. Apesar de no nosso tempo assistirmos a um "endeusamento" da celeridade dos mercados, não se pode ter tudo: a segurança na aquisição do imóvel implica a indagação, o conhecimento exacto dos direitos e encargos que sobre ele incidem – o que só os sistemas registrais permitem dar. Por outro

---

* Proposta apresentada no XIII Congresso Internacional de Direito Registral em Punta del Este (Uruguai) em Março de 2001, relativamente ao tema 1.

lado, uma vez adquirido o bem, ou constituída a garantia real, também é só o Registo que confere e assegura ao titular a manutenção do seu direito[1]. Os direitos de crédito, obviamente, nada têm a ver com tudo isto.

2. A liberdade contratual é, sem dúvida, um dos princípios do direito privado reconhecido pela generalidade dos Ordenamentos, designadamente os da tradição romano-germânica.

Mas as estipulações que as partes façam têm de se confinar quer aos fundamentos que informam os sistemas jurídicos, quer às disposições de carácter *imperativo* que não podem ser derrogadas mesmo pela expressa vontade das partes.

Daí que se, por exemplo, vigora em dado país e no âmbito dos direitos reais , a regra do "numerus clausus", não possam as partes criar, por sua própria iniciativa, um novo direito de natureza real que não se ache contemplado na lei. Ou que, noutro exemplo, sendo proibidos os "pactos sucessórios", se celebre em dado momento um contrato estipulando a partilha dos bens de determinadas pessoas vivas.

Os negócios jurídicos de qualquer espécie – incluindo os que respeitem a *contratos de seguro* – têm, portanto, de *se compatibilizar* com os princípios vigentes no ordenamento jurídico em causa. Ora, à luz do nosso, não são susceptíveis de criar e de *inventar* qualquer nova formulação, publicitação e defesa dos *direitos reais*. De resto, convirá acentuar, o contrato de seguro visa *o lucro* da empresa seguradora, tendo *natureza* mercantil – e é, consequente e normalmente tratado nos próprios Códigos Comerciais.

3. O seguro envolve, pois, *um contrato* através do qual um dos contraentes – o segurado – pode exigir do outro – o segurador – determinada *prestação* a que este se obrigou no caso de se ter por verificado o evento, o risco que a determinou. É, além disso, normalmente sujeito a pagamentos sucessivos, periódicos, durante o prazo em que vigora.

---

[1] Quiçá melhor se dissesse: que saibamos, até hoje ainda não se inventou outro sistema que o conseguisse.

Nada tem a ver com um sistema de registo[2], ou seja, com a publicitação, a hierarquização, a eficácia ou o grau de prioridade dos direitos que incidem (que possam incidir) sobre *a coisa* susceptível de titularidade directa e imediata, bem como dos ónus ou encargos que a possam *perseguir*, com a "sequela" característica e independente das vicissitudes que tal coisa possa sofrer.

4. Os sistemas registrais com maior eficácia permitem obter *o próprio* direito real, ao passo que os que têm menores efeitos possibilitam, no mínimo, que o direito inscrito em primeiro lugar seja *oponível* ao terceiro que também o haja adquirido do mesmo transmitente, mas que só posteriormente o veio a submeter à publicidade registral.

Ora, mesmo nestes sistemas de registo, conhecidos como de mera oponibilidade, o que está em causa é *o direito* sobre a coisa, *a titularidade* do bem, os *ónus e encargos* sobre ele, bem como a eficácia e prioridade da inscrição – não qualquer *direito de crédito* de cariz pura e simplesmente obrigacional. Acresce que o pagamento do acto que se publica é feito, como regra, de uma *única* vez e *perdura* no tempo em que o direito subsiste.

5. Como facilmente se verifica, quem pretende salvaguardar a titularidade sobre a coisa concreta, obter prioritariamente um direito sobre ela e publicitar com efeitos "erga omnes" tal direito, nos nossos ordenamentos jurídicos *só o pode conseguir* através de um sistema registral.

Em caso de discussão – e de perda – do direito sobre a coisa, o seguro poderá dar ao segurado uma indemnização *alternativa*, não lhe entregará *o próprio direito* sobre esse mesmo bem – ao passo que através do sistema registral o que o titular inscrito obtém é o seu direito prioritário, é *a própria coisa*, é em suma, *o direito real* sobre ela.

Assim: seguro e registo são realidades muito diversas e cujos efeitos não se justapõem, nem sequer são tangenciais, nem tão-pouco comparáveis.

---

[2] Nas conclusões do Congresso ficou também inserida esta declaração: "um sistema jurídico bem estruturado e gerido torna desnecessário adoptar *a reparação* como critério orientador".

6. Se o que o cidadão pretende é apenas obter o mero acesso a uma alternativa ao prédio (ou até o acesso a um "site" que lhe diga que ela existe) – e que, na dúvida da validade da transacção, *apenas* pretenda obter uma retribuição ou valor pecuniário equivalente, então poderá pensar num *seguro*.

Contudo, se realmente o que pretende obter é *o próprio imóvel*, ou uma garantia hipotecária que o onere, ou qualquer outro direito real sobre ele, então o que lhe resta é outorgar validamente o título respectivo e efectuar, de imediato, o correspondente registo. Nesse caso, estará garantido *no seu direito concreto sobre esse próprio bem* e não apenas na virtualidade de obter uma indemnização que, se verificadas as condições da apólice, o seguro talvez *algum dia* (e se não conseguir ilibar-se por alguma "frincha") lho venha a pagar.

7. Em síntese, propõem-se estas sucintas *conclusões*:

1. Nos nossos ordenamentos jurídicos só os documentos autênticos, "maxime" os notariais e os judiciais, são idóneos para que se formalize o acto ou o negócio inscritível num sistema de Registo com efeitos jurídicos, tal como se concluiu na conclusão VII, b), da Carta de Buenos Aires (1.º Congresso do CINDER).

2. São estes Registos os que, baseando-se em tais documentos e na qualificação que dos mesmos seja feita pelo Registador (jurista especializado), os únicos que permitem tornar eficazes, publicitar com efeitos "erga omnes" e conferir a garantia do respectivo grau prioritário aos direitos reais passíveis de inscrição e, assim, assegurar a própria fiabilidade do comércio jurídico.

3. Os seguros – seja de que espécie forem – correspondem a contratos de natureza meramente mercantil e obrigacional que *apenas* podem conferir ao lesado um simples *direito de crédito* e nunca qualquer sequela ou poder directo e imediato sobre as coisas que se pretendem assegurar.

O REGISTO IMOBILIÁRIO E O DIREITO
À PROTECÇÃO DOS DADOS PESSOAIS[*]

1. O 2.º Tema deste Congresso[1], numa leitura apressada, parece envolver em si mesmo e no seu enunciado, algo em que se vislumbra uma *contradiçao.*

É que, logo nas primeiras palavras, se fala de *ragisto imobiliário* para, de seguida, o ligar à matéria que trata da *protacção dos dados pessoais.*

Ora, quando nos referimos a *registo imobiliário* estamos necessariamente a tratar da *pubiicitação* das titularidades e dos demais direitos sobre bens imóveis. Por outro lado, quando se alude à *protecção dos dados pessoais,* o que se procura á a salvaguarda do direito à *intimidada,* através da *restrição* das informações existentes, visto que existe um interesse relevante em as conservar num âmbito particular, *sigiloso* e restrito. Ou seja, o *inverso* do que se intenta conseguir com a publicidade – com *qualquer publicidade.*

Consequentemente, o que "prima facie" se poderia pensar é que o Registo Imobiliário – que, no seu escopo, visa a *publicidade,* nada terá a ver com a *protecção dos dados individuais* – matéria que, pelo contrário, requer a discrição, o recato e o cuidado com a análise da legitimidade no acesso à informação.

Mas será assim?

Nao é fácil responder á pergunta. Contudo, para o tentar, haverá que nos situarmos perante alguns dados elementares.

---

[*] Intervenção no Tema 2 do XIII Congresso do CINDER.

[1] Tratou-se desse XIII Congresso Internacional de Direito Registral (*CINDER*) realizado em Punta del Este (Uruguai) de 20 a 23 de Março de 2001.

2. Comecemos por recordar, em muito breve apontamento, que a finalidade essencial do Registo Imobiliário consiste em dar a conhecer – em publicar – "erga omnes" o *estatuto jurídico* dos prédios, ou seja, quais os direitos reais que sobre eles incidem, a sua prioridade, a sua natureza e os seus limites.

De sorte que quanto *mais completa* e actualizada for essa informação tanto mais eficaz poderá ser o grau de protecçao jurídica[2] e a fiabilidade *do conhecimento* necessário à segurança do comércio jurídico.

Deste modo. qualquer publicidade juridicamente relevante dos direitos reais reveste, pois, uma importância que parece permitir avançar a ideia de que a sua *difusão* generalizada, longe de ser perigosa, tem antes a benéfica característica de possibilitar o devido e cabal conhecimento *da situação jurídica* dos bens que dela são objecto e, consequentemanta, tornar mais seguras, licitas e garantidas as transacções. Ou seja, mais veridico, fiel e sério o próprio *mercado*. E, claro está, que a transparência e autenticidade das regras do mercado imobiliário constitui, em si, um *valor* universalmente reconhecido como vantajoso, senão mesmo indispensável. E no que toca à publicidade formal ou certificatória ela mais não fará do que traduzir, autenticar e noticiar perante todos estas mesmas realidades constantes do Registo Imobiliário.

3. É sabido que, como decorre da própria evoluçao histórica, o Registo só conseguiu atingir um elevado grau informativo e esclarecedor da real situação dos bens – sendo, por isso, instrumento adequado à segurança do tráfico imobiliário – desde que se reconheceu que a sua direcção devia pertencer ao Registador, isto é ao *jurista especializado,* capaz de gerir o sistema legalmente instituldo e, além disso, de responder pela *admissão* à *publicidade* dos factos que legalmente seriam passlveis dessa publicitaçâo. Seria ele que, analisando a validade formal e substancial dos actos, os lançaria, ou não, nas tábuas e nas condições consentidas pelo Ordenamento.

---

[2] Protecção jurídica dos próprios "consumidores". Como se concluiu no IX Congresso Internacional de Direito Registral, "o Registo Imobiliário tem uma especial importância na protecção jurídica do consumidor".

O registo imobiliário e o direito à protecção dos dados pessoais 265

A definição da competência funcional. territorial e técnico-jurídica do Registador, bem como da sua independência, das diversas qualificações e incompatibilidades que se mostrem necessárias e da rigorosa definição dos seus direitos e deveres surgem pois, ao longo da evolução histórica e do aperfeiçoamento do Registo, como dados que se foram tornando *indispensáveis* para o bom desempenho do cargo, para a *defesa dos direitos* dos titulares inscritos e também, em geral, para a protecção de todos os cidadãos e dos negócios jurídicos que celebrem.

Portanto, o Registrador contribui e *deve* realmente fazê-lo de um modo efectivo – dir-se-ia alé, insubslituivel –, para que se possam alcançar os fins de *ordem publicitária* dos direitos reais sobre os imóveis, com vista a assegurar a sua eficácia e *credibilização* ou, o mesmo é dizer, a diminuição da possível *conflitualidade* e, consequentemente, o incremento de *uma maior segurança* na contratação.

4. Reconhecendo-se, portanto, que ao Registo e ao Registador incumbe, nas sociedades evoluídas, *uma primacial função* de publicitar perante e *contra todos* ("erga omnes") o complexo dos direitos que incidem sobre os imóveis, também não é menos certo que a criação de ficheiros e de registos informáticos, com toda a gama de possibilidades, de cruzamento e de inter-ligação de dados que os actuais avanços técnicos permitem, tem motivado uma acentuada *preocupação* – não só ao nível interno da legislação da generalidade dos países, mas também ao de diversos tratados e convenções *internacionais* – com um outro aspecto essencial: o direito que cada pessoa goza à *intimidade* da sua vida e da sua esfera jurídica individual, o que acaba por equivaler, em larga medida, à protecção da sua *personalidade*. Trata-se, portanto, de matéria que, em última instância, é atinente aos próprios Direitos do Homem.

É neste sentido que a Constituição portuguesa contém, no artigo 35.º, uma série de princípios a que a utilização da informática deve obedecer e que, também, no âmbito da Comunidade Europeia, a Directiva n.º *95/46/CE* do Parlamento Europeu e do Conselho, de 24 de Outubro de 1995[3], veio estabelecer um conjunto de normas

---

[3] Trata-se de legislação vigente ao tempo desta intervenção no XIII Congresso.

vinculativas para os Estados Membros, quanto à protecção das pessoas, no que toca ao tratamento informatizado de dados pessoais e às limitações impostas à livre circulação desses mesmos dados.

Não vamos, evidentemente referenciar aqui o conjunto de disposições que estes e outros importantes diplomas legais (de âmbito nacional e internacional) contêm. Mas, para que nos possamos situar sobre o tema em debate – e sem pretender sequer entrar no já vasto domínio técnico das definições concernentes aos dados, ficheiros e tratamentos informáticos – convirá, no entanto, sintetizar alguns dos pontos mais consensuais no que concerne ao que as legislações visam acautelar.

Ora, ressalta aqui a noção de que as *tecnologias* não podem deixar de estar ao *serviço do Homem,* não desrespeitando os valores que a Civilização permitiu alcançar e alicerçar. Isto é, a liberdade da pessoa humana, a sua autonomia e o direito que ela mesma tem à *sua privacidade* são elementos prestimosos, essenciais e que não podem ser menosprezados pelo Direito e pela Sociedade. Neste termos, o tratamento dos dados pessoais tem de obedecer às regras e aos princípios aceites pela Comunidade das Nações, tem de se conter *nos limites de licitude* que o direito interno e os tratados internacionais sancionam.

5. Ao analisar os textos que abordam estas questões o interprete é confrontado – e perdoe-se a ignorante franqueza – com uma certa (e algo repetitiva) *retórica* que é de certo modo contrária ao desejável (e sempre lacónico) rigor que tradicionalmente é apontado, e bem, como desiderato de uma eficiente técnica registral: a precisão e *concisão* que, desejavelmenle, todo o assento deve ter.

Mas talvez esta seja uma inelutável realidade, que deriva da diferença dos propósitos, da *diversidade* e da *multiplicidade* das aplicações informáticas. É que, os fins destas nada têm a ver com a definição dos *direitos* sobre os prédios e, no minimo, da oponibilidade destes face a quaisquer terceiros – de forma totalmente desprendida e autónoma da momentânea *vontade* do seu tilular.

Os "registos" informáticos ou "ficheiros' no que respeita aos dados pessoais e de âmbito privado não podem ser tratados – como é generalizadamente reconhecido nacional e internacionalmente – nem publicitados (salvo em restritos casos de interesse público) contra a vontade do seu titular e sem que este tenha acessibilidade ao seu conhecimento e meios de poder comprovar a sua alteração.

Além disso, o acesso a tais dados é restringido (em menor ou maior grau) a *finalidades especificas,* tendo em atenção que os valores morais, a licitude dos resultados e a lealdade das acções propostas, são razões que subjazem sempre como necessário pressuposto do seu tratamento e divulgação.

Pelo contrário, no que concerne ao Registo Imobiliário, não há outros objectivos a prosseguir que não sejam os da *correcta publicitação dos direitos* e da sempre almejada correspondência entre a verdade jurldica e a verdade tabular. Pode até ser muito imoral que um credor pretenda inscrever uma penhora sobre a casa da habilação do seu devedor, ou que sobre ela constitua uma nova hipoteca, mas se, de facto, *tem título bastante* não há juizos propiciatórios, morais ou de conveniência que devam impedir tais registos e, consequentemente, a sua plena publicação.

E, note-se: isto não é um retrocesso ético. Muito pelo contrário: é a afirmação e o corolário de que *todos,* sem excepção, *têm de* ser *iguais* perante a lei e de que os *direitos reais* recaem directa e imediatamente sobre as coisas, conferindo ao seu titular o poder de *os opor* a todas as demais pessoas, sem outras faculdades ou restrições que não sejam as que decorrem única, exclusiva e d;rectamente *do conteúdo legal* desses mesmos direitos.

6. Se tudo isto assim é, como de facto parece que deve ser, no que toca à publicitação dos direitos sobre imóveis, não é menos verídico que as tremendas pressões da chamada *"economia global,* o imediatismo das "vantagens' ou até a indiferença pelas consequências nefastas que possa causar a errónea e abusiva interpretação e difusão dos dados inscritos constitui, nos nossos dias, uma justificada preocupação dos governos e da comunidade jurídica.

É que o *Direito* como disciplina que a todos tem de reger, nas suas relações individuais e sociais não se pode compadecer nem se compatibiliza, *por definição,* com os efeitos *iníquos* que a generalização da informação – as mais das vezes com o único intuito do lucro fácil – pode, na prática, gerar.

Assim, é justo que nos interroguemos sobre as condições e a extensão com que deve "funcionar" a publicidade registral, muito embora (repetimo-lo) tenhamos sempre de ter em conta que os factos inscritos *não podem* deixar de ser referenciados.

Por isso, seria sempre um ponto de vista perverso e estrutural-mente *errado* o de pretender que por meros motivos de *conveniência* pessoal ou de defesa de direitos individuais o Registo deixasse de publicitar e de prestar informaçao *cabal* sobre *todos* os direitos e encargos que incidem sobre um dado prédio. É evidente que mais vantajoso seria para o titular inscrito que sobre o seu ou seus prédios não incidissem encargos, ónus ou limitações. Todavia, o Registo não cumpriria o seu papel se, mesmo por hipótese teórica, se pudesse duvidar que as certificações ou informações respectivas omitissem (para proteger a sua privacidade) tais encargos.

7. "Quid juris", então?

A resposta afigura-se-nos evidente: só o Registador está teórica, profissional e responsavelmente habilitado a *deferir* ou a *indeferir* o pedido de qualquer informaçao global sobre *os dados* que constam do Registo e a avaliar da legitimidade e oportunidade da formulação desse pedido.

Será esta a solução que, em nossa opinião, se compatibiliza com o poder-dever da avaliaçao dos requisitos dos assentos registrais e do correspondente conteúdo dos direitos que se publicitam e da possibi-lidade que haverá em difundir tais dados. Cabe ainda notar que os Registadores são *responsáveis* profissional e civilmente por eventuais danos que culposamente resultem das indevidas informações, como também, por outra parte, serão os *mais aptos* juizes para aferir da legitimidade dos solicitantes e da possibilidade de, no caso, serem globalmente difundidos os dados pretendidos.

Quer dizer: se é certo que não é adequado – e nem sequer se concebe que, em relaçao a qualquer *prédio concreto,* o Registo possa deixar de publicitar todos os direitos e encargos que sobre ele incidem, também a verdade é que a *informação global* e a inter-penetração de dados, tratados informaticamente, pode gerar perigos vários no tocante à vida privada dos cidadãos, matéria que, como se disse, jé se acha actualmente disciplinada pela legislação interna dos Estados e por diversos tratados internacionais.

Ora, consabidamente, é à lei que primacialmente cabe definir as *balizas* em que os serviços se podem mover. Mas, como também é certo, ela é (terá sempre que ser) geral e abstracta. Daí que, tratando--se matéria registral e dadas as apontadas razões, designadamente as da competência funcional e da inerente responsabilização, só o Registador esteja em condições de saber *em concreto* e "em que medida" é que determinados dados respeitantes à esfera da sua alçada podem, ou não, ser difundidos em termos de *informação global*. Isto para além de dever respeitar a indicação genérica que a própria lei contém e que certas *decisões* e *orientações* das comissões legalmente competentes lhe imponham algumas resoluções.

Note-se também que o juizo do Registador não deve nunca ser discricionário. Há basicamente que atentar, entre outros, nos seguintes aspectos:

a) No *interesse público*. E aqui lem de inscrever-se a *obrigatoriedade* de prestar a informação se ela é solicitada pelo próprio Estado – quer pela Administração, através do órgão competente, quer pelo Poder Judicial, quer por qualquer outra entidade para tanto mandatada pelo Governo (como poderá ser o caso de serviços de estatística oficial).

b) Na ausência de qualquer *limitaçao legal* ao acesso global de certos dados *objectivos* (de natureza descritiva) e ao seu eventual cruzamento.

c) Na legitimidade (e legalidade) do pedido ou na autorização conferida por quem tenha poder para tal.

8. O Registo, pese embora a sua fundamental importância jurídica no tocante à publicitação e eficácia dos direitos reais, não deixa de ser apenas *uma* entre as várias instituições existentes na sociedade. E não está, nem deve estar, *desintegrado* da evolução que nela continuamente se processa, nem dos *avanços técnicos* que possam existir em qualquer perlodo histórico.

Ora, é indiscutível – e aos olhos de todos nós evidente – que as chamadas "novas tecnologias" da informação, o tratamento automatizado de dados e a organização completa de ficheiros pessoais e reais pode permitir um muito melhor desempenho da função que ao Registo incumbe.

Consequentemente, é necessário que não se confunda o *defensável direito* à intimidade do cidadão, com a faculdade – e até, dir--se-ia mesmo, com a *necessidade* – de dotar as repartições registrais com *estruturas* computadorizadas, com os meios informáticos mais *avançados* que seja possivel. É que estes são, em si mesmos, *um bem* e a sua utilização praticamente *indispensável* para que o Registo possa responder às solicitações do Mundo moderno.

Deste modo, a Instituição que servimos *não pode alhear-se* destes aspectos do progresso tecnológico e antes deve incentivar os Registradores a utilizar todos esses meios actualmente disponíveis, de modo que a publicidade formal proporcionada pelo Registo seja acessível, pronta, actualizada e reconhecida pelo Estado como um Serviço moderno, que responde com *veracidade* e *eficiência* às solicitações da sociedade Civil e aos fins públicos que lhe são cometidos pela Ordem Jurídica.

9. O fim do Registo é a publicitação da situação jurídica *dos imóveis* com vista à segurança do comércio jurídico. Frisemos e sublinhemos este aspecto: *dos imóveis,* não da situação patrimonial *dos titulares* dos direitos sobre eles.

Quer dizer. a informação que basicamente releva é a de carácter *real* – a relativa dos bens – não a pessoal, a que visa indagar a vida dos sujeitos de direito.

Reconhecido isto, facilmente se poderão extrair os corolários que tocam ao Registo e à intimidade da vida privada dos cidadãos. É que, a nosso ver, estruturalmente haverá que ter particulares e exigentes cuidados quando a informação generalizada (ou cruzada) possa respeitar aos ficheiros *pessoais*, não aos *reais*. E, no que concerne aos prédios, como já se tentou demonstrar, os direitos prioritária e sucessivamente inscritos não *podem deixar se ser publicitados*. Mas já é legitimo pensar que, quanto à difusão dos dados *pessoais* constantes dos registos, certas restrições devam ser impostas, mormente quando o acesso seja *genérico,* solicitado "ad libitum" e não para fins públicos ou como tal legalmente havidos.

No que toca aos ficheiros pessoais julga-se que será ainda pertinente fazer as seguintes observações:

O *registo imobiliário e o direito à protecção dos dados pessoais* 271

a) A protecção que é requerida para o acesso e difusão de *dados genéricos* e *indiscriminados* deve aplicar-se tanto aos que ainda são tratados manualmente como aos que já se acham informatizados. É que, convém não o esquecer, empresas há sobretudo publicitárias e mediadoras a quem poderá ser fácil recolher e tratar tais dados, originalmente manuseados, para depois os introduzir em *bancos* estruturados e globalizados – o que poderia, precisamente, redundar naquilo mesmo que se quer defender e proteger: o direito ao sigilo e à intimidade da vida privada.

b) A noção da *espécie* e *qualidade* destes dados, a par do *interesse legítimo*, público ou privado, – e seja para se ter acesso à publicidade dos direitos sobre as coisas (cuja regra é, como se disse, a da publicidade geral) seja para se saber se é pretendida qualquer outra finalidade que não seja interdita pelos princípios que visam acautelar a aludida intimidade e o direito ao sigilo – terá de substar sempre no espírito do Registador *para ajuizar* se deve, ou não deve, permitir a comunicação de tais dados pessoais.

c) Apesar das apontadas *cautelas,* designadamente no que respeita à qualidade de certos dados de natureza pessoal, convém ter presente que elas não podem, contudo, ser *de tal forma excessivas* que permitam *induzir* em erro ou estabelecer confusões acerca da própria *identidade* dos titulares dos direitos.

Em suma: também neste difícil tema que é proposto, a legalidade, bem como o bom-senso e a *equidade* por parte de quem tem de gerir as suas repartições registrais, devem imperar sempre como *valores* que hão-se permitir dar o necessário tempero e a justa medida da decisão.

10. Temos abordado unicamente o Registo Imobiliário, visto que é o que vem referenciado no 2.º Tema do Congresso. Mas talvez seja útil recordar que muitos dos membros do CENTRO INTERNACIONAL DE DIREITO REGISTRAL acolhem no seu seio Registradores a quem se acha confiado o *Registo Mercantil* e o de *Bens Móveis* (automóveis, navios e aeronaves) que a lei, *em* certos domínios (como o hipotecário) equipara aos im6veis. De modo que nos parece oportuno tocar, ainda que levemente, este assunto.

Começando pelos bens m6veis diremos apenas o seguinte: trata-se de *coisas* – e, como tal, são-lhe genericamente *aplicáveis* as considerações já expendidas a propósito dos imóveis. Acontece que os aspectos físico-descritivos são, em muitos países, apenas tratados em departamentos públicos alheios aos registos e com filosofia e objectivos diferentes destes. Mas se, pelo contrário, estão integrados em sistemas registrais, então a sua divulgação, em princípio, não suscitará obstáculos, quando *não* se tratar de dados relativos às pessoas, mas antes e apenas ás características técnicas e objectivas de algum desses bens. Na hipótese de estarem em causa dados pessoais e tipos genéricos de bens globalmente tratados, então dever-se-á aplicar o que já referimos a propósito do registo imobiliário.

Mais complexa será a resposta que caberá dar no tocante ao *registo mercantil.* Aí registam-se pessoas – ou seja, *entes* dotados (ou não, em certos casos) de personalidade jurídica –, pelo que *parece* que lhe teriam de ser aplicáveis *todas* as referidas cautelas que respeitam à *vida pessoal.* Só que não parece que devamos ter esta perspectiva. É que o registo mercantil (ou comercial), tal como o predial, tem em vista uma espécie concreta de publicitação que basicamente tem em vista, tal como o predial, a segurança do *comércio jurídico.* Não se trata, portanto, de um registo com finalidade de efectuar inscrições referentes aos cidadãos em geral e em domínios relativos aos direitos de personalidade ou de família, mas sim de um registo que diz respeito ao direito comercial e societário. É portanto de *interesses* de natureza económica e empresarial que mais propriamente se está a tratar.

Consequentemente, pensamos que também no domínio do registo comercial se devem, em termos gerais, aplicar as regras que já se procuraram enunciar a propósito do registo predial.

11. Nestas breves considerações que o tema nos suscitou, apenas pretendemos dar o nosso modestíssimo contributo para as CONCLUSÕES que o Congresso há-de aprovar. Assim, entre outras ideias que venham a ser apresentadas, sugerimos que sejam tidas em conta, as seguintes:

1. A publicidade registral que é acolhida pela generalidade dos ordenamentos jurídicos tem uma natureza *específica* que visa a defesa, a garantia e a segurança do comércio jurídico, pelo que estes fins que prossegue não podem, em termos absolutos, ser tidos como *antagónicos* das normas que intentam proteger a intimidade da vida privada, sob pena de se considerar – o que seria impensável – que tais ordenamentos continham normas incompatíveis.

2. Consequentemente, *as restrições* impostas quando a lei procura proteger a intimidade da pessoa humana *não colidem* com a obrigação que o Registo tem de publicar, integralmente, todos os direitos e encargos que incidem sobre prédios certos e determinados.

3. Não devem, outrossim, as repartições registrais ser privadas dos meios tecnológicos mais actualizados e avançados – incluindo os que respeitam às comunicações por via electrónica –, visto que esses meios, longe de prejudicar a função do Registo, antes contribuem (e de modo eficaz) para que este cumpra a sua função, nomeadamente na esfera jurídica e social.

4. O acesso às bases de dados dos registos imobiliários não pode, contudo, – sob pena de se violarem as aludidas normas nacionais e internacionais que protegem a vida privada dos cidadãos – ser obtido em termos generalizados, só o podendo ser nos casos estabelecidos na legislação aplicável e designadamente sob a superintendência, fiscalização e decisão do Registador.

5. De facto, este é o jurista especializado a quem o Estado confia e comete a especial função de apreciar a pertinência e legalidade dos pedidos que são formulados perante o Registo e que deve ter o poder, bem como a responsabilidade, a atenção e as cautelas *inerentes* a tais decisões.

6. No desempenho dessas funções os juízos que o Registador venha a formular não são discricionários – antes têm de se pautar pelo interesse público subjacente, pela legitimidade do solicitante, pela ausência de limitações legais, pelo cumprimento de directivas que deva acatar e ainda pelas demais regras, incluindo as de natureza ética, que regem esta matéria.

7. Idênticos princípios são aplicáveis a outros registos jurídicos, nomeadamente aos que respeitam à actividade mercantil e aos de bens móveis.

O REGISTO COMO INSTRUMENTO
DE PROTECÇÃO DAS GARANTIAS JURÍDICAS
DO APROVEITAMENTO ECONÓMICO DAS COISAS[*]

1. Em todos os Congressos de Direito Registral tem sido possível conseguir chegar a um conjunto de conclusões que representam significativo contributo para o aprofundamento das questões e a resolução dos problemas emergentes das relações jurídicas privadas, das suas consequências económicas e da necessidade das correspondentes garantias.

Mas é agora proposto, como 1.º tema deste XIV Congresso, que centremos a nossa atenção no papel que o Registo pode – e deve – desempenhar como instrumento de protecção das garantias jurídicas no aproveitamento económico das coisas.

Ora, dada a vastidão do tema (e a necessidade de cada delegação a tratar sucintamente) na proposta que apresento, procurei apenas focar alguns dos pontos que se me afiguram merecer alguma atenção e que passo a enunciar. Assim:

É manifesto que a *certeza do direito* constitui um princípio jurídico básico e constitutivo de todas as relações sociais, mormente das que exigem maior rigor, segurança, concórdia e consistência.

Neste sentido, cabe notar que, nas sociedades contemporâneas, em que a insegurança das relações faz vacilar a generalidade dos cidadãos, das empresas e dos próprios governos, é sentida com crescente intensidade uma *exigência* no tocante à *certeza do direito*, como fundamental alicerce que possa permitir consolidar, harmonizar e pacificar toda a colectividade.

---

[*] Trabalho apresentado no XIV Congresso Internacional de Direito Registral realizado de Moscovo em Junho de 2003.

Sendo esta uma constatação genérica, é indubitável que, neste âmbito da certeza jurídica, existem diversos graus de exigibilidade e de carência, mas notório é também que a múltipla circulação dos bens aliada à diversidade de formas pelas quais podem constantemente ser transaccionados e sobre eles constituídos novos e complexos direitos, torna forçoso que se desenvolvam os mecanismos aptos e outrossim vocacionados para garantir tais transacções, de modo a também contribuir para o que numa acepção ampla, se poderá considerar como uma das facetas da "certeza do direito".

2. Esta necessidade emerge ainda da realidade contemporânea para a qual também um ilustre Jurista alertou: "a desarticulação dos contratos, processados através de sucessivas massas de regras, de filiação histórico-cultural diversa", tem originado esquemas conceptuais afinal "desligados da efectiva realidade humana e social implícita na contratação"[1]

Todas estas características de rápida, *insegura* e hodierna possibilidade (mas "problemática" e quiçá nociva possibilidade) da manifestação da vontade negocial por parte de todos os indivíduos incluindo os denominados "agentes económicos" supõe, exige mesmo, que para a credível concretização das transacções imobiliárias se desenvolvam sistemas aptos a publicitar os inerentes direitos, bem como para os definir e hierarquizar – num foro jurisdicional, mas *extrajudicial* – precisamente para que as hipóteses de conflitualidade diminuam drasticamente.

Esta indispensabilidade verifica-se, em tese, quanto a todos os ramos do direito, mas não há dúvida de que é no tocante aos *direitos sobre as coisas* que acentuadamente se comprova tal necessidade, desde logo pelas reconhecidas características do *direito real* traduzido primacialmente como poder directo e imediato sobre essas mesmas coisas e, depois, pela comum *obrigação passiva universal* que molda e completa a configuração tendencialmente absoluta deste direito.

Trata-se, assim, do ramo da ciência jurídica que no domínio do direito substantivo supõe mesmo – sobretudo nos ordenamentos

---

[1] Cf. ANTÓNIO MENEZES CORDEIRO, "Tratado do Direito Civil Português, I, Parte Geral, Tomo I, 1999, pág. 350

denominados romano-germânicos – uma *instrumentalidade adjectiva*[2] que permita tornar efectiva a possível oponibilidade "erga omnes" que estruturalmente caracteriza a essência do direito real.

Sobre a sua importância – e fundamental relevo na economia – não nos alongaremos aqui, até porque tem sido objecto de importantes estudos e comunicações, inclusive noutros congressos e por parte do nosso prezado Decano do Colégio de Registadores da Espanha[3]. Basta que se recorde o que, a este respeito, ficou demonstrado.

3. A faculdade de qualquer interessado poder conhecer a situação jurídica dos bens – e em especial dos imóveis – é, como todos sabemos, *função elementar* de qualquer sistema registral que, no mínimo, deverá possibilitar a universal oponibilidade dos direitos reais.

É ainda necessário recordar que também as "técnicas" de única segurança económica – como é o caso dos seguros – não têm, evidentemente, quaisquer efeitos jurídicos, nem sobre os bens, nem no domínio da publicitação dos direitos reais.

Sabido, como é, que esta matéria também não se compatibiliza com a vetusta publicidade da medieval da "torre do campanário", nem tão-pouco com a jornalística, mas sim e apenas com a que permite *tornar efectiva* a própria natureza intrínseca do direito real, tendencialmente oponível "erga omnes", cremos que se torna necessário fazer esta precisão: "sistemas registrais" (referentes aos *registos imobiliários*) devem ser considerados *apenas* os que, como mínimo, tenham o denominado efeito de mera oponibilidade e, em sentido ainda mais rigoroso, os que permitam conferir aos cidadãos (e, evidentemente, aos "agentes económicos" incluindo é claro as pessoas colectivas) uma *fé pública* do direito inscrito.

---

[2] Parece-nos que o direito registral é indubitavelmente *adjectivo* ainda que a inscrição possa vir a ter efeitos substantivos – mas essa é, evidentemente, outra questão. De qualquer modo, além disso, é também *instrumental*.

[3] São múltiplas as intervenções que FERNANDO MENDEZ GONZÁLEZ tem feito, desde a *Ponencia* para o XII Congresso aos mais recentes trabalhos (da Universidade do Minho ao Clube Siglo XXI – Madrid 21/Março/2002), pelo que genericamente os referimos como paradigmáticos destas ideias.

Será, assim, lícito considerar que são estes últimos, *de fé pública*, os sistemas que, efectiva e eficazmente, permitem garantir uma fiável identificação, eficácia e hierarquização dos direitos inscritos.

4. O conhecimento exacto, verídico e publicamente oponível da situação jurídica dos bens é suposto e *pressuposto* da própria "tutela da confiança"[4] e da *certeza do direito*.

Dir-se-á, mesmo, que sendo o direito a negação do arbítrio, da inexactidão e da ilicitude, o valor *da certeza* é (no sentido amplo a que aludimos) *estruturante* do seu próprio conceito[5] e tem reflexos vários, que vão da tutela da boa fé,[6] da verdade, da segurança e da "intenção normativa"[7] à proibição da diminuição de garantias e de prejuízos ilegítimos.

A "fidedignidade" é também elemento da boa-fé, vector indispensável da contratação e da elementar *confiança* e suporte (v.g., à luz dos ordenamentos a que nos temos referido) de qualquer relação económico-social.

É que "todos os investimentos, sejam eles económicos ou meramente pessoais, postulam a credibilidade das situações[8], sendo a confiança "o maior dos *desiderata* da vida jurídica e social"[9].

---

[4] À "Tutela da Confiança" têm alguns Autores dedicado múltiplos estudos: Cite-se aqui apenas o de BATISTA MACHADO (in "Obra Dispersa", Vol.I pág. 345 e segs) no qual também se chama a atenção para o facto de na "economia de mercado" a sofisticação técnica e outros factores terem acentuado uma maior preocupação com a "tutela da confiança" (pág.36).

[5] CARNELUTI (in "Studi di Diritto Procesuale", 1925,pág 244) refere que foi a "necessidade de certeza jurídica" que gerou a actual *concertação normativa*.

[6] Cf. a profunda e referencial tese de MENEZES CORDEIRO "Da Boa fé no Direito Civil", sobretudo pág. 1235 e segs.

[7] Como resulta do que se expõe, não está em causa (porque até se pretende corroborar) a douta posição de CASTANHEIRA NEVES segundo a qual a "intenção normativa" da realização do direito não pode alhear-se de uma "interpretação judicativa", no sentido de que todos os elementos se terão de configurar basicamente com vista à decisão. Aliás, o juízo de qualificação também envolve uma decisão.

[8] Vide: citado Autor *in* "Tratado de Direito Civil Português", pág. 188.

[9] Cf. DEMOGUE – "Les Notions Fondamentales du Droit Privé", pág. 63

Afigura-se que esta necessidade de *confiança* e de *segurança jurídica* está tão fortemente solidificada na Doutrina que nem haverá mesmo quem seriamente a conteste. E, dir-se-á até, face ao sumariamente referido, que a exigibilidade da confiança e da certeza são ainda valores mais imperativos quando as relações ocorrem – como actualmente é regra – *no âmbito internacional*, ou seja, quando se tocam ordenamentos jurídicos distintos e, além disso, os mesmos factos e *direitos* na situação concreta são por vezes dissemelhantes, como consabidamente acontece no domínio dos "ius in re" (incluindo as garantias reais) e tratando-se de imóveis.

5. Sendo o Registo a instituição ao "serviço do público"[10] estruturada e indicada para organizar e publicitar os direitos – as titularidades – dos imóveis (e dos móveis se dessa publicação forem passíveis), através da inserção dos factos que geram tais direitos, e a graduá-los eficaz e prioritariamente tem por definição e efeito próprio, a segurança e a garantia jurídicas, nomeadamente no que concerne às transacções imobiliárias, como sua finalidade.

O artigo 1.º do Código do Registo Predial Português diz expressamente que o Registo se destina "a dar publicidade à situação jurídica dos prédios, tendo em vista a segurança do comércio jurídico imobiliário".

E este objectivo é, realmente, comum à generalidade dos países que dispõem de um "registo". Aliás, como ficou exaustivamente demonstrado nas teses e conclusões do XII Congresso Internacional de Direito Registral, mesmo aqueles países que ainda não dispõem de um sistema registral só teriam a lucrar, inclusive no tocante à sua vida económica, se o instituíssem.

Sendo esta uma matéria não só sobejamente conhecida e tratada, como ainda facilmente demonstrável, será supérfluo desenvolvê-la no contexto da presente exposição. Todavia, é propositado recordar que vivemos na chamada "sociedade de informação" que contribui para a *economia aberta* em que todos, acelerada e constantemente,

---

[10] E de" serviço público" – o que, todavia, não quer dizer que não seja gerida, como é em diversos países, em moldes privatizados.

280   *Temas de registos e de notariado*

intercambiam com todos. E terão de o fazer para se manterem social e economicamente capazes e actualizados[11].

É sabido que a *contratação electrónica* faz parte intrínseca desta realidade actual, tornando-se igualmente manifesto que a *publicitação registral* é, então, o instrumento – a nosso ver o *único instrumento* – que permitirá fornecer imediatamente os dados credíveis sobre a situação jurídica dos bens (em especial sobre as suas titularidade e encargos) e simultaneamente garantir que a negociação se faça com a necessária *informação* e o real *conhecimento* sobre tal situação. Além disso, se efectuada obedecendo aos imperativos legais, podendo merecer favorável qualificação por parte do Registador, poderá outrossim ter ingresso (imediato e por vezes até prévio) no respectivo registo e conferir logo a "protecção jurídica" que o próprio sistema consagre.

6. Dissemos que a (crescentemente utilizada) contratação electrónica carecia, até por definição da sua inerente instantaneidade, de acesso à publicidade registral como meio cognoscitivo da situação dos imóveis, mormente de suas titularidades e encargos.

Esta afirmação, contudo, não é verdadeira quando, no país de que se trate, vigore um registo que *assim* não se possa designar. E, dissemo-lo já, não é merecedor desta denominação qualquer simples *ficheiro* ou *arquivo* em que seja permitido introduzir tudo quanto se queira, sem qualquer idónea análise ou crítica isenta, tenha ou não validade substancial. Pretender-se-á, afinal, o quê? Contribuir para certeza do direito? Para a segurança do comércio jurídico imobiliário?

---

[11] A propósito, recorde-se a clara referência que OLIVEIRA ASCENSÃO fez no Colóquio sobre "Globalização e Direito", na Faculdade de Direito da Universidade de Coimbra (7 a 9 de Março de 2002) sobre o tema da" Sociedade de Informação", e onde depois de observar que a informação "passa a ter um papel cada vez mais importante", afirmou: "As repercussões no plano económico são muito claras. Se a vantagem é de quem oferece as melhores prestações, num mundo de concorrência globalizada, só pode oferece-las quem dispõe constantemente de conhecimento actualizado e de meios de comunicação imediata. Quem partir com avanço na sociedade de informação tem condições para estar universalmente, e manter-se, em posição de vantagem "(publicado in" Revista Brasileira de Direito Comparado", n.º 22, pág. 167)

O registo como instrumento de protecção das garantias jurídicas...   281

Por certo que não. Seria tudo o contrário. Quem pensasse que o prédio era de A viria, depois, a ser surpreendido por ele ser de B. Tinha-se pressuposto que o prédio não teria quaisquer ónus ou encargos reais e, afinal, vinha a descobrir-se que só os imediatamente exequíveis eram superiores ao próprio valor do imóvel...

Não precisamos de exemplificar muito ou sequer de desenvolver o tema para facilmente se verificar que a hodierna contratação electrónica e o uso das demais "tecnologias" – protagonistas dos novos tempos – tornam ainda mais premente e urgente a necessidade dos actos e contratos ingressarem num "registo" digno desse nome. Ou seja, naquele em que célebre e eficazmente se publicitam "direitos", com os correspondentes efeitos de *garantia, eficácia, grau prioritário, presunção de verdade* e *validade*. E, para tal, indispensável é que os actos e contratos inscritos tenham sido submetidos ao devido *controlo da legalidade* sobre a égide, responsabilidade, independência e autoridade própria do registador, juridica e comprovadamente habilitado.

7. Para que esta função possa ser cumprida é pois necessário que a competência e a liberdade decisória do Registador sejam pressupostos que não podem estar condicionados ou que se exerçam ao sabor dos interesses – sejam eles de quem forem, mesmo os que derivam do poder político e dos (vários) governos.

Nos sistemas democráticos os governos emergem de eleições disputadas entre os partidos políticos e os que triunfam passam a assumir a governação. Como se sabe (e a experiência concreta confirma) pretendem *controlar* a Administração em todos os domínios – o que, infelizmente, já nem é de estranhar, pois que esta passa, afinal, a estar *dependente* de quem governa. Só que, no domínio dos "direitos", concretamente os de propriedade e demais direitos reais, para que eles possam subsistir com um mínimo de credibilidade nunca podem, evidentemente, ficar vulneráveis aos interesses de grupos e de partidos. Aliás, acham-se garantidos pela generalidade das próprias *constituições*. Trata-se portanto de *titularidades* e de direitos cuja definição e conteúdo nunca devem poder ser *alteradas* ou *comandadas* pelo poder (v.g. o político) – ou através dele – sob pena de nem sequer se pode falar numa concepção Ocidental de um "Estado de Direito".

É igualmente manifesto que não poderá haver qualquer tipo de justiça, mesmo de natureza administrativa, e designadamente um *juízo de qualificação* registral, se ele não for independente ou se eventualmente pudesse estar submetido aos fins e interesses de qualquer tipo – fossem eles os partidários (de *governos* ou *oposições*), fossem os corporativos ou de quaisquer facções[12].

Trata-se de uma verdade que se crê elementar, mas que é por vezes ignorada, principalmente porque às vezes se pretende confundir "Registo" com um mero arquivo e a inscrição registral com um "acto administrativo". Sendo um tema frequentemente abordado, não será, no entanto, descabido recordar, uma vez mais, que tratamos de relações jurídicas *privadas*, de bens do domínio privado e, mesmo quando um dos intervenientes é o Estado, não pode prevalecer-se do seu "ius imperii", (como acontece no acto administrativo), mas antes *tem de* figurar em pé de igualdade com os demais cidadãos. Até por isso, seria iníquo que se aproveitasse de quaisquer vantagens face às relações *privadas* ou pretendesse, autoritariamente, que fosse inscrito um determinado direito individual à revelia do responsável pelo registo.

É que, a função qualificadora do registador, como a Doutrina tem entendido, "é bem mais própria dos actos de jurisdição voluntária e não participa da natureza do acto administrativo". Logo, aquele não deve ser um mero serventuário administrativo, burocrata sujeito aos ditames de *oportunidade* do poder ou da *conveniência* administrativa. O Registador tem de ser um julgador, um árbitro "super partes" independente, detentor de um *mandato social* na sua área de "jurisdição"[13] e a quem cabe uma parcela da *função legitimadora do Estado*, pelo que se exige que seja um jurista competente e especializado, responsável pelo actos que admite inscrever, de tal sorte que

---

[12] Ao utilizar esta expressão não nos queremos referir apenas às *ilegítimas*. *Todas*, incluindo portanto as mais respeitadas organizações não podem pretender *interferir* no juízo de qualificação já que isso, por definição, *é sempre ilícito*.

[13] Como é óbvio não se pretende fazer confusão alguma com a actividade *judicial*, mormente porque no tipo de jurisdição (voluntária) a que nos estamos a referir, pode ser exercida fora daquela actividade e nela não está em causa que se pretendam solucionar litígios ou dirimir quaisquer espécie de conflitos.

O registo como instrumento de protecção das garantias jurídicas... 283

registos constituam uma eficaz garantia dos direitos publicados com a inerente segurança jurídica.

Trata-se, como escreveram LACRUZ BERDEJO e SANCHO REBULLIDA de uma função que não sendo judicial (não lhe cabe decidir conflitos), no entanto "se exerce com independência semelhante já que visa " incorporar ou não no Registo uma nova situação jurídica imobiliária"[14].

8. A vida económica em geral, demandando imediatas respostas em todas as conhecidas vertentes empresariais, jurídicas e sociais, exige hoje, até por parte do poder público, que as instituições lhe facultem mecanismos de eficaz garantia e controlo[15].

A globalização (ou *mundialização*, como igualmente se diz) dos mercados surge como fenómeno imparável que requer adequados canais de informação e comunicação e de que o próprio correio electrónico é apenas um exemplo.

Estes novas realidades supõem, em especial no nosso tema do direito imobiliário – de todo ele, incluindo as garantias contratuais sobre os bens – que o substrato jurídico da publicidade registral ofereça e forneça as credíveis respostas de que a actual factualidade carece. É que não há que contrariar o fenómeno – aliás com aspectos proveitosos – da mundialização económica e do comércio electrónico. Há, sim, que o dotar de uma indispensável "segurança técnica e confiança jurídica"[16-17] pelo que ao Registo (designadamente imobi-

---

[14] Cf. "Derecho Inmobiliario Registral", reimp. 1990, pág. 305

[15] O legislador português esteve atento a este problema, designadamente no que respeita ao "regime jurídico aplicável aos documentos electrónicos e assinatura digital", tendo publicado o Decreto-Lei n.º 290-D/ 99, de 2 de Agosto, no qual regula a respectiva "validade, eficácia e valor probatório". Não aludimos aqui a legislação posteriormente publicada.

[16] ALEXANDRE DIAS PEREIRA publicou um estudo (Almedina, 1998) precisamente intitulado. "Comércio Electrónico na Sociedade de Informação: da Segurança Técnica à Confiança Jurídica". É que não se pode esquecer este fundamental tema da confiança jurídica E, notar-se-á ainda, mesmo à face dos princípios gerais, que a base normativa para a protecção jurídica será indispensável.

[17] A "simplificação da forma" (decorrente da globalização) mais centrada nas exigências do mercado e na celeridade implica também *um devido controlo*

liário), visando precisamente tal segurança do comércio jurídico, cabe um relevante papel neste domínio, "maxime" no que toca às cauções e garantias reais. É óbvio que os contraentes querem que a sua própria garantia real venha a ter o esperado grau prioritário e bem assim precaver-se de que outros eventuais encargos sobre a coisa se anteponham e não podem deixar de esperar que o sistema de registo lhes *assegure* tudo isso. E este – por rudimentar que seja – tem *esse objectivo*. Logo, há que daí tirar as necessárias consequências, parecendo elementar que todos – juristas, governantes, agentes económicos e demais responsáveis dos diversos sectores e comunidades – reconheçam estas realidades, de sorte que possamos colaborar – sem menosprezar o "capital" do especializado conhecimento e experiência jurídica dos próprios registadores – no sentido de facultar aos cidadãos e à sociedade a necessária *cognoscibilidade* das exactas e verídicas situações jurídicas, bem como a definição, eficácia e hierarquização extra-litigiosa dos actos celebrados e dos direitos constituídos.

O resultado não pode ser outro que não seja a concretização do "império do direito"[18] com o "ideal comum" da verdade e da segurança jurídicas e, no caso, o maior crédito e avanço nas transacções imobiliárias, o seu incremento, a diminuição da conflitualidade e, portanto, a desejável harmonização da vida social.

9. Decorre do referido que, por antinomia com a interpretação desenvolvida, as situações imobiliários passíveis de registo, mas que

---

legislativo e "um repensar da inserção sistemática mais adequada das disposições especiais de tutela", como a dado passo bem lembrava JOAQUIM DE SOUSA RIBEIRO na sua conferência "Direito dos Contratos e Regulação do Mercado"(in cit Rev. Brasileira de Direito Comparado, pág. 203 e segs, designadamente pág. 221). Por outro lado, a ressalva que quanto aos direitos sobre imóveis se perspectiva na Directiva relativa ao comércio electrónico, tem sobretudo a ver com as eventuais dificuldades da respectiva legislação interna dos Estados-Membros e não com as óbvias necessidades do seu ordenamento e publicitação.

[18] Essa é finalidade última nos sistemas "da família romano-germânica" (cf. a propósito entre outros, o capítulo sobre os "principio gerais" da 1.ª parte da obra de RENÉ DAVID "Les Grands Systémes de Droit Contemporains (Droit Comparé)", 1972.

O registo como instrumento de protecção das garantias jurídicas... 285

nele não tenham ingressado, acabam por ser *fonte de perturbação* da transparência do mercado e de prejuízo para todos, inclusive para os próprios interessados directos que apenas tenham titulado o direito – ainda que por via judicial – mas não promovido, como deveriam, o correspondente assento registral.

De sorte que pensamos que devem ser incrementados os processos, tecnicamente eficientes, de confirmar a descrição de *todos* os imóveis no Registo, bem como de comprovar que os direitos sobre os mesmos sejam objecto das respectivas inscrições, tornando-se, portanto o registo *obrigatório*[19]. E assim se evitariam erróneas e abusivas situações, contribuindo-se, sim, para uma íntegra e fidedigna publicitação dos dados.

A vida económica exige – e, como dissemos este tema foi já amplamente estudado e demonstrado – que se proporcionem adequados níveis de segurança e de caucionamento dos contratos, e, em geral, de todos os actos, se possível com baixos custos e menores encargos. Ora, tudo isto se obtém, em melhores condições, através da sua publicitação e até nas *garantias reais* que só subsistem (ou só subsistem eficazmente)[20] se forem registadas.

10. Acentuamos já que para a fiabilidade das transacções imobiliárias, bem como para quaisquer cauções ou garantias sobre os imóveis (e móveis sujeitos a idêntico regime) é indispensável que exista um registo jurídico útil, isto é, gerador de efeitos concretos *válidos*, publicando *titularidades* – que não títulos – e tornando eficazes e devidamente definidos e hierarquizados os direitos inscritos, com geral oponibilidade "erga omnes".

---

[19] Em Portugal o que ocorreu desde o Código de 1984 – que introduziu o princípio da legitimação dispositiva (art.º 9.º) – foi a existência de um registo tendencial e indirectamente obrigatório. Ultimamente (muito depois desta conferência) o registo predial é entre nós, obrigatório (art. 8.º-A do Cód. Reg. Predial).

[20] O Código Civil português contém a disposição expressa do art. 687.º, segundo a qual, a hipoteca, sem ser registada, não produz efeitos mesmo em relação às partes. Tivemos ensejo de participar em diversos encontros internacionais, no âmbito da UNIDROIT, em que consensualmente, entre os países participantes, se entendia dever ser exigível o registo também quanto às aeronaves e outros bens móveis de elevado valor.

Contudo, tal só é possível, nas condições descritas, após a prévia *qualificação* dos títulos – de qualquer espécie, pesem embora os legais limites[21] – fixando-se assim "a validade e eficácia do acto sujeito à inscrição"[22]. Sujeito à inscrição, e nisso estaremos todos de acordo. Mas quanto à descrição e à composição do prédio?

São, a este respeito, diversas as posições: no que toca à germânica parece que, apenas para certos efeitos a presunção registral também se pode estender às indicações da descrição e "ampará-las, assim, da fé pública"[23]. No entanto, (tal como no sistema registral português) a descrição "não modifica a individualização do prédio" e as eventuais faltas carecem de importância para a verdadeira situação jurídica: os direitos reais recaem sobre o fundo – *tal como é* e não *tal como se tenha descrito*[24].

Quer dizer: mesmo num sistema tão *vinculante* como é o alemão, a descrição dos prédios tem (normalmente) tão-só uma importância *referencial*.

É a *identidade do prédio* o que releva – e, isso sim, é manifestamente determinante – e não tanto as indicações que a descrição possa conter. Ora, tal identidade poderá ser dada apenas por menções simplificadas (num *absoluto extremo* até através de simples *número* topográfico), pelo que não pode confundir-se a importância

---

[21] Tem-nos parecido que essas limitações, correspondem basicamente às *decisões* (v.g. judiciais) quando há *caso julgado* e obviamente entre *aquelas* partes a que o mesmo é oponível. É por isso que, mesmo nos casos da sentença, sendo *outros* os interessados a qualificação pode (deve) apreciar o próprio facto registável. E é também por essa razão (de não haver uma " decisão transitada em julgado") que a maioria dos actos notariais e registrais é sempre passível de "nova instância" e, consequentemente, de (re)qualificação quanto à substância do acto.

[22] Esta é a expressão de CHICO Y ORTIZ que, muito sugestivamente, refere que o Registador "nesse *momento supremo* não pode duvidar, não deve vacilar, não pode iludir o seu juízo decisivo, tem de pronunciar-se e fixar com o seu critério a validade e eficácia do acto sujeito à inscrição" (cf. "Calificaciom Jurídica, Conceptos Básicos e Formulários Registrales" pag. 23/24).

[23] Cf. MARTIN WOLF, " Sachenrecht" (tradução espanhola "Drecho de Cosas " – do Tratado "ENNECCERUS – KIPP-WOLF" – *Bosch*, 1971, pág. 218)

[24] Aliás, acrescenta este Autor, as inexactidões descritivas "carecem de importância para a verdadeira situação jurídica" (op. cit. pág. 217)

essencial da inscrição dos factos com as referências contidas na descrição do prédio.

Não queremos, como é óbvio, significar que se descure a actualização descritiva ou que se admita a inscrição respeitante a parcelas que excedam os limites fundiários. Nem tão pouco que se deva qualificar o pedido descurando os elementos descritivos do prédio ou o modo como este é mencionado nos títulos.

Queremos, sim, dizer que é útil, que é conveniente e até importante que todos os dados relativos às descrições prediais sejam correcta e devidamente referenciados conjuntamente com os elementos cadastrais, administrativos, ambientais, e até com os declarados nos títulos. Todavia, não será pelo facto de isso eventualmente *não se fazer* (ou até não se poder fazer) que o sistema de registo deixará de ter eficácia quanto aos *direitos inscritos*[25] – sua função essencial – sendo certo que, com isso, presta já a sua importante função publicitária, bem como "declaração ao mercado" e colaboração com todas as demais instituições, tais como as judiciais, notariais, administrativas, fiscais e cadastrais.

11. Seja-nos permitido que terminemos estas breves reflexões citando a parte final de um importante trabalho sobre a moderna história do direito privado. Dizia FRANZ WIEACCKER: "Como todas as ciências, também a história do direito privado é uma doutrina, no vasto sentido artesanal – informação sobre o que outrora foi descoberto, a fim de que os vindouros possam evitar caminhos errados ou mais longos". E a concluir, reflectindo sobre as "condições fundamentais de uma civilística capaz", acentuava que era necessária "uma consciência geral do direito desprovido de dúvidas, uma plena percepção e colaboração do conjunto da realidade social e uma metodologia segura que acerte o passo com o pensamento da sua época"[26].

---

[25] Em Portugal tem sido, por vezes, feita alguma confusão (mesmo em Acórdãos dos Tribunais Superiores) quanto ao efectivo valor da situação jurídica *inscrita*, que subsiste, apesar dos eventuais erros da *descrição*.

[26] cf. FRANZ WIEACKER, "História do Direito Privado Moderno", Tradução do original alemão por A M. Hespanha ed. Da Fundação Caloust Gulbenkian, págs. 716/722.

Dir-se-ia ainda: com o pensamento e também *com a prática* de um Mundo em permanente aceleração e mutação, com a consequente necessidade de uma cada vez maior *segurança* e *confiança* na real situação *jurídica* dos bens.

E, como resulta do que muito lhanamente se disse, os registos que têm tido a este respeito um papel muito relevante e têm-no ainda maior na nossa actual "Sociedade de Informação".

12. Resumindo as precedentes considerações, enumeramos as seguintes ideias como uma simples PROPOSTA DE CONCLUSÕES:

1. A certeza do direito constitui um princípio jurídico básico e constitutivo de todas as relações sociais, mormente das que exigem maior crédito, segurança, e consistência.

2. Tais exigências verificam-se predominante e estruturalmente no domínio dos direitos reais, não só por atribuírem ao titular poderes directos e imediatos sobre as coisas que deles são objecto, mas também por exigirem da colectividade um dever geral de respeito pelo correspondente exercício (a conhecida obrigação passiva universal) carecendo, pois, para a sua própria subsistência, de uma oponibilidade "erga omnes".

3. Os sistemas registrais são os instrumentos jurídicos que, na prática, permitem concretizar essas predominantes características dos direitos reais e, além disso, publicitá-los, hierarquizá-los e torná-los eficazes perante todos.

4. A mencionada certeza do direito é outrossim um valor essencial no domínio da contratação, do comércio internacional e da garantia das transacções sobre quaisquer bens, designadamente sobre os imóveis.

5. Também por isso o Registo – seja sobre os móveis quando a ele sujeitos, seja principalmente sobre os imóveis – como organismo público que é, permitindo evidenciar a situação jurídica de tais bens, continua a ser o meio que tornará possível assegurar os respectivos direitos, graduando e definindo os factos titulados.

O registo como instrumento de protecção das garantias jurídicas... 289

6. Estas possibilidades que o Registo oferece tornam-se ainda mais evidentes face às actuais características do "mercado", à aceleração da vida económica e às próprias possibilidades oferecidas pela diversidade da contratação, incluindo a electrónica.

7. É, todavia, necessário ter presente que nunca será um mero arquivo de documentos – que acriticamente os receba – que pode merecer a designação de Registo. Este é *só* o que se revele juridicamente fiável, em que são apenas inscritos os actos validamente titulados e se mostram conformes com a situação tabular, isto é, aqueles que hajam sido submetidos a um prévio controlo de legalidade, mediante um juízo de qualificação sob a égide e responsabilidade do Registador.

8. O Registador terá, portanto, de ser um jurista idóneo, responsável e independente face a qualquer poder – incluindo o poder político – e que, consequentemente, nos actos que decida levar às tábuas apenas deve obediência à lei.

9. Todas as precedentes considerações são evidenciadas na actualidade em que, a par do fenómeno da globalização, sobretudo da vida económica, se torna necessário que não se verifiquem perturbações anómalas e situações jurídicas "desinscritas", sujeitas portanto a diversos erros, abusos e desvios, que têm de ser evitados.

10. A par disso, é cada vez mais necessário caucionar as transacções – preferencialmente com menores custos – o que melhor se obtém através dos direitos reais de garantia, que obvia e necessariamente devem ser levados a registo.

11. É útil que os órgãos fiscais, cadastrais e técnicos e bem assim os que podem elaborar actos autênticos – como é caso de notários, autoridades administrativas e judiciais – cooperem com o Registo, mesmo dando informações descritivas sobre o imóvel, mas ainda quando tal não se verifique, estando a inscrição registral no final do processo que visa servir e tornar eficaz o direito, não pode ser por falta de tais informações que aquele deve deixar de procurar cumprir a sua essencial função.

12. Por conseguinte, e também tendo em atenção que é através do "assento registral" que se incorporam no Registo os factos e situações jurídicas registáveis, também não é pelo facto de inexistirem outros elementos quanto à descrição dos bens, (o que é meramente referencial) que o assento deixará de produzir, "erga omnes", todos os efeitos que lhe são inerentes – e, evidentemente, de prestar credível informação a todas as referidas instituições.

A ACTIVIDADE NOTARIAL E REGISTRAL NA PERSPECTIVA DO DIREITO PORTUGUÊS[*]

Antes de abordar o tema proposto uma primeira palavra de sincera felicitação é devida ao Instituto de Direito Comparado Luso-Brasileiro e ao seu insigne Presidente do Conselho Directivo, Professor Doutor Francisco Amaral, tanto pelos 25 anos da fundação do Instituto, como pela feliz iniciativa da realização deste XIII Congresso Internacional de Direito Comparado. Permita-se-me ainda que manifeste o meu público agradecimento pelo honroso convite que me foi feito para intervir neste Congresso na temática do Direito Notarial e Registral – incitamento privilegiado e por mim naturalmente imerecido.

Fazendo os possíveis por ser breve, referirei apenas o seguinte:

1. No início do novo milénio a Faculdade de Direito de Coimbra promoveu um relevante e participado ciclo de conferências com este tema: "novas perspectivas do direito no início do século XXI". Entre os diversos e notáveis conferencistas, incluindo o homenageado Doutor, Advogado e ao tempo Presidente da República, JORGE SAMPAIO, que encerrou as palestras, interveio também MENERES PIMENTEL, jurista com vasta experiência, visto ter sido Advogado, Ministro da Justiça, Conselheiro e Provedor de Justiça. A dado passo da sua intervenção disse: os registos e notariado têm sido tratados como "parentes pobres no mundo jurídico". E, considerando tratar-se de um domínio que tem causado sérias "dores de cabeça", entendia que neste âmbito "algo tem de ser feito com urgência".[1]

---

[*] Trabalho apresentado no XIII Congresso Internacional de Direito Comparado, realizado no Rio de Janeiro em Setembro de 2006

[1] Cf. a publicação "Studia Iuridica", n.º 41, pág. 48. O tema geral intitulou-se: "Perspectivas da realização do Direito e dos valores que ele integra e veicula no início do Terceiro Milénio".

Sem dúvida que sim. Mas devemos questionar-nos: em que sentido é imperioso actuar? De modo a que os registos e o notariado tenham uma actuação mais facilitada? Que obtenham o reconhecimento público do seu valor e importância – particularmente junto do mundo universitário, da magistratura, da advocacia, da política e dos agentes económicos? Certamente que sim.

Contudo, há um outro aspecto da questão, porventura não menos relevante, até porque é pressuposto necessário daquele reconhecimento. E esse será o *efectivo papel* que o notariado e os registos venham concretamente a desempenhar na comunidade, enquanto instrumentos eficazes ao serviço do direito substantivo e das relações sociais.

Em primeiro lugar, tal como é tradicionalmente reconhecido ser próprio da função, numa fase gestacional do direito, em que é pretendida pelo Ordenamento Jurídico não apenas a definição normativa, mas igualmente uma eficaz instrumentalidade adjectiva para a formalização e publicitação das relações jurídicas assim como dos muitos actos que são praticados no vasto domínio do direito privado. E ainda, numa visão mais modernizada e actual, na prevenção da conflitualidade e na resolução *extrajudicial* de múltiplos problemas que quotidianamente se apresentam na vida dos cidadãos, os quais não assumem a natureza conflituosa de *litígios*, que só através do recurso aos tribunais tenham possibilidade de ser dirimidos, mas que, pelo contrário, podem obter uma resolução extrajudicial com a intervenção capaz – e legalmente sancionada – de jurista idóneo e investido de pública fé e, além disso, com capacidade para apreciar e aplicar, nas situações concretas, *o princípio da legalidade*, como é, incontestavelmente, o caso do notário e do registador.

Acontece, porém, que a generalidade dos políticos que por esse mundo têm assento nas câmaras legislativas, não possuem os necessários conhecimentos teórico-práticos nem têm a sensibilidade adequada para percepcionar quão vantajoso seria aproveitar as estruturas do notariado e dos registos – sem que um invadisse a esfera do outro[2] – para conseguir que houvesse uma melhor resposta às cres-

---

[2] É preciso lembrar o seguinte: ultimamente gerou-se uma ideia (quiçá nascida de algumas confrontações entre notários e conservadores, mormente a

A actividade notarial e registral na perspectiva do direito português 293

centes necessidades, que toda a sociedade sente, de um sistema que proteja os direitos e de uma justiça mais pronta e célere e também mais barata, mais eficaz e mais próxima do cidadão comum.

Ora, a nosso ver, isso não será viável conseguir-se sem uma prova cabal, autêntica, *notarial*, dos actos jurídicos celebrados e a sua consequente publicidade *registral* (com a inerente *eficácia* "erga omnes), propiciando uma óbvia diminuição do volume de processos que afluem aos tribunais, bem como, por outro lado, sem a *desafectação* do âmbito judicial de muitos dos casos que, apesar de envolverem uma necessidade de apreciação, mas no entanto não contenham, em si mesmos, uma situação conflituosa que oponha partes litigantes ou que exija a definição de uma controvertida situação jurídica.

2. A propósito destas perspectivas que o legislador deverá encarar, dir-se-á que em Portugal as alterações da lei têm decorrido com "altos e baixos", tendo havido aspectos positivos e negativos.

Começando por estes últimos, para que depois possamos realçar os positivos, sublinhemos desde já que, a nosso ver, muitas das medidas inconsequentes que têm sido tomadas se devem à tentativa de conseguir obter o efeito de uma, aparentemente louvável *simplificação*[3], mas que na realidade tem sobretudo um efeito mediático, apenas servindo para mero favor e gáudio popular, visto que, de facto, em muitos casos não se reflectiram as soluções, nem se cuidou da salvaguarda de princípios essenciais para a defesa dos cidadãos e dos institutos, bem como da transparência dos negócios jurídicos e até da própria credibilidade do direito.

---

propósito da qualificação dos actos e não apenas entre nós, mas em quase "todo o Mundo") de que um dos serviços está a mais. É evidente que não deve pensar-se assim. Trata-se de matérias completamente distintas, que exigem a sua própria *especialização*. É claro que a titulação dos actos tem as suas especificidades e nada tem a ver com o registo dos factos a ele sujeitos, que aliás podem ter as mais distintas proveniências (judiciais, administrativas, notariais e até de pessoas singulares e colectivas). Isto não significa que os actos não possam ser promovidos por qualquer dos serviços e até "on line".

[3] O Governo português até recentemente denominou essa pretendida reforma com a finalidade de uma simplificação de procedimentos com o (que considerou ser promocional) nome de *SIMPLEX*.

294 *Temas de registos e de notariado*

Este processo, dito de *simplificação* – que, de resto, tem já vários anos – começou com a abolição (e até mesmo a proibição)[4] do reconhecimento notarial por semelhança[5], a que se seguiu o da autenticação de fotocópias – a poder ser feita fora dos cartórios e por diversas entidades (juntas de freguesia, correios, advogados solicitadores, câmaras de comércio e indústria)[6] – e para depois se estender ao reconhecimento circunstancial de assinaturas,[7] à certificação de traduções[8] e inclusivamente à dispensa da escritura pública em diversos actos[9].

A justificação destas inovações que publicamente vem sendo dada é a de que se devem eliminar *as burocracias*. Confunde-se, portanto – e confusão esta que nos parece verdadeiramente desajustada se feita pelo legislador – o que é a burocracia, flagelo que todos

---

[4] Não se contesta a útil abolição da, até essa altura, *usual necessidade* do reconhecimento. *Bom foi* que se tivesse acabado com essa obrigatoriedade. Todavia, não se reflectiu nesta dicotomia: a da efectiva *vantagem* de abolir a *necessidade* de reconhecimento de assinatura para entrega de petições à Administração, por um lado e, pelo outro, a *vantagem* que eventualmente poderão ter os próprios particulares em fazer o reconhecimento até para possuir uma ulterior *prova* da assinatura do documento, mormente *naquela data* (que passa a ser *indiscutível*) em que ele foi reconhecido.

[5] Este *tema* foi objecto de vários diplomas, designadamente do Decreto-Lei n.º 250/96, de 24 de Dezembro, cujo art.º 1.º indica que "são abolidos" tais reconhecimentos. No artigo seguinte diz-se que a exigência legal do reconhecimento é substituída pela indicação, feita pelo signatário, do número do seu documento de identificação.

[6] Cf. Decreto-Lei n.º 28/2000, de 13 de Março.

[7] Cf. o n.º 1 do artigo 5.º do Decreto-Lei n.º 237/2001, de 30 de Agosto.

[8] Foi o n.º 2 do supra indicado artigo 5.º que veio permitir a certas câmaras de comércio ou indústria, bem como aos advogados e solicitadores, poderem "certificar traduções de documentos" (*sic*).

[9] Foi o Decreto-Lei n.º 36/2000, de 14 de Março que no dizer do próprio legislador (*in* preâmbulo do Decreto-Lei n.º 237/2001, de 30 de Agosto) "marcou o início do processo de simplificação, mediante a dispensa de escritura pública para um conjunto de actos". Seguiu-se-lhe o Decreto-Lei n.º 64-A/2000, de 22 de Abril, quanto ao arrendamento, ao trespasse e à cessão de exploração de estabelecimento comercial. E posteriormente tal dispensa passou a abranger quase todos os actos.

A actividade notarial e registral na perspectiva do direito português   295

devemos combater e reconhecido entrave da enorme *papelada* usualmente exigida pelos serviços da administração pública, que é própria das concessões, dos licenciamentos e dos actos administrativos em geral, com uma actividade *afim* da jurisdicional voluntária[10] e que respeita à válida *conformação* e à *titulação autêntica* da vontade das partes, enquanto agem no âmbito da sua esfera privada – e que é a inerente ao acto notarial – e a que visa a correspondente publicitação e eficácia, que é própria da inscrição registral. E essa rudimentar, quando não irreflectida e, de qualquer modo, *inadmissível confusão,* levou ao cúmulo de que em textos governamentais publicados se chegassem a equiparar conceitos tão distintos – e mesmo opostos – como os de *desburocratização* e de *desformalização*[11].

Vê-se, assim, que infelizmente longe estamos da lúcida posição de um anterior Ministro da Justiça que, a propósito do notariado, escreveu: "cabe-lhe *personalizar* a posição das partes, libertando-as de um colectivizante *anonimato.* A sua intervenção *desburocratizará* – "desburocratizará", repetimos – a aplicação do direito, num dos seus essenciais momentos genéticos".[12] Quer dizer: na estribada opinião deste ex-ministro e prestigioso advogado é a intervenção notarial que acaba por conseguir *desburocratizar* os sempre difíceis e complicados caminhos dos serviços públicos, até porque subsistem os tremendos condicionalismos, licenciamentos e procedimentos, que os governos insistentemente prometem eliminar, mas que, pelo contrário, têm vindo a multiplicar cada vez mais. E diz-nos a experiência que são normalmente os notários – e outrossim muitos registadores – que, com a seu saber e boa vontade, as mais das vezes conseguem servir eficaz e prontamente o cidadão anónimo, descortinando afinal

---

[10] È claro que não pretendemos aqui tomar uma posição *de fundo* sobre a definição de *jurisdição voluntária* (ou *não litigiosa*), mas apenas recordar que o acto notarial, bem como o registral (mais concretamente o do registo imobiliário e o do registo civil), têm uma natureza que não é equivalente à do "acto administrativo" *stricto sensu* que por vezes gera bastante burocracia.

[11] É claro que na linguagem vulgar os conceitos são frequentemente equiparados – e por isso não vem mal ao Mundo – mas o que se critica é que isso se faça na legislação.

[12] Cf. Vol. 4.º da *Polis*, a propósito de Notariado, (pág. 692. O texto da autoria de MÁRIO RAPOSO, que já noutras oportunidades referi).

vias e *aberturas possíveis* para legalmente o conseguir *livrar* das peias e dos complicados enredos administrativos, de certo modo contornando os obstáculos e quase sempre acabando por lhe resolver os problemas.

Temos, portanto, que os conceitos de *desburocratização* e de *desformalização* são distintos e até se contrapõem: a formalização notarial dos actos *evita* e consegue *superar* as teias burocráticas, a conflitualidade[13] e os enredosos empecilhos administrativos e, além disso, previne os conflitos e a litigância decorrente da incerteza dos títulos particulares.

Acontece porém que, em Portugal, – aliás diversamente do que ocorre na generalidade dos países civilizados do *notariado latino* – os governos têm persistido em dar ao público a falsa *imagem* de que as dificuldades e as demoras que por vezes ocorrem para a celebração e publicitação dos actos *são devidas aos próprios serviços notariais e registrais* e não, como na realidade acontece, aos inúmeros obstáculos de vária ordem, à falta de meios e às múltiplas exigências que diversas leis avulsas – administrativas, fiscais, ambientais – continuam a fazer, no sentido de *proibir* que a titulação ou o registo se efectue se não for apresentado determinado *comprovativo*, mais esta e aquela certificação ou licença, mais este e aquele documento que, de facto, *nada tem a ver* com a declaração negocial e sua perfeita formalização. E são tais *constrangimentos*, na realidade *alheios* aos elementos da relação jurídica, que frequentemente são a efectiva causa de algumas demoras e de justificadas críticas. Por isso, urgia bani-los da esfera notarial e igualmente da registral. Mas, relativamente a essas sujeições, a verdade é que nada se tem feito e até, pelo contrário, quando por vezes algo se faz, não é para facilitar a titulação e a publicitação dos actos, mas quiçá para ainda mais *administrativisar* os procedimentos, complicar e dificultar as soluções.[14]

---

[13] Mesmo no conceito popular, a *autenticação* notarial equivale à *segurança* e à não-contestabilidade dos actos. E *ter uma escritura* significa que se tem um documento que não necessita de qualquer convalidação ou ulterior definição judicial. É, de resto, consabidamente, um *título executivo* que não carece de qualquer confirmação ou validação judicial.

[14] Foi o que se passou com as licenças de *construção* e de *utilização* de prédios e fracções autónomas, que depois do Decreto-Lei n.º 321-B/90,

Não é, pois, a questão da *qualificação*, contrariamente ao que pretendem alguns irreflectidos (e obviamente *ignorantes* destas matérias) que representa qualquer entrave à fluidez do comércio jurídico, exactamente porque este só é fluido, só é credível e só é atractivo se for *válido, seguro, fiável* e necessariamente *conforme ao Ordenamento Jurídico*. E, também por isso, havemos de convir que foi uma errada opção a proposta por alguns membros do notariado que, referindo-se à qualificação notarial e à que é feita pelo registador – que, como é sabido, está no "fim da linha" e vai apreciar o título e demais documentos *a jusante* da contratação – pretenderam defender que havia um injustificado "duplo controlo". Não é aqui a altura própria para desenvolver este tema – que é, na verdade, uma "falsa questão"[15]. Dir-se-á tão-só que os governantes (e nas diferentes áreas do "espectro político") com a sua proverbial falta de conhecimento aprofundado destas matérias, aproveitam aquelas erróneas sugestões

---

de 15 de Outubro *continuaram a ser exigíveis* (para as simples escrituras de compra e venda) e que, por sua vez, o Decreto-Lei n.º 281/99, de 26 de Julho, manteve e apenas deu a *burocratizante* alternativa prevista no seu art.º 2.º.

[15] Tal como tem sido demonstrado em diversas intervenções, mormente em congressos de direito registral. Acentue-se apenas isto: o notário verifica e certifica (*qualifica* de forma *indiscutível*) designadamente, a identidade e a capacidade das partes e bem assim que as mesmas *lhe declararam* o que consta do documento notarial. Não certifica, porém, *outros* pontos – que portanto não *qualifica* – entre eles, principalmente, a *sinceridade* ou a *veracidade intrínseca* dessas declarações – como aliás acentua a doutrina (cf. por ex. R. DE VALKENEER, "Précis du Notariat",1988, pág. 172, n.º 281 e PLANIOL – RIPPERT, "Traité..., VII, n.º 1452 : "mais il ne fait foi... de la vérité et de la sincérité des déclarations". Entre nós, VAZ SERRA, "Provas" *in* B.M.J., n.º 110, a pág. 106: "o documento autêntico faz prova de que as declarações foram feitas. Não prova se elas correspondem à verdade intrínseca") . Pelo contrário, a *decisão judicial*, porque "define" o direito, aprecia a própria *veracidade intrínseca* das declarações negociais. Consequentemente, a qualificação do registador *não pode* - ao contrário do que defendem alguns notários adeptos das teses do *desnecessário* "duplo controlo" – ter *o mesmo âmbito* quando se trata do acto notarial ou da sentença judicial. E, de resto, tem sido sempre esta não só a solução portuguesa, como a de outros elaborados e evoluídos sistemas (v.g. o espanhol, o alemão, etc.).

para *minimizar* o documento notarial, bem como a *indispensável* qualificação registral[16].

3. A verdade, porém, é que na recente evolução legislativa notarial há aspectos importantes que cumpre salientar. O mais significativo – e que veio repor uma *verdade histórica*[17] – foi, sem dúvida, a denominada *privatização do notariado*.

Depois de várias tentativas iniciadas em 1995[18], o diploma que concretizou esta reforma foi o Decreto-Lei n.º 26/2004, de 4 de Fevereiro, no tempo do chamado Governo Durão Barroso, cujo preâmbulo acertadamente sublinhou tratar-se de "uma das reformas mais relevantes na área da Administração Pública em geral, e da justiça em particular", e em que, pela primeira vez no País, "uma profissão muda completamente de estatuto, passando do regime da função pública para o regime de profissão liberal", obtendo-se assim um "serviço de melhor qualidade e com menores encargos para o erário público".

---

[16] Foi depois dessa *infeliz* tese da dispensabilidade de "duplo controlo" que, entre os governantes também se difundiu a ideia da *desnecessidade* do controlo notarial (e da generalizada *desformalização* dos actos) já que bastaria o do registo, que está *no fim da linha* do processo da *regularização* e da eficácia do direito, ou até – o que é o pior de tudo e, a médio prazo, irá ser *desastroso* para a segurança jurídica, o investimento económico e a necessária *confiança* nas instituições – *sem controlo algum* (!!!), como já sucede em diversos pontos da recente reforma operada pelo Decreto-Lei n.º 76-A/2006, de 29 de Março.

[17] Parece que o notariado terá sido *privatizado* mesmo desde a sua instituição. Em Portugal, foi-o desde D .Afonso II, ou pelo menos D. Dinis (Ordenanças de 1315) e mais tarde nas Ordenações Afonsinas, Manuelinas e Filipinas (*vide*, entre outros, ENRIQUE GUIMÉNEZ-ARNAU, "Derecho Notarial",1976, pág. 101) e até 1949.

[18] Não cabe aqui sequer sintetizar as principais *etapas* da reforma, iniciada com o diploma de 1995 que (depois da queda do Governo de Cavaco Silva) não chegou a scr promulgado. Dir-se-á apenas que, diversamente do era pretendido por vários registadores, a *reforma* abrangeu *apenas o notariado* e que, no tempo do governo seguinte (Governo Guterres), a "Comissão de Reforma" foi presidida por um Administrativista (com *especialização* nos Estados Unidos) adepto da criação de uma "ordem", inteiramente privada, e de uma total autonomia e diferente *estatuto* do dos registos – ideias essas que depois transitaram para a legislação que veio a ser promulgada em 2004.

E este mesmo texto introdutório prossegue com judiciosas considerações, reconhecendo o legislador que "o notariado constitui um dos elementos integrantes do sistema da justiça que configura e dá suporte ao funcionamento de uma economia de mercado, enquanto instrumento ao serviço da segurança e da certeza das relações jurídicas e, consequentemente do desenvolvimento social e económico". E com razão se afirma ainda que a actividade notarial ganhará maior relevância "pelo apelo constante ao delegatário da fé pública, consultor imparcial e independente das partes, exercendo uma função preventiva de litígios". E o notário "vê abrirem-se perante si novos horizontes, num espaço económico baseado na concorrência".

A privatização respeitou muitos dos sãos princípios tradicionalmente acolhidos pelo *notariado latino*, dos quais destacaremos o do *numerus clausus*, o do exercício exclusivo da actividade por juristas comprovadamente habilitados, o da delimitação territorial – e, dado o pouco movimento de alguns cartórios, o de se ter instituído a obrigatoriedade de *um fundo de compensação* – bem como o da livre escolha pelo notário dos seus funcionários auxiliares e ainda, a nosso ver, quiçá de tudo o mais relevante, que foi o expresso reconhecimento pela lei da subsistência da *fé pública* inerente ao exercício da função, tal como é entendida pelos ordenamentos romano-germânicos e pelo *notariado latino*.

Todavia, precisamente no que toca a este aspecto, algumas interrogações se têm colocado principalmente devido ao cariz demasiadamente privado – ou mesmo exclusivamente privado – que a reforma imprimiu à organização da classe. É certo que a lei estabeleceu que essa nova organização seria *gradualmente* assumida, mas também a verdade é que anuiu em estruturar o corpo profissional dos notários exclusivamente numa "ordem", à semelhança do que sucede com os advogados e demais profissões liberais.

Ora, o notário, dada a especificidade da sua função e designadamente o poder de conferir *fé pública* aos actos que subscreve, parece que *não deve* ser equiparado ao advogado ou a qualquer outro profissional puramente liberal, precisamente porque há uma *componente pública* na sua função. E esta é, de resto, uma ilação que se poderá considerar pacífica[19] e que tem sido repetidamente proclamada nos Congressos Internacionais do Notariado Latino[20] e que também se encontra expressa na legislação dos diversos países, inclusive do nosso[21]. Com RODRIGUEZ ADRADOS dir-se-á que no notário "função pública e função privada são incindíveis"[22]. Este *meio caminho* entre "função pública"- "exercício privado" tem aliás sido geralmente reconhecido pela Doutrina, sobretudo depois de ZANOBINI[23] e parece que só entre nós é que não tem estado a ser (aliás, nunca foi) bem compreendido pelos governantes.

---

[19] Cf., por todos, "Derecho Notarial" de ENRIQUE GIMÉEZ-ARNAU, Pamplona 1976, págs. 240 e segs. e a sua oportuna citação de SANA HUJA "no es que el Notario ejerza a veces de funcionario público y otras veces de profesional del Derecho. Es que *ambos caracteres se hallan involucrados en el Notario* y determinan un complejo orgánico y funcional que no permite incluirlo nítidamente y sin reservas dentro del campo del Derecho público ni del Derecho privado" (cf. pág. 241, mas itálico nosso). A nossa legislação também o diz: no artigo 1.º, n.º 2 do Estatuto do Notariado (D.L. 26/2004, de 4/2) é dito que "o notário é, simultaneamente, um oficial público (…) e um profissional liberal (…)".

[20] A componente *social* e *pública* inerente ao conceito de notário e à sua função vem sendo divulgada nos Congressos Internacionais do Notariado Latino e bem assim nos nacionais de vários países (v.g., pormenorizadamente, no IV Congresso do Notariado Espanhol) como também, em síntese, foi concluído no XX Congresso Internacional (Cartagena das Indias,1992). Cf. ainda o trabalho de RAFAEL GOMEZ-FERRER SAPIÑA (Guadalajara, 1992) "Jurisdicción Voluntaria y Función Notarial" (do Conselho Geral do Notariado – Espanha) para aquele XX Congresso.

[21] Entre nós (art.º1.º, n.º 2 do Estatuto do Notariado) e mesmo no seio do *liberalíssimo* notariado italiano o artigo 1.º da Lei Notarial refere-se ao notário como "un publico ufficiale appositamente investito della funzione di documentazione". Cf. de A. MORELLO E. FERRARI, e A. SORGATO "L'Atto Notarile", pág. 163. E PIETRO ZANELLI na sua obra "Il Notariato in Italia" explica que a a característica de "pubblico ufficiale" não resulta apenas do artigo 1.º da Lei, "ma si evince da tutte le altre norme" (pág. 19).

[22] Cf deste Autor o artigo publicado na "Revista de Derecho Notarial", Janeiro-Março de 1980, pág. 255 e segs. com este sugestivo titulo: *El Notario:Función privada y función pública. Su inescindibilidad*".

[23] Primeiro na sua tese de doutoramento e posteriormente nas lições, vulgarizou-se o seu conceito de "ezercizio privato di publiche attivitá" (Cf. "Corso di Diritto Amministrativo", 1952, pág. 121). Note-se que esta *dupla característica,*

A *actividade notarial e registral na perspectiva do direito português*   301

Consequentemente, afigura-se que para evitar a *perigosidade* de uma autonomia absoluta *divorciada* de facto tudo quanto é público[24] e mesmo para a defesa da própria *imagem pública* que o notariado *deve preservar* teria sido conveniente ou a subsistência de algum controlo pela Direcção Geral dos Registos e do Notariado[25] – à semelhança do que ocorre em Espanha[26] e parece que com o consenso da classe – ou mesmo (ainda que se afigure pior solução) através da "fiscalização dos seus actos pelo Poder Judiciário", como diz o § 1.º do artigo 236.º da Constituição brasileira, ou ainda, como igualmente pareceria adequado, havendo a tutela de um Conselho Superior maioritariamente composto de modo algo semelhante ao da Magistratura[27].

No entanto e apesar de, com a privatização, o notariado português ter ficado enquadrado *apenas* numa "ordem"[28] à total semelhança da

---

bem como a da *independência funcional* é extensiva *aos registos* (v., entre vários, o nosso artigo na revista "Regesta", 1993, I, págs. 43 e segs.). Por isso se tem dito (e parece que bem) que *registos e notariado* devem pertencer à denominada "administração autónoma".

[24] É que o notário não deve ser entendido pelo poder político e pelos cidadãos em geral como um *advogado especializado* que não *tem que dialogar* com quaisquer serviços públicos e, por outro lado, também se afigura que constitui um erro o não se terem contemplado *oficiosidades* por *interesse público*.

[25] É, actualmente, o designado "Instituto dos Registos e do Notariado", abreviadamente IRN.

[26] Cf de GIMÉNEZ-ARNAU *op.cit.*, págs. 359. Este Autor referindo-se à DGRN diz expressamente que *por cima* do Colégio do Notariado "tem que haver um Órgão – que por razões administrativas *não pode ser o próprio Ministro* – coordenador dos interesses comuns e vigilante da eficácia e da uniformidade da função" (itálico nosso). É, em Espanha, a DGRN.

[27] Idêntico, mas bastante mais *simplificado*. Como é sabido, em Portugal o Conselho Superior da Magistratura é composto maioritariamente por membros *não necessariamente* juízes e que são designados pelos outros órgãos de soberania, dado que o Poder Judicial deles faz parte. Nada tem a ver, portanto, com a organização superior de um mero colégio profissional ou de uma "ordem", tal como (conforme o Decreto-Lei n.º 27/2004, de 4 de Fevereiro) é – mas parece-nos que erradamente – a dos notários.

[28] O que, parece, (e como já ao tempo da 1.ª Comissão tivemos ensejo de manifestar) não terá sido a melhor opção *nem sequer a que mais garantiria os notários* que prosseguissem com a carreira privada.

302   *Temas de registos e de notariado*

advocacia – e não tendo sido, portanto, suficientemente contempla-da, como deveria, a sobredita vertente *pública* da função – pode, no entanto, dizer-se que a maioria dos notários e a própria Ordem têm, de um modo geral, sabido dar resposta às expectativas, mantendo um *elevado padrão* de capacidade e eficiência, bem como a tradicional "disponibilidade, honradez e saber",[29] qualidades estas determinantes da sua elevada, e tradicionalmente merecida, consideração pública,[30] que ao longo dos tempos, incluindo o período da funcionalização,[31] – aliás iniciado apenas no *pos-guerra*[32] – tem sempre constituído

---

[29] A preparação para o exercício do cargo era, desde os finais da década de 80, objecto de um exigente "processo de admissão" (*cf.* art.º 1.º do Decreto-Lei n.º 92/90, de 17 de Março) que, depois da licenciatura em direito, compreendia a prova de aptidão para ingresso no "Curso de extensão universitária", ministrado na Faculdade de Direito de Coimbra, e após a aprovação nos exames respecti-vos, os estágios de um ano em conservatórias e cartórios seleccionados e ainda, depois da conclusão e informação sobre esses estágios, a prestação de provas públicas. Tratava-se, portanto, de um *longo e exigente* processo que visava garantir os *indispensáveis conhecimentos* teórico-práticos *e a qualidade profissio-nal* dos futuros conservadores e notários. Mas também já ao tempo do *Regula-mento* de 1956 (Decreto n.º 40 740 de 24/8/1956) se exigiam *condições de* admissão que implicavam (após a licenciatura) o ingresso como "ajudante esta-giário" nos registos civil e predial e no notariado, certificação de aproveitamen-to e só depois as provas públicas (art.º 21.º e segs.) Presentemente, o acesso à função notarial está regulado nos artigos 25.º e seguintes do aludido Decreto-lei n.º 26/2004, *apenas* se exigindo que, depois da licenciatura, exista um estágio (e *unicamente* em cartório notarial) logo seguido do concurso de prestação de provas. Ao contrário do que se nos afigurava conveniente, não há *curso* algum nem sequer noções elementares sobre os registos!

[30] Que é a dos agentes económicos e dos cidadãos em geral, mas a que talvez, por *ironia do destino,* apenas não seja partilhada pelos governantes.

[31] Mesmo neste período a lei sempre reconheceu (a notários e registadores, diga-se) uma *independência funcional* em nada semelhante à *hierarquia* da "função pública" em geral. Por isso, se dizia que os notários, embora sendo funcionários (como proclamou um Ministro da Justiça) "nem por isso deixam de em muito se assimilarem a profissionais independentes" (*Cf.* "Boletim do Minis-tério da Justiça" n.º 296, pág. 26).

[32] A funcionalização iniciou-se em 1949, sendo a função posteriormente regulada pela Lei 2049 de 6/8/1951. Anteriormente, tal como o registo predial, funcionou em termos privatizados.

A actividade notarial e registral na perspectiva do direito português   303

timbre da classe[33] Diga-se ainda que a fundamental medida da privatização, que inicialmente teve o aplauso generalizado dos juristas, dos agentes económicos e dos políticos de todo o espectro partidário, acabou depois por ser objecto de alguma contestação por parte *dos próprios notários*. Para além do que sumariamente se referiu, essa controvérsia tem essencialmente a ver com o *comportamento governamental* que inicialmente criou expectativas e depois veio a proceder diversamente, "tirando o tapete" – de forma aberrante e até contraditória com o que era previsível – aos que *corajosamente* assumiram todos os riscos[34] e os encargos da privatização.

Referimo-nos sobretudo às medidas apelidadas *de desformalização* que, desprezando os próprios conceitos do direito substantivo, e apenas para justificar uma aparente *simplificação,* têm suprimido o requisito da escritura pública e mesmo da intervenção notarial numa série de actos[35], nomeadamente atinentes ao registo comercial, de que iremos falar.

Ainda no que toca à privatização, parece ser oportuno recordar que a reforma do estatuto se circunscreveu ao *notariado* e ainda em

---

[33] E afirmo-o sem quaisquer preconceitos e também sem complexos, até por eu próprio não ser notário.

[34] Muitos dos mais distintos notários não vieram a optar pela *vida privada*, precisamente devido à multiplicidade dos encargos e à forma *pouco garantida* como foi organizada a transição para o actual enquadramento da função. De resto, essa *transição* nem sequer foi bem *negociada* por parte do Governo, que também não garantiu (como parece que deveria) certos aspectos do *serviço público* que também teria sido importante precaver e definir.

[35] É óbvio que, com tais inusitadas medidas, se *prescinde* assim da importantíssima função *conformadora* da vontade das partes – "adaptando-a à previsão normativa" (como escrevi no Proc. 76/92-RP4) numa necessária "operação jurídica" (como ensinou CARNELUTTI, *in* "Teoria Generale" p. 220) e também *autenticadora* (com *a inerente exequibilidade*) dessa mesma vontade. Ora, parece que aqueles aspectos são de todo irrelevantes para o actual legislador português, que apenas considera útil a simples *autenticação* dos documentos e não a sua "confecção", "conformação" (vontade das partes/Ordenamento) e legalidade intrínseca. E reconhecê-lo não significa que não se admita que tal autenticação possa ser *suficiente* em alguns actos repetitivos ou em contratos de adesão, nem também significa que a opinião expressa seja (como habitualmente se acusa) meramente corporativa – aliás, repito, não sou notário.

nada tocou nos registos[36]. Pior: parece que, de modo absolutamente injustificado, se quis (na prática do exercício da função) acentuar mais a sua *funcionalização*. Ora, e referindo-me fundamentalmente ao registo predial, verifica-se que não só na tradição portuguesa, como na dos países com os quais temos maior proximidade cultural e jurídica – caso indiscutível do Brasil e da Espanha[37] – quer o notariado quer os registos têm *idêntico* regime privatizado. Pelo contrário, em Portugal, e logo quando ao tempo do Ministro Laborinho Lúcio se deu início à reforma, quis-se evidenciar uma, a meu ver *completamente injustificada*, dicotomia: privatização do notariado *versus* funcionalização dos registos.

4. No entanto, não só na velha Dinamarca, mas também connosco, no Portugal dos nossos dias, "algo vai mal no reino de sua majestade". Com efeito, não há razões de fundo e até nada justifica uma *funcionalização* do registo predial[38] em confronto e *rival* antinomia com uma privatização do notariado, a não ser por meras razões de *oportunidade política* e essencialmente motivadas quer por uma questão laboral[39] derivada da perda de vínculo à função pública que

---

[36] Assim acontece no que diz respeito ao *estatuto do conservador*, muito embora tenham sido alterados os códigos dos registos e tenha sido publicada alguma legislação avulsa.

[37] Note-se que a 1.ª Lei Hipotecária portuguesa (Lei de 1 de Julho de 1863) foi *decalcada* na 1.ª Lei Hipotecária espanhola de 8 de Fevereiro de 1861 (como reconheceram os Autores da época, v.g . A. A. Fereira de Melo *in* "Comentário à Lei Hipotecaria"). Além disso, também o próprio enquadramento na Direcção-Geral dos Registos e do Notariado (que tem *a mesma* designação).

[38] É discutível o caso do *registo civil* e talvez ainda o de algumas matérias habitualmente tidas (ainda que genericamente) como sendo de registo comercial (v.g. as publicações obrigatórias e a admissibilidade das firmas).

[39] Em consequência da *privatização* iria estabelecer-se que os notários passavam a ter apenas os rendimentos decorrentes das receitas cobradas e os funcionários dos cartórios os ordenados que resultariam dos contratos individuais de trabalho que celebrassem com os notários, perdendo uns e outros *a garantia* dos vencimentos pagos pelos cofres do Ministério da Justiça. Por este motivo (e, como foi anunciado, para facilitar a privatização) deu-se-lhes a possibilidade de *optar* pelo ingresso em conservatórias. Assim, e para evitar mais contestações *convinha* que as conservatórias permanecessem com gestão pública.

A actividade notarial e registral na perspectiva do direito português   305

alguns notários e funcionários dos ex-cartórios públicos não pretendiam afastar, quer também porque o Ministério da Justiça não queria *perder* os rendimentos derivados dos emolumentos para os continuar a utilizar noutros sectores que nada têm a ver com os registos e o notariado[40]. E esta *apetência* do Ministério pelas verbas das conservatórias é porventura uma das razões pelas quais se têm transferido *alguns actos eminentemente notariais* para o campo dos registos, situação esta que nos parece anómala e, de resto, parece que nem pretendida por muitos registradores.

Também não se nos afigura proposital, nem sequer vantajosa para alguém, a ideia de certos notários ao considerar que as conservatórias devem ser *repartições públicas*, em contraste com os cartórios notariais que, esses sim, são os únicos a quem cabe a privatização e muito menos nos parece pertinente que as próprias estruturas do notariado continuem a defender esta *recente* e errónea tese – que, efectivamente, no nosso ordenamento jurídico, na prática e na própria tradição lusa, se perspectiva como totalmente aberrante. Trata-se, como é sabido, de serviços cuja área de intervenção jurídica é *praticamente comum*, pelo que a estrutura privatizada, com a componente pública[41] se ajusta *igualmente bem* ao notariado e aos registos.

---

[40] Além da supracitada razão, ao *Ministério da Justiça* – que perdeu as receitas do notariado – também convinha, para não alterar o seu próprio orçamento, continuar (ao que se crê, de forma abusiva e oportunista) *a embolsar* as receitas dos actos de registo, pagos pelos particulares (*mas não como impostos* – que esses *também* são pagos, autonomamente) e que, portanto, *só a eles* dizem respeito.

[41] Tanto no notariado como nos registos trata-se (já há anos o escrevi) "do exercício concreto de um poder do Estado" com características *próprias e autónomas* integrando aquilo que tem sido designado como a *função legitimadora do Estado*" e no âmbito da denominada "justiça preventiva" (cf. o nosso citado estudo *in* "Regesta" 1993,I, sobretudo a pág.49). E, também na área registral, se verifica a mesma *incindibilidade* de" serviço público e exercício privado" na "actividade concernente às relações jurídicas privadas" (como também referi noutro trabalho publicado na "*Scientia Iuridica*", Janeiro 2002, n.º 292, pág.127). Não será, pois, errónea – e antes nos parece muito justificada – a velha ideia de que "nos registos e notariado o Estado só estorva". E, por vezes, estorva bastante...

Correcta nos parece, sim, *a estrutura brasileira* – e outras de nós próximas, como é o caso da espanhola – na qual ambos os serviços estão privatizados, e mesmo de um modo *constitucionalmente garantido*, acontecendo ainda que a carreira de conservador e notário é intermutável e até o próprio local onde os actos são praticados é denominado "cartório", tanto no caso do notariado como no dos registos.

Por outro lado, também nos parece que a *gestão privatizada* assegura um muito melhor serviço, uma muito maior eficiência. Demonstra-o a própria privatização do notariado que, apesar da citada *desvalorização* do seu conteúdo funcional, com que o Poder tem injustificadamente combatido este relevante sector da vida social e da cidadania, apesar disso, os notários portugueses têm sabido *responder ao desafio*, prestando um serviço célere, competente e com o agrado generalizado da população – mas, *incompreensivelmente*, só não aplaudido por alguns sectores do poder político. Acresce que os quadros de funcionários dos cartórios são dimensionados pelo próprio notário que, havendo conveniência, contratará, ou não, os que forem necessários.

Pelo contrário, nas conservatórias verificam-se as situações mais anómalas. Há as que têm funcionários excedentários – muitos dos quais provenientes dos extintos cartórios públicos – e as que se debatem com enormes carências, sem o pessoal minimamente necessário (até para dar resposta a exigências crescentes), e *insistentemente pedido*, para se poder manter o serviço em dia – o que, por vezes, também não se tem conseguido[42]. E em Portugal há, inclusivamente, locais destinados a instalação de novas conservatórias, a pagar rendas elevadas e que se mantêm desocupados anos a fio. Em suma: as conservatórias e os conservadores são *vítimas* da burocratizante e consabida *ineficiência da gestão pública* – do grande Estado e cada vez pior Estado – e a todos obviamente penalizam os atrasos, as demoras de atendimento, a própria lentidão (e ignorância) de alguns

---

[42] Note-se que não é só neste domínio que se *comprova* a ineficiência da gestão pública que, evidentemente, nunca é superada por fiscalizações, perseguições, relatórios e outras – essas sim – lastimáveis "burocracias".

A actividade notarial e registral na perspectiva do direito português   307

funcionários cujos "postos de trabalho" não são minimamente afectados pelas impaciências e queixas dos conservadores e do público[43].

Por tudo isto nos parecia razoável que os notários cooperassem com os conservadores do registo predial no sentido de se conseguir obter um idêntico destino de *gestão privatizada* tanto para os cartórios notariais *como também* para as conservatórias – não falando aqui do registo civil, tendencialmente gratuito e que portanto carecerá de outro enquadramento, bem como do denominado RNPC[44].

De resto, caberá recordar o que repetidamente tenho exprimido, por me parecer evidente: notariado e registos (predial e comercial) têm, ambos, idêntica função *instrumental do direito privado*, dirigido aquele à titulação do acto jurídico e este à sua publicitação e eficácia *erga omnes*. Representam verdadeiramente duas faces da mesma moeda. Consequentemente, devem andar a par, mesmo quanto à já referida *gestão privada de uma actividade* e *serviço de natureza pública*[45].

5. Em Portugal, no que toca aos registos, a reforma legislativa em curso nos últimos tempos, aparte alguns ajustes pontuais, neste momento apenas envolveu a área do registo comercial. E verifica-se que é

---

[43] Diga-se que estes factos *ocorriam igualmente* com os cartórios notariais públicos. Note-se ainda que outros factores, tais como, por vezes, inadequada preparação e sobretudo o que cheguei a apelidar de *temor decisório* – tanto por parte de alguns notários como, talvez mais ainda, de conservadores – agravam toda a situação.

[44] É um serviço que existe em Portugal: o *Registo Nacional de Pessoas Colectivas*, essencialmente destinado a *admitir* a possibilidade da inscrição e do uso das *firmas* (enquanto firma-denominação, mas neste momento ainda não o de marcas) das sociedades comerciais e de outras pessoas colectivas. Trata-se de um serviço que foi sempre alvo de críticas e acusado de extrema *burocracia*. Visto que o seu papel é também o de *licenciamento* do uso de firmas tem uma componente de natureza *eminentemente administrativa* e é, portanto, diferente do das demais conservatórias. Em suma: afigura-se que não se justificará, nem será oportuna, a sua imediata privatização.

[45] Também sobre este outro aspecto: o notário e o conservador não podem recusar a prática de actos legais a quem quer que seja, mas o advogado ou o solicitador só atendem *quem querem*. E (salvo em certas oficiosidades) não estão obrigados a prestar serviço às pessoas de que até eventualmente não gostem...

308 Temas de registos e de notariado

um domínio em que as confusões são grandes. A primeira e mais propagandeada das medidas foi a instituição da chamada "empresa na hora" (e agora do projecto da "on line"). Não se discute a *boa intenção* do legislador, nem o *aplauso* dos operadores económicos, nem tão pouco a *conveniência* de certas medidas constantes do diploma[46], bem como vantagem da célere constituição de sociedades comerciais.

Questiona-se, sim, a *apologia da instantaneidade* e da propaganda da quiçá *impensada* constituição de sociedades comerciais sem sequer haver um comprovado capital mínimo, e a (des)vantagem da multiplicação de sociedades de responsabilidade limitada[47], bem como a errónea *confusão* estabelecida (e difundida pelo país e pelo estrangeiro sobretudo através da comunicação social) em torno de dois conceitos completamente distintos: o de *constituição* de uma sociedade comercial e o de *criação* de uma empresa.

Quanto ao primeiro nunca houve obstáculos de monta,[48] salvo no que concerne à autorização do nome da firma, frequentemente demorado e às vezes rejeitado[49]. Quanto ao outro, apesar de, como ensina COUTINHO DE ABREU[50], não ser possível estabelecer *"um* conceito genérico de empresa", a realidade é que quer no *sentido subjectivo* – de "sujeitos jurídicos que exercem uma actividade económica" e que, inclusivamente, podem nem ser pessoas colectivas – quer no *sentido objectivo* – "como instrumentos ou estruturas produtivo-económicos objectos de direitos e de negócios"[51] – a constituição de

---

[46] Referimo-nos ao Decreto-Lei n.º 111/2005, de 8 de Julho e v.g. à "bolsa de firmas" prevista no art.º 15.º.

[47] Nos termos do estabelecido no art.º 1.º do citado Decreto-Lei n.º 111/2005, o regime em causa só se aplica às sociedades anónimas e por quotas – as quais, todavia, correspondem à larguíssima maioria das sociedades constituídas em Portugal.

[48] Até devido à possibilidade, que sempre existiu, de os interessados poderem escolher qualquer cartório notarial.

[49] Por isso que se considerou *positiva* a medida prevista no art.º 15.º do aludido diploma e também se afigurava conveniente rever o regime vigente.

[50] V.g. no "Curso de Direito Comercial", vol. I, Almedina 1998, pág. 175 e segs., onde é feita uma clara e perspicaz exposição com respeito às empresas. A passagem citada é de pág. 243 e também exposta a págs. 187 e segs.

[51] As passagens citadas são da pág. 187.

A actividade notarial e registral na perspectiva do direito português   309

uma "sociedade comercial" *não é*, em si, a *criação de uma empresa* e no sentido objectivo, não é o que *verdadeiramente releva* para o progresso económico. Torna-se manifesto que tal constituição de sociedade não representa por si a criação, a reunião ou a construção das estruturas produtivas, dos bens, dos materiais, dos serviços, dos projectos necessários à fundação de uma qualquer *empresa* não fictícia[52].

Temos ainda que se indicia serem altamente duvidosos os benefícios sociais decorrentes de uma multiplicação indiscriminada de "sociedades comerciais" relativamente às quais nem sequer foi exercido um singelo – e necessário – controlo notarial ou registral da efectiva existência de um *capital mínimo*[53] e que, portanto, muitas vezes serão meras *sociedades de fachada*, sem substrato real e sem quaisquer recursos ou possibilidades de investimento. Serão talvez e unicamente aplaudidas em meros termos *quantitativos estatísticos* e sem que se tenha atendido à *precariedade* (que deveria ser combatida e não incentivada) que obviamente decorre dessas *instantâneas* constituições.

Consequentemente, e muito embora se concorde serem convenientes os processos que tenham em vista a facilitação da constituição de empresas[54] e sendo *também* de aplaudir a rápida e cómoda *consti-*

---

[52] A sociedade comercial relaciona-se apenas com a *titularidade* da empresa. Esta pode, como é evidente, ser *criada* por qualquer pessoa em nome individual por sociedade regularmente constituída, ou mesmo, por sociedade irregular. Isto é: pode haver empresa sem ter sido constituída uma sociedade comercial e o inverso também é verdadeiro – pode haver (e há) sociedade constituída sem existir empresa alguma.

[53] Os únicos documentos em geral exigidos para a constituição destas sociedades são os da identificação dos sócios (B.I.). Não se torna *necessário provar* que realmente *existe* um capital mínimo (cf. art.º 7.º, n.º 2, do citado Decreto-Lei n.º 111/2005).

[54] Contudo, neste domínio, ainda não se vê que tenham sido tomadas medidas concretas (ao nível central e ao nível autárquico) designadamente para facilitar os célebres *licenciamentos*. A abertura de uma empresa "mínima" – um simples café e que, é claro, não precisa de ser através de uma sociedade comercial) – pode carecer de bastante tempo e esforço. Também quanto à declaração fiscal de *início de actividade* – que poderia ser electronicamente transmitida aos serviços fiscais – subsiste a necessidade de os interessados a efectuarem igualmente

tuição de sociedades comerciais (v.g. sem as antigas delongas e dificuldades para se obter o licenciamento de uma *firma*, hoje muito melhoradas, mas que em parte ainda subsistem) a verdade é que habitualmente não era difícil a celebração *notarial* do contrato de sociedade, feito "à medida" (frequentemente minutado por advogado) e a correspondente constituição e registo definitivo, pelo que parece resultar que o principal objectivo que houve com a insistente difusão pública do citado quadro legal da "empresa na hora" (que, repete-se, poderá mesmo em muitos casos ser útil[55]) terá sido principalmente o propagandístico – tanto nacional como internacional[56] – e até para mostrar aos agentes económicos um grande *dinamismo* governativo mesmo a nível da prática jurídica e legislativa.

6. No domínio do registo comercial a reforma de 2006 foi profunda e, a nosso ver, passível de largas e justificadas críticas.

No preâmbulo do diploma que a realizou (o aludido Decreto-Lei n.º 76-A/2006, de 29 de Março)[57] diz-se que "visou concretizar uma parte fundamental do Programa do XVII Governo Constitucional" e

---

perante esses *serviços fiscais* e, portanto, também neste campo *nada se simplificou*. Além disso, subsistem outros variadíssimos constrangimentos, mesmo ao nível autárquico.

[55] Por isso, nestas sucintas observações não se pretende criticar "a possibilidade" de se constituírem rapidíssimamente sociedades comerciais (será *mais uma* hipótese que pode *por vezes ser útil*), mas sim a confusão com "empresas" (que, até fiscalmente, podem funcionar de muitos modos céleres *sem serem* sociedades comerciais) e o grande *incentivo* a que se constituam *só* por esse processo "na hora".

[56] E com efeitos concretos, visto que Portugal *subiu* no "ranking" internacional na facilitação de constituição de empresas. Deve, porém, referir-se que os termos *numéricos* não correspondem aos de *efectiva* criação de riqueza (v.g. as "constituições" foram quase só restaurantes ou micro-empresas de construção), visto que as *reais* "empresas" querem, evidentemente, ponderar as soluções e constituir sociedades comerciais pensadas, ponderadas e *"à medida"* e não "na hora".

[57] As alterações contempladas neste diploma não se circunscreveram aos códigos dos registos e do notariado. Abrangeram outros, designadamente o Código das Sociedades Comerciais e o Código Comercial que, todavia, nesta breve intervenção, não haverá ensejo de focar.

no artigo 1.º indica-se que se adoptaram várias "medidas de simplificação de actos e procedimentos registrais e notariais". Não é esta a oportunidade de se fazer uma análise minimamente aprofundada do conteúdo da reforma. Bastará, para apenas salientar o que em termos direito comparado mais poderá interessar, aludir a algumas das medidas que nos parece não deverem ser repetidas noutros ordenamentos e enunciar aquelas que, nestes, poderão porventura ter alguma utilidade.

A medida que, a nosso ver, foi mais negativa consistiu na própria alteração do sistema de registo. Existia entre nós um registo de direitos, *fiável,* e que em nome de uma falaciosa[58] *simplificação* se quis transformar num mero "registo de transcrição", quando não mesmo num simples arquivo de documentos. Aliás foi alterada a disposição (artigo 11.º) que referia constituir o registo definitivo presunção da existência da situação jurídica *nos precisos termos em que é definida* pelo próprio registo. Ora, foi revogada esta importante *presunção de exactidão*[59]. Daí que seja legítimo interrogarmo-nos: porque se quiseram *desvalorizar* os efeitos do registo? Porque a "exactidão" não convém? Porque é *mais simples* se acabar a fé pública para passar a haver dúvidas quanto ao conteúdo dos registos?

Francamente, não creio que se possam encontrar explicações *plausíveis* e racionais para a diminuição das garantias, da segurança e da falta de rigor do registo. Mas essa desvalorização constituiu, em

---

[58] Afigura-se pertinente o qualificativo, uma vez que o pretendido processo de *simplificação* é ilusório, pois deixa de a haver se as consequências da eliminação de *barreiras de entrada* se traduzir em *insegurança jurídica* e em futuras *complicações*, como será o caso. No entanto, a reforma é recentíssima e, por isso, ainda não se puderam notar *os seus efeitos adversos* e os danos que irá causar na indispensável *confiança* que os agentes económicos procuram e, se querem investir, *exigem.*

[59] Como ensina a doutrina, a *presunção de verdade* estabelecida (como presunção *juris tantum)* na 1.ª parte do art.º 11.º (e, identicamente, no art.º 7.º do Código do Registo Predial) era complementada com uma *presunção de exactidão,* dado que a situação jurídica presumida o era "nos precisos termos" em que o registo *a definia.* Recorde-se que os efeitos presuntivos do registo são manifestamente relevantes. MENEZES CORDEIRO considera-os mesmo "efeitos *substantivos* indirectos" (cf. "Evolução juscientífica e direitos reais", *in* Revista da Ordem dos Advogados, Ano 45, Abril 1985, pág.108).

grande parte, o *rumo* da reforma. É que não foi apenas no tocante à eliminação do *princípio da exactidão* anteriormente contemplado na parte final do artigo 11.º. Foi também, de uma forma até *mais grave*, na supressão do *princípio da legalidade* quanto aos registos feitos *por mero depósito*.

O registo pode agora ser feito por depósito ou por transcrição (artigo 53.º-A). E será apenas neste caso que o registador – ou, por incrível que pareça, um qualquer funcionário[60] – irá *qualificar* a viabilidade do pedido de registo (artigo 47.º). Quer dizer: nos diversos casos em que o registo é efectuado por mero depósito (n.º 4 do artigo 5-A) podem ingressar no sistema registral actos absoluta e manifestamente nulos![61] Que comentário tecer? Na óptica do legislador para que servem esses "registos"?[62] Apenas para "satisfazer" ignorantes?

---

[60] Foi o n.º 2 do artigo 55.º-A que veio admitir que para diversos actos (alguns dos quais, como a nomeação ou exoneração de administradores, levanta por vezes questões *jurídicas*) tivessem *competência* os oficiais dos registos. Ora, para além de aos funcionários "auxiliares" não lhes ser legalmente exigida preparação *jurídica* e muitos não terem sequer "a mínima", é sabido que só o controlo permanente, directo e actuante do conservador ou do notário é verdadeiramente *eficiente* e *persuasivo*.

[61] O próprio conceito de *nulidade do registo* é *apenas aplicável* ao "registo por transcrição" (artigo 22.º, n.º 1).

[62] Só para a *confusão,* que afinal é tudo o que um registo – um *qualquer* registo – *nunca deve gerar.* Apesar do escasso tempo de vigência da reforma, tomamos já conhecimento de algumas situações verdadeiramente "complicadas" (v.g. a do depósito de um "documento", por certo feito por algum *aprendiz de contabilista,* da unificação numa só quota de uma, anterior, "bem comum" – e que, aliás, por divórcio fora adjudicada ao outro cônjuge – com outra, "bem próprio", e posterior transmissão a um terceiro!. E outrossim dos casos de quotas pertencentes à mulher, casada em comunhão geral, que *as vendem* ao marido ou das de menores transmitidas sem autorização alguma!). Vê-se, pois, que a confusão não é só conceptual. Já há exemplos concretos e *lamentáveis* da *desvalorização do registo* – que, por incrível que pareça, abrange várias outras situações, desde a *penhora* de quotas às provisoriedades por natureza e por dúvidas – e da consequente *incerteza do direito*, o que, obviamente, se irá traduzir numa *perda de confiança* do público em geral e dos investidores em particular, com o consequente *risco* para o comércio jurídico e para o próprio desenvolvimento económico.

A *actividade notarial e registral na perspectiva do direito português*   313

E acontece também o seguinte: existe em Portugal o mau hábito de serem pessoas desqualificadas e juridicamente impreparadas a fazer actas e outros documentos das sociedades. Para além do que essa prática representa em si mesma de *negativo*[63], verifica-se que tais documentos contêm frequentemente imperfeições, omissões e até nulidades. Ora, se quanto aos factos que podem ser registados com base nesses títulos (*pseudo-títulos*) já não há qualquer controlo notarial, *nem também o registral*, permita-se que voltemos a perguntar: para que serve inscrevê-los? Para ludibriar o povo? Para multiplicar a conflitualidade? Para o Registo (enquanto importante "serviço público") assumir *como seus* e *incontroladamente*, actos *ilegais e internos* das sociedades? Para, quando os próprios agentes económicos *se aperceberem,* diminuir o investimento?

Talvez para "tapar os olhos" aos cidadãos e especialmente aos juristas, introduziu-se a *curiosíssima* disposição do artigo 242.º-E do Código das Sociedades Comerciais, cujo número 1 diz que a sociedade *não deve* promover o registo se ele não for viável em face das disposições legais, dos documentos e dos registos anteriores, prosseguindo a disposição com a redacção constante (*e copiada*) dos preceitos dos códigos dos registos predial e comercial onde vem consignado o *princípio da legalidade.* Quer dizer: naqueles casos, a importantíssima função qualificadora, o *nobile officium,* que exige preparação *especializada,* vai passar a ser exercida por auxiliares de contabilidade, por sócios das pequenas e pequeníssimas empresas que usualmente nem a escolaridade mínima possuem e não fazem ideia do que seja um registo?[64] Ou essas pequenas sociedades, que são *a grande maioria,*

---

[63] O Boletim da Ordem dos Advogados n.º 42 (Maio/Agosto de 2006) é especialmente dedicado à *procuradoria ilícita* e o que referimos é aí corroborado. O combate a essa *prática ilícita* representa mesmo "uma questão de cidadania" (pág. 12), pelo que não devia ser o próprio Governo a incentivá-la com a *facilitação* do apontado tipo de registos por "depósito", com base em simples "documentos" (papéis que no registo ninguém vê?) feitos pelos, em Portugal popularmente chamados, "lareiros".

[64] Lamentável é também que o *desconhecimento* das questões do direito registral (e notarial) – dos debates teóricos, das práticas dos diversos sistemas, das conclusões dos congressos internacionais, das reflexões sobre estas matérias – seja *não apenas* dos próprios dirigentes (*legisladores*?), o que poderia ser

314 *Temas de registos e de notariado*

quando necessitarem de titular um daqueles actos de registo vão precisar de contratar um advogado e arcar com as deslocações, explicações e inerentes despesas? Será que isso contribui para o progresso económico, para a *simplificação* das questões, para a indispensável *segurança do comércio jurídico*?

Não nos parece que a resposta possa ser afirmativa.

Cabe, porém, referir que nas alterações legislativas não houve só "desgraças", as referidas *e outras*. A nosso ver, e para se fazer uma crítica *isenta*, dever-se-há dizer que também algo de positivo trouxe a reforma. Desde logo quanto aos suportes documentais dos actos de registo por transcrição que passam a ser feitos *informaticamente* (artigo 58.º, n.º 1) o que, portanto, permite obter as inerentes vantagens[65]. Além disso, no tocante ao capítulo da prova dos registos foi introduzida uma secção que prevê a criação de uma *base de dados*, a cargo do director-geral e com vista à *rápida* prestação de certas informações atinentes à situação jurídica das sociedades. No que respeita às publicações obrigatórias que eram feitas no "Diário da República", passaram a sê-lo em sítio da *Internet*. Há ainda a facilitação do pedido de registo, bem como da sua certificação, e alguns outros acertos que parecem ajustados, como é o caso da apresentação por via electrónica e o da dispensa de tradução de documentos se escritos num dos idiomas mais vulgares (espanhol, inglês ou francês – art.º 32.º, n.º 2) que o registador domine.

---

compreensível, mas *se estenda* aos seus auxiliares, adjuntos e assessores que pululam pelos corredores do Poder central (e que em Portugal são conhecidos pelo sugestivo nome de "boys"). É claro que com o *puro improviso* e sem prévia e séria formação e ainda sem aplicado estudo os resultados não poderão ser bons. E tal falta de estudo torna-se verdadeiramente *indesculpável* se, depois, se dão *erros tão clamorosos e graves* como os de muitas das aludidas alterações ao Código do Registo Comercial.

[65] O preâmbulo do aludido Decreto-Lei refere, "em 9.º lugar", como medida benéfica, a eliminação da *competência territorial*. Temos algumas dúvidas desse *benefício* quanto à conveniente e efectiva *publicitação* dos actos de registo comercial (mormente permanecendo a pasta da sociedade na conservatória da sede). Ele foi, aliás, previsto no "Código de Registo de Bens Móveis" – e aí não se vislumbram desvantagens – mas esse diploma não chegou a entrar em vigor.

A actividade notarial e registral na perspectiva do direito português   315

Novidade foi ainda a introdução de um procedimento nas conservatórias para a *dissolução e liquidação* das designadas "entidades comerciais".[66] Nos termos deste processo, dito administrativo,[67] a própria *sociedade*, os seus representantes e outras entidades (v.g. credores) podem requerer na conservatória que seja instaurado um procedimento com vista à sua dissolução ou liquidação.

Esta medida, ao que se pensa, não visou *desformalizar* integralmente aqueles actos, que podem ser praticados (e continuarão a sê-lo) pela via, até agora mais usual, da escritura pública. Visou, sim, retirar da esfera *judicial* os processos até aqui da exclusiva competência dos tribunais. Ora, isso poderá, em muitos casos, ser positivo e vai ao encontro de um proveitoso – para os tribunais e para as partes – percurso de *desjudicialização* de processos[68] encetado há já vários anos.

Com o novo regime jurídico da dissolução e liquidação, havendo *causa legal* para tanto, pode a própria sociedade (e outras pessoas colectivas, como as cooperativas), os sócios ou os credores requerer que na conservatória se instaure o processo respectivo, que culmina com a decisão do conservador, a qual, sendo favorável, permitirá lavrar o correspondente registo. Esta decisão é, evidentemente, passível de recurso pela via judicial, caso em que, como é de regra geral, só após o trânsito em julgado será possível lavrar o registo.

---

[66] Que tem o extenso e complicado nome de "Regime Jurídico dos Procedimentos Administrativos de Dissolução e Liquidação de Entidades Comerciais" e não consta de diploma próprio, mas é "um regime"(?) que foi aprovado pelo n.º 3 do artigo 1.º do citado Decreto-Lei n.º 76-A/2006.

[67] Que, em brevíssimo apontamento, se poderá notar que bem mais parece um procedimento de *jurisdição voluntária* (inserido no âmbito do direito privado e dos respectivos procedimentos *cíveis*) do que um *processo administrativo* (e nos termos do Cód. do Procedimento Administrativo) que a designação legal sugere.

[68] Não no sentido de um"direito espontâneo" de que fala MARK GALANTIER no artigo a que sugestivamente deu o título "A justiça não se encontra apenas nas decisões dos tribunais" (*in* "Justiça e Litigiosidade – História e Prospectiva" de A. HESPANHA, *Gulbenkian*, sendo a passagem de pág. 82). No sentido, sim, de uma *jurisdição voluntária* (prevista no Cód. Proc. Civil) que poderá desenrolar-se, e bem, *externamente* ao foro judicial.

Além desta possibilidade de instauração do processo a pedido dos interessados, pode também o mesmo ser iniciado oficiosamente quando se verifiquem determinadas circunstâncias previstas na lei (artigo 5.°) e a tal conducentes.

Diga-se ainda que o legislador, possivelmente entusiasmado por ter previsto a constituição da denominada "empresa na hora", de que falámos, previu também uma dissolução e liquidação *na hora* (artigo 27.°) que, por certo, irá servir para *apagar* rapidamente sociedades de que os interessados se pretendam livrar[69].

7. O tema da *desjudicialização* tem tido desenvolvimentos vários quanto a determinadas áreas dos registos e do notariado, mas parece que se pode afirmar que o seu início mais relevante ocorreu com o diploma que em 1995 (o Decreto-Lei n.° 131/95, de 6 de Junho) alterou o Código do Registo Civil e que transferiu para a competência do conservador a instrução e decisão de vários processos até então de exclusivo âmbito judicial. De entre eles, logo teve grande impacto o processo de divórcio e de separação de pessoas e bens por mútuo consentimento.

Estes processos passaram a poder ser instaurados e a correr seus termos na conservatória do registo civil, ficando a correspondente decisão a cargo do conservador. Dado o seu elevado número, constituiu indubitavelmente uma das disposições que *aliviou* a crescente carga dos tribunais e, decorrida já mais de uma década e atenta a quantidade destes casos resolvidos nas conservatórias, usualmente com o agrado dos juristas e da população em geral, poder-se-á dizer que constituiu uma das *acertadas medidas* que neste âmbito foram tomadas.

Entretanto, com as sucessivas alterações do Código (v.g. os Decretos-Lei n.ºˢ 36/97, de 31/1, 120/98, de 8/5 e 273/2001, de 13/10)

---

[69] E, portanto, *fugir aos credores*. É certo que a disposição legal obriga a que se faça expressa declaração de não haver activo nem passivo a liquidar (art.°. 27.°, n.° 1, b)). Trata-se, todavia, de uma mera "declaração" não comprovada e que, como se sabe, poderá ser mera fraude e, portanto, não ser correcta. É, pois, possível à luz do novo regime constituir num dia uma empresa (apenas para obter *financiamentos*) e no dia seguinte (declarando "qualquer coisa") dissolvê-la e liquidá-la.

A actividade notarial e registral na perspectiva do direito português 317

outros actos e processos passaram – e bem – para a competência do conservador, como foi o caso do "processo de justificação judicial" respeitante às situações de suprimento da omissão de registos.

No tocante ao registo predial e também inserindo-se no que o legislador designou como a "estratégia de desjudicialização de matérias que não consubstanciam verdadeiro litígio", caberá igualmente referir o processo de justificação (artigos 117.º-A a 117.º-P do Código do Registo Predial) e o processo de rectificação do registo inexacto ou indevidamente lavrado, mesmo quando não exista acordo dos interessados (artigos 118.º a 132.º-C do mesmo Código). São processos cuja decisão cabe ao conservador – que, para tanto, pode solicitar provas e ouvir testemunhas – e, é claro, sempre com recurso para os tribunais.

Falamos já do registo comercial e da sua recente reforma, cumprindo ainda dizer que, identicamente ao que ocorreu com o registo predial, também a competência para a instrução e decisão dos processos de rectificação e de justificação passou, com o Decreto-Lei n.º 273/2001, de 13 de Outubro, para a competência do conservador.

8. A propósito da *desjudicialização* de matérias que anteriormente eram da esfera exclusiva dos tribunais e que o legislador entendeu – e cremos que bem – poderem ser resolvidas nas conservatórias, pensamos ter, numa breve síntese, dito o essencial. Referir--nos-emos agora – ainda que também muito sucintamente – ao que *futuramente*[70] se perspectiva nesta área dos registos e do notariado.

No que concerne ao registo civil, é intuito já decidido, o da sua integral informatização – à semelhança aliás dos demais registos – com as consequentes vantagens, incluindo as de facilitação da prova dos actos.

---

[70] Mesmo porque, também em termos de direito comparado, se o "passado é morto", com o seu (ainda que necessariamente importante) valor histórico, é o presente, actualizando a nossa experiência, e também o futuro perspectivando um *melhor caminho*, que conjuntamente talvez melhor possam incentivar a reflexão sobre as soluções que, em termos de direito comparado, *outras ordens jurídicas igualmente admitam introduzir*. Por isso, pareceu-nos útil abordar, ainda que sumarissimamente, as perspectivas futuras.

318 *Temas de registos e de notariado*

Anuncia-se outrossim que poderão também vir a ser efectuadas no registo civil as habilitações de herdeiros.[71-72]

Quanto ao registo predial, está em curso o programa informático que irá permitir uma mais eficiente *publicidade formal* e um fácil acesso ao pedido de registo e à prova tabular.[73] Existe ainda um outro projecto relativo à descrição predial e já constante de uma Resolução do Conselho de Ministros, bem como das "Grandes Opções do Plano" recentemente publicadas.[74] Trata-se da chamada "informação predial única" para cuja efectivação foi criado o "Sistema Nacional de Exploração e Gestão de Informação Cadastral – SINERGIC". É que, em Portugal os prédios ainda têm uma identificação e um número próprio no registo predial, outro diferente nas matrizes fiscais e ainda outro nos serviços cadastrais. Ora, porque realmente é de toda a conveniência que exista *uma só* referencia e já há mais de 10 anos havia sido publicado um diploma[75] que previa a *identificação única*. Agora, nos termos daquela resolução, retomou-se a ideia, pretendendo-se obter a "condensação" das aludidas referências respeitantes ao prédio, enquanto pura *realidade de facto* sobre a qual incidem os direitos e, como se disse, *numa só informação predial.*[76]

---

[71] Trata-se de mais um acto até agora da exclusiva competência notarial e judicial e que, embora desconhecendo o projecto legislativo sobre a matéria, nos parece constituir outro exemplo do "tirar o tapete" ao notariado no regime da privatização, e não propriamente um caso de *desjudicialização* desta matéria. A habilitação judicial, obviamente, subsistirá.

[72] Já depois de feita a presente conferência foi publicado o Decreto-Lei n.º 324/2007, de 28 de Setembro, que alterou o Código do Registo Civil e, entre outras alterações, introduziu também a da formalização nas conservatórias das *partilhas* por óbito e por separação ou divórcio.

[73] Enquanto se discutem as melhores soluções temos verificado que por vezes se faz uma inaceitável confusão entre o que é a facilidade do *pedido* e das *certificações* e o que é a *necessária territorialidade* dos *actos de registo imobiliário* (ainda que se admita a "introdução de dados" de outras *legais* proveniências).

[74] É a Lei n.º 52/2006, de 1 de Setembro. A questão que é referida consta da pág. 6471 do *Diário da República*. A resolução do Conselho de Ministros é a n.º 45/2006, de 4 de Maio.

[75] Tratou-se do Decreto-Lei n.º 172/95, de 18 de Julho.

[76] Esta Resolução indica que a "informação predial única" consiste na reconciliação e condensação sistemática da realidade factual da propriedade

A actividade notarial e registral na perspectiva do direito português 319

A propósito do registo de automóveis, cujos conservadores integram os quadros do registo predial, depois do chamado "documento único automóvel"[77] e apesar da legislação respectiva ter mais de 30 anos, não parece que seja intenção governamental repensar o Código de Registo dos Bens Móveis ou pô-lo finalmente em vigor.

E quanto ao notariado?

No que às perspectivas futuras diz respeito e após o importante passo que constituiu a privatização, cabe referir que a Ordem tem apresentado diversas propostas e espera-se que, pelo menos as mais significativas, venham a merecer acolhimento favorável.

Um dos projectos que está em adiantada fase de estudo – e relativamente ao qual foi já formado um grupo de trabalho com a Direcção-Geral dos Impostos – é o da cooperação com o Ministério das Finanças no sentido de que possam vir a ser liquidados nos cartórios notariais todos os impostos e taxas que, designadamente pela transmissão de imóveis, constituem receitas fiscais. Se esta medida vier a concretizar-se é manifestamente útil para todos os utentes, até devido ao tempo que habitualmente perdem nas repartições de finanças.

Outra ideia é a da intercomunicação electrónica com as conservatórias, facilitando o próprio pedido de registo e as certificações dos actos. Tudo isto nos parece positivo.

Há ainda um projecto de protocolo que irá ser celebrado com a Associação de Municípios em que também essa intercomunicação pode ser extremamente útil, não apenas porque para a celebração de muitos dos actos de transmissão de imóveis é legalmente exigido um comprovativo dos licenciamentos camarários, como ainda porque é outro dos serviços em que o cidadão gasta normalmente imenso tempo (e algum dinheiro) para conseguir obter tais documentos.

Vê-se, portanto, que os notários portugueses concordam com a vertente *pública* da função e, além disso, estão empenhados em de-

---

imobiliária com o registo predial, as inscrições matriciais e as informações cadastrais". É uma velha ideia que talvez algum dia se chegue a concretizar.

[77] Trata-se do Decreto-Lei n.º 178-A/2005, de 28 de Outubro que também teve em vista instituir o "certificado de matrícula" e dar cumprimento às Directivas comunitárias 1999/37 e 2003/127 (CE).

320   *Temas de registos e de notariado*

monstrar a sua utilidade social e mesmo *indispensabilidade prática*. Importante será que os governos o reconheçam.

9. Verdadeiramente, toda a matéria dos registos e do notariado envolve uma componente eminentemente prática do direito, o que aos olhos de alguns juristas – a nosso ver pouco esclarecidos – poderá parecer secundário ou de menor estrutura, mas que de facto não o é.

Como já há anos doutamente ensinava o ilustre Presidente deste Congresso, Professor FRANCISCO AMARAL, "o Direito é uma ciência prática. É um saber para a acção e para o comportamento social". E "orienta-se por princípios e regras que pertencem a um projecto político-filosófico, cuja finalidade é realizar determinadas ideias ou objectivos fundamentais para a sociedade"[78].

Uma dessas ideias *estruturantes* é precisamente a da *segurança jurídica*. E na oportuna lição dos nossos Mestres GOMES CANOTILHO e VITAL MOREIRA, trata-se de uma figura jurídica que – como a equidade ou o excepcional interesse público – assume mesmo uma densidade *pré-constitucional*[79]. E FRANCISCO AMARAL ensina também que valores jurídicos fundamentais são "a justiça, a *segurança jurídica* e o bem comum".[80]

Ora, os registos e o notariado são instituições de natureza *instrumental* que precisamente *estão ao serviço* da *segurança jurídica*, "da sua eficácia e efectividade",[81] especialmente no que concerne às rela-

---

[78] Cf. "O Direito Civil na Pós-modernidade", *in* "Revista Brasileira de Direito Comparado" , n.º 21, 2.º Semestre de 2001, págs . 5 e 6. Também KARL ENGISCH no início do seu livro "Introdução ao Pensamento Jurídico" ("Fundação Calouste Gulbenkian", 9.ª ed., pág. 12) observa que o Direito é um elemento essencial da comunidade" . A ciência jurídica "é suspeita aos olhos do leigo". mas este preocupa-se "com o Direito na medida em que este é um preceito prático".

[79] Cf. na "Constituição da República Portuguesa Anotada", 3.ª edição revista (1993), pág. 1043, quando comentam a limitação de efeitos da declaração de inconstitucionalidade.

[80] "Direito Civil. Introdução", 4.ª ed. pág. 15 e segs., mas itálico nosso.

[81] Como oportunamente escreveu INGO WOLFGANG SARLET na "Revista Brasileira de Direito Comparado" – n.º 28, 1.º Semestre de 2005, – onde, a pág. 91,

A actividade notarial e registral na perspectiva do direito português 321

ções jurídicas privadas, à sua *certeza* e à *garantia* da sua concretização entre as partes e face a terceiros.

Precisamente por isso não podemos concordar com várias das já indicadas medidas que o legislador português recentemente introduziu na área da *desformalização* e com a própria atitude de *subvalorização* da actividade notarial e registral, bem como, na reforma do registo comercial, naqueles aspectos que *comprovadamente* diminuem tais valores de certeza e de segurança jurídica que um *registo de direitos* terá de conferir. E faz-nos mesmo pensar que não se acreditou no *valor* e nas potencialidades do sistema de registo[82] – que aliás manifestamente se *desvalorizaram* e se *descredibilizaram* – nem se reflectiu sobre os *riscos* que para o próprio desenvolvimento da economia[83] representam os documentos avulsos feitos sabe-se lá por quem, nem nos perigos e inconvenientes de um registo de mero depósito, necessariamente pouco fiável, ou mesmo de todo *não fiável*, em que a segurança jurídica não existe e que portanto não pode merecer a *confiança* dos operadores económicos.

10. Terminemos, no entanto, esta breve intervenção recordando alguns pontos da legislação lusa e da correspondente prática notarial e registral que possam ser merecedores de assentimento e que, por isso, consigam fazer escola.

A abertura à sociedade civil é sem dúvida um deles e que foi incentivada pela privatização do notariado que, como vimos, levou a Ordem a fazer uma proposta de protocolo a celebrar com a Associação de Municípios Portugueses para uma célere e directa comunicação

---

acrescentava: "para o cidadão, a possibilidade de confiar na eficácia e, acima de tudo, na efectividade dos direitos que lhe são assegurados pela ordem jurídica já integra, de certo modo, um direito à segurança".

[82] Qualquer sistema de registo, devendo ser eminentemente *prático*, não pode – sob pena de se negar a si mesmo – deixar de oferecer a indispensável *garantia* de que o publicitado *existe* e é juridicamente *válido*, o que, evidentemente, *é negado* num pseudo-sistema de *mero depósito* em que o conteúdo do título nem sequer foi qualificado!

[83] *Vide* especialmente sobre os *efeitos na economia* dos vários sistemas de registo, o trabalho de Fernando Méndez González, "La función econonómica de los sistemas registradles" (Clube Siglo XXI, Madrid, Março de 2002).

com estes e constituiu também um grupo de trabalho para que os notários tratem dos aspectos fiscais relacionados com a transmissão de imóveis.

Por outro lado, apesar dos aspectos negativos que sumariamente referimos, o *vendaval* que constituiu a reforma do registo comercial[84] não varreu a disposição básica do n.º 1 do artigo 32.º do Código. Portanto, não obstante a informatização e a admissibilidade das comunicações electrónicas, manteve-se para os contratos e para os documentos em geral a necessidade do suporte *escrito*, já que entre nós, como ainda também no Brasil – segundo o claro ensino de FREDERICO VIEGAS DE LIMA – o que releva para a produção de efeitos jurídicos é o documento escrito, os clássicos *instrumenta* e não tanto os *monumenta*[85].

É, porém, no campo da *desjudicialização* de matérias, que passaram para a competência das conservatórias, que as alterações legislativas mais se têm feito notar de uma forma positiva. É que há múltiplos casos em que, como reconheceu o legislador português, apesar das opiniões divergentes das partes, não se está perante um *litígio*, um conflito de interesses que *só judicialmente* possa ser dirimido.

Por isso, a sua resolução fora dos tribunais, alivia-os do crescente número de processos que *só aí* poderiam ser decididos e constitui para os próprios interessados *uma alternativa* mais acessível, mais económica e mais célere. É este o caso paradigmático, a que nos referimos, do divórcio e da separação de pessoas e bens.

Esperemos, portanto, que os legisladores possam aproveitar estas boas experiências e não resvalem naqueloutras, como as da quase

---

[84] Tem de pensar-se à face do nosso Ordenamento que o legislador consagrou "as soluções mais acertadas" (art.º 9.º, n.º 3, do Código Civil) pelo que *é de presumir* que, ao fazer-se a aludida reforma, ou não se estava a *acreditar* num sistema de registo ou se desconheciam as próprias *conclusões* dos congressos internacionais (em que, principalmente no XII Congresso Internacional, se estabeleceram *claras conclusões* sobre os efeitos *nocivos* para o desenvolvimento económico decorrem de um "fraco" sistema de registo, como o de mero depósito). Aliás, entre nós, como se vê, não se caminhou para *credibilizar* e *dignificar* o Registo, mas sim para o *desconceituar* e *desacreditar*.

[85] Cf. "O Direito Registral dos Contratos" *in* "Revista Brasileira de Direito Comparado" n.º 18,1.º Semestre de 2000, págs. 171 e segs. A passagem citada é de págs. 198.

A actividade notarial e registral na perspectiva do direito português   323

completa *desformalização*[86] ou do mero *depósito* de documentos cujos aspectos negativos – mormente para a segurança jurídica[87] – suplantam largamente alguns aparentes benefícios que eventualmente pudessem conter.

E a falta de segurança jurídica é, em si, um mal tão grave que, para além de *desestruturar* todo o sistema, também gera a precariedade, aumenta a conflitualidade e produz a discórdia social, quando, por outro lado, é certo que os registos e o notariado constituem uma *instituição respeitável*, um credível pilar das relações sociais que os governos e as legislações dos diversos países adoptaram ao longo da sua evolução histórica e que ainda hoje, ao mostrar-se praticamente indispensável o seu contributo para a realização prática do Direito, notório é que a devem *continuar a utilizar*, cientes de que assim contribuirão para o bem comum.

Por certo muito mais haveria a dizer, mas devendo esta intervenção ser breve, por aqui me quedo, grato pelo tempo e pela paciência que me quiseram dispensar.

---

[86] Parece que esquecendo o legislador que só o *documento autêntico* foi, à luz do nosso direito civil (e do dos demais países de tradição *romano-germânica*), o previsto fazer "prova plena dos factos" (art.º 371.º do Código Civil). Por outro lado, a actividade notarial não se circunscreve à *autenticação*. É também de *conformação* com o permitido por lei e de *aconselhamento* às partes. "Há uma relação directa entre o sujeito do negócio e o acto". O notário interpreta juridicamente a vontade negocial. – "*verba-voluntas-rogatio-negozio* – "formando o acto que é todo um conjunto", "*volizione teórica, materializzazione giuridica*" (cf. a obra, que muitas vezes tenho invocado, de A. Morello, E. Ferrari e A. Sorgato "L'Atto Notarile", pág. 126). Note-se que a expressão "desformalização" está usada no texto no sentido de se querer abolir a "forma legal". Quanto ao âmbito registral, sublinhe-se que a *qualificação* do conservador permite que *só entrem* no sistema actos *válidos* e legalmente formalizados e o *assessoramento* também possibilita a ajuda às partes para que aperfeiçoem ou completem a instrução do pedido.

[87] Segurança jurídica e "segurança do comércio jurídico", que – sem subsistir um "registo de direitos" – nem sequer se contrapõem (cf. Victor Eherengerg "Seguridad jurídica Y seguridad del tráfico" tradução de António Pau, Cuadernos de Derecho Registral, pág 23 e segs) visto que em sistemas registrais de *mero depósito* de documentos essas duas perspectivas da segurança jurídica *inexistem simultaneamente*.

CONFERÊNCIAS E ENCONTROS NACIONAIS

A POSSE, O REGISTO E SEUS EFEITOS[1]

1. Na douta exposição-prefácio que FERNANDO LUSO SOARES fez ao significativo e clássico estudo de direito civil português sobre a posse – é claro referimo-nos, à obra de MANUEL RODRIGUES – começa por estas simples palavras: "constitui, decerto, uma ousadia este meu empreendimento".

Ora, se LUSO SOARES reconhece a ousadia do seu cometimento, que poderei eu dizer?

Falar sobre posse nesta veneranda Faculdade e neste Congresso é mais do que uma redobrada ousadia. É verdadeira temeridade!

Deverei, portanto, circunscrever esta singela intervenção à modéstia que naturalmente se lhe adequa, referindo tão-só alguns dos pontos que actualmente se questionam, mas dando igualmente por assente que, ao falar de posse, não pretendo, de modo algum, debater as concepções aceites pela Doutrina e sancionadas por disposições legais vigentes, como é o caso da noção do art. 1251.º do Código Civil, que se mostra claramente explicada no conhecido texto anotado pelos dois grandes ex-Mestres desta Casa, PIRES DE LIMA e ANTUNES VARELA, em colaboração com o Doutor HENRIQUE MESQUITA. Como igualmente está fora desta intervenção a controvérsia sobre a eventual extensão do instituto aos direitos reais de garantia e aos bens incorpóreos.

Seguimos, pois, o proverbial conceito da "actuação de facto" relativa à prática concreta dos actos correspondentes ao exercício do direito de propriedade ou de outro direito real e complementado este *corpus* com o elemento subjectivo, com o *animus*, que SAVIGUY sus-

---

[1] Intervenção nas Comemorações do 35.º aniversário do Código Civil e 25.º da reforma de 1977, inserida no Congresso dos Direitos Reais e realizada na Faculdade de Direito da Universidade de Coimbra.

tentou e que, como se diz no referido Código Civil Anotado, a nossa lei-base terá consagrado, muito embora o artigo 1251.º o não declare expressamente.

2. Ao falar de posse é igualmente manifesto que tocamos nesse instituto nuclear no capítulo dos direitos reais, consabidamente elaborado, discutido e alicerçado numa milenar evolução histórica que radica no direito romano e tem vindo a ser objecto de interesse e estudo por parte de juristas, de filósofos e até de economistas.

E é talvez mesmo a perspectiva económica e sociológica da posse a que tem logrado obter nas últimos tempos maior visibilidade. Na afirmação de SALEILLES – e que também LUSO SOARES cita no mesmo prefácio – fala-se da *apropriação económica das coisas* como sendo uma ideia anterior à da propriedade, acentuando-se que a posse existe quando o detentor *aparece como dono da coisa do ponto de vista económico*.

Mas, sem embargo do interesse filosófico e sociológico, é evidente que têm sido os mestres do direito civil que lhe continuam a dedicar a sua constante atenção. A este respeito, não posso deixar de citar as palavras iniciais da grande obra sobre a posse do Professor brasileiro JOSÉ CARLOS MOREIRA ALVES. Diz textualmente: "Poucas matérias há, em direito, que tenham dado margem a tantas controvérsias como a posse". E acrescenta: "sua bibliografia e amplíssima". De facto, este Professor demonstra-o, já que o primeiro volume da sua obra tem 1107 notas de citações e o segundo 1371, isto é o espantoso número global de 2478 referências, adicionadas ainda de 54 páginas de indicações bibliográficas sendo 30 no 1.º volume e 24 no 2.º.

Se faço esta alusão, é penas para:

1.º) Reafirmar que está necessariamente fora do meu propósito dissertar sobre a posse,

2.º) Lembrar que em várias domínios com pouco mais que um grão de areia se têm revolucionado conceitos. Aliás sobre a própria ideia do espaço e do tempo e da energia cósmica muito se disse e se escreveu desde a antiguidade, mas foi só há cerca de 100 anos que ALBERT EINESTEIN, enquanto meditava e tocava violino terá concluído que $E= mc^2$, como demonstrou num artigo de 7 páginas.

3.º) Fazerem-me a elementar justiça de reconhecer que, ao dizer isto, não tenho, evidentemente, a estultícia ou a louca ideia de pretender formular qualquer tipo de comparação com o enorme cientista, não já no vasto domínio da física, mas, pobremente, na sequência do que sobre a posse e o registo gostaria de ver debatido. E é evidente que reconheço a minha completa insignificância e a própria limitação do tema.

O que pretendia era tão-só sensibilizar a atenção dos juristas, agora que se comemoram os 35 anos do Código Civil, para que o tema da posse e do registo venha a ser mais devidamente tratado, com aquela "linguagem clara e o estilo singelo" a que alude o eminente Professor ANTUNES VARELA, no prefácio do seu "Direito da Família"

3. Feitas estas ressalvas há que reconhecer que a posse tem os seus efeitos e são estes os que tradicionalmente colidem com o registo – pese embora o disposto no n.º 1 do art. 1268.º do C C – e que pensamos ser, na actualidade, indispensável alterar.

E ao dizê-lo convém desde já esclarecer que – com a ressalva já contemplada nesse preceito respeitante à presunção da *titularidade do direito* –, ao utilizar a expressão "efeitos da posse" quero referir-me, em sentido amplo, ao que creio ser a fundamental consequência jurídica da posse e não exclusivamente àqueles efeitos que expressamente são tratados no capítulo IV.

E o efeito básico que tudo tem ultrapassado é, a meu ver, o que motiva a aquisição originária do direito, ou seja, *a usucapião*.

Como de há longa data vem sendo ensinado, radica tal consequência jurídica na prática ininterrupta, pública e pacífica de concretos actos materiais do exercício possessório com o correspondente "animus", de modo que assim se dá, como expressiva e claramente é explicado no Código Civil Anotado que vimos citando, a transformação jurídica daquela situação de facto em benefício do que exerce a gestão económica da coisa.

A visibilidade, permanência e ostensividade dos actos possessórios faculta, pois, ao possuidor a aquisição originária do direito de propriedade ou dos outros direitos reais de gozo que tenham sido exercidos e se mostrem igualmente susceptíveis de tal possibilidade.

De modo que tanto histórica como doutrinalmente a usucapião justificou-se consensualmente entre os juristas e nos textos legais dada essa sua vertente *pública, notória,* de ordeira, visível, continuada e inequívoca prática manifesta e permanente de actos materiais e significativos de um exercício correspondente ao direito invocado, ou seja, dos *poderes de facto* que tornando-o sabido e cognoscível por todos, demonstram que, na realidade, quem assim os exerce, *não pode deixar de ser publicamente considerado o seu titular.* Negá-lo equivaleria, aliás, a uma inadmissível iniquidade teórica e prática, reconhecida em múltiplos domínios tais como o filosófico, o social, o económico e sobretudo o jurídico.

4. Já há alguns anos escrevi breves apontamentos sobre a posse e o registo – um dos quais veio publicado na Revista da Ordem dos Advogados – em que me interrogava sobre a valia dos efeitos e a própria razão de ser que a posse terá nos nossos dias. É que nem sequer lhe está subjacente uma idêntica veracidade conjuntural, sobretudo traduzida numa mesma realidade e numa *"certeza fáctica"* que motivaram e historicamente alicerçaram tão elaborada construção jurídica que nos chegou do direito romano.

Nesses tempos, pesem embora todas as transformações históricas ocorridas, o certo é um dado básico se mantivera: a propriedade e os demais direitos reais que se têm considerado susceptíveis de posse eram apanágio de poucos. E que se conheciam. Mas, como naquele artigo referi "nos últimos tempos, deu-se uma inversão, um fenómeno inteiramente novo, cujos efeitos, embora geralmente reconhecidos, parece que ainda não foram suficientemente ponderados pelos juristas: a propriedade, nomeadamente sobre imóveis e móveis sujeitos a registo multiplicou-se, popularizou-se, democratizou-se: os proprietários são aos milhares, mesmo aos muitos milhares. E a velocidade das transacções acompanhou, potenciou, essa multiplicação. São inúmeras as compras e vendas, as permutas, os trespasses, os mais diversos actos e contratos.

Por outra parte, no que respeita ao *conhecimento do possuidor,* verifica-se uma situação oposta: quebra de contacto ou até total ignorância de quem ele é. As relações de vizinhança, de convivência, de intimidade, esbateram-se, quebraram, desapareceram quase por completo. Realmente, mesmo nas terras pequenas, muito poucos são os que se distinguem e quase todos nem se conhecem. Nas cidades, praticamente ninguém. Quem habita num andar quase já não faz qualquer ideia de quem são os que moram no mesmo prédio".

Mais: ainda quando alguém conhece o seu vizinho não sabe se ele é o proprietário, ou o usufrutuário, ou o arrendatário, ou seja, não sabe a que título possui, se no seu próprio nome, se no de outrem. Deste modo, afirmar-se – salvo circunstâncias verdadeiramente excepcionais – que a posse é demonstrável, e que se pode hoje em dia confirmar e comprovar, constitui, perdoem-me, uma afirmação *ingénua*, senão mesmo *inverídica*. Com efeito, a descrita situação, sobremaneira evidente no que concerne aos meios citadinos e no tocante aos prédios urbanos, é actualmente extensiva a todo o território, englobando as áreas rústicas. Também aqui, a aceleração das transacções, o chamado – conquanto discutível – "progresso social" –, a volatilidade e a própria ocultação dos interesses e vários outros factores, tais como a emigração, a instabilidade e permanente deslocação das pessoas, motivaram um generalizado desconhecimento dos titulares dos direitos reais, tudo isto aliado à indiferença, à insensibilidade e à efectiva ignorância das situações concretas. Não se sabe se quem ainda nos nossos dias amanha as terras (que esporadicamente se cultivam) é ou não o *dominus*. Aliás, será talvez – o que os vizinhos geralmente ignoram – o encarregado de alguma cooperativa, ou um arrendatário ou mesmo um simples comodatário, talvez porque o proprietário, ausente na cidade ou no estrangeiro, ainda conserva um velho e quase anacrónico gosto pela "*terra-mater*" que não quer "deixar a monte".

De modo que esta total e contemporânea ignorância e *equivocidade* dos possuidores, quer nas zonas citadinas quer nas rurais, e tanto no que respeita aos prédios urbanos, em que é por demais evidente, como também no que toca aos rústicos, não pode justificar uma real e verídica *publicidade dos direitos* e a prevalente invocabilidade da usucapião, tal como tem vindo a ser considerada pela doutrina e pela jurisprudência.

A cansativa e estereotipada – mas, como se disse, actualmente descabida – alegação de que o autor que reivindica o direito de propriedade do prédio é, há mais de 20, 30 e 40 anos, por si e antecessores que representa, o seu dono, porque o cultiva, o habita e pratica à vista de todos, e sem oposição de ninguém, os diversos actos materiais que o qualificam como possuidor em seu próprio nome e interesse e está, assim, em condições de invocar a usucapião – esta alegação, dizia, não tem actualmente consistência e razão de ser e, portanto, *não deve ter aceitação doutrinária e legal*. Além disso, é baseada na mais que falível prova testemunhal de quem se presta a "fazer esse jeito". E, por mais advertências que se façam, a experiência confirma que não se conhecem, a este propósito, condenações por perjúrio. Afinal o certo é que *constava, depreendia-se, dizia-se* ... E quem pode concluir que não? Que ao afirmá-lo convictamente se estava dolosamente a tentar prejudicar outrem? E afinal que prova é esta? É a que vai conseguir dar como provados factos que, afinal, se podem sobrepor ao que consta dos documentos autênticos e dos registos?

5. Como resulta do que se disse, parece que *é necessário mudar*. E, mesmo enquanto a lei não é alterada, atrever-me-ia a sugerir que, a luz de uma interpretação actualista e analógica do art. 1293.º do Código Civil, se deva considerar que a disposição aflora *um principio geral:* o de que é indispensável, para se poder invocar a usucapião, que não existam, objectivamente, condições inexteriorizadas, dúbias, indeterminadas e, por isso, *ambíguas*, motivadoras da *incerteza do direito exercido* – como, convenhamos, acontece em vários casos que não caberá aqui concretizar. Cite-se apenas o exemplo dos prédios em regime de propriedade horizontal, com as suas múltiplas fracções, cujos próprios condóminos se desconhecem uns aos outros.

Ora, se assim é, se a *"ratio"* daquela norma radica na circunstância de a posse não ser, nesses casos, nem manifesta, nem patente, nem conclusiva quanto ao direito exercido – e – muito embora as hipóteses previstas no preceito sejam taxativas – verificamos, no entanto, que na realidade actual, *a justificação da impossibilidade aquisitiva* aí prevista procede, com idêntica razão, em diversas hipóteses. Logo, talvez não seja descabido sustentar a apontada interpretação analógica e actualista para muitos outros casos.

6. Por outro lado, e passando agora ao tema do registo, verificamos que a celeridade da contratação e a concomitante necessidade da sua credibilidade e garantia, exigem um regime de protecção da boa-fé e *da certeza jurídica das titularidades,* que são reconhecidamente valores estruturantes do direito civil, que, a nosso ver, só um sistema registral – e, acentue-se, só um *eficaz sistema registral* – estão em condições de poder proporcionar. Não é a confusão, a obscuridade e a insegurança das situações o que Ordenamento deve admitir.

Quem confia na publicidade registral não pode nem deve, ser preterido por aquele que alega – e consegue convencer os tribunais por rotina e sabe-se lá alegando o quê – uma (como se disse) *irreal* ou mais do que duvidosa – e, nos nossos dias, verdadeiramente ilusória – *aquisição originária.*

E, em contrário, não se argumente lembrando que o registo não é, em geral, *constitutivo.* Ao que creio, não será indispensável tal efeito. Bastar-nos-á apelar a uma consequência da inscrição registral, já prevista na lei, fazendo funcionar o principio da *presunção* da real existência do direito, tal como o registo o define, *de uma forma mais efectiva*, à semelhança do que em Espanha é entendido e tido como incontroverso ainda que, aliás, face à clara disposição do art. 34.º da Lei Hipotecária. Mas, entre nós, enquanto não houver uma desejável revisão legislativa neste domínio[2], há que buscar as mais *equitativas soluções* e, para tanto, teremos de interpretar as actuais disposições – mormente as dos art.ᵒˢ 5.º, 6.º, 7.º, 8.º e 17.º n.º 2 do Código do Registo Predial – de um modo muito mais amplo e, afinal, *muito mais consentâneo com a realidade contemporânea.*

Não há muito tempo escrevi umas notas dizendo que, a meu ver, o âmbito do n.º 2 do art. 17.º era o das simples invalidades registrais. Francamente, já não penso o mesmo. Na época da pressa, da globalização e *contratação electrónica* há que encontrar *tábuas de salvação.* E uma delas – para não dizer mesmo essencial, no

---

[2] Depois desta intervenção foi publicado o Decreto-Lei n.º 116/2008, de 4 de Julho, que alterou o Código do Registo Predial, designadamente atitando a importante disposição do artigo 8.º-A que entrou em vigor em 21 Julho de 2008, tornando o registo *obrigatório* em todo o território nacional. Portanto, agora é que não se percebe porque se nega a sobredita protecção.

incontornável domínio da certeza do direito, – é que o terceiro protegido será sempre *o que adquire e regista* e, inversamente, o que não está inscrito *não merece tal protecção*.[3]

O registo, ainda quando não tem eficácia constitutiva, terá pelo menos de assegurar a *graduação prioritária do direito previamente inscrito*, a eficaz presunção da sua existência e *a verdade* do que publicita. Não parece justo, à luz da realidade do nosso Mundo, que no conflito de interesses subjacente, se continue a dar crédito à ancestralmente protegida *mera situação de facto*. A usucapião só deveria subsistir para situações residuais – quando não há título nem registo – como uma espécie de *amnistia civilística*.

7. Na impossibilidade de sequer fazer uma singela abordagem das aludidas questões registrais e do significado que a actualmente lhes deverá ser atribuído direi apenas o seguinte:

a) A *eficácia constitutiva do registo*, consabidamente, está apenas claramente consagrada no art.º 687.º do Código Civil e n.º 2 do art.º 4.º do Código do Registo Predial no tocante à hipoteca. Todavia, a propósito deste efeito, gostaria – e pedindo que me seja relevada a ousadia – de tentar introduzir um *conceito novo*, visto que, por um lado, nunca o vi sugerido, mas, pelo outro, creio-o ajustado à realidade. E tal conceito talvez se pudesse designar como o da *eficácia constitutiva indirecta*. Há, com efeito, hipóteses em que, apesar de não constar expressamente da lei que o registo tem efeito constitutivo, no entanto, ele acaba por, na prática, existir *ainda que indirectamente*.

Citarei apenas três exemplos: o primeiro respeita ao direito de superfície em bens do domínio público – dado que é facto sujeito a registo e *só nesse regime* pode a sua utilização ser concedida tal como estabelece o n.º 1 do art.º 5.º da Lei dos Solos. Aliás, além da hipoteca, esta é a outra hipótese de registo constitutivo expressamente previsto na lei hipotecária espanhola.

Outro caso é o da propriedade horizontal. Nos termos do disposto no n.º 1 do art.º 62.º do Código do Notariado "nenhum instrumento

---

[3] Afigura-se que será ainda mais razoável tirar esta conclusão depois de ter sido estabelecida na lei a *obrigatoriedade do registo* (a que alude a nota anterior).

pelo qual se transmitam direitos reais ou contrariam encargos sobre fracções autónomas de prédios em regime de propriedade horizontal pode ser lavrado sem que se exiba documento comprovativo da inscrição do título constitutivo no registo predial" Ora, se a lei *proíbe* que se lavre qualquer acto sem que demonstre que o respectivo título constitutivo foi registado, não quererá isto dizer que, também aqui, o registo tem uma indirecta eficácia constitutiva?[4]

Mais situações existem e de entre elas apenas lembrarei a do loteamento urbano. Não podendo tão-pouco enunciar, dada a manifesta complexidade do tema, os diversos condicionalismos legais que lhe são próprios, apenas traria à colação que – além da conhecida obrigatoriedade do licenciamento daquelas operações há a necessidade de se comprovar a autonomização da descrição predial *do lote*. Ora, a abertura dessas descrições tem lugar, tal como dispõe o n.º 3 do art.º 80.º do Código do Registo Predial, precisamente por força do registo de autorização de loteamento. Ou seja, para além de se tratar de facto sujeito a registo (art.º 2.º n.º 1, alínea d) do Código do Registo Predial) a *autonomização* (como prédio independente[5]) e correspondente descrição de cada um dos lotes irá necessariamente decorrer da inscrição registral daquela autorização. Aliás, diga-se ainda, que o justificar-se o direito de propriedade de lotes com base na usucapião abriria uma larga porta à clara violação de importantes normas sobre o loteamento urbano.

Por isso, nestas apontadas hipóteses (e noutras), em que é a própria lei que *condiciona ou inviabiliza,* na prática, a titulação de quaisquer negócios jurídicos se o correspondente registo não estiver

---

[4] No debate posterior a esta intervenção foi objectado que este caso não se traduz numa eficácia constitutiva indirecta, mas sim num princípio de legitimação dispositiva (previsto no artigo 9.º do C.R.P.). Não nos parece. De facto, uma coisa é a *titularidade* da fracção autónoma por parte do transmitente ou onerante (indispensável para o cumprimento desse princípio) e outra, distinta, é a necessária preexistência do *regime* da propriedade horizontal estar registado para haver (e se comprovar que há) fracção autónoma.

[5] Note-se que *não é* o alvará de loteamento (ou a certidão camarária para o destaque da parcela) que torna os lotes prédios independentes. Esse documento constitui apenas *uma permissão* (uma licença) para que a autonomização se faça. Ora, esta *apenas* se faz (*se efectiva*) com o registo.

feito, parece que estaremos, senão face a casos explícitos de registo constitutivo, pelo menos perante situações que têm *similares consequências*. De modo que, para quem tem o *nobile officium* de interpretar e aplicar o direito, para tal fim, não será assim tão essencial e determinante o que é dito tradicional, mas quiçá arcaicamente, nos art.ᵒˢ 4.º e 5.º do Código do Registo Predial. Como bem se sabe o Ordenamento Jurídico é *um todo* e as soluções hão-de ser buscadas a essa luz e não à de uma simples interpretação literal e mesmo, como frequentemente acontece, até restritiva, mercê das muitas confusões que ainda subsistem a respeito dos actos e dos efeitos do registo.

b) No que toca às *presunções derivadas do registo*:

Também neste ponto só poderei aflorar uma ideia que, sobre ser algo "rebelde", apesar tudo creio que será realista. E surgiu-me a propósito do registo comercial, atentas sobretudo estas duas circunstâncias: em quase todas as pessoas colectivas em que o acto constitutivo está sujeito o registo – caso típico das sociedades comerciais e das cooperativas – este registo tem efeito constitutivo. O mesmo sucede com as cisões, fusões, o encerramento da liquidação e outros factos. Mas dado o principio da especialidade, mesmo quando a lei não contém disposições tão claras como as dos art.ᵒˢ 5.º ou 112.º do Código das Sociedades Comerciais, não podemos presumir que uma sociedade cujo objecto, ou a firma, ou o capital eram uns e que deliberou alterá-los (até com acta lavrada por notário), mas não registou essas alterações, o efeito presuntivo derivado do registo, mesmo entre os sócios, *possa ser elidido* com a simples exibição daquela acta.

Ou seja: muito embora possamos admitir que a inscrição registral não envolva *nesses casos* (e noutros) um efeito presuntivo de todo e inilidível, ela também não se circunscreve apenas à usual presunção "tantum juris" que possa, em qualquer circunstância, ser elidida.

Daí que – porventura inadequadamente, mas com o propósito de tornar mais realista e perceptível esta ideia – tenha chegado a escrever que, nestes casos em que o facto não é absolutamente inilidível mas, ao mesmo tempo, a elisão também não deve ser sempre admitida, estaremos talvez perante um *"tertium genus"* – um conceito de quase–inidibilidade, específico do direito registral, que ainda não foi tratado e conceptualizado.

Ora, quanto a este principio das presunções decorrentes de registo, não só o art.º 11 do Código do Registo Comercial tem uma redacção de todo idêntica à do art.º 7.º do Código do Registo Predial, como as razões pelas quais se tem de entender que, inexistindo vício do registo, subsistem análogos motivos (mormente face à actual necessidade de uma *informação credível*) para valorizar as presunções baseadas na prova autêntica que o registo proporciona, deviam levar-nos a concluir que as presunções registrais são específicas. E esquecê-lo seria minimizar infundamentadamente os demais efeitos que a lei consagrou e que o interprete deverá ajustar à realidade actual.

Deste modo, ainda que se considere (como a doutrina tem considerado) que as referidas presunções são incontestavelmente "juris tantum", o certo é que têm um, por assim dizer, "grau" de ilibilidade de bem menor amplitude do que a generalidade das restantes presunções que se consideram manifestamente elidíveis.

c) *No que respeita à transmissão dos direitos reais*

Sendo bem conhecido o principio consagrado no nosso direito civil da transferência destes direitos por efeito do contrato, que aqui não se contesta nem cabe discutir, a verdade é que ele vem sendo frequentemente invocado pela jurisprudência e pela doutrina como regra absoluta . Ora, salvo o devido respeito, não é assim nem também para a segurança jurídica assim convém que seja. Como se diz na anotação ao preceito da nossa "bíblia civilística" que vimos citando, "os direitos reais primeiramente constituídos sobre a coisa prevalecem em relação aos constituídos posteriormente, sem prejuízo das regras do registo".

E estamos agora neste ponto: não serão precisamente essas regras uma das ressalvas que a parte final do n.º 1 do art.º 408.º do Código Civil prevê? E que uma das excepções é a que resulta dos princípios da *prioridade* dos direitos tabularmente inscritos e que está expressamente consagrada no artigo 6.º do Código do Registo Predial?

Cremos que sim e que a certeza do direito mais sólida se tornava se o reconhecêssemos. A titulo de exemplo: muito embora a escritura translativa da propriedade que cumpre o contrato-promessa prioritariamente inscrito tenha sido outorgada e registada já depois de uma outra que o ignorou, se ainda tiver "chegado ao registo" a tempo de poder converter a inscrição provisória de aquisição baseada no contrato-promessa, mesmo que este *não tenha* eficácia real, como que *a adquire* por força das regras próprias do registo, isto é, do n.º 3 do art.º 6.º do Código do Registo Predial.

Em contrário, parece que não se poderá argumentar nem com as regras da boa-fé – é claro que o registo provisório já lá estava e tinha de ser conhecido, mesmo pelo que ulteriormente adquiriu por escritura – nem com a mais do que falaciosa protecção dos credores. Quais? Os que preferiram confiar no "cobrador do fraque" e não numa inscrição registral, ainda que provisória, ou em qualquer outro direito que a lei faculta e permite registar? E será admissível distinguir a valia dos efeitos prioritários das sucessivas inscrições?

8. Feitas, ainda que muito sumariamente, estas observações no tocante a alguns dos efeitos do registo e à sua vislumbrada colisão com a posse, seria altura de tocar a "vexata quaestio" do conceito de terceiro. Trata-se, porém, de um tão complexo tema que não é aqui possível abordar e muito menos desenvolver.

Dir-se-á apenas o seguinte: concordando, em principio, com o que no Congresso sobre o Direito Sucessório disse MÓNICA JARDIM, temos de convir que não é um conceito unívoco. Há, no Código do Registo Predial vários "terceiros".

Desde logo o do art.º 5.º é diverso do que está contemplado no art.º 17.º n.º 2 e um e o outro são também, ao que creio, diferentes do que a lei prevê quanto à rectificação do registo prevista no art.º 122.º.

De qualquer modo, a tristíssima inovação legislativa do n.º 4 do art.º 5.º – introduzida pelo Dec-Lei n.º 533/99, de 11/12, porventura apenas para tentar contrariar as teses da jurisprudência – estando, como de facto está, desgarrado da própria epígrafe do preceito, não pode ser considerado como *uma definição* do conceito . De resto, nem também resulta que deva ter sido esse o propósito do legislador. De modo que aquele n.º 4 ali deve quedar, como mero dado da evolução legislativa. E, conquanto recente, já hoje demanda revogação sendo certo que a prazo não deixará de ser entendido como simples texto histórico e que não é, em si, (como aliás qualquer outro) impeditivo da evolução do Ordenamento e da busca da verdade jurídica por parte do intérprete. Ora, como se disse e ainda se dirá, há textos legais posteriores (como o relativo à penhora na recente acção executiva) que só podem ser entendidos a outra luz.

E esta evolução irá, ao que se crê, conduzir-nos no futuro à interpretação extensiva do art.º 17.º, n.º 2 e não à restritiva, como tem sido usualmente considerada.

9. Para concretizar com breves exemplos como rapidamente tem evoluído nos últimos tempos a concepção do legislador, mormente na perspectiva da informação electrónica, citarei apenas três casos, dois do nosso foro interno e um do internacional.

a) O primeiro, que logo nos salta à mente, é o da penhora de imóveis e de móveis sujeitos a registo no novo desenho da acção executiva concretizado pelo Dec-Lei 38/2003, de Março. Partindo da redacção que foi dada aos artigos 838.º e 851.º, do Código do Processo Civil, fica-se na dúvida se, quanto aos imóveis e móveis sujeitos a registo, ainda se pode falar de um facto autónomo ele, em si, sujeito a registo, ou se há tão-só o registo do facto. Com efeito, a lei passou a declarar que a penhora *se realiza* mediante comunicação electrónica à conservatória. Deste modo, se considerarmos, como parece nítido que devemos considerar, que a apresentação já é, em si, *registo* – trata-se, aliás, do seu primeiro elemento, sendo até ele o que fixa a prioridade registral – temos de convir que penhora e registo são afinal *um só acto*. É que o n.º 1 daquele art.º 838.º declara que a referida comunicação vale como apresentação. Temos assim que o facto registável e o registo, no tocante à penhora de imóveis e de móveis sujeitos a registo, são agora uma única e só realidade indestrinçável. É certo que, mais adiante, se diz que a definitividade do registo fica condicionada (e faço um parêntesis para notar que não há aqui condição alguma) ao pagamento do preparo no prazo de 15 dias. Mas esta imprecisa dilação prevista para meros efeitos tributários não altera o que se disse: nem creio que se possa falar apenas de registo com efeito constitutivo, ainda que efectuado por força de algum acto abstracto de consentimento à imagem de incompreendido modelo de cariz germânico. É mais, é muito mais do que isso. Há uma comunicação/apresentação (que se quis efectivar por via electrónica) e é ela – e só ela – que constitui *um acto*: penhora-registo.

Perante esta única realidade (que, como diria Pessoa é a de nem sequer haver *uma realidade*) só nos resta pensar que chega a ser impraticável confrontar tal penhora–registo com quaisquer situações de facto que possam preterir ou alterar este conglobante acto único.

b) Um outro exemplo, menos revolucionário mas bastante mais participado e de âmbito internacional, visto que reuniu 183 países, respeita ao registo internacional de aeronaves. Tive ocasião de participar nas reuniões da UNIDROIT e da ICAO que, na sequência do projecto de convenção das garantias relativas aos denominados "bens móveis de equipamento de grande valor", preparou o texto da convenção internacional que, mormente nos capítulos 4.ª a 7.ª regula o registo e o estatuto do conservador, sua imunidade, autoridade e responsabilidade.

Acontece que também com esse registo internacional das aeronaves totalmente informatizado (cujo desenho em boa parte se baseou no estudo do Prof. RONALD CUMING exposto no 4.º volume da UNIDROIT de 1999/2) procuram estabelecer-se regras fixas, por todos aceites, da prioridade dos direitos reais, designadamente o da propriedade sobre esses valiosos bens. E desde logo ficou assente que esse registo, além de informatizado, era unicamente baseado no título ou no registo nacional já efectuado e a prioridade determinada com base na data e ordem da apresentação. Algumas sugestões, inclusive quanto à ressalva de "situações de facto" possivelmente existentes em companhias aéreas, *não foram aceites*. O registo internacional teria de oferecer o grau de eficácia, garantia e certeza jurídica incompatíveis com factos intitulados. E o documento electrónico do registo, juntamente com o certificado de vistoria técnica em ordem teria sempre de existir para que o avião pudesse descolar dos aeroportos dos países signatários da convenção. E só se fosse judicialmente declarada uma eventual invalidade do título é que o registo poderia ser cancelado.

E creio que, no final dos trabalhos, todos confiavam que esta convenção viesse a ser ratificada por todos os países participantes.

c) O terceiro exemplo nada tem a ver directamente com o registo, mas talvez com a oportunidade dos nossos conceitos.

Refiro-me ao recente Decreto-Lei n.º 8/2003, de 18 de Janeiro, que me deixou perplexo senão mesmo pasmado. Não que ignore a actualidade e celeridade dos procedimentos informáticos, mas apenas porque sempre os considerei instrumentais. É que o documento tanto poder ser escrito em computador, como com a tradicional caneta ou na máquina de escrever. Claro que isso não altera o conteúdo do que é comprovado – e tal é o que importa. O instrumento utilizado é uma mera "ferramenta" que, em si mesmo, no aspecto substantivo, é irrelevante.

Pois bem: lendo esse Decreto pensei: graças a Deus que já estou aposentado. É que, embora compreendo os propósitos de simplifica-ção e de menores custos administrativos enunciados no Preâmbulo, deparei, no final, com esta moderníssima advertência: "o presente diploma vem, assim, estabelecer a obrigatoriedade de os serviços e entidades com pessoal subscritor da CGA entregarem as relações de descontos de quotas em suporte digital ou através de correio electró-nico", para que sejam considerados. Quer dizer que se eu estivesse numa conservatória ou cartório onde o desconto não tivesse sido enviado à Caixa de Aposentações em suporte digital ou pelo vulgari-zado *e-mail* tinha de efectuar novo pagamento por essa via. Quem paga mal paga duas vezes. E o que é instrumental aparece agora na lei com uma natureza substantiva? Passei o cheque, paguei, mas o desconto não seguiu (por qualquer motivo não pôde seguir) por via informática – logo, parece que para o legislador, não foi feito! "Dura lex, sed lex": o correio electrónico adquiriu, assim, uma *natureza substantiva*!

10. Repito a pergunta inicial: Na era da "Internet", dos suportes documentais digitalizados, em que a certeza da contratação electrónica (e não só para a aquisição de "jumbos" de muitos milhões como para as mais variadas, complexas e onerosas transacções) supõe e pressu-põe *uma segurança da publicidade registral*, faz algum sentido que ela seja ultrapassável pelas mais que dúbias meras situações de facto, pela *surpreendente* invocabilidade da usucapião?

Não creio. Até porque este seria um "buraco" em que quem se julga protegido – e, afinal, nesta era contemporânea, nem sequer sonha com a usucapião – ainda se pode afundar, contra todos, contra o próprio título existente. E sem que a sua invalidade careça de ser declarada?

Pensamos que estes buracos têm de desaparecer, tal como, por outra banda, reconhecer-se que o registo não pode entre nós dar o que não está preparado para dar. Refiro-me aos elementos referentes ao prédio. E porquê? Porque não é um sistema "Torrens", porque não tem topógrafos, ou qualquer possibilidade de vistoriar os prédios. E também porque não tem uma interligação directa com os dados topográficos e cadastrais.

A descrição predial é *a declarada* e unicamente confrontada em alguns pontos com as matrizes. Infelizmente ainda não temos um cadastro fidedigno, *multifuncional*, unívoco para todos: conservatórias, câmaras, serviços fiscais, agrários, do ambiente, enfim, uma base topográfica actualizada. E até o recente Decreto –Lei n.º 287/2003, de 12 do corrente, persiste na infeliz e subjacente ideia de que o cadastro só se destina aos serviços fiscais.

Mas apesar disso – apesar de nem sequer nos ser indicada uma demarcação dos prédios – temos de repetir a pergunta: Será que pela circunstância de os elementos da descrição registral não terem ainda condições e meios para poder produzir, como seria desejável, quais-quer efeitos de fé pública – que isso é impeditivo de que *a inscrição dos direitos* os não produza?

A resposta parece-me evidente.

É claro que não. Aliás, o que basicamente importa num sistema registral é a publicitação, a hierarquização, *a eficácia dos direitos inscritos*, mormente através dos correspondentes assentos registrais. A descrição é referencial. Até futuramente, quando existir um cadastro organizado, poderá vir a conter apenas um simples e correspondente *número do prédio*.

Além deste ponto, muitas vezes gerador de confusão, principal-mente porque muitos dos nossos juristas, ao apreciar o valor e efeitos do registo, não fazem, como seria indispensável, a devida distinção entre o que corresponde às inscrições dos direitos – que é manifesta e basicamente o que releva – e às *descrições* prediais, cuja indesejá-vel imprecisão *não pode alterar os efeitos do registo* ou seja, do assento registral (da inscrição), mormente o da presunção das titularidades, da prioridade e da fé pública. De resto, essas impreci-sões, sejamos francos, não se conseguirão solucionar sem uma de duas coisas: a) ou os serviços registrais terem os seus próprios topó-grafos e funcionários tecnicamente habilitados; b) ou então, como se

A posse, o registo e seus efeitos   343

afigurava preferível, desenvolver-se um Cadastro multifuncional e credível, dando rápida e eficaz resposta às próprias modificações fundiárias fruto de actos jurídicos e, como tal fosse, em fácil intercâmbio, publicitado pelas Conservatórias. É, aliás, o que já há muitos anos se verifica em muitos dos países da Comunidade Europeia.

11. No que toca à credibilidade das inscrições também me parece que seria necessário acabar com algumas situações. Para além da invocabilidade da usucapião, sobrepondo-se ao titulo – o que, como se disse é actualmente incompreensível – há ainda outros buracos que seria necessário tapar, mas que a escassez do tempo concedido não me permite aqui desenvolver. Aludo apenas a três casos previstos no Código do Registo Predial: **a)** a suficiência do título previsto no art.º 49.º; **b)** o registo da mera posse a que se refere o art.º 2.º, e); **c)** a excepção prevista na alínea c) do n.º 2 do art.º 9.º.

Relativamente a estes dois últimos pontos creio que não têm qualquer interesse ou relevo e só servem para confundir. Permitam-me que invoque a experiência pessoal e diga o seguinte: tenho sido conservador durante cerca de 40 anos e inspector que andou uns 20 anos do norte ao sul do país e ainda membro do Conselho Técnico em que muitas centenas de processos me passaram pelas mãos, e apesar disso, *nunca vi* nem soube da existência de um único registo de mera posse, nem também de um único acto em que tivesse sido justificada a urgência por perigo de vida dos outorgantes. Mas, ainda que houvesse algum escondido, isso nada acrescentaria ao que se pretende referir e que é simplesmente isto: a lei não pode subsistir por mera "tradição".

Olvidando embora a (sempre dita) mais lenta evolução dos direitos reais, julgo que já era tempo de acabar com estes arcaísmos, que tendo sido teoricamente justificáveis, não têm, mormente neste terceiro milénio, qualquer sustentáculo numa prática que foi *constante* desde a ditadura de César, mas que, irreversivelmente, esta hoje substituída *pela "ditadura da electrónica"*.

12. Um outro ponto que creio ter algum interesse e gostaria de recordar. A modernização do registo predial teoricamente iniciada com o Dec-Lei n.º 305/83 de 29 de Junho, veio a institucionalizar-se com o Código do Registo Predial que entrou em vigor no ano seguinte.

Isto é: temos presentemente um sistema de registo que vigora há cerca de 20 anos. Curioso número este: 20 anos é precisamente o prazo máximo estabelecido no art.º 1296.º do Código Civil para que possa dar-se a usucapião e que o mesmo Código também prevê como sendo o prazo ordinário da prescrição.

Quer isto dizer, perdoando a jocosidade, que neste novo século teremos de considerar que, face ao registo, está prescrita a usucapião? Sem chiste, ouso responder: se não prescrita porque ainda não há, por ora, condições para tanto, pelo menos altamente diminuída da sua tradicional importância.

Como disse, residualmente, porque faltam condições. E faltam condições, principalmente porque nem todos os prédios estão ainda cadastrados e integrados no sistema da publicidade registral e, dos que estão, há também os que não têm a sua titularidade devidamente actualizada.

Por outro lado, a importância da posse também ficou altamente diminuída porque o principio da legitimação consagrado no art.º 9.º do Código do Registo Predial já vigora desde 84 e, a partir de então, *genericamente*, quem quer que pretenda titular a transmissão de direitos ou a constituição de encargos sobre imóveis *tem de demonstrar* que os bens se acham definitivamente inscritos a favor do transmitente ou do onerante. Ou seja: a lei foi estabelecendo uma *obrigatoriedade indirecta* do registo. Contudo, decorridos estes cerca de 20 anos, podemos dizer que essa obrigatoriedade já se institucionalizou nos nossos hábitos. Ora, assim sendo, parece que claro que uma expressa obrigatoriedade já praticamente não causaria grande perturbação. Essa seria uma opção do legislador que se afigurava correcta[6].

Há que sublinhar a permanência de um outro principio essencial para credibilidade de um sistema registral. É o que se acha consagrado no art.º 68.º usualmente denominado *principio da legalidade*.

É-nos de todo impossível traduzir em breves palavras a importância que reveste a qualificação do título para uma credível publicação

---

[6] E veio a ser adoptada pelo legislador. Como se disse na nota "2" desde 21 Julho de 2008 que o registo predial é obrigatório em todo o território nacional.

dos direitos reais. Direi apenas o seguinte: já há vários anos que o Banco Mundial decidiu financiar a institucionalização de sistemas de registo nos países em vias de desenvolvimento desde que oferecessem fé pública. E esta, como é evidente, só pode existir quando vigoram os princípios a que aludi e, designadamente, o principio da legalidade para o exame imparcial, autónomo e isento, mesmo face ao Estado, da *validade intrínseca* dos documentos públicos e privados, com a única e necessária limitação do respeito pela lei e pelo caso julgado.

É, que, como notava FERNANDO MENDEZ e a Revista *"Registradores"* de Abril passado publicou, "dois terços da riqueza dos países em desenvolvimento dependem da propriedade imobiliária".

13. Não podendo alongar-me mais, insistiria apenas lembrando que a desconsideração pelo título e o efectivo desrespeito pela valia do documento autêntico, notarial e judicial, foi defendido sobretudo nos países da tradição saxónica que igualmente menosprezam a norma escrita e a codificação das leis, para se vangloriarem antes nas "primitivas" concepções do "case law" e do direito consuetudinário.

Todavia, mesmo nesses países, tais arcaicas concepções estão a ser ultrapassadas por se reconhecer que a certeza do direito e a garantia das transacções imobiliárias e de móveis de elevado valor *exige* a titulação dos actos – que, é claro, poderá ser por via electrónica autenticada – e os correspondentes registos fiáveis.

14. Consequentemente, e para terminar, não vamos nós, herdeiros da superior tradição romano-germanica, ser daqueles que querem retroceder.

Pelo contrário, teremos de afirmar e reconhecer que o acto titulado e registado *é o que deve prevalecer.* Se o título ou o registo são inválidos é uma invalidade que terá de ser atacada *nessa sede* e pelos motivos que a lei prevê. Mas, ao que cremos, não invocando a velha posse/usucapião (posterior ou pré-existente) já que ela hoje é, perdoem-me, uma verdadeira falácia, principalmente porque o Mundo actual da informação instantânea (*on line*) não só perdeu a estabilidade de outrora, como não se compadece já com os "arcaísmos conceptuais" (perdoe-se a expressão) e com a própria demonstração dos requisitos da posse, que ainda por cima tenha a virtualidade de neutralizar a informação registral hoje em dia disponível de modo seguro para todos, inclusive pela Internet.

Assim, neste domínio do reconhecimento dos direitos sobre as coisas – e apesar das várias e conhecidas diferenças existentes sobretudo no âmbito do direito registral – parece que nos devíamos aproximar do modelo germânico que é indubitavelmente mais seguro, mais justo e mais verdadeiro.

Na era da "Sociedade de Informação" invocar a posse – e poder fazê-lo para a sobrepor ao registo – em vez de conduzir a uma veraz comprovação dos direitos reais e de se traduzir na hodierna prova de uma "realidade" exacta e conhecida, é, pelo contrário, fonte de incerteza, de anarquia, de ambiguidade das situações, de indeterminação e por vezes de mentira, bem como de insegurança, de instabilidade dos factos e do direito – ou seja, *tudo o contrário* que a alicerçou indubitável esplendidamente ao longo dos tempos e formou o seu proverbial, pacífico e belo conceito.

Dir-me-ão que estou a ser surrealista. Surrealista? Talvez: mas por certo não irrealista. Permitam-me ainda que, a este propósito e nesta Casa cite Cícero: "prefiro o testemunho da minha consciência às adversas razões com que me queiram atacar".

Também eu, tal como o grande orador e cônsul de Roma, prefiro que me critiquem a que digam que faltei ao que creio ser meu e nosso essencial dever: *contribuir para a solução prática dos problemas, para o esclarecimento da verdade e para a certeza do direito.*

PUBLICIDADE DOS DIREITOS REAIS
– POSSE, REGISTO E PROVA DOS DIREITOS[1] –

1. Consultando um qualquer manual de "Direitos Reais" verificamos que nele existe sempre um capítulo dedicado à *publicidade*. E, embora se coloque a questão de saber se a publicidade é uma "característica comum" dos direitos reais, que advém da sua própria natureza e da lei[2], a verdade é que é usualmente se inclui entre os princípios constitutivos dos direitos reais, o denominado "princípio da publicidade"[3].

Na explicação de Menezes Cordeiro, "desde que se consumou a apropriação da riqueza, foi naturalmente sentida pelos agregados humanos a *necessidade do conhecimento do estatuto particular de cada coisa*"[4]. Necessidade essa que tem profundas raízes históricas, desde os antigos povos do oriente aos da antiguidade clássica e quer no tocante às solenidades públicas de uma investidura na posse dos bens, designadamente dos imóveis, quer em inscrições escritas – antecedentes históricas de um registo – encontradas um pouco por todo o lado: na pedra *Kudurru* da velha Mesopotâmia, nos *Katagrafé* do antigo Egipto ou nos *arquivos* da Grécia clássica[5]. Mas é só no

---

[1] Conferência feita na Associação Jurídica de Braga em 25 de Maio de 2006 que, em parte, reedita os argumentos da anterior intervenção em Coimbra.

[2] Cf. Menezes Cordeiro, "Direitos Reais", *Reprint*, pág. 263.

[3] Vide,v.g. "Direitos Reais", segundo as lições de Mota Pinto, *Almedina*, 1972, pág. 119. Não será, contudo, como nota Carvalho Fernandes ("Lições de Direitos Reais", pág. 76), um princípio específico ou exclusivo dos direitos reais.

[4] *Op. cit.*, pág. 266.

[5] Entre várias obras, citem-se as de Alvarez Suarez "Origines de la Contratactacion Escrita", Madrid,1948 e de J. M. Garcia Garcia "Derecho Inmobiliario Registral o Hipotecário", *Civitas*, 1988, sobretudo nos Capítulos IV.V. e VI.

século XII que surgem os primeiros livros de registo, conservando-se ainda hoje os livros de Colónia de 1135 e bem assim os de Hamburgo, Dortmund e outras cidades.

Quer dizer: a publicidade dos direitos reais – desde sempre tida como necessária, dada a natureza destes direitos, e dada também a coexistência da *obrigação passiva universal* – tem revestido, através dos tempos, uma dúplice vertente: a da publicidade espontânea, basicamente fundada na *posse*, conceito consabidamente desenvolvido pelo direito romano, e a da publicidade organizada, primeiro sob formas incipientes, como as dos marcos, também romanos, ou as dos *pregones* medievais, até às dos actuais meios técnicos, progressivamente aperfeiçoados, dos *registos jurídicos*.

E estes meios de publico conhecimento dos direitos das coisas – o espontâneo da posse e o organizado do registo – têm, até aos nossos dias, coexistido no Ordenamento Jurídico como instrumentos simultaneamente complementares e concorrentes na publicitação dos direitos das coisas, mormente dos imóveis. E talvez essa dupla vertente, se não mesmo disputa de primazia nas diversas tradições jurídicas, tenha contribuído para uma conveniente e curial interpretação das normas, num sentido prospectivo, que procura aplicar o direito com vista ao justo julgamento.

E, por certo que muitas das boas decisões em matéria de direitos reais buscaram adequada justificação quer na prova da posse e no reconhecimento dos correspondentes efeitos, quer no conteúdo dos registos.

2. Se isto assim tem sido ao longo dos tempos, parece, no entanto, que já não se poderá dizer o mesmo neste terceiro milénio em que os contraentes negoceiam por *e-mail*, buscando rápidas garantias objectivas, para logo de seguida, como sói dizer-se, "partirem para outra", porque têm efémeras ligações às coisas e aos lugares.

Permita-se, então, a pergunta: como encarar, hoje, a *posse*? E, falando de posse, quero, é claro, referir-me ao conceito, mas principalmente aos seus efeitos.

A este propósito, apresentei há cerca de três anos um trabalho no Seminário dos "Direitos Reais" quando, na Faculdade de Direito de Coimbra, se comemoraram os 35 anos do Código Civil. Comecei então por recordar o excelente estudo de Luso Soares no prefácio

Publicidade dos direitos reais – posse, registo e prova dos direitos   349

d' "A Posse" de Manuel Rodrigues e a citação de Saleilles realçando o significado da posse ao declarar que *a apropriação económica das coisas* é ideia anterior à da propriedade[6] e, de forma bastante actual, afirmava a posse existe quando o detentor *aparece como dono da coisa do ponto de vista económico*.[7] E quantas judiciosas considerações e quanto mais se tem dito e escrito sobre a posse! Como referiu o Professor brasileiro José Carlos Moreira Alves, a sua bibliografia é amplíssima. E, realmente, no seu tratado "A Posse" este Professor faz 2.478 notas de citações e tem 54 páginas de indicações bibliográficas.

Parece, portanto, que já se disse e já se escreveu porventura até *demais* sobre a posse: tratados, estudos, comentários, teses brilhantes. Só que, com a devida vénia e pedindo perdão pela ousadia, creio que quase tudo o que ultimamente se continua a dizer e escrever sobre a posse – e principalmente sobre o modo como tem sido entendido o fundamental *efeito aquisitivo* da posse – é *repetitivo* diz sempre mais ou menos o mesmo e está, basicamente, *desajustado* da realidade contemporânea, não só portuguesa, mas mundial.

Como nesse Seminário referia e também num anterior artigo publicado na Revista da Ordem dos Advogados, não me parece que esteja actualmente subjacente à noção da posse e dos seus efeitos uma idêntica *veracidade*, sobretudo traduzida naquela mesma *realidade* e *certeza* que motivou e historicamente alicerçou o tradicional conceito jurídico.

Ao longo dos séculos e não obstante todas as vicissitudes históricas, o certo é que um dado estrutural se manteve: a propriedade e os demais direitos reais que se têm considerado susceptíveis de posse pertenciam a poucos, *que eram conhecidos, estavam identificados* ou seriam *facilmente identificáveis*.

Mas, de facto, (como então procurei frisar) "nos últimos tempos, deu-se uma inversão, um fenómeno inteiramente novo, cujos efeitos, embora geralmente conhecidos, parece que ainda não foram suficientemente ponderados e reconhecidos pelos juristas: a propriedade,

---

[6] Diz-se noutro passo: "A posse não surgiu para servir de baluarte à propriedade. É anterior a ela.." – Cf "Ensaio sobre a Posse..." de Fernando Luso Soares, pág. CXII. *in* "A Posse" de Manuel Rodrigues" 3.ª ed.

[7] *Op. Cit.* pág. CX.

nomeadamente sobre imóveis e móveis sujeitos a registo, multiplicou-se, popularizou-se, democratizou-se, a tal ponto que os proprietários são aos milhares, mesmo aos muitos milhares. E a velocidade das transacções acompanhou, potencializou, essa multiplicação. São inúmeras as compras e vendas, as permutas, as locações, enfim, os mais diversos actos e contratos.

Por outra parte, no que respeita ao conhecimento do possuidor, verifica-se uma situação oposta: quebra de contacto pessoal ou até total ignorância de quem ele é. As relações de vizinhança, de convivência, de intimidade, esbateram-se, quebraram, desapareceram quase por completo. Realmente, isso acontece já no interior, onde reside menos de 1/10 da população do País e mesmo nas cidades pequenas, muito poucos são os que convivem, os que se distinguem, os que se conhecem. Nas cidades, essa é, indiscutivelmente, a regra. Quem habita num andar quase não faz ideia de quem são os que moram no mesmo prédio e muitos há que nunca foram a uma simples reunião de condóminos e, se vão, o conhecimento dos demais permanece vago. Mais ainda: mesmo quando alguém conhece o seu vizinho não sabe se ele é o proprietário, o comproprietário, o usufrutuário, ou o arrendatário, isto é, não sabe a que título possui e se no seu próprio nome, se no de outrem.

Deste modo, o afirmar-se hoje, salvo em circunstâncias verdadeiramente excepcionais, que uma posse é juridicamente relevante, é demonstrável e é pública – que pode, pois, confiada e testemunhalmente ser asseverada e confirmada – constitui uma afirmação que me parece ingénua, senão mesmo, na realidade, de todo ultrapassada e inverídica".

Com efeito, a descrita situação, sobremaneira evidente no que concerne aos meios citadinos e no tocante aos prédios urbanos, é actualmente extensiva a todo o território, englobando as áreas rústicas, mormente nas zonas mais prósperas. Também aqui, a aceleração das transacções, o controverso "progresso social", a volatilidade e a própria habitual ocultação dos interesses e vários outros factores, tais como a permanente deslocação das pessoas, a sua instabilidade, a emigração e tudo isto aliado ainda à actual indiferença, insensibilidade e efectiva ignorância das situações concretas, são circunstâncias que potencializam um generalizado desconhecimento dos titulares dos direitos reais. Não se sabe se quem, ainda nos nossos dias,

Publicidade dos direitos reais – posse, registo e prova dos direitos   351

amanha as terras (que esporadicamente se cultivam), é ou não o "dominus". Aliás, será talvez – o que os vizinhos geralmente não podem confirmar – o encarregado de alguma cooperativa, ou um arrendatário ou talvez mesmo um simples comodatário, porque o real proprietário, ausente na cidade ou no estrangeiro, ainda conserva um velho e quase anacrónico gosto pela "terra-mater" que não quer "deixar a monte".

De modo que esta total e contemporânea ignorância e equivocidade dos possuidores, quer nas zonas citadinas quer também já nas rurais, e tanto no que respeita aos prédios urbanos, em que é por demais evidente, como no que toca aos rústicos, não pode justificar uma efectiva e verídica publicidade dos direitos e a até agora prevalente invocabilidade da usucapião, tal como tem vindo a ser considerada pela doutrina e pela jurisprudência.

A cansativa e estereotipada – mas, como se disse, actualmente descabida alegação que é, há mais de 20, 30 e 40 anos, por si e antecessores que representa, o seu dono, visto que o cultiva, o habita e pratica à vista de todos, e sem oposição de ninguém, os diversos actos materiais que o qualificam como possuidor em seu próprio nome e interesse e está, portanto, em condições de invocar tal aquisição originária – esta velha e estereotipada alegação, dizia, não tem actualmente razoabilidade, consistência prática e uma sensata razão de ser e, portanto, *não deverá ter* a habitual e bem conhecida aceitação geral por parte da jurisprudência e da doutrina. Além disso, é baseada na mais que falível prova testemunhal de quem se presta a "fazer esse jeito". E, por mais advertências que se façam, a experiência confirma que não se conhecem, a este propósito, condenações por perjúrio. Afinal o certo é que constava, depreendia-se, dizia-se...".

Perdoando-se-me esta "auto-citação" e que prossiga com idêntica argumentação (por se me afigurar correcta) recordava nessa intervenção que a invocação da usucapião, que continua a ser feita em todas as acções pelo autor que reivindica o direito de propriedade do prédio, é hoje *rotineira, estereotipada* e, efectivamente *desajustada da realidade contemporânea*. Além disso, é baseada na pseudo-prova testemunhal (e que não pode ser *prova* pelas expostas razões) de alguns amigos que vêm "confirmar" que o reivindicante praticava em seu próprio nome e interesse os (descritos) actos materiais à vista

e com o conhecimento de toda a gente, de modo pacífico e continuado há mais de "x" anos...

E quem pode concluir que não? Que ao afirmá-lo convictamente
se estava dolosamente a tentar prejudicar outrem? E realmente que
prova do direito real é esta? É a que vai conseguir dar como provados factos que se afirmam inequívocos (!) e, afinal, se podem *sobrepor* ao que consta dos *documentos autênticos* e dos *registos*? Deve
continuar a ser assim? Mesmo que não habitemos em Espanha, no
Brasil ou na Alemanha deve continuar a ser assim?

3. Estas foram interrogações que apresentei naquele Congresso
e que agora, com o decurso do tempo – e de novo peço que se me
perdoe a ousadia – me parecem cada vez mais oportunas. Assim
como também a proposta que fiz de uma interpretação do artigo
1293.º do Código Civil actualista e *doutrinária* – na acepção que lhe
dava BAPTISTA MACHADO[8], isto é, a de o jurista procurar "fixar o sentido e alcance com que o texto da lei deve valer". Recordo que nesse
preceito se declara que não podem ser adquiridas por usucapião as
servidões não aparentes e também os direitos de uso e habitação.

Todos os autores concordam que a *ratio* desta disposição radica
na circunstância de a posse não ser, nesses casos, clara, convincente
e *conclusiva* quanto ao direito exercido, principalmente porque lhe
falta a *ostensividade*, podendo, portanto, tornar-se confusa, equivoca,
dúbia[9].

Ora bem: se assim é, *por expressa disposição legal*, nesses casos,
não o deverá ser também, *por identidade de razão*, actualmente, em
todos os outros? Não é verdade que existe uma igual *equivocidade*,
uma "incerteza do direito exercido" nos que *genericamente* ocorrem
nos nossos dias? Não estaremos, por isso, todos *obrigados* a tentar
uma nova "clarificação conceptual"?

---

[8] Cf. "Introdução ao direito e ao Discurso Legitimador" (Reimpressão)
1985, pág. 176.

[9] Vide, v.g., o comentário ao art.º 1293.º no Código Civil Anotado de PIRES
DE LIMA e ANTUNES VARELA, em colaboração com HENRIQUE MESQUITA (2.ª ed. pág.
72/73).

Parece que sim. E, parece por isso, que na proposta interpretação *doutrinária*, se devia considerar que aquele preceito do Código Civil aflora um *princípio geral*: o de que a usucapião só pode ser invocada – não como até agora o tem sido como *regra* – mas sim e *apenas* quando inexistir qualquer possibilidade de ambiguidade, havendo, pelo contrário, uma notória e veraz publicidade. Isto é, a usucapião só deve ser atendida *excepcionalissimamente* e quando os actos materiais da posse forem de tal modo tão evidentes, tão clara e ostensivamente exercidos que não se suscite dúvida alguma sobre a sua prática, inclusive por existirem *sinais objectivos*, e também quando o *animus* for manifesto e, assim, essa evidência, bem como a efectiva publicidade e demais características relevantes possam ser *reconhecidas* e *veridicamente* testemunhadas.

De modo que, como se crê, salvo em circunstâncias raríssimas ou especiais – por exemplo quando há dados objectivos, caso do caminho, da composição do imóvel ou da demarcação, que, como se sabe, pressupõe que o direito de propriedade *esteja definido* – não será actualmente justificável que sistematicamente se invoque a usucapião, para fundamentar o direito de propriedade.

É claro que tal se faz porque, como tem sido explicado, não é a aquisição derivada que basta para assegurar e comprovar um direito real oponível *erga omnes*[10]. Mas, porque assim é, na prática subsiste apenas o recurso ao *registo*, como instituição pública especialmente vocacionada e *organizada* para publicitar esses direitos. Consequentemente, o lógico seria que a tradicional invocação da aquisição originária fosse substituída pela do registo[11] e, inexistindo este, teriam de justificar-se e demonstrar-se os motivos dessa falta, principalmente dada a sua (des)actualização, de que iremos falar.

---

[10] *Vide*, entre as muitas referências sobre o tema, o Ac. do STJ de 4/7/1972, *in* BMJ n.º 219, pág. 196.

[11] Já depois desta conferência o Código do Registo Predial foi alterado e introduzido o artigo 8.º-A que tornou o *registo predial obrigatório* em todo o território nacional. Por conseguinte, até nos parece que agora a junção do documento do registo, mesmo nas próprias acções judiciais, e até quando se conteste o seu conteúdo, *será sempre necessária*.

4. Deverá reconhecer-se que a publicidade dos direitos que o registo confere é objectiva, credível, precisa e cognoscível por todos.

É *objectiva* no sentido de que identifica e concretiza imediatamente o direito de que se trata, para qualquer titular, e seja qual for o modo como este utiliza e desfruta dessa titularidade, referindo-o com precisão para todos os outros, sem sujeição alguma às contingências do momento, assim como à subjectividade, às conjecturas, aos incertos testemunhos pessoais de quem pensa conhecer os factos, ou às ideias próprias de cada intérprete.

É também uma publicidade *credível*, já que deve merecer uma confiança geral, designadamente porque baseada em documentos que foram admitidos e previamente qualificados de modo a poderem ser acreditados para traduzir não só a verdade fáctica, como também a situação jurídica que a lei valida. Note-se que a prova dos factos perante o registo é apenas a documental (mesmo quando baseada nas "justificações") e, salvo raros casos que a lei prevê, é a que tem de constar de documento autêntico que, consabidamente, faz prova plena. E não se trata de um mero registo de *títulos*, de base pessoal – como ainda ocorre em alguns arcaicos sistemas – e que, portanto, não presta uma informação inequívoca, actualizada e muito menos garantida. Entre nós trata-se, sim, de um registo de *titularidades*, de *direitos*, porque só puderam basear as sucessivas inscrições aqueles títulos formal e substancialmente válidos, cuja conformidade com a lei aplicável foi previamente verificada, assim como a sua compatibilidade com os registos anteriores e também porque todos os factos inscritos são todos reportados a uma *base real,* isto é, ao próprio bem sobre que incidem e não às pessoas que intervieram nos títulos .

É ainda uma publicidade *cognoscível*, visto que qualquer pessoa tem a possibilidade de saber a situação jurídica da coisa, do imóvel de que se trata, e qualquer que seja a relação ou o interesse que a liga a esse bem, podendo ainda obter a certificação autêntica de tudo o que os assentos contêm ou, como usa dizer-se, do que consta das tábuas.

Em suma: quando falamos da publicidade registral estamos a aludir a um *meio técnico,* actualizado, concebido por juristas e cientificamente organizado para identificar e tornar publicamente conhecido o direito real, com a devida *certeza jurídica* e de modo a tornar *eficaz* a obrigação passiva universal e também possível uma *geral oponibilidade* dos direitos inscritos.

5. É, no entanto, sabido que os efeitos do registo têm sido entre nós sistematicamente desvalorizados com base em algumas considerações que poderiam ter sido admissíveis num passado ainda próximo, mas que actualmente já não parece que continuem a ser pertinentes.

Uma dessas críticas refere-se à imprecisão das *descrições* dos prédios.

Contudo, a este propósito, haverá que fazer alguns comentários. E o primeiro é este: os efeitos, as presunções e as prioridades derivadas do registo não se referem às descrições, mas sim *às inscrições*. É nestas – e não naquelas – que se lavram os registos, que se consignam os factos e os direitos objecto da publicidade.

É certo que os direitos respeitam a prédios e, por conseguinte, há que saber de que prédio se trata. Por isso, o que fundamentalmente importa é a questão da *identidade* do prédio a que os direitos respeitam. Não propriamente a sua *composição*. De facto, os eventuais erros que aí possam ocorrer (e que infelizmente ocorrem por não haver um *georeferenciamento*[12]) não colidem com os direitos inscritos nem alteram as prioridades, a fé pública ou quaisquer efeitos do registo. O que conta das menções descritivas não faz prova[13] de que as respectivas menções são inteiramente exactas.

É evidente que se deseja que todos os elementos da descrição – começando pela área e pelo artigo matricial – estejam correctos e actuais. Todavia, se não estiverem, haverá apenas que os actualizar mas, entretanto, quaisquer titulares de direitos inscritos *continuam a gozar* exactamente das mesmas presunções de titularidade dos seus direitos e o registo continuará a produzir todos os seus efeitos. Quer dizer que as eventuais imprecisões descritivas não alteram nem beliscam minimamente os conteúdos das inscrições e, portanto, os direitos publicitados.

O sistema registral português não é, (como queria CUNHA GONÇALVES) um sistema *Torrens*, com os seus próprios topógrafos e serviços

---

[12] Este processo de "visão" directa por geo-satélites, hoje em dia de uma tecnologia acessível, tem sido desenvolvido em vários sistemas registrais conhecidos, como o espanhol e o brasileiro.

[13] Não faz *prova plena* como faz a inscrição. Contudo, fará sempre uma prova *indiciaria,* como um testemunho referencial – e obviamente de harmonia com a apreciação concreta do julgador.

cartográficos. De facto, a correcta indicação dos elementos topográficos pressupõe a verificação *in loco* por técnicos especializados[14] – a menos que, como já se tem feito em Espanha, se desenvolva uma referência gráfica ou fotográfica proveniente de um geo-satélite ou directamente da Internet.

Mas, ainda que se introduza esta complementar informação descritiva, o certo é que o sistema registral português não nos dá especificações sobre a *demarcação* e os *limites* dos prédios. Este é, de facto, um tema *alheio ao registo*[15]. Entre nós a descrição é simplesmente *referencial* do prédio, como aliás ocorre em outros bem avançados sistemas registrais que remetem para a base cadastral[16]. Mas não se vê que isso prejudique a devida publicitação dos direitos constante das inscrições.

6. Outras críticas usualmente feitas – e pelas quais parece que, afinal, o que se pretende é tão-só descredibilizar o papel do registo – referem-se ao grau da sua eficácia, ao tipo de presunções que confere e à sua proverbial desactualização. Começando por este ponto, dir--se-á que o que parece desactualizada é esta crítica.

É que um dos pontos essenciais da reforma do registo de 84 foi a introdução do princípio da *legitimação dispositiva*, que origina uma *obrigação de registar* ou, como sugestivamente explica Menezes Cordeiro, se traduz num "encargo do registo"[17], porque – como diz –

---

[14] E, convirá notar que um permanente levantamento *e actualização* de tipo cadastral, e para poder responder a uma multiplicidade de transformações dos imóveis, exige uma soma de recursos que é hoje considerada praticamente incomportável e, por isso, em alguns casos está a ser substituída pelo georeferenciamento.

[15] De facto, o registo publica *titularidades* e não a definição de limites topográficos. Ora, como é sabido, as demarcações pressupõem que não haja controvérsia quanto às titularidades.

[16] Ao cadastro também só deve corresponder a descrição *física* dos prédios já que não é sua função – nem para tal está vocacionado – publicitar os direitos, ónus e encargos que incidem sobre os prédios. Essa, sim, é função do registo.

[17] Cf., por ex., o *Parecer* emitido em Julho de 1995 a propósito da "Zona Franca da Madeira" e o artigo publicado na Revista da Ordem dos Advogados (R.O.A.) 1985, I, sobretudo pág.109, onde escreveu que o art.º 9.º do C.R.P. vem

Publicidade dos direitos reais – posse, registo e prova dos direitos   357

se faz depender a validade formal dos factos registáveis "da existência do registo a favor de quem os pratique". Há, por certo, um *interesse público* em que o registo se faça, mas o legislador para o conseguir não o impõe directamente[18]. Faz antes que, para se poder dispor ou onerar, *todos*[19] tenham que previamente registar.

Assim, terminou o regime duplo, isto é, o que previa uma obrigatoriedade, coactivamente imposta *apenas* em alguns concelhos do país (onde existia o cadastro geométrico, que nunca mais avançava nem é facilmente actualizável), e o totalmente facultativo, vigente em todos os outros, onde muitas das conservatórias dessas localidades eram verdadeiras *certificatórias,* visto que uma grande parte dos actos não passavam de meras certidões negativas para declarar que o prédio não se encontrava aí descrito. Mas, desde o Código de 84, passou a haver um único regime que se tem designado como de *obrigatoriedade indirecta*, visto que, como também dizia aquele Professor, sem o registo "os bens ficam numa situação de indisponibilidade".[20] Ora, a verdade é que este princípio vigora há cerca de 22 anos, ou seja, já há mais tempo do que prazo máximo para a usucapião (com má-fé, sem título e sem registo)!

Por outro lado, o crédito à habitação – que é sempre um crédito hipotecário – também nos últimos 20 anos se tem desenvolvido enormemente. Outro tanto ocorre com todas as transacções imobiliárias.

De modo que, presentemente, pode afirmar-se que *raríssimos* são os casos em que ainda se encontra um prédio por registar. Isto é: verifica-se uma situação inversa daquela que ocorria há cerca de 22 anos, quando grande parte das aquisições não eram registadas. E a generalidade da população tem consciência, sabe bem, que se não fizer o registo não pode alienar, não pode hipotecar, não pode dispor dos prédios. Assim, já praticamente todos os proprietários de imóveis tiveram contacto com as conservatórias e não parece que seja verdade

---

"condicionar a própria alienabilidade dos direitos à existência prévia de registo a favor do alienante".

[18] À data da conferência ainda não o impunha. Actualmente vigora o artigo 8.º-A do C.R.P. que tornou o registo predial *obrigatório*.

[19] As excepções, no momento da titulação, como a da alínea c) do n.º 2 do art.º 9.º do CRP acabam por *desaparecer* depois (cf. art.º 34.º, n.º 1).

[20] *Idem*, pág. 37.

dizer-se que ainda hoje subsista aquela antiga *relação distante* com o registo, de que nos falavam alguns acórdãos.

Por isso, quem conhece o actual "dia a dia", sobretudo da vida económica e das transacções imobiliárias, sabe que, em termos gerais, pode afoitamente dizer-se que em Portugal o registo se encontra *actualizado*. Como, aliás, no resto da Europa. Recordo que quando, há cerca de dois anos, participei em Creta na reunião da *European Land Register Association* ouvi isso mesmo. E lembro até que tal actualização também já ocorria na Letónia, apesar de se tratar de uma República da ex-União Soviética, em que praticamente ainda há pouco tempo não existia a propriedade privada.

Isto é, o registo é cada vez mais usado em praticamente *toda a Europa*[21] como instrumento *fiável* de uma geral publicitação e garantia dos direitos reais.

7. A outra das muito conhecidas objecções normalmente opostas ao alcance e eficácia do registo consiste na afirmação de que ele tem, à luz do nosso Ordenamento, um mero efeito declarativo. A propriedade transmite-se por força do contrato e, portanto, o registo aí nada tira nem acrescenta.

Também nos parece que esta objecção não chega a sê-lo.

Em primeiro lugar dir-se-á que título e registo são obviamente realidades distintas e que a transferência da propriedade e a *traditio,* nos denominados sistemas jurídicos latinos se dá com a celebração do contrato. Só que, por um lado, esta é uma regra geral e que, portanto, não tem de prevalecer – nem deve – sobre as normas *especiais*, designadamente as que regulam os diversos casos de efeitos substantivos do registo e, pelo outro, uma coisa é a *transmissão* da propriedade pelo alienante e a sua *aquisição* pelo adquirente, pelo efeito do acordo negocial, e outra, muito diversa, é a *definição* das titularidades, bem como da sua eficácia e, é claro, a determinação

---

[21] Mas não só na Europa. Na América latina, numa boa parte da África, etc.. Nos Estados Unidos é que não. Com efeito, há aí o forte "lobie" das companhias de seguros que, com o chamado "seguro de títulos" (que querem dizer que substitui os registos!!) obtêm enormes lucros e por esse motivo contnuam a *impedir* que se instituam os registos públicos.

Publicidade dos direitos reais – posse, registo e prova dos direitos   359

das prioridades dos direitos incidentes sobre o prédio. Para tudo isto haverá necessariamente *que conjugar* as diversas disposições da lei substantiva e da lei registral – e em que aquela não tem necessariamente que prevalecer sobre esta, apesar da sua natureza adjectiva e instrumental.

No tocante ao efeito declarativo do registo, dir-se-á ainda que, como é bem sabido, os conceitos no âmbito dos direitos reais têm pouca versatilidade e vão mesmo ficando estratificados,[22] continuando a ser tidos como incontroversos, ainda que já não o sejam. É, salvo o devido respeito pelas opiniões contrárias, o que se passa com este tema do *efeito declarativo*.

Há na Europa, fundamentalmente, quatro sistemas de registo e, dentro de cada um, existem diferenças várias[23]. São eles o sistema latino, o germânico, o nórdico e o saxónico. Mas todos evoluem continuamente e não há "casos puros" de sistemas declarativos ou constitutivos. Aliás, nos nossos dias, a tendência é da evolução para estes últimos, como acontece, por exemplo, no caso da Inglaterra, que actualmente tem um sistema de registo que é, em geral, constitutivo. E em Portugal?

Pensamos que a tendência também é essa. E a comprová-lo bastará citar o caso da *penhora* depois da actual reforma da acção executiva e da redacção dada pelo Dec-Lei n.º 38/2003, de 8 de Março, ao artigo 838.º do Código de Processo Civil. É que agora, nos termos do n.º 1 a penhora "realiza-se por comunicação electrónica à conservatória...". Ora, parece evidente que não é quando o juiz manda proceder a diligências prévias, nem quando o funcionário da secretaria digita "a comunicação" à conservatória (ou enquanto esta

---

[22] A propósito da *Reforma do Direito Civil* (cf publicação do Ministério da Justiça, 2005) e nos relatórios das várias Faculdades de Direito é, quanto ao" Direito das Coisas", dito que, em geral, *não parece necessária qualquer revisão* (salvo, v. g., a Faculdade de Lisboa, entender dever rever-se a noção de *coisa* e os direitos dos animais) e nem se toca na importante matéria da *publicidade*.

[23] J. M. Garcia Garcia diz mesmo que "cada país criou o seu próprio sistema" existindo relações e influências de uns e de outros (Cf. "Derecho Registral Inmobiliario o Hipotecario" Tomo I, 1988, pág.339). Cf. ainda o que refere Benito Arruñada, *in* "Sistemas de Titulación de la Propriedad" – Palestra Editores, 2004.

anda no "ciberespaço") que a penhora fica constituída[24]. Ela só se constitui – só se realiza, na expressão da lei – quando a comunicação, é *recebida,* e *registada*, como aliás parece ser a opinião generalizada.

De modo que, além da hipoteca, também no caso da penhora (e noutros[25]) o registo é constitutivo. E assim, a expressão "exceptua-se" a hipoteca, usada no n.º 1 do artigo 4.º Código do Registo Predial, não pode ser entendida no sentido técnico-jurídico de que se trata de uma "norma excepcional" que apenas vigora naquela *única* hipótese da hipoteca.

Mas, deverá também acrescentar-se: mesmo que se o registo *só* fosse constitutivo no caso da hipoteca, ainda assim parece que não se poderia dizer "tout court" que o sistema era meramente declarativo. É que, por um lado, o registo da hipoteca é um registo paradigmático e representa talvez o mais significativo dos registos. Recorde-se que em vários países – como é o caso da Espanha – ainda hoje a lei do registo é denominada "lei hipotecária" e o direito registral chama-se "direito hipotecário".

Sobre este tema do registo constitutivo gostaria de acrescentar o seguinte: no "Congresso dos Direitos Reais", em Coimbra, e posteriormente num curso em Barcelona, apresentei a proposta de um conceito novo que me pareceu ter merecido algum acolhimento favorável. Trata-se do seguinte: há situações em que o registo deve considerar-se como *semi-constitutivo*. Não sendo simplesmente declarativo também

---

[24] Nos termos um pouco ambíguos do n.º 1 do artigo 838.º do C.P.C.a penhora de imóveis "realiza-se por comunicação electrónica à conservatória do registo predial" e acrescenta que essa comunicação electrónica "vale como apresentação". Portanto, o seu efeito não pode ser considerado para além do da mera apresentação do pedido de registo.

[25] Entre algumas outras hipóteses que tenho apontado, creio que são indiscutíveis os casos do direito de superfície sobre bens do domínio público, bem como do destaque da parcela para construção e o da autorização de loteamento urbano, visto que não são as simples *permissões* para autonomizar prédios (as *licenças* ou *alvarás*) concedidas pelas câmaras municipais que, por sí só, *realizam* a constituição dos novos prédios. É só no registo que tal autonomização se realiza. Na disposição dos lotes verifica-se ainda um efeito *semi-constitutivo* de que falaremos.

Publicidade dos direitos reais – posse, registo e prova dos direitos   361

não é claramente constitutivo. Está assim, como um *tertium genus*, a meio caminho daquelas duas noções, já que o direito *existe* sem o registo, só que, sem ele, não pode ser *exercido,* mesmo pelas próprias partes. A propósito, note-se, há quem entenda que este é mesmo *o aspecto essencial* da inscrição constitutiva[26]. Citei então alguns casos, como os do loteamento e da constituição e inscrição de propriedade horizontal, que são hipóteses em que a lei não permite que se efectuem quaisquer actos de disposição de lotes ou de fracções autónomas se o *regime* da propriedade horizontal (salvo, nesta, a excepção do "próprio dia") ou a autorização de loteamento não estiverem inscritos no sistema registral.

Temos pois que, quer porque a hipoteca não é uma hipótese *excepcional* nem *a única* de registo constitutivo, quer pela própria importância daquele direito real em qualquer sistema de registo, quer ainda porque à luz do direito interno português há vários outros casos (e bem frequentes e importantes como os da propriedade horizontal e do loteamento) em que o registo tem uma natureza *quase-constitutiva,* quer finalmente porque, como diz MENESES CORDEIRO[27], com a introdução pelo actual Código do Registo Predial do princípio da legitimação[28], previsto no art.º 9.º, o registo já não é hoje mera condição de *oponibilidade,* porque passou a ser também condição de *disposição* (para alienar ou onerar é necessário o prévio registo a favor do transmitente ou onerante) – parece que já não se deverá sustentar que o actual sistema registral português, mormente depois do Código de 84[29] continue a ser *meramente* "declarativo" (ou sim-

---

[26] V.g. no trabalho adiante citado, VICTOR EHRENGERG diz que a essência da inscrição constitutiva é a de determinado facto ou relação não *lograr* o seu efeito (*in casu* dispositivo) sem que esta seja lavrada (p.ex. a pág 30).

[27] V.g. no citado parecer de Julho de 1995 e também já havia aludido ao assunto no notável estudo "Evolução Juscientífica e Direitos Reais", *in R.O.A.,* 1985, I, pág. 71 e segs.

[28] Não da *legitimação* como é visto pela doutrina espanhola – e germânica (o *Eintragungsprinzip*) – cf. LACRUZ BERDEJO e SANCHO REBULLIDA "Derecho Inmobiliario Registral", 1984, pág 49.

[29] Note-se que quase todas as referencias doutrinais e da jurisprudência respeitam às disposições provenientes dos anteriores códigos e não às que foram introduzidas pelo actual. Diga-se ainda que não só o nosso, como outros (por exemplo o espanhol) são semi-constitutivos.

plesmente declarativo). Creio que nesta tradicional classificação – declarativo e constitututivo – será mais rigoroso dizer que é um *tercium genus*, ou seja, conjunta e simultaneamente declarativo-constitutivo, ou ainda, se preferirmos, semi-constitutivo.

Um outro argumento normalmente utilizado para depreciar os efeitos do registo é o de que a presunção dele derivada é *apenas* "juris tantum". Também não se crê que esta objecção seja inteiramente pertinente. E isto fundamentalmente porque, em primeiro lugar, ao invés do que alguns arestos parecem referir, o conceito de presunção não é o de *prova* – e a do registo é uma *prova autêntica*[30], – e depois também porque a típica presunção elidível inverte o ónus da prova *qualquer que ela seja*[31]. Depois ainda, porque, como disse VAZ SERRA, "as presunções *iuris tantum* podem admitir prova contra em todos os casos e por todos os meios de prova e podem, diferentemente, só a admitir em certos casos ou apenas com determinados meios de prova"[32]. Mas estas não são, portanto, as presunções elidíveis típicas. E aponta-se precisamente o caso do registo. Como disse o Supremo[33] e a doutrina tem explicado,[34] a prova em contrário *só* pode advir de uma de duas situações: ou da demonstração de haver um absoluto vício do registo – inexistência ou nulidade por uma das causas taxativamente previstas nos artigos 14.º a 16.º do Código – "ou da demonstração de o registo em causa, válido em si, se reportar a factos substancialmente inválidos".

Além disto, o efeito presuntivo geral consagrado no artigo 7.º envolve uma *presunção de verdade* e também de *exactidão*, visto que a presunção de que o direito existe o é "nos precisos termos em

---

[30] Provém do "oficial público" a quem é atribuída essa função (art.º 370.º do Cód. Civil) e tem força probatória plena (art.º 371.º, n.º 1) pelo que só pode ser elidida por falsidade (art.ºs 372.º, n.º1 e 347.º)

[31] Cf. o conhecido estudo de VAZ SERRA, "Provas" nos Boletins do Ministério da Justiça n.ºs 110, 111 e 112. O tema está tratado, sobretudo no n.º 110, a partir de pág 181.

[32] *Vide*, estudo citado, pág. 189.

[33] Cf. ,por ex. no Acórdão de 6-1-88 (*in* BMJ n.º 373, pág. 532) é dito que a prova do registo só pode ser elidida com base na sua falsidade.

[34] V.g. MENEZES CORDEIRO –referido Parecer, pág. 40 e seg., que seguidamente se cita.

que o registo o define" e ainda porque a impugnação judicial dos factos registados estava, como também disse o Supremo[35] e constava do artigo 8.º[36], "condicionada pela formulação do pedido de cancelamento do registo", sendo certo que actualmente irá também implicar tal cancelamento.

Não parece, portanto, que se deva dizer que a presunção derivada do registo é uma típica presunção "juris tantum" até porque os únicos casos possíveis para a afastar – ou seja a *nulidade* intrínseca do registo ou a substantiva do facto registado – também poderão ocorrer nas próprias presunções *juris et de jure*[37]. Daí que, igualmente a propósito da presunção registral, me tenha ocorrido a ideia do *tercium genus*. E note-se que também em Espanha, onde os princípios registrais são semelhantes aos nossos, defende-se que a presunção que o registo confere face ao adquirente de boa fé e a título oneroso é uma presunção *juris et de jure*[38].

E no que respeita à (ainda conflituante?) presunção da posse e do registo?

À luz do disposto no art.º 1268.º do Código Civil parece que apenas se terá de atender à que deriva do facto mais antigo. Contudo VAZ SERRA, referiu – e parece que pertinentemente – que a presunção resultante dessa antiguidade do facto "não pode aceitar-se em tese geral"[39]. E já antes MANUEL RODRIGUES, o Autor do clássico estudo sobre a posse, tinha escrito o seguinte: a lei "diz que a posse pode ser invocada independentemente do registo, mas não diz que o possa ser

---

[35] No Acórdão de 4 de Julho de 1972, *in* BMJ n.º 219, pág. 196.

[36] A disposição tem hoje outra redacção, mas a substância do que foi referido conserva actualidade, mormente face à coerência do sistema e à obrigatoriedade do registo ora prevista no artigo 8.º-A.

[37] Por exemplo VAZ SERRA no referido estudo diz que há presunções "juris et de jure" que admitem *prova extraordinária* contra e outras que a não admitem (BMJ 110, pág. 189).

[38] Neste sentido FERNANDO MENDEZ e NICOLÁS NOGUEROLES em várias conferências que proferiram entre nós (v.g. na Faculdade de Direito de Coimbra) defenderam-no sobretudo à luz do disposto no art.º 34.º da Lei Hipotecária.

[39] *In c*it. BMJ n.º 110, pág 197/198

contra o registo"[40] e, por isso, "a presunção só é de admitir no caso deste não existir"[41].

No entanto, o aprofundamento desta difícil questão excede manifestamente o âmbito desta singela intervenção, pelo que apenas se quer notar que não será pela consideração das presunções que se deve ter uma "perspectiva redutora" do registo. Pelo contrário, como muito sumariamente se tentou expor.

8. No tocante à questão do valor e eficácia do registo, dever-se-á lembrar ainda o tema da prioridade.

O princípio segundo o qual o direito primeiramente inscrito prevalece, ou terá de ser prioritariamente graduado, relativamente ao posterior, ao que temporalmente lhe suceda – e que a conhecida máxima latina "prior in tempore, potior in jure" sintetiza – constitui, a meu ver, uma finalidade básica da publicidade registral.

É que, destinando-se esta a dar a conhecer a situação jurídica dos bens e a garanti-la para o comércio jurídico em geral, é indispensável que se saiba, face à diversidade dos actos e contratos, quais serão aqueles que vão prevalecer.

Consabidamente, à luz do direito substantivo, deverá triunfar o direito que nasce primeiro. Ora, o princípio da prioridade, sendo instrumental desta ideia, é igualmente dela complementar, exactamente porque lhe junta a outra indispensável característica do direito real: a sua oponibilidade *erga omnes*. E assim, porque não importa apenas o momento em que o direito nasce, mas importa igualmente que isso se torne conhecido de todos e que tal génese seja pública, vem a ser através deste princípio registral da prioridade que pode ser indicado qual é, afinal, o direito que deve prevalecer. Num duplo sentido: sendo os sucessivos direitos conciliáveis – como acontece com os direitos reais de garantia – hierarquizando-os, permitindo que sejam *graduados*. Sendo incompatíveis ou contraditórios – como normalmente acontece com as aquisições de propriedade – mostrando qual é o que deverá ser atendido.

---

[40] Salvo se mais antiga, dir-se-á hoje face ao disposto no n.º 1 do art.º 1268.º do C.C.

[41] Cf. "A Posse", 3.ª ed., *Almedina 1981*, pág. 282.

Publicidade dos direitos reais – posse, registo e prova dos direitos   365

Decorre deste conceito uma regra existente no direito espanhol que veda o ingresso tabular do direito incompatível posteriormente constituído. Entre nós dará necessariamente lugar – como nos casos de incumprimento do princípio do trato sucessivo – ao *registo provisório*. E se, por erro do conservador, a inscrição tiver sido indevidamente lavrada como definitiva, à sua *nulidade* (art.º 16.º, e) do C.R.P.).

Temos, pois, que este princípio da prioridade, tem "um conteúdo *material* próprio que não se reduz a um simples papel informativo".[42] Certamente por isso é que MENEZES CORDEIRO entendia que, na sistemática do actual Código do Registo Predial de 84, deveria ter sido incluído um capítulo em que os efeitos substantivos do registo tivessem uma "rubrica própria" e na qual – cito –"teria lugar adequado o princípio da prioridade"[43].

Esta abordagem é "mais que sumária" e por isso não nos consente tocar alguns pontos interessantes da prioridade como os da alínea b) do n.º 2 do artigo 92.º, o do registo provisório de acção, o do artigo 119.º e outros.

Todavia, diremos ainda o seguinte: a possibilidade que o nosso sistema oferece de, ainda antes constituído o direito, apenas, por exemplo, com base no contrato-promessa, poder desde logo ser obtida uma reserva de prioridade através de "pré-inscrição" ou inscrição provisória, – o que também existe no sistema germânico, com a *Vormerkung*[44] – essa "salvaguarda" tem, evidentemente, uma grande importância para o comércio jurídico e para o crédito hipotecário[45].

---

[42] Vide: "Princípios" *in* "Polis".

[43] Cf, citado Parecer, pág. 32.

[44] Vidé o excelente estudo de MÓNICA JARDIM, "O Sistema Registal Germânico" – Boletim da Faculdade de Direito de Coimbra, Vol. LXXVIII, 2002, sobretudo pág. 413 e segs.

[45] MÓNICA JARDIM na comunicação feita no já citado Congresso dos Direitos Reais sob o título "O Registo Provisório de Aquisição" (*cf.* este trabalho no *"sitio"*do CENoR, www.fd.uc.pt/cenor), expôs pormenorizadamente os efeitos que devem ser reconhecidos ao registo provisório de aquisição: v.g. na alienação feita por A̲, mormente face a um futuro adquirente (C) – (mas, em seu entender, *não* relativamente a um *terceiro* credor, v.g. um arrestante) – desse mesmo proprietário (A) e relativamente ao promitente comprador (o titular da *inscrição provisória*, a quem *só depois* A transmitiu a propriedade), visto que esse ulterior adquirente, "adquiriu um direito ineficaz face a B̲.

Por outro lado, o actual Código clarificou e reforçou este princípio, designadamente através de anotações que vão permitir assegurar essa reserva de prioridade no tocante aos recursos, cuja decisão final favorável irá dar lugar à feitura do acto recusado com a prioridade correspondente à que teria se então tivesse sido lavrado (art.º 6.º, n.º 4).

Note-se, por último, que a importância económica da prioridade registral é óbvia, tendo-se mesmo considerado – entre nós e em demais países da União Europeia – que tem um *valor próprio*, podendo ser objecto de negócios jurídicos onerosos ou gratuitos, dotados de autonomia relativamente ao direito inscrito. É o que, quanto à hipoteca, claramente resulta, no nosso direito interno, do disposto no artigo 729.º do Código Civil e dos artigos 2.º, n.º 1, al. h) e 101.º, n.º 1, al. c) do Código do Registo Predial, que se referem à cessão *apenas* do grau de prioridade, com independência da hipoteca e do crédito.

9. Nesta altura em que falamos dos princípios da publicidade registral, não se deverá deixar de lado a *vexata quaestio* do conceito de terceiro[46], assim como a questão da qualificação do pedido com base no princípio da legalidade.

São, porém, temas bem conhecidos, pelo que, nesta breve exposição sobre a publicidade registral, apenas se recorda o seguinte:

O negócio feito e conhecido das partes não o é – ao menos teoricamente – de todos os outros que nele não intervieram: os terceiros. Assim, quem não é parte será terceiro – é *alheio* ao negócio. Só que, como bem se sabe, este é o conceito civil e que não se confunde com o de "terceiro para efeitos de registo", que, pelo contrário, é quem não se considera alheio ao que o registo publica e antes quer

---

[46] Obviamente que nesta simples e breve conferência não foi nosso propósito *enunciar sequer* as posições teóricas sobre o conceito, sendo certo que Heinrich Ewald Hörster já fez nesta Associação Jurídica uma conferência sobre o tema e que recentemente Maria Clara Pereira de Sousa S. Sottomayor também apresentou a sua notável tese de doutoramento (de momento ainda não publicada) precisamente sobre a protecção do terceiro adquirente de boa fé. Nesta obra de referência por certo que qualquer estudioso irá encontrar, e com profundidade, abundantíssimo "material" necessário para dar resposta às múltiplas perguntas que se colocam.

Publicidade dos direitos reais – posse, registo e prova dos direitos   367

obter a protecção do seu próprio direito – e porque está de *boa fé* – também nele quer ser mantido, apoiando-se no conteúdo dos assentos registrais. E, neste sentido, poder-se-á entender que é todo aquele a quem não podem ser opostos os actos e negócios que não constem do registo.

Esta noção radica na ideia de que o registo é o instrumento destinado não apenas a publicitar a existência dos diversos direitos reais sobre os prédios, mas também a garantir – em maior ou menor grau, segundo os vários sistemas – a segurança jurídica e a segurança do comércio jurídico.

Ora, como bem acentuou VICTOR EHRENBERG – o prestigioso discípulo e sucessor de IHERING na Universidade de Göttingen – (cito) "segurança jurídica e segurança do tráfico vêm a ser, de certo modo, termos contrapostos, alcançáveis um à custa do outro"[47]. De facto, a segurança jurídica abrange, no seu aspecto objectivo o Ordenamento jurídico e a certeza normativa do direito material e, no seu aspecto subjectivo, as faculdades jurídicas e o direito que cada um tem.

Por outra parte, a segurança do tráfico, ou seja, do comércio jurídico, funda-se sobretudo na protecção da *aparência do direito*, no que configura o seu lado *externo,* e no conteúdo dos assentos, no que estes publicam, ainda que em eventual dissonância com a real existência do direito. Tem, pois, em vista proteger não só os titulares desses direitos, como também os *terceiros* que contratem confiados nessa mesma publicitação.

Há, portanto, uma divergência de fundo entre a segurança jurídica e a correspondente protecção do direito subjectivo, por um lado, e a segurança do comércio jurídico e a consequente protecção dos terceiros, bem como entre os níveis de eficácia dos diversos sistemas registrais e até que ponto se devem dar tal protecção, pelo outro.

EHRENBERG, que chamou a atenção para estes pontos, disse também que a primeira exigência da segurança jurídica consiste na inquestionabilidade da "existência e conteúdo do direito"[48]. E acrescentou que "tudo o que facilite a prova ao titular, ou inclusivamente

---

[47] Cf. VICTOR EHRENBERG "Segurança jurídica e Segurança do Tráfico" – "Cudernos de Derecho Registral", 2003, tradução de ANTÓNIO PAU –, pág. 24.

[48] Cf. *op.cit.*, pág 25 (mas, no original, a partir de "que", em itálico).

que a poupe, contribuirá para a segurança jurídica". E, neste sentido" um instrumento excepcionalmente valioso para o nosso actual trafico jurídico" é precisamente constituído pelos registos públicos[49].

Os registos são, portanto, *um meio instrumental* da segurança jurídica e também do comércio jurídico – valores estes que, por vezes, conflituam e que os diversos sistemas visam proteger em maior ou menor grau. Ora, quando se trata de definir (e obviamente por via judicial) em que medida o devem fazer, a jurisprudência normalmente inclina-se para o valor intrínseco da titularidade e do direito subjectivo do titular – portanto o valor da segurança jurídica –, em detrimento da aparência do direito, ou seja, da protecção do comércio jurídico.

Só que, ao que parece, o fim principal da publicidade – e da publicidade que vise a garantia das transacções imobiliárias – terá de ser o de proporcionar um apoio afiançado *ao comércio jurídico* e deste modo obter a maior segurança possível podendo até, em algumas situações, alcançar-se o *efeito real,*[50] atingindo-se nesses casos a própria convalidação da invalidade do título através do denominado *efeito sanatório* da inscrição.

Sendo sempre contestável dizer até onde a protecção deve ir, afigura-se no entanto que, em matéria das *invalidades* do título ou do registo a questão dever-se-ia colocar em sede de *rectificação,* sendo que, aí, tais invalidades são – ao menos teoricamente – sempre susceptíveis de apreciação e decisão, sendo os terceiros protegidos ao abrigo do artigo 122.º e não com base no polémico artigo 5.º.

De resto, diga-se, a introdução do n.º 4 deste artigo 5.º (pelo Dec.-Lei 533/99), que terá procurado pôr fim a essa discussão teórica e jurisprudencial – e que tinha motivado os conhecidos e sapientes acórdãos do Supremo, mormente os de 17 de Fevereiro de 1994, 20 de Maio de 1997 e 18 de Maio de 1999, também com as suas doutas

---

[49] *Idem.* Diga-se ainda que esta conclusão não é contestada mesmo por aqueles que discordam (como é o caso de Fernando Méndez) da citada "contraposição" a que alude Ehrenberg.

[50] Caso em que, o ressarcimento meramente *obrigacional* caberia ao titular (verdadeiro) porque o efeito *real* se dá em relação ao que contratou confiado na situação tabular e na titularidade aparente.

declarações de voto – essa disposição, dizia, para além da crítica intrínseca que parece dever merecer, acabou por não ter posto fim ao debate, até porque há os outros terceiros[51] e porque a justiça do caso à luz das demais normas do Ordenamento não irá, felizmente, deixar de contar em futuras decisões.

10. O grau de protecção que o registo pode oferecer – tanto para o titular do direito como para o comércio jurídico – passa também, obviamente, pelo maior ou menor controlo *na entrada* dos documentos e pela apreciação da viabilidade do pedido.

A este respeito pode dizer-se que, desde a 1.ª Lei Hipotecária de 1863, o nosso sistema não difere daqueles que oferecem o grau mais elevado, como é o caso dos germânicos, do espanhol e mesmo, mais recentemente, do inglês. E isto fundamentalmente porque esse controlo de entrada diz respeito não apenas à apreciação da suficiência formal do valor probatório e regularidade dos documentos, como do seu conteúdo substantivo, intrínseco, salvo necessariamente as limitações decorrentes das decisões judiciais.

Note-se, quanto a estas, que também não quer dizer que o controlo deva ser apenas o extrínseco. Na verdade, quanto ao seu conteúdo e à viabilidade dos correspondentes pedidos de registo, suscitam-se frequentemente algumas questões, como as decorrentes da chamada *situação tabular* e da própria extensão do caso julgado, matéria esta que é complexa e que aqui, evidentemente, não podemos aprofundar.

Além dos títulos em sentido estrito, vários outros documentos impõe a lei que devam instruir o pedido[52], não porque isso tenha a ver com a *validade* do acto, mas porque é também uma forma – diga-se, por vezes pouco compreensível – que o legislador encontrou para "fiscalizar" o cumprimento de algumas obrigações, como é o caso típico das fiscais. Não deve, é claro confundir-se a qualificação

---

[51] Nomeadamente os daquele art.º 122.º e de todos os que se defrontam com as situações de invalidade dos actos e ilegitimidade do *causante*.

[52] Nas últimas "simplificações" introduzidas não se eliminou a necessidade de tais documentos, mas sim, e bem, em vários casos (como o de existirem já em bases de dados da Administração) a necessidade de serem os registantes a ter a obrigação de os juntar: podem ser obtidos directamente por via electrónica.

dos títulos com a desses outros documentos, cuja falta não motiva a recusa do acto, podendo apenas e, quando muito, determinar a provisoriedade por dúvidas. E parece até que, em muitos desses casos – assim como em alguns outros respeitantes a meros elementos da descrição – bem andará o legislador se conseguir alcançar uma verdadeira (que não apenas aparente) simplificação. Contudo, é evidente que seria irresponsável pretender fazê-lo também no tocante aos *títulos* e à sua validade. É que aí estão em causa os direitos e não meras formalidades acessórias. Ora os registos serão tanto mais fiáveis quanto mais rigoroso – mais *apertado*, diria – for o crivo de entrada, ainda que ele gere, por vezes, alguma antipatia,[53] que creio ser perfeitamente justificada em casos, até demasiado frequentes, em que afinal os óbices respeitam não aos direitos, mas sim a comezinhos elementos da descrição.

A propósito do princípio da legalidade convirá ainda acrescentar o seguinte: a qualificação só deve ser feita – em boa verdade *só poderia* sê-lo – por quem tenha uma adequada preparação teórica e uma indicada formação nesta área. É, porém, justo dizer-se que, funcionando os cursos de preparação, com os posteriores estágios, há cerca de 18 anos, existem já hoje no país mais de dois terços do total dos conservadores (e notários) que, após a licenciatura, seguida da difícil aprovação para o ingresso no curso e concluído este com sucesso, bem como as subsequentes provas e estágios, obtiveram finalmente essa formação global.

Quer dizer que os actuais recursos humanos – sempre necessários e até mesmo fundamentais para o bom funcionamento de qualquer instituto – são já bastante razoáveis, contribuindo, também sobre este prisma, para que o nosso sistema de registo funcione de uma maneira credível.

---

[53] E tenha levantado vários problemas, como a do chamado *duplo controlo*, que se me afigura ser uma "falsa questão" – sendo que aqui não é possível explicar o *porquê*, dir-se-á apenas que o controlo registral é *a posteriori* e tem fundamentalmente contornos distintos dos que respeitam aos títulos.

11. Tendo já tomado um tempo porventura excessivo para que nesta matéria se consiga obter alguma clarificação conceptual, será agora conveniente abordar, ainda que muito sucintamente, o tema que tem sido designado como o da *alternativa*[54] ao sistema de registo, e que, em boa verdade não chegará a constituir alternativa alguma, sendo embora seguida em alguns países, como é o caso típico dos Estados Unidos.

Refiro-me ao chamado seguro de títulos.

Consiste no seguinte: para ressarcir o adquirente em caso de perda do imóvel porque, por exemplo, um terceiro demonstrou ter melhor direito ou ainda porque apareceram encargos que não foram declarados, é contratada uma companhia seguradora que cobre os prejuízos. Com esta finalidade, nos Estados Unidos, onde apenas há um registo rudimentar – os chamados livros de *record* – foi em 1881 constituída a *Title Guarantee and Trust Company*. Surgiram depois outras companhias.

Assim, passou a ser usual esta prática: no caso de compra de um prédio o comprador age como se comprasse um automóvel. Assina o documento da compra e, simultaneamente, uma apólice de seguro, pagando cerca de 1% do preço. É claro que este montante é muitíssimo superior ao de uma tabela emolumentar de qualquer dos registos conhecidos (entre nós, já há bastantes anos, na altura dos justamente criticados e elevados emolumentos, o valor máximo era então de menos de 1/3 daquele) e ainda quaisquer emolumentos são pagos *apenas* uma vez e não *anualmente*, como acontece com os seguros.

Outro elemento de análise, por certo ainda mais importante do que o custo é este: o seguro dará ao lesado *uma compensação* monetária face ao valor declarado do imóvel (embora não de eventuais mais-valias), mas nunca lhe dá o direito real, ao passo que um registo de direitos – como é o caso típico do alemão, também do espanhol e na maioria dos casos (principalmente se não conflitua com a *posse*) o do nosso – permite essa fundamental protecção do adquirente.

---

[54] Quem também lhe chama *solução alternativa* é Lacruz Berdejo – *in* op. cit. pág. 19 – citando também Nuñes Lagos, que explica como se formou nos E.U. a "Title Guarantee and Trust Company".

Por isso, embora as seguradoras (de *insurance title*) americanas tenham feito várias tentativas para se implantar na Europa e na América Latina, que têm os seus próprios sistemas registrais, nunca o conseguiram.

E são também os *lobies* dessas companhias que têm obstado à introdução nos E.U. de registos públicos. Aliás, foi referido num seminário em que participei, que todas as respectivas receitas anuais dessas seguradoras orçam a bonita soma de 30.000 milhões de dólares. Por este simples elemento quantitativo já se vê bem o motivo dessa encarniçada obstaculização.

Por outro lado, como foi comprovado em Espanha com base no estudo dos montantes do crédito hipotecário e relativamente à globalidade anual deste, sendo aquela percentagem aplicada tão só à diferença da taxa de juro entre o crédito normal e o hipotecário (que, como é sabido, não será menos de 2%), isso daria para pagar todo o sistema registral, funcionários e instalações incluídas. É mais um dado que imediatamente nos conduz a avaliar a importância económica dos registos.

Apesar deste não ser o tema desta intervenção, direi apenas que tem sido especialmente abordado em alguns encontros internacionais[55], inclusive no 12.º Congresso Internacional do CINDER (Centro Internacional de Direito Registral), cujas conclusões se acham publicadas e que, entre outras, abordam a questão do valor, da confiança e da segurança nas transacções imobiliárias e no crédito hipotecário, assim como o seu papel essencial para o crescimento económico.

12. Tema ora proposto é sim o da *prova* dos direitos sobre as coisas neste tempo, que é o nosso, em que se assiste a uma radicalmente nova necessidade de informação, determinada por múltiplos factores sociais, conceptuais e tecnológicos – que MANUEL CASTELLS no conhecido tratado "A Sociedade em Rede "designou como "a era

---

[55] No já referido encontro da *ELRA*, em Creta, foi referido pela representante do Comissário da Justiça da U.E. que o volume global do crédito hipotecário, na Europa ainda "*a 15*" e com dados referentes a 2003, representava uns 15% (!) do "PIB" desses 15 países.

da informação"[56] – e que terá de se ajustar à nova realidade, em que a globalização da vida económica e das transacções, incluindo as imobiliárias, assume um manifesto papel de relevo. E porque a lei não precede a realidade mas, pelo contrário, só vem depois dela, esse ajuste terá de começar pela reflexão do intérprete – que deve ter em conta certos factores essenciais, designadamente o do acesso imediato à informação ou, mais precisamente, o conhecimento da situação jurídica dos bens, bem como a facilidade na obtenção da correspondente prova dos direitos respectivos .

Ora a prova que o registo proporciona é uma prova plena, visto que os registos são subscritos pelo conservador e lavrados sob a sua responsabilidade, sendo certo que este é, à face da lei, o "oficial público a quem é atribuída" tal função, no sentido que é dado pelo artigo 370.º do Código Civil. Além disso, trata-se de uma prova que pode ser sempre feita "ex ante" da contratação, estando já organizada por todo o País em suporte informático, ficando portanto disponível no que ora é chamado o "ciber-espaço".

Pelo contrário, a possibilidade da apreciação cabal e indestrutível para conseguir a "máxima prova", a que VAZ SERRA chamou *prova pleníssima*, só poderia existir, relativamente às titularidades e aos encargos sobre os imóveis, com a obtenção da sentença judicial transitada – mas essa será uma prova "ex post" da contratação e, por isso, *nunca estará vocacionada para a quotidiana utilização no comércio jurídico imobiliário*. Note-se a este propósito, que também seria impraticável – e, por isso desconhecemos se algum dia existiu – uma averiguação judicial "ex ante", mormente através da "acção de apreciação" que pudesse ser oponível *erga omnes* e, portanto, poder assim proteger os futuros contraentes, designadamente quanto a quaisquer vícios e encargos ocultos. Mas esta será sempre, obviamente, uma mera hipótese teórica, dada a necessária celeridade e o elevadíssimo número das transacções.

Deste modo, nunca se deverá considerar que a decisão judicial – e, note-se, é só através dela que a usucapião se pode irrefutavel-

---

[56] Entre nós, "The Rise of The *Network Society*" – cujo 1.º Volume tem o título "A Era da Informação: Economia, Sociedade e Cultura" – foi editado pela *Gulbenkian*.

mente comprovar – possa constituir algum meio probatório *concorrencial* com o que decorre dos registos, esses sim, especialmente concebidos para prestar uma informação eficiente e imediata sobre as titularidades e os encargos que qualquer contraente, entidade ou serviço deve conhecer.

Como se disse no ciclo de conferências realizado em Coimbra sob o título "Perspectivas do Direito no Início do Século XXI ", um dos conceitos-chave da nova era é exactamente o da informação (informação, que, evidentemente, não se pode confundir com noticiário jornalístico) a par de outros como o da eficiência, tido como "um valor em si"[57], o da visibilidade e o da exactidão[58].

Trata-se de conceitos e de valores que não são apenas *compatíveis* com os dos registos, mas também dele inseparáveis, visto que são, eles mesmos, inerentes aos seus objectivos programáticos.

13. Sobre o tema da publicidade e da prova dos direitos reais – e tendo em conta que o Direito sempre deverá estar ao serviço da vida – cabe, em breve síntese, perguntar: como estaremos *a contribuir melhor* para o aperfeiçoamento dos conceitos, dos juízos ou dos princípios que, nos nossos dias devem reger tais provas e publicidade? Defendendo à *outrance* a primazia da posse?

Não me parece, como procurei muito sumariamente justificar.

Aliás, permitam-me ainda que formule três perguntas muito simples:

– Na época em que se quer desenvolver a contratação electrónica, se procura uma maior *certeza objectiva* dos direitos – até porque geralmente os contraentes se desconhecem – não será, cada vez mais, inevitável o recurso ao registo?

– Na época em que a circulação da informação é também cada vez maior – desde as vulgarizadas teleconferências e os habituais *e-mail*, às excessivas páginas e anúncios da Net – como não admitir que o registo se tornou o meio possível, quiçá o único meio possível – para comprovar, publicitar e salvaguardar os direitos reais e até para poder fazê-lo *on line*?

---

[57] Cf. entre outras, logo a 1.ª conferência, *in* "Studia Iuridica", n.º 41 – *Colloquia 3* – pág. 12/13 e pág 173.

[58] *Idem*, v.g. a págs.107/108.

Publicidade dos direitos reais – posse, registo e prova dos direitos   375

– O registo é uma antiga técnica, mas apesar disso nos nossos dias é exclusivamente a que se ajusta às *novas tecnologias*, como de resto acontece já em toda a União Europeia. Ora, ao tentar descredibilizá-lo não se estará a ir ao arrepio dos novos tempos, prestando afinal um mau serviço à justiça e ao País?

Se o sistema da publicidade registral não garantir suficientemente, mormente no circunstancialismo deste novo milénio, a prova dos direitos sobre as coisas e a segurança do comércio jurídico imobiliário – como para o próprio crescimento económico é indispensável que tal garantia exista, pois que ele só se dá havendo *confiança* – pergunta-se: que outro instituto ou conceito jurídico o fará e estará em condições de o poder fazer?

O da posse? Pode actualmente, com verdade, sustentar-se isso?

Será que o "seguro de títulos", constitui uma verdadeira ou justificável alternativa?

Parece que não e a verdade é que também não logrou implantar-se na Europa, ao contrário do acatamento da *posse*, instituto que arcaica mas arreigadamente continua a seduzir muitos eminentes juristas. Só que parece que todos temos obrigação de, em conjunto, reflectir sobre isto: será que o seu valor na nossa época deve continuar a merecer a mesma *privilegiada* relevância que mereceu no passado e que ainda continua a merecer na generalidade da doutrina e na jurisprudência?

Creio que cada um terá de reflectir e de agir em conformidade com as conclusões que é necessário tirar.

14. Para finalizar e pela parte que me toca, direi que não foi meu propósito tentar denegrir a visão teórica da posse e fazer uma *propaganda* dos registos – muito embora se tenha de reconhecer que, como se disse naquelas conferências sobre as perspectivas do direito no século XXI, estes têm sido sempre tratados (ao contrário de Espanha, por exemplo) como "parentes pobres no mundo jurídico"[59]. De facto, apenas quis chamar a atenção para a conveniência desse instrumento ser *aproveitado* e de lhe ser dado o seu *verdadeiro signifi-*

---

[59] Cf. *op cit.* ,pág. 48. O que, note-se, não corresponde ao que ocorre noutros países, nomeadamente em Espanha.

cado no nosso tempo, designadamente para a vida económica e no tocante ao comércio jurídico e ainda para o facto de ser um meio adequado e eficaz – contrariamente ao que acontece com o instituto da posse – de publicitar, garantir e hierarquizar as situações jurídicas, estando já apto, entre nós e praticamente em toda a Europa para poder comprová-las por via electrónica, o que o torna verdadeiramente *indispensável* nas actuais formas de contratação.

E esta chamada de atenção para a realidade hodierna, destina-se a todos os juristas, mas sobretudo aos que continuam na vida prática e no seu labor quotidiano, a contribuir para formar as correntes de opinião, principalmente da doutrina e da jurisprudência. E também, devo dizê-lo, por estar convencido que o aperfeiçoamento dos registos e a atenção ao seu conteúdo contribuirá para o inestimável valor da certeza do direito, para a clarificação da situação jurídica dos imóveis e, portanto, neste relevante domínio, para a diminuição dos conflitos, objectivo de todos os juristas e, evidentemente, desta prestigiada Associação Jurídica.

EFEITOS REGISTRAIS DECORRENTES DA EXECUÇÃO URBANÍSTICA[*]

1. Devo começar por dizer que o tema que me foi proposto tratar causou-me inicialmente alguma perplexidade. Isto porque, consabidamente, o direito registral é instrumental do direito substantivo, incluindo neste o direito do urbanismo. Portanto, os *efeitos do registo* são os que decorrem dos direitos que se acham publicitados e não os que directamente se referem à execução urbanística enquanto tal. Só que, não apenas em momento anterior certos factos que ingressam no registo decorrem de direitos atribuídos pelos instrumentos de execução urbanística, como também uma vez ingressados, a sua revogação, anulação ou declaração de nulidade pode manifestamente colidir com os efeitos do registo.

Então pressupus que, muito sumariamente embora, me deveria ocupar desses mesmos aspectos, centrando a atenção, numa primeira parte, nas disposições referentes ao registo introduzidas pelo novo regime jurídico dos instrumentos de gestão territorial, para depois tentar alinhar alguma ideia atinente aos *efeitos* no tocante à protecção do titular inscrito.

2. No final do preâmbulo do Decreto-lei n.º 316/2007, de 19 de Setembro, justificando as alterações ao 380/99, o legislador explicita que os propósitos da simplificação[1] conduziram ao "reconhecimento expresso da possibilidade dos planos de pormenor com um conteúdo

---

[*] Texto da intervenção no I Seminário da DREL – Universidade do Minho, 4 de Abril de 2008.

[1] Que também incluem a diminuição dos controlos "ex ante" (cf. PEDRO GONÇALVES, "Controlo prévio das operações urbanísticas após a reforma legislativa de 2007", na Revista D.R.L. pág. 14).

suficientemente denso procederem a operações de transformação fundiária relevantes para efeitos de registo predial".

Considerou-se justificada esta solução por se entender que havia uma "identidade funcional" entre a generalidade dos planos de pormenor e "as operações de loteamento e reparcelamento urbano". De um modo geral parece-nos que esta visão do legislador está certa e representa uma concepção favorável no quadro da evolução do direito do urbanismo em Portugal, várias vezes explicada pelos Autores – e permitam-me que recorde aqui os artigos em que ALVES CORREIA analisou detida e sapientemente este tema[2] e também o que, no tocante à desconcentração regional, ANTÓNIO CÂNDIDO DE OLIVEIRA recentemente escreveu no n.º 1 da Revista de "Direito Regional e Local"[3] – à qual temos de agradecer a iniciativa que hoje nos reúne. Ao que julgo, um dos pontos importantes na evolução do direito do urbanismo é precisamente o de uma maior atenção aos aspectos do registo, sabendo-se que a ele cabe publicitar "erga omnes" e com relevantes efeitos, como os da prioridade, presunção de verdade e oponibilidade, as situações jurídicas imobiliárias[4].

No que concerne ao plano de pormenor, atentas as suas características e mormente no caso do reparcelamento, pensamos que é particularmente justa a referida equiparação, se nele estiverem definidas todas aquelas operações que a lei designa como de transformação fundiária.

E tê-lo-ão de estar à luz do disposto na alínea b) do n.º 1 do artigo 91.º do Regime Jurídico dos Instrumentos de Gestão Territorial (RJIGT)[5], que de resto, foi uma das alíneas que sofreu alteração no sentido de precisar que não estaria apenas em causa a "situação fundiária da área de intervenção", mas mais concretamente "as ope-

---

[2] Referimo-nos, entre outros, aos artigos publicados na Revista *CEDOUA* nos anos IV (em Janeiro de 2001) e VI (em Fevereiro de 2003).

[3] Trata-se do artigo "40 anos de desconcentração territorial regional em Portugal" a págs. 5 e segs.

[4] Ou mesmo que não possam coexistir todos esses efeitos. Assim, no registo imobiliário espanhol defende-se actualmente que ele deve publicitar informações médio-ambientais (cf. "la oficina registral y la información medioambiental" *in* www.registradores.org: "Servicios" – Expert Corner).

[5] E doravante, sem outra indicação, é a este RJIGT que nos referiremos.

Efeitos registrais decorrentes da execução urbanística   379

rações de transformação fundiária necessárias". E esta é seguramente uma matéria que em termos de registo predial tem de merecer especial atenção.

Afigura-se, todavia, que também no tocante ao registo, há uma diferença substancial entre as operações que redundam num simples parcelamento ou divisão dos prédios, ainda que pertencentes a diversos proprietários, e aqueloutras que constituem um reparcelamento do solo urbano nos termos da previsão do artigo 131.º.

Numa abordagem necessariamente breve, vamos então tentar perceber, face às disposições que anteriormente existiam, o que agora, à luz do novo diploma, terá sido alterado ou esclarecido[6].

3. Dir-se-ia que logo a parte final do n.º 1 do artigo 131.º parece vir demonstrar algo de muito importante, designadamente para efeitos de registo que – não obstante ter sido anteriormente defendido – pode dizer-se que se tornou muito mais evidente. Referimo-nos à natureza *originária* da aquisição resultante da adjudicação.

Recordemos que na própria definição do reparcelamento dada por ALVES CORREIA se diz que se trata de "um processo de reordenamento dos terrenos" esclarecendo-se depois que se traduz numa *nova divisão* que em regra afecta "terrenos pertencentes a vários proprietários" sendo, "acima de tudo, um instituto de remodelação ou de recomposição predial que se caracteriza por três etapas": o *agrupamento* dos terrenos, a sua *nova divisão* e por fim a *partilha* dos lotes entre os interessados – a Administração e os proprietários particulares – ou "do produto da sua cedência a algum ou alguns dos interessados ou a terceiros"[7].

---

[6] Nesta abordagem, indubitavelmente sumária, nem sequer se vai fazer alusão a várias disposições introduzidas pelo novo diploma e até a expressões que causam alguma preplexidade, como é o caso dos "direitos de comercialização" referidos no n.º 9 do art.º 131.º. O que é *isso* e a que se refere a lei? À "mediação imobiliária"? Mas essa em princípio será *posterior* à operação (v.g. no caso de venda de um lote) e poderá sempre ter lugar *nos termos gerais* – o que, de resto, obriga o notário a fazer a respectiva menção na escritura (n.ºs 1 e 2 do art.º 50.º do Dec.-Lei n.º 211/2004, de 20 de Agosto).

[7] Cf. "O Plano Urbanístico e o Princípio da Igualdade" págs. 629/630.

Verificamos portanto que este complexo conjunto de acções em que se traduz a operação do reparcelamento – sem dúvida bem mais difícil do que a do loteamento – desdobra-se, como explica este Autor, na formação do solo unitário, designado no direito alemão por *massa de concentração* ("Umlegungsmasse") que, depois de saírem as zonas verdes, infra-estruturas e outros equipamentos, forma a *massa de distribuição* ("Verteilungsmasse") a qual será depois parti-lhada, de harmonia com o critério seguido (sendo quiçá o mais justo o da *repartição de* valores) e adjudicada aos associados e – sublinhe-mo-lo – "ou a terceiros".

Esta possibilidade de haver adjudicações a quem não era propri-etário original dos terrenos que integraram a massa de concentração ajuda a perceber de que espécie de aquisição estamos aqui a falar. Com efeito, vemos que, por um lado, alguém que adquire novos lotes e parcelas pode nem ter sido o proprietário de qualquer dos terrenos que formaram a "massa de concentração" e, pelo outro, que tal aquisição não provém, de uma transmissão que, derivadamente, tivesse sido feita por algum ou alguns proprietários originais desses antigos terrenos. A conclusão a tirar é pois a de que se trata aqui, como julgamos que continuará a ser a opinião de ALVES CORREIA, de uma *aquisição originária*.

Ora, de harmonia com os princípios que regem o direito das coisas, parece que a situação se pode encarar deste modo: os antigos proprietários *abandonaram* os direitos de propriedade que tinham sobre os prédios objecto do reparcelamento para que estes viessem a integrar a *massa de concentração* e para, uma vez formada a *massa de distribuição* dela virem a obter uma "compensação" que, mesmo que traduzida em terrenos, a verdade é que já nada têm a ver com aqueles seus antigos prédios. E falámos em abandono do direito de propriedade porque pensamos que esta figura – aqui perspectivada de modo idêntico ao que vem sendo defendido em termos registrais quando (para efeitos de trato sucessivo) é justificado o direito de propriedade com base num novo trato – talvez se ajuste melhor jurídico-registralmente aos termos da operação do que a usual *trans-ferência* do direito de propriedade, até porque, mesmo em termos substantivos, havendo expropriação esta nem terá existido. Existirá, sim, uma entrega voluntária ou coactiva para que a *massa de con-centração* possa ser formada pela totalidade dos prédios. E, não

Efeitos registrais decorrentes da execução urbanística   381

obstante isto, o certo é que ela não tem uma personalidade jurídica (nem judiciária) própria que a configure como um ente jurídico que registralmente possa ser receptor – sujeito activo – de uma qualquer transmissão.

Por outro lado, cremos que não faria sentido o registo intermédio – cumprindo como que um trato sucessivo – de direitos, designadamente do de propriedade – a efectuar no decurso da operação, visto que esta é *unitária* e o facto de os prédios poderem ficar *transitoriamente*, nomeadamente através do âmbito negocial de uma associação, na titularidade da Administração – ou, se quisermos e para usar uma antiga expressão do legislador, "nas mãos da Administração" – isso não significa, a meu ver que esta passe ter um verdadeiro direito de propriedade dos mesmos[8], já que o seu direito nunca se poderá configurar como tipicamente *de propriedade* que lhe permitisse *livremente* usufruir, conservar e dispor de tais prédios, como se de um proprietário se tratasse. Essa *soi-disant* titularidade será antes uma mera detenção *em nome alheio*, necessariamente transitória, unicamente para os fins da operação e apenas com vista a fazer as obras ajustadas, realizar a gestão do conjunto e formar a *massa de distribuição* para a ulterior adjudicação dos lotes e parcelas aos –agora sim – respectivos proprietários.

Dir-se-ia que as antigas propriedades logo quando entram no governo da Administração – que não na sua propriedade – *morrem ali* para constituírem uma amálgama de que hão-de nascer outras, novas, distintas e que nada têm a ver com as anteriores. Mas no decurso desta operação não há quaisquer negócios jurídicos intermédios, nem parcelares de quaisquer fragmentos dos antigos prédios, visto que apenas se forma essa figura jurídica *sui generis,* a "massa de concentração", constituída por todas as ex-propriedades individuais.

---

[8] Cremos que quando ALVES CORREIA cita o art.º 7.º do Decreto n.º 15/77 dizendo que a Administração se constitui "como proprietária exclusiva de todos os bens incluídos na «massa de concentração»" (*op. cit.*, pág. 634) não se pretenderá referir ao *normal* proprietário que pode *registar* a propriedade em seu próprio nome e depois transmiti-la ou onerá-la a seu belo prazer. Essa "chamada" *proprietária* só exerce poderes transitoriamente *e em nome alheio,* já que não pode extravasar os estritos *fins da operação* e unicamente com vista a proceder à posterior "justa distribuição" do resultado da mesma.

382   *Temas de registos e de notariado*

De qualquer modo, mesmo que se considere ter havido uma imprópria transmissão, o que parece indubitável é que, afinal e na realidade, os lotes e parcelas resultantes da operação vêm a ser "novos prédios", adquiridos *originariamente* pelos seus também novos proprietários – o que, como se crê pacífico, não contraria os princípios da lei civil, mormente no tocante à tipicidade dos direitos reais e aos modos de aquisição da propriedade[9].

Presentemente, à luz das actuais normas sobre o registo, afigura-se-nos que o disposto no n.º 5 do artigo 92.º-A vem exactamente confirmar este entendimento. Efectivamente, aí se diz que "é dispensada a menção do sujeito passivo nas aquisições por estruturação da compropriedade ou por reparcelamento". Em breve aparte dir-se-á que a estruturação da compropriedade não está aqui em causa, mas também não se vê o motivo pelo qual a lei pôde considerar que, nesse caso, não havia sujeitos passivos. Claro que os há. Percebe-se, todavia, muito bem que nas hipóteses do reparcelamento não existam sujeitos passivos se a lei considerou – como parece evidente ter considerado – que as aquisições dos novos proprietários *não derivavam* de anteriores titularidades. Daí que nos pareça que aquele n.º 5 veio confirmar que neste caso se trata de uma *aquisição originária*.

4. O n.º 10 do já referido artigo 131.º diz-nos que estando a operação de reparcelamento abrangida por plano de pormenor "pode concretizar-se através dos contratos referidos no números anteriores e o registo efectuado nos termos dos artigos 92.º-A e 92.º-B".

Verifica-se portanto que cabendo ao município promover e prosseguir os necessários passos do planeamento e sendo este desenvolvido pelos designados sistemas de execução – por compensação, cooperação ou imposição administrativa – as relações que se estabeleçam entre os proprietários e as que se processem com o município são reguladas, num âmbito obrigacional, que preceitua os termos das

---

[9] Tanto na previsão do art.º 1306.º como na do 1316.º do Código Civil, são admitidos casos "previstos na lei" (em *qualquer* lei) e a enumeração deste último é claramente exemplificativa (cf. C.C. Anotado de P. DE LIMA e A. VARELA em colaboração com HENRIQUE MESQUITA, Vol. III, 2.ª ed. págs 95 e segs e 120). Também a alínea u) do art.º 2.º do Código do Registo Predial é uma "disposição aberta" a outros factos.

Efeitos registrais decorrentes da execução urbanística 383

ulteriores adjudicações, através de contratos de urbanização e de desenvolvimento urbano.

Quer assim dizer que é o contrato *in casu* realizado que, com o plano de pormenor, constituem ambos, conjuntamente, "o título" que vai basear o registo. Exactamente por isto e porque o plano, o contrato e o registo devem ter – ou melhor, têm necessariamente de ter – um tratamento *unitário* não parece correcto que se interprete a parte final do citado n.º 10 do artigo 131.º num sentido literal, isto é no de que o legislador tenha remetido integralmente para o artigo 92.º-A. O reparcelamento só pode ser registado *como um todo* e portanto devemos considerar que *verbi gratia* o n.º 2 daquele artigo deve ser, neste caso, inaplicável. De facto, mostra-se evidente que este registo não pode ser feito "apenas sobre as descrições prediais de que o requerente seja titular inscrito".

Esta matéria foi aliás já há alguns anos tratada em parecer do Conselho Técnico[10] no qual se concluiu que o registo da operação de reparcelamento terá de ser feito de uma forma unitária já que deve ser com base *nesse único acto de registo* que se abre a descrição do "prédio" que corresponde à "massa de concentração" e se inscreve o facto – o reparcelamento – que deve dar origem à "abertura da descrição dos "lotes" e "parcelas" e à inscrição nas respectivas fichas dos factos e direitos que definem a sua situação jurídica".[11]

Isto é: precisamente porque logo no início da operação todos os prédios que a vão integrar perdem a sua própria configuração e individualidade, *juntando-se* para formar a "massa de concentração". O que talvez se pudesse pensar para traduzir esta realidade em termos de registo seria numa "anexação necessária" de todos eles. Mas, em termos tabulares, a anexação refere-se apenas às descrições e supõe que as inscrições vigentes, que definem as titularidades, subsistam e a permitam. E no caso nem subsistem nem permitem. De facto, torna-se impossível anexar um prédio, propriedade de A, com outro prédio pertencente a B, pelas próprias razões do direito subs-

---

[10] Tratou-se do parecer proferido no Proc.º C.P. 148/2002, de que foi ralator João Bastos, e publicado no "Boletim dos Registos e do Notariado" n.º 2/2003, a págs. 26 e segs.

[11] Cf conclusão V do parecer a pág. 35 do mencionado Boletim.

tantivo, que impedem uma anexação de bens com titularidades diferentes. Daí que, neste âmbito, tenha de haver uma *causa* que permita "ultrapassar" esta questão, de modo a consentir a anexação necessária e *independente* das inscrições que suportam as descrições. E esta, ao que se crê, não pode deixar de ser, como se sustenta no indicado parecer, a própria operação de reparcelamento.

Num interessante trabalho de MERCEDES FUERTES[12] – entre nós resumido e comentado por FERNANDA PAULA OLIVEIRA[13] – a Autora, ao analisar a ligação entre urbanismo e registo predial e a previsão genérica da lei espanhola, que considera registáveis os actos administrativos, entende que a mesma abrange a *actuação urbanística* da Administração com efeitos reais. E analisando o problema da natureza obrigacional ou real da "inscrição das transferências de aproveitamento urbanístico" considera que o legislador espanhol "optou por esta última"[14], ou seja pela sua *eficácia real*. Também parece que foi claramente essa a opção do legislador português no tocante aos efeitos do licenciamento ou aprovação da operação de reparcelamento, como aliás expressamente o indica (e como já na anterior redacção indicava) designadamente a alínea b) do n.º 1 do artigo 133.º.

Este enunciado efeito de substituição com *plena eficácia real* dos antigos prédios pelos novos – os lotes e parcelas permitidos – tem sido apontado como um *efeito subrogatório*. Não se me afigura, todavia, que se deva apelar a esta típica figura, muito embora a citada alínea fale em substituição. E isto porque na sub-rogação real (e seria esta que aqui podíamos considerar) a substituição de uma coisa por outra opera-se dentro da mesma relação jurídica ou de uma massa patrimonial[15] – o que não parece ser aqui o caso. De facto, os antigos prédios, com a sua identidade própria, "morrem". Não morre, como é evidente, o solo, já que a calote esférica não tem buracos. Mas não creio que se possa dizer que há uma substituição "de prédios"

---

[12] Trata-se do livro "Urbanismo y Publicidad Registral" (*Marcial Pons*, 2.º ed. de 2001).

[13] Cf. Revista "CEDOUA, n.º 12 (2.03) na secção "Recensão".

[14] *Op. Cit.* pág. 98.

[15] Cf., entre outros, ANTUNES VARELA "Das Obrigações em Geral", 3.ª ed., 2.º vol., pág. 301.

se no terreno da minha casa passou a ficar um parque municipal e eu recebo uma quantia em dinheiro.

É que, ao menos teoricamente, é agora admissível que a nenhum dos antigos proprietários seja adjudicado um dos novos lotes ou parcelas ou que os adjudicatários sejam ex-proprietários. Julgo, portanto, que não haverá (mormente à luz das actuais disposições) a sub-rogação, mas sim a "morte" dos antigos prédios e, no solo onde ocorreram esses *óbitos,* a formação das massas de concentração e de distribuição para permitir a criação *ex-novo* de uma *outra realidade*, concretizada no "nascimento" dos lotes, parcelas e demais espaços resultantes da operação de reparcelamento.

De resto, parece que ao aceitar esta ideia admitimos também mais afoitamente a solução da aquisição originária desses novos prédios – e, como se disse, sem beliscar *o princípio da tipicidade* – e bem assim a da feitura do registo nos moldes indicados no aludido parecer. Isto é: trata-se de *inscrever* a "operação de reparcelamento" que, tendo sido aprovada, produz os indicados efeitos reais[16] – e, é claro, com base no título donde conste tal aprovação. Em termos tabulares, essa inscrição tem de ser, como qualquer outra, feita sobre uma descrição. No caso incide sobre o objecto *do reparcelamento* – que é o facto que se inscreve. Consequentemente, terá de ser lavrada sobre o prédio, único, que corresponderá à "massa de concentração". Sendo certo que este único prédio resulta do somatório de todos os que a integram, a sua descrição implica a anexação das descrições correspondentes aos que formaram a "massa de concentração". Ora, como com a total anexação, os prédios anexados "morrem" – o que, a nosso ver, corresponde à realidade que no caso ocorre – e a tais anexações não obstam as diferentes titularidades e direitos inscritos, por decorrerem *apenas* da aludida inscrição de reparcelamento[17], que

---

[16] Como, a nosso ver, justa e oportunamente se fez notar no mesmo parecer não é o próprio procedimento decorrente da elaboração e aprovação do *plano de pormenor* que, em si, produz o efeito real, visto que tal plano é indicativo (programático) do (ou dos) reparcelamento (s) que prevê. A "transformação fundiária, com os efeitos reais assinalados no citado art. 133.º do RJIGT, verifica--se com a aprovação do instrumento de execução do plano (o reparcelamento)".

[17] E porque também não subsistem em vigor as inscrições que incidiam sobre as descrições "mortas".

386 *Temas de registos e de notariado*

em si produz os mencionados efeitos reais típicos, parece que esta solução *unitária* é a que registralmente se adequa a esta complexa operação. Mais: como ela não termina com a junção dos antigos prédios, mas sim com a criação dos novos e *consequente adjudicação* aos respectivos proprietários, de acordo com o que também se referia no indicado parecer, devem, com base *na mesma apresentação,* ser desanexados todos os novos prédios e sobre eles lavradas as inscrições correspondentes às respectivas "situações jurídicas" que o reparcelamento criou[18].

Temos portanto que a operação de reparcelamento na área abrangida pelo plano de pormenor, concretizando-se através dos contratos previstos no n.º 8 do artigo 131.º, culminará com *o registo* – de harmonia aliás com a previsão do n.º 10 desse mesmo artigo[19]. Sublinhe-se ainda que o contrato e o plano de pormenor aprovado produzem todos os efeitos previstos no artigo 133.º n.os 1 e 2 e, como se disse, constituem o título bastante para efectuar *globalmente,* nos termos expostos, o registo da operação[20].

5. O que acabamos de referir só tem cabimento em consequência de o reparcelamento ser uma operação unitária que compreende todos os referidos passos intermédios que em si mesmos são fases da operação e que não têm autonomia própria, nem também registral-

---

[18] Diz-se textualmente o seguinte: "Finalmente, haverá que inscrever os factos e direitos de cada parcela (e em nota acrescenta-se "incluindo a situação jurídica das "parcelas de equipamento" que permanecem no domínio privado…"). Tudo a coberto da mesma apresentação – a apresentação do pedido de registo do reparcelamento".

[19] Não será talvez totalmente rigorosa a remissão para o n.º 10, visto que este número parece (na literalidade da sua redacção) não distinguir os *"tempos"* da "concretização" da operação. Todavia, há que notar que, evidentemente, são distintos os momentos da outorga dos contratos e da requisição (e feitura) do registo: e é claro que aqueles são prévios – constituem um *título* – em relação ao registo. Por isso dissemos que o reparcelamento termina (culmina) com o registo da operação.

[20] Dir-se-á ainda que esta é uma solução prática. Estando o direito ao "serviço da vida" – como defendemos que está – será positiva. a hipótese de o registo a favor dos adjudicatários *ficar logo feito.*

mente a poderiam ter, visto que, como logo de início apontávamos, o registo é e deve ser considerado como instrumental do *direito substantivo* e a técnica que porventura se utilize é a ele que se deve adaptar – e não o inverso.

Deste modo, tratando-se de acção unitária, não podemos interpretar literalmente o n.º 2 do artigo 92.º-A, no sentido de efectuar o registo da operação e da adjudicação das parcelas por forma a que incida "apenas sobre as descrições prediais de que o requerente seja titular inscrito". Nem também tratando-se das operações de loteamento igualmente referidas no n.º 1 desse artigo tal parece possível.

O loteamento dá lugar à inscrição prevista na alínea d) do artigo 2.º do Código do Registo Predial a qual, por seu turno, como dispõe o n.º 3 do artigo 80.º, tem como consequência *necessária* a abertura das descrições de *todos* os lotes destinados à construção[21] – "ficando" apenas as zonas verdes e demais espaços no usualmente denominado "prédio-mãe". Ora, se isto assim se processa é porque a lei também vê o loteamento como *acto único* que, registralmente, *não admite* a desanexação *individual* de cada um dos lotes apenas à medida que vão sendo adquiridos ou sobre eles se pretenda inscrever qualquer direito. Dir-se-á que os efeitos jurídicos decorrentes da publicidade registral demandam o mencionado tratamento unitário. Assim sendo, parece que devemos concluir que o n.º 2 do artigo 92.º-A não é aplicável ao reparcelamento *e também* não o deve ser ao loteamento.

O n.º 7 do mesmo dispositivo legal contém outra "dispensa", desta vez respeitante ao n.º 1 do artigo 49.º do regime jurídico da urbanização e da edificação, relativamente à qual, na sua última parte, não podemos estar de acordo. É que a exigência da "certidão do registo predial" é não só necessária, como tem mesmo justificado o entendimento – dir-se-ia que pacífico – da *obrigatoriedade* da feitura registo da autorização do loteamento *previamente* ao de qual-

---

[21] A interpretação dada ao "modus faciendi" no caso da *operação de reparcelamento* (a que nos referimos) vai beber alguma analogia a esta disposição do n.º 3 do art.º 80.º – abrangendo ainda *as inscrições*, visto que a própria lei (como temos interpretado) prevê que a *operação unitária* inclui a "distribuição" (o que também, como se referiu, é explicado por ALVES CORREIA) – isto é as adjudicações que tenham sido contratualmente fixadas. E o descrito "modus faciendi" faz com que o registo se adeque à lei substantiva.

quer outro facto que incida sobre o lote. Também no caso do artigo 92.º-A – e muito embora inexistindo alvará – para que possa ser lavrado qualquer acto sobre uma das novas descrições, parece *indispensável* que tenha sido feito, tal como dissemos, o registo de toda a operação. Daí que, exactamente como no caso do loteamento, não deva ser dispensada a certidão do registo predial.

6. No tocante ao conteúdo documental do loteamento ou do plano de pormenor e com respeito às áreas por eles abrangidas, caberá referir que não nos podemos ocupar aqui de toda a interessante e complexa matéria dos diversos passos e procedimentos administrativos, incluindo as comunicações prévias e os licenciamentos.

Diremos apenas que no artigo 92.º o legislador veio indicar – no n.º 3 – quais são as peças que, para efeitos de registo predial, devem acompanhar o respectivo pedido. Pensamos que bem andou ao concretizar tais peças escritas e desenhadas – que eram apenas genericamente previstas na alínea c) do n.º 2 – e que constituem o suporte das operações de transformação fundiária. É que a mera remissão que, na redacção anterior, constava da alínea b) do n.º 2, afigurava-se parca e imprecisa.

Deve, no entanto, notar-se que o nosso sistema de registo não está preparado – ou não está *ainda* preparado – para a integração digitalizada nos seus suportes documentais de plantas ou quadros gráficos, pelo que as peças escritas referentes ao plano devem também indicar com clareza e de uma forma *discursiva* e *descritiva* os elementos do plano, de modo a não motivar duvidas, sobretudo no que respeita à correcta identificação do prédio global que irá ser objecto de descrição no registo, bem como dos lotes e parcelas que dele hão-de ser desanexados como prédios autónomos.

7. Os planos são instrumentos indispensáveis para a melhoria das condições habitacionais e para o próprio equilíbrio da vida humana. Todos nós, com mágoa e revolta, vemos edifícios inconcebíveis e urbanizações sem adequadas infra-estruturas e espaços verdes, que parecem querer demonstrar que afinal o homem é um animal irracional. Deste modo, quando povos e regiões conseguem por cobro – se não de modo integral, ao menos o mais adequadamente possível – a toda essa anarquia é óbvio que dão um importante passo cultural e contribuem mesmo para o avanço da civilização.

Por isso, é sobremaneira evidente a existência de um interesse público subjacente à elaboração e aprovação dos planos e à própria eficácia e *operacionalidade* das decisões urbanísticas[22]. E creio que é hoje incontroverso dever dar-se prevalência ao interesse público face a qualquer egoístico interesse privado.

Contudo, dito isto, cabe também lembrar que a publicitação dos direitos feita pelo registo, sendo embora da órbita cível, é igualmente de *interesse público*, dado que ela mesma tem em vista a segurança do comércio jurídico – valor este que em si é de âmbito geral e de interesse social, mormente na nossa época em que as pessoas não se conhecem, mas se informam e contratam através da Internet e sabem que a informação registral dos direitos inscritos já é disponibilizada electronicamente, entre nós e nos países da Europa Comunitária.

Vêm estas considerações a propósito da *vexata quaestio* dos direitos civis constituídos sobre lotes, sobrevindo depois anulações, revogações e declarações de nulidade, tanto de planos como de alvarás de loteamento. Tratando-se embora figuras distintas e que têm tratamento jurídico diverso, podem ter consequências registrais similares e sobre as quais gostaríamos de dizer uma palavra, necessariamente mínima, muito embora a complexidade da questão exigisse uma cuidada análise.

Sendo certo que os planos a que aludimos, bem como os alvarás, são produtores de efeitos reais e portanto sujeitos a registo, é também sabido, por um lado, que o acto administrativo declarado nulo não produz quaisquer efeitos – é como se nunca tivesse existido – e, pelo outro, que os terceiros têm de gozar da protecção que Ordenamento lhes não pode negar, como aliás tem sido bem exposto em diversos artigos e comentários[23].

---

[22] A propósito de "um urbanismo operativo" cf. o interessante artigo de FERNANDA PAULA OLIVEIRA na Revista "CEDOUA" n.º 2.2004.

[23] Cf., por exemplo, os que a Revista CEDOUA tem publicado (v.g. de ANTÓNIO LORENA DA SILVA no n.º 2.98, de ANTÓNIO PEREIRA DA COSTA no n.º 1.01 e, no tocante aos direitos adquiridos, a anotação ao Ac. do STA de FERNANDA PAULA OLIVEIRA, no n.º 1.04).

390   *Temas de registos e de notariado*

Em última análise, invoca-se a obrigação geral de *indemnizar* e também a que, em especial, é imposta por concretas disposições legislativas, mormente do campo urbanístico. Sem pretender contestar a valia das opiniões que têm sido veiculadas, creio porém que haverá uma outra perspectiva pertinente usualmente não apresentada pelos administrativistas. É esta: o direito de edificar que foi concedido extinguir-se-á, mas *os direitos reais* que entretanto foram constituídos sobre o lote ou parcela parece que nunca. Esses, a meu ver – e salvo, é claro, nos casos típicos legalmente previstos – não se extinguem nem também se podem transformar em direitos de crédito. E – diremos ainda – os tribunais administrativos excedem a sua competência no caso de proferirem decisões sobre esta matéria[24].

Portanto, se determinados lotes foram alienados, ou sobre eles se tiverem constituído hipotecas, registado acções, penhoras e outros direitos, não deve o conservador inutilizar essas descrições que foram abertas com base numa autorização de loteamento, ainda que eventualmente essa inscrição seja cancelada[25]. Nem tão-pouco poderá re-anexar tais descrições, ficando aqueles direitos como que misturados num eventual reconstituído ex-prédio-mãe[26] e numa amálgama que talvez nenhum juiz conseguisse destrinçar[27].

---

[24] Por manifesta "incompetência em razão da matéria", *ex vi* do art.º 66.º do Código de Processo Civil.

[25] Afigura-se que a nulidade do instrumento (plano de pormenor, tal como a do alvará) não gera *a inexistência do facto que foi objecto de registo*. A aquisição, a penhora e a hipoteca inscritas permanecem válidas. Por outro lado, dever-se-à notar que a indemnização (v.g. pela Administração) não abrange *o direito real*, que subsiste – só que *a coisa* sobre que incide pode ficar com "aspecto" e "aptidão" (v.g. por ausência da sua capacidade construtiva) porventura diversa. Esta questão que impressiona, até porque fará diminuir o valor do prédio, não é porém totalmente inédita. Lembremos o seguinte: um prédio penhorado é demolido (voluntariamente ou não) – e o conservador *tem de averbar* a demolição. Mas depois o proprietário não o reconstrói, por ex. porque não lhe é dada licença para tal. A penhora subsiste, mas obviamente o valor do prédio penhorado ficou muito menor.

[26] Diz-se num "possível", visto que tal "prédio-mãe" pode ainda existir ou *já não* – v.g. se a área desse prédio foi totalmente dividida em lotes, a descrição do "prédio-mãe" *teve de ser inutilizada* (cf. art.º 87.º, n.º 2, e) do Código do Registo Predial).

Efeitos registrais decorrentes da execução urbanística　　　391

É que também, no aspecto substantivo, todos reconhecemos que a nulidade do instrumento urbanístico (plano de pormenor, alvará ou qualquer outro) não gera a inexistência *do facto* que foi objecto de registo. A aquisição, a penhora e a hipoteca inscritas permanecem *válidas*, apesar das vicissitudes que possa sofrer o prédio sobre que incidem. E, se assim é, as próprias partes e terceiros têm de *continuar* tabularmente protegidos[28], devendo também reconhecer-se que não se deve pedir ao registo o que ele não está – nem é conveniente que esteja – preparado para dar, incluindo qualquer resolução, afinal de cariz litigioso, seja ela traduzida num cancelamento, seja na extinção de direitos inscritos.

A outra observação é esta: Se, principalmente face ao disposto nos artigos 291.º do Código Civil e 17.º, n.º 2 do Código do Registo Predial, a declaração de nulidade ou anulação do negócio jurídico, bem como a própria nulidade do registo, não obstam a que este produza efeitos relativamente a terceiros de boa-fé, parece que temos de entender que a declaração de nulidade do licenciamento administrativo que tenha sido registado, pode igualmente produzir efeitos semelhantes – e isto apesar de o n.º 1 do artigo 134.º do Código de Procedimento Administrativo afirmar que "o acto nulo não produz quaisquer efeitos jurídicos independentemente da declaração de nulidade".

Na verdade, não está aqui em causa o licenciamento *em si*, mas sim o *registo* e os seus efeitos, fundamentalmente os que são de

---

[27] A nosso ver não será pois possível a reposição da situação de facto "ex ante" do licenciamento – como a nulidade do acto administrativo o pudesse demandar (*vide* sobre esta questão o artigo de Pedro Gonçalves e Fernanda Paula Oliveira na Revista "CEDOUA" 1.99 p. 17). Afigura-se que *in casu* haverá sempre um "interesse público" da *verdade publicitada,* necessariamente atendível, apesar da nulidade do acto administrativo (cf. ainda dos mesmos Autores o artigo "O Regime de Nulidade dos Actos Administrativos de Gestão Urbanística que Investem o Particular no Poder de Realizar Operações Urbanísticas", na mesma revista "CEDOUA" 2.99).

[28] Esta protecção registral verifica-se em situações cíveis algo similares àquelas a que nos estamos a referir. Assim, se na sequência de uma *venda executiva* se processam novas transmissões ou se constituem outros direitos esses *terceiros* podem estar protegidos apesar de, posteriormente, tal venda vir a ser (no próprio processo executivo) declarada nula.

natureza substantiva. E a pergunta que, a jeito de conclusão, me permito fazer é simplesmente esta: poder-se-á desrespeitar o valor da estabilidade das relações jurídicas e o princípio da verdade publicitada e pode ainda o cidadão comum que confia no que o registo publica ser defraudado nos seus direitos sobre as coisas, pelo Estado ou pela Autarquia, que afinal verificou, ou foi obrigada a verificar, que não licenciou bem ou que não cumpriu determinados preceitos imperativos?

A meu ver não pode: precisamente porque o registo também cumpre uma função pública de segurança do comércio jurídico e de protecção dos direitos adquiridos, bem como dos valores da verdade e da confiança que, consabida e reconhecidamente são, nos próprios termos subjacentes às normas constitucionais[29], estruturantes do Estado de Direito Democrático.

---

[29] O n.º 4 do artigo 282.º da Constituição alude à "segurança jurídica", à equidade e ao interesse público de excepcional relevo. GOMES CANOTILHO e VITAL MOREIRA consideram que estes conceitos, "apesar da sua densidade como figuras jurídicas pré-constitucionais" são "relativamente indeterminados" (Cf. "Constituição da República Portuguesa, Anotada", 3.ª ed. rev., pág. 1043). Afigura-se que sendo "pré-constitucionais" se podem considerar *estruturantes* dos próprios valores constitucionais e, portanto, do Estado de Direito Democrático.

REFLEXÕES SOBRE O DIREITO DE SUPERFÍCIE, A SUA TITULAÇÃO E REGISTO, OS VOLUMES E O CONCEITO DE PRÉDIO URBANO[*]

1. O direito de superfície (quer para plantações quer para edificações) é, como sabemos, um direito real já previsto pelo direito justinianeu[1], mas que, apesar disso, não granjeou a atenção e simpatia dos civilistas que estudaram as diversas figuras jurídicas plasmadas e sistematizadas na codificação do direito civil desenvolvida ao longo do século XIX.

E uma prova disso mesmo é que o Código de Napoleão ignorou totalmente o direito de superfície[2] e nosso Código de Seabra apenas previu aqueles direitos que alguns autores, como entre nós MENEZES CORDEIRO e OLIVEIRA ASCENSÃO sugestivamente apelidaram de *"superfície vegetal"* e de *"superfície para plantação"*[3]. Como se sabe, foi só na Lei n.º 2030, de 22 de Junho de 1948 que ficou regulado o direito de superfície como *"superfície edificada"* e *"superfície para edificação"* – para também usar a mesma incisiva terminologia – mas,

---

[*] Conferência realizada no CIJE – Faculdade de Direito da U.P., em 23 de Outubro de 2008.

[1] Cf. MENEZES CORDEIRO "Direitos Reais" ,*Reprint,* 1979, pág. 707 (onde refere que "no período justinianeu a superfície veio a *ganhar autonomia como direito real*" e A. SANTOS JUSTO "Direitos Reais", onde, a pág. 388/9, explica que "o direito justinianeu avançou mais e provavelmente influenciado pelo direito helénico (...) atribuiu à superfície a natureza de direito real".

[2] No *Digesto* diz-se que "o Código de Napoleão caracteriza-se por um *silêncio absoluto* no tema da superfície" (Cf. Digesto delle Discipline Privatissche – Sezione Civile, 4.ª ed., XIX, pág.208, itálico nosso).

[3] Cf de MENEZES CORDEIRO. *op. cit.* pág 708/9 e de OLIVEIRA ASCENSÃO o estudo "O direito de superfície referente a plantações" *in Scientia Iuridica* 1974, págs. 356 e segs.

mesmo assim, em termos restritivos, porque só podia ser constituído pelo Estado[4].

Talvez que esta espécie de menosprezo pela figura da *superfície* – e doravante esqueçamos as plantações, pois passar-nos-emos a referir *apenas* à superfície respeitante às edificações – ou da diminuta atenção que mereceu, se fique a dever quer ao tradicional respeito pelas regras da *acessão imobiliária*, de harmonia com a máxima *superfícies solo cedit*, quer também à velha ideia de que, em princípio, conviria evitar as denominadas *propriedades imperfeitas*, uma vez que a propriedade plena seria a única que proporcionava a mais adequada utilização dos bens, evitando situações de colisão de interesses, de indefinição e de conflito de direitos.

Todavia, a conhecida e actual *popularização* dos diversos direitos sobre os bens, especialmente sobre os imóveis, bem como a multiplicação de soluções habitacionais e urbanísticas originou igualmente a difusão das novas figuras, como foi o caso paradigmático da propriedade horizontal e também a do direito de superfície.

2. Dir-se-á, portanto, que este *direito de superfície*, que quase só na época contemporânea[5] passou a merecer maior interesse do legislador[6], emerge agora à luz da ribalta como eficaz instrumento de realização da *política dos solos*[7] e sobretudo de resolução jurídica de

---

[4] Cf A. SANTOS JUSTO,"Direitos Reais", pág. 389 e MENEZES CORDEIRO, *op. cit.* pág. 708, nota (1642).

[5] Não se quer dizer que "através da sua longa história a superfície" não tivesse "estado ligada à concentração urbana e à expansão das cidades, não só em Roma, como na Idade Média", tal como refere ARMINDO RIBEIRO MENDES num clássico estudo publicado na Revista da Ordem dos Advogados (Ano 32.º Jan-Jun de 1972, pág. 15 e segs. A parte transcrita nesta nota é de pág. 17).

[6] CARVALHO FERNANDES sugestivamente refere que "só no Código Civil actual lhe foi dada completa carta de alforria" (cf. "Lições de Direitos Reais", 1996, pág. 363)

[7] OSVALDO GOMES diz mesmo que "o direito de superfície tem adquirido importância crescente e podemos mesmo afirmar *que ele constitui a grande via para a realização da política de solos,* tal como se encontra programada na legislação portuguesa" (cf. "Manual dos Loteamentos Urbanos", pág. 502, mas itálico nosso).

diversos *problemas concretos* que a regulamentação tradicionalmente mais sedimentada e rígida do direito de propriedade, aliada à prevalência das regras da acessão, dificultava e até mesmo impedia, mas que os desenvolvimentos decorrentes da moderna planificação urbanística e da diversificação das possibilidades contratuais acabaram por impor como solução ajustada.

E diria mesmo que, actualmente, sem a existência deste direito não se vislumbra como é que certas situações poderiam ser solucionadas à luz da própria regulamentação do direito das coisas.

Aliás, um dos casos concretos que, de acordo com a justificação do legislador, motivou o alargamento do objecto do direito de superfície, foi precisamente o da necessidade de construir parques de estacionamento por iniciativa privada no subsolo de alguns bens do *domínio público*, como praças, largos e ruas. Surgiu assim o Decreto-lei n.º 257/91, de 18 de Julho, cujo preâmbulo recorda que o direito de superfície para fins de edificação foi previsto na Lei 2030 em termos *restritivos* e que muito embora tendo sido consagrado no actual Código Civil (e doravante, sem outra indicação, é a este Código que nos referiremos) mantiveram-se no entanto alguns preceitos com esse carácter limitativo – um dos quais foi precisamente o n.º 2 do artigo 1525.º, na medida em que proibia o direito de superfície no subsolo "a menos que seja inerente à obra superficiária". Dizia-se que este preceito visava "prevenir desvios às regras sobre a propriedade horizontal", o que a nosso ver era uma justificação muito pouco razoável, para não dizer mesmo retrógrada, face à própria possibilidade de coexistência do direito de superfície com o regime da propriedade horizontal e à evolução das figuras dos direitos reais, a começar pela propriedade, bem como das regras e concepções do direito do urbanismo.

Assim, a reconhecida necessidade da construção dos parques subterrâneos – que como até se diz no preâmbulo daquele Decreto-lei, permitirão "reanimar a vida nos centros históricos das cidades" – justificou a alteração do n.º 2 do artigo 1525.º no sentido de se permitir, em termos de direito de superfície, a construção de *qualquer obra* – de *qualquer obra* e não apenas parques de estacionamento – "sob solo alheio".

3. Esta foi portanto uma alteração bastante positiva que permitiu resolver juridicamente vários problemas que as actuais perspectivas urbanísticas colocam. Todavia, além deste n.º 2 do artigo 1525.º, há ainda outras disposições da lei civil cuja interpretação ampla tem consentido *boas soluções* para certas dificuldades jurídicas que algumas complexas construções suscitam. Refiro-me concretamente aos artigos 1526.º e 1529.º que prevêem a sobreelevação e a constituição das servidões necessárias à utilização da propriedade superficiária, ou seja daquelas que devam incidir sobre o prédio do fundeiro[8] e se mostrem essenciais ou indispensáveis para que o superficiário possa aproveitar as normais utilidades da coisa sobre que incide o seu direito.

Todavia, ainda mais relevante do que a previsão das necessárias servidões parece que será a disposição do artigo 1526.º que prevê a *sobreelevação*[9] (ou o "direito de sobreelevar"[10]) isto é, o que talvez possa ser apelidado como um *direito de superfície de segundo grau*. E ocorreu-me esta designação por se afigurar expressiva e porque, no caso, o superficiário funciona na prática como um fundeiro, ou seja, o tecto da sua construção representa afinal como que "um solo" sobre o qual vai surgir uma nova construção feita pelo novo superficiário, que terá de adquirir esse direito do primitivo superficiário. E ainda que porventura se alegue que a lei não o refere expressamente,

---

[8] É sabido que tratando-se de prédio de terceiro já não vigora esta regra porque apenas subsistirão as servidões sobre a propriedade superficiária se já existiam sobre o prédio em que o "direito recaía" ou se este já era encravado (cf. n.º 2 do art.º 1529.º).

[9] Trata-se, como ensina CARVALHO FERNANDES, de "um caso particular de direito de superfície, sob a designação, corrente na doutrina, de *direito de sobreelevação*" (cf, deste Autor, o seu valioso estudo "Do Direito de Sobreelevação" inserido nos textos de homenagem aos Professores Doutores A. FERRER CORREIA, ORLANDO DE CARVALHO E VASCO LOBO XAVIER" sob o título "Nos 20 ANOS DO CÓDIGO DAS SOCIEDADES COMERCIAIS", *Coimbra Editora*, 2007).

[10] O direito de sobreelevar é igualmente reconhecido noutras legislações (v.g. no art.º 1127.º do Cód. Civil italiano – cf. ainda sobre o tema: GIOVANNI GIACOBBE "La superfície" Milão 2003, pág. 102 e segs. (*in* "TRATTATO DI DIRITTO CIVILE E COMMERCIALE" de CICU, MESSINEO e MENGONI). Em França é por regra (face ao regime da p.h.) atribuído esse direito ao proprietário do último piso.

creio que não deverão suscitar-se dúvidas de que a sobreelevação possa ainda ocorrer *em novos e sucessivos patamares*[11], havendo – como na prática já houve – sobreelevações de uma anterior sobreelevação e que devem ter idêntico tratamento jurídico, assim como naqueles casos em que o dono da construção originariamente efectuada possa não ser o superficiário, mas sim o próprio proprietário do solo que depois vem a contratar com outrem uma sobreelevação do seu prédio.

Há ainda outras diferentes situações que todos nós conhecemos: por exemplo, o caso dos edifícios interligados *sobre uma rua* – e que até podem ter sido submetidos ao regime de uma única propriedade horizontal[12]. É claro que tal pressupôs que a autarquia o tivesse permitido, concedendo, também um direito de superfície *sobre aquele espaço público*. Todavia, este direito poderá não ter sido constituído no sentido de permitir edificar uma qualquer construção directamente *incorporada* no solo segundo o actual conceito civilístico de prédio urbano. Pelo contrário, ele nascerá por assim dizer desligado do solo, ou seja *sem a ele estar apegado*, visto que a construção só vai surgir a uma certa altura *acima da rua* e sem que a ela venha a estar materialmente unida.

Por outro lado, no que toca às construções subterrâneas sob uma praça ou jardim público, é normal que elas só nasçam muito abaixo do respectivo terreno, portanto também sem ligação directa com o solo, entendido este num sentido jurídico como uma superfície pura, isto é, sem que conceptualmente tenha ou deva ter uma determinada espessura.

---

[11] Não poderão suscitar-se dúvidas desde logo porque a redacção do artigo 1526.º engloba "o direito de construir sobre edifício alheio" *em geral*, abrangendo portanto as sobreelevações *sucessivas* e ainda porque a "razão justificativa" da norma permanece a mesma. Existirá assim uma *identidade de razão* para um igual enquadramento jurídico de todas essas situações.

[12] Não é aqui viável estar a debater esta complexa situação, bem como a de uma fracção autónoma poder situar-se em parte sobre solo privado e noutra parte sobre solo público. Em sede da "abertura" que vem sendo dada ao regime dos "conjuntos imobiliários" e da p.h. neles integrada quiçá possa ser dada alguma resposta a esta difícil questão que, na prática, já se tem colocado.

Toda esta versatilidade prática do direito de superfície é também, ao que nos parece, uma das razões da sua difusão – maior ainda noutros países do que entre nós – e ao mesmo tempo de alguma polémica, que subsiste, em torno da natureza jurídica deste direito.

4. Quanto a esta questão da natureza jurídica do direito de superfície, diremos apenas, muito sinteticamente, o seguinte: entre as diversas posições conhecidas, do que a nosso ver, fundamentalmente se trata sob um ponto de vista essencialmente prático, é de saber se estamos perante um direito real sobre coisa alheia ou, como também se defende, de uma mera concessão atribuída ao superficiário pelo proprietário do solo[13], ou antes de um verdadeiro direito de propriedade sobre coisa própria, isto é, sobre o implante, ou ainda de um direito *sui generis*.

Tratando-se, tal como a lei prevê, e em geral a doutrina corrobora, de um *direito complexo*[14], o certo é que será sempre distinta a perspectiva conforme se pretenda focar a constituição do direito potestativo de vir a construir ou se queira salientar, num momento ulterior, o direito sobre o edificado – e chame-se-lhe, ou não, um direito de *propriedade superficiária*. Trata-se, portanto, dos tais "dois momentos" que integram o mesmo conceito do "direito de superfície"[15] e

---

[13] A ideia da *concessão* é sobretudo ventilada quando se trata de construções em direito de superfície sobre bens do domínio público.

[14] V.g. MENEZES CORDEIRO, diz: "a situação jurídica da superfície é complexa" (*op. cit.* pág. 710) e PIRES DE LIMA e ANTUNES VARELA no C.C. Anotado – em colaboração com HENRIQUE MESQUITA indicam que a posição do superficiário é complexa (III vol., *Coimbra Editora*, 1984, pág. 588).

[15] Também os Autores falam dessa dualidade: v.g., CARVALHO FERNANDES (*cit. lições.*, pág.365), P. DE LIMA e A. VARELA (*op. cit.* pág. 590) aludem à "dupla variante"deste direito. CARVALHO FERNANDES entende, todavia, que na sobreelevação há uma "singularidade"quanto a esses dois momentos, visto que verdadeiramente só se verifica no 1.º (o do direito potestativo – faculdade de construir), porquanto no 2.º, quando já existe edifício, o que haverá é a propriedade horizontal – art.º 1526.º, *in fine* – (ou, não sendo esta possível, a nulidade do título constitutivo da sobreelevação e a contitularidade) – cf. citado estudo *na* "Homenagem...", págs. 63 e segs). É bem difícil esta questão, mas propendemos a considerar que deveremos aceitar solução mais flexível, até porque

Reflexões sobre o direito de superfície, a sua titulação e registo...

que talvez de um modo sugestivo – ainda que porventura não inteiramente rigoroso – também pudéssemos dizer com o professor Alterini que a superfície "nasce como direito real sobre coisa alheia (...) e termina como direito real sobre coisa própria"[16]. Pareceu-nos todavia que esta era uma síntese que, embora expressiva, não se poderia considerar muito rigorosa, quer porque o direito de superfície pode nascer quando já existe o implante totalmente construído, quer porque na transmissão deste direito ele já *ingressa* na esfera patrimonial do adquirente como direito real sobre coisa própria.

O que se crê ter vindo a obter uma mais alargada aceitação, ao menos na prática negocial, é a ideia de que existe uma *propriedade superficiária* a par da propriedade do solo e que de resto pode nem sequer ser secundária em relação a esta. É sabida a discordância de Menezes Cordeiro relativamente a esta concepção, visto que, como observa, "a superfície não é um direito exclusivo" e também "não é um direito pleno"[17], mas também são acolhidas as posições que defendem a ideia da propriedade[18], visto que, como se observa, "é

---

julgamos possível considerar a validade de situações em que a propriedade horizontal não vem a ser constituída (nem pode) nos moldes clássicos, mormente por uma fracção se localizar em diversas "propriedades", como no texto iremos referir.

[16] Cf. "Anales del VI Congresso Internacional de Derecho Registral", pág. 230/1.

[17] Além disso, este Autor também faz outras muito pertinentes considerações, quer sobre o facto de a lei portuguesa atribuir o solo *apenas ao fundeiro*, quer sobre o entendimento dos "dois momentos" como sendo autónomos dentro do direito de superfície, caminho este que conduzirá "à *quebra da unidade jurídico-dogmática da figura*". Será assim "metodologicamente incorrecto descobrir, na superfície, *um direito de propriedade sobre o implante* ou, caso o implante ainda não se tenha realizado, um «*direito a implantar*». "*O direito é sempre o mesmo*", diz. Trata-se é de "um *direito real complexo*, uma vez que no seu conteúdo, analiticamente, descobrimos *faculdades que, noutros tipos reais, a lei autonomiza como direitos reais*" (cf. *op. cit.* pág. 716). Ora, sob este ponto de vista *jurídico-dogmático* da figura *unitária* do direito de superfície, parece-nos que, à luz da nossa lei, (com efeito, *direito de superfície* há só um) Menezes Cordeiro terá toda a razão.

[18] É, nomeadamente, a posição de Pires de Lima, Antunes Varela e Henrique Mesquita: "É de um verdadeiro *direito de propriedade* sujeito à respectiva disciplina que se trata" (cf. C.C. Anotado, III vol. III, 2.ª ed., pág. 587).

incontroverso que os poderes do superficiário sobre o implante se moldam nos do proprietário"[19-20], devendo ainda ter-se em conta que ao próprio conceito actual de *propriedade* não são inerentes os poderes absolutos que à época do Código de Seabra se mostravam incontroversos, e isto mormente no que toca às edificações e ao debatido direito de edificar do proprietário que, como é sabido, nem sequer chegará a existir[21].

Ora, para tentar resolver muitos dos problemas que alguns actuais e complexos edifícios em regime de direito de superfície colocam, temos de socorrer-nos das amplas possibilidades interpretativas que oferecem as normas que especificamente regem este direito, mas também das regras gerais atinentes ao direito de propriedade.

Em suma: creio, que se pode afirmar – como aliás hoje em dia se reconhece – que o direito de superfície não se reconduz a nenhuma das figuras jurídicas que tradicionalmente faziam parte do direito das coisas, porque é um direito *novo e complexo*, ele próprio e em si mesmo *típico*, ainda que podendo abranger – como normalmente acontece – os dois referidos momentos: o inicial, configurado como direito potestativo ou faculdade de construir e o ulterior que *na prática* se traduz num (por assim dizer) direito de propriedade sobre o edificado, sem que os tais "dois momentos" lhe retirem a sua unidade e especificidade próprias.

E é por outro lado um direito cuja natureza jurídica se compatibiliza com a co-existência de outros direitos reais sobre a mesma coisa, como é o caso da servidão, do usufruto ou da hipoteca, o que o torna particularmente apto para permitir dar solução a muitas das questões concretas que frequentemente se colocam.

---

[19] Cf. Carvalho Fernandes, *cit. lições*, pág. 366. Todavia, este Autor considera (e confirma) que o direito de superfície se configura "como um direito real *a se*", ainda que "próximo da propriedade".

[20] Quer dizer: os Autores ao falar dos *dois momentos* e da "propriedade" do implante não poderão negar que o direito de superfície seja *um só direito* (complexo) à luz da nossa legislação e que tais *momentos* afinal se traduzem nas respectivas *faculdades* desse direito, como diz Menezes Cordeiro.

[21] Referimo-nos à circunstância de que nem sequer exista um "direito de edificar" ínsito no direito de propriedade, como é hoje comummente referido pela generalidade dos Autores, designadamente pelos Administrativistas.

5. Todavia, quiçá mais importante do que o debate sobre a referida natureza jurídica será a chamada de atenção para a necessidade prática de na constituição e *titulação* deste direito se dever tomar atenção para a conveniência, dir-se-ia até para a exigência – *aliás quase sempre olvidada* – de uma definição concreta do que se poderia chamar a *terceira dimensão* do implante.

Com efeito, há que considerar o seguinte: a faculdade de construir tanto pode referir-se a um simples e único piso como a uma torre de dezenas de andares. E sobretudo nas hipóteses de sobreelevação terá de ser distinta a resposta à pergunta que inicialmente se coloca – e que é simplesmente esta: afinal, quando tal sobreelevação se pretende constituir, quem tem de conceder esse direito – apenas o superficiário ou também o proprietário do solo?

Partindo do exemplo dado, parece que a resposta não poderá ser a mesma se aquela inicial *faculdade de construir* – que foi transmitida pelo proprietário do solo e *que deve constar do título* – respeitar apenas a uma edificação com 5 metros de altura ou antes a uma torre com 50 metros ou ainda à hipótese, aliás frequente, ainda que a nosso ver imperfeita, de não ter sido convencionada qualquer limitação. É que – e porque afinal *pacta sunt servanda* – se a um superficiário foi convencionado atribuir o direito de edificar um prédio de 10 andares e ele apenas construiu 3, mas de facto pretende concluir a construção dos 10 a que estava autorizado – porém, não o quis fazer logo ou até porque eventualmente teve dificuldades financeiras e necessitou mesmo de atribuir o direito de sobreelevar os restantes 7 a um *novo superficiário* – parece que o poderá fazer sem que nesse caso o fundeiro se possa opor *ou até* exigir uma adicional retribuição e portanto nem tão-pouco terá de *ser ouvido*. Ou seja: ele já tinha contratado a constituição do direito de superfície para a construção de um edifício de 10 pisos e portanto quem tem de conferir o direito de sobreelevação daqueles restantes 7 *é o superficiário* – chamemos-lhe o *superficiário inicial* – e *apenas* ele[22]. Mas, se pelo

---

[22] Como dizem Pires de Lima, Antunes Varela e Henrique Mesquita (*op. cit.* paga 593): "Essencial é que o concedente tenha o direito de construir sobre o piso que já lhe pertence e possa transmitir o seu direito". Nesse caso "nada obsta que em lugar de construir directamente todos esses andares, o superficiário conceda a um novo superficiário a faculdade de construir um ou mais deles".

contrário o direito de superfície foi conferido com a faculdade de só serem edificados 3 pisos e depois se torna possível construir mais, parece que nesse caso o direito de sobreelevar e de receber as contrapartidas já terá de ser conferido *pelo fundeiro* e, evidentemente, *também* pelo superficiário inicial que, como é sabido, em relação à parte sobreelevada figura com um fundeiro[23].

E o mesmo se passa na hipótese de existir mais do que uma sobreelevação, funcionando em tal caso o ou os superficiários iniciais também como fundeiros quanto às respectivas partes sobreelevadas. O que não é clara é a situação – que, como se disse, a nosso ver devia ser evitada[24] – que poderá decorrer de no momento da constituição do direito de superfície faltar qualquer indicação quanto à aludida *terceira dimensão*, ou seja, quanto à altura da obra. Muito embora à primeira vista possa parecer que em tal caso o superficiário tenha sempre o direito de sobreelevar e também por isso o de poder cedê-lo a outrem sem necessidade do acordo do fundeiro, não parece que essa solução seja sempre a correcta (como aliás já há anos tive ocasião de sustentar[25]), havendo sobretudo que indagar a intenção dos contraentes, com as conhecidas dificuldades que decorrem de a sua vontade real não sido cabalmente expressa. Há, contudo, essa generalizada ideia – mas que se deverá considerar ultrapassada – de que será supérfluo definir ou sequer mencionar a altura e, portanto, a volumetria da propriedade superficiária. Só que, entre os diversos problemas que o direito de superfície levanta, este que su-

---

[23] Adiante referir-nos-emos à hipótese de *rebaixar* um subsolo. Ora, neste caso, julgamos que se deverão aplicar – por identidade de razão – *as mesmas regras* a que acima aludimos a propósito da sobreelevação.

[24] Parece-nos que devia ser evitada já que o título deve ser elaborado também para evitar (acautelar, na medida do possível) futuras situações de conflitualidade.

[25] Em já antigo parecer emitido pelo Conselho Técnico dos Registos e do Notariado, com respeito a uma situação concreta que se afigurou evidente: o proprietário do solo (que era um ente público) tinha concedido autorização *unicamente* para a construção de uma casa de um piso. Depois de concluída a obra o superficiário autorizou que um filho construísse um outro andar sobre essa sua casa. Como se concluiu, também tinha que obter a autorização do fundeiro.

cintamente apontamos e que ainda tentaremos comentar, é por certo um daqueles para que importaria sensibilizar os tituladores destes contratos e mesmo todos os juristas, até porque não é apenas a propriedade superficiária, mas sim o direito de propriedade em si que, designadamente quanto aos prédios urbanos, hoje em dia carece dessa consideração. O direito do urbanismo ensinou-nos que já lá vão os "good old days" romanísticos em que o proprietário podia sempre construir e fazê-lo *usque ad coelos*.

6. Temos falado do direito de sobreelevação e como é sabido o preceito que o regula diz-nos que ele "está sujeito às limitações impostas à constituição da propriedade horizontal" e também que "levantado o edifício, são aplicáveis as regras da propriedade horizontal". Quanto àquelas limitações não se suscitam grandes problemas, pois parece iniludível que o legislador se pretendeu referir aos requisitos da existência de unidades independentes, distintas, isoladas entre si e com uma saída própria – tal como o artigo 1415.º impõe[26] – e o que também é suposto que qualquer construção sobreelevada os venha a ter[27].

No tocante à outra expressão da lei (art.º 1526.º, *in fine*) inculca a ideia de que o regime da propriedade horizontal poderia emergir *automaticamente* pelo mero facto de ter ocorrido a sobreelevação o que – ao contrário da exigência legal de que falámos – se revela inconcretizável porque, apesar de ter sido concluída a sobreelevação, usualmente não existe ainda uma individualização das fracções com

---

[26] Este é ainda o ensino de PIRES DE LIMA, ANTUNES VARELA e HENRIQUE MESQUITA (*op. cit.* pág 593)

[27] Excede o âmbito desta simples intervenção uma análise pormenorizada da sobreelevação e do que poderá ocorrer quando não for possível a constituição da propriedade horizontal. Dir-se-á, todavia, muito sucintamente, apenas isto: a nosso ver o que é *essencial* (e pesem embora as mui doutas considerações que CARVALHO FERNANDES fez no citado estudo) para haver indispensável legalidade nessa constituição necessária é a sua aprovação *urbanística* (licenciamento municipal e de todas as entidades que tenham de se pronunciar). A complexidade das situações jurídicas e que aparentemente excedam o cumprimento dos requisitos *deve* encontrar resposta nos quadros legais (v.g. no art.º 1438.º-A), como iremos procurar expor.

definição do seu valor relativo e da sua percentagem ou permilagem, bem como a resolução sobre quais devam ser as partes comuns para além das que a lei imperativamente estabelece. E esse é um direito que *não pode ser retirado aos condóminos*, independentemente de o prédio ter ou não sido construído em regime de direito de superfície.

Por tudo isto pensamos que, havendo condições, é sempre necessário *constituir* a propriedade horizontal, visto que ela não pode decorrer *automaticamente* sem qualquer prévia decisão sobre os referidos dados, notoriamente variáveis e indispensáveis à definição do regime, ainda que ele pareça ser imperativo.

Por conseguinte, consideramos que se os construtores e futuros condóminos não se entenderem quanto à definição daquelas variáveis da propriedade horizontal, assistirá então a qualquer dos interessados o direito de pedir *judicialmente* a sua efectiva constituição, uma vez que, em princípio, *todo* o prédio ficou sujeito a esse regime[28]. E dizemos *em princípio* porque só quando tal é possível, como tentaremos explicitar[29].

E na hipótese de haver uma nova sobreelevação sobre a anterior? Parece que se hão-de aplicar as mesmas regras, tal com referimos, visto que, por um lado, não se vislumbra que algo possa impedir essa nova sobreelevação e, pelo outro, os princípios permanecem os mesmos.

Também se nos afigura que no caso de *construções no subsolo* será possível conceber a constituição de um *direito de rebaixar* mesmo num subsolo já construído por outrém, ou seja, uma faculdade de *sub-edificar*.

Assim teríamos que existe o direito construir por cima do edificado, isto é, de sobre-edificar ou *sobreelevar* (que é o previsto no artigo 1526.º) que, portanto, se concretiza necessariamente *acima do solo*,

---

[28] Esta é também a opinião que foi manifestada por Herique Mesquita aquando do II Seminário de Direito Registral (Faculdade de Direito de Coimbra, 30 de Novembro de 2007).

[29] Como adiante se dirá, não *parece possível* v.g. quando no *subsolo* do mesmo edifício exista um estacionamento (v.g. *público*), uma linha e uma estação de metro, a par de "espaços" públicos e privados. Mas será que isso impede (e torna nula) a constituição da p.h. sobre os andares edificados e destinados (mesmo segundo o projecto aprovado) à venda "em fracções autónomas", como aliás na prática aconteceu? Não nos parece como adiante referiremos, mas trata-se de matéria muito complexa e que aqui apenas podemos enunciar.

Reflexões sobre o direito de superfície, a sua titulação e registo... 405

mas também (dir-se-ia que inversamente) o direito de sub-edificar ou de *rebaixar* – designação esta que propomos – num subsolo já construído em direito de superfície, portanto ampliando em patamares *inferiores* a obra que inicialmente havia sido feita no subsolo. É hipótese que – apesar da sua viabilidade (e existência) prática – não temos visto debatida tanto na doutrina nacional como estrangeira. Todavia, quando a hipótese concreta se apresente, parece que não haverá grandes dúvidas de que teremos de aplicar analogicamente o disposto no artigo 1526.º, até porque neste caso há uma manifesta identidade de razão.

7. Estas questões que à primeira vista podem parecer puramente teóricas, de facto não o são. Tive ocasião de o comprovar quando já há bastantes anos – na sequência das dificuldades colocadas pela reconstrução do Chiado – relatei um parecer[30] em que se colocavam alguns complexos problemas de definição das diversas "propriedades superficiárias", em *espaços volumétricos* diferenciados, cada um deles com diferentes titularidades e com várias finalidades construtivas. De resto, verifica-se actualmente que as diferentes soluções arquitectónicas[31] se têm vindo a multiplicar: numa mesma área do que seria um "prédio" tradicional, surge-nos uma linha e parte de uma estação do metro, bem como os respectivos acessos, uma zona pública e outra privada, o armazém de uma sociedade sobre solo de prédios distintos, andares em propriedade horizontal sobre uns limites do solo e lugares de garagem sob outros limites – enfim, uma diversidade de situações fácticas e jurídicas que à luz do direito vigente só têm podido encontrar uma razoável hipótese de solução com o recurso conjunto às figuras do direito de superfície e da propriedade horizontal (em sentido amplo, incluindo portanto os "conjuntos imobiliários").

---

[30] Tratou-se do parecer referente ao Proc.º 2/97 que foi publicado no *Boletim dos Registos e do Notariado* n.º 12/97 a págs. 2 e segs.

[31] E obviamente que não nos referimos aqui ao caso da reconstrução do Chiado, às novas urbanizações de Madrid e de Valência (onde a situação ocorre) ou a qualquer outro caso concreto, ainda que tenham sido estes os "inspiradores" das considerações que ora tecemos.

Dir-se-á que esta situação se torna mais complexa ainda quando tais "espaços" com titularidades diversas não se sobrepõem na linha vertical decorrente dos limites da propriedade do solo, como de facto nessas situações ocorreu.

Vemos que em todos estes casos será também através da *superfície* e da *propriedade horizontal* que poderemos chegar a dar resposta a um direito sobre *volumes*, com carácter real, que não se "encaixam" eles mesmos na "área" – ou numa parte da área – de um só prédio, quer por excederem ou ficarem aquém dos seus correspondentes limites verticais e horizontais, quer por abrangerem vários prédios ou partes de uns e de outros em sucessivos e diferenciados planos[32]. E há ainda os casos, como o das construções sobre ruas (bastante acima delas) tal como aludimos, em que o direito de superfície irá ser constituído como que num espaço aéreo, num volume suspenso, sem

---

[32] Não é aqui viável reproduzir alguns gráficos que foram mostrados em *powerpoint*, mas apresentamos apenas o seguinte exemplo, embora reconhecendo que é muito pouco elaborado, incompleto e não inteiramente elucidativo de tudo o que se quer referir:

Legenda:

WWW – Solo do proprietário A
YYYY – Solo do proprietário B
PPPP – Solo do proprietário C
BBBB – Solo do proprietário D
C – Centro comercial e estação de metro
E – estacionamento "rebaixado"   G – Escada de saída para a via pública
F – Uma só fração autónoma   H – Escada de saída para um armazém

Reflexões sobre o direito de superfície, a sua titulação e registo... 407

qualquer ligação directa ao solo *publico* e antes fazendo parte de uma ou mais fracções autónomas de edifícios construídos sobre solo *privado*. E parece possível que uma propriedade horizontal se constitua quanto a um edifício que abranja parte de solo privado e direito de superfície sobre solo público (como ocorre no caso citado)[33].

Por outro lado, sobretudo em certas construções debaixo do solo – quando "um mesmo" imóvel abrange um parque de estacionamento privado, um túnel público, as linhas e uma estação de metro (que obviamente *não podem ser fracções autónomas*) – e que acima do solo tem outra complexa edificação, *não é possível* que todos esses *espaços* integrem uma só propriedade horizontal, como aparenta reclamar o artigo 1526.º[34].

E, à face da regra do *numerus clausus* imposta pelo artigo 1306.º do nosso Código Civil, parecia à primeira vista que todas as referidas *propriedades parcelares,* circunscritas a um ou uns determinados *volumes* edificados ou a edificar, estariam fora de uma definição e regulamentação dentro do âmbito do direito das coisas[35]. Todavia, é a figura do direito de superfície – incluindo, evidentemente, a sobreelevação, com a decorrente propriedade horizontal – que, na prática *tem permitido* dar solução a estas complexas hipóteses que prestigiados arquitectos e urbanistas vão riscando no papel mas que, uma vez concluídas as obras, manifestamente atraentes aos nossos olhos, os investidores reclamam – e bem – que a sua comercialização, titulação e registo (e, é claro, o próprio financiamento *hipotecário*) se faça com a necessária legalidade e segurança jurídica.

---

[33] Parecem-nos juridicamente viáveis estas situações essencialmente por dois motivos: 1) porque existem na vida (e o direito tem de dar resposta à vida); 2) porque a lei apenas exige que as fracções autónomas estejam *integradas no mesmo edifício* – edifício em sentido material – parecendo-me que nada exige quanto à situação (às situações) jurídica (s) do mesmo. Por conseguinte, afigura-se-me que a interpretação das condições legais terá de ser *amplíssima,* pesem embora as múltiplas objecções *fundamentalistas* que parecem decorrer dos diversos textos legais.

[34] Ainda que tendo projecto aprovado, visto que, nestes casos, para a nossa lei civil isso não releva.

[35] Está também totalmente fora do âmbito destas breves "reflexões" qualquer tentativa de análise no tocante à eventual "crise" do conceito tradicional do *numerus clausus* e da possível conveniência económica da sua revogação.

Creio ser correcto afirmar que o jurista tem a obrigação de dar *resposta à vida*[36] e portanto encontrar as soluções de direito substantivo – e depois, evidentemente, também as de direito adjectivo e instrumental, como é o caso do direito registral – que permitam dar (ou melhor, "congeminar") adequada solução a todas estas questões concretas do nosso tempo.

8. Buscando a solução jurídica pertinente, parece que será apropriado dizer-se que a concepção doutrinária do direito de superfície – prefigurado como autónomo em relação ao direito de propriedade[37], ou seja, quanto à propriedade do solo – consente a sobredita ampla interpretação legal e permite constituir aquele direito sobre volumes, ou seja sobre *espaços* concretos desligados dos limites físicos das propriedades, bem como da natureza pública ou privada dos solos e ainda dos que decorreriam da própria propriedade superficiária numa "primeira linha". Quer dizer: tratar-se-ia de parcelas de prédios públicos e privados, de sobreelevações e de sobreelevações das anteriores sobreelevações que podem não só abranger o tecto do original "edifício superficiário", mas diversos tectos ou partes de tecto desses ou de vários outros edifícios contíguos, bem como de subsolos e de rebaixamentos de subsolos[38].

---

[36] Não apenas *lege ferenda* (o que, evidentemente, seria útil), mas também à luz do *direito constituído*, (visto que a vida não para) e pesem embora as (pesadas) críticas de alguns *legalistas* que já se adivinham.

[37] Ainda que, na modalidade do direito *à obra* separada do solo, os autores falem habitualmente de um *direito de propriedade* (a *propriedade superficiária*) é óbvio que não será para o equiparar *em absoluto* a este direito, mas antes à subsistência, nele, das principais faculdades contidas no direito de propriedade.

[38] Como se disse, não se quer agora referir, em concreto, o caso que decorreu da reconstrução do Chiado, que foi já objecto de um antigo parecer, mas sim, em geral, os que surgem – e podem surgir – quando os urbanistas desenham complexos espaços sem a preocupação (que não precisarão de ter) com os direitos que sobre eles possam incidir. Verifiquei recentemente uma dessas situações na nova zona urbanística de Valência e concretamente num hotel em que estive, por onde nos três primeiros pisos passava parte de um centro comercial do prédio vizinho, um acesso da rua e outras muito curiosas soluções arquitectónicas.

Reflexões sobre o direito de superfície, a sua titulação e registo... 409

E poderá ainda não se tratar de um típico conjunto imobiliário na previsão do artigo 1438.º-A[39], visto que, por um lado, em alguns casos não há *arquitectonicamente* uma pluralidade de edifícios, mas *apenas um* ainda que com diversas configurações e titularidades e, pelo outro, porque não está em causa – ou pode não estar apenas – a co-existência da "propriedade horizontal", mas sim a de diferentes direitos[40] concorrendo na mesma construção e tanto no subsolo como na parte edificada acima do solo.

Teremos, pois, um conjunto de situações jurídicas sobre "espaços" concretos que podem ter natureza distinta e ser objecto de relações jurídicas autónomas *em termos de direito de superfície*, até porque, à luz dos princípios que regem os direitos reais, não parece possível que tais relações se constituam tendo por objecto edificações desligadas da titularidade do solo, a não ser no âmbito desse mesmo direito de superfície.

Todavia, em todos esses casos será mesmo de "espaços" ou de "volumes" que se trata e que a generalidade dos adquirentes, que não tem formação ou preocupações de natureza jurídica, espera apenas que sejam os especialistas nestas matérias a buscar as soluções adequadas de modo a que se elaborem correctamente os títulos aquisitivos e se promovam os correspondentes registos de forma legal e segura.

Em França já há muito tempo que foi encarada a possibilidade de alienação de espaços ou volumes *com autonomia* em relação à propriedade do solo. SAVATIER, depois de alguns estudos sobre o tema, publicou em 1965 um trabalho com o sugestivo título "La

---

[39] Pelo que ficou dito, propendemos a considerar que é possível a p.h. e determinadas fracções autónomas abrangerem um edifício, ou parte de um edifício, e outro(s) ou parte de outro(s). Sobre esta importante questão da p.h. em conjuntos imobiliários *vide* o muito interessante trabalho de MÓNICA JARDIM e MADALENA TEIXEIRA "Propriedade Horizontal, Conjuntos Imobiliários e o Registo", *in* www.fd.uc.pt/cenor, bem como, sob o mesmo título, a elucidativa comunicação de MÓNICA JARDIM feita na F.D.U.C. em 10/05/07.no"II Seminário Luso-Brasileiro de Direito Registal".

[40] Como será o caso do direito de servidão ou até de concessões administrativas (como também ocorre em certas marinas "privadas").

propriété de l'espace"[41], tendo-se verificado que a jurisprudência acolheu favoravelmente essas soluções, concebidas pelo notariado francês[42]. Também em Itália se fala do "contrato de transferência de uma volumetria" com efeitos reais no âmbito do direito de superfície e igualmente com o consenso da jurisprudência[43].

Entre nós e ao que nos foi dado aperceber, esta questão não tem sido especialmente tratada, sendo no entanto de toda a conveniência que o seja, sobretudo com vista à clarificação das situações e à própria segurança do comércio jurídico.

Abordando apenas o aspecto instrumental, vejamos então muito sucintamente o que toca ao título aquisitivo e ao registo[44]. Relativamente ao título, afigura-se-nos que normalmente haverá dois momentos a considerar: o da constituição, ou se quisermos da concessão para a edificação, e depois o da alienação dos "espaços" edificados. Relativamente ao primeiro, como decorre do que se disse, parece que será útil – ou até mesmo *necessário* para que evitem conflitos futuros – definir não apenas a parte do solo sobre que incide o direito de superfície, mas também a sua *altura* ou *pelo menos* – ainda que isso contenha alguma imprecisão (que, como é evidente, em princípio se deve evitar) – *o número de andares* que a construção irá ter e que o transmitente autoriza. Isto fundamentalmente porque, como se referiu, em caso de sobreelevação, é necessário saber se o fundeiro tem também de consentir ou até mesmo o direito a ser remunerado.

---

[41] Em *Chroniques D.S.*, 1965, pág. 213 e segs. Anteriormente havia escrito em 1958 (*in RTDC*, pág. 1) "Vers de nouveaux aspects de la conception et classification juridique dês biens corporeles". Expôs depois o seu pensamento em "La propriété des volumes dans l'espace et la techique juridique dês grands ensembles immobiliers" (em *Chroniques D.S.*,1976, p. 103). Estes são também dados que constam da dissertação de doutoramento de FREDERICO HENRIQUE VIEGAS DE LIMA (em Espanha) "O Direito de Superfície como Instrumento de Planificação Urbana" (*RENOVAR*, 2005, pág. 223 e nota 523).

[42] Cf. "Juris Classeur" – édition notariale, 1976, chronique n.º 2788.

[43] Cf. no citado *DIGESTO* a entrada "Superfície" no ponto 12 "Superfície e cessione di volumetria o cubatura edificatória", sobretudo a pág. 220.

[44] No tocante *apenas* a aspectos *técnicos* e não aos substantivos e aos efeitos correspondentes. Assim, quanto a estes, diremos apenas que nem tal se afiguraria necessário, visto que o registo terá aqui os *efeitos gerais* que já são estudados no respectivo tema.

Ora, perdoando-se o truísmo, é sabido que os problemas e as contendas derivam sobretudo quer da indefinição do inicialmente clausulado, quer das transformações que podem sofrer os projectos dos edifícios com as consequentes alterações contratuais que impliquem. Daí que entendamos ser conveniente que no título fique definida a altura da construção a efectuar, bem como, evidentemente, quaisquer outras cláusulas que as partes convencionem[45].

No que respeita à posterior alienação dos "espaços edificados", podem, como é óbvio, ser transmitidos em propriedade singular ou em fracções de propriedade horizontal que já tenha sido constituída. Todavia, quando a construção do complexo não está concluída ou se prevê a sua ampliação, mostrar-se-á também conveniente que no título translativo fique dada a autorização necessária para a ulterior constituição ou alteração da propriedade horizontal.

Quanto ao registo, cabe igualmente referir que é sempre importante que publicite com verdade e rigor a realidade substantiva e, por isso, tanto a inscrição do direito de superfície como a descrição do prédio superficiário devem ser feitas de harmonia com esse objectivo. É certo que o actual Código não contém uma disposição idêntica à dos artigos 170.º e 166.º dos anteriores (de 1967 e 1959), nem qualquer regulamentação sobre o registo deste direito[46], mas isso não significa que o facto inscrito não deva ficar suficientemente delimitado e definido (aliás de harmonia com a previsão geral do art.º 93.º). Por outro lado, dever-se-á abrir uma descrição *autónoma* do prédio superficiário quando tal se mostre adequado à sua individualização e perfeita delimitação, muito embora já se tenha entendido[47] que tal

---

[45] Cremos ainda que a delicadeza destas matérias *implica* que o *título* seja *notarial*, estudado por juristas capazes, tecnicamente habilitados, e não o deixado "nas mãos" de funcionários sem qualquer preparação jurídica.

[46] Diversamente do que ocorre v.g. em Espanha onde no art.º 16.º do Regulamento Hipotecário se especificam requisitos especiais do registo, tais como o prazo para realizar a edificação e as garantias "de transcendência real com que se assegure o cumprimento dos pactos do contrato".

[47] V.g. em diversos pareceres do Conselho Técnico, designadamente no do Proc.º 56/98, relatado por JOÃO BASTOS (*in* "Boletim dos Registos e do Notariado n.º 9/98, pág. 33 e segs.) em que a questão foi expressamente referida, concluindo-se que o princípio da especialidade *não exige* a desanexação da parte do

individualização não exige a desanexação da parte do prédio do proprietário do solo que irá ser objecto da propriedade superficiária se a determinação do local "onde se vai fazer o implante" (e eventualmente de alguma *outra parte* do solo que venha a pertencer àquela propriedade superficiária) ficar devidamente referenciada e descrita.

Afigura-se, todavia, que *a desanexação* – sempre exigida pelas aludidas disposições dos códigos anteriores – eventualmente seguida da *anexação* das parcelas, se tornará *praticamente indispensável* quando a edificação em direito de superfície abranger partes do solo de *prédios distintos*, mesmo que no caso não se verifiquem sobreelevações. Claro que, havendo uma qualquer desanexação será necessário ter especial atenção no que respeita à análise do cumprimento das normas relativas ao loteamento urbano. Mas essa será matéria referente à qualificação do pedido de registo e que não deve prejudicar a decisão quanto à necessidade que possa existir de, no caso em questão, se dever abrir uma descrição autónoma.

No que respeita aos requisitos descritivos, o que se disse a propósito do título e da altura do prédio superficiário, deve igualmente ser tido em conta nas menções da descrição predial. Parece-nos portanto que não é apenas a área que deve ser referida, como também *a altura* constante do título[48], o que permitirá determinar a *volumetria* da obra objecto da concessão, com as inerentes vantagens da correcta publicitação das *situações jurídicas*[49], facilitando-se, também assim,

---

terreno do fundeiro objecto do direito de superfície e onde também se cita a opinião de ORLANDO DE CARVALHO (*in* "Direito das Coisas" pág. 214, nota 8) que diz que tal não contende com o princípio da individualização o "parcelamento a título de propriedade, usufruto, superfície ou hipoteca"

[48] É sabido que esta não é uma menção especialmente prevista no n.º 1 do art.º 82.º do Código do Registo Predial. Mas, como se procura demonstrar, *torna-se necessária* para a devida publicitação descritiva da "propriedade superficiária" e, portanto, nunca se poderia considerar supérflua. Aliás, a lei indica as menções que a descrição "deve conter" – o que, a nosso ver, neste caso não impede que "possa" conter outras.

[49] Foi também o que tivemos oportunidade de referir ao relatar o Proc.º 2/97 (*in* citado "Boletim", n.º 12/97, pág. 2 e segs) e em que se concluiu "não há, assim, qualquer óbice teórico à interpretação ampla do conteúdo deste tipo de direito real, inclusivamente no que toca à fixação de uma volumetria quanto ao

Reflexões sobre o direito de superfície, a sua titulação e registo... 413

a ulterior constituição e registo dos direitos – mesmo de garantia – com referência precisa aos volumes pretendidos.

Caberá ainda notar que a autonomia da descrição do prédio superficiário é particularmente útil na hipótese de sobreelevação e em todos aqueles casos em que sobre o edifício – ou o complexo de edifícios que formem um *conjunto imobiliário* – deva incidir o regime da propriedade horizontal. Em tais circunstâncias, parece-nos óbvio que a ligação da descrição genérica às descrições subordinadas se fará de uma forma muito mais transparente, conseguindo-se ainda efectuar mais facilmente a publicitação dos direitos.

9. As considerações que temos feito a propósito das vantagens da definição dos volumes são hoje, a nosso ver, aplicáveis não apenas quando está em causa o direito de superfície, mas também quando se trata da propriedade horizontal.

De facto, como todos sabemos, as fracções autónomas de um prédio são constituídas por "espaços edificados" com autonomia jurídica[50] e podem abranger apenas a altura de um piso ou a de mais: são os andares vulgarmente designados como *duplex* e *triplex*. Mas nestes casos, como sucede que o número de divisões se vai distribuir normalmente pelos pisos, ou seja, pela área de cada um deles, não surgem quaisquer problemas de identificação e de cálculo de valor. O que afinal sucede é apenas que há uma comunicação interna entre esses pisos. Todavia, já o mesmo não acontece quando por hipótese se trata de alturas diferentes das dos demais pisos, como por exemplo, quando um estabelecimento é mais alto, mas que não tem um segundo piso nem também relação com a altura das outras fracções. E é o caso se tem uma altura de 4,5 metros quando *os pisos* têm (e conforme ficou a constar v.g. do projecto e da *ficha técnica*) apenas

---

seu objecto, sendo também certo que as disposições do Código Civil – n.º 1 do artigo 1525.º quanto à superfície e no artigo 1526.º quanto à altura – confirmam a possibilidade legal daquela fixação".

[50] Referimo-nos, evidentemente, à coexistência de uma *propriedade individual* da fracção autónoma com a *contitularidade* das zonas comuns do prédio e à vantagem da correcta identificação *volumétrica* daquelas que têm a consabida autonomia jurídica. Não é também aqui nosso propósito abordar sequer a natureza jurídica desta actualmente tão importante figura dos direitos reais.

414   *Temas de registos e de notariado*

3 metros. Claro que, nestas circunstâncias seria conveniente a especificação da altura *dessa fracção autónoma*, quer para a definição da mesma, quer também para o cálculo do seu valor.

A este respeito do valor, permita-se-me uma crítica e uma sugestão no tocante ao *aspecto fiscal*, mormente para efeito do Imposto Municipal sobre Imóveis, cujo preâmbulo do diploma que o aprovou anuncia as grandes preocupações do legislador no tocante à justiça do regime que se estabeleceu. Ora, quanto se trata da importante matéria da determinação do valor patrimonial dos prédios urbanos, muitos parâmetros e coeficientes foram estabelecidos, mas não vemos que entre eles apareça o da *altura*. Por isso, no exemplo que se deu, parece que o valor atribuído seria o mesmo quer aquela fracção tivesse os 4,5 metros de altura[51], quer apenas os 3 metros das demais fracções, o que evidentemente seria injusto e até injustificável. E esta mesma incongruência se pode verificar não apenas nas fracções autónomas, como em qualquer outro prédio urbano.

Deste modo, parece que a *altura da construção* devia obrigatoriamente constar das menções do Cadastro – menções cadastrais em sentido amplo, incluindo portanto as matriciais – designadamente para efeitos do cálculo do valor patrimonial daqueles bens.

No que toca a este tema da volumetria e portanto da consideração da altura como sendo a dimensão que *completa* a área e que permite, à luz da realidade contemporânea, identificar com precisão os prédios urbanos, pensamos que deve ser acentuado e recordado que o próprio direito de propriedade já não deve ser entendido nos nossos dias como indo *ad inferos* – já que podem existir desde as linhas de metro, a situações e limitações diversas – e que se estenda *usque ad coelos*. Aliás, o antigamente chamado "direito de edificar" – ou o de aproveitar todo o espaço aéreo *ad libitum* – não será um direito que se ache compreendido no direito de propriedade, como parece ser hoje quase pacífico.

Teremos pois de pensar que o conceito actual da propriedade, quando o seu objecto é um prédio urbano, liga-se mais à volumetria deste do que à área, isto é, ao velho conceito de "uma superfície

---

[51] O que nas lojas é *frequentemente pretendido* para poderem ter uma espécie de "galeria" que internamente e na prática "funciona" como um 2.º piso.

delimitada do solo", como de resto resulta de vária legislação urbanística[52] (e do próprio cálculo do valor das expropriações).

Por outro lado, a realidade actual de muitas das construções, mormente em termos de direito de superfície – como é o caso dos já citados edifícios que têm as interligadas e múltiplas obras e parcelas a que aludimos – já não tem correspondência directa com a propriedade fundiária e com o conceito civilístico de prédio como *uma parte delimitada do solo*, ou seja apenas com uma determinada área.

10. Portanto, e em resumo: o estudo do direito de superfície, das particularidades da sobreelevação e da decorrente propriedade horizontal, bem como das complexas hipóteses práticas que algumas construções colocam, conduzem à ideia de que se mostra importante, na definição do prédio – principalmente quando se trata de prédio superficiário – que tenhamos em consideração não apenas a área, mas também *a altura* em que a edificação se fez ou se fará. A *volumetria* que possa estar em causa será sobremaneira relevante tanto para a individualização das fracções autónomas como das diversas "propriedades", mormente quando integrem um conjunto edificado, arquitectonicamente concebido como um todo, mas que é juridicamente susceptível de "titularidades" diversas, e não apenas privadas, visto que poderão também abranger concessões superficiárias públicas e de terrenos públicos.

Por conseguinte, não sei se não deveríamos todos pensar num *novo conceito* e consequentemente numa *nova definição* de prédio urbano, baseada não apenas numa área[53], isto é, numa dada superfície do solo que suporte *um qualquer* edifício, mas sim num determinado *volume* definido em termos cúbicos.

É certo que, no tocante ao direito de superfície, esta noção será porventura mais evidente, uma vez que ele, embora nascendo sobre superfícies determinadas, vai terminar sobre volumes, que se concretizam em edificações. Mas afinal, todas estas são necessariamente

---

[52] *Vide*, a título de exemplo, que na importante matéria das *especificações do alvará* (v.g. art.º 77.º n.º 4, g) do Dec.-Lei n.º 555/99 de 16 de Dezembro) é referida a "volumetria dos edifícios".

[53] Que é própria do terreno – do *prédio rústico* – e que talvez por isso devesse ficar reservada como elemento definidor *apenas* desse prédio.

tridimensionais. Por isso, pensamos que a aludida definição de uma volumetria *aclararia* o conteúdo deste direito mesmo na fase em que não há ainda construção, como quando no primeiro momento se constitui como um direito potestativo ou simples faculdade de construir.

E também, ao que nos parece, aclarava igualmente a identificação de *qualquer* propriedade urbana, ainda que com especial relevo nos aludidos casos de maior complexidade e no das fracções autónomas da propriedade horizontal, como, embora sucintamente, procuramos exemplificar.

Além de tudo isto, ainda nos parece indubitável que se verifica o seguinte: o prédio rústico é apenas bidimensional precisamente porque definido e demarcado *unicamente* por uma área: uma parte delimitada do solo[54], como diz o n.º 2 do artigo 204.º. Ao invés o prédio urbano é *tridimensional* porque qualquer construção para além de uma área supõe também *necessariamente* uma altura em que a edificação se desenvolve, constituindo portanto *um determinado volume*.

11. Por isso concluo: ao que se me afigura, o prédio urbano deve ser encarado não com base na mera definição de uma área, mas sim tridimensionalmente, como um *volume edificado* ou *a edificar*. Isto é: não se trata, como indica o Código Civil, de um qualquer e indefinido edifício *incorporado* numa dada *superfície do solo*, até porque, como se disse, por vezes, *nem há incorporação* alguma num solo[55]. Além disso, a área não é, e não deve ser, *o único* elemento a considerar sobre qualquer ponto de vista, incluindo o do direito civil.

De sorte que, por tudo isto, humildemente embora, ouso apresentar uma proposta de identificação conceptual de prédio urbano.

---

[54] As construções sem autonomia económica a que alude a disposição não alteram esta realidade, precisamente porque *não tendo uma autonomia própria* são manifestamente irrelevantes para a definição. Deste modo, porque *tanto faz* que existam como não, no texto nem sequer abordamos esta eventualidade.

[55] Nem nas construções "suspensas", sobre solo privado ou público, nem também nas subterrâneas, neste caso mormente sob solo público.

Reflexões sobre o direito de superfície, a sua titulação e registo... 417

Assim, direi que o prédio urbano dever-se-á definir como "*uma determinada volumetria edificada ou edificável que possa ser objecto de relações jurídicas*".

E deste modo, por um lado se ultrapassaria o antigo e quiçá desajustado conceito de "edifício incorporado no solo" previsto no n.º 2 do art.º 204.º do Código Civil e, pelo outro, ir-se-ia ao encontro do disposto no n.º 1 do art.º 202.º.

Se o legislador vier a adoptar esta ou idêntica definição de prédio urbano, julgamos também que actualizaria o conceito civil de harmonia com as concepções correntes do que actualmente se vem designando como "direito imobiliário" e o compatibilizaria com as noções urbanísticas, fiscais e registrais de "lote" e de "terreno destinado a construção", que são considerados *prédios urbanos* (ao menos urbanística, registral e fiscalmente) e onde, como é sabido, não há qualquer edifício incorporado no solo, mas tão-só uma *volumetria edificável* e em princípio autorizada. Por isso, parece que o prédio urbano deve ser descrito com um volume de *qualquer construção* já feita ou que o está a ser ou ainda que *virá a ser*. Em suma, segundo a definição proposta, tratar-se-á sempre de *uma determinada volumetria edificada* ou *edificável*.

Por certo me hão-de criticar argumentando que esta é uma ideia despropositada e que constitui uma excessiva ousadia sugeri-la... Todavia, embora com a modéstia própria de um aprendiz, ouso apresentá-la e pô-la à consideração dos nossos juristas porque a creio progressiva... e por isso, neste caso, da sátira ou da censura não deverei ter excessivo temor, até porque um mero e pobre estudo pode sempre motivar alguma estruturada dissertação e quiçá o próprio interesse da Doutrina...

Por último dir-me-ão ainda – e desta feita com razão – que para numa simples e breve conferência estar a propor uma alteração ao Código Civil certamente estarei a ser um pouco louco.

Mas, permitam-me também que termine brincando: não é verdade que um velho ensinamento nos continua a provocar, teimando que, afinal, "dos loucos é o reino dos céus"?...

Muito obrigado pela vossa indulgência.

O TÍTULO E O REGISTO[*]
(Breve Apontamento)

Estamos hoje num significativo Encontro que congrega muitos dos nossos Colegas e também reputados juristas de diversas áreas que nos proporcionaram já apreciáveis intervenções, pelo que resulta manifesta a superfluidade das minhas palavras. Contudo, dadas as circunstâncias do momento que se atravessa, pareceu-me que devia aceitar o convite, que muito agradeço, para tentar contribuir, ainda que muito modestamente, para o esclarecimento de alguns pontos que ultimamente têm sido mais debatidos.

De entre estes, há um que reputo básico: uma reforma legislativa sobre um sector concreto deve, à partida, – e como necessário pressuposto – respeitar os princípios doutrinários, legais e constitucionais que regem o *ordenamento jurídico* como um todo coerente.

Ora, com mágoa o dizemos, verificamos que esta ideia-base parece desconhecida de muitos dos que aparecem a falar, a escrever e até a publicar livros sobre Registos e Notariado – que, afinal, só evidenciam lastimáveis equívocos, quando não mesmo um dispensável primarismo – visto que, sendo esta uma área instrumental do direito substantivo, deve obviamente subscrever os referidos princípios.

Devo ainda sublinhar que, estando já aposentado, não há de minha parte qualquer corporativismo e até nenhum interesse próprio me poderia agora mover.

Apesar da contundência das palavras, mantenho o devido respeito por todos e não quero ferir pessoalmente quem quer que seja, sobretudo os que divergem das ideias em que acredito. Aliás, o que

---

[*] Intervenção no Encontro internacional realizado em Lisboa em 8 de Abril de 2003, sob a designação "O Notariado em Portugal, na Europa e no Mundo".

ambiciono é apenas defender a Justiça, a Verdade e os princípios que reputo válidos. Neste sentido, parece-me indispensável, para que o diálogo se torne possível, que se tenham presentes alguns conceitos básicos. E é apenas destes que falarei.

Assim:

1. O Notariado, os Registos ou similar instituição de natureza cível apenas tem em vista servir os cidadãos que pretendem celebrar, definir e garantir relações jurídicas *privadas*. Trata-se, pois, de instrumentos jurídicos de âmbito puramente privado e ao serviço deste ramo de Direito. Ainda quando estão em causa bens ou direitos que pertençam a entidades públicas, designadamente ao Estado, nesta actividade notarial e registral só nos podemos referir aos que integram o seu *domínio privado*: ou seja, quando o Estado aparece, como dizia Manuel de Andrade, "despido das suas vestes de soberania". Por isso, os actos administrativos que pratique não são aqueles que são objecto da intervenção notarial e registral. Essa confusão – talvez feita mais frequentemente no campo registral – esquece que o registo não é um arquivo, um depósito público, ou um mero ficheiro. É antes uma instituição destinada a gerar efeitos jurídicos na esfera pessoal, graduando, hierarquizando e tornando eficazes e oponíveis os direitos inscritos.

Consequentemente, tanto os actos notariais como os registrais, ainda quando aconteça que uma das partes é o Estado, inserem-se, inquestionavelmente, no domínio do Direito Privado.

2. Neste vasto âmbito jurídico *privado* e designadamente no tocante aos *registos e notariado*, existem múltiplos sistemas, mas, em perspectiva oposta, fundamentalmente dois, como aliás é de todos nós bem conhecido:

- O romano-germânico, que figura na generalidade das Nações da Euro-pa Continental e da América, com excepção dos Estados Unidos. Trata--se de uma apurada e evoluída escola do pensamento e da prática jurídica;
- O saxónico, que, "grosso modo", é o vigente nos Estados Unidos, parcialmente na Inglaterra e, com cambiantes, em vários outros países. Acha-se fortemente subordinado aos *in-*

teresses financeiros, sobretudo das seguradoras, da banca e das grandes empresas.

– Qual *deve ser* adoptado? A resposta afigura-se bem simples: o mais evoluído, o que mais contribua para a certeza das relações e dos direitos das pessoas, o que ofereça mais e melhores garantias, o que permita gerar maior segurança no comércio jurídico e consequentemente, maior confiança dos cidadãos. Ora, a conclusão é apodíctica: é o sistema romano-germânico o que produz tais efeitos.

3. Por outro lado, o direito notarial e o registral são ramos de direito adjectivo, de natureza instrumental, que devem, consequentemente, estar ao serviço do direito substantivo. Não faz qualquer sentido que se pretenda alterar a estrutura de um ordenamento jurídico latino, como o nosso, através da adopção de normas notariais próprias do ordenamento saxónico. Seria tão ridículo como pretender ajustar o que é basicamente inajustável.

Mas, quando se trata de titular e publicitar os direitos dos cidadãos, esse desajustamento não é apenas ridículo. Pode ser trágico!

De facto, as caricaturas legislativas, como todos sabemos, pagam-se caras. E a vítima principal é o cidadão e, é claro, a própria sociedade.

4. Deve ainda acentuar-se que o Direito saxónico é um Direito não codificado, indefinido, tosco, baseado na "common law", na quase irracional e primitiva ideia de que a resolução num caso precedente é a que deve orientar todos os outros que posteriormente se coloquem. De facto, os americanos ainda hoje subvalorizam a normatividade.

Só que, não o esqueçamos, já na época suméria – nos alvores da civilização – foi descoberto o Código de Hamurabi, com mais de 300 pormenorizados preceitos, que vigorou cerca de 1700 anos antes de Cristo. Mas ainda hoje, o Direito saxónico é um pseudo-Direito, não codificado, de base meramente consuetudinária... O chamado "case-law".

5. Sendo certo que a função notarial se prende com a titularidade dos actos e a registral com a sua publicitação, seria porém errado pensar que devem ter estruturas ou estatutos opostos.

Na verdade, embora a actividade notarial se exerça no início do processo jurídico – que visa formalizar e assegurar em âmbito extra-litigioso, a quase totalidade das relações jurídicas privadas – e o registo se situe no termo desse processo e visando torná-las eficazes *erga omnes,* temos de reconhecer que todo o Direito terá de ser "concertado" e harmonioso, tanto quando nasce o negócio jurídico, como quando se pretende torná-lo oponível a todos. Tal como a corrente de água que corre ao longo dum rio deve ser sempre sadia e pura, tanto na nascente, como na foz.

Vem tudo isto a propósito da demagógica ideia de que a função notarial e a registral se *duplicam.* Ou que, quiçá, não devam estar, ambas, adequada e complementarmente, ao serviço dos cidadãos e das relações jurídicas privadas, ou que não devam ter similares características, aliás próprias da actividade jurisdicional, necessaria-mente *super partes*, e baseadas na fidedignidade, com total autono-mia e independência, mesmo face ao Estado. Quer-se, por um lado, uma função notarial anómala e desaforadamente indiscriminada, super-livre, e, pelo outro, uma função registral marcadamente públi-ca, o que, como é evidente, por si só impossibilitaria qualquer hipó-tese de qualificação isenta e, portanto, juridicamente válida.

Só que tudo isso é falacioso. É óbvio que estas duas funções *públicas* se inserem ambas numa esfera de cariz privado, que é habi-tualmente considerada como específica do poder público autónomo do Estado. Mas que, todos os Governos, afinal, querem controlar...

Percebemos que há, por vezes, bastante incompreensão que tem partido de alguns de nós mesmos, mas, temos também de o reconhe-cer, isso existe em vários outros domínios. Desde o dos arquitectos ao dos engenheiros civis, ou dos magistrados judiciais aos do Minis-tério Público, sabemos que existem, por vezes, certos atritos que, contudo, não podem prejudicar o essencial desta ideia: não são acti-vidades que se contradigam ou se apouquem reciprocamente, ou que se oponham, ou que concorram entre si. São, antes, funções que se complementam, se completam e se ajustam nas respectivas atribui-ções e no seio de um mesmo ordenamento jurídico. Não é possível sustentar que um título não qualificado, desprovido de autenticidade, possa basear um registo credível, até porque não será o registo que tem a virtualidade de *sanar* uma eventual nulidade do título. Isso só ocorre no sistema registral alemão (e, note-se, unicamente no alemão, mas já não em outros de natureza constitutiva, como, por exemplo, o que vigora na Áustria) e porque na Alemanha há, previsto pelo Direito substantivo, o acordo abstracto (o "Eininug"), resultando daí que a nulidade do título não afecta o registo.

Contudo, mais uma vez é preciso frisar, não pode, nem deve ser através da reforma de um sector profissional que se vão alterar as normas-base do *Direito substantivo* e muito menos as do ordenamento jurídico.

6. Como decorre do que se disse, e consta até das conclusões de vários congressos internacionais de Direito Registral, um registo fiável supõe que só ingressem no sistema títulos dotados de força probatória plena.

Foi assim que, já há mais de 30 anos – o que, até podia pensar-se ser já "direito adquirido" – no Congresso de Buenos Aires foi concluído (conclusão VII, b) que, para efeitos de poder ser inscrito num registo jurídico é necessário "que todo o acto ou negócio se formalize em documentos autênticos, garantindo-se, deste modo, a legitimidade e a certeza do Direito. No Congresso Internacional seguinte, realizado em Madrid, logo na 1.ª conclusão reafirma-se a mesma ideia. Também no que imediatamente se seguiu (realizado em Porto Rico) tornou a acentuar-se (la conclusão, da 3.ª Comissão) que "título, para efeitos da sua inscrição no registo jurídico de bens imóveis, é o documento autêntico que pela sua forma e conteúdo possa considerar-se suficiente, tanto para justificar a existência do Direito, como para que o Registo lavre o assento que lhe corresponda".

Enfim, seria fastidioso repisar as múltiplas e idênticas conclusões que até hoje sempre foram firmadas. E isto, tanto nos congressos, como nos estudos e publicações do mais relevante órgão internacional que existe no domínio deste ramo de Direito imobiliário, que é o "Centro Internacional de Direito Registral", congregando mais de 50 países, desde os de Leste aos da Europa comunitária e da América.

Sempre se disse, e se tem repetido, que sem um Notariado dotado de fé pública, como de resto, também sem um sistema judicial soberano, independente, isento e totalmente autónomo face ao poder político, não pode haver justiça imparcial, nem também qualquer tipo de registo jurídico útil, fiável, gerador de efeitos determinados e válidos, bem como da indispensável segurança jurídica.

É claro que, a garantia dos direitos individuais passa pela sua definida e fidedigna constituição, publicitação e tutela. Dito de outro modo, o Direito material, substantivo, ficará prejudicado e inoperante se não for servido por um Direito adjectivo capaz, por "sistemas instrumentais" que permitam concretizá-lo eficazmente. É necessário que existam meios jurídicos de natureza adjectiva que se compatibilizem e que proporcionem a necessária tutela e defesa dos actos, de harmonia com os princípios do Direito substantivo.

7. Toda a confusão que se tem gerado à volta de um projecto que veio a lume, contrapondo antagonicamente o Notariado e os Registos, só pode radicar numa incompreensível confusão, senão mesmo numa visão falaciosa sobre o tema.

Assim, fala-se genérica e demagogicamente em "duplo controlo", desconhecendo-se que se trata de diferentes aspectos de qualificação jurídica que, "grosso modo", poderíamos equiparar à própria raiz do conceito da extensão do caso julgado, sabido como é que este nem sequer existe em processos de jurisdição voluntária, tal como nos actos registais e notariais. Mesmo quanto à sua substância, ainda que o acto seja recusado, pode voltar a ser pedido, requalificado, *mesmo substancialmente*. Mas, não já tudo aquilo que o notário ou o conservador pessoalmente verificaram (o que é questão distinta), como, por exemplo, a identidade e a capacidade das partes.

Cumpre ainda notar que a própria sentença transitada em julgado, porque apenas define o direito entre as partes, também nem sempre permite titular um registo definitivo. Casos há em que este até terá de ser recusado. Não interessa sequer exemplificar. Basta apenas que se estude minimamente esta questão.

8. Também os neo-improvisadores destas matérias chegam ao cúmulo de dizer que há registos nas conservatórias e também (imagine-se!) nas "matrizes" e que os dados das descrições podem produzir efeitos jurídicos ou têm alguma relevância, que não a da mera publicidade-notícia. Parece que ninguém sequer leu os sucessivos acórdãos, nomeadamente do Supremo Tribunal de Justiça, repisando a ideia de que, não é nas descrições (aliás, tal como sucede em Espanha ou mesmo na Alemanha) que são invocáveis os direitos, ou que estas são passíveis da produção de efeitos quanto a terceiros.

São, é claro, as inscrições. É aí que se registam, se hierarquizam, se arrolam, se consignam os direitos. A descrição é meramente referencial do prédio e da sua identificação topográfica, mas, como é sabido, pode, ou não, ter menções cadastrais. Tomáramos que os nossos registos estivessem como em Espanha onde, na maioria do território, nem sequer cadastro existiu ou existe.

Outra das actuais concepções ilusórias é a do falado registo centralizado de pessoas e coisas móveis e imóveis, como se tudo fosse o mesmo, como se o direito aplicável, os princípios, os meios e os fins em causa fossem compatíveis, idênticos ou justaponíveis.

Aliás, a ideia de um chamado registo tipo central, nacional, foi e tem sido tão burocratizante, que já nem vale a pena comentar. Para além de abusivamente se continuar a chamar "registo" a um simples ficheiro, o gigantismo de um registo central, ao que se saiba, só foi defendido entre nós no século XIX, por Cunha Gonçalves.

Actualmente, até mesmo na Austrália, seu vastíssimo país de origem, mas que tem comparativamente muito poucas propriedades, quer-se abandonar esta obsoleta ideia do registo central.

É claro que, a já verificada inconveniência do registo central nada tem a ver com uma fácil (desejável) interligação informativa entre os serviços existentes.

9. Depreende-se do projecto ora em debate que, afinal, o que parece querer-se é, a todo o custo, "fazer diferente", não fazer "mais do mesmo".

Todas estas pseudo-novidades, acompanhadas de uma desmesurada propaganda junto de empresários, advogados e políticos, para não falar já da tremenda publicidade junto da comunicação social, não servem as instituições, nem o País.

Como há dias escreveu o Dr. Eduardo Barroso, no "Diário de Notícias", a propósito das novas tecnologias científicas – algumas sem mérito real – que frequentemente chegam primeiro às aberturas dos telejornais e ao destaque dos jornais, este ilustre médico-cirurgião sublinhava que "quase sempre isto é prejudicial e dá maus resultados".

Na área jurídica, claro que há sempre quem julgue poder (sem sequer ter um óculo) descobrir o caminho das estrelas para chegar a outros planetas.

Só que, nestas áreas do Direito, o caminho correcto quase nunca é fazer diferente, ou inovar por inovar, mas antes o contrário: igualar, unir, harmonizar, fazer bem, fazer melhor.

De facto, teremos de nos concertar, não só de modo idêntico ao que se faz em Espanha, o nosso maior parceiro, como com toda a Europa continental. Ou seja, seguir, afinal, um caminho de integração semelhante ao que, com êxito, já foi seguido no ramo do Direito societário com a 1.ª Directiva. E sem que se tivessem confundido acções com quotas.

Teremos, pois, de buscar um Direito notarial e registral basicamente comum, tal como o que resultou daquela 1.ª Directiva da CEE sobre a definição societária e o registo mercantil.

Isto é, importa unificar, congregar, e não divergir. Inovar desajustadamente, fazer diferente, poderá significar que os actos e contratos, sobretudo os mais relevantes, como contratos internacionais, passem a ser feitos em Barcelona, em Paris ou em Roma e não em Braga ou no Porto.

10. Não podemos querer ser mais papistas do que o Papa.

O corpo do artigo 236.º da Constituição do Brasil diz textualmente o seguinte: "Os serviços notariais e de registo são exercidos em carácter privado por delegação do Poder Público".

Ora, sucede que, actualmente o presidente Lula da Silva pretende entregar a propriedade e a posse de terras – e, nomeadamente, a das miseráveis favelas – aos seus pobres ocupantes. Só que, achou, e bem, que isso não poderia ser feito por mera declaração do interessado ou do seu advogado. Serão designados agentes credíveis que, com regularização e por delegação do poder público, vão atribuir títulos registáveis. Já foi, aliás, pedida a colaboração de vários organismos, municípios, e até do Banco Mundial e da Banca Ética do Brasil. Em suma: é o Ministério das Cidades do Brasil que lidera este processo e já formou um grupo de trabalho que vai reunir representantes dos cartórios notariais e de registo (no Brasil também chamados "cartórios" de registro), bem como, do poder judiciário e dos moradores dessas barracas e áreas afectadas.

E afinal que diremos? Lula da Silva é um retrógrado? É um reaccionário? Acha necessário que existam *títulos credíveis* e depois *registo* para as favelas?

Andamos todos enganados. Afinal – *stupecete gentes, stupecete populi!* – progressista, não é o projecto de Lula da Silva. É, sim, o que é defendido em programas eleitorais, bem como por alguns conhecidos escritórios e por certos *patrões* portugueses. Quem diria?

11. A defesa do Notariado Latino e do Registo, de harmonia com os *princípios jurídicos*, de natureza substantiva e adjectiva, vigentes no nosso ordenamento *não significa imobilismo.*

Pelo contrário. Há que actualizar o exercício e a prática destas actividades e facilitar o acesso às mesmas. Mas só pressupondo a credibilização das funções, a sua autonomia, a sua fiabilidade é que se pode avançar em campos como os da autenticação de actos e da firma electrónica, bem como, nos da interligação de serviços, no aproveitamento de conhecimentos e informações, respeitando sempre as especificidades, as responsabilidades, e os poderes próprios de cada instituição.

12. Como já noutra oportunidade referi, é indubitável que temos de caminhar para a celeridade da contratação, para a outorga de instrumentos públicos por via electrónica, para a adopção dos mais modernos meios que a evolução técnico-científica nos proporciona. Mas, isso não quer dizer que se deva apostar na falta de credibilidade ou no descontrolo da legalidade e na divergência com o direito vigente na Europa Continental. Parece, sim, que o correcto é aumentar as possibilidades de haver uma intervenção notarial também nos casos de serem utilizados meios electrónicos, fazendo intervir no sistema uma participação (*e fiscalização*) do próprio notário, que verifique a identidade e capacidade dos intervenientes, a veracidade das suas declarações e a legalidade dos actos.

Ou seja: liberalizar a função notarial não é atribuí-la a pessoas impreparadas, indiscriminar *ad hoc* a abertura de cartórios, generalizar a desconfiança, a dependência dos grandes escritórios, a subserviência às empresas, sem o mínimo crédito de quem documente actos e contratos.

Isso traduzir-se-á, a curto prazo, na diminuição do investimento e da vida económica e bem assim em aumentar os riscos de conflitos, prejudicar os cidadãos e a sociedade e descredibilizar fortemente os actos celebrados no nosso País.

A aposta terá de ser outra: a da valorização do *título e do registo* e da conjunta, compatível e colaborante intervenção notarial e registral, para que haja uma verdadeira pacificação social, com a indispensável seriedade, competência, liberdade, veracidade e dignidade destas funções.

São estes os valores pelos quais espero poder continuar a lutar e apelo a todos vós que também o façam para que, afinal, com a coadjuvante participação deste Sector da vida social, possamos ter um país melhor, mais justo e mais próspero.

QUE SIMPLIFICAÇÃO?
O REGISTO COMERCIAL AINDA EXISTE?[*]

1. Ao formular a pergunta inicial pretendo, de facto, fazer uma denúncia – a que nestes últimos tempos me julgo constrangido – e tentar ainda que muito sucintamente responder a esta simples questão: pode a *simplificação* de actos e procedimentos jurídicos ser considerada, como parece que o nosso Ministério da Justiça considera, um valor em si, quiçá mesmo um valor absoluto? E o que é a simplificação? Quais são os seus limites?

A resposta à primeira pergunta, também muito breve, creio que é manifestamente esta: não, não é valor absoluto, sobretudo se tal simplificação imediata acabar por gerar uma complicação futura, se agravar e aumentar a litigiosidade, se fizer perder a confiança no conteúdo dos registos e dos títulos, se desprezar a segurança jurídica em vez de a melhorar, se afinal vier a *diminuir* os direitos, quaisquer direitos, em vez de os proporcionar e de os garantir. Teremos, então, de dizer que, nesse caso, não passa de uma *pseudo-simplificação*.

Vem isto a propósito de algumas novas medidas, recentemente apregoadas com pompa e circunstância e com o chamamento de toda a comunicação social à hora dos telejornais e feita há pouco tempo, depois da que, no ano passado, foi a também propagandeada – mas desastrosa – reforma do registo comercial[1], que hoje aqui fundamentalmente nos vai ocupar.

---

[*] *Conferência realizada em 12 de Julho de 2007 na Associação Jurídica de Braga.*

[1] Referimo-nos aqui fundamentalmente ao conteúdo do CÓDIGO DO REGISTO COMERCIAL e não a diplomas avulsos, como os que criaram a "Empresa na Hora" o RJPADLEC e outros.

Dizia sentir-me obrigado a denunciar o logro e errónea concepção destas novas medidas, principalmente porque se prendem com as matérias que durante mais de 40 anos me preocuparam, mas das quais agora, já na reforma desses serviços, estou deles pessoalmente desligado, não me podendo portanto ser contraposta a velha acusação de nelas poder ter algum "interesse corporativo". E esta posição deixa-me particularmente satisfeito por permitir que ostente um real distanciamento e a sempre necessária isenção que de outro modo seria mais difícil de demonstrar.

Só que esta denúncia carecia de certo tempo e, como hoje o tema é o registo comercial, apenas poderei enunciar alguns leves tópicos e, nestes, tentar também dar uma brevíssima resposta às outras duas perguntas.

Falando do direito privado, o que em primeiro lugar me ocorre dizer é isto:

O direito substantivo é aqui – como aliás em qualquer outro ramo do direito – importantíssimo. É *básico*. Todavia, na prática, *de pouco ou de nada servirá* se não existir um direito instrumental e adjectivo *eficaz,* se esse direito material não tiver ao seu serviço *instrumentos* que possibilitem a sua devida concretização.

Como é sabido, a defesa dos direitos não cabe apenas aos Tribunais ou à Procuradoria da República mormente através dos procedimentos cíveis mas também a outras instituições, como principalmente à Advocacia, ao Notariado e aos Registos.

Diria mesmo que a prevenção dos conflitos passa em grande medida pela boa e ponderada formulação e formalização dos múltiplos actos e contratos que fazem girar a vida económica ou, o que o mesmo será dizer, pelo consciencioso exercício da advocacia e pelas boas práticas notariais e registrais.

É assim que, no âmbito extrajudicial – onde felizmente se insere a grande maioria dos actos jurídicos – os Registos, o Notariado e a Advocacia vêm a ser as instituições mais relevantes de que todos os cidadãos dispõem para defender e assegurar os seus direitos e que são, portanto, poderosos instrumentos ao serviço do direito substantivo. Por outro lado, a credibilidade dos actos que praticam contribui eficazmente para o inestimável valor que é o da *certeza do direito* e, como também resulta evidente, para a *confiança na contratação,* base indispensável para o investimento, para a propensão para o investimento e para o avanço da economia.

Acontece que nos últimos tempos, sobretudo no domínio notarial, foram já publicados e se anunciam para próxima publicação, diplomas que, além de menosprezarem uma habilitada, cuidada, irrefutável formalização dos actos, sobrevalorizam a pressa, a velocidade ou mesmo a instantaneidade da sua execução, em detrimento da ponderação, da exactidão, do cuidado e da certeza que para tal devia haver – e tudo isso em nome de uma pretensa, mas de facto falaciosa, simplificação.

É possível que essa grande pressa, essa enorme rapidez agrade a certas pessoas que não têm clara consciência dos valores jurídicos, como os verdade e da certeza do direito. Só que estimulá-las nessa ilusão é pura demagogia. Também os velhos demagogos romanos preferiam agradar à plebe – dar-lhes o "panis circensis" – em vez de mais e melhores direitos cívicos.

A simplificação dos procedimentos só é admissível quando se eliminam passos supérfluos, *não* quando se põem em causa e se anulam os próprios resultados pretendidos com tais procedimentos.

A propósito de certos crimes abomináveis que por vezes a comunicação social difunde ouvi há tempos um excitado cidadão, referindo-se aos criminosos, dizer: o melhor era logo cortar-lhes a cabeça. Era muito mais simples, mais rápido, não se gastava tanto tempo nos tribunais nem tanto dinheiro ao Estado... Em vão apelamos ao bom-senso, frisamos o retrocesso que representa a pena de morte, explicamos o enorme risco de se poderem vir a condenar inocentes. O fanatizado insistia: não se pode deixar de actuar e – prestem agora atenção – *esse risco seria raríssimo!*

Salvas as devidas proporções, verifica-se que é um pouco esta ideia – a de que as hipóteses em que os procedimentos muito simplificados, que levam à fraude e que conduzem ao prejuízo dos contraentes poderem de certo modo ser *raras* – é esta ideia, repito, que leva os defensores dessas *teorias do simplismo* a sustentar que não vale a pena um procedimento mais demorado e mais cauteloso, porque afinal a maioria dos utentes não irá ter prejuízos e deve-se portanto prescindir de uma mais cuidada e demorada formalização dos actos.

432   *Temas de registos e de notariado*

E se esta visão ainda se poderá entender em quem tiver uma formação meramente tecnicista – ou nem tiver formação alguma[2] – já não é concebível num jurista ou até num estudante que tenha concluído a "teoria geral" ou mesmo a introdução ao estudo do direito e – é claro – em agentes governamentais que, *demagogicamente* difundem a ilusória e falsa concepção de que, assim, se melhora o atendimento público e se diminui a burocracia. Mas, a verdade é que estas "simplificações" na área registral e notarial têm tornado o sistema muito pior e muito menos credível.

Um sábio e velho dito popular dizia: *a pressa é inimiga da perfeição.* De facto, quando nos sentamos num restaurante em que os alimentos são, como devem ser, cozinhados à medida que são pedidos, era bem mais rápido se os servissem pré-cozinhados ou meios crus. Só que não prestavam. Assim como não presta a maioria da *fast food.* E afinal, o que é isso do depósito instantâneo da dissolução e liquidação imediata ou do divórcio na hora, senão uma *fast food* de fraca ou nenhuma qualidade? E quem indaga, conforma e formaliza a "vontade real" dos outorgantes? É um escriturário?

Afinal em todas estas matérias estamos como que numa espécie de "bar" em que só importa vender mais bebidas e atender mais clientes porque, é claro, a saúde deles não conta para nada nem interessa a ninguém? O que convém é apenas vender o mais rapidamente que se possa, porque realmente o que conta é a quantidade?

Estas interrogações muito embora possam parecer exageradas, de facto não o são, pois é isto mesmo o que claramente se deduz dos textos publicados, dos diplomas, dos preâmbulos e se demonstra constituir a preocupação destes governantes – mas, diga-se ainda, apresentado de uma maneira ardilosa, visto que – à boa maneira dos demagogos clássicos *se mistura* o que é manifestamente conveniente e progressivo com o erro, para que *o pacote* mereça o aplauso de

---

[2] Tecnicista e que *menospreza* os *valores humanos.* Li há pouco (*JN* do dia 9) um interessante artigo de MANUEL POPPE que dizia ser "uma das maiores desvergonhas" do país "a campanha contra o ensino das humanidades" (em que por certo se deve incluir o ensino da *teoria geral do direito*) "acompanhada da tentativa criminosa de impor o estudo de disciplinas «rentáveis» obviamente ligadas ao mercado neoliberal e subservientes desse". Só que, aqui, não se chega a induzir qualquer espécie de "ensino", mas apenas *uma capciosa propaganda.*

quem só ouve o discurso ou lê apressadamente a notícia. Por isso a informação electrónica imediata, dispensando certificações – óbvia e *necessária* nos tempos modernos e que, por exemplo, nos nossos vizinhos espanhóis já funciona há muito, até antes mesmo do actual milénio – é entre nós apresentada com toda a pompa, como se os actuais inquilinos do Terreiro do Paço fossem os inventores da *Internet*. Porém, há que dizê-lo, sem que, agora, *os conteúdos* da informação tenham a indispensável credibilidade, porque é um facto demonstrado que se desacreditaram muitos registos e documentos que os baseiam[3] nos quais, na verdade, já ninguém pode confiar.

Todavia, a *confiança* e a *certeza* são muito mais importantes para a diminuição da conflitualidade, para o investimento e para o próprio progresso económico e social, do que a *pressa* e do que a ilusória satisfação *imediata* do utente, mas com o muito maior risco de que tais esquemas apressados o venham posteriormente a defraudar. Na verdade, para qualquer cidadão – incluindo o que ande sempre a correr – o que é preferível? Praticar imediatamente o acto jurídico ou gastar algum tempo e obter o mesmo acto feito com muito maiores garantias, inclusive a (obviamente indispensável) de que a sua vontade real tenha ficado devidamente exarada e declarada?

Por outro lado, difunde-se a falsa e sofística ideia de que a desformalização e a simplificação de procedimentos equivale à sua *desburocratização*. Já noutras oportunidades[4] tive ensejo de procurar distinguir estes conceitos, pelo que aqui diria simplesmente o seguinte: a desburocratização é *outra coisa*. As burocracias (as lastimáveis burocracias, dir-se-ia) prendem-se com o poder e o direito *público*, mormente o administrativo, com os licenciamentos necessários, com as permissões devidas e com as próprias actuações dos funcionários a quem incumbe conceder obras, feitos ou realizações.

---

[3] A propagandeada desnecessidade do documento autêntico *descredibiliza* o título respectivo e o consequente registo, para nem falar dos chamados *depósitos* em que nem sequer existe a verificação da sua *legalidade*.

[4] Nomeadamente na intervenção no XIII Congresso Internacional de Direito Comparado (*Rio de Janeiro*, Setembro de 2006) e na conferências feita em 2 de Março de 2007 na Faculdade de Direito do Porto.

A formalização dos actos e negócios jurídicos, pelo contrário, é do âmbito *voluntário* e *privado*. Ao invés do procedimento burocrático, *nada deve ter de constrangedor e coactivo*. É mesmo suposto que o não tenha. Por outro lado, a eliminação das burocracias é benéfica e desejável. Contudo, a desformalização, em si, nunca é possível. Dar uma forma ao acto ou ao negócio jurídico é *sempre indispensável*. E é também da maior conveniência que quem dê tal forma esteja para isso devidamente preparado *teórica e tecnicamente*. Ora, o que estes últimos "pacotes" nos vêm dizer é precisamente o contrário. O que resulta dessa propaganda é que "se está a desburocratizar"[5], e que, para o cidadão, o melhor e mais barato é ir ao que agora se designa por "um balcão" ou "uma loja" e aí – "formalizar", "declarar" "contratar" a aquisição da vivenda[6].

Contudo, a grande *inteligência* desta medida ainda não chegou aos nossos parceiros europeus do *notariado latino* (e da *civil law*) certamente porque na visão do nosso legislador eles serão bem mais atrasados e estúpidos[7]. Acreditavam e persistem em acreditar que o notariado e a advocacia pertencem a áreas jurídicas cujas profissões que *só podem* ser exercidas por licenciados em direito, com frequência de estágios e com a aprovação em concursos exigentes. E afinal nós, muito mais espertos, muito mais ágeis, entendemos que tudo isso é uma pura balela. A chamada *qualificação* das pessoas ou a exigência das licenciaturas ou o haver mais trabalho para os licenciados,

---

[5] Como? Eliminando-se a chamada "licença de habitabilidade"?, A "ficha técnica"? – que não se eliminaram – ou será antes a própria *declaração de vontade* dos outorgantes?

[6] No breve mas douto parecer sobre a "casa pronta" emitido pelo *Sindicato dos Magistrados do Ministério Público* (*in* www.smmp.pt) são expostas pertinentes razões da *opinião contrária* a esse projecto legislativo – muito embora não concordemos que exista real um *duplo controlo* (matéria que aqui não temos ensejo de tratar). É, porém de realçar, além do mais, a lúcida nota inicial sobre a relevância da "acção do Notariado e do Registo Predial " na "segurança jurídica do nosso sistema legal" – o que, incompreensivelmente, a Secretaria da Justiça tem vindo sistematicamente a menosprezar.

[7] Ainda recentemente se ouviu numa entrevista televisiva perguntar ao *Leader* (talvez numa referência ao que supra se comenta): porque é que não se exportam estas nossas novas desburocratizações?

são ideias que não passam dos discursos, ou melhor, de fantasias para "inglês ver": De facto, quer-se mas é demonstrar à opinião pública que os tais escriturários, mediadores, agentes e quaisquer quejandos acólitos acabam por fazer o mesmo que os juristas especializados[8]. E que os negócios jurídicos para os quais *nuestros hermanos* continuam a exigir a intervenção do jurista e a escritura pública, podem afinal, pelo último "pacote" entre nós anunciado, ser feitos por um escriturário, um mediador... um simples e impreparado auxiliar[9].

Mas que inovação e que progresso!

Torna-se manifesto que, para o legislador português, quando um notário, um advogado, um registador se esforçam por bem qualificar os actos jurídicos ou por bem meditar e redigir um contrato... na actual concepção governativa estão a ser puros burocratas e não defendem o cidadão. O ideal é apenas *introduzir algo no sistema* ou preencher um papel "na hora", se possível diante de um escriturário, porque ao fim e ao cabo um jurista era sempre capaz de querer aperfeiçoar – inutilmente!!! – e nunca seria tão rápido.

Dizia-me um colega (e creio-o militante do partido a quem se devem as descritas ideias) que, com estes conceitos, os governantes seguem os *lobies* político-económicos de várias associações de comerciantes e industriais, a começar pelas de construtores civis que, todas, fazem parte da plutocracia reinante. Não o poderei contestar. Mas, de qualquer modo, aqui não cumpre que se busquem as motivações. Apenas os resultados. E esses, como resulta do que sumariamente se disse, podem ser deploráveis.

Para analisar um pouco mais em concreto como estas ideias de uma *pseudo-simplificação* têm sido estabelecidas na lei, passemos agora a uma rápida análise das inovações introduzidas na área do registo comercial.[10]

---

[8] E assim difundir e multiplicar a chamada "geração dos 500 €."

[9] À data desta conferência havia sido publicado o ora criticado Decreto-Lei n.º 76-A/2006, de 29/3, que alterou o registo comercial, mas ainda não o n.º 116/2008, de 4/7, que alterou o registo predial e que, realmente, parece ter sido feito por *outro* legislador.

[10] A partir daqui praticamente reproduziremos o texto da Conferência efectuada no dia 16 de Maio de 2007 na Faculdade de Direito do Porto.

2. Sabemos que após a publicação da 1.ª Directiva do Conselho – a n.º 68/151/CEE – a partir da década de 80, em toda a Europa comunitária o registo comercial passou a ter, para a maioria dos actos, um cariz praticamente obrigatório. Entre nós a adaptação do direito registral societário a essa directiva operou-se com a publicação do Código do Registo Comercial (C.R.C.) de 86[11].

Como se diz no preâmbulo do diploma que o aprovou, este Código acompanhou as reformas que já se haviam processado na área dos registos, designadamente do registo predial, com a publicação do Código de 84, e de modo a *autonomizar* totalmente o registo comercial, abandonando-se "a tradicional subsidiariedade" do seu regime "relativamente ao do registo predial", conservando embora o essencial dos princípios e da técnica desse registo.

Esta autonomia não terá, aliás, sido totalmente quebrada com a publicação do Decreto-Lei n.º 349/89, de 13 de Outubro, visto que as disposições relativas ao registo predial que passaram a ser consideradas aplicáveis ao registo comercial foram-no tão-só "na medida indispensável ao preenchimento das lacunas da regulamentação própria" e apenas se não contrariassem "os princípios informadores" do registo comercial[12].

Seguiram-se outros diplomas – os Decretos-Lei n.ºˢ 31/93, de 12 de Fevereiro, 216/94, de 20 de Agosto, 328/95, de 9 de Dezembro e 257/96, de 31 de Dezembro – que actualizaram alguns aspectos particulares deste registo, acontecendo que este último também introduziu a figura do secretário de sociedade e substituiu a regra da existência de um conselho fiscal pela do fiscal único, sendo este obrigatoriamente um revisor oficial de contas.

Foram, no entanto as estatuições seguintes – designadamente através dos Decretos-Lei n.ºˢ 368/98, de 23 de Novembro e 198/99, de 8 de Junho – que encetaram a arriscada via do *facilitismo* "abrin-

---

[11] Para tanto foi constituída uma Comissão que elaborou o texto legislativo, presidida pela ex-Bastonária da Ordem dos Advogados, MARIA DE JESUS SERRA LOPES (e à qual também tive a honra de pertencer) que funcionou sempre sob o contínuo acompanhamento do então Ministro da Justiça MÁRIO RAPOSO.

[12] Apesar disso, este diploma, ao prever a aplicação subsidiária das normas do registo predial, foi alvo de várias críticas, principalmente de membros da citada Comissão que elaborou o C.R.C.

do uma brecha", embora ainda muito pequena e que não teve efeitos nocivos, na credibilidade dos factos publicados pelo registo. Referimo-nos às normas sobre o registo da prestação de contas e da abolição de todas as regras de controlo que, a este respeito, vigoravam. Contudo, cabe dizê-lo, este primeiro passo, ainda que podendo ser considerado teoricamente prejudicial, não chegou no entanto a ter repercussões negativas, visto que o principal[13] controlo de tais contas e de quem as deve prestar era – como continua a ser – minuciosa e necessariamente feito pelos Serviços Fiscais.

O último passo do legislador é que foi totalmente aberrante, nocivo e de consequências gravosas para a credibilidade do registo, para a confiança na contratação e para a *segurança do comércio jurídico*, bem como, evidente e consequentemente, para a conveniência dos cidadãos e dos serviços públicos e – quiçá ainda pior do que tudo isto – para o próprio *investimento* e *desenvolvimento económico* do País necessitando (como é manifesto) de que seja prestada *uma informação verídica e confiável* da situação jurídica das sociedades comerciais e dos seus sócios.

Referimo-nos ao propalado Decreto-lei n.º 76-A/2006, de 29 de Março.

3. Os registos – quaisquer registos, mas especialmente os que se destinam a publicitar situações jurídicas, como é o caso dos registos civil, predial e comercial – visam *defender* e *assegurar* os direitos das pessoas e bem assim definir e graduar os direitos sobre os bens. Além disso permitem eliminar os chamados *custos de indagação e de informação* que sempre se tornariam altamente dispendiosos sem uma *base registral* que permitisse elucidar e garantir as correspondentes e sucessivas situações jurídicas.

Ora isso é feito através da inscrição num sistema registral dos factos para tal relevantes, isto é, daqueles que, pelo registador, foram julgados como verdadeiros, válidos e suficientes para tanto.

---

[13] Principal, mas não exclusivo. É que haverá alguns aspectos da prestação de contas (v.g. a regularidade das próprias assembleias gerais que as aprovam) cujo controlo seria mais bem feito na conservatória. Sobre este tema das contas cf. o livro de ADÉLIA TIAGO, RUI ALMEIDA e TELMO PASCOAL "Prestação de Contas".

438   *Temas de registos e de notariado*

Deste modo, quando alguém, pessoa ou sociedade, obteve um registo a seu favor pode dizer-se que *ganhou* algo, ao menos uma inversão de ónus probatório – especialmente no sentido de *ficar presumido* que o direito inscrito existe e corresponde à verdade – mas nunca que *perdeu* algum bem ou situação jurídica, nem tãopouco que viu diminuídos os seus direitos.

Isto, que se afigura ser de uma evidência manifesta para qualquer jurista, todavia não o foi para o legislador daquele demagógico Decreto-Lei n.º 76-A/2006. O próprio preâmbulo, que com descabida bazófia proclama vir o diploma concretizar *propósitos fundamentais* de interesse nacional, exemplifica a dado passo tais propósitos e medidas, referindo textualmente o seguinte: "reduz-se o número de actos sujeitos a registo, adopta-se a possibilidade de praticar determinados actos através de um registo «por depósito», cria-se um novo regime de transmissão de quotas..."

Vejamos então:

A primeira destas "benesses" que o legislador decidiu oferecer ao povo foi a *redução* do número dos factos registáveis. Recordamos já que os registos visam *assegurar* os direitos das pessoas e não retirar-lhos. Poder-se-ia, no entanto, considerar que quando se trata de um registo *obrigatório* isso poderia causar alguma dificuldade a quem tem de o requerer. Nunca, porém quando se trata de registos *facultativos*, dado que então, como resulta do próprio conceito, só os faz quem quer e quando quer. Portanto, é completamente absurdo considerar-se que é benéfico *reduzir* a possibilidade de se fazerem registos facultativos. Pelo contrário, benéfico é *aumentá-los.*

Dir-se-á ainda que mesmo no tocante à *publicitação obrigatória* de factos e direitos – como a que é imposta pelo artigo 2.º da Primeira Directiva do Conselho a que aludimos – são fundamentalmente razões de interesse publico as que determinam tal obrigatoriedade, pelo que também quanto a estes não se poderá afirmar que a diminuição de factos registáveis constitua qualquer benefício, sobretudo para o comércio jurídico.

Se nos dermos, porém, ao trabalho de verificar, concretamente, no que toca aos factos registáveis referentes às sociedades comerciais, em que consistiu, afinal, a sua anunciada diminuição, verificamos que foram apenas nos que *sempre* tiveram registo *facultativo*. E quais foram eles? Qual foi o "alto" critério do legislador?

Deixou de se poder registar a autorização que o sócio cedente dá (ou, em caso de óbito, os herdeiros dão) para que o seu nome permaneça na firma social e a cessação da existência de conselho fiscal, quando se introduz o fiscal único.

Foi também eliminada a alínea b) do artigo 10.º que em determinadas hipóteses, aliás bem raras (v.g. nos de restrição de poderes) previa o registo da designação do gestor judicial.

No que se refere às cooperativas de responsabilidade limitada, foi suprimida a alínea c) do artigo 4.º, que sujeitava a registo o penhor, arresto, arrolamento e penhora das respectivas partes de capital.

É pois caso para se dizer: "a montanha pariu um rato". Como se tentou explicitar, por um lado, *a exclusão* de factos que podem ser levados ao registo é, em si, *um mal, um retrocesso notório* tanto sob o ponto de vista da finalidade pública da publicitação das situações jurídicas, como na perspectiva da defesa dos direitos individuais. Pelo outro, francamente: no que se foi mexer foi apenas em aspectos pontuais e esporádicos, podendo contar-se pelos dedos de uma mão o número dos registos daqueles casos que eram feitos, mesmo nas maiores conservatórias. Assim, como qualificar a sua menção no preâmbulo do diploma? De demagógica, de estulta, ou de meramente disparatada?

Cada um de nós que conclua...

4. Mas atenção: percorrendo as alterações ao Código (e, é claro, é ao Código do Registo Comercial que nos continuaremos a referir) verificamos que nos artigos seguintes esperam-nos novidades bem mais negativas. Dir-se-á que *inacreditavelmente* piores, porque são técnica e cientificamente indefensáveis e algumas até completamente absurdas.

Comecemos, todavia, pelas mais simples.

Os factos que a lei considera passíveis de registo devem ser *inscritos* no sistema registral. E são-no actualmente, em quase todos os países evoluídos, em suporte informático. A *inscrição* consiste num simples e resumido *extracto* do que os títulos contêm e não numa *transcrição* (ou seja, numa reprodução "ipsis verbis") do seu conteúdo. Pois bem: uma das várias e abstrusas inovações consistiu na introdução do artigo 53.º-A, cujo n.º 1 passou a dizer que os registos são feitos por *transcrição* ou por *depósito*. Mas ao ler o n.º 2 verifica-se que, afinal, a dita "transcrição" não é uma transcrição no sentido técnico-jurídico e no que está consagrado no nosso direito registral[14] – e nem sequer é a *transcrizione* do sistema de registo predial italiano[15] – visto que consiste na "extractação" dos elementos que definem a situação jurídica em causa. Então, se assim é, porque razão se mudou o nome (correcto) à inscrição para outro sem qualquer rigor conceptual? E então porque continuaram a chamar-se "inscrições" no próprio artigo que diz como é que os registos são feitos (o 58.º, n.º 2)? Aí *esqueceram-se* de lhe mudar o nome? É assim que se fazem leis?

Mas, quanto aos actos de registo, muito mais grave é realmente o enunciado do n.º 3 do artigo 53.º-A, quando diz que "o registo por depósito consiste no mero arquivamento dos documentos...". De quaisquer documentos, sejam autênticos ou falsos, válidos ou nulos, contenham ou não um acto *verídico* que se queira incluir no sistema registral? E não obstante tal registo *fica feito*? E essa "fantochada" é um registo?

Por incrível que nos pareça a resposta é afirmativa.

E há a este respeito, por todo o lado, muitas histórias verdadeiramente rocambolescas que já entraram no foro judicial[16]

---

[14] Designadamente os artigos 52.º e 53.º do Código do Registo Civil distinguem claramente os registos (os *assentos*) que são lavrados "por inscrição" e os que o são "por transcrição" (como é o caso do *casamento católico*, que é lavrado pelo sacerdote e que depois *é transcrito* na conservatória).

[15] O chamado *sistema registral italiano* não é o que vigora em toda a Itália, visto que na generalidade das regiões que pertenceram ao império austro-hungaro subsiste um sistema de cariz germânico. Contudo, o conhecido como *italiano* é bastante menos evoluído (de *fólio* pessoal) e nele normalmente existe, *além do título*, uma "nota de transcrição" que serve de base ao registo, mas que apenas contém *um extracto* do título. Cf, por todos, J. M. Garcia Garcia "Derecho Inmobiliario Registral o Hipotecário" (*Civitas*, 1988), Tomo 1, págs. 367 e segs.

[16] É o que tem ocorrido com transmissões de quotas, *manifestamente nulas* e que até terão motivado disputas judiciais (a acção que terá dado entrada no Tribunal de Braga, estando pendente, será por ora inadequado identificar). Há ainda muitas outras conhecidas situações (a que já aludimos em anteriores estudos) e também as que nos têm sido comunicadas sobretudo desde que foi anunciada esta conferência.

Que simplificação? O Registo Comercial ainda existe? 441

Todavia, ao percorrermos as alterações ao Código passamos do espanto ao susto e ao desalento por se verificar que foi destruída uma estrutura credível, que permitia assegurar a real publicitação das mais relevantes situações jurídicas societárias.

Recordemos o seguinte: um dos efeitos básicos que decorre deste essencial fim publicitário do registo é exactamente o da *presunção de verdade*, isto é, o que faz presumir que a situação jurídica existe, tal como o registo a define. Era isto que claramente constava do artigo 11.º do Código. A alteração feita pelo diploma a que nos temos referido consistiu em dividir o artigo em dois números: o 1.º para aludir ao registo por transcrição e o 2.º para dizer que o registo por depósito relativo às participações sociais conferia igual presunção. Isto é: deixava de fora de qualquer efeito presuntivo os outros registos por depósito.

Só que, uns meses depois da publicação, surgiu um novo Decreto-Lei (o n.º 8/2007, de 17 de Janeiro) que, retomando a propagandeada "simplificação dos actos de registo comercial" deu nova redacção aos recentissimamente alterados preceitos do C.S.C. e do C.R.C, incluindo aquele artigo 11.º. Uma interrogação irrompe naturalmente: então estes códigos foram alterados sobre o joelho? Enganaram-se da primeira vez – aliás nesta e em inúmeras outras (quase metade do Código) disposições? O que pouco tempo antes se tinha decidido, promulgado e publicado como decreto-lei, ao fim e ao cabo – ao cabo de menos de um ano – não valeu?

E afinal, pela mais recente redacção do artigo, vemos que *ainda mais* destruíram o seu alcance. De facto, agora só há presunção de verdade para os registos "por transcrição". Para todos os outros já *não há presunção alguma*, embora indecifravelmente o artigo 14.º – que contempla a *oponibilidade* face a terceiros – os continue e abranger a todos sem excepção. Não conferindo o registo qualquer presunção para as partes ou para terceiros e *nada valendo* – como decorre das outras atinentes normas a que aludiremos – entendeu-se todavia que a oponibilidade devia subsistir? Sinceramente, não se consegue entender. Ou por outra: entende-se perfeitamente que quem fez este Código conhece muitíssimo bem os princípios e tem claras e profundas noções de direito registral...

Continuando o nosso percurso surge-nos logo mais uma das recentíssimas alterações do artigo 12.º, quanto à prioridade do registo, que começava pela frase: "o direito registado em primeiro lugar prevalece..." e que agora diz: "o facto registado em primeiro lugar prevalece...". Consinta-se nova pergunta: então, por exemplo o arresto e a penhora (prioritariamente registados) já não são direitos que se publicitam?[17] São meros *factos*, surgidos do espaço quais meteoritos que atingem a cabeça dos sócios?

Na verdade, verifica-se que a sapiência do nosso actual legislador não tem limites...

Procuremos, porém, acalmar-nos: *é que ainda aí vem pior*!

Consabidamente, para o comum dos mortais e em especial dos juristas, as normas que contemplam os casos de nulidade *são básicas* em qualquer código que trate de registos. É que quando se demonstra a invalidade ou falsidade de um acto de registo ou quando é declarado nulo o título que o baseou, *não pode* esse registo continuar a ser tido como válido, enganando terceiros e defraudando os próprios fins da segurança jurídica que são afinal os objectivos últimos do sistema registral.

Pois bem: seguremo-nos agora para não cairmos para o lado. É que, aquele incrível decreto que alterou o Código, também perverteu o alcance do preceito que trata da nulidade – o artigo 22.º – para dizer que apenas podem ser feridos de nulidade os registos "por transcrição". Isto é: todos os outros, os agora chamados "registos por depósito", podem respeitar a actos manifestamente nulos e como tal declarados, poderá mesmo um pseudo-documento que baseou um "registo por depósito" ser nulo e o próprio facto nele mencionado vir até a ser julgado inexistente... que o dito registo por depósito não é nulo!?

E entende-se que são "registos"? Mas que é *isto* e para que serve?

Não se consegue responder. Efectivamente, uma referência – não sei o que lhe podemos chamar – que nada prova, que nada faz presumir, que não é nula mesmo que pública e manifestamente nada

---

[17] O que o registo publicita e o que gradua prioritariamente *são os direitos,* embora se inscrevam factos. Como diz a doutrina, "inscrevem-se factos, publicam-se direitos".

contenha de válido ou de verdadeiro[18]... será tudo o que se quiser, *menos um registo.*

Note-se ainda que os chamados registos por depósito (onde todavia não se chega ao ponto a que chegou o legislador português) existem apenas nos "sistemas de *recording*" que *não são* os próprios dos ordenamentos *romano-germânicos* em que, como é sabido, o nosso direito material se insere. É uma ideia "americanizada", que foi abandonada pelos próprios ingleses[19] e que se mostra manifestamente desajustada do nosso direito substantivo.

Aliás, cabe acentuar, tais "registos" *não podem* ser havidos como tal, visto que os dados são inseridos automática e maquinal-mente[20], à boa maneira da "lei da selva", própria de outros povos e civilizações e, tratando-se da nossa, apenas de uma fase histórica pré-jurídica.

De facto, a existência do princípio da legalidade – consagrando o *império da lei* – é a "pedra de toque" que permite aquilatar da valia e credibilidade de qualquer sistema. E, logicamente, vigorava entre nós relativamente a *todos a registos*. Só que, com as alterações intro-duzidas por este desditoso decreto, o artigo 47.º do Código passou a

---

[18] É, indiscutivelmente, o caso de um acto ou facto declarado nulo por sentença publicada e transitada em julgado e que, apesar disso, é *depositado* – e o depósito é feito (e não é nulo!) também sem que o conservador nada possa fazer para o evitar! E como se pode alegar que é mero *acto interno* da sociedade se é *registado* na conservatória?

[19] O registo imobiliário (o paradigma dos registos) inglês tinha dois siste-mas: o *central land charges* e o *registry of titles* desde a lei de 1925 (*Land Registration Act*) mas actualmente (desde 2002) é um registo bastante evoluído e com *efeito constitutivo.*

[20] No seu recente "Manual de Direito Comercial" (*Almedina*, 2007) MENEZES CORDEIRO referindo-se aos *novos* registos por transcrição, diz que "nestes casos, há ainda uma margem de apreciação por parte do conservador" e depois acres-centa: "Em todos os restantes – e são a generalidade no tocante às sociedades – o registo é como que mecânico, assim se explicando o mero depósito dos ele-mentos pertinentes. Por isso, apenas ao registo por transcrição:
- se aplica o regime da nulidade (22.º);
- se manifesta o princípio da legalidade (47.º);
- pode haver recusa propriamente dita (48.º) e não mera rejeição do pedi-do (46.º/2)".

referi-lo apenas quanto aos registos efectuados "por transcrição". Quer dizer que no tocante aos chamados "registos por depósito" – e de novo me questiono porque é que os apelidam de "registos" (?) – não há legalidade alguma. Pode tratar-se de um facto inexistente ou manifestamente nulo (como na prática tem acontecido por todo o lado) que ao conservador e a qualquer pessoa minimamente lúcida repugnaria registar e, no entanto, *nada, absolutamente nada há a fazer*[21] – o registo *é sempre automaticamente feito*.

A publicidade registral – como está na lei e é pacífico – destina-se a tornar públicas as situações jurídicas e as titularidades, com vista à segurança do comércio jurídico. Ora, este objectivo *não pode*, evidentemente, ser alcançado se num dado sistema registral ingressa-rem *acriticamente* quaisquer títulos, válidos ou inválidos, lícitos ou ilícitos, autênticos ou falsos. Como já há muitos anos ensina a doutrina[22], a qualificação registral torna-se indispensável para que só possam ter acesso ao registo "os títulos válidos e perfeitos". De contrário, como bem sintetizou JERÓNIMO GONZÁLEZ, os assentos registrais "só serviriam para enganar o público, favorecer o tráfico ilícito e provocar novos conflitos"[23]. A nós parece-nos que esta conclusão da doutrina *é axiomática*, mas não ao actual (o "sábio") legislador português.

---

[21] Referimo-nos *à qualificação* do pedido de registo que não existe. Pode-rá apenas haver *rejeição da apresentação* (art.º 46.º, n.º 2), mormente se não forem pagos os emolumentos...

[22] É vastíssima a doutrina sob este tema. No entanto, aqui cita-se apenas (e no tocante ao *registo imobiliário* que, consabidamente, é matricial dos demais) a obra de A. PAU PEDRÓN "La Publicidad Registral", ed. do "Centro de Estúdios Registrales", Madrid 2001, pág. 191 e segs. AFRANIO DE CARVALHO "Registro de Imóveis", 2.ª ed., pág. 249 e segs. LACRUZ BERDEJO e SANCHO REBULLIDA, "Derecho Inmobiliario Registral",– Elementos de Derecho Civil, III, *bis*, 2.ª ed. rep., pág. 11 e segs e pág 304 e segs. O que se refere foi também reafirmado nos sucessivos congressos internacionais de direito registral (organizados pelo CINDER), desde logo na 9.ª conclusão do 1.º Congresso Internacional (que aprovou tais conclu-sões básicas na *Carta de Buenos Aires*)

[23] Passagem citada por RAMÓN ROCA SASTRE, no "Derecho Hipotecário", Tomo II, *Bosch,* 5.ª ed., pág. 5. Também o mesmo se diz, em geral, na doutrina, pelo que se pode considerar que é uma conclusão pacífica.

Note-se ainda que também se quis "deitar lama nos olhos", visto que esta *desqualificação* do acto de registo foi acompanhada pela introdução no Código das Sociedades Comerciais do n.º 1 do artigo 242.º-E, para referir que a sociedade não deve promover o registo se ele não for viável em face das disposições legais aplicáveis, dos documentos apresentados e dos registos anteriores... Quer dizer: não é a conservatória que tem de fazer "o seu serviço". É a sociedade que "regista", mas não nos seus próprios livros, mas sim no *registo público*? E é a própria sociedade *interessada no registo* que vai decidir se ele é ou não viável? Que o qualifica, que decide em causa própria? Com que isenção? E com que conhecimento? E com que garantia para todo o comércio jurídico?

Por outro lado, como já algures tive ensejo de referir,[24] "a importantíssima função qualificadora, o *nobile officium*, que exige preparação *especializada*" – e que permite assegurar a legalidade do que ingressa no sistema de registo, mormente face a terceiros – vai passar a ser exercida por auxiliares de contabilidade, por sócios das pequenas (ou *micro*) empresas que usualmente nem a escolaridade mínima possuem e não fazem a menor ideia do que seja um registo?[25] Ou as pequenas e pequeníssimas sociedades, que são *a grande*

---

[24] Num trabalho apresentado para o XIII Congresso Internacional de Direito Comparado, em Setembro de 2006, que a Revista da Ordem dos Notários (n.º 1, Janeiro de 2007, pág. 30 e segs) e a Revista da Ordem dos Advogados (Ano 66, III, pág. 1203 e segs) publicaram.

[25] No trabalho – que ora se cita e é mencionado na nota anterior – estava aqui introduzida a seguinte nota que agora não será descabido transcrever: "lamentável é também que o *desconhecimento* das questões do direito registral (e notarial) – dos tratados teóricos, das práticas dos diversos sistemas, das conclusões dos congressos internacionais, das reflexões sobre estas matérias – seja *não apenas* dos próprios dirigentes (*legisladores?*), o que poderia ser compreensível, mas *se estenda* aos seus auxiliares, adjuntos e assessores que pululam pelos corredores do Poder central (e que em Portugal são conhecidos pelo sugestivo nome de "boys"). É claro que com o *puro improviso* e sem prévia e séria formação e ainda sem aplicado estudo os resultados não poderão ser bons. E tal falta de estudo torna-se verdadeiramente *indesculpável* se, depois, se dão *erros tão clamorosos e graves* como os das aludidas alterações ao Código do Registo Comercial".

maioria, quando necessitarem de titular um daqueles actos de registo vão precisar de contratar um advogado e arcar com as inerentes despesas? Será que isso contribui para o progresso económico, para a *simplificação* das questões, para a indispensável *segurança do comércio jurídico?"*

Não se consegue responder.

Concluindo: verifica-se que não há nestes registos controlo algum. Nem o prévio, judicial ou para-judicial – como ocorre em alguns sistemas mais exigentes – nem o notarial, nem o registral[26]. Passou-se do 80 para o 8, só que desta feita com o gravíssimo risco da instituição de uma *ilegalidade consentida* pelas próprias regras criadas pelo legislador. E será caso para também se dizer que o desrespeito pelo princípio da legalidade fere também um dos mais importantes princípios gerais do direito[27].

Continuando com este lamentável *fadário* que foram as alterações ao Código, vemos que os artigos seguintes – o 48.º que enumera as causas de recusa do registo, circunstâncias *tão graves* como as da total falta de título (isto é quando o facto que se quer registar nem sequer está titulado nos documentos apresentados) e o 49.º, que prevê a provisoriedade – também não se aplicam àquilo que se chamou o "registo por depósito". Que mais dizer?

Que temos de nos render ao improviso, à inépcia e ao absurdo: e que nesta reforma continua a haver tão mau e (se possível) ainda pior. Já nada espanta. Vejamos:

A rejeição da apresentação é uma figura que, em vários sistemas registrais contempla situações-limite, que nem sequer permitem que o pedido de registo seja apresentado. Era, por exemplo, o caso de o pedido não ser formulado ("feito no impresso próprio", na expressão da lei – o que, aliás, literalmente, *nem seria relevante*) e é o da sociedade nem sequer ter número de pessoa colectiva. Pois bem: esses casos de rejeição da apresentação não se aplicam aos tais "re-

---

[26] Cf. o estudo de FERRER CORREIA e ANTÓNIO CAEIRO "Anteprojecto de Lei das Sociedades Comerciais – Parte Geral – I", vg. a pág. 66 e segs.

[27] Não apenas *constitucionalmente,* mas também *administrativamente* acolhidos. Veja-se, por ex., que o Código de Procedimento Administrativo consagrou-o, entre os princípios gerais, no art.º 3.º.

gistos por depósito". E porquê? Porque – e, isto sim, é que é grave – eles não estão sujeitos a "anotação da apresentação"![28]

Mas apresentados na conservatória têm sempre de ser[29] – já que não irão ser feitos em Marte ou na Lua. Então, veja-se esta brincadeira: são apresentados, mas não é feita anotação da apresentação! Com base em que conceito? É que, afinal, – cabe referi-lo para quem não se recordar – a anotação da apresentação é essencial para comprovar *o momento* em que ela é feita e, portanto, para definir o grau prioritário do registo.

Teve-se em vista alguma vantagem para os serviços ou para o utente?

Não me parece concebível sustentá-lo.

Com efeito, *para qualquer utente* – para o cidadão comum, como ora se diz – o que basicamente importa é que os documentos sejam prontamente recebidos, que *o seu direito* fique devidamente inscrito e a correspondente prioridade completamente salvaguardada. O trabalho *interno* da conservatória não lhe diz respeito. Mais: o que ele tem o direito de exigir é que seja *bem feito* e com aceitável celeridade. De resto, o que nunca, mesmo nunca, lhe passaria pela cabeça, o que para todos é inimaginável, é que a conservatória *não possa* executar bem esse trabalho – desde a verificação da legalidade dos actos até à anotação da apresentação – porque realmente *é este caricato Código*[30] *que não lho permite!*

Contudo, todos temos de reconhecer que é ilegítimo desrespeitar o *império da lei* e que, consequentemente, *não é admissível* que num registo público – *qualquer* registo público na matéria de que trata, mesmo que não vise produzir efeitos jurídicos – possa ingressar *tudo*

---

[28] É o que agora está expressamente previsto no n.º 6 do art.º 44.º do C.R.C., introduzido pelo referido Dec-Lei n.º 76-A/2006.

[29] A *apresentação* consiste na própria entrega dos documentos na conservatória, *por qualquer meio* que a lei admita: ao balcão, pelo correio ou electronicamente. Trata-se sempre e em qualquer caso de *apresentar* os documentos que hão-de basear o registo.

[30] Quiçá formalmente o mais correcto seria dizer "as alterações ao Código". Como, porém, elas foram tantas – *distorceram completamente* o Código – parece que, sem exagero, se poderá referir um novo (um outro) Código.

448 *Temas de registos e de notariado*

o que se quiser, verdadeiro ou falso, lícito ou ilícito, sem que o responsável desse registo *nunca* o possa recusar ou até evitar.

Existe sim, como lucidamente escreveu um conhecido civilista[31], "a necessidade de dotar o Registo da máxima exactidão possível, da máxima legalidade e das necessárias condições para que se garanta a segurança do tráfico jurídico" – necessidade esta que o legislador deste Código ignorou completamente.

5. Enchamo-nos de paciência e prossigamos este périplo da falácia e da *irresponsabilidade* que constituiu a recente reforma do registo comercial: diz-se no aludido passo do extensíssimo preâmbulo daquele Decreto-lei n.º 76-A/2006: "... cria-se um novo regime de transmissão de quotas..."

E que bom regime que ele é...

Como é óbvio as participações sociais são um elemento fulcral do contrato de sociedade[32] e a titularidade das mesmas tem a maior importância para o próprio e para os demais sócios, assim como para os credores. No tocante às acções, como bem se sabe, são usualmente geridas pelo sistema bancário, pelas bolsas de valores e pela C.M.V.M. que também controla as operações mais complexas. Quanto às quotas, a definição e a prova da sua titularidade, bem como das transmissões e dos encargos que eventualmente as onerem é feita através do registo comercial.

O que se fez agora na reforma do Código?

Em primeiro lugar *tudo o que respeita às quotas* deixou de ser inscrito – ou "transcrito", como agora impropriamente se chama – no sistema registral, para integrar apenas aquele *pseudo-registo* por depósito a que nos temos referido. E são, têm sido, depositados por

---

[31] Diez-Picazo *in* "Fundamentos del Derecho Civil Patrimonial". A passagem transcrita (do vol. III, pág. 370) foi entre nós recentemente citada por José Alberto Gonzalez na obra "A Realidade Registal Predial para Terceiros" (*Quid Júris*, 2006) pág. 157.

[32] A "quota de capital" é um dos elementos que deve obrigatoriamente constar "do contrato de qualquer tipo de sociedade", nos termos do art.º 9.º, n.º 1, g) do C.S.C.

todo o País actos *manifestamente nulos* com casos tão caricatos que até seria fastidioso estar aqui a enunciar[33].

É que as presunções de titularidade e de verdade e sobretudo o essencial *princípio da legalidade* deixaram de se aplicar a todas operações sobre quotas. Além disso, também não se aplicam os demais princípios definidores do sistema registral – como é o caso do *trato sucessivo* – nem tão-pouco é possível obter-se a "reserva de prioridade" que anteriormente se podia facilmente alcançar com o contrato-promessa de transmissão da quota e com os demais casos da provisoriedade por natureza.

Mas porquê estes absurdos, estas ineptidões e este retrocesso no próprio sistema de registo?

Para que a todos – a quem tiver um interesse directo ou indirecto – se consiga facilitar o acesso ao registo?

Não: é exactamente o contrário.

De facto, antes da infeliz (*trágica*) alteração do Código, o artigo 29.º, respeitante à legitimidade para *pedir* actos de registo, indicava muito fácil e simplesmente que qualquer pedido referente a pessoas colectivas podia ser feito por quem quer que nisso tivesse interesse.[34] Mas agora – imagine-se esta hilariante simplificação – foi introduzi-

---

[33] Temos tido conhecimento de vários casos concretos (que obviamente não seria apropriado identificar) de *ditas* transmissões de quotas em que é flagrante a violação de disposições imperativas da lei pelo que a respectiva nulidade é manifesta. O insolvente que recompra a quota, o marido casado em comunhão geral que cede a quota à mulher (situações ocorridas com frequência) são já casos bem conhecidos. Muito recentemente contaram-me mais esta: num cartório do Porto foi entregue uma certidão pela qual se vê que o sócio de uma sociedade unipessoal por quotas apenas por um registo por depósito (e sem qualquer alteração estatutária) dividiu a sua quota única em duas e cedeu uma dessas a outra pessoa. E a sociedade não se transformou? E a conservatória teve de fazer *apenas* o depósito, continuando a certificar que a sociedade é unipessoal?

[34] De harmonia com a redacção da parte final do n.º 1 do art.º 29.º, "todas as demais pessoas que neles tenham interesse" sempre se interpretou (e era *praticado* nas conservatórias) no sentido de abranger "qualquer interesse" directo ou indirecto, porque *não havia qualquer outro preceito que contrariasse esta interpretação.*

450   *Temas de registos e de notariado*

do o artigo 29.º-A que estabelece um *complicado mecanismo* para o pedido de registo das participações sociais e que confirma duas coisas:

– Em princípio *apenas a sociedade* pode pedir o registo dos actos relativos às transmissões de quotas[35], muito embora o interesse seja do sócio;
– Quando a sociedade nada fizer é aberto um complicado procedimento através do qual é a conservatória que vai ter de a notificar para saber se há ou não uma sua oposição e, havendo-a, decidir se sempre se faz o registo. Enfim... "baralhar e tornar a dar" criando-se uma *burocratizante* situação para aquilo que antes qualquer interessado muito prática e simplesmente fazia subscrevendo uma mera requisição de registo!

Confirma-se assim que, também neste ponto, a alteração do Código foi feita por quem "aborrece" os registos, dos quais foge a "sete pés", nunca teve qualquer conhecimento prático do direito registral, nem contacto algum com o público e com o funcionamento de uma conservatória. Só que – todos o sabemos – o direito é uma *ciência prática*, feito para os homens e para a vida. E, quando nos deparamos com diplomas como este que alterou o Código do Registo Comercial... a certa altura – perdoe-se a franqueza – falta de todo a paciência.

6. Um dos mais importantes princípios registrais é, como se reconhece, legal e doutrinalmente, tanto interna como internacionalmente, o do trato sucessivo[36], visto que constitui a tradução adjectiva da regra substantiva de "aquisição derivada" segundo a qual o direito do adquirente se tem de fundar no do transmitente. Por isso, o seu cumprimento garante que o adquirente não violou tal importante comando substantivo e indica também que não se tratou de uma aquisição *a non domino*[37].

---

[35] É o que resulta do n.º 5 do art.º 29.º ("*apenas* tem legitimidade...") e não é desmentido pelo 29.º-B que só respeita aos casos em que o registo "*não deva ser promovido pela sociedade*".

[36] Recorde-se apenas que há muitos anos já foi saudada em França a introdução deste "princípio hipotecário" (aí denominado "efeito relativo da publicidade") pelo Decreto de 4 de Janeiro de 1955!

[37] Sendo os registos efectuados com base em documentos, as aquisições que se registam são as *aquisições tituladas*. Pode, porém, ocorrer alguma *situação*

Pois bem: este princípio, que se achava consagrado no artigo 31.º do Código, pura e simplesmente *desapareceu*. Não estou a brincar. Foi revogado e não substituído por qualquer outra norma, por algum novo procedimento, uma prática, uma ideia original ou diversa reformulação do conceito que lhe subjaz. Nada disso. Desapareceu – e ponto final.

Prossigamos.

7. O capítulo II do Código trata da competência territorial para o registo. Também aqui a febre revogatória assolou o espírito do legislador ainda que, a este propósito, com consequências não tão graves como as que vínhamos referindo. Até, aparentemente, poderia pensar-se que existiriam indubitáveis vantagens. De facto, como bem se sabe, a regra processual da competência territorial não é das essenciais, já que o seu incumprimento gera uma mera incompetência relativa. Só que, em termos de registo comercial (ainda que não tão gravemente quanto o seria em registo predial) as coisas não são exactamente assim.

Com efeito – e falando apenas da sociedade comercial – é no local da sede que (de harmonia com o artigo 57.º) está a "pasta da sociedade", onde se acham arquivados os actos e documentos a ela referentes (ainda que digitalizados, como há muito ocorre em Espanha) e onde, portanto, a respectiva *publicidade* se pode facilmente fazer, aliás também em obediência ao estabelecido no artigo 3.º da aludida Directiva Comunitária n.º 68/151/CEE[38]. Daí que, quando ocorre uma mudança de sede para outro concelho, a conservatória deva enviar oficiosamente essa pasta para a conservatória que passou a ser a territorialmente competente, tal como determina o artigo 27.º, preceito que, portanto, neste ponto, reflecte a regra da competência territorial.

---

de facto (v.g. possessória) que "ultrapasse" o título. Daí que não se deva falar de uma garantia *absoluta* da inexistência de aquisição *a non domino*. Haverá, porém, uma presumida "indicação" nesse sentido.

[38] Na realidade não é apenas neste preceito, ainda que ele seja um dos que se refere ao "processo" (ou *dossier*) do registo comercial... para cada uma das sociedades que "aí estiverem inscritas".

452 *Temas de registos e de notariado*

Por isso não parece muito coerente que o preceito que previa tal competência – o artigo 25.º – tenha sido revogado, ao mesmo tempo que subsistem aqueloutros respeitantes à pasta da sociedade. Mas há consequências piores. Vejamos: cada conservador é obviamente o responsável pela conservatória que dirige e pelos actos que nela se praticam. Com o desaparecimento da competência territorial sucede que um qualquer outro, de uma zona do país com critério e opiniões diferentes sobre diversos casos concretos, pode lavrar um acto da conservatória onde está sedeada a sociedade em causa – e, portanto, a pasta com os seus registos e documentos – em desconformidade com os restantes registos e com o que é habitualmente informado ao público *e se pratica* quanto às de sociedades daquela área. Mais: também um funcionário de alguma outra localidade poderá ser induzido a fazê-lo. E fá-lo-á sem que o conservador da área da sede social o possa evitar. E não se vislumbra que, pelo menos habitualmente, os funcionários desejem desmotivadamente fazer o seu serviço habitual e, além disso, também o que, em princípio, caberia a outras conservatórias. Que diremos? Que talvez um engenheiro informático possa achar isto um espanto, mas que quem tiver uma formação e conhecimento prático, provavelmente já não[39].

Além disso, o que basicamente importa para as sociedades ou para qualquer interessado é o poder *pedir o registo* e obter os serviços da conservatória (v.g. certidões) em qualquer lado. Não interessa *quem* o vai fazer e *onde*. Ora, isso é facílimo, mormente com o vigente sistema informático, mas, como é óbvio, *nada tem a ver* com quem faz e onde se faz o registo, ou seja, com a "competência territorial" das conservatórias.

Na senda da desvalorização e desqualificação dos registos foi também introduzido um novo preceito – o artigo 55.º-A – relativo à competência funcional dos funcionários. Como bem se compreende,

---

[39] Afigura-se que correcta, sim, teria sido a solução adoptada em Espanha, pela qual cada "registo" (conservatória) tem a sua competência própria – e o seu "portal" – ainda que todos *estejam interligados* na base central do "Colégio de Registradores de España". Parecer-nos-ia, portanto, muito mais ajustado *copiar* esta forma de *ligação em rede* que constitui a solução espanhola (concebida por quem *sabe muito mais* de registos) do que procurar "descobrir a pólvora" que, também aqui, já há muito está descoberta...

o *nobile officium*, isto é, a *função qualificadora* (na sua tradicional designação) só pode ser *bem* desempenhada por quem tiver a necessária e especializada preparação jurídica sobretudo nesta área. É que está em causa o controlo da legalidade, que exige o conhecimento dos ramos de direito ligados às múltiplas espécies de actos que quotidianamente podem ser praticados. Por isso sempre se exigiu – entre nós e nos países da nossa tradição jurídica – que o registador fosse licenciado em direito e que, além disso, só fosse admitido depois de aprovado em provas públicas e seleccionado em competitivo concurso. Também já há anos que só o pode fazer depois da prévia frequência e aprovação em curso próprio, seguido de estágio.

Pois bem: quando por um lado se prega que é necessária a acreditação profissional e a formação técnica e académica, que fez o legislador do registo comercial? Veio dizer que, neste âmbito, tudo isso era *mentira*. Que não é exigível qualificação alguma. Com efeito, um *qualquer funcionário* – mesmo o indiferenciado escriturário, incluído no primeiro escalão da designação genérica de "oficial do registo" – pode *qualificar actos* que têm problemas jurídicos e muitas vezes são objecto de recurso, como acontece com as designações dos *gestores* (administradores, gerentes..) e dos liquidatários e sobretudo com as alterações do contrato de sociedade.

Também aqui nos surge outra vez a pergunta: que dizer disto?

Fica a interrogação e uma *não-resposta*: quiçá a do propalado combate aos "lobies"[40]. E, neste contexto, poderia convir fazer pensar aos eleitores e aos *"opinion-makers"*que os conservadores (e auxiliares) formariam algum deles. Só que, como se sabe, é exactamente ao contrário: "lobies" são sim os das confederações patronais de comerciantes e industriais, *dos grandes escritórios*, dos revisores, de auditores, de mediadores e até de contabilistas, mas nunca os registadores – que trabalham cada um na sua circunscrição, praticamente sem outros contactos entre si que não sejam da mera troca de opiniões sobre temas de serviço. E também não são facilmente "demovíveis"

---

[40] Não se vê *como possível* outra justificação – designadamente a de "tirar trabalho" aos conservadores. É que tal *absurdo* seria idêntico ao de se pretender tirar trabalho a quem pode e deve decidir (*maxime* aos juízes) para entregar o *ónus* da decisão aos escriturários!

454 *Temas de registos e de notariado*

nas suas decisões, ao contrário do que acontece – e, pelos vistos, até *convinha* que acontecesse – com muitos dos escriturários que sem preparação jurídica e sem quaisquer problemas decisórios se dispõem a aceitar *tudo aquilo* que os interessados pretendam registar[41]. Mas, afinal, parece que é *isso mesmo* que interessa.

Agora uma alteração de contrato de alguma grande empresa, titulado numa *off-shore*, como o que suscitou uma recusa na Conservatória de Ovar[42] confirmada pelo Supremo, poderá facilmente ser registado – e *aparecer* definitivamente "transcrito" em Ovar – por algum escriturário de Lisboa ou do Barreiro que tenha sido convencido para tal.

Daí que, também por tudo isto, se conclua que o legislador *cedeu aos lobies* das grandes empresas e das confederações, tomou uma atitude pseudo-conservadora, ou melhor, *retrógrada*, e que em nenhum aspecto se afigura benéfica, como obviamente se impunha.

8. Talvez para apregoar a sua "modernidade"– e sabe-se lá se também para justificar alguns dos aludidos *disparates* – o Código contém diversas disposições (tais como as dos art.[os] 58.º, n.º 1 e 70.º, n.º 2) referentes ao uso da informática e toda uma Secção (a III do Capítulo V) dedicada às "bases de dados".

É evidente que na época actual é a "escrita" electrónica que em toda a parte se utiliza: os nossos avós usavam a pena de pato e

---

[41] Não se pretende de forma alguma (e como é evidente) *desvalorizar* o trabalho dos escriturários e dos outros oficiais – a maioria deles, sem qualquer dúvida, *digna do maior apreço e consideração* pelo seu trabalho e pela sua dedicação – mas simplesmente dizer o que também é uma evidência: não lhes cabe a decisão sobre complexas questões jurídicas, nem é essa a sua função.

[42] Recordamos um caso concreto de alteração de contrato (feita numa off-shore) recusado na Conservatória de Ovar – que foi objecto de recusa, *confirmada* em recurso contencioso (Ac. da Relação do Porto de 12/7/1994, *in* Col. 1994-IV. Pág. 184 e do S.T.J. de 3/10/1955). Lembramos também a entrevista feita a Saldanha Sanches (entre as muitas que tem dado) publicada no *Correio da Manhã* de 26/11/2006 – com a sua sugestiva frase (e título) "O Ministro da Justiça é um Desastre" em que o notável e corajoso Fiscalista mais uma vez alerta para situações da possível corrupção (e através de off-shores) que *urgia* combater e evitar.

Que simplificação? O Registo Comercial ainda existe? 455

depois a caneta, os nossos pais a máquina de escrever e nós, já há anos, o computador – que, é claro, permite múltiplas aplicações, as bases de dados e a *Internet*. Não se podem negar as vantagens de todas estas aplicações. Portanto, é correcto – dir-se-ia mesmo, *é indispensável* – que o registo comercial as use (mas, diga-se em abono da verdade, que isso *já tinha começado a ser feito* ao tempo das anteriores legislaturas) e as use com *normalidade*, não como *a magia* de que fala Umberto Eco[43].

Só que *tal uso não significa que se tivesse de alterar* – ou que se *devesse* alterar – *o sistema de registo.* Nem, como bem se sabe, o envio de articulados por *e-mail* ou o acesso aos processos pela Internet implica que se modifiquem os princípios do processo civil, nem tão-pouco a televisionada entrega do Orçamento numa *pen* muda as regras de funcionamento da Assembleia da República.

Também o *registo civil* está integralmente *informatizado*, em conformidade com um programa designado *SIRIC* (Sistema Integrado de Registo e Identificação Civil) sustentado com meros despachos, e isto apesar de se terem eliminado muitos procedimentos, comunicações obrigatórias e até a legal assinatura dos actos. No entanto, o Código do Registo Civil não foi alterado[44] – *ainda que* as profundas alterações feitas através daquele programa *o exigissem*[45]. E em Espanha há

---

[43] Quer-se dizer que o legislador *não deve* colocar-se na postura do "novo rico" da informática ou daquele utilizador que, na muito oportuna observação de Umberto Eco "vive a tecnologia do computador como magia" (cf. a palestra reproduzida em "A Passo de Caranguejo", *Difel*, 2.ª ed. pág. 119). Mas, como o nosso legislador se colocou nessa perspectiva e quer mostrar que é moderníssimo e está muito "a la page" (mas, como disse este Autor, "*já não sabe o que está por trás das operações que deve realizar*") veio a dar mais um "passo de caranguejo" nesta *horripilante* reforma do Código do Registo Comercial. Note-se que é apenas *esta reforma* que se critica e não o esforço – o *notável esforço, que* se *aplaude* – que os Serviços têm feito para firmar, incrementar e prosseguir o programa de informatização.

[44] Ao tempo desta conferência ainda não tinha sido. Contudo, *já foi*: tratou-se do Decreto-Lei n.º 324/2007, de 28 de Setembro (com a rectif. n.º 107/2007, de 27/11).

[45] De facto, em alguns pontos do programa *SIRIC* parece que *o deveria ter sido*. A *mero título de exemplo* citem-se em primeiro lugar a total *ausência de assinaturas* (por qualquer meio) das partes ou prova das suas declarações e

muito que os registos estão totalmente informatizados (o programa começou muito antes do início do milénio) e nenhum dos princípios registrais foi modificado, nem houve novos códigos.

Quer pois dizer que o importante para o legislador devem ser *os princípios,* visto que o essencial são os *conteúdos* do sistema de registo. Ora, a este respeito as alterações ao Código do Registo Comercial foram desastrosas e a prazo vão-se revelar funestas para a necessária confiança dos operadores económicos e dos consumidores[46] – o que, portanto, quer dizer que prejudiciais para a economia do País. É que, "na era da *Internet*" os registos fiáveis e precisos são mais necessários que nunca antes[47]. Aliás, os registos – principalmente *estes registos jurídicos* – permitem defender e confirmar as transacções e poupam os próprios *custos de indagação*, mas portanto *só interessam* se forem matematicamente exactos. Não podem estar sujeitos ao "risco", à confusão e ao descrédito, servindo afinal para ludibriar o público e não para o esclarecer.

É que é manifestamente *indispensável* para quem contrata, *sobretudo para quem o faz por via electrónica*, que as bases de dados forneçam conteúdos válidos e fidedignos. Ainda na semana passada num relevante Seminário em Coimbra[48] ouvimos o Mestre RAFAEL VALE E REIS recordar, a propósito das bases de dados, que se

---

também os casos dos *livros de assentos* (que, mesmo em configuração electrónica, desapareceram completamente apesar do Código os prever) da abolição de competência territorial e ainda da circunstância de que, à luz do disposto no art.º 140.º do Código, à pretensão dos nubentes para casar *dever ser dada publicidade* por meio da afixação de editais. Ora, actualmente, não é dada *qualquer publicidade*, mesmo por via electrónica, sem que esse artigo tenha sido revogado ou alterado.

[46] Numa outra conferência feita na Faculdade de Direito do Porto sobre a formalização, desformalização. (disponibilizada no *site* do CIJE em www.direito.up.pt/CIJE_web) procurei demonstrar como é que as aludidas práticas defraudam os consumidores e violam as normas que os visam proteger.

[47]A primeira conclusão do XIV Congresso Internacional de Direito Registral – oportunamente citada por JOSÉ ALBERTO GONZÁLEZ no início do seu livro "A Realidade Registral Predial para Terceiros" – refere textualmente que "a propriedade do Século XXI é a propriedade inscrita no Registo".

[48] Tratou-se do II Seminário Luso-Brasileiro de Direito Registal, realizado em 10 e 11 de Maio pelo *CENoR* (da Faculdade de Direito de Coimbra) e pelo *IRIB* (do Brasil).

terá de respeitar o *princípio da verdade* (que conforme também ensinou ANTUNES VARELA, constitui "uma das traves mestras da nova ordem jurídica das nações mais evoluídas") e que estamos no *tempo da verdade* – os sistemas de registo têm por *munus* a publicitação de uma verdade. Aliás, a publicidade registral – acentuou ainda – supõe a disponibilidade aos interessados da *verdade oficial*[49].

9. O diploma que alterou o C.R.C., que sumariamente vimos criticando – e cujo preâmbulo, com pretensiosa jactância, declara que se visou concretizar "uma parte fundamental" do programa governativo – articulou algumas outras medidas legislativas. Entre elas, deu-se particular ênfase à denominada "empresa na hora" e à sua "dissolução imediata".

Muito embora a análise destas medidas extravase a do Código, parece que as deveremos muito sumariamente referir, sobretudo atenta a grande divulgação e propaganda de que foram alvo.

Se fosse possível *constituir uma empresa* numa hora, parece que todos diríamos: que grande milagre! Que magnífico para a economia nacional!

Só que não há milagre algum. Para "erguer" uma micro-micro empresa (desde um quiosque de vão de escada a um café de esquina) o caminho é longo e trabalhoso. E continua a sê-lo sem que nisso o *registo comercial* seja (ou deva ser, ou tenha que ser) "tido nem achado". É que tal empresa – ou qualquer outra maior – pode ser constituída pelo amigo Zé ou por ele e o irmão, também sem que a lei nunca tivesse obrigado a que formassem *uma sociedade comercial*.

De facto, ao contrário do que *falaciosamente* se tem feito crer (mesmo a nível internacional) – e recordemos que engenheiros, gestores ou economistas *não são juristas* nem *lhes é exigível* qualquer preparação jurídica – a constituição de uma *empresa* é uma realidade nitidamente distinta da formação de uma sociedade comercial[50].

---

[49] *Vide* o artigo de RAFAEL VALE E REIS e MÓNICA JARDIM "Publicidade Registal e Tutela da Privacidade – O Papel do Conservador/Registrador" *in*" 2.º Seminário Luso-Brasileiro de Direito Registral", Coimbra Editora, 2009, pág. 205.

[50] Em anterior trabalho (já citado e publicado na "Revista da Ordem dos Advogados", III, 2006, pág. 1203 e segs- sobretudo pág. 1219) abordamos este tema a propósito da "empresa na hora".

458   *Temas de registos e de notariado*

E, há que sublinhá-lo, do que o diploma trata (o Dec-Lei n.º 111/2005, de 8 de Julho) é *unicamente* da constituição de sociedades.

E mesmo *só* nesse *único domínio*, o que a lei contempla não é – diversamente do que tem sido propalado – nada de maravilhoso, sobretudo em termos de *registo comercial*. De facto, "o registo" é igual. O que se passa é que os interessados em constituir uma sociedade não *elaboram* previamente um contrato de sociedade que depois apresentem a registo. *Aderem* a um molde-tipo[51] e a uma firma que está disponível na *bolsa* do R.N.P.C. Ou seja, como quem fazendo um *contrato de adesão* entra no eléctrico e segue o percurso (previamente traçado) daqueles carris.

No que toca à firma apenas podem escolher uma de fantasia que "quede livre", sem compatibilização com os princípios da novidade e da verdade. Mais grave, porém, é a questão da realização do capital social – elemento *fundamental* do contrato de sociedade[52] – sobre que não é exercido controlo algum.

Deve ainda dizer-se que o essencial desta ideia já anos antes tinha sido concretizado em Espanha pela Lei n.º 7/2003, de 1 de Abril (que criou a denominada "Sociedad Limitada Nueva Empresa"), embora subsistindo, como se considerou necessário e conveniente, uma rápida e económica escritura pública que evita erros como os da apontada falta de controlo do capital social. Apesar disso, a adesão a essa "nueva empresa" tem sido escassa e, segundo os dados estatísticos de 2006[53] não chegou a 1% (apenas 0,93%) do total das sociedades constituídas. Talvez nos devêssemos interrogar: será que os espanhóis são retrógrados e não aderem a estas novas rapidíssimas (milagrosas) soluções ou será antes que preferem as tradicionais que lhes dão maiores garantias?

---

[51] Como foi muito bem observado por ALEXANDRE SOVERAL MARTINS no estudo "Empresa na Hora" – *in* "Temas Societários" , Colóquios 2, *Almedina 2006* – no qual faz notar que os interessados "aceitam o conteúdo de um modelo" (cf. pág. 101). O que a seguir se refere também é corroborado neste trabalho.

[52] Sobre a importância do capital social será supérfluo fazer muitas referências. Cite-se apenas o artigo de PAULO DE TARSO DOMINGUES na colectânea "Estudos de Direito das Sociedades" (*Almedina*, 8.ª ed. pág. 167 e segs) sobre este tema, no qual refere que, como reconhece a doutrina, é "uma noção central e fundamental do direito das sociedades".

Entre nós, o que seria bom era que se facilitassem *os licenciamentos*, inclusive municipais (e, esses sim, são do âmbito público e *burocrático*) que prejudicam a vida económica e dificultam a instalação das *empresas*. E parece que efectivamente se pretende avançar nesse *benéfico* caminho – só que (ao contrário do que se pretende fazer crer) isso nada tem a ver com o registo comercial e com a constituição da chamada "empresa na hora".

Depois deste diploma foi publicado o Decreto-Lei n.º 125/2006, de 29 de Junho, que criou o regime da constituição *on-line* de sociedades que mantém parte daquelas mesmas ideias, ainda que de modo mais conveniente, pois admite que o contrato seja elaborado pelos próprios interessados. Como estes habitualmente não são juristas, a prática por certo nos irá demonstrar que subsiste necessária a intervenção do notário ou do advogado – o que, embora incompreensivelmente, o legislador tudo terá feito para afastar, pretendendo quiçá beneficiar profissionais muito menos especializados no domínio jurídico, como contabilistas, mediadores e outros.

Fazendo parte do aludido Decreto-Lei n.º 76-A/2006 foi também instituído o "regime jurídico dos procedimentos administrativos de dissolução e de liquidação de entidades comerciais". (abreviadamente RJPADLEC). Tirando esta extensíssima designação não se afigura que o pensamento jurídico que lhe subjaz tenha qualquer "amplitude". Todavia, não é por ora o momento oportuno para desenvolver este tema e por isso, permita-se que apenas remetamos os interessados para o trabalho que vem publicado no 2.º livro dos colóquios realizados em Coimbra sobre os "Temas Societários"[54].

O Decreto-Lei n.º 8/2007, de 17 de Janeiro, instituiu a chamada "Informação Empresarial Simplificada" (IES) que se aplica às contas

---

[53] Já disponíveis e publicados no *sítio* do "Colégio de Registradores" em www.registradores.org.

[54] Da autoria de F. Cassiano Santos que faz uma lúcida análise do tema. A pág 149 refere que a complexidade da aplicação das alíneas b),c) e d) do art.º 142, n.º 1 do CSC respeita a "interesses conflituantes que se põem de sócios entre si, de credores entre si e com sócios etc". Por tudo isto "estar-se-á fora da actividade administrativa e entramos no exercício da função jurisdicional", em que ao juiz cabe "a primeira palavra". "Haverá pois inconstitucionalidade nesta parte do CSC e do RJPADLEC".

das sociedades. Como se disse, nesta matéria das contas não se suscitam propriamente *questões de registo*, mas antes *fiscais*, pelo que não há objecção de fundo ao seu mero depósito na conservatória. Subsiste sempre um controlo (um indispensável controlo) que é exercido pelos Serviços Fiscais. Deste modo afigura-se que a IES constituiu *uma medida correcta*[55] que certamente facilita a vida às sociedades comerciais.

Temos falado de procedimentos vários que podem pertencer ao âmbito dos registos, ainda que tenham sido criados com a populista ideia de que o fundamental, o que realmente interessa, é a *rapidez* e a *quantidade* dos actos. Assim tem-se propagandeado que se constituíram não sei quantos milhares de sociedades na hora, se vão inscrever um sem número de marcas, se prestaram inúmeras informações electrónicas

É claro que por vezes pode ser vantajosa a prática de actos como os da constituição de sociedades ou de associações na hora, bem como dissoluções e demais actos a que aludimos e, por outro lado, não se vislumbrar que isso traga problemas. Por isso, não são estas tão faladas "medidas" as que consideramos *preocupantes* no âmbito geral da reforma. E há ainda outros encargos que parece que se querem dar às conservatórias, embora não tendo a ver directamente com o registo comercial.

Contudo, em síntese diremos: afigura-se que o correcto – o que seria verdadeiramente indispensável – *era mesmo* que as conservatórias do registo comercial (e aqui referimo-nos a estas e não tanto ao RNPC que tem funções diferentes) inscrevessem os actos de *registo comercial para que estão vocacionadas* com rigor e competência, com celeridade e eficiência. Fizessem *o seu serviço* e isto é que, na realidade, seria verdadeiramente *útil* para a economia e para a sociedade em geral.

Diga-se, porém, que entre nós há um generalizado desconhecimento e mesmo uma grande displicência quanto às questões de re-

---

[55] Esta medida é correcta – e sem reservas se *aplaude* – porque, repete-se, *há controlo das contas* (que vai ser exercido pelos Serviços Fiscais) diversamente do que ocorre com as citadas matérias de registo comercial que sendo objecto de mero "depósito" *ninguém controla*. Logo, a informação difundida *não é fidedigna*.

gisto. Talvez isso *explique* que esta reforma do Código do Registo Comercial "tenha passado", transformando-se em diploma legal. E que noutros ramos – não menos relevantes, como é o caso do *registo civil* – tenha havido a *vergonhosa* inclusão da declaração de insolvência e de outros factos que lhe são conexos como *averbamentos* ao assento de nascimento (!!!). Há anos que no mundo civilizado acabou a prisão por dívidas. Pois agora, entre nós (pelo Dec-Lei n.º 53/2004, de 18/3), há o *estado civil* de insolvente a par (!)[56] do de casado ou de viúvo. E a comunidade científica e jurídica não se revolta, nada diz, deixa passar esta enormidade – e nada temos a ver com sistemas ou países que a admitam – como se nada fosse! É que trata-se de registo, *in casu* de registo civil (aliás entre nós de tão relevante tradição jurídica) e, como se disse, continua a haver o arcaico mas inadmissível hábito de se considerar que o ramo de direito que trata dos registos tem em si mesmo pouco relevo e não merece grande atenção.

No entanto, não é assim até porque, como já se tem feito notar, estes contribuem determinantemente para a certeza do direito, para a prova do estado das pessoas, para o esclarecimento da situação jurídica dos bens e, afinal, *para dar à prática jurídica um alcance objectivo* e, nesse sentido, *científico*.

---

[56] É o que ao assento de nascimento são averbados os factos referentes ao *estado civil* – e é portanto através da certidão de nascimento que se comprova o *estado civil* do indivíduo. Seria assim *impensável* que ao assento de nascimento fossem, por exemplo, averbados dados (e factos) do *registo criminal* da pessoa. Mas afinal, o averbamento da "declaração de insolvência" constitui *um ferrete* equivalente e inadmissível (ao que penso, mesmo à luz dos princípios constitucionais que nos regem). Fica *averbado* ao assento de nascimento como algum medieval *ferro em brasa* que marca definitivamente o corpo daquele desgraçado devedor insolvente – quando, *apesar do indivíduo em causa não ser comerciante*, a referida inscrição de declaração de insolvência poderia (e devia) ter lugar em sede de *registo comercial* (abrindo-seunicamente a *pasta* e/ou *acto inscritivo* próprio para tais efeitos) mas *nunca* em sede de *registo civil*! E este absurdo foi inacreditavelmente confirmado na recente alteração ao Código do Registo Civil (Decreto-Lei n.º 324/2007, de 27/11) e o aditamento das respectivas alíneas ao art. 69.º, n.º 1.

462   *Temas de registos e de notariado*

Além de que um sistema de registo fidedigno é indispensável para sustentar o progresso económico e para garantir as aplicações dos investidores, ou seja, dito de outro modo, não havendo registos fiáveis também o investimento não arrancará.

10. Quando não há registo – e *não se pode dizer que há registo* se ele não é feito por uma entidade independente e credível e se podem indiscriminada e impunemente ingressar quaisquer factos *não qualificados*, mesmo que notoriamente falsos – é óbvio *que nada se comprova*. Resta saber a quem convém que não haja registos... Não por certo a quem defende o progresso social e o próprio "Estado de Direito". Talvez unicamente *a quem prevarica,* ou admite ou concorda que se prevarique.

E, na verdade, pelo que fica dito, comprova-se que a chamada reforma do Código do Registo Comercial conseguiu *destruir* a fiabilidade nosso registo comercial que publicitava as inerentes situações jurídicas com *verdade, credibilidade* e *rigor* e que cumpria o espírito da referida 1.ª Directiva do Conselho.

Agora o Registo Comercial recebeu uma machadada mortal. Que o destruiu por completo? Ainda não. Mas deixou-o moribundo – "às portas da morte", dir-se-ia. *Ainda existe*, só que *residualmente*. E o que mais confrange é que tudo isto se passa *sem que se descortine qualquer vantagem ou objectivo válido.*

De facto, esta descredibilização do registo foi feita *em nome de quê*? De uma poupança de que o País tanto carece? De modo algum: é que, com esta reforma as receitas emolumentares diminuíram, mas não as despesas. Tratar-se-á, porém e apesar de tudo, de uma defesa da economia? De modo algum. A *desinformação* e a *inverdade* sobre a situação jurídica das sociedades e dos sócios gera *necessariamente* a desconfiança, o que o mesmo é dizer, a paralisação da economia. Será então que se buscou defender o consumidor? Também de modo algum. Quanto menos exacto e menos fidedigno for o conhecimento da situação jurídica das sociedades comerciais menos protegidos estarão os consumidores. Será que porventura se tentou prestar uma melhor e mais célere informação societária? Não é possível sustentá-lo quando *o conteúdo* dessa informação é errado e se os actos registados podem, *indiferentemente,* ser válidos ou nulos, se "qualquer coisa" por mais abstrusa e juridicamente inexistente que seja ingressa num *depósito* e depois é publicitada como se fosse um registo.

A "reforma" que introduziu o actual Código foi propagandeada e na altura aplaudida, certamente por quem não terá estudado estes temas ou sobre eles reflectido o suficiente. Mas os anos passam e a prática irá por certo comprovar todos os aspectos negativos que aqui muito sucintamente abordamos.

11. De facto, a história é implacável... durará mais ou menos tempo, mas acabará por se "repor a verdade" e por se confirmar que a última reforma do registo comercial foi a mais irrisível, a mais nefasta, a mais retrógrada de todas as que existiram *desde que há* registo comercial.

Afigura-se que ao proclamá-lo ostensivamente não se está a utilizar gratuitamente uma *retórica epidíctica*. Antes se pretende demonstrar *o erro*, seguindo o ensino dos clássicos. Platão – o imorredouro discípulo do sábio Sócrates – e depois ainda mais Aristóteles, também o fizeram para criticar as fraudes e as chicanas do seu tempo. A história deu-lhes razão.

Neste modesto e particular aspecto do registo comercial, parece que já se começa a ver que a aludida reforma recentemente leveda a cabo pelo legislador português, constituiu uma *monumental falácia* e portanto, quiçá por mal dos nossos actuais pecados, estou convicto de que o futuro também o irá confirmar, dando *infelizmente* razão à presente crítica.

Mas terminemos com uma palavra de esperança: que se aproveitem os parcos pontos positivos – quais sejam os da informatização dos serviços e da célere e barata certificação do conteúdo dos assentos –, mas se revoguem, insistimos, *rapidamente se revoguem* todos os outros *disparates* a começar por isso dos chamados depósitos e a acabar na *desqualificação* dos actos. É inadmissível que os registadores não possam banir os actos ilegais para bem servir o público porque a actual lei não o deixa fazer.

É que se os registos publicarem erros, inverdades, fraudes, passam a prestar um mau serviço, um anti-serviço. Em vez de eliminarem os custos de informação agravam-nos. Em vez de propiciarem o investimento, impedem-no. Em vez de disponibilizarem e publicitarem a *verdade fáctica e jurídica*, pelo contrário difundem a mentira e a confusão, gerando portanto a incerteza, a dúvida e a litigiosidade.

Antes de se publicarem leis há que reflectir com quem estudou os temas. No caso que ora se trata, também ter respeito pelo público, pelos juristas e pelos trabalhadores dos registos. Só que não se demonstra que o legislador da actual versão do Código do Registo Comercial o tenha tido.

FORMALIZAR, DESFORMALIZAR, DESBUROCRATIZAR SIMPLIFICAR NOS REGISTOS E NO NOTARIADO: *Quid Iuris?*[*]

1. Abriu-se ultimamente na área dos registos e do notariado um debate em torno de alguns conceitos, completamente diferentes e até contraditórios, como é o caso dos de formalização, desformalização e desburocratização, de simplificação, de eliminação de procedimentos – e até (pasme-se!) de diminuição dos factos voluntariamente registáveis.

Fica-se convencido que algumas dessas confusões são mesmo intencionais, porque é difícil pensar que se desconheçam os objectivos dos "registos e do notariado" e certos conceitos que são inerentes à realização dessas finalidades e porque certamente decorrem de meros intentos publicitários, de procura de efeitos imediatos e de uma azáfama – corroborada por alguns desafinados "meninos de coro" dos gabinetes – em apresentar (desqualificados) projectos legislativos cujos erros *têm de ter* quase imediata rectificação num diploma seguinte e cujas imperfeições fariam corar de vergonha os nossos velhos mestres.

Mas porque realmente importa que as novas gerações não fiquem aturdidas com este barulho, nem confundidas com tais ideias, insistentemente difundidas e "amalgamadas", permita-se-nos que tentemos rememorar alguns conhecidos conceitos e clarificar outros, ainda que de forma muito breve e apenas na medida das nossas diminutas capacidades. Além disso, temos de frisar que nesta intervenção não se pretende, de modo algum, criticar a redução de forma-

---

[*] *Conferência realizada em 2 de Março de 2007 na Faculdade de Direito da Universidade do Porto, no âmbito dos programas do* CIJE (Centro de Investigação Jurídico-Económica).

lidades no domínio da resolução dos litígios, que é um caminho, já encetado há anos, que muito louvavelmente tem sido prosseguido pelo legislador, pela jurisprudência e pela doutrina.

Devo também pedir desculpa a todos aqueles que são já bem mais sabedores dos temas sobre os quais aqui, singelamente, tentarei reflectir.

2. Para se falar de desformalização (notarial e registral) haverá que primeiro recordar que, em termos gerais, *formalizar* quer dizer dar forma. E, dar forma, tratando-se do acto jurídico significa, num sentido amplo,[1] atribuir-lhe o seu próprio conteúdo, e no negócio jurídico, "dar corpo a uma certa exteriorização da vontade"[2] negocial.

Ora, ao *corporizar* ou formalizar "a vontade" – na acepção de quaisquer desígnios, pretensões ou ideias que se queiram exteriorizar – permitir-se-á não apenas a sua concretização e determinação, como também uma definida, uma *arrumada* descrição e revelação externa dessa mesma vontade.

Neste sentido, afigura-se que a *formalização* não será apenas *uma veste* extrínseca à vontade, mas antes constitui como que *a sua pele*, que palpavelmente a reveste à luz do dia e à vista de todos mostra a sua essência íntima, isto é, que põe o querer interior do sujeito em contacto aparente com o mundo das relações, dando-lhe uma *forma* cognoscível pelos outros.

Por isso, enquanto a vontade – por mais determinada que seja – permanecer unicamente no seu próprio âmbito interior e subjectivo

---

[1] Cf. o estudo de Rui de Alarcão *in* "Boletim do Ministério da Justiça", n.º 86, pág. 177 e nota (1). Este Autor também aí cita Manuel de Andrade, para quem, neste sentido amplo a *forma* consiste no "próprio *comportamento declarativo*".

[2] Expressão usada por Menezes Cordeiro no "Tratado de Direito Civil Português" (1999, pág. 317) que assim claramente sintetiza a ideia da *forma*. E o Autor acrescenta que "ela (a forma) *é* essa própria exteriorização" (da vontade). Há, consabidamente, uma abundantíssima bibliografia sobre o tema. Permitimo-nos no entanto citar ainda as lições de Carvalho Fernandes "Teoria Geral do Direito Civil",II, 4.ª ed. rev. (Universidade Católica Editora, 2007), págs. 285 e segs.

não é susceptível de se relacionar[3]. A relação surge, ou melhor, *só pode surgir*, quando a vontade se exterioriza, manifestando-se. E manifesta-se necessariamente *através de uma forma*, que lhe dá a *estrutura*[4]. Afigura-se assim que neste sentido amplo *vontade* e *forma* constituem um todo global, uma esfera, sendo aquela (a vontade) a parte interior e esta (a forma) a exterior e visível. Poder-se-á ainda dizer que a própria "palavra", como expressão verbal, *dá forma* ao pensamento e ao querer.

3 – No que toca à formalização trata-se de um conceito que, como se disse e decorre da etimologia da palavra, consiste em *dar uma forma*. Dir-se-á que a vontade, mormente a vontade negocial, estará tanto mais fiel e correctamente traduzida quanto mais exacto e perfeito for o modo como a sua forma é consignada[5].

A formalização surge assim como a modalidade adoptada para apresentar a forma aos olhos de todos e portanto como uma veste aparente, extrínseca, da *vontade formada* que a torna acessível e inteligível para os demais, que a permite perceber e manifestar no mundo global das relações jurídicas.

Neste outro sentido (ainda amplo) também creio que teoricamente os conceitos de formalizar e de manifestar a vontade se podem equivaler. Não já, porém, se usando uma linguagem tecnicamente comum ligarmos o conceito de formalizar ao de *organizar formali-*

---

[3] Diz INOCÊNCIO GALVÃO TELES: "a vontade que no seu interior se forma não pode permanecer latente, como fenómeno psíquico, tem de ganhar corpo e vulto, projectando-se no mundo sensível, exteriorizando-se. A *manifestação de vontade* é um momento imprescindível de qualquer acto jurídico" (cf. "Dos Contratos em Geral", 1962, pág. 108).

[4] MANUEL DE ANDRADE diz muito claramente "toda a declaração de vontade tem sempre uma forma". Ela é "o próprio *comportamento declarativo*" (cf."Teoria Geral da Relação Jurídica" vol. II, 1987, pág.47). De resto, a significação etimológica da palavra *forma* também nos conduz à ideia de revestir, "consignar", e manifestar uma dada substância, revelando o conjunto de traços exteriores que definem e caracterizam o objecto.

[5] Repete-se: muito embora este conceito seja atinente ao próprio âmbito da teoria geral do direito civil, no entanto, aqui, visamos tratar essencialmente da *função notarial*, bem como da *registral*.

dades ou até ao de *impor formalidades,* que todavia, sob esta última perspectiva, nos parece divergir da regra geral da nossa lei que, como é bem sabido, consagra o princípio da liberdade de forma[6].

Teríamos assim que formalizar seria não apenas dar forma, mas dar forma *segundo determinadas formalidades*, isto é, de acordo com certas *fórmulas*, meios ou regras através das quais a vontade se pode exprimir e é legalmente admissível que se exprima.

Recordemos, contudo, que a palavra "formalidades" tem dois sentidos distintos[7]: este, técnico-jurídico, a que nos temos referido e um outro – dir-se-ia que popular – que as faz equivaler aos meros rituais e às cerimónias exteriores e supérfluas, que por vezes até *mascaram* ou podem ou mesmo tentam encobrir a realidade e a substancia das coisas em vez de a demonstrar e clarificar. As formalidades seriam assim certos usos e praxes *disparatadas*, meramente convencionais e realmente ultrapassadas. É claro que não é este o sentido a que temos de atender. Diria mesmo que nenhum jurista e muito menos o legislador o deveria enaltecer.

De qualquer modo, e esquecendo este sentido usado em linguagem popular, parece que todos poderemos concordar com a ideia de

---

[6] Por isso é que a tradução do conceito de *formalizar* pelo de organizar e impor uma determinada formalidade será, ao que se julga, menos próprio à face da nossa lei – designadamente face ao disposto no art.º 219.º do Cód. Civil – visto que *como regra* não faz exigência de qualquer forma especial e antes consagra uma regra de *consensualidade* ou – como diz RUI DE ALARCÃO, e ao se crê com maior rigor, (*op.cit.*) – estabelece o princípio *da liberdade de forma.* Numa outra conferência posterior (e a seguir incluída neste livro) aludi também à existência de um outro princípio que designei como de "formalização necessária" – que em certos casos se *deve* aplicar.

[7] E não só a palavra *formalidades*, como várias outras cuja raiz é o substantivo *forma* ou o adjectivo *formal*. É sabido que tanto podem ter um sentido genuíno (aristotélico) como um outro (pejorativo) utilizado numa linguagem vulgar, não jurídica. Assim, diz-se *formalista* o indivíduo cerimonioso que com as meras aparências e as exterioridades supérfluas quer que estas *prevaleçam* sobre a verdade substantiva, *encobrindo* a realidade e a autenticidade intrínseca – que privilegia a forma em detrimento da substância. Mas ao utilizar as expressões *forma, formalidade, formalizar* em sentido jurídico (e notarial) quer-se dizer precisamente o contrário: que se pretende *revelar e consignar* precisamente a verdade substantiva, *manifestando-a* de modo claro, exacto e verdadeiro.

que *formalizar* um acto ou negócio jurídico é algo *sempre necessário*, visto que ele tem de revestir uma forma externa que o torne cognoscível e, além disso, até de um modo quanto possível *inequívoco*. Por conseguinte, cremos que uma outra ideia – a de *exactidão* – está, e deve estar – intrínseca e tradicionalmente ligada a este conceito[8].

Deste modo, considerando-se, em sentido amplo, a *desformalização* como o acto ou o efeito de abolir a formalização, não se poderá aceitar que o conceito de *desformalizar* (nomeadamente um acto notarial ou um registo) constitua em si mesmo algo de benéfico ou que represente qualquer vantagem. Pelo contrário, *é um mal*, quando não até, no sentido geral, uma *impossibilidade* teórica e prática, constituindo mesmo um puro ilogismo.

E se apenas tivermos em vista as formalidades *ad substanciam*?

Não será vantajoso para a celeridade do comércio jurídico que se diminuam as situações em que são exigíveis tais formalidades substanciais cuja omissão vai ao ponto de tornar o negócio inválido?

Também aqui a resposta não poderá ser imediatamente afirmativa nem negativa. Com efeito, dir-se-á, citando o HEINRICH HÖRSTER que nos parece ter colocado muito bem esta questão: "A exigência de forma legal, sem a qual o negócio não é válido, parece implicar, à primeira vista, uma redução da fluência e da celeridade do tráfico jurídico. No entanto, quando a lei exige a forma não o faz para reduzir a fluência do tráfico jurídico, mas antes para garantir a sua eficiência e segurança, protegendo-o deste modo, no interesse geral"[9]. E seguidamente acentua esta ideia dizendo: "Estes objectivos justificam o desvio aos princípios da liberdade declarativa e de forma"[10].

---

[8] E não só ao conceito jurídico, mas igualmente ao etimológico e ao de todas as ciência exactas: *formular* ou reduzir a fórmulas também significa (inclusive na matemática) equacionar e sintetizar com rigor.

[9] Esta visão do problema, que cremos ser a *mais actual* e que também vem sendo invocada pela doutrina, a propósito dos sistemas de *registo de direitos*, (a que, nestes, acresce outro fortíssimo argumento – o da diminuição dos *custos de transacção*, de que noutra oportunidade falaremos) *responde com clareza* ao pretenso inconveniente da "redução da fluência e celeridade do comércio jurídico" (*vide* MOTA PINTO "Teoria Geral do Direito Civil", 4.ª reimp., 1980, pág. 340/1).

[10] Cf. de HEINRICH EWALD HÖRSTER, "A Parte Geral do Código Civil Português", *Almedina*, 1992, pág. 443.

Também outros Autores destacam a importância das formalidades. Mota Pinto indicava quatro razões: 1.ª) conferir uma mais elevada dose de reflexão, defendendo as partes "contra a sua ligeireza ou precipitação"; 2.ª) contribuir para separar a fase da negociação, pré-contratual, da do negócio definitivo; 3.ª) permitir uma formulação precisa e completa da vontade das partes; e ainda uma 4.ª), e a nosso ver quiçá a mais relevante razão, que é a de proporcionar um maior grau de certeza quanto à prova e sobre a celebração do negócio e dos seus termos[11].

Paulo Mota Pinto anota que "as razões são variadas e que nem sempre se pode isolar um só motivo determinante"[12], e ainda, quando estuda a "declaração tácita", refere que "a razão de exigência de forma legal que pode ser inteiramente satisfeita para a declaração tácita, com a formalização dos factos concludentes, é praticamente apenas a *probatória*"[13]

Numa outra linha de pensamento Menezes Cordeiro depois de indicar os motivos *tradicionais* para justificar as exigências de forma – que serão as razões de solenidade e de publicidade, de reflexão e de prova – passa a criticá-los, dizendo que o primeiro é assegurado pelo registo (e por certas publicações obrigatórias) que a reflexão não corresponde a quaisquer formalidades exigidas e que a prova também pouco ajuda até porque as dificuldades de prova põem em causa a existência do negócio e não a sua validade[14].

Cremos, todavia, que estes apontados "motivos tradicionais" não são *na actualidade* os que realmente mais importam. A nosso ver o que verdadeiramente releva é a questão da *segurança* e da *indubitabilidade* da celebração do acto ou negócio. É que, realmente,

---

[11] Cf. *op. cit.*, pág. 341. Na actual versão da obra – por Pinto Monteiro e Paulo Mota Pinto (4.ª ed.) – acrescenta-se que possibilita "uma certa publicidade do acto" (pág. 429).

[12] Cf. a notável dissertação "Declaração Tácita e Comportamento Concludente no Negócio Jurídico" (*Almedina*,1995) a pág.505. Na nota (196) este Autor cita as principais razões e, entre elas, também a "de um certo *controlo público*" sobre alguns dos negócios mais importantes".

[13] *Idem*, pág. 509.

[14] *Vide op. cit.*, pág. 319/320 .

Formalizar, desformalizar, desburocratizar, simplificar...

as formalidades visam sobretudo – e como observou HEINRICH E. HÖRSTER – conferir *eficiência* e *segurança* ao comércio jurídico.

De resto, também não se nos afigura que colha o velho argumento segundo o qual as formalidades são um entrave ao tráfico – e que entre nós também corresponderá ao entendimento de OLIVEIRA ASCENSÃO,[15] bem como à ideia que os célebres tratadistas ENNECERUS--NIPPERDEY[16] defenderam ao dizer que "o contraente de boa fé se entrega ao de má fé, pois o homem escrupuloso considera-se vinculado mesmo pela palavra dada sem sujeição de forma". Nobres ideias estas! Contudo, infelizmente, temos de reconhecer que a "palavra dada" *já foi*. É hoje, realisticamente, uma pura "memória do passado". Na era actual a generalidade das pessoas nem sequer se conhece e, mesmo quando se trata de conhecidos, não acreditam na mera "palavra dada", não aceitam a *indefinição verbal*, nem tão-pouco os inerentes riscos. É que *todos* querem contratar com um mínimo de segurança e de garantias[17].

As formalidades não são pois meros "entraves" à fluidez do tráfico ou resquícios de um passado que na era contemporânea da *contratação electrónica* seria retrógrado. Pelo contrário, temos de acentuar que são também instrumentos *indispensáveis* – e hoje mais indispensáveis ainda – para conseguir fixar a *verdade negocial* e para permitir *alicerçar a confiança* nesta actual, mas já muito difundida[18], espécie de contratação[19].

---

[15] Para este Professor as razões da forma legal "nem sempre são convincentes" e "a exigência de forma é de molde a juncar de burocracia o mundo do direito" (cf. "Teoria Geral do Direito Civil",1992,Vol. III, pág. 186.

[16] Citados por RUI DE ALARCÃO – *op. cit.*, pág 178 e nota (4), na qual menciona como fonte da citação o *Allgemeiner Teil des bürgerlichenRechts*, 14.ª ed., 1955, § 154.º, I.

[17] De resto, quando as garantias não existem *geram-se conflitos* e, evidentemente, não apenas a *oralidade* que só em sede judicial tem possibilidade de comprovação, como quaisquer situações litigiosas só aí (ou nos designados "meios alternativos", como a arbitragem e outros) podem ser dirimidas.

[18] Decorreram já vários anos desde a prelecção realizada (a 28 de Abril de 2000) por MÁRIO CASTRO MARQUES na Faculdade de Direito do Porto sob o tema "O comércio electrónico – algumas questões jurídicas". Neste trabalho – incluído (pág. 35 e segs) na publicação patrocinada pelo *CIJE* sob o título "O Comércio

De facto, a mera *consignação por escrito* – e obviamente que a escrita electrónica é uma das *linguagens* ou modos de escrever possíveis – *é já*, em si mesma, uma formalidade. E quando falamos de mensagem encriptada, da assinatura digital, das chaves e dos códigos de segurança, dos simples recibos de um e-mail, da nova assinatura electrónica avançada, do selo de qualidade registral,[20] da autenticação electrónica notarial e dos diversos meios de certificação que se têm incrementado e se querem continuar a aperfeiçoar, estamos também, como é evidente, a falar de *formalidades*. E será que *todas estas* e outras formalidades – cujas características os juristas, os informáticos e os demais técnicos não cessam cada dia de tentar aperfeiçoar e desenvolver – são um *entrave* á contratação electrónica ou, *pelo contrário*, são úteis e benéficos instrumentos que a permitem melhorar e difundir, porque a tornam mais fiável e mais segura?

Claro que a resposta *só pode* ser uma: tais *formalidades* visando garantir "a eficiência e a segurança" desta espécie de contratação, ajudam a desenvolvê-la e credibilizam-na. Por conseguinte, os meios, as *formalidades* – incluindo com uma desejável *intervenção notarial* – que visam tornar o tráfico, designadamente o electrónico, mais seguro e mais credível, e consequentemente mais competitivo, *são*

Electrónico Estudos Jurídico-Económicos" – o Autor refere-se (v.g. a pág. 45) ao desenvolvimento desta *vertente comercial das novas tecnologias*, sendo também essencial *a procura* de "alguma segurança jurídica" nesta, como em qualquer outra, forma de contratação.

[19] Como observa Dário Moura Vicente (*in* "Problemática Internacional da Sociedade de Informação", a pág. 201) do *comércio electrónico* "não existe uma noção sedimentada. Em sentido restrito, tem sido definido como a contratação realizada através da Internet. Numa acepção mais ampla, dir-se-á que é a actividade comercial levada a cabo por meios electrónicos (*doing business electronically*)". A pág. 227 referindo-se aos "contratos electrónicos" diz que se trata de contratos "que se distinguem dos demais em razão do *meio* pelo qual são concluídos. *Stricto sensu* são aqueles em que os meios electrónicos operam como puros meios de comunicação (... em que se dá a circunstância de) as declarações de vontade que os integram serem transmitidas electronicamente".

[20] Trata-se de um meio de *garantir* a informação electrónica registral através da Internet, desenvolvido pelo *Colégio de Registradores de Espanha* e que constitui "uma autêntica marca de garantia" (cf., no *sitio* do Colégio em www.registrdores.org o tema "Sello de Calidad").

úteis e convenientes, já que o melhoram e o incrementam e, contrariamente ao que se tem feito crer, não constituem entrave algum à fluidez desse mesmo tráfico[21].

Não podemos esquecer ainda outros aspectos do problema, quiçá igualmente relevantes, sobretudo na época contemporânea. É que, se por um lado, existe a conhecida *agressividade do mercado* que incentiva toda a espécie de contratação, sendo os adquirentes de bens e serviços frequentemente arrastados para aquisições propagandeadas que realmente não quiseram, não procuraram, nem necessitam, pelo outro, verifica-se que, as entidades que promovem tais contratos estão normalmente numa posição de força e de domínio, como é o caso dos bancos, das seguradoras e de todas as grandes – e até médias e pequenas – empresas, com os seus departamentos de *marketing,* ao contrário do comum dos adquirentes que têm menos recursos, menos conhecimentos e menor tempo de reflexão.

De sorte que *se* o Estado promove uma *excessiva desformalização* – sobretudo em nome de um imediatismo ou de um facilitismo que busca *mostrar* uma "pseudo-modernidade", objectivamente demagógica (e aliás, cabe acentuá-lo, nem sequer seguida – porque antes é combatida – noutros países da nossa tradição jurídica e economicamente mais avançados, como é o caso da Espanha e da própria Alemanha) resulta que, afinal, com tais medidas, deixa desprotegidos precisamente *aqueles que mais devia proteger*, não se podendo, portanto, sustentar que tenha neste domínio uma actuação correcta e que essas leis correspondam a um qualquer progresso jurídico.

Ademais essas medidas são contraditórias com qualquer *missão pública* de tais propagandeadas reformas, bem como com a necessária *defesa dos consumidores* que, como se demonstra, exige a devida formalização dos actos. Estes, aliás, *só estão protegidos* quando existe e se existe essa formalização e, por vezes até, como defendem as

---

[21] Afigure-se evidente que a desregulamentação e o excesso de *facilitismo* no que concerne à forma e às formalidades dos negócios jurídicos *geram a incerteza* e, consequentemente, a menor competitividade. Pelo contrário, sendo os contratos – e seus termos e condições – claros e prontamente demonstráveis a negociação torna-se mais credível e portanto tem melhores condições para progredir.

associações de defesa do consumidor, uma mais visível e mais pormenorizada formalização.

Ora, se isto é assim no que toca aos mais insignificantes contratos de adesão, como os que actualmente se efectuam por simples chamada de telemóvel, que se dirá dos que envolvem bens de considerável valor e de identificação por vezes complexa, como é indiscutivelmente o caso dos imóveis?

E não se contra-argumente com as bem conhecidas situações em que outros contratos de alto vulto, envolvendo aquisições e fusões de grandes empresas, quase sempre sociedades anónimas, são ajustados por simples *e-mail* ou até num fotografado "aperto de mão" que junta à mesa os seus gestores. É que, consabidamente, essas empresas são sempre assessoradas por *gabinetes jurídicos* em que as soluções são pensadas e repensadas, as cláusulas analisadas, debatidas e ajustadas ao pormenor. E depois também, nesses casos, existem diversas *entidades reguladoras*, a começar pela própria CMVM.

Diversamente acontece com o anónimo cidadão comum, que não possui tal capacidade económica e que também não tem acesso a essas relações e a esses gabinetes. E, na prática de todos bem conhecida, vem a ser o notário, como documentador público, com o seu reconhecido cariz de *assessor*, o que efectivamente aconselha esse cidadão anónimo e lhe indica o que fazer e depois também aquele em quem todos podem confiar a segura e legal formalização dos negócios jurídicos, dando às partes uma isenta e acessível explicação das respectivas cláusulas e, além disso, consignando autenticamente a sua vontade real.

E depois de o acto estar devidamente formalizado, será ainda o registador que, com base em tais instrumentos, que credível e validamente titulam os factos, lhes poderá conferir a sua eficácia, a sua hierarquização e graduação jurídica, a sua necessária *presunção de certeza* e, evidentemente, a geral oponibilidade.

Estes são os tradicionais meios e mecanismos *de defesa* dos interesses dos cidadãos e dos seus negócios jurídicos, designadamente imobiliários, e que, além disso, permitem credibilizá-los e assegurá-los. Estes mecanismos têm sido sedimentados e aperfeiçoados ao longo de uma elaborada evolução jurídica e legislativa – e não se descortina qualquer vantagem de que, em nome de falaciosos objectivos, possam ser *apoucados* no seu funcionamento.

Formalizar, desformalizar, desburocratizar, simplificar... 475

Note-se ainda que não se pode nem se deve pretender (como certos "modernistas" parece que querem), que apenas *num* dos serviços (e salvo em casos pontualmente definidos) se cumulem as duas funções ou que num só deles se *qualifiquem* os actos[22], isto é, que também seja no registo que se titulem os factos ou que também seja em cartórios notariais que se qualifiquem os registos. Claro que se trata de actividades *distintas*, como aliás ocorre em todos os sistemas jurídicos da nossa tradição romano-germânica[23], sendo uma vocacionada para auscultar e formalizar a vontade das partes através do *documento público* e a outra para publicitar, graduar e tornar eficazes *os direitos* já titulados ou cuja prioridade se quer pré-acautelar.

De qualquer modo, o notariado e os registos surgem-nos como credíveis instituições de *serviço público*[24] verdadeiramente vocacionadas para a defesa, legalização, garantia e consignação da verdade dos negócios jurídicos, mormente através de uma adequada *formalização* dos mesmos e tudo isto sobretudo para os cidadãos que não possuam grandes recursos e que portanto não tenham fácil acesso a outros eventuais instrumentos e meios alternativos que os possam proteger, mormente por terem sido devidamente estudados e preparados

---

[22] A questão da chamada *dupla qualificação* é, a nosso ver, uma *falsa questão*, como já se tem reconhecido (por exemplo em Espanha). Parece evidente que o controlo da legalidade no momento da titulação do acto *é indispensável*, mormente tratando-se de uma titulação notarial, tal como o é na fase do registo, até porque outras inscrições entretanto feitas o poderão inviabilizar (e mesmo tratando-se de acto judicial). O âmbito da qualificação é que deverá ser diferente consoante a espécie de título em causa. Este é, todavia, um amplo tema, que aqui não é oportuno abordar, mas a que voltaremos noutra oportunidade.

[23] O que não parece defensável é a pretensão de se introduzirem esquemas registrais ou notariais vigentes em países em que a tradição jurídica (designadamente à luz do *direito substantivo*) é totalmente distinta, como acontece nos nórdicos ou nos Estados Unidos. É que, consabidamente, o direito registral é *adjectivo*, constituindo *um instrumento* ao serviço do direito substantivo *vigente* e não é a ele que cabe *reformular* ou *reinterpretar* o próprio direito substantivo, como por vezes (irreflectidamente) se pretende.

[24] Esse serviço *público* nada tem a ver com *a gestão privatizada*, que aliás se defende e que, como se sabe, existe na maioria de países que nos são próximos (v.g. da Espanha à Inglaterra, da Itália ao Brasil).

por bons gabinetes jurídicos, mas que, pelo contrário, e sem que possuam tais defesas, acabam por se ver envolvidos em certas "procuradorias", como as dos comissionistas, ajudantes de contabilidade, mediadores, ou dos cobradores de casaca e fraque que ultimamente têm prosperado na nossa sociedade à sombra dos difundidos e propagandeados programas, ditos de *simplificação*, e que, com tal publicidade e apoio governativo, impunemente continuam na praça pública a anunciar os seus serviços.

4. Decorre do que se disse que quando se fala genericamente em *desformalização* não se está (nem "à partida", nem tão-pouco à chegada) a falar em alguma coisa que aprioristicamente se deva considerar *benéfica* ou *progressiva*. Parafraseando o que meu admirado *Aldous Huxley* escreveu no "Contraponto", diremos que ela pode ser boa, má ou indiferente. Depende de um *equilíbrio* dos valores e das circunstâncias. Do *porque* se quer desformalizar, do *como* se quer desformalizar e do *quanto* se quer desformalizar.

Teremos assim que quando o legislador – mormente em preâmbulos de alguns recentes diplomas – vem falar dos *benefícios da desformalização*, como se isso fosse um conceito unívoco e abrangente, está a dizer algo de impreciso ou até mesmo de insensato. É claro que ao acentuar isto se está a dar ao conceito de desformalizar o supracitado *sentido jurídico*, não o confundindo – como parece que *não se deve* confundir – com o de *desburocratizar*. De facto, também aqui só uma clara precisão dos conceitos pode permitir desenvolver juízos correctos.

No que toca ao conceito de desformalização e ao acto de desformalizar, procuramos, ainda que sumariamente, determinar o essencial da ideia, apesar de, no tocante às formalidades, não nos termos sequer detido na clássica distinção entre as substanciais e as meramente probatórias, até por se acreditar que são bem conhecidos os termos dessa dicotomia. Mas, ao pensar na desformalização, afigura-se conveniente recordar uma vez mais que, em geral, e mesmo quando não são indispensáveis para a validade do acto, as formalidades também prosseguem *fins de ordem pública*[25] e não apenas os de

---

[25] Cf. o citado estudo de Rui de Alarcão, pág. 180.

uma demonstração privada do negócio jurídico e exclusivamente para os seus directos interessados. Recordem-se as próprias *implicações fiscais* das transacções e a necessidade social de se conhecerem as cláusulas dos contratos, as verdadeiras titularidades e a real *situação jurídica* dos bens.

É que o valor da *certeza* de tais situações jurídicas dificilmente se compatibiliza com a desformalização dos actos e das relações jurídicas que as modificam. Por outro lado, a obrigatoriedade da forma gera também uma *uniformidade de tratamento* tanto para a grande empresa que possui os especializados gabinetes jurídicos – e que por isso poderia facilmente dispensar uma convencional formalização dos actos – como para o cidadão comum, que carece de outros meios de defesa os quais, para si, residem *principalmente* (e por vezes *unicamente*) na referida formalização.

E esta é sobremaneira benéfica quando há a intervenção de um *jurista preparado* (ou pelo menos *habituado*) como é o caso do notário, a quem incumba assegurar o cumprimento das normas legais e a compatibilização, autenticação e adequação da vontade negocial às mesmas, para que o documento acabe por traduzir a vontade real dos contraentes. É que as formalidades, por outro lado ainda, permitem *sedimentar* – para os próprios interessados e para a sociedade em geral – a válida *consumação do negócio*, designadamente porque no momento em que é titulado foi pensada e verificada a sua legalidade e regularidade intrínseca e porque também a titulação é feita com autenticidade e em obediência aos demais princípios da *fé pública*.

Ora todos estes valores gerais da válida e adequada consumação do negócio, da uniformidade de tratamento das partes e da certeza do direito não devem ser desprezados – como aliás se afigura evidente – face aos interesses imediatistas de uma pretensa rapidez das transacções. Bem sabemos que não é esta a concepção que *está na moda*, mas resta saber se os juristas não têm antes *a obrigação* de alertar os decisores para a circunstância da *celeridade* não ser um valor absoluto. As "pressas dão vagares" – diz o sábio ditado popular – e abrem a porta aos conflitos, pelo que, quer no tocante à celeridade, quer também no que concerne à desformalização, se deve sempre equacionar o respectivo *custo-benefício*, tendo em conta os muitos erros que quase sempre a desformalização provoca. De facto, ela gera necessariamente uma maior incerteza das situações jurídicas, com o consequente *acréscimo de custos* para a ulterior definição dessas situações, além de um óbvio aumento dos litígios.

A desformalização – acentuemo-lo ainda – acarreta um acrescido perigo de *obscurecimento* da verdade substantiva, uma evidente diminuição das garantias que deviam e devem continuar a ser inerentes às transacções, representando, afinal, *um risco* bem maior para a generalidade dos intervenientes, sobretudo para os mais desfavorecidos – pelo que, afinal, aquela desformalização acaba por constituir uma grave demissão do poder público na prossecução de algumas das suas principais tarefas.

5. É hoje comummente entendido que a justiça deve privilegiar a verdade material, não se firmando em meros "motivos formais" que possam prejudicar a realidade substantiva.

Ora esta é, ao que se crê, uma razão adicional, mas também determinante, para que os actos sejam *devidamente formalizados*.

Um dos riscos da inadequada titulação – e, como é axiomático, a titulação diz respeito à forma – consiste exactamente na circunstância de assim se propiciarem não apenas maiores riscos quanto à *prova da verdade material*[26], como ainda os de *divergência* entre o que estiver escrito e o que é a vontade real do contraente.

Com efeito, de entre todas as finalidades da formalização aparece-nos precisamente – quiçá como de todas a mais relevante – a da ajustada e exacta *consignação da vontade*, de tal modo que no documento que titula o acto ou negócio essa vontade real das partes fique traduzida de modo *inequívoco*. A finalidade básica da formalização é, consabidamente, a de conseguir concretizar a coincidência da vontade real com a manifestada.

Note-se ainda que os normais *procedimentos* que acompanham qualquer formalização não são "manias" dos juristas ou meras dificuldades sem qualquer utilidade, já que, para além dos seus objectivos específicos, quase sempre contribuem para obter aquele desiderato

---

[26] Que, neste sentido, não tem apenas a ver com a prova da *existência* do negócio (de harmonia com a supracitada e pertinente observação de MENEZES CORDEIRO) mas se refere principalmente à prova do *conteúdo* do negócio.

Formalizar, desformalizar, desburocratizar, simplificar... 479

básico, ao clarificar, solidificar e concretizar de forma explícita a própria vontade interior[27].

Muito embora, a exigência de forma tenha sido "uma constante de todos os tempos"[28], no entanto, nas actuais concepções do que é ou deve ser a formalização, muito longe estamos das antigas práticas fundadas na *oralidade romana* que – não reconhecendo, em geral, a valia do documento escrito e muito menos do documento autêntico – tinham delas uma ideia totalmente diversa, que apenas consistia em meras cerimónias ou rituais externos, desprovidos de quaisquer intuitos substantivos ou até mesmo probatórios e que, portanto, para a validade do acto ou para a prova do *realmente querido*, tanto fazia que existissem como não.

É óbvio que não deve ser esta a ideia que agora temos de defender. Contudo, é ela a que actualmente aparece vertida em diversos textos, incluindo de diplomas recentes. Mas será que tal ideia – de que a formalização do negócio jurídico é afinal simples cerimónia descartável – é a que se pode considerar melhor ou porventura mais actual e progressiva?

Manifestamente que não. Com efeito, além de a formalização – mormente a notarial – permitir, como se referiu, obter uma clara e inequívoca manifestação *documental* da vontade das partes quanto possível coincidente com a sua vontade real e de facultar a sua

---

[27] Num já antigo estudo o Notário Figa Faura deu este curioso testemunho: "a ideia de que a gente sabe bem o que quer e que só ignora os procedimentos técnicos jurídicos mais adequados para consegui-lo é radicalmente falsa. (...) temos presenciado centenas de vezes quem se apresentava como tendo a vontade claramente formada e manifestada e, com umas poucas perguntas, começava a duvidar e terminava por mudar totalmente de intenções" (*in* "La función asesora", pág. 295 da Colectânea "Ponencias Españolas para el XVI Congreso Internacional de la Unión del Notariado Latino".

[28] Cf. a "Teoria Geral do Direito Civil" de Mota Pinto, 4.ª edição por A. Pinto Monteiro e Paulo Mota Pinto, onde (a pág. 393) se escreve: "A exigência de forma para os negócios jurídicos – ou para certos negócios – é uma constante de todos os tempos. Em fases mais recuadas da história jurídica dos povos o formalismo era exigido para todos – ou quase todos – os negócios, era muito aparatoso, com cerimónias cheias de ritualismo (...)".

acreditação e prova em termos insofismáveis[29] e até executivos – e portanto assim contribuir eficazmente para a *certeza do direito*[30] –, é a que agora se procura alcançar (e ao contrário do que está a acontecer em Portugal) mesmo em países onde antes não existia essa tradição jurídica[31] e é também a que se visa conseguir no âmbito da própria contratação electrónica.

6. Verifica-se ainda que os conceitos de *formalizar* e *desformalizar* são totalmente distintos dos de *burocratizar* e *desburocratizar*. Daqueles procuramos já dar uma ideia, pelo que convirá que abordemos agora, ainda que muito sucintamente, este outro de *burocratizar*.

A noção básica do conceito de burocracia prende-se, como aliás se crê ser entendimento generalizado, com a ideia dos exigidos atestados, licenciamentos ou certidões, dos complexos actos e procedimentos que envolvem a organização e a gestão da *administração pública*, bem como a dos caminhos que os particulares estão obrigados a percorrer para cumprir as obrigações que lhes são impostas ou então para que lhes sejam fornecidos os documentos, as concessões e até mesmo as simples informações que procuram ou de que carecem.

---

[29] Ainda que a *actividade notarial* não se esgote naquela *prova* e na melhor expressão e *redacção* da vontade do declarante. Há outras, como a da *adequação* da vontade deste à vontade do ordenamento e a da *eficácia* do documentado. Como tem acentuado ALBINO MATOS em várias intervenções, designadamente no estudo "O estatuto natural do notário" as teorias que focam uma ou outra daquelas (e de outras) facetas da actividade notarial apresentam-se como "essencialmente *redutoras*" dessa mesma actividade. O *instrumento notarial*, não obstante, tem "três fins fundamentais": " dar forma, provar e dar eficácia legal" (cf. "Temas de Direito Notarial – I", pág. 194).

[30] A expressão "certeza do direito" é comummente utilizada com referência às normas jurídicas, mas (pelo menos em sentido amplo) abrange igualmente a *prática do direito*, a documentação pública e o registo. BAPTISTA MACHADO na "Introdução ao Direito e ao Discurso Legitimador" a propósito da "certeza do direito" também se refere às "que exigem certas formalidades (...) que visam proteger a confiança ou a fé pública exigindo (...) que certos actos sejam levados a registo" (*Almedina*, 1985, pág. 57).

[31] Como é o caso paradigmático da Inglaterra. Contudo, não dos Estados Unidos, onde parece que se continua a menosprezar o valor da certeza do direito, defendendo-se antes uma *desregulamentação* própria do *ultraliberalismo*.

Formalizar, desformalizar, desburocratizar, simplificar...   481

Ao dizer isto, não se quer significar que a burocracia constitua sempre, em si, um malefício ou uma inconveniência que urja eliminar totalmente. Pelo contrário, "*alguma* burocracia" torna-se sempre necessária ao funcionamento dos serviços e até à disciplina da Administração[32].

Trata-se, portanto, de todo um circunstancialismo ligado à prática dos actos administrativos, bem como ao *exercício do poder público* e das suas relações com as pessoas, incluindo as pessoas colectivas. As vias e as teias da burocracia estão pois relacionadas com as disciplinas do *direito público* em geral e em particular com as do *direito administrativo*, diversamente do que acontece com a formalização dos actos e dos negócios jurídicos que se prende com o *direito privado* e especialmente com o direito civil.

Por isso, as situações conflituosas decorrentes da burocracia administrativa são em princípio susceptíveis de reapreciação por via administrativa e hierárquica e vêm a ser dirimidas pelos tribunais administrativos e as que respeitam à formalização dos actos jurídicos só o serão, em última análise, pelos tribunais comuns.

De tudo isto resulta que se poderá concluir segura e decididamente que uma coisa é a *desformalização* e outra, completamente distinta – dir-se-á mesmo que praticamente oposta – é a *desburocratização*.

No que respeita à desformalização também já procuramos apontar os seus principais inconvenientes, muito embora saibamos que alguns ingénuos e muitos "populistas" continuam a defender – e a promover – que se façam contratos de qualquer forma, anunciando que é sempre igual formalizá-los tanto num cartório notarial ou escritório de advogados como num gabinete bancário, de contabilistas, de mediadores e talvez até, para os defensores dessas teorias, o melhor de tudo seria mesmo assinar rápida e descontraidamente – "numa *boa*", como ora se diz – um qualquer papel de rascunho, ao balcão da cervejaria (ou de outros locais que estiverem na moda) e num breve intervalo entre algumas jocosas palavras e desfrutadas bebidas.

---

[32] No estudo de M. GONÇALVES PEREIRA "Notariado e Burocracia" (*Coimbra Editora*, 1994) é caracterizada a *burocracia* e são elencadas as múltiplas "vantagens e inconvenientes" da burocracia (págs. 49 e segs.).

482 *Temas de registos e de notariado*

É claro que esta irracionalidade e irresponsabilidade terá o seu fim... que se espera chegue prontamente.

Não é esta, porém, a consequência da desburocratização. Toda a que se conseguir será *quase sempre benéfica* e *bem vinda*. É que enquanto que a burocracia ou certa burocracia é habitualmente nociva, já assim não acontece se atingir a *desqualificação* dos actos[33], visto que, mormente no que toca à celebração dos negócios jurídicos, formalizá-los é (repete-se) *indispensável*. Mas a lei, que forçosamente tem de o reconhecer, aproveita sempre o ensejo da titulação e do registo dos actos e contratos para não permitir que esses mesmos actos se realizem sem que as partes fiquem sujeitas ao prévio cumprimento de várias prescrições burocráticas!

É por isso que, como bem se sabe, os contraentes não podem fazer escrituras nem registar muitos dos actos sem demonstrarem, normalmente através de uma série de documentos e de certificações, que obtiveram as necessárias licenças, efectuaram o pagamento dos impostos e, quem sabe até, se investigaram as prescrições municipais.

Como é evidente *nada disto diz respeito ao negócio jurídico.* Daí que, quando acontece ser celebrado no estrangeiro e *legalmente*, pelo cônsul ou pelo notário local (e designadamente no âmbito do notariado latino[34]) não sendo juntos tais documentos *burocráticos,* nem sequer exibidos alguns hoje até elementares (como o cartão de contribuinte), de harmonia com o velho princípio da *lex locis, o acto permanece inteiramente válido.*

---

[33] Muito embora os actos inerentes à titulação e publicitação dos negócios jurídicos privados não sejam "actos administrativos" em sentido próprio (e restrito) pode haver necessidade de que tais actos sejam praticados para que o negócio fique devida e seguramente titulado e publicado. Por isso, há casos em que se torna necessário *controlar* esses "passos" administrativos. Note-se outrossim que parece injustificado e descabido *advogar* que *só* o notariado tem natureza privada e que os registos serão administrativos e públicos. Afigura-se-nos indesmentível que *ambos* os institutos têm – e devem ter – cariz idêntico.

[34] Referimo-nos ao *notário,* que "verdadeiramente" *é o latino*, jurista *especializado,* mas não, como é óbvio, ao que apenas ostente essa "alcunha" (caso do *notary* de Londres), mas cujos documentos que subscreva não têm *autenticidade* e *fé pública* legalmente reconhecida.

Formalizar, desformalizar, desburocratizar, simplificar... 483

Daí também que, quando por vezes o legislador enfrenta esta questão da burocracia em termos práticos *e lúcidos*, surjam diplomas como o Decreto-Lei n.º 194/83, de 17 de Maio, cujo artigo 14.º revogou de uma assentada oito prescrições de alguns textos legais que condicionavam a celebração das escrituras à apresentação de diversos comprovativos do *cumprimento de obrigações administrativas*, conseguindo-se assim, como se diz no preâmbulo desse Decreto-Lei, uma efectiva "simplificação dos condicionamentos e exigências legais que rodeiam a prática dos actos notariais" .

Mas, incompreensível e funestamente, este bom exemplo *não se tem repetido* e, pelo contrário, surgiram depois novos diplomas que repuseram aqueles constrangimentos,[35] outros que criaram novos[36] e até "despachos" que a coberto da propagandeada *desburocratização* de facto *ampliaram* os procedimentos burocráticos[37].

Em suma: o legislador, ao impor a obrigatoriedade da apresentação da *papelada administrativa*[38] é que é o verdadeiro responsável

---

[35] A título de exemplo, foi o que ocorreu com a "Lei do Loteamento" aprovada pelo Dec.-Lei n.º 400/84, de 31/12, cujo artigo 84.º revogou o art.º 8.º do supracitado Dec-Lei n.º 194/83

[36] Foi o caso da denominada "ficha técnica" do prédio que é mais um documento que na alienação de prédio urbano novo se torna necessário juntar à escritura (cf. a Portaria n.º 817/2004, de 16 de Julho).

[37] Um *ridículo* exemplo disto foi o que ocorreu com a *centralização* das "taxas de reembolso" destinadas a custear as pequenas (e mínimas) "despesas correntes"das conservatórias (cuja *autonomia* de utilização provinha de muito antes do 25 de Abril). *Agora*, para comprar um "papel higiénico", um conservador teve de: 1) lavrar um despacho em que, verificando a necessidade da despesa, *a autorizou* pelo "fundo de maneio"; 2) escolher o fornecedor verificando que "reúne as condições legais para emitir documento de quitação", não servindo a simples factura; 3) Arquivar o documento original; 4) Classificar o documento de acordo com o classificador de despesa; 5) Remeter os documentos de despesa por *correio registado* com a menção "à contabilidade FM" e remetê-lo dentro de *outro* envelope à DGRN para repor a verba gasta...! Tudo isto mereceu este comentário: "isto está muito pior que antes do 25 de Abril!".

[38] Ao referir "papelada" não se pretende indicar que ela seja apenas "de papel". As exigências podem também sê-lo admitindo as declarações e informações por meios *desmaterializados*. No entanto, apesar disso, a burocracia poderá continuar e até ser ainda mais exigente e "inútil".

pelos empecilhos burocráticos que dificultam, atrasam e constrangem a titulação dos negócios jurídicos[39], sendo certo que *não constitui uma medida desburocratizante* – muito pelo contrário – a chamada *desformalização* dos mesmos, sobretudo se tais exigências e prescrições administrativas se mantiverem e se apenas forem *transferidas* para a fase do registo. Mais: o que é importante no negócio jurídico é que no momento da titulação a vontade das partes fique devidamente *conformada* com a do Ordenamento e que a vontade real dos outorgantes resulte clara e inequivocamente manifestada no título e que no acto do registo sejam apresentados os documentos *válidos* e *necessários*, não se obrigando as partes à junção de uma multiplicidade de outros *papéis* e *certificações* administrativas.

É que uma coisa é o acto e o negócio jurídico, a sua adequada e veraz titulação, bem como a ulterior mas indispensável publicitação registral, com a inerente legalidade assegurada, etapas estas que têm ambas *natureza cível*, e outra coisa, completamente diferente, são as prescrições burocráticas da administração pública alheias a tais actos e negócios privados.

De resto, cabe referi-lo, *não é* nos cartórios notariais, nem nas conservatórias que se gera a burocracia. O notário, como é do conhecimento público, *ajuda a resolver* as questões e a ultrapassar dificuldades, encontrando frequentemente soluções legais inovadoras ou alternativas que permitem tornear os diversos empecilhos burocráticos. Numa recente intervenção citei a oportuna observação de um ex-Ministro da Justiça – que não foi inepto – e que declarou o seguinte: "a intervenção do notário (...) desburocratizará a aplicação do direito num dos seus essenciais momentos genéticos"[40].

Outro tanto acontece na área dos registos, também constrangidos por uma série de empecilhos burocráticos constantes de diplomas avulsos, que os registadores tentam resolver, designadamente

---

[39] E mesmo dos mais elementares como quando se trata de um simples contrato de ligação de água e de electricidade a um andar, em que é exigida toda uma "papelada" que usualmente obriga a várias deslocações.

[40] Trata-se de um texto de Mário Raposo (*in* "Polis", 4.º vol. Pág. 692) e que citei no trabalho apresentado no XIII Congresso Internacional de Direito Comparado (Rio de Janeiro, Setembro de 2006). Também no discurso que, quando Ministro, fez e que vem publicado no *BMJ* n.º 296, pág. 26, exprimiu idêntica ideia.

solicitando documentos e informações e sugerindo aos interessados novas ou complementares apresentações. Mas o que sucede é que, muitas vezes, tais empecilhos decorrem de um cada vez maior *centralismo burocrático* e da própria *incompreensão* que o legislador tem destes temas,[41] que persiste em desconhecer (ou fingir que desconhece) os quais, afinal, respeitam, básica e estruturalmente, às matérias do direito privado[42] e que, portanto, deveriam funcionar em *regime privatizado*, ainda que com natureza pública[43]. Aliás, em pouco tempo decorrido – e apesar de um quiçá excessivo apagamento público – veja-se o benefício que para o cidadão comum trouxe a privatização do notariado, desde a celeridade do atendimento até aos progressos na conhecida inércia e ineptidão de alguns funcionários, concedendo de má vontade prestar a sua atenção ao cliente, como aliás ainda hoje ocorre desde os serviços da segurança social, de saúde, ou de finanças até aos dos simples balcões de serviços camarários que por vezes até podem dar informações úteis ao utente local, mas que frequentemente o encaram como um inoportuno intruso.

Em síntese, podemos concluir recordando que a burocracia (em sentido próprio) tem em vista a organização dos licenciamentos e procedimentos administrativos os quais *quanto menos* interferirem na titulação e publicitação das relações jurídicas privadas *melhor*, porque menos as constrangem. Por isso, a desburocratização é *um bem* principalmente quando estiver em causa *facilitar* e *permitir* que se formalizem adequadamente essas mesmas relações.

---

[41] Quanto à *incompreensão* do legislador pode citar-se a também *caricata* reforma do registo comercial e o registo (?) de cessões de quotas por mero depósito que *deve ser requerido* pela própria sociedade, *não podendo* o interessado (o cedente ou o cessionário) fazê-lo directamente. Afinal, são situações que cada vez *complica* mais a vida do cidadão!

[42] De resto, há sempre que equacionar o maior *interesse* em causa. Tomemos o seguinte comezinho exemplo: numa simples compra e venda é *melhor* para as partes *formalizar* imediatamente o contrato, sem correr outros habituais riscos de incumprimento, mas sem quaisquer *papeis*, porventura muito úteis (tais como a licença de utilização ou a ficha técnica, que o legislador *exige*) ou ter de esperar por os obter e *só depois* formalizar o contrato?

[43] Como se sabe, e a seguir se referirá, entre nós é já este o regime actual do notariado, mas não o dos registos.

7. Sendo os conceitos de desformalização e de desburocratização tão diferentes, não haverá, contudo, algum outro que seja tangencial àquele e a este?

Julgamos que sim. E esse será o da *simplificação*. Com efeito, quer quando se trata de desformalizar quer sobretudo de desburocratizar, afigura-se que subjaz a ambas estas noções um objectivo de procura de uma elementaridade de procedimentos e de redução de certas diligências. Só que ao tratar da desformalização parece que nunca se deverá sustentar que a prossecução desses fins possa atingir a clara, legal, credível e verdadeira manifestação da vontade que se pretende *formalizar*. Por isso, esta simplificação só pode – *e só deve* – eliminar as *superfluidades*, não atingindo o cerne da própria formalização e o *controlo da legalidade* que o documentador público – isto é, o notário (ou quem exerça uma função notarial) e também sob certo ângulo o registador – terão necessariamente de fazer para que os aludidos fins possam ser alcançados.

Por isso, ao analisar este conceito de simplificação, teremos que liminarmente anotar o seguinte: uma coisa é a limitação do âmbito da qualificação e da consequente aplicação concreta do *princípio da legalidade* à titulação dos actos e contratos celebrados no domínio do *direito privado*, bem como ao seu subsequente registo – *aligeiramento* este que trás sempre consequências graves e nocivas, sobretudo quando feito por "legisladores" que não atingem o cerne das questões e do tema "notariado e registos" – e outra, muito diferente, é a *simplificação administrativa*, que envolve a diminuição das inerentes praxes, procedimentos e licenciamentos no âmbito do *direito público* – e que pode ser feita por qualquer político de ocasião, porque é quase sempre desejável e benéfica[44]. Só que, como vimos, ao falar desta *simplificação administrativa*, estamos principalmente a concretizar a ideia da *desburocratização* e não a da *desformalização*.

Perdoem-me que repita: não se podem confundir os indispensáveis cuidados na redacção de um documento, na adequação e controlo da sua legalidade intrínseca e na sua publicitação, com quaisquer

---

[44] E que, sendo de direito público, é *lícita* a *legítima* a intervenção simplificadora por parte do Estado, mesmo sem audição de representantes da "sociedade civil".

exigências burocráticas administrativas ou outras impostas por diplomas diversos, mas incómodas e onerosas para as partes e quase sempre sem qualquer sentido prático.

De sorte que nos parece *inadmissível* a confusão de conceitos tão distintos sobretudo se criada pelo legislador e mormente se for *intencional*, para meros fins publicitários, como tem acontecido, e não derivar apenas de simples *irreflexão* ou mesmo de desconhecimento e de uma comprovada superficialidade no tratamento destas questões[45].

É que não se tem tido na devida atenção que *a forma* e *a formalização* são essenciais para revelar e comprovar o negócio jurídico e têm indiscutível importância para qualquer cidadão se conseguirem traduzir a verdade substancial, *mas são nocivas* quando não a revelam *suficientemente* ou até se, por exagerada rapidez na redacção dos actos ou por excessivo laconismo, *a permitirem "mascarar"*. Note-se que o conteúdo dos actos notariais e dos registos presentemente já se acha reduzido *a um mínimo* aceitável e *possível*[46]. Sublinhe-se ainda que haverá sempre que ter atenção à circunstância de as simplificações serem boas se não prejudicarem a prova e a validade dos actos, *mas prejudiciais* se abrirem a porta às irregularidades, sendo portanto permissivas às fraudes.

Nunca será demais frisar o seguinte: a simplificação também *não é* um valor absoluto. Ter-se-á sempre que verificar e ponderar se com a simplificação se respeita, ou não, o princípio custo-benefício, se *in casu* ela conduz, ou não, à *eliminação dos resultados* pretendidos com a própria formalização e à supressão ou amputação dos objectivos que se pretendem alcançar, e quiçá até à extinção de institutos e das suas inerentes vantagens, que os têm tornado ao longo dos tempos muitas vezes indispensáveis para um quotidiano e

---

[45] De facto, há mesmo quem desconheça os fins que são prosseguidos pelas várias instituições. E, até entre juristas, "não é pouco frequente a opinião que considera os tecnicismos do direito e da sua aplicação como um mal necessário" (Cf. Luís Maria Díez-Picazo, "El Oficio de Jurista", Madrid, 2006, pág.XII).

[46] Até porque tem sido prática dos sucessivos governos constituir *comissões de reforma* sobretudo com o intuito de reduzir o teor dos actos e registos a um conteúdo *mínimo*. E o seu actual laconismo corre até o risco de não revelar suficientemente os *elementos de facto* em causa.

salutar *giro negocial* e para a confiança generalizada dos cidadãos, ou seja, em última análise, para a *segurança jurídica* que – todos o sabemos – constitui em si mesma um dos pilares do Estado de direito, um dos princípios e valores essenciais que em quaisquer circunstâncias devem ser sempre assegurados[47].

De resto – deve ainda acentuar-se – sem segurança jurídica não há (não poderá haver) confiança na contratação. E sem essa confiança também *não há desenvolvimento económico.*

Só para ilustrar com um exemplo concreto o que de errado se tem feito em matéria de simplificação, cito apenas uma das alterações ao Código do Registo Comercial: a dos chamados registos *por depósito*[48] – que infelizmente de registos só têm o nome – e que, de entre vários outros factos, abrange as transmissões de quotas. Nesses casos nada há que qualificar, nem sequer é preciso juntar documento algum. Basta que a sociedade comunique à conservatória que tem lá no meio dos seus arquivos ou papéis um qualquer onde se diz que determinados sócios cederam aos senhores X e Y as suas quotas. Acontece que, com esta simples "brincadeira", pode ficar incluída no "registo" (ou neste pseudo-registo) uma correspondente menção substantivamente nula ou que nada tenha de autêntico. Ora, para além das inúmeras nulidades que já grassam por todo o país[49], referiram-me até casos judiciais que se não fossem trágicos eram pura e simplesmente ridículos: actos baseados em certidões emitidas pelas conservatórias que "comprovam" transmissões de quotas notoriamente nulas e em que os demandantes alegam que o notário não

---

[47] A segurança jurídica é um dos conceitos que tem uma *densidade* própria e que a inscreve como *figura jurídica pré-constitucional* (cf. Gomes Canotilho e Vital Moreira "Constituição da República Portuguesa, Anotada" 3.ª ed. Rev. Pág. 1043).

[48] Referimo-nos apenas aos "novos" depósitos. Não aos já existentes antes de 2006, como o de prestação de contas, visto que nestes casos apenas importa (em termos registrais) comprovar que foram depositadas em tal data, mas o controlo intrínseco das mesmas é feito apenas pelos serviços fiscais.

[49] É o que se tem verificado em diversos casos de transmissão de quotas (v.g. por quem não era o sócio, ou contrariando disposições imperativas etc. etc.) sem que o registador nada possa fazer para o evitar, porque nestes registos desapareceu (!!!) o princípio da legalidade e o controlo da mesma.

Formalizar, desformalizar, desburocratizar, simplificar... 489

devia ter dado crédito a tais certidões do registo comercial, até porque, nestes registos já *nem sequer* há presunção de verdade. De facto, por incrível que pareça, isto é verdade. Pelo Decreto-Lei 8/2007, de 17 de Janeiro, foi eliminado o n.º 2 do artigo 11.º do C.R.C. que estabelecia o princípio da presunção de verdade destes registos[50].

Temos então de nos interrogar: para que é que servem tais "registos"? E são "registos"?

Porque se destrói uma instituição credível como era o registo comercial sem sequer existir qualquer outro valor que urgisse defender[51]?

Subsiste unicamente para cobrar emolumentos? E para que se publicitem burlas, meras *aparências* dos factos e dos direitos, falácias ardilosas que defraudam a verdade substantiva?

E porque motivo o Estado se constitui, ele mesmo, autor – e necessariamente "arguido"[52] – de um delito de *publicidade enganosa*, tal como a define o artigo 11.º do Código da Publicidade?[53]

Não se encontra uma resposta racional. A aposta governamental na descredibilização dos registos e do acto notarial vai ao arrepio do que é cada vez mais *necessário* na "sociedade de informação" e é

---

[50] Ainda que também já em 2006 (D.L. 76-A/2006, de 29/3) se tivesse eliminado o princípio da exactidão (!) que era indicado pela última parte do art.º 11.º do C.R.C. ("nos precisos termos em que é definida").

[51] No caso *não havia* qualquer outro "valor conflituante" que importasse acautelar, tal como, entre outros, é o caso do *sigilo bancário* que deve deixar de existir em homenagem a *valores* antagónicos e mais altos: designadamente, o combate à criminalidade organizada ou à fraude e evasão fiscal.

[52] O art.º 34.º do Código da Publicidade (aprovado pelo Dec.-Lei n.º 330/90, de 23/10 com diversas alterações, nomeadamente dos Decs-Lei n.ºs 74/93 de 10/3 e 6/95 de 17/1, Lei n.º 31-A/98, de 14/7 e Dec-Lei n.º 275/98 de 9/9) diz que "a infracção ao disposto no presente diploma constitui contra-ordenação punível com ..."

[53] Como é sabido o registo tem por fim dar publicidade às situações jurídicas e o art.º 11.º, n.º 1 do Código da Publicidade, aprovado pelo Decreto-Lei n.º 330/90, de 23 de Outubro (na redacção dada pelo Decreto-Lei n.º 275/98, de 9 de Setembro) proíbe "toda a publicidade que, por qualquer forma (...) induza ou seja susceptível de induzir em erro os seus destinatários"..., o artigo 34.º prevê as sançõe4s e as coimas e o artigo 41.º manda aplicar as competentes medidas cautelares.

hoje considerado, mesmo no âmbito da União Europeia, como o mais correcto e o mais avançado.

Como é óbvio para todos nós, mas parece que não para os governantes, os registos e os actos notariais existem fundamentalmente *para defender os cidadãos* e para lhes dar garantias das situações jurídicas[54] e não para os embaraçar e prejudicar. Os títulos e os registos bem feitos *são essenciais* e é errado dizer-se que configuram algum "excesso de garantismo", como já se tem ouvido.

Ao analisar os contornos da simplificação parece que podemos concluir afirmando que os seus indiscutíveis limites serão sempre os da própria *perda das finalidades que se pretendem alcançar.* Quanto ao título, sabemos que o seu fim básico é documentar o acto fidedigna e autenticamente, de modo que todos nele *possam confiar.* No que toca ao registo, o seu objectivo essencial é publicar os factos clara e validamente, para que também todos *confiem* nas situações jurídicas que são publicitadas.

8. Deste modo, o que é efectivamente importante no domínio jurídico e o que é necessário no campo económico – e no âmbito do *CIJE* (Centro de Investigação Jurídico-Económica), onde hoje estamos, cumpre fundamentalmente sublinhar estes dois aspectos – é afinal o quê?

A resposta parece-nos fácil e óbvia: *confiança, confiança, confiança.* Confiança nas instituições, confiança na documentação dos actos, confiança em que os factos registados sejam *legais* e *verdadeiros.*

Ao longo da história tem havido muitos altos e baixos e há progressos que depois viram retrocessos, como acontece quando a desformalização e a simplificação trazem desqualificação, incerteza, indefinição e, consequentemente, *desconfiança.*

É por isso sempre indispensável equacionar o *custo-benefício* da desburocratização (ainda que em geral seja sempre bem-vinda) e da simplificação.

---

[54] Ainda na recente conferência promovida pelo **CIJE** sobre o "Estatuto Profissional dos Actores" foi referido que uma das garantias previstas num projecto do Estatuto foi a da criação de um "registo de profissionais" junto do Ministério do Trabalho.

Formalizar, desformalizar, desburocratizar, simplificar...   491

O homem primitivo também desconhecia o que era a hodierna formalização dos direitos e o que representava o binómio custo--benefício. Parece que agora, infelizmente, o legislador português, em pleno século XXI, voltou a desconhecer estes valores.

9. A concluir, queria deixar claro pelo menos isto: quando notários, registadores advogados, e outros juristas se empenham a formalizar ou a publicar devida, rigorosa, cuidadosamente um qualquer acto ou contrato – sem menosprezar a *necessária celeridade*, que porém não se confunde, nem convirá ser *instantaneidade* – escolhendo a palavra certa, elegendo a expressão juridicamente exacta, de tal modo que *a forma* revele manifestamente a verdade intrínseca – *não estão a cometer qualquer delito* ou a empatar o comércio jurídico, quais retrógrados burocratas, como nos querem fazer crer certos teóricos, esses sim, autênticas anedotas, tecnocratas de fachada e *pseudo-ideólogos* superficiais, incluindo alguns bem recentes.

Pelo contrário, todos estes juristas estão a desempenhar uma "nobre função" (um *nobile officium*) que contribui decisivamente para a *certeza da contratação*, o que por si – e em si mesmo – tem a maior importância *prática* inclusive para o próprio Estado, desde as matérias da fiscalidade às da concorrência e à própria legitimação das prescrições públicas. Também conclusivamente concorre para uma positiva fluidez do comércio jurídico, para a credibilidade e firmeza dos direitos, para a necessária confiança nas negociações, para o consequente incremento da vida económica e, como corolário de tudo isto, para os inestimáveis valores que são o progresso, a pacificação das relações sociais e a verdade das situações jurídicas.

APRECIAÇÃO CRÍTICA ÀS ALTERAÇÕES AO CÓDIGO DO REGISTO PREDIAL[*]

1. Num apontamento prévio dir-se-á que a recente alteração que sofreu o Código do Registo Predial de 84 é positiva e, por isso, está longe de motivar a crítica totalmente desfavorável que mereceram as, a nosso ver, injustificáveis transformações ao Código do Registo Comercial,[1] que pareceram inspiradas em quem ignora[2] o fulcral papel que o registo desempenha (e parece indubitável que deve desempenhar) no âmbito da "justiça preventiva", que abalaram e em muitos casos retiraram mesmo a *segurança e credibilidade* que a instituição registral tinha e devia continuar a ter, ou até mesmo melhorar, na actual era da cibernética.

É que aos registos exige-se que definam num âmbito extrajudicial e publiquem, com verdade e rigor, o *estado civil* das pessoas, bem como a *situação jurídica* dos bens, das empresas – de quem as detém (os seus "sócios") e governa (os seus "gerentes" e administradores") – ou ainda dos vários factos que a lei considera susceptíveis de inscrição tabular, e que tudo isso seja feito de um modo *insofis-*

---

[*] *Apreciação das alterações introduzidas pelo Decreto-Lei n.º 116/2008, de 4 de Julho* – conferência na *Associação Jurídica de Braga,* em 30 de Setembro de 2008.

[1] Tivemos ocasião de expor algumas dessas críticas nas conferências de *16 de Maio de 2007 na Faculdade de Direito do Porto* (sob o título: "Registo Comercial: *ainda existe?*") e de 29 de Março de 2008 (sob o título: "As sociedades no novo quadro notarial e de registos") no *IDET* – Faculdade de Direito de Coimbra.

[2] Noutra oportunidade escrevi até que tal reforma parece ter sido feita "por quem detesta os registos". Contudo, a reforma do registo predial é globalmente positiva e *de aplaudir*, pelo que parece ter sido feita por um legislador diferente.

mável e *transparente*. Afigura-se mesmo que no estádio actual da nossa civilização e especialmente no que toca aos valores e princípios proclamados pela União Europeia, essa veracidade dos dados constantes dos registos públicos e o acesso aos mesmos constitui inclusivamente *um direito fundamental*[3] dos cidadãos.

Ora, não foi nesse sentido que a reforma do registo comercial caminhou. Mas, ao contrário, parece ter sido o correcto rumo que foi seguido no tocante ao registo predial. Isto, todavia, não quer dizer que se aplaudam *todas* as recentes alterações ao Código – e, é claro, sem outra indicação, passamos agora a referir-nos apenas ao do Registo Predial. Algumas delas também não se afiguram correctas, mas além disso pensamos que foi uma "oportunidade perdida" não terem sido esclarecidas e alteradas certas disposições que se têm mostrado inadequadas e até retrógradas em relação ao papel que actualmente deve ter o registo, como é notoriamente o caso da "falhada tentativa" de impor um conceito único de *terceiro* que desde o final de 1999 se pretendeu "forçar" com a introdução do n.º 4 ao artigo 5.º.

Parece também que o legislador, ainda que sob alguns aspectos – com realce para a obrigatoriedade do registo – tivesse tomado consciência de que vivemos na era da contratação electrónica, que exige uma informação rápida, concludente e precisa das titularidades e dos encargos que impendem sobre os prédios, sob outros continua a descurar e depreciar o papel dos registos. Ora, a actual *indispensabilidade* da informação registral, sobretudo no tocante à segurança do tráfico, implica uma consequente necessidade do reforço e valorização dos princípios, sobretudo o da *legalidade*, cuja apreciação nos parece que nunca deveria ficar a cargo de quem não é jurista – e jurista especializado.

Por tudo isto vimos que no recente Congresso Internacional de Direito Registral de Valência[4] se sublinhou que a função registral "é uma função essencial do Estado", verificando-se ainda que a maioria dos países (incluindo o tradicionalista Reino Unido) tem vindo a adoptar sistemas mais fiáveis. É o caso dos designados "registos de

---

[3] Inserido, a nosso ver, ainda que reflexamente, no amplíssimo e estruturante direito geral à segurança jurídica.

[4] Tratou-se do *XVI Congresso*, realizado em Valência de 20 a 22 de Maio de 2008.

direitos" em que a segurança é praticamente total e em que, por isso mesmo, "todos ganham: proprietários, credores, devedores, contraentes e o mercado em geral"[5].

Não foi esta, porém, a opção do legislador português que continua sistematicamente a afastar-se deste modelo. E o único aspecto que proclamadamente o determinou foi a "simplificação do registo predial e dos actos notariais conexos". Simplificação *aparente*, visto que, como é manifesto, a diminuição de um esclarecido controlo dos actos ou a subsistência indevida de registos gera necessariamente uma perturbação e dificuldade *futura* bem maior do que a anunciada simplificação, e do modo como foi estabelecida, alguma vez poderá conseguir.

Mas de entre as diversas alterações efectuadas – que não iremos elencar, até porque já foram elaborados e difundidos esses repositórios oficiosos – vejamos *apenas* aquelas que se poderão considerar mais significativas.

2. A primeira disposição que o Decreto-Lei n.º 116/2008, de 4 de Julho, alterou foi o artigo 2.º, cuja modificação mais relevante – e quiçá mais polémica, visto que as outras foram meros e consensuais ajustes – consistiu na supressão das figuras do arresto, arrolamento e demais providências. Isto porque passaram a ser sujeitas a registo nos termos do artigo 3.º, ou seja, *enquanto* pleitos pendentes – acções e procedimentos. E temos de nos interrogar: será louvável esta alteração nos artigos 2.º e 3.º?

A resposta não é fácil porque estão em causa situações e valores conflituantes, principalmente os do credor e os do proprietário do prédio, sendo certo que aquele sempre o pretende onerar quão mais rápida e ilimitadamente possível e este quer vê-lo desonerado.

É, porém, claro que com este tipo de procedimentos a lei substantiva visa sobretudo acautelar a satisfação dos créditos de uma forma por assim dizer *excepcional*, visto que se contenta com um mero *princípio de prova* da verificação dos pressupostos que permitem consentir tais providências.

---

[5] As citações são da "Ponencia" de Fernando Méndez Gonzalez, apresentada no referido Congresso sob o título "Estado, Propriedade, Mercado" (cf. www.cinder2008.com/ponencias.cfm).

Com a alteração introduzida no registo o que na prática se passa é pura e simplesmente isto: *nem sequer um princípio de prova* é feito ou será exigível, visto que com o registo da *simples propositura* da providência – que como se sabe muitas vezes não chega a ser admitida – o prédio fica logo onerado. E dizemo-lo, porque o registo de acções e providências constitui um gravame que, impendendo sobre os prédios, – e até que venha a transitar em julgado uma decisão desfavorável ao requerente – os desvaloriza fortissimamente e, portanto, os torna praticamente inalienáveis. Por conseguinte, cabe perguntar: será que esta opção do legislador de um total anteparo dos credores em detrimento dos proprietários dos prédios constituiu uma alteração louvável? Não nos parece, tal como não nos pareceria correcto que se pudesse imediatamente registar a acção executiva, antes mesmo de ordenada a penhora[6].

A anterior solução da lei no tocante ao arresto e demais providências, permitindo o seu registo apenas *depois destas terem sido decretadas*, portanto judicialmente apreciadas, parecia-nos ser a solução *mais equilibrada* face aqueles apontados interesses conflituantes.

A inclusão da acção pauliana na alínea a) do n.º 1 do artigo 3.º, sendo embora uma pormenorização escusável, porque inserida no preceito "geral e abstracto" que prevê o registo das acções, não tem *aparentemente* repercussões negativas, porque já havia algum consenso no sentido da registabilidade[7] destas acções. No entanto, também temos de nos interrogar: é feita esta alteração ao artigo 3.º, mas não se tendo alterado as disposições dos artigos 610.º e seguintes do Código Civil, qual irá ser a orientação da Jurisprudência? Afigura-se-nos que não bastava alterar a lei do registo; seria necessário alterar também (dir-se-ia até que previamente) a lei substantiva.

---

[6] Note-se ainda o seguinte: ao contrário do que acontece com a mera *propositura* de providência cautelar, *em que nada está ainda provado*, acção executiva logo de início já pressupõe que, de algum modo, esteja já comprovada (no título executivo) a existência de um direito do credor.

[7] Como é sabido há inúmeros pareceres e trabalhos sobre esta matéria (v.g. o que HENRIQUE MESQUITA publicou na R.L.J.) e também o entendimento de que esta acção poderia ter o efeito previsto no n.º 5 do art.º 119.º do CRP.

Apreciação crítica às alterações ao Código do Registo Predial   497

3. Passando agora aos princípios que o Código trata nos artigos subsequentes e desde logo ao polémico artigo 5.º, vemos que o legislador não tocou, como parece que deveria, na tão debatida e importante questão dos terceiros para efeitos de registo – e isto não obstante ter tornado o registo obrigatório com o enunciado propósito de se pretender potenciar a coincidência entre a realidade substantiva e a registral – para apenas alterar o número 3 num quase irrisório preciosismo de que são *todos* os obrigados à promoção do registo os que não podem opor a sua falta.

Não se entende, pois, que ao mexer-se no artigo para um simples (escusável) preciosismo, não se tenha aclarado, como parece indubitável que se deveria, a importante questão do conceito de terceiro. Mas, na realidade, isso é que se impunha...

Fica-se assim com a ideia de que ao legislador actual faltará uma perspectiva estruturada nesta delicada matéria dos princípios de registo, pois não toca no que é complexo e exigente, para afinal alterar o preceito apenas para proceder a meros ajustes de escassa ou nula relevância.

É também este o caso da alteração do n.º 1 do artigo 6.º que apenas introduz a palavra *temporal*, que só confunde. Ter-se-á querido dizer que sendo as apresentações feitas no sistema informático, nelas fica, como é de toda a evidência, consignado o número de ordem e também a hora e minuto em que são feitas? Mas o que é relevante para efeitos de prioridade é, manifestamente, apenas o *número de ordem* da apresentação, visto que determinado pedido de registo, por fax ou pelo correio pode ter dado entrada na conservatória logo ao início da manhã, às 9 horas, mas de harmonia com as regras só vai ser apresentado *no final do dia*. Por isso a circunstância *temporal* da entrada do pedido não é a que verdadeiramente releva. Por isso, o ter-se passado a falar na relação com o tempo em que as apresentações são feitas nada adianta, só confunde.

Outra alteração – esta que se afigura aceitável, ainda que a nosso ver incompleta – foi a do artigo 8.º. O que esta disposição visava era condicionar a impugnabilidade dos factos tabularmente comprovados ao simultâneo pedido de cancelamento do registo. Isto com o sempre louvável objectivo de que o registo viesse a publicar a verdade "actualizada". Só que, poderia ser excessivo obstar a que as acções prosseguissem após os articulados se o pedido de cancelamento do registo não houvesse sido feito. Ora, a lei veio agora estabelecer a *presunção* – e deveria ter ficado mais explícito de que se tratava de uma presunção *"iuris et de iure"*[8] – de que ao impugnar os factos comprovados pelo registo o pedido de cancelamento também ficou (tacitamente) feito. Mas para completar esta previsão da lei, a nosso ver o importante seria mesmo que a procedência deste pedido *determinasse o cancelamento oficioso do registo* que afinal, conforme judicialmente se comprovou, não publicava a verdade.

Logo depois deste preceito foram introduzidos 4 novos artigos – os 8.º-A, B, C e D – que regulam a *obrigatoriedade do registo* e que a meu ver representam *a mais relevante* das alterações ao Código, ainda que o preâmbulo do diploma que as concretizou não lhe tivesse dado o devido destaque, ao mesmo tempo que simultânea e incompreensivelmente anunciava uma quase *desculpa* por esta progressista medida e que é – pasme-se – a da *gratuitidade* até ao final de 2011 de todos os registos relativos aos factos anteriores à entrada em vigor da referida alteração. Que diremos? Que este legislador continua a confundir o cariz essencialmente *privado* dos actos e das relações jurídicas que o registo visa publicitar[9] – e que por isso devem pagar os respectivos emolumentos, não parecendo até admissível a qualquer governante "perdoá-los" – ou confundi-los com a finalidade *pública* prosseguida pela informação registral. Ora, é essencialmente para que esta "publicidade" seja mais válida, mais actual e mais verdadeira que o legislador entendeu – e bem – tornar o pedido de registo obrigatório. Nunca, evidentemente, para alterar o conteúdo, o valor ou os encargos dos actos e das relações jurídicas que importe registar.

De modo que a *benesse* da isenção de emolumentos devida pelos registos nos parece ser uma medida injustificável[10] e que, além

---

[8] Imperatividade presuntiva esta que visaria, por exemplo, impedir o autor de formular um pedido impugnando o facto registado e simultaneamente pretender que o registo não seja cancelado, o que afinal defraudaria o espírito da lei.

[9] O que, note-se, não o sendo sempre, é também normalmente o caso dos actos em que Estado possa ser o registante (v.g. uma penhora a favor da Fazenda Nacional) e ainda que no caso gozem de isenção emolumentar.

[10] Aliás, mesmo que o Registo não se inserisse no domínio do direito privado, mas por exemplo no do administrativo, sendo solicitado por particulares continuaria a ser *incompreensível* a isenção emolumentar – como incompreensível

Apreciação crítica às alterações ao Código do Registo Predial   499

disso, por certo irá originar uma grave redução das receitas dos serviços.

Um outro reflexo da timidez com que o legislador encarou a obrigatoriedade de registar está patente no artigo 8.º-D que prevê as consequências do incumprimento atempado dessa obrigação e que se traduzem apenas numa duplicação do emolumento – quando o há[11] – que ao *obrigado* (ao obrigado a promover o registo, de harmonia com os artigos anteriores) incumbe satisfazer. E quando?[12] Apenas quando lhe aprouver e se alguma vez lhe aprouver... É que não existe na lei mecanismo algum, estabelecido directa ou indirectamente, para que tal obrigação seja *efectivamente cumprida*. É certo que as sanções previstas nos Códigos de 1959 e 1967 para o incumprimento da obrigação de registar (e que chegavam até às penas previstas para o crime de desobediência qualificada[13]) foram, com justiça, consideradas excessivas. Mas daí a não ter sido previsto qualquer meio compulsório para que a obrigação de registar se pudesse tornar *realmente eficaz* vai uma enorme distância e que apenas poderá significar a falta de empenho do legislador para que esta importante obrigação – necessária para a segurança do comércio jurídico imobiliário – seja, em qualquer circunstância, tornada efectiva.

Por outro lado, os efeitos do registo em termos de direito substantivo que exigiriam um maior significado e alcance – e não pretendemos dizer com teor germânico, visto não ser esse o nosso sistema,

---

seria a isenção das taxas de um alvará de loteamento quando a lei *o tornou obrigatório* (com o Dec.-Lei n.º 289/73, de 6 de Junho) para a divisão de um prédio em lotes.

[11] É que há vários registos que são sempre gratuitos – aliás incompreensivelmente, como é o caso dos averbamentos à descrição. Por isso, se o registo é gratuito nunca pode haver *emolumento em dobro*.

[12] É óbvio que só tendo sido esgotados os prazos previstos no art.º 8.º-A é que se verifica o "incumprimento da obrigação de registar". Mas depois, já nesta "fase", não existem quaisquer outros prazos ou nova sanção ou até um simples agravamento da que se acha prevista no art.º 8.º-D, nem, em sentido inverso, uma previsão para o caso de ter sido inviável promover o registo dentro do prazo.

[13] Tal como previa o n.º 2 do art.º 16.º do Código de 1967 e o art.º 16.º do de 1959.

mas ao menos em moldes equivalentes ao que o artigo 34.° da lei Hipotecária espanhola contempla – foram nesta reforma esquecidos, muito embora tivessem sido alterados mais de uma dúzia de artigos do Código Civil. Parece-nos, pois, lamentável que se tenha perdido a oportunidade de aclarar alguns preceitos, designadamente o artigo 291.°, no sentido de lhe retirar o questionável (e quiçá arcaico) "período de quarentena" dos três anos, que se afiguram manifestamente desajustados na actual era da cibernética e do imediatismo negocial.

4. No tocante aos demais princípios e ressalvando-se o que a seguir se dirá, não houve alterações significativas, o que é desde logo uma boa notícia, visto que eles representam o culminar das reflexões da doutrina e da evolução legislativa, que no passado mereceram um cuidado bem superior ao que tem revelado o legislador actual. Por outro lado, as poucas alterações pontuais também se mostram conformes ao que geralmente era considerado correcto, como é o caso da alienação de bens da herança pelos herdeiros que a representam. A legitimação (prevista no artigo 9.°) provém directamente do *de cuius* e não dos herdeiros, pelo que o registo a favor destes é desnecessário para a comprovar.

O que já não parece curial é que lei tenha tido uma perspectiva de legitimação de direitos quando tratou do *trato sucessivo* e nos registos de aquisição dispensou a prévia inscrição do direito em nome do transmitente se for apresentado documento comprovativo do direito deste. Pensamos que esta é uma ideia lógica quando se trata da celebração do negócio (que se quer célere) e *grosso modo* prevista (embora em muito limitadas situações) na alínea b) do artigo 55.° do Código do Notariado para efeitos da elaboração do *título*, mas que se afigura questionável quando se trata da inscrição registral do direito do qual deriva o do registante.

Mais importante é, contudo, o *princípio da legalidade* e a este respeito cabe, numa breve síntese, dizer duas coisas:

- A primeira é esta: a qualificação de qualquer pedido de registo envolve ou pode sempre envolver a apreciação de questões jurídicas dos vários ramos do direito – e algumas delas complexas – cuja *indevida* análise e avaliação é sempre susceptível de causar óbvios prejuízos aos registantes e a terceiros.

Apreciação crítica às alterações ao Código do Registo Predial   501

É certamente por isso que se exige (entre nós e na generalidade dos países em que funciona um sistema registral credível) que o registador (*o conservador,* como entre nós é designado) seja licenciado em direito e além disso obtenha a aprovação em curso específico e em exigentes provas públicas[14].

Não é, por isso, defensável nem curial que esta função seja exercida por quem não esteja acreditado para a exercer e ignore essas matérias jurídicas, pelo que é para nós totalmente incompreensível (para não dizer mesmo absurdo) o disposto no artigo 75.º-A, n.º 2, sendo certo que o n.º 3 é menos grave já que pressupõe o controlo, ainda que indirecto, do conservador.

– A outra questão é a seguinte: a publicidade registral imobiliária deve ser feita no local da situação dos prédios e analisada por quem nessa área tem a responsabilidade de o fazer. De facto, é na conservatória onde os prédios se situam que existem as descrições e inscrições correspondentes e é aí que têm de se localizar. Não nos parece portanto aceitável que, por exemplo, o conservador de Lamego vá qualificar os registos imobiliários de Faro, tal como não nos pareceria adequado que o responsável pela repartição de finanças de determinada localidade fosse intrometer-se ou decidir sobre as matrizes prediais de outro qualquer concelho e isto apesar de serem *meras inscrições matriciais* que só em escassa medida têm efeitos jurídicos ou podem interferir nos direitos das pessoas.

Por isso, a competência territorial para a qualificação dos actos *de registo predial* não deveria ter sido abolida para todas as situações, como o foi. Isso obviamente faz diminuir a responsabilidade do conservador de cada uma das localidades em que se acha dividido o

---

[14] Reportamo-nos ao diploma-base, o Decreto-Lei n.º 92/90, de 17/3 sendo certo que posteriormente o regime se manteve e anteriormente (no Decreto-Lei n.º 519-F-2/79, de 29/12 e nos demais diplomas que o precederam) também existiam estágios e exames obrigatórios apenas dispensados no caso de *já se tratar* de magistrados ou de doutores em direito. E, por exemplo em Espanha, as provas de ingresso na carreira são longas e dificílimas, abrangendo uma multiplicidade de matérias.

território nacional e é uma medida que a nosso ver é muito discutível, salvo no efeito de contribuir para a eliminação de atrasos, sempre nocivos. De resto, parece-nos que radica numa inaceitável confusão com a extraterritorialidade do *pedido* de registo. Este, pode, evidentemente, e sem qualquer prejuízo, ser feito numa qualquer conservatória que o reencaminharia para a conservatória territorialmente competente, e poderia mesmo sê-lo através de um telemóvel – e tudo isto na época actual não traz problema ou dificuldade alguma, como não trouxe em Espanha onde se manteve a regra da competência territorial. Mas uma coisa é o pedido de registo e outra muito diferente é a qualificação desse pedido e o registo em si mesmo – que, como nos parece óbvio, só devia poder ser efectuado e qualificado *pela conservatória onde o prédio se situa*, já que é também com referência a ela que não pode deixar de ser feito, como a própria lei indirectamente reconhece no artigo 16.º d), ao ferir de nulidade[15] o registo que tivesse sido lavrado numa conservatória incompetente.

Em suma: a apreciação da legalidade nas suas diversas facetas – análise da identidade do prédio, legitimidade dos interessados, regularidade dos títulos e validade dos actos – é uma função delicada, que necessariamente gera *responsabilidade* para o registador e consequências para as partes e que tem mesmo sido designada como para--judicial, pelo que não devia poder ser exercida por "um qualquer"– e até sem preparação jurídica alguma – e também que um presumível interessado, sobretudo nesta área do registo imobiliário, possa escolher *ad libitum* uma conservatória do país que nada tenha a ver com o local onde o prédio se situa e nela dirigir-se a um funcionário mais permeável a fazer o que esse requerente quiser, designadamente porque ignora as limitações legais.

É sabido que a publicidade registral para cumprir o seu objectivo de difundir uma informação autêntica – necessária para a segurança do comércio jurídico – tem de ser fiável. Por isso, não se pode registar o que qualquer pessoa deseja que se registe. Não se deve privilegiar a *quantidade* e descurar a qualidade. Tem de haver um *crivo* de entrada, uma apreciação da legalidade do pedido. Por isso

---

[15] Que será, todavia, uma nulidade atípica, já que é sanável por ulterior *confirmação* nos termos do n.º 1 do art.º 16.º-A.

Apreciação crítica às alterações ao Código do Registo Predial   503

dir-se-á: quanto mais rigoroso, mais consciencioso for esse *crivo de entrada* melhor e mais fidedigno é o Registo.

Parece, pois, que por todas as razões sucintamente apontadas não poderemos aplaudir estas opções do legislador.

5. Prosseguindo esta breve apreciação das alterações ao Código, vemos que se fizeram alguns ajustes na alínea d) do artigo 16.º e também no preceito relativo aos prazos especiais de caducidade. No entanto, mais significativas foram – além da revogação da competência territorial a que aludimos – as adaptações referentes aos suportes documentais previstos no artigo 22.º, que passaram a ser *informáticos.* É claro que esta era uma *actualização indispensável* e que, de resto, na prática já estava a ser adoptada na generalidade do País.

Na sistematização das matérias, que não sofreu alteração, segue-se o capítulo que trata das referências matriciais e toponímicas. É um tema algo confuso e árido, mormente no tocante às divergências das áreas dos prédios entre as constantes das descrições, da matriz e dos títulos. Sobre este assunto diria muito sinteticamente o seguinte: a necessidade de "descomplicar"o tema da harmonização com a matriz é uma *vexata questio.* Só que não se tocou na raiz do problema: como se sabe, os serviços de registo não dispõem de técnicos externos, agrimensores e topógrafos que *in loco* possam confrontar as medições dos prédios e, por outro lado, também não existem serviços geográficos e cadastrais que cubram o País e que dêem a necessária e rápida resposta. Por isso, creio que também nesta matéria se devia seguir o exemplo espanhol[16], isto é, que as inscrições se pudessem fazer com independência da eventual alteração cadastral e que se introduzisse, sobretudo para a localização do prédio, o apoio da informação dos "geo-satélites" fácil de obter através da Internet. O que todavia importa é ressalvar a questão da identidade do prédio, que é, de facto, a verdadeira questão. Quando o conservador verifica que o prédio é o mesmo, designadamente porque não houve anexa-

---

[16] A matéria da concordância entre o Registo e a realidade está regulada no Capítulo VI – artigos 198.º e segs. – da Lei Hipotecária, mas relativamente à realidade *física* (Cadastro) foi publicado o Real Decreto de 3 de Maio de 1980, que passou a regulamentar este tema.

ções de parcelas não tituladas, deveria sempre poder fazer o registo, ainda que com a obrigação de verificar se foi feita a participação matricial da divergência ou de ser ele mesmo a fazê-la.

Com a actual reforma o legislador veio dar alguma coisa com uma mão, mas tirar com a outra. O que com certo interesse deu foi a duplicação de certas percentagens de tolerância (artigo 28.º-A) e o que tirou foi a proibição de se voltar a utilizar tal tolerância (n.º 3 do artigo 28.º-B e n.º 1 do artigo 28.º-C) e para tanto instituiu-se o *gravame*, a nosso ver excessivo e inadequado, de mencionar na descrição que foi usada a permissão legal (artigo 28.º-B, n.º 4).

Ter-se-á entendido que uma nova utilização daquela faculdade revestia ou podia revestir um carácter fraudulento. Ora, a experiência demonstra que esse entendimento suspeitoso nem sempre é sustentado por ter na base uma efectiva realidade dolosa. Com efeito, não parece pertinente o conceito de "fixação da área"[17] até porque é vulgar que os interessados *se enganem mais do que uma vez*. Parece, portanto, que a lei deveria deixar ao conservador a hipótese de analisar se *no caso concreto* há ou não uma explicação e justificação plausível que afaste a ideia da fraude e que permita usar de novo a referida tolerância[18], até porque a esta subjaz um certo grau de arbitrariedade. Com efeito, é agora fixada em 5, 10 e 20%, mas podemos perguntar: Porque não foi tudo em 15% ou outro qualquer valor para as previstas espécies de prédios e, por exemplo, nenhuma para os lotes de

---

[17] Precisamente porque os Serviços de Registo não dispõem de meios para poder comprovar *in loco* a exacta determinação da área. A questão da "fixação da área" foi entre nós levantada por ISABEL MENDES no seu "Código do Registo Predial, anotado", em comentário ao art.º 28.º (v.g. logo na 2.ª ed. a p. 72). Todavia, essa opinião foi veiculada a seguir à publicação do Código, antes portanto da longa experiência que hoje existe e que mostrou que há uma série de *situações práticas* que justificam diverso entendimento.

[18] Já há bastantes anos escrevemos o seguinte: "Houve quem pensasse que a reiterada utilização da tolerância podia dar lugar a que se descrevesse uma área muitíssimo superior. Mas, ao que se crê, não é esse *receio* que pode justificar um entendimento geral restritivo. Se o caso efectivamente se aparentasse, então sim, no juízo de qualificação poder-se-ia objectar, pertinentemente, com essa "fraude à lei". (cf. J. A. MOUTEIRA GUERREIRO, "Noções de Direito Registral", 2.ª ed. p. 189, nota 2).

Apreciação crítica às alterações ao Código do Registo Predial 505

terreno para construção? Por isso, interrogamo-nos de novo: porquê ligar um *duvidoso conceito* de "fixação de área" à utilização de uma *sempre arbitrária* percentagem de tolerância?[19]

Outra situação que tem causado vários constrangimentos e que não mereceu qualquer simplificação foi, no caso de erro de medição, a exigência da planta do prédio – que agora é ainda mais complicada, porque tem de "ser elaborada por técnico habilitado" (artigo 28.º-C, n.º 2, b), i)) – e sobretudo da declaração assinada pelos confinantes (frequentemente difícil de obter). Por outro lado o suprimento, que continua a ser previsto é *apenas* através de notificação judicial, insistindo-se na ideia de que a mera e não justificada oposição (que ocorre, por exemplo, por qualquer habitual zanga entre vizinhos) dê sempre lugar a uma *anotação à descrição*: n.º 4 do mesmo artigo 28.º-C)[20]. Ora, é manifesto que a anotação à descrição vai dificultar qualquer ulterior rectificação da área, acabando por *empurrar* directamente os interessados (como tem ocorrido) para um último (e que devia ser evitável) recurso: a via judicial.

Em suma: não nos parece que nesta delicada questão da área a alteração ao Código tenha facilitado e clarificado substancialmente a generalidade das questões que quotidianamente se levantam.

---

[19] Há de resto vários exemplos concretos de os próprios serviços matriciais e cadastrais terem feito "remedições" de um prédio com novos valores. E, se relativamente a certo prédio inscrito na matriz como tendo 1100m2, foi pedida a rectificação de área para 1200m2 – e averbada esta à descrição com a nota de ter sido usada a tolerância – mas depois de os Serviços Fiscais terem procedido à medição verificaram que afinal tinha 1250m2, porquê não "facilitar" a actualização e não admitir novo averbamento?

[20] A figura da *anotação* que foi introduzida pelo Código de 84 destinavase (e destina-se) a *publicitar* factos, situações e circunstâncias *que se têm de se consignar* na ficha de registo e para as quais o averbamento seria menos ajustado. Ora, porque tais factos ficam exarados na ficha de registo não nos parece adequado que num simples *processo prévio* à pretendida alteração da *área* do prédio (que nem chega a ficar consignada) uma qualquer *oposição* do vizinho (mesmo que absurda e injustificada) dê lugar à sua anotação na ficha, lançando, afinal, uma *suspeita* quanto aquele importante elemento da descrição.

6. Uma matéria que vem tratada, além de na lei do registo, sobretudo em vária outra legislação, inclusive no Código Civil, é a que diz respeito aos *documentos*. Por isso não se estranha que o legislador, a pretexto das alterações às normas sobre o registo, tenha também alterado diversas disposições legais relativas a essa matéria documental que, por exceder o âmbito desta apreciação, não será aqui analisada, pese embora a sua óbvia importância[21].

Unicamente a propósito dos preceitos do Código que foram modificados, diremos que em geral se tratou de fazer alguns ajustes que por ora não justificam uma particular menção, salvo no que respeita a dois pontos: um deles é o da utilização directa pela conservatória de certos dados existentes tanto nela própria, como em outras conservatórias, como em diversas repartições públicas. Trata-se de uma fundamentada *e louvável* medida que é conveniente para as partes e que na era da informação electrónica não levantará particulares dificuldades. Consequentemente, parece-nos que *deve ser aplaudida*. A outra, que também pensamos ser bastante pertinente é a do arquivo, em princípio, de todos os documentos que serviram de base ao registo. Claro que isto permite sustentar melhor a segurança da informação registral e também ajuda a salvaguardar a própria responsabilidade do conservador, pelo que cabe reconhecer que se tratou de outra *benéfica* alteração – que, todavia, para não avolumar desmesuradamente os arquivos, imporá a digitalização desses documentos, como aliás parece já ter sido previsto.

De algum modo relacionada com a matéria documental está a do suprimento das deficiências e insuficiências dos documentos. E aqui é que nos parece que o legislador, certamente num afã de em tudo agradar aos registantes, terá ido longe de mais. Claro que as conservatórias podem e devem colaborar com os interessados e, por isso, quando tenham acesso directo à informação relativa a outros serviços da Administração bom é que a possam utilizar e que facto a utilizem, evitando assim provisoriedades que no fundo eram escusá-

---

[21] No que respeita à formalização dos actos fizemos algumas apreciações em anteriores trabalhos, entre os quais, por exemplo, os que foram publicados na Revista "O Direito", Ano 140.º (2008) II, pág. 391 e segs. e na página do CENoR (www.fd.uc.pt/cenor).

Apreciação crítica às alterações ao Código do Registo Predial   507

veis. Mas, por outro lado, os serviços de registo são serviços públicos que recebem as petições e os títulos que as instruem, mas não têm que fazer um trabalho de *solicitadoria*, nem certamente para isso terão funcionários disponíveis. Daí que nos pareça verdadeiramente excessivo e quiçá despropositado o que, designadamente, dispõem os n.ºs 3,4 e 6 do artigo 73.º. Afigura-se mesmo que estes preceitos não poderão ser interpretados à letra, devendo antes fazer-se uma interpretação correctiva, já que, como é axiomático, deve presumir-se que o legislador consagrou as soluções mais acertadas (artigo 9.º, n.º 3, do Código Civil). Por isso, por exemplo perante uma falta de pagamento do imposto devido pelos interessados – o IMT ou outro – ao invés do que o preceito sugere, não será o funcionário da conservatória que terá de ir, junto da repartição de finanças, fazer o pagamento respectivo para depois cobrar esse valor à parte (que realmente o devia ter feito), nem também, perante uma falta de título – talvez a mais grave omissão – que tenha de ser o funcionário a tratar de o obter num cartório ou num escritório de advogado. Porque este entendimento teria algo de absurdo e de contrário ao próprio *princípio da instância* – que como regra básica funciona e a nosso ver *deve continuar a funcionar* neste domínio adjectivo e instrumental do direito substantivo – e também ao estatuto dos serviços públicos que têm de impedir que os seus funcionários *andem a prestar serviços de solicitadoria*, pagando os impostos de alguns dos utentes ou buscando documentos em escritórios privados, teremos de dar o "benefício da dúvida" ao legislador, considerando que – apesar de o ter dito – não foi bem isso o que quis dizer.

Teremos, pois, de excluir estes *excessos de zelo*, que ultrapassam o próprio conceito de oficiosidade na feitura dos actos, conceito este que também deve ser a excepção. Vemos no entanto que o legislador teve uma louvável preocupação de evitar várias situações que conduziam à provisoriedade dos registos. Só que também a este respeito nos parece que se foi longe de mais. Com efeito, mesmo perante falta de títulos e outras inadmissíveis e pesadas incúrias dos apresentantes, as conservatórias têm de os contactar no sentido de virem suprir essas faltas, ficando os registos respectivos a aguardar. Quer dizer: em *todos* os casos que impliquem uma provisoriedade, ainda que por complexas e graves deficiências, é a conservatória que vai tentar que os interessados entreguem os documentos, liquidem os impostos ou

pratiquem vários outros actos (que evidentemente, deviam necessariamente ter praticado antes de requerer o registo). E o pedido fica a
aguardar cinco dias? Claro que com isto se perturba, se avoluma e se
atrasa inadmissivelmente o serviço interno da conservatória que
afinal se incumbiu não de um simples *suprimento de deficiências,*
designadamente mediante o acesso directo a qualquer base de dados
da Administração, mas sim de uma inaceitável "procuradoria oficiosa"
que obviamente ultrapassa o papel de qualquer serviço público.

7. No que toca às provisoriedades e a respeito das que o são por
natureza e que o artigo 92.º prevê, dir-se-á que o legislador também
foi longe demais quanto a algumas das alterações que decidiu introduzir. Assim, julgo que não poderemos concordar com a revogação
da alínea e) do n.º 1 que – aliás na sequência de idêntica disposição
que já existia no Código de 97[22] – previa o registo provisório por
natureza do "negócio jurídico anulável por falta de consentimento de
terceiro ou de autorização judicial, antes de sanada a anulabilidade
ou de caducado o direito de a arguir".

Como se vê esta alínea abrangia uma multiplicidade de situações – desde o caso dos actos celebrados por menores ou incapazes
ou da alienação dos seus bens feita pelo representante legal sem o
devido consentimento, aos da venda a filhos ou netos, aos negócios
celebrados apenas por um dos cônjuges quando era necessária a
intervenção de ambos – enfim toda uma diversidade de casos que
não deviam, nem parece que, mormente para com terceiros, devam
oferecer *a mesma* garantia que oferece o *registo definitivo.* É que este
faz presumir (art.º 7.º) que os direitos registados existem e indubitavelmente pertencem ao titular inscrito e também *o legitimam* a al900-
-los ou onerá-los sem qualquer óbice ou advertência. Assim o
adquirente pode fazer a aquisição *com inteira boa fé*[23] sabendo que o

---

[22] Tratava-se da alínea g) do artigo 179.º que (apesar de na altura ter tido
uma acalorada e frontal *discordância* de CATARINO NUNES – CRP, Anotado, pág.
407) *na prática se revelou de grande utilidade* para a solução de algumas complexas situações.

[23] Parece que, já depois da presente conferência, o IRN terá vindo indicar
por circular interna que aos conservadores incumbiria inserir no *conteúdo da
inscrição* (!) – e embora isso exceda a previsão legal dos art.ᵒˢ 93.º e 94.º – uma

alienante tem o *registo definitivo* a seu favor. Contudo, tempos depois pode ser confrontado com uma acção em que o Ministério Público vem alegar que o representante vendeu o prédio do menor sem ter obtido autorização e evidentemente não o podia ter feito, ou num outro pleito em que os irmãos do transmitente alegam que o imóvel lhe foi vendido pelo pai sem o seu consentimento, devendo portanto ser anulada a venda. E em todos estes casos *quid iuris* e o que devemos nós dizer? Que o Registo cumpriu a sua função de publicitar o direito inscrito com rigor, verdade, transparência e sobretudo com garantia para com terceiros e com a devida segurança do comércio jurídico, mormente face à plena aplicabilidade da *presunção legal* que decorre do registo definitivo?

A resposta resulta óbvia. E estas objecções são tanto mais evidentes quanto é certo que em todos aqueles casos em que a lei prevê a anulabilidade *não pode* haver lugar a um registo provisório por dúvidas. Na verdade, é sabido que o regime da anulabilidade *não consente* o seu conhecimento oficioso e, portanto, que o conservador levante *"ex officio"* quaisquer perinentes dúvidas. Consequentemente, *só* não irão ingressar definitivamente se existir norma legal que o diga. E a nosso ver aquela *devia continuar a existir*, até para que a lei do registo, que é adjectiva, prestasse o necessário serviço à lei substantiva que previu as citadas hipóteses de o acto vir a ser anulado.

Ainda a propósito do artigo 92.º, a outra alteração de que abertamente discordamos diz respeito à introdução do n.º 11. Aí se diz que "as inscrições referidas nas alíneas a) e j) a n) do n.º 1 não estão sujeitas a qualquer prazo de caducidade". Ora, por definição, as inscrições que não caducam[24] *são as definitivas*. Por isso, há desde logo esta perplexidade: então como distinguir estas inscrições das

---

alusão à "matéria de facto" a que a revogada alínea e) se referia. Contudo, apesar desse "remendo" (quiçá para tentar "salvar" o disparate legislativo) como é evidente, qualquer circular não tem o condão de alterar a lei. Por isso, se a questão se colocar no âmbito judicial, não sabemos o que virá a ser entendido... mas talvez não seja muito divergente do que no texto se diz.

[24] Trata-se aqui de uma "não caducidade" *ipso iure*. Isto é: não se verifica a caducidade em sentido técnico-jurídico. O direito inscrito *pode ter duração limitada*, mas a natureza da inscrição é definitiva.

definitivas[25]? E é legítimo que os factos necessariamente provisórios dêem lugar a um registo com duração em princípio ilimitada idêntica à da inscrição definitiva[26]?

É sabido que quem obteve um registo provisório tem de estar atento à sua caducidade. E sendo as acções propostas por advogados é hoje em dia facílimo introduzir nas suas agendas (sobretudo nas electrónicas que hoje todos usam) tais prazos e datas de caducidade, mormente se tiverem interesse em que o registo provisório de acção continue vigente. Agora o que não parece justo é que os proprietários dos prédios relativamente aos quais está a decorrer o litígio os vejam *eternamente*[27] onerados e desvalorizados com o registo da acção. Esta situação é ainda mais incompreensível no caso das providências cautelares agora introduzidas no artigo 3.º e na regra da não caducidade, sendo, como são, procedimentos à face da lei *temporários* (necessariamente temporários) e além disso com um imperativo carácter de urgência.

8. Não nos iremos pronunciar sobre várias outras alterações que mantêm o essencial do registo e por certo tiveram justamente o objectivo de clarificar determinadas situações, mas afigura-se dever deixar

---

[25] Há, evidentemente, uma diferença no tocante à *presunção* do art.º 7.º. Todavia, referimo-nos aqui à *"duração"* da inscrição. Se não tiver prazo de vigência a sua aludida duração é idêntica à da definitiva.

[26] A nosso ver não seria tão criticável a opção do legislador por um prazo *bem mais dilatado* do que aquele que já existia. O que não parece curial (e está em desconformidade com a própria "filosofia" do art.º 12.º) é que um registo provisório não tenha *qualquer* prazo de caducidade. O propósito enunciado no preâmbulo do Dec.-Lei de evitar que os interessados "se vejam confrontados com a necessidade de efectuar vários e sucessivos pedidos de renovação" afigura-se ilógico, despropositado *e injusto*, mesmo face *às outras* hipóteses da renovação do registo provisório: então o contrato-promessa de alienação ainda não cumprido? Então todos os outros casos referidos no n.º 3 do art.º 92.º? *Só aí* e que há que estar atento? Nas acções é que não é preciso prestar atenção alguma?

[27] É óbvio que o titular inscrito, após o trânsito em julgado, poderá vir pedir o cancelamento da inscrição de acção ou a sua conversão (e alteração) face à decisão. Não é, porém, a esta hipótese que nos referimos. E deve notar-se que até se alcançar o trânsito em julgado de uma acção podem decorrer larguíssimos anos...

Apreciação crítica às alterações ao Código do Registo Predial 511

uma palavra de louvor a propósito da actual redacção dos artigos 93.º e 97.º n.º 1, o primeiro que, ao tratar dos requisitos gerais da inscrição, revogou a alínea a) (isto é a menção das antigas letras dos "livros") e melhorou o enquadramento legal quanto à identificação das partes e o último que, a propósito da inscrição oficiosa (a denominada "inscrição cumulativa necessária") incluiu o registo da "extinção de facto registado". Claro que será correcto que se um facto extintivo ocorreu simultaneamente com a aquisição, e embora não tenha sido pedido o correspondente registo, no entanto ele venha a ter a devida tradução tabular.

Contudo, uma palavra de crítica a propósito das alíneas a) e b)[28] da nova disposição do artigo 90.º-A, que aliás é o único preceito da nova Secção III a que foi dado o título "Anotações especiais à descrição".Trata-se de mencionar nas descrições prediais a "autorização de utilização" do prédio e a "ficha técnica de habitação". Ora, estas referências não integram a "identificação física, económica e fiscal dos prédios" (art.º 79.º, n.º 1) e constituem uma verdadeira exigência *burocratizante* contrária ao anunciado propósito de simplificação (ainda que possa ajudar a localizar esses "papeis") e que, além disso, nada tem a ver com a *identidade dos prédios* que o registo deve exarar *clara e sucintamente* e que também não tem de interferir na titulação do negócio jurídico subjacente à inscrição registral.

Entre nós – e ao contrario do que ocorre noutros sistemas bem mais estruturados – é dada uma *importância excessiva* a estas menções que, apesar de várias tentativas que vêm sendo feitas no sentido de encontrar certificações ou menções alternativas e de as circunscrever ao âmbito das câmaras municipais, como parceria lógico, persistem em invadir a esfera dos registos e do notariado quais lapas que barram a titulação dos negócios jurídicos e impedem a feitura dos registos.

É evidente que as partes quando celebram um negócio jurídico têm todo o direito de saber se o prédio tem licença de utilização e se a construção obedeceu às prescrições técnicas. Têm mesmo *a obri-*

---

[28] Nada se refere a respeito da alínea c) porque esta não será criticável e porque se trata de uma situação bastante rara. Afigura-se, aliás, que a menção *já era feita* segundo o entendimento (que podia ser confirmado por mera orientação interna) de que estava compreendida no n.º 2 do artigo 82.º.

gação de se informar devidamente e inclusive as câmaras dever-lhes--iam fornecer tal informação célere e gratuitamente. O que parece que a lei não devia era impedir – ainda que o alienante assuma a inerente responsabilidade e se convencionem quaisquer outras cláusulas – que o negócio jurídico se celebre se não for exibida essa "papelada".

Em suma: a nosso ver não se trata de menções que devessem constar do registo, porque se devem considerar alheias à publicidade registral.

9. Caberá ainda aludir aos processos, certificações e emolumentos. Relativamente aqueles – e para além de algumas alterações de pouco relevo – ter-se-á de sublinhar que o legislador entendeu dever substituir as citações por *notificações*. Principalmente porque, não se tratando de processos cominatórios, a alteração não terá efeitos prejudiciais e de facto representa uma simplificação. O que não parece ajustado ao estádio actual dos hábitos da população – mormente da população rural, a que mais utiliza as justificações – é que a decisão desse processo seja publicada apenas em sítio da Internet. E a experiência diz-nos que as impugnações ocorrem precisamente quando os interessados tomam conhecimento através da publicação no "jornalzinho" local. Consabidamente, às justificações devia *sempre* ser dada maior publicidade.

No que respeita ao suprimento de deficiências, aludido no artigo 117.º-F, embora já existisse a previsão constante do n.º 2, o certo é que foi melhorada em termos razoáveis, mas manteve-se inalterado o disposto no artigo 117.º-E, incluindo o n.º 4, que não se afigura ter qualquer justificação, com já anteriormente tive ensejo de defender[29].

Sobre o processo de rectificação e relativamente à possibilidade de cancelamento de registos nulos (prevista no art.º 121.º, n.º 2), nota-se que apesar de ter sido aditada a hipótese, aliás bem rara, da alínea d) do artigo 16.º, não se alargam significativamente – como parecia conveniente para maior simplificação – as circunstâncias em que tal cancelamento poderia ter lugar[30].

---

[29] No trabalho sobre as *justificações* publicado na página do CENoR (*cf.* www.fd.uc.pt/cenor) e ora incluído nesta colectânea..

[30] Sendo porém certo – e é justo dizê-lo – que o Conselho Técnico tem procurado fazer uma interpretação ampla (amplíssima) da alínea b) do art.º 16.º, justamente para permitir que tais cancelamentos se façam extrajudicialmente.

Apreciação crítica às alterações ao Código do Registo Predial   513

No processo de impugnação das decisões do conservador *foi revogada* uma disposição (o n.º 2 do art.º 141.º) que nos deixa verdadeiramente perplexos. Nela se dizia que a interposição do recurso contencioso "faz precludir o direito de interpor recurso hierárquico". Como é óbvio. De facto, havendo apreciação e decisão judicial como é que poderá depois haver qualquer outra que a não acate inteiramente? A nosso ver seria mesmo inconstitucional que tal ocorresse. Ora a disposição revogada[31] era clarificadora – mormente para os impugnantes – e, por isso, não se vê motivo para que tivesse sido eliminada.

Contudo, ainda mais grave nos parece ter sido a alteração do artigo 147.º-B que ao recurso hierárquico passa a mandar aplicar subsidiariamente o Código do Procedimento Administrativo em vez do Código de Processo Civil que pela anterior redacção era, e bem, sempre aplicável em *qualquer* procedimento de impugnação, que apenas visa obter *uma requalificação do pedido de registo*[32] e não qualquer anuição a um procedimento administrativo.

Convindo terminar a apreciação devemos no entanto aludir, ainda que muito brevemente, às certificações e aos emolumentos, apesar destes constarem de uma Portaria e não do Código, que só os refere no artigo 151.º.

Relacionada com a matéria das certidões e da cognoscibilidade do conteúdo dos registos está a existência de bases de dados, a qual no que respeita ao registo imobiliário, já tinha sido objecto de regulamentação pelo Decreto-Lei n.º 533/99, de 11 de Dezembro, que aditou ao Código os artigos 109.º-A a 109.º-F. Nas alterações que ora nos ocupam o que de mais significativo pensamos ter havido foi a introdução dos n.os 3 a 7 ao artigo 110.º e, de entre estes, o n.º 6

---

[31] Ter-se-á entendido que a estatuição dessa norma decorria do próprio Ordenamento Jurídico? Mas, em certo sentido, é também isso o que acontece em grande número de disposições que, todavia, porque são clarificadoras de procedimentos e ajudam a elucidar as partes, não devem ser revogadas.

[32] Requalificação essa que respeita a normas de direito registral, que é adjectivo e instrumental *do direito privado*, e também a este mesmo. E, apesar de tal requalificação ser feita no âmbito de um Instituto, a verdade é que, por um lado, acaba por se tratar de um mesmo "organismo" e, pelo outro, não se está perante um "recurso governativo" que implique uma última decisão ministerial.

que manda entregar gratuitamente ao requerente uma certidão dos registos relativos ao prédio em causa. É uma medida que se aplaude[33], assim como a da disponibilização em suporte electrónico e em sítio da Internet, o que tem indiscutível interesse e que não agravará o trabalho das conservatórias.

A questão dos emolumentos[34] é que parece ter sido tratada por quem não tem grande ideia quanto ao valor dos actos, noção da real compreensão das partes[35] e da justiça objectiva que deve presidir a este tema.

Assim: a medida que reputamos mais paradoxal e despropositada é como já se disse, a da *gratuitidade*, até ao final de 2011, de todos os registos relativos aos factos anteriores à entrada em vigor do diploma em causa. Vejamos: o Registo – apesar de ser uma instituição pública – é *instrumental do direito privado* e os interessados quando pretendem efectuar qualquer registo em nada estão vinculados ao *jus imperii* do Estado e dele não pretendem obter, nem obtêm, concessão ou licenciamento algum. A ora designada "obrigatoriedade do registo" não constitui uma nova *exigência pública* ou imposição que o Estado deva "amenizar" isentando o contribuinte da taxa do serviço. Pelo contrário: só celebra ou regista negócios jurídicos quem quer. Mais: desde a publicação do Código em 1984, face ao princípio da legitimação de direitos, o interesse em registar *é o mesmo*, visto que quem quiser dispor ou onerar um prédio tem necessidade, é

---

[33] É certo que anteriormente já era entregue uma fotocópia do registo, mas como era "não certificada" efectivamente de pouco servia.

[34] Os actuais emolumentos constam da *alteração* ao Regulamento Emolumentar (feita no mesmo Dec-Lei n.º 116/2008) que reflecte o que se quiser entender menos os tais "preços claros e transparentes" a que alude o preâmbulo do diploma ora em apreço.

[35] A concepção de que os interessados (e os advogados e solicitadores) *são néscios* – a ponto de não saberem somar parcelas – parece também resultar do que se diz no preâmbulo do diploma que aprovou o Código e os emolumentos e estabeleceu os tais "preços únicos" (de que adiante falaremos) pois aí se declara que os emolumentos "deixam de resultar da soma de várias parcelas avulsas, o que tornava extraordinariamente difícil, para os interessados, conhecer o custo real dos registos dos actos que pretendiam realizar". Face a este disparate dir-se-á apenas: "*no comment*"!

"obrigado" a registá-lo[36]. Portanto, parece que a única coisa que o legislador devia ter feito era isentar, nos casos pertinentes, do pagamento em dobro do emolumento devido por ter sido ultrapassado o prazo para requerer o registo – o que aliás nem carecia de ser dito para todos os factos titulados *antes* da vigência deste diploma[37].

Afinal, cabe reconhecê-lo, a isenção emolumentar constitui mesmo uma injustiça para todos aqueles que anteriormente, logo após a celebração do negócio, trataram com *normal diligência* de promover o registo e de atempadamente pagar o emolumento, como lhes competiria. Por último, diga-se ainda que aquela incompreensível isenção irá por certo gerar uma também incompreensível diminuição de receitas quando afinal tanto se quer combater a fuga ao pagamento de taxas e impostos.

E quanto à Tabela Emolumentar? Também aqui as incongruências são mais que muitas. Senão vejamos: se determinado acto de registo for pedido autonomamente paga, em princípio, o respectivo emolumento. Mas se esse *mesmo acto* for registado exactamente da mesma maneira, tendo sido objecto de igual qualificação, mas estiver relacionado ou conexo com outro, já nada paga. Tomemos um caso diferente: o simples cancelamento de um encargo – que, como se sabe, é normalmente um facílimo averbamento e que deve resultar de um inequívoco documento paga o emolumento de 100,00 € (cem euros) e se houver atraso no pedido[38] pagará o dobro. Mas um averbamento à descrição – seja ele qual for, incluindo o chamado "averbamento de construção", que publicita um prédio com muito maior valor, *nada paga*. Pelo registo de aquisição de um único prédio, sem qualquer averbamento, é pago o emolumento de 250,00 €. Mas

---

[36] Por isso se disse que, com a introdução do princípio da legitimação, o Código de 84 tinha instituído uma *obrigatoriedade indirecta* do registo em todo o País (cf. Isabel Mendes, *op. cit.* pág. 36). Foi assim superada "a anterior dualidade de regimes que teve origem na Lei n.º 2049, de 6/8/51: registo obrigatório e registo facultativo" em diferentes zonas do País (cf J. A. Mouteira Guerreiro, *op. cit.* pág. 73). Por outro lado, a sanção ora estabelecida (art. 8.º-D) só se aplica quando o interessado vier requerer o registo – ou seja, quando *quiser registar*.

[37] De facto, como é óbvio, não tendo a norma em causa aplicação retroactiva, nunca seria aplicável aos factos anteriormente titulados.

[38] Referimo-nos, evidentemente, ao caso de não ter sido cumprido o *prazo* para requerer o registo.

tratando-se de uma complexa aquisição que respeite a 100 prédios e que em relação a cada um deles tiverem de ser feitos 100 averbamentos de vários factos – e tudo isso ocupando o conservador um dia inteiro – paga exactamente os mesmos 250,00 €.

Mais: uma simples desistência, que praticamente não dá trabalho algum nem responsabiliza a conservatória, bem como qualquer recusa, vai pagar precisamente o montante igual ao que pagaria o próprio acto desistido ou recusado!

Temos de nos interrogar: é assim que se respeita o princípio da igualdade e da justiça tributária?

Para o legislador parece que é. Com efeito, no preâmbulo do aludido diploma diz-se textualmente o seguinte: "os preços dos actos passam a ser únicos e, por isso, mais transparentes". Como assim? Então cobrarem-se os mesmos valores para um só acto de registo ou para uma multiplicidade de actos e isso é mais transparente ou mais "opaco", mais tosco e mais injusto?

Diga-se ainda que não foi prevista a suspensão ou interrupção do prazo para requerer o registo, pelo que o interessado – por exemplo face a um caso de recusa – pode ver-se confrontado com a necessidade de pagar o emolumento *em dobro* e sem que tivesse sido negligente, como ocorrerá numa hipótese de atraso da conservatória[39] ou mesmo dos tribunais na emissão de certidões.

Não é necessário multiplicar os exemplos para se ver que no tocante à delicada questão emolumentar não houve a necessária compreensão e experiência da matéria, bem como uma elementar noção da dificuldade e valor dos vários actos de registo.

10. No início do preâmbulo do diploma que alterou o Código anuncia-se que se aprovam "medidas de simplificação, desmaterialização e desformalização de actos e processos" (num certo conceito americanizado ou de "mercearia" como a própria raiz semântica das

---

[39] Efectivamente, se o interessado no registo foi notificado da recusa – por exemplo, porque se enganou no n.º da descrição do prédio – depois de passado o prazo para requerer o registo (e designadamente porque, devido ao atraso da conservatória, tal notificação só foi feita *já depois* de precludido tal prazo) quando vier a requerer (agora correctamente) o registo terá de pagar o emolumento em dobro.

Apreciação crítica às alterações ao Código do Registo Predial   517

palavras "loja", "balcão" e "balcão único" demonstra) o que, todavia, a nosso ver, – e independentemente de se considerar ou não que tais medidas *"simplex"* possam ser vantajosas para a segurança do comércio jurídico[40] – o certo é que aquela afirmação não corresponde inteiramente à verdade, tal como resulta do que sucintamente se disse. E não corresponde principalmente no que tange à actualização da descrição, às outras "buchadices" como as da "ficha técnica" e às próprias regras da harmonização com a matriz, que são indiscutivelmente um dos frequentes entraves ao registo dos actos e portanto à publicitação dos direitos.

Ora, esta publicitação é que constitui o ponto fulcral do valor e da necessidade do registo – e é afinal o cerne, o centro axial da Instituição, que não é, nem está vocacionada para ser, *um mero cadastro de prédios*. De resto, a descrição pode ser apenas *referencial* do prédio, como já noutras intervenções tive ensejo de referir[41] – e essa talvez fosse uma inovação a estudar mais detidamente.

Importante é realmente o registo dos factos que a lei prevê. E para que possa existir um sistema de "registo de direitos" é indispensável que exista uma "porta de entrada" que filtre os actos ilegais, ilegítimos e indevidamente titulados, ou seja que o crivo da qualificação funcione de modo rigoroso e seja exercido criteriosamente por quem estiver para tanto juridicamente preparado, o que, nesta reforma, como se verifica, foi menosprezado pelo legislador.

Na época em que vivemos, em que se contrata pela Internet, em que o crédito hipotecário e os negócios imobiliários se popularizaram, é cada vez mais necessário que exista um Registo Predial que funcione e que funcione bem, já que também só assim será viável que proporcione a almejada segurança do comércio jurídico gerando, portanto, a necessária confiança do mercado e dos cidadãos.

---

[40] E frequentemente *não são*, como acontece quando a legalidade não é devidamente controlada. É que "o interesse público tem de ser defendido". Por isso, "por vezes não se devem dar mais facilidades aos particulares" (estas frases *consensuais* – e que portanto podiam ser de qualquer um de nós – foram expressas por LEONOR COUTINHO em entrevista à Sic Notícias em 28/8/2008).

[41] Foi o caso da conferência feita nesta A*ssociação Jurídica de Braga* em 25 de Maio de 2006 sob o título "Publicidade dos direitos reais – posse, registo e prova dos direitos".

É que, como se referiu no XVI Congresso do CINDER, o registo terá de ser eficaz e fiável para que nas transacções e na vida económica propicie informação verdadeira, transparência, desenvolvimento, poupança na indagação das situações, tudo requisitos essenciais para o próprio progresso.

SIMPLIFICAÇÃO, DESBUROCRATIZAÇÃO, DESFORMALIZAÇÃO: QUAL O SEU ÂMBITO E CRITÉRIO?[*]

1. Está na ordem do dia falar de desformalização e simplificação dos actos jurídicos, de desburocratização de procedimentos, com esta ideia subjacente: *quanto mais melhor.* Melhor para o cidadão, melhor para a economia, melhor para o progresso social.

Contudo, é sempre necessário saber do que se trata e quais são as matérias abrangidas. É sempre indispensável que se *clarifiquem os conceitos.* As mais elementares regras de honestidade intelectual e até de simples bom senso obrigam a que formulemos esta interrogação básica: afinal, de que estamos a falar?

É que a confusão destes ou de quaisquer outros conceitos só pode aproveitar aos oportunistas, incluindo os *oportunistas políticos* que queiram "mostrar serviço"e promover populistas campanhas para colher os correspondentes dividendos. Mas por certo não aproveitará *nunca* à ciência do direito ou ao progresso social.

Temos, por isso, o dever de, em primeiro lugar dizer o seguinte: vamos tratar de actos notariais e de registo. Ora, como se supõe sabido, até pelos responsáveis políticos, neste domínio *específico* em que nos situamos, trata-se fundamentalmente da autenticidade de actos e dos documentos e da eficácia dos mesmos para com as partes e para terceiros.

Reflectindo um pouco, logo se reconhece que não é a mesma coisa a *simplificação* de menções ou verificações, a *desformalização* de tais actos e contratos ou a *desburocratização* de um qualquer

---

[*] Conferência sobre "Novos Problemas da Desformalização" – Faculdade de Direito de Lisboa, 16/2/2008.

procedimento. São, obviamente, coisas diferentes, ainda que, incompreensivelmente figurem com sinonímia em vários textos legislativos. É, todavia, necessário que procuremos *distinguir* esses conceitos o mais clara e rigorosamente possível, para os poder interpretar e distinguir, pois que só assim podemos saber, afinal, o que de boa fé devemos defender ou, pelo contrário, do que teremos de discordar e que, portanto, cumprirá rejeitar e se não mesmo combater.

2. Comecemos então pela simplificação. Parece que, sem grande contestação, se pode considerar que o conceito equivale ao de *facilitação*, ou seja, basicamente à diminuição de dificuldades, de certas referências, de comprovativos ou dados excessivos, enfim de quaisquer elementos que se devam considerar inúteis ou pelo menos dispensáveis.

Por isso, para em princípio se poder aquilatar da defensibilidade e vantagem da simplificação de algum acto ou de uma espécie de actos, é necessário saber quando é que tais menções se devem considerar dispensáveis.

De facto, ao contrário do que se tem defendido em conhecidas e demagógicas intervenções e, pior ainda, nos próprios textos legislativos, não há que defender a "simplificação pela simplificação", visto que as *facilidades* não são *sempre* um bem em si mesmas. A facilitação ou – mais franca e expressivamente – a conhecida "lei do menor esforço", é uma lei medíocre, de baixa concepção e de baixo estatuto que, ao contrário do que nos querem fazer crer, constitui quase sempre *um erro* e *um retrocesso*.

Há que saber *até onde* é que se deve – ou mesmo, honestamente, *se pode* – facilitar. Como já em anterior intervenção tive ensejo de referir[1], "a simplificação dos procedimentos só é admissível quando se eliminam passos supérfluos, *não* quando se põem em causa e se anulam os próprios resultados pretendidos com tais procedimentos".

Por outro lado confunde-se o que é a simplificação do conteúdo de um acto ou processo com *o modo* de os elaborar, dizendo-se que o uso da tecnologia electrónica constitui uma simplificação. É certo

---

[1] Tratou-se da conferência feita em 12 de Julho de 2007 na Associação Jurídica de Braga.

Simplificação, desburocratização, desformalização 521

que num determinado sentido é verdade. É mesmo óbvio que a utilização das chamadas novas tecnologias facilita a escrita dos actos, bem como a informação e a intercomunicação dos dados. Mas isso, que é de uma evidência total, aplica-se igualmente às mais variadas e comezinhas situações da vida e nada tem a ver com a verdadeira simplificação *dos conteúdos* que se mostrem, à luz da ciência jurídica, necessários.

Bem sabemos que entre quem tem uma formação marcadamente técnica, ainda que universitária – como é o caso de alguns engenheiros, informáticos, gestores e economistas – perpassa a ideia de que o importante são as tecnologias e os trâmites jurídicos são sempre *descartáveis* e inúteis e por isso para todos o bom, o melhor, é que se "livrem dessas maçadas" o mais possível. As precisões jurídicas, dizem-nos, são "um empecilho" que apenas interessa aos teóricos.

Só que os responsáveis governamentais, mormente da área da Justiça, têm – ou melhor teriam – o estrito dever de não aderir acriticamente a estas ideias e, pelo contrário, o de "prevenir o povo" para os perigos, os riscos, as fraudes e todos os graves inconvenientes, designadamente para o investimento e para a economia em geral, que decorrem e vão necessariamente continuar a decorrer, como inexorável corolário, de uma excessiva *facilitação* e da incúria que se verifique no tocante à formalização de actos e contratos.

Por isso, verdadeiramente útil para a sociedade nos parecia que tais responsáveis governativos alertassem esses mesmos técnicos e engenheiros mostrando-lhes casos análogos que melhor entenderão face à sua própria preparação académica. Assim, seria pertinente lembrar-lhes que existem *riscos graves* quer quando se trata de apressadamente aprovar projectos sem o devido estudo das obras de uma ponte – seja a de Entre-os-Rios ou qualquer outra – quer sendo os de uma simples garagem cujos aligeirados cálculos possivelmente não a poderão sustentar, mas também que um *não menor* perigo económico e social pode igualmente existir quando não se procura elaborar cuidadamente um contrato importante ou qualquer outro mais vulgar de que o pobre cidadão anónimo carece, comprometendo num caso e noutro as pessoas envolvidas, retirando-lhes garantias e expondo-as ao erro e à fraude e, com isso afinal, como resulta evidente, prejudicando também a transparência dos mercados e o desenvolvimento da economia.

Portanto e numa breve síntese que, quiçá devesse ser consensual, dir-se-á que a simplificação não é, também no âmbito notarial, um valor "em si" já que quando se traduz numa facilidade procedimental que *não obste* a que seja consignada inequivocamente e com a co-responsabilização do notário a vontade real das partes, sem lhes diminuir as garantias, *é benéfica*, mas se, pelo contrário, não servir para validar o que elas efectivamente pretendem, podendo gerar a incerteza, a falta de confiança, de regulação e de protecção dos contraentes e afinal a própria insegurança do comércio jurídico, já *é nociva* e socialmente prejudicial.

Sabemos que o "controlo da legalidade" representa um poderoso dique que veda o caminho à ilicitude. Mas se essa "barragem" não existe ou se rompe – ainda que em nome de uma pretensa *simplificação* – é óbvio que todas as águas sujas e poluídas que ela travava se espalham e vão provocar um desastre nas relações sociais e na vida económica.

A simplificação, portanto, só se pode considerar útil para os cidadãos quando elimina superfluidades, *mas sem lhes retirar quaisquer direitos e garantias ou mesmo as suas legítimas expectativas de segurança*.

3. Expostas estas brevíssimas notas sobre o conceito de simplificação, vejamos o que se poderá entender por *desburocratização*.

Uma simples decomposição semântica da palavra indica-nos que desburocratização consiste em retirar a burocracia. E a nosso ver é mesmo disso que se trata.

Portanto, para que nos entendamos temos de procurar indagar, embora muito sucintamente, o que é a burocracia. O conceito já tem sido analisado[2] mas não *definido*, visto não ser fácil demarcar de forma rigorosa os seus contornos. Há, todavia, alguns traços dominantes que nos permitem sintetizar os principais elementos da noção de burocracia. Um deles prende-se com a própria raiz etimológica da palavra que tem origem francesa: *bureau* que, como se sabe, agora

---

[2] M. Gonçalves Pereira fê-lo num conhecido estudo "Notariado e Burocracia" (*Coimbra Editora*, 1994) onde a partir da pág. 41 expõe o que entende por burocracia.

Simplificação, desburocratização, desformalização 523

significa gabinete e secretária, mas que de início significava mais precisamente a "escrivaninha com cobertura em *"bure"* (um tecido vermelho) própria dos *secretários de estado*. Portanto *são estes* e os seus imediatos subordinados incumbidos das tremendas "formalidades da governação" que estão na origem significante da palavra.

Sucede no entanto que, depois de alguns doutrinadores – como MAX WEBER – terem defendido as vantagens da burocracia como meio apropriado para a organização das funções administrativas, o certo é que o conceito veio progressivamente a assumir um cariz *pejorativo* significando o domínio das fórmulas, das praxes administrativas, dos rituais, dos sucessivos e repetitivos despachos de funcionários integrados em cadeias hierárquicas de oficiais, chefes de secção, de repartição ou de divisão, dos directores, presidentes e vice-presidentes dos diversos institutos e organismos das administrações locais, regionais e nacionais, cada um remetendo à consideração do seu superior hierárquico até chegar ao sempre difícil a e almejado "gatafunho ministerial", para usar a expressiva palavra do nosso EÇA.

Por isso que já no clássico Cândido de Figueiredo se indica que burocracia é o "vício do sistema administrativo que torna os assuntos dependentes do despacho e assinatura de vários funcionários". *"Vício"*, dizia. Claro que aqui se adopta a expressão "administrativo" não no sentido amplo usado por alguns administrativistas, mas num sentido mais comum e restrito, que respeita tão-só ao *exercício da autoridade* pelo poder central ou local com vista às autorizações, concessões, licenciamentos, certificações, participações, enfim, a quaisquer procedimentos analisados e decididos por esse mesmo poder em todas as suas manifestações.

Assim, se entramos num dos serviços de urgência hospitalar, que cada vez mais escasseiam, exige-se – muitas vezes lamentavelmente *antes* dos tratamentos – a entrega de cartões, de múltiplos dados pessoais e o preenchimento de uma quanta papelada – o que, evidentemente tudo isso tem natureza *burocrática*. Mas, se somos examinados e tratados pelo médico é claro que os exames, diagnósticos e tratamentos que ele faça, por mais complicados que sejam, *nunca são burocracias*.

A burocracia surge assim nesta perspectiva, que nos parece ser a correcta, como a emanação das exigências decorrentes do exercício da autoridade e do poder *públicos*, mas não como a disposição ou o

524   *Temas de registos e de notariado*

tratamento de direitos privados. Por isso, a titulação e publicitação dos contratos ou de quaisquer actos que os particulares decidam praticar para efectivar os seus acordos ou para melhor os garantir face a terceiros, *nunca* são nem legitimamente podem ser considerados uma burocracia.

A burocracia decorre das regras de direito *público*, cujo incumprimento é contenciosamente decidido pelos tribunais fiscais e administrativos, ao contrário das matérias de titulação e publicitação[3] a que se aplicam as normas de direito *privado* e que são apreciadas em procedimentos cíveis e pelos tribunais comuns.

De sorte que é pura e simplesmente *demagógico* pretender confundir os planos das *exigências* do poder público – exigências essas sempre geradoras de uma maior ou menor burocracia – com a celebração dos negócios jurídicos que os cidadãos pretendam formalizar e publicitar e, ainda por cima, propalar-se que será a sua desajustada, incorrecta ou apressada formalização uma medida que vai eliminar as burocracias.

Esta é matéria que *nada tem a ver* com burocracia. Entendamo-nos: a redacção de um contrato – e a sua ulterior publicitação – por mais cuidada e minuciosa que seja e quer possa ser feita no escritório de um advogado, procurando satisfazer o que os clientes lhe solicitam, esforçando-se por garantir e registar devidamente os seus direitos, quer o venha a ser no cartório, diante de um notário, que procurará desvelada e atentamente consignar a manifestação de vontade das partes, escolhendo a palavra certa e a frase inequívoca, isso não é, repito, *nunca pode ser considerado uma burocracia*. Trata-se sempre de actos voluntários e de natureza privada. Por outro lado, uma qualquer decisão do Estado, um licenciamento público, mesmo que decorrente de um procedimento administrativo fácil e

---

[3] Há que notar que faz parte da estrutura organizativa do Instituto dos Registos e Notariado o *Registo Nacional de Pessoas Colectivas* ao qual incumbe (entre outras importantes funções) o *licenciamento* do uso de firmas - que é, evidentemente, uma actividade de natureza pública e administrativa (à qual se aplicará, pois, o conceito de burocracia). Esta é, todavia, uma *excepção* que não invalida (não pode invalidar) o que supra se disse quanto às matérias da titulação e publicitação dos actos, designadamente a sua natureza essencialmente *privada*.

rápido – muito mais rápido do que o terá sido a redacção daquele contrato que o advogado ou o notário levaram dias a estudar e preparar – esse procedimento administrativo, dizia, é sempre de natureza pública e burocrática, tem necessariamente que envolver alguma burocracia.

Claro que *não tem sido neste sentido*, que a nosso ver é o correcto, que a expressão vem sendo utilizada – e infelizmente utilizada com frequência – na linguagem comum. Temos ouvido frases tão extraordinárias como esta, que registei, de alguém muito conhecido, referindo-se a um político recentemente eleito: "acho que o *leader* fez um discurso muito burocrático". Num recente colóquio sobre o processo civil que teve lugar numa das nossas faculdades, ouvi e apontei outro dito de um participante que não é menos extraordinário. Disse ele: "acho que as decisões dos nossos juízes são muito burocráticas". E outro entendia também que a apresentação do rol de testemunhas era "um passo bastante burocrático".

Em todos estes casos e noutros – que também incluem na burocracia os necessários cálculos de engenharia – o uso desta vulgarizada expressão é apenas, como soi dizer-se uma "força de expressão". Não têm qualquer sentido lógico nem o mínimo de rigor conceptual.

Por isso, se ainda podemos desculpar a imprópria utilização das palavras *burocracia* e *burocrático* quando vulgar e popularmente são ditas ou mesmo se provêm de algum comentário ou de mero alarde jornalístico, parece que já não deveremos ser tão condescendentes quando são utilizadas por um jurista e *muito menos ainda* se o forem pelo legislador, tanto nas próprias normas como no preambulo dos diplomas.

De facto, se queremos progredir, se sempre necessitamos de dialogar uns com os outros e com as diversas instâncias oficiais, a primeira coisa que se exige para que todos nos possamos entender é *saber-se do que falamos*, é concluir que temos de utilizar as palavras e os conceitos com algum sentido, com a possível precisão e não de forma dúbia, enganosa, geradora de equívocos que impedem a escuta e o diálogo, se não mesmo o necessário rigor para haver progresso legislativo.

Portanto, creio que temos de dizer com clareza: os actos que o direito privado prevê, mormente os que o notário elabora, *não são actos de burocracia*, ainda que possam envolver – como na realidade muitas vezes envolvem – "actos burocráticos", quais sejam os licenciamentos, as certificações e autorizações públicas, o pagamento de impostos e várias outras imposições que a lei faz para que o acto notarial possa ser praticado e que, porventura numa grande parte, bom seria que diminuíssem e até que se eliminassem. E, essa sim, seria uma simplificação normalmente desejável.

Não vamos, porém, ao ponto de demagogicamente propor que se elimine *toda* a burocracia. É que alguma é vantajosa e até necessária *para assegurar a aplicação da lei*, sobretudo tratando-se da legislação urbanística, da comunitária, e também da inerente à própria protecção do consumidor e dos direitos individuais. Em certa medida, essa actividade necessariamente burocrática tem representado mesmo, ao contrário do que se quer fazer crer, *um progresso* institucional dos serviços e do funcionamento do Estado. Há uns anos podiam vender-se parcelas de terreno sem que fosse exibido o alvará de loteamento, de obtenção sempre difícil, morosa e cara. Mas é preferível que se exija a exibição do alvará a que se multipliquem novas "Quintas do Conde" que acabam por gerar no futuro bem maiores problemas. Trata-se, portanto, de um prévio cumprimento burocrático que nunca agrada aos vários senhores de grandes grupos económicos ou mesmo dos mediadores e de certas associações industriais e comerciais, que não querem quaisquer peias, demoras e gastos, mas que, mau grado todas as conhecidas objecções, são importantes para o cumprimento de determinados valores e princípios.

É evidente, porém, que aqui não nos referimos a outros obstáculos, por vezes tremendos, que cada vez mais se levantam para um simples tratamento hospitalar, para um elementar cumprimento das obrigações fiscais ou para as mais comezinhas instalações de um contador de água, situações estas que, diversamente do que ocorre nos países que nos são próximos, entre nós estão cada vez mais burocratizadas. Mais explicitamente ainda: é manifesto que o nosso actual legislador nacional tem sido *absolutamente incapaz* de resolver estes problemas e de aligeirar estas verdadeiras *burocracias inúteis*. Pior. Vira-se para os *registos* e para o *notariado* a quem tem tratado como verdadeiros "inimigos públicos a abater" e não compreende – como compreendem os nossos amigos espanhóis ou alemães e os nossos irmãos brasileiros – que se trata de instituições *fundamentais* e que *não são* elas as que geram burocracia, visto que antes a eliminam e que frequentemente a procuram *contornar*, a fim de resolver os problemas que ela coloca e conseguir ladear esses obstáculos, *dando satisfação às pretensões das partes dentro da legalidade* e conseguindo com trabalho, competência *e imaginação* assegurar os seus direitos, como é manifestamente essencial para a defesa e confiança dos cidadãos, bem como para a credibilidade das transacções, estas sim, se feitas legalmente e com segurança, geradoras de maior investimento e da consequente recuperação da economia.

Em suma: tudo isso não é burocracia nem gera burocracia – que basicamente provém do Estado, das Autarquias e de instituições várias que, também a diversos níveis, formulam múltiplas exigências. E ela é em si e em termos gerais *um mal tremendo* que "incomoda" os cidadãos, trava o desenvolvimento económico e impede o investimento.

4. Referimos o nos parece indubitável: que burocracia e formalização dos actos e negócios jurídicos são coisas muito distintas. Do conceito de burocracia procuramos dar uma breve ideia, mas quanto à formalização nunca seria viável, no escasso tempo desta intervenção, sintetizar as ideias que este conceito envolve.

Todavia, talvez possamos recordar a clássica evidência de que uma total desformalização seria sempre impraticável. Como é sabido, no sentido amplo *forma* tem necessariamente tudo o que existe e portanto a formalização dos actos e contratos, ainda que livre, será realmente sempre necessária. Pode é, num sentido jurídico ter determinadas exigências legais e num sentido prático ser mais perfeita ou mais deficiente. Mais célere ou mais demorada. Feita por quem está para tal técnica e cientificamente habilitado ou por quem ignora o que seja um acto jurídico. E poderíamos continuar exemplificando esta contraposição de valores e de ideias sobre o conceito e a prática da formalização.

Contudo, bastará apenas lembrar o seguinte: dar forma a um contrato é principalmente *confeccioná-lo*. E confeccionar bem qualquer coisa representa sempre uma vantagem e um progresso trate-se de um fato, de qualquer objecto ou de um acto jurídico.

É sabido que entre nós vigora a regra da liberdade declarativa herdada do Código Napoleónico e portanto os actos não especialmente previstos não se acham sujeitos a uma predeterminada formalidade. Isto porque a própria lei entende que muitas das situações são comezinhas e não justificam especiais cautelas. Todavia, quando as justifica, mormente porque há outros valores a salvaguardar, indicados pela generalidade dos autores, tais como os da veracidade das declarações, da segurança dos negócios ou da própria protecção de terceiros, também se considera que deve impor-se uma *especial formalização*, sujeita mesmo à necessidade de autenticação, ou seja, essencialmente à intervenção notarial. E, como bem se sabe, é neste sentido que comummente se usa a palavra formalização.

Tem, no entanto, sido difundida a ideia – a despropositada ideia, diria – de que a formalização dos actos é nociva à vida dos cidadãos, antiquada e *desajustada das novas tecnologias*. Contudo, ter-se-á de reconhecer que ao contrário do que se propagandeia, até por alguns ditos "juristas", esta é que é uma visão já retrógrada, ultrapassada e desajustada da realidade contemporânea. Sabemos todos que a comunicação e a contratação electrónica quando nasceram eram livres, mas que exigem hoje cuidados de *formalização*, de *validação*, de *segurança* e inclusive de *certificação* que inicialmente se descuravam e cuja necessidade o próprio legislador veio actualmente confirmar. E também há que reconhecer que, por mais ultra liberal que seja um sistema jurídico, acaba por se verificar que é sempre necessário cumprir certas formalidades quando se querem obter algumas garantias.

Ora, este reconhecimento e aquela confirmação legal na própria contratação electrónica representam, ao que penso, uma evolução positiva no sentido de se ter reconhecido que, além das razões jurídicas, *há também uma necessidade social* de ser defendida a verdade e a autenticidade dos actos e dos negócios jurídicos, seja qual for o instrumento técnico e o meio pelo qual eles *são confeccionados*. Importa é que o sejam *bem* de modo competente e isento e, para tanto, não interessa que se use uma lapiseira ou um computador da última geração[4].

---

[4] Aliás, acaba por ser mais duradouro o suporte de papel do que o electrónico, dado o permanente avanço da tecnologia – o que faz que a informação contida numa antiga "disquete" *já não possa* ser "lida" por qualquer dos actuais computadores, como muito justamente alertou UMBERTO ECO nos interessantes diálogos com JEAN-CLAUDE CARRIÈRE (cf. "N'espérez pás vous débarasser des livres", Ed. "Grasset & Fasquelle", 2009).

De modo que creio ser impreciso dizer-se que a formalização dos actos tem para a lei uma perspectiva de "excepção" e que assim deve ser e é desejável que seja. Será talvez mais correcto dizer-se que não, porque afinal coexistem dois princípios *com idêntico relevo*: um de liberdade declarativa e que em geral se aplica e terá de continuar a aplicar aos actos mais vulgares e às transacções que envolvem a generalidade dos bens móveis. E um outro *princípio* – acentuo, "princípio" ou caso se preferira, uma regra essencial, mas nunca uma "excepção" – e que consiste na *indispensabilidade* de determinadas exigências de forma, de certificação e de autenticação das declarações, ou seja, de uma *formalização* cuidada, certificada e autêntica, sempre que estiverem em causa bens duráveis e de elevado custo, como é o caso dos imóveis, e que exijam a protecção dos próprios contraentes e de terceiros, bem como a salvaguarda de determinados valores, directivas, padrões e garantias. E isto sem prejuízo de poder (quiçá dever) ser estabelecida maior flexibilização no tocante ao regime das invalidades formais.

Creio que tudo isto afinal resulta dos princípios que enformam o nosso "sistema jurídico" (e que me perdoem Canaris e Menezes Cordeiro se impropriamente estou aqui a usar esta expressão), sendo certo que este consagra um conjunto de "medidas destinadas a impedir a violação da ordem jurídica", entre as quais necessariamente se inserem as destinadas a acautelar a devida formalização dos actos.

Resumindo numa palavra simples e breve a minha singela opinião direi: resulta do nosso sistema jurídico que coexistem e tudo aconselha a que *devam continuar a coexistir* dois princípios: por um lado, um princípio genérico de liberdade declarativa e, pelo outro, a par dele e com idêntica relevância, um *princípio* também comum, que se poderia designar como o da *formalização necessária* e que tem lugar e se deve aplicar – sobretudo atentos os princípios gerais do direito civil e outros, como os da protecção do consumidor – sempre que tenham de ser salvaguardados os indicados valores e que esteja e deva estar em causa o cumprimento de uma *forma especial* (solene) para a necessária defesa da substância do acto ou da sua credibilidade pública, não existindo, por outro lado, razão bastante para que se abandone essa regra que ouso denominar como a da "formalização necessária".

5. A burocracia trava, entrava, dificulta as transacções e prejudica o desenvolvimento económico. Mas a boa e cuidada formalização dos negócios *é necessária e sedimenta a confiança dos contraentes, favorece as transacções e contribui para o desenvolvimento económico.*

Entre nós não se tem adoptado uma estratégia de qualificação da justiça em geral e, em particular na área dos registos e do notariado. A estratégia tem sido precisamente a oposta: a da desqualificação completa, a da ausência de quaisquer cuidados, do facilitismo, da lei do menor esforço, a par da desvalorização dos princípios fundamentais – como o do controlo da legalidade – e na acentuada ênfase da rapidez, da "rapidez pela rapidez", ou até de um *irreflectido imediatismo* – na hora e no minuto – para que na nossa arena social o *populus indignatus*, ainda que com aparatosa veste intlectual, continue a aplaudir e a gritar por *pane et circes*. É que o que dá dividendos, e dividendos políticos, são afinal essas ideias pseudo-progerssistas e tamásicas.

Por isso se tem considerado que todos os funcionários, sem formação jurídica alguma, podem, como se fossem conservadores ou notários, qualificar actos que frequentemente supõem e – cabe reconhecê-lo – *exigem mesmo* adequada preparação.

Perguntamo-nos por isso: para que serve que aos conservadores e notários se exijam cursos, exames, estágios e a própria licenciatura? Não será uma completa hipocrisia dizer-se que se quer "apostar" – é este o termo usado – na qualificação profissional? Ou será que para os registos e o notariado não se aplicam ou não necessitam de se aplicar estes propósitos?

Muitas outras interrogações se tinham de formular – desde a total desconsideração pela própria privatização do notariado até ao incompreensível centralismo, concentração e menosprezo pelos registos onde aliás se criaram tramitações complexas e inúteis. E havia também que questionar para onde se vai e onde se quer chegar com a *americanização* destas instituições. É que, recordemo-lo, os americanos não fazem a mínima ideia do que seja uma escritura ou uma hipoteca num sistema romano-germânico, mas a pacóvia imitação do seu inepto primarismo e facilitismo que já os está a arruinar, irá também, inexoravelmente, conduzir à ruína os nossos bons alicerces da segurança nos instrumentos jurídicos e da confiança na contratação.

Simplificação, desburocratização, desformalização 531

6. O tempo escasseia para desenvolver tudo isto, mas parece que podemos concluir o seguinte: flexibilizar procedimentos pode ser: mas desformalizar quando tal implique eliminação de garantias e destruição de direitos, isso nunca. Aliás, os cidadãos mais cedo ou mais tarde acabam por rejeitar tais pseudo-soluções. Isto foi, aliás, o que aconteceu com o documento previsto no Decreto-lei n.º 255/93, de 15 de Julho, que para a aquisição de casas criou uma excepção idêntica[5], ao que agora se chamou, com pompa e circunstância, a "casa pronta". No entanto, esta ideia, com mais de 14 anos de idade, constituiu ao tempo um fracasso[6] precisamente por não ter sido suficientemente estruturada. Esperemos que as actuais inovações, sejam mais bem organizadas.

As decisões do Estado inserem-se na burocracia que dificulta as transacções e prejudica o desenvolvimento económico. Pelo contrário, a boa e cuidada formalização dos negócios jurídicos – mormente quando intervém o notário redigindo-os, verificando sua legalidade, autenticando-os, conferindo-lhes fé pública, co-outorgando-os com as partes e co-responsabilizando-se com elas e aliás por muito módicos honorários – beneficia os cidadãos, propicia as transacções e contribui para o desenvolvimento. Mas, cabe também dizê-lo, não parece adequado e útil para todos que o notário *faça* registos, já que essa é uma tarefa especializada do conservador.

Por outro lado, deve ainda acentuar-se que a feitura de escrituras por quem não tem a necessária experiência e conhecimento especializado da legislação civil, fiscal e administrativa, bem como da própria prática dos actos, pode levar a graves deficiências que depois só serão sanáveis nos tribunais.

Em suma: a desformalização *é nefasta* quando serve para descredibilizar os actos e negócios jurídicos. As grandes empresas poderão dela prescindir, visto que dispõem de meios, de bons quadros técnicos e jurídicos e de avençados escritórios que as assessoram. Não assim as pequenas e pequeníssimas que abundam no nosso País

---

[5] O diploma visou dispensar a escritura pública para as transacções imobiliárias com financiamento hipotecário feito em instituição de crédito.

[6] Cabe reconhecer que ao tempo não existiam os meios técnicos e a total informatização dos serviços notariais e de registo, bem como fiscais, que obviamente permite uma imediata inter-comunicação entre eles.

e o próprio cidadão comum que só saem prejudicados com a falta do apoio técnico-jurídico, mormente o especializado apoio notarial.

Tem-se visto que o actual legislador – com notória demagogia e evidente propósito de agradar a essas grandes empresas, aos escritórios que têm "voz forte"e aos próprios chefes com escassa formação (e apenas em algumas áreas técnicas) consideram os juristas perfeitamente inúteis e descartáveis, uns "chatos", perdoe-se a expressão, – este legislador que nos preâmbulos dos diplomas se auto-proclama como iluminado, anuncia sempre que a desformalização é feita "sem diminuir as garantias" dos contraentes. Mas qualquer jurista minimamente atento espanta-se e interroga-se: como é isso possível? Que milagre é esse? E perscrutando um pouco logo verifica: não há milagre algum, porque de facto as garantias de verdade, de legalidade e de autenticidade ou ficam amesquinhadas ou *desaparecem* completamente.

Tenho mesmo conhecimento de certas situações que se não fossem trágicas, seriam apenas caricatas, algumas das quais, sendo já públicas, é desnecessário e até deprimente aqui repetir. Servem, porém, para ilustrar que quando o resultado prático é contrário ao que se anuncia – e se espera – isso significa, demonstra, que houve uma total desorientação, até legislativa, que à superfície pode enganar, mas que no fundo e a prazo só prejudica o País.

7. A finalizar lembrarei o seguinte: tem-se dito – e bem – que para haver progresso económico é preciso que o investimento cresça. Mas, a este propósito e no que toca à área da Justiça, permita-se que de novo perguntemos:

Como pode haver maior investimento se no nosso País a actividade judicial se processa com todas as reconhecidas dificuldades e não consegue responder pronta e eficazmente às contínuas pretensões dos investidores? E apesar disso se teima em querer descredibilizar a Justiça? E como pode aumentar a propensão para o investimento quando se procura anular todo e qualquer acto notarial e eliminar o próprio documento paradigmático que é a escritura pública (mesmo a electrónica), como base indispensável da confiança e da segurança na contratação, substituindo-a sempre pela mera autenticação de um qualquer escrito? Como pode crescer o investimento quando os registos públicos, mormente o registo comercial, deixou de prestar infor-

Simplificação, desburocratização, desformalização   533

mação fidedigna sobre os factos ou sobre a própria identidade dos sócios das empresas e se o facilitismo populista eliminou estas elementares garantias dos cidadãos e até o controlo da legalidade? Como se defendem os cidadãos quando se lhes incute a falsa e popularuncha ideia de que a precisão jurídica e a veracidade dos contratos são velharias que nada interessam? E não se sabe que a ilegal e indevida publicitação de situações jurídicas, mormente se feita pelos registos públicos, atenta contra os próprios direitos fundamentais dos cidadãos?

De facto, chegou-se a um cúmulo de ligeireza nas reformas legislativas que se introduziram no domínio dos registos e do notariado verdadeiramente espantoso. Perdendo-se uma visão equilibrada, ponderada e competente das reformas necessárias, abriu-se, pelo contrário, um falacioso caminho a toda a espécie de irregularidades, instituindo-se a leviandade, a irresponsabilidade e a incompetência como paradigmas normativos.

Esta é, a nosso ver, uma via errada da qual urge sair quanto antes, porque doutro modo a credibilidade das transacções entre nós acabará, como pura reminiscência passada, com os óbvios prejuízos para a economia, para os valores da "tutela preventiva" e para a pacificação das relações sociais.

Sejamos claros: o chamado programa *"simplex"* trouxe vantagens várias, para os cidadãos e para a economia, mormente no que toca à facilitação das certificações, da introdução das "tecnologias", das intercomunicações electrónicas, dos licenciamentos e do relacionamento com a Administração Central, mormente a Administração Fiscal – sendo porém certo que neste domínio mais, muitíssimo mais, haveria necessidade de se fazer. Só que, no tocante aos registos e notariado o que se fez, principalmente no domínio da prática dos actos – e com raríssimas excepções, como a da informatização, aliás obviamente necessária – quase tudo foi sobremaneira populista e por vezes nocivo e contrário aos fins da Instituição.

Parece que *não se entendeu* o que é evidente: que a titulação e publicitação das relações jurídicas privadas não se insere no âmbito do direito público, mas sim do privado. Trata-se de um domínio que está por assim dizer nas antípodas do das concessões e dos licenciamentos públicos – esse sim *estatal,* que é onde existem e se multiplicam as burocracias.

Os registos e o notariado o que precisam é que o Estado fique *calmo e quieto* e não coloque sucessivos entraves à sua actuação. Que deixem trabalhar os notários e que não burocratizem conservadores. Que também os deixem cumprir o seu *nobile officium*. Que não tolham nenhuma dessas funções, como incompreensivelmente se tem feito, com as decorrentes consequências de um grave prejuízo civil e económico, ao invés do que se quer fazer crer com a propaganda oficial.

Terminemos, porém, com uma palavra de esperança.

Esperemos que este nefasto rumo que vem sendo seguido não conduza a um abismo, mas retorne ao equilíbrio, deixando os populismos que conduzem à insegurança e assumindo uma directriz verdadeiramente moderna, à semelhança do que ocorre na Europa e dentro dela nos países *que investem na confiança e na segurança das relações jurídicas privadas*, desde a vizinha Espanha à estruturada e credível Alemanha.

Realmente, só se assim acontecer, é que também nós conseguiremos reassumir o desejável caminho do investimento, do crédito social, do progresso e da justiça.

O REGISTO POR DEPÓSITO DA CESSÃO
DE QUOTAS O ANTES, O DEPOIS... E AGORA?*

1. O polémico diploma que alterou o Código do Registo Comercial – e referimo-nos obviamente ao Decreto-Lei n.º 76-A/2006, de 29 de Março – começa por anunciar no preâmbulo que se visou concretizar uma parte fundamental do programa governativo no sector da justiça colocando-o "ao serviço dos cidadãos e das empresas, do desenvolvimento económico e da promoção do investimento".

Diz ainda que para tal se tornaram facultativas "as escrituras públicas relativas a actos da vida das empresas" evitando assim "o duplo controlo público" dos actos que lhes dizem respeito. Ao abordar a matéria do registo, refere que se reduz o número de actos a ele sujeito, adoptando-se a possibilidade de praticar alguns através de um "registo por depósito", criando-se "um novo regime do registo de transmissão de quotas".

No entanto, este anúncio que o preâmbulo faz não torna suficientemente claro o motivo subjacente à instituição desse novo regime, já que depois de o ter simplesmente assinalado passa a falar (e longamente) do tema do governo das sociedades, que evidentemente é distinto do das *participações sociais*, sendo inquestionável que ao regular a transmissão de quotas é deste último que estamos a falar.

Referindo-nos agora portanto – *e apenas* – às transmissões de quotas parece que ao instituir o novo regime, o fundamental intuito do legislador terá sido o *descomplicar* o que até então existia. E, diga-se em abono da verdade, que por vezes era (inadmissivelmente) complicado conseguir concretizar-se uma simples cessão de quotas.

Só que *convém saber porquê*.

---

* Conferência no Seminário do *IDET* e do *CENoR* – Faculdade de Direito de Coimbra, em 14/11/ 2008.

536 *Temas de registos e de notariado*

Vejamos: *não era* o Código do Notariado nem o do Registo Comercial que impunham a observância de particulares ou complexas formalidades. Por isso, se nem sempre se podiam celebrar as escrituras ou fazer os registos era porque a tal obstava o que *noutras leis* se dispunha a propósito de tudo ou de nada. Um dos entraves mais frequentes a várias cessões de quotas consistia na obrigatoriedade de juntar o documento da Segurança Social[1] comprovativo de que o cedente e a sociedade aí tinham a sua situação regularizada.

Sem esse documento não se podia fazer a escritura. E ele era demorado e por vezes difícil de obter. É que muitas pequenas empresas sem outros trabalhadores que não fossem os próprios familiares directos – e porque às vezes estes tinham algum outro emprego pelo qual "descontavam" – nem sequer estavam inscritas na Segurança Social. Tive experiência directa da dificuldade e da morosidade que havia até se conseguir obter esse "famigerado" papel! Mas depois, até no próprio dia em que se obtinha, fazer a escritura era normalmente fácil. Dir-se-á até que após a privatização do Notariado tal facilidade seria sempre *óbvia*.

Por isso, é legítimo que nos interroguemos sobre as reais causas das dificuldades que existiam para a titulação e registo da transmissão de quotas. A nosso ver tais óbices – diríamos mesmo, tais *intoleráveis peias* de cariz *burocrático* – residiam em controlos e condicionalismos impostos por leis avulsas e não propriamente no regime previsto nos Códigos do Notariado e do Registo Comercial. É que, como noutras ocasiões tive ensejo de expor, afigura-se que as burocracias decorrem das concessões, licenciamentos, autorizações, despachos e toda a espécie de regulamentações que os serviços públicos impõem aos particulares, mas – *inversamente*, dir-se-ia – não têm natureza burocrática *os actos* que eles mesmos querem *formalizar*.

Por isso, um contrato, um testamento, uma escritura evidentemente que *não são* em si mesmos actos burocráticos.

Uma outra resistência geralmente apontada ao registo da transmissão de quotas consistia no cumprimento do princípio do *trato sucessivo* que como é sabido, se traduz na observância adjectiva da

---

[1] A exigência legal é antiga mas foi, por último, estabelecida no n.º 1 do art.º 20.º do Decreto-Lei n.º 411/91, de 17 de Outubro, para a transmissão a novos sócios de mais de 50% do capital social.

O registo por depósito da cessão de quotas o antes, o depois... e agora? 537

regra substantiva da aquisição derivada: o direito do adquirente deve basear-se no direito do transmitente. Daí que não pudesse ser inscrito (ou onerado) o direito daquele se antes o não estivesse a favor de quem lho transmitiu (ou contra quem se pretendia onerar).

É por demais evidente que este princípio, que salvaguarda as transmissões (e imposições) indevidas, mormente as que eventualmente pudessem ser feitas *a non domino,* contribui eficazmente para a segurança do comércio jurídico. Por outro lado, a par de outros princípios, como é designadamente o caso do princípio da legalidade, constitui um dos pilares para que um sistema registral possa ser considerado como de "registo de direitos" que – diversamente do que ocorre com os chamados "registos de documentos" – permite alcançar a finalidade básica de um elevado grau de segurança jurídica.

Ora, o Código do Registo Comercial de 86, enunciando no artigo 1.º essa finalidade fundamental, articulou aqueles e bem assim os demais princípios de uma forma lógica e consertada de modo a constituir um *todo coerente de normas* que – apesar de muitas delas terem sido inspiradas e decalcadas nas do registo predial – vieram *globalmente* a merecer um generalizado apoio da doutrina.

No que toca às diversas operações sobre quotas e aos correspondentes registos deve também sublinhar-se que os princípios previstos no Código de 86 lhes eram aplicáveis, sendo os actos inscritos por forma a permitir publicitar clara e inequivocamente as situações jurídicas e a salvaguardar os direitos das partes. Refiro-me concretamente às provisoriedades por natureza e por dúvidas, tais como as relativas às transmissões de quotas antes de titulado o contrato, às penhoras, arrestos e outras providências contra quem não é o titular inscrito (sendo certo que aqui o incumprimento do *trato sucessivo* tinha uma solução de *suprimento* prevista no artigo 80.º) ou ainda às várias situações de ineficácia contempladas na lei substantiva que podiam ser inscritas provisoriamente, tendo os interessados a possibilidade de assegurar a prioridade do direito inscrito através da atempada conversão do registo.

Por outro lado, os casos em que o registo da aquisição da quota só podia ser feito se tivessem sido observadas as condições previstas no contrato de sociedade ou no próprio Código das Sociedades Comerciais – e que iam desde o vulgar *consentimento* da sociedade até às algo complexas situações da amortização – também se achavam suficientemente acauteladas, desde logo pela *qualificação do acto* que o conservador tinha o dever e a responsabilidade de fazer para que o princípio da legalidade pudesse ser cumprido.

2. Acontece que com o citado Decreto-Lei n.º 76-A/2006, o legislador veio pôr fim a todas estas – e outras – regras básicas do registo, com a anunciada ideia de "concretizar" o que a este propósito *aparentemente* estava previsto no programa governativo.

E como se operou essa concretização no tocante às transmissões de quotas?

É fácil responder e de modo muito simples: eliminando totalmente o regime previsto no Código de 86 e substituindo-o pelo que se designou "registo por depósito". Só que, procurando perceber-se o que se estabeleceu, parece que teremos de chegar à conclusão que não se trata de *um registo*, mas antes de um mero *depósito "tout court"*. É que não se lhe aplicam quaisquer princípios registrais e nem sequer produz o "efeito mínimo": a presunção do seu conhecimento.

Citando o Professor CARLOS FERREIRA DE ALMEIDA e a sua conhecida obra "Publicidade e Teoria dos Registos" – que, embora já antiga, até hoje foi, reconhecidamente, o mais acreditado trabalho que entre nós se publicou sobre este tema – temos que (permito-me citar) *"registo público é o assento efectuado por um oficial público e constante de livros públicos, do livre conhecimento, directo ou indirecto, por todos os interessados, no qual se atestam factos jurídicos conformes com a lei e respeitantes a uma pessoa ou a uma coisa, factos entre si conectados pela referência a um assento considerado principal, de modo a assegurar o conhecimento por terceiros da respectiva situação jurídica e do qual a lei faz derivar, como efeitos mínimos, a presunção do seu conhecimento e a capacidade probatória"*[2].

Claro que actualmente a escrita é electrónica e os livros foram substituídos por fichas electrónicas, mas isso *em nada altera* a justeza da definição que, portanto, – ainda que aparentemente antiga – mantém, no entanto, toda a sua actualidade, sendo certo que a cognosci-

---

[2] Cf. "Publicidade e Teoria dos Registos" (*Almedina*, 1966) início do Capítulo VII, n.º 32 (pág. 97) exactamente dedicado à "definição de registo público".

bilidade dos actos inscritos no registo até resulta mais facilitada com o acesso informático.

Contudo, nos próprios termos da definição, o que basicamente importa para que um qualquer assento (e obviamente que "assento" no seu sentido amplo, abrangendo uma *qualquer espécie* de "acto registral", como o averbamento) tenha a natureza de um "registo público" é essencial a sua característica de atestar factos jurídicos *conformes com a lei*, assegurando uma *capacidade probatória*, bem como o conhecimento da situação jurídica por terceiros e fazendo *presumir* tal conhecimento.

Ora, é inquestionável que *não é isto* o que se verifica nos chamados registos por depósito, já que, à face destas últimas alterações do Código –pasme-se – nem sequer é ou pode ser verificada a simples *regularidade formal* da documentação!

Por isso, e como já tivemos ensejo de referir em anteriores intervenções, parece que tais *depósitos* não se podem considerar "registos" e serão mesmo *injustificáveis* à luz do nosso sistema jurídico – salvo, é claro, o caso das *contas* que já anteriormente eram feitas por depósito,[3] precisamente porque, *neste caso* (neste *único caso*, recorde-se) ao registo incumbe *apenas* – sublinho, apenas – publicitar que foram depositadas, cabendo a respectiva análise e controlo (aliás um apurado controlo técnico) aos Serviços Fiscais.

Porque foi então que o legislador se lembrou de instituir este regime do chamado "registo por depósito" para todos os actos relativos às quotas?

A nosso ver – e não se descortinam outras plausíveis explicações –, por dois motivos essenciais:

1.º – Porque se quis abolir o (indevidamente) chamado *duplo controlo* da legalidade. Já noutras oportunidades tive ensejo de refutar essa ideia – nascida no seio do notariado espanhol – procurando demonstrar que se controlavam coisas diferentes e sob perspectivas distintas, designadamente a que tem em vista a *dar forma* ao negócio (notarial) e a outra, diferente (registral), a de o tornar *oponível erga omnes.*

---

[3] Foi o Dec-Lei n.º 198/99, de 8 de Junho, que alterou os n.os 1 e 2 do art.º 42.º do C.R.C. para dizer que este registo consistia *apenas* na entrega, para depósito, dos documentos das contas.

Não é ora oportuno (nem sequer haveria tempo para tal) desenvolver este tema pelo que apenas poderemos remeter os interessados para os estudos respectivos[4].

2.ª – O segundo motivo terá sido o de tentar estabelecer para as quotas um *regime idêntico* ao das acções e incumbir *a sociedade* – e apenas a sociedade – de verificar todos os factos referentes às quotas. Só que, se foi esta a ideia, ela radica numa dupla confusão: por um lado como é manifesto e de todos sabido, as quotas não são equiparáveis às acções – puros *títulos de capital* transmissíveis e negociáveis – representativos do capital social da sociedade anónima que é típica e exclusivamente uma sociedade de capitais, ao invés da sociedade por quotas que, consabidamente, é também *personalista* e na qual as quotas representam a parte que *cada sócio* tem no capital da sociedade, portanto, do sócio *pessoalmente* considerado.

Ora, a *pessoalidade* desta participação social (da quota) não tem no nosso Ordenamento, e parece que não deverá ter, o mesmo tratamento jurídico que é dado às acções[5], aliás em consonância com a individualidade daquelas e com a abstracção prática destas.

Por outro lado, sabemos também que as transmissões de acções nunca têm de ficar referenciadas na conservatória, a quem não incumbe inscrever os concretos movimentos desses títulos de capital.

E o controlo das operações sobre acções reside fundamentalmente nos Serviços Fiscais, no sistema bancário e na própria C.M.V.M.

---

[4] Esta questão é como "uma moda". Aparece ciclicamente e tem sido debatida um pouco por todo o lado, sobretudo em Espanha e no círculo do "Notariado Latino".

Recentemente foi muito bem tratada por JOSÉ MANUEL GARCIA GARCIA e sintetizada na nota (2), págs. 2994 a 2997, n.º 115 do "Titulo Preliminar" do "Código de Legislación Inmobiliaria, Hipotecaria y del Registro Mercantil" (Editorial Civitas, 5.ª ed. 2006) em que este Autor explica *o diferente âmbito* da qualificação na fase da feitura do documento e depois na do registo e que falar-se de "dupla qualificação" é afinal *uma falácia*. Este Autor comenta ainda a qualificação na recente "Legislación Hipotecaria y del Registro Mercantil", *Civitas, 2008,* nas notas de págs 38 e segs.

[5] Dizemo-lo, portanto, à luz do nosso Ordenamento Jurídico – e, assim, sem qualquer preocupação comparativa com quaisquer outros, que aqui se afigura inoportuna.

Diferente é o caso das quotas cujos movimentos não passam pelo sistema bancário, pelas bolsas de valores ou por qualquer outro controlo de instituições de crédito. Apenas pelos serviços do registo comercial.

Assim, tendo-se abolido o exame das operações sobre quotas e a fiscalização da sua *legalidade* pelas conservatórias, verifica-se esta espantosa situação: não há, presentemente, *qualquer entidade* que tenha a directa incumbência de prestar o *serviço público* (e, a nosso ver, o indispensável serviço público) da verificação da legalidade dessas operações.

Consequentemente, tendo-se querido acabar com o tal "duplo controlo" chegou-se presentemente à incongruente solução de *não haver controlo algum*. Isto é, perante a ilegalidade manifesta os interessados são "empurrados" para a via judicial, visto ser esta a *única saída* possível para apreciar e resolver tais ilegalidades. E é o que tem acontecido, sendo por demais conhecidos os casos – que por isso aqui nem precisamos de os enumerar ou recordar – e que se poderiam apelidar de ridículos se não fossem mesmo trágicos e até contrários aos fins do registo.

Por isso não se entende que o legislador tenha incumbido a própria sociedade de controlar a legalidade dos actos referentes às quotas, *ajuizando em causa própria*, como resulta do disposto no artigo 242.º-E do Código das Sociedades Comerciais – sem que nenhuma entidade esteja incumbida de o verificar –, mas incompreensivelmente determinando *ao mesmo tempo* que o tal "pseudo-registo" – o chamado "registo por depósito" – deve ser feito na conservatória, *que nada controla*, nem sequer formalmente.

Ora, se é a sociedade a única entidade que se auto-controla, *como é que depois o registo é feito na conservatória?*

É algo ilógico e até injusto para as partes que a conservatória não *faça o seu serviço* e se limite a cobrar o emolumento. Aliás estaria certo que a sociedade "promovesse o registo" (como manda o artigo 242.º-B), mas nunca que o *qualificasse* sabido mesmo que a maioria das empresas – pequenas e médias – não têm recursos para pagar a juristas, nem tão-pouco os têm nos seus quadros.

É que *promover o registo é fácil*. Mas confunde-se o "pedido de registo" com o *registo em si* e com os seus princípios: aquele pode – e deve – estar à distância de um "clique", como hoje se diz. Este

542   *Temas de registos e de notariado*

nunca pode ser instantâneo ou irreflectido – sob pena de *para nada servir*, como agora acontece com os chamados "registos por depósito", aos quais nenhum dos princípios de registo se aplica. Ora, como bem se sabe, menosprezar e abdicar dos princípios significa, sobretudo nesta matéria de registo, abdicar de tudo.

3. E agora?

Agora *se o legislador pretender repor a confiança no registo e a própria verdade tabular* não nos parece que se perspective melhor solução do que, ao menos numa primeira medida, *retomar a legislação anterior*, designadamente o princípio da legalidade.

De facto, qualquer registo jurídico supõe um exame – e que terá de ser feito por quem tiver a indispensável preparação técnico-jurídica.

É que o registo *tem de ser revelador* da situação fáctica e jurídica em causa. Tem de elucidar, sob pena de não ser registo.

A publicidade registral é por definição uma publicidade que gera *efeitos* quanto à cognoscibilidade da existência dos direitos registados. Tais efeitos, que ao longo da evolução histórica foram nos primeiros tempos apenas probatórios e depois presuntivos da existência e validade dos direitos, passaram a dada altura a ser também os da *eficácia* em relação a terceiros e em alguns sistemas até da eficácia entre as próprias partes[6].

Não se pode pedir o impossível: que de um alcunhado "sistema de registo"que não tenha qualquer espécie de controlo, se queira ao mesmo tempo dizer que pode prestar *uma informação válida*. Claro que não o pode fazer. Apenas servirá para iludir, se não mesmo para defraudar terceiros.

Permitam-me que amenize um pouco esta intervenção recordando o célebre chiste da conversa de Diógenes com Alexandre que talvez não tenha rigor histórico, mas que é elucidativa do que queremos dizer: o grande imperador a quem por certo Aristóteles tinha incutido

---

[6] Na obra citada CARLOS FERREIRA DE ALMEIDA faz, a partir da pág. 115, uma detalhada exposição dos efeitos dos registos "na história e no direito actual". O mais profundo (e quase completo) efeito que o registo pode oferecer será o seu *efeito substantivo* – de que temos exemplo no art.º 17.º, n.º 2 do Código do Registo Predial (C.R.P.) e no art.º 291.º do Código Civil (C.C.) – e ainda o denominado *efeito sanatório*.

algum respeito pela filosofia, quis conhecer aquele que ensinava o desprendimento, a vida simples e natural. Alexandre, depois da conversa que muito o impressionou virou-se para Diógenes e disse-lhe: pede-me o que quiseres. O filósofo repetiu-lhe que nada queria. Mas o Imperador insistiu. Então Diógenes virou-se para ele e disse: "olha, tira o sol de cima da minha cabeça que me incomoda".

Na realidade, por muito que se queira facilitar a vida às empresas *não se lhes pode dar o impossível.*

E interrogamo-nos: será preciso que se queira nivelar tudo "por baixo" e *americanizar*[7] os nossos mais evoluídos e clássicos valores da legalidade e da segurança jurídica em nome de um pseudomodernismo e de uma *ultra-rapidez*, afinal enganosa e prejudicial[8]?

Parece que não se deve seguir esse caminho.

Também seria bom que não se repetisse aqui o que por vezes acontece: numa primeira fase o legislador, querendo mostrar bom serviço, acaba por cometer erros. Graves erros, dir-se-ia. Mas na fase seguinte, em vez de os rectificar, prefere não dar a mão à palmatória e opta por *consolidar esses erros*[9].

---

[7] Dissemos *americanizar* quando, na realidade, nem sequer existe "um sistema" americano. Os americanos desconhecem o "direito codificado" e o seu (mal)chamado "sistema jurídico" tem uma raiz saxónica meramente jurisprudencial e *casuística* (o "case law") totalmente diferente dos sistemas "romano-germânicos". Ora, o direito registral é um direito adjectivo e instrumental, que *deve estar ao serviço do direito substantivo vigente* – e o nosso constitui um *Ordenamento* lógico e coerente. Por isso, seria sempre perigoso (e quiçá mesmo *nocivo*) pretender que algumas normas se inspirem nas tradições do Reino Unido (o que, como se depreende do citado preâmbulo, parece ter sido ideia do legislador).

[8] Ao que parece ter-se-á pretendido que os factos a que se referem os depósito fossem "registados" (e será registo?) com um "simples *clique*".. Só que nos parece que se terá confundido a *celeridade necessária* nos registos (e até *indispensável noutros domínios*, como v.g. quando se trata de "desbloquear verbas" para as empresas) com a ausência de análise e de controlo da legalidade para o registo dos actos o que, evidentemente, descredibiliza a "instituição registral" e faz *perder a confiança* no que é publicitado, com a terrível consequência negativa para o comércio jurídico e para a economia.

[9] No caso de que ora se trata referimo-nos em especial ao Dec-Lei n.º 8/2007, de 17 de Janeiro, que *agravou* a já inútil publicitação dos actos referentes às

Com efeito, como já recordamos, antes do actual regime do depósito o registo das quotas cumpria a sua função fundamental de publicitar e atestar, com rigor e em conformidade com a lei, a situação jurídica que lhes dizia respeito – tanto a atinente às titularidades como aos encargos – e de modo a assegurar o seu conhecimento por terceiros, bem como o de produzir o efeito presuntivo e probatório que é inerente (e não se vê motivo para que o não seja) a qualquer registo jurídico[10].

Dissemos que retomar a legislação anterior se afigurava ser uma primeira medida correcta – até porque o "emendar a mão" e não persistir no erro é um sinal de inteligência e, neste caso, até mesmo da própria *boa-fé* do legislador.

No entanto, no caso das quotas, uma outra medida parecer-nos-ia conveniente: seria ela a eliminação de *obstáculos exógenos* às normas que directamente respeitam às titularidades e aos encargos sobre as quotas.

Começamos esta intervenção lembrando que, anteriormente, existiam alguns entraves (a nosso ver inadmissíveis) às cessões de quotas, que leis avulsas estabeleciam, talvez com a ideia de "aproveitar a ocasião" do registo para aí – nessa altura – "apanhar" os interessados e forçá-los ao cumprimento das obrigações nelas previstas.

E esta é uma "tentação" a que se não tem escapado, talvez mesmo porque tais medidas legislativas se inserem em diplomas concebidos noutros ministérios e que o da Justiça não o terá podido evitar.

Portanto, esta experiência negativa (senão mesmo *frustrante* para a generalidade dos conservadores) conduz-nos a sugerir uma medida legislativa e que poderia consistir num simples aditamento de uma disposição legal (possivelmente logo a seguir ao artigo 49.º) para dizer que a falta de apresentação de documento que *não colida* com a inexistência ou invalidade de título para a transmissão ou oneração das quotas não constitui motivo de recusa ou de provisoriedade por dúvidas do registo.

---

quotas através dos "depósitos" (v.g. revogando *qualquer efeito presuntivo* dos correspondentes registos).

[10] Continuamo-nos a reportar à citada obra de CARLOS FERREIRA DE ALMEIDA, designadamente à definição de pág. 97.

Claro que com esta sugestão – que é propositadamente apresentada de modo simples e sem uma preocupação de obediência estrita às regras da técnica legislativa – procuramos apenas propor o seguinte: quando o legislador considere oportuno alterar o regime vigente (e a nosso ver, perdoando-se o dito, tudo indica que "amanhã já é tarde") é bom que tenha presente a conveniência de, nos actos referentes às quotas, não "prender" os sócios, credores e outros interessados a quaisquer óbices *alheios* ao contrato e às disposições imperativas do Código das Sociedades Comerciais.

De qualquer modo, *o fundamental* é que o registo das quotas volte a ser "um registo" credível. Por isso, *credibilidade* é aqui uma palavra-chave até para poder ser restabelecida a *confiança* – a confiança na titularidade das participações sociais, bem como na decorrente contratação.

Consequentemente, a *confiança* é a outra palavra-chave que também aqui queremos deixar, por nos parecer indispensável, principalmente para sustentar a segurança do comércio jurídico e o próprio progresso económico.

Aliás, dizem todos (analistas sociais, políticos, economistas) que é fundamental restaurar a confiança. Mas confiança em quê e em quem? No caso que nos ocupa, basicamente no conhecimento verdadeiro, fiável, de quem detém a propriedade das empresas[11], a confiança nas titularidades e nos encargos que impendam sobre as participações sociais. Ora, isso *não é possível* com o actual sistema de registo das quotas.

Haverá, pois que retomar o regime do Código de 86[12]. De resto, a técnica registral adoptada no tocante ao registo das quotas era – e bem – a que vinha sendo seguida pelo registo predial, já que as quotas também são um bem, *uma coisa* que é e pode ser objecto de direitos reais.

---

[11] Como é óbvio, publicitar (validamente) a titularidade das participações sociais significa afinal dar a conhecer a quem *pertence* a sociedade.

[12] Com o óbvio aproveitamento da *tecnologia* actual, que (*consabida e manifestamente*) nada tem a ver com os princípios registrais. O correcto aproveitamento das suas potencialidades – como foi feito v.g. na excelente *certidão permanente* – em regra só melhora a própria virtualidade informativa do registo.

Por outro lado, o facilitismo e o simplismo excessivos conduzem as mais das vezes a *medíocres soluções* e o objectivo de pretender facilitar que as empresas façam – e façam informalmente – tudo o que lhes aprouver com respeito às quotas e que entre instantânea e acriticamente num pseudo-registo o que a sociedade comunicar, sem qualquer obediência aos princípios – permita-se que aqui frontal e consternadamente o manifeste – *não é um bom objectivo*, porque longe de contribuir para o progresso económico, para a transparência do mercado ou para a confiança dos investidores, pelo contrário contribui antes para o descrédito, para a opacidade e a insegurança do comércio jurídico, para o retrocesso económico e, consequentemente, tolhe e desincentiva o investimento.

Não poderemos alongar-nos mais. Mas estas são, em muito breve síntese, as ideias principais que creio deverem ser postas à discussão no apreciável e oportuno Seminário em que ora participamos, pedindo a indulgência de todos Vós para as imperfeições e lacunas desta singela intervenção.

TITULAÇÃO DE ACTOS E CONTRATOS:
desformalizá-la é bom para o *cidadão*?[*]

1. Quando se diz que vamos falar da titulação dos actos é legitimo pensar-se que iremos tratar da documentação, ou melhor, da documentação legalmente exigível para consignar esses actos, ainda que as palavras *título* e *documento*, embora frequentemente utilizadas como sinónimas, no entanto, para a ciência jurídica, não queiram significar exactamente o mesmo.

Com efeito, poder-se-á dizer que o documento tem um sentido formal, pois é a declaração escrita destinada a comprovar um facto, ao passo que o título tem um significado substantivo, visto que é a razão jurídica ou a causa desse facto, que está plasmado no documento. Nesta perspectiva dir-se-á que o documento *contém o título* ou ainda – exprimindo-nos de outro modo, quiçá mais prático e ajustado ao tema proposto – para titular actos e contratos é necessário *dar-lhes forma através de documentos*, pelo que, sem estes, não ficam *titulados*.

Com este breve enunciado talvez fique de certo modo demonstrado que quando se pretende insinuar que é possível titular actos e contratos eliminando os documentos, a meu ver estar-se-á simplesmente a dizer uma asneira. Será, porém, justo referir que quando os actuais porta-vozes de feitos legislativos falam na eliminação de documentos não estarão a pretender significar que se eliminem radicalmente todos e quaisquer documentos, mas talvez apenas – e com o conhecido objectivo dito de simplificação – os documentos com formalidade mais solene[1], como é o caso dos autênticos.

---

[*] Parte do texto da Conferência feita no III ENESOL – *IPCA*, Barcelos, 23 de Abril de 2008 – posteriormente reformulado.

[1] Note-se que, como é evidente, a forma não tem a ver com o *suporte* material do documento: o facto de ser "em papel" ou em "suporte electrónico"

Todavia, para que possamos analisar um pouco mais conscientemente este tema, convirá que comentemos esses conceitos de simplificação e de formalização dos actos.

2. Como já em anteriores oportunidades tive ocasião de referir – e peço vénia para nesta parte introdutória agora repetir – *formalizar* quer dizer dar forma. E, dar forma, tratando-se do negócio jurídico significa "dar corpo a uma certa exteriorização da vontade"[2] negocial.

A formalização é um conceito que, à luz da própria etimologia da palavra, significa *dar uma forma* e assim, nesta acepção ampla, poder-se-á dizer que equivale à manifestação da vontade.

Há ainda um sentido – dir-se-ia que popular, mas que nada tem a ver com o nosso tema – que nos apresenta as formalidades como meros rituais ou cerimónias exteriores (antiquadas e supérfluas) que, em vez de serem pertinentes, são mesmo o contrário, pois até podem encobrir a realidade e a substancia das coisas em vez de revelar e clarificar. Todavia, não é a este conceito que temos de atender.

De qualquer modo, e esquecendo este último sentido usado em linguagem popular, parece que todos poderemos concordar com a ideia de que *formalizar* um acto ou negócio jurídico é *indispensável*, visto que ele tem de revestir uma forma externa que o torne cognoscível e, além disso, até de um modo quanto possível *inequívoco*. Por conseguinte, cremos que uma outra ideia – a de *exactidão* do que é manifestado – está, e deve estar, intrínseca e tradicionalmente ligada a este conceito[3].

Por outro lado, verifica-se que é necessário um "comprovativo" *escrito* até para os actos *insignificantes*: reparar um telemóvel ou "lavar a seco" uma camisa. É que todos querem contratar com um

---

não quer dizer que o documento não possa ser exactamente o mesmo e ter as mesmas características de autenticidade.

[2] Expressão usada por MENEZES CORDEIRO no"Tratado de Direito Civil Português" (1999, pág. 317) que assim claramente sintetiza a ideia da *forma*. E o Autor acrescenta que "ela (a forma) *é* essa própria exteriorização" (da vontade).

[3] E não só ao conceito jurídico, mas igualmente ao etimológico e ao de todas as ciência exactas: *formular* ou reduzir a fórmulas também significa equacionar e sintetizar com rigor.

mínimo de segurança e de garantias, sobretudo se estão em causa bens de elevado valor, como são manifestamente os imóveis.

As formalidades não são, pois, meros "entraves" à fluidez do tráfico ou resquícios de um passado que na era contemporânea da *contratação electrónica* seria retrógrado defender. Pelo contrário, temos de acentuar que são também instrumentos *indispensáveis* para conseguir fixar a *verdade negocial* e para permitir *alicerçar a confiança* nesta actual – mas já muito difundida[4] – espécie de contratação[5], visando também torná-la mais *segura* e mais *fiável*. De resto, a utilização das *chaves electrónicas*, que neste domínio hoje em dia todos consideram indispensáveis, o que representa? Não foram concebidas exactamente para obter aquelas finalidades?

3. Mas será que a formalização dos actos, com a proverbial *autenticidade* constitui um "excesso de garantismo" (como ora se diz) acabando por tornar a "vida do cidadão" mais complicada em vez de a facilitar? Até que ponto devem ser "eliminados actos e

---

[4] Decorreram já bastantes anos desde os primeiros encontros e publicações sobre este tema, v.g. os 2 volumes "Direito da Sociedade de Informação" (*Coimbra Editora* 1999), bem como da prelecção realizada (a 28 de Abril de 2000) por MÁRIO CASTRO MARQUES na Faculdade de Direito do Porto sob o tema "O comércio elecrónico-algumas questões jurídicas". trabalho incluído (pág. 35 e segs) na publicação patrocinada pelo *CIJE* sob o título "O Comércio Electrónico Estudos Jurídico-Económicos". Este Autor refere-se (v.g. a pág. 45) ao desenvolvimento desta *vertente comercial das novas tecnologias*, considerando essencial *a procura* de "alguma segurança jurídica" nesta, como em qualquer outra, forma de contratação.

[5] Como observa DÁRIO MOURA VICENTE (*in* "Problemática Internacional da Sociedade de Informação", a pág. 201) a propósito do *comércio electrónico* "não existe uma noção sedimentada. Em sentido restrito, tem sido definido como a contratação realizada através da Internet. Numa acepção mais ampla, dir-se-á que é a actividade comercial levada a cabo por meios electrónicos (*doing business electronically*)". A pág. 227 referindo-se aos "contratos electrónicos" diz que se trata de contratos "que se distinguem dos demais em razão do *meio* pelo qual são concluídos. *Stricto sensu* são aqueles em que os meios electrónicos operam como puros meios de comunicação (... em que se dá a circunstância de) as declarações de vontade que os integram serem transmitidas electronicamente".

práticas registrais e notariais que não importem um valor acrescentado e dificultem a vida do cidadão e da empresa", como é dito no programa *SIMPLEX* e se vem repetindo à exaustão nos diversos diplomas na área dos registos e do notariado?

Pensamos que se devem formular estas (e outras) interrogações para se tentar perceber o que será benéfico, ou não, para a tão avocada "vida do cidadão".

É que o cidadão tem as costas largas...

É em nome "do cidadão" que se multiplicam ou se concentram serviços, que se reforma, se moderniza, se retoma o arcaísmo, que se criam e se alteram procedimentos, que se autoriza ou se denega, que se facilita e depois se restringe, que se faz e a seguir se desfaz...

Por tudo isso – e porque ao invocar o *interesse do cidadão* ao longo dos tempos as justificações emergem e se propagam com sinais contrários e contraditórios – nunca basta invocar um *abstracto*, e afinal falacioso, pretenso "interesse do cidadão" ou – numa versão quiçá mais politizada – "o óbvio interesse do povo".

A história recorda-nos que essa invocação (que já na Grécia antiga havia sido ridicularizada por ARISTÓFANES) e que a busca desse fácil aplauso popular, apelando ao ilusório interesse do cidadão e do povo, ao imediato agrado das massas, tem uma raiz semântica na própria palavra *demagogia* que ARISTÓTELES analisou no seu tratado da "Política".

De modo que apelar pura e simplesmente ao *interesse do cidadão* (como bastas vezes o actual legislador faz nas próprias justificações de motivos preambulares dos diplomas) é na realidade uma *demagogia* que não se coaduna com a *ideologia* e com as motivações da doutrina e da prática que, essas sim, são as que devem fundamentar e justificar a busca das melhores soluções para os cidadãos.

Verificando-se que assim é, no tocante às *formalidades* há que reconhecer o seguinte: elas têm fundamentalmente em vista garantir a *prova* – e prova quanto possível segura – do que é declarado. Quanto a todas as demais razões (v.g. a segurança, a eficiência na contratação, o controlo público, a necessária ponderação sobre o acto e seus efeitos e as demais que se invocam) sobre serem importantes, são de certo modo acessórias. Mas, ao que se afigura, já não será esse o caso se forem necessárias e adequadas para conferirem *credibilidade* ao documento.

Por conseguinte, os meios, as *formalidades* – incluindo com intervenção notarial – que visam *comprovar* os actos, tornam o tráfico (nomeadamente o electrónico) mais *credível*, mais fluido e consequentemente mais competitivo. Deste modo, são úteis para "cidadão e para a empresa" e convenientes para todos, visto que melhoram as relações, incrementam os negócios jurídicos e, contrariamente ao que se tem feito crer, não constituem entrave algum à fluidez do tráfico[6].

Por outro lado, existe hoje em dia a conhecida competitividade, que "louva" discutíveis valores como a *agressividade do mercado* a qual incentiva toda a espécie de contratação, sendo os adquirentes de bens e serviços frequentemente arrastados para aquisições publicitadas que realmente não quiseram, não procuraram, nem necessitam. Ora, as entidades que promovem tais *competitivos* contratos estão normalmente numa posição de força e de domínio, como é o caso dos bancos, das seguradoras e de todas as grandes – e até médias e pequenas – empresas, com os seus departamentos de *marketing,* ao contrário do comum dos adquirentes que têm menos recursos, menos conhecimentos e menor tempo de reflexão.

Por isso, *se* o Estado promove uma excessiva desformalização, inclusive notarial – sobretudo em nome de um imediatismo ou de um facilitismo que busca *mostrar* uma "modernidade", objectivamente errónea e demagógica (e aliás, cabe acentuá-lo, nem sequer seguida – porque antes é combatida – noutros países da nossa tradição jurídica e economicamente mais avançados como é o caso da Espanha e da própria Alemanha) resulta que, afinal, com tais medidas, deixa desprotegidos precisamente aqueles que mais devia proteger, não se podendo também dizer que essas anunciadas leis correspondam a um qualquer progresso jurídico.

---

[6] Afigure-se evidente que a *desregulamentação* e o excesso de *facilitismo* no que concerne à forma e às formalidades dos negócios jurídicos, gerando a incerteza e propiciando as fraudes, geram descredibilização, insegurança e, consequentemente, menor competitividade. Pelo contrário, sendo os contratos – e seus termos e condições – claros e prontamente demonstráveis, a negociação torna-se mais credível e tem melhores condições para progredir.

Ademais essas medidas são contraditórias com qualquer *missão pública* de tais propagandeadas reformas, bem como com a necessária *defesa dos consumidores* que, como se demonstra, exige a devida formalização dos actos. Estes, aliás, *só estão protegidos* quando existe e se existe essa formalização e, por vezes até, como defendem as associações de defesa do consumidor, uma mais visível e mais pormenorizada *formalização*.

Em suma: parece insofismável que não basta invocar um aparente interesse "do cidadão e da empresa" para se sustentar a valia de uma reforma e muito menos naquelas áreas que no mundo jurídico visam titular, publicitar e garantir os direitos dos cidadãos.

4. Algumas vezes utiliza-se o termo "desformalização" apenas para significar que se pretende *eliminar o "papel"*. Todavia, a nosso ver, essa é uma concepção imprópria, destituída de valor jurídico-científico. É que "papel", "não papel", o actual "suporte desmaterializado"ou outro qualquer que algum dia se invente, não se traduz *nunca* numa questão de formalização ou desformalização do negócio jurídico. É antes uma mera questão técnica da "ferramenta" que se usa. Ora, a formalização tem a ver com a *consignação de conteúdos* (do acto ou do negócio) e não com o lápis ou com o ordenador que (instrumentalmente) para isso se utilize.

É bom que o instrumento adoptado seja eficiente, proporcione rápida cognoscibilidade dos conteúdos e não faça "perder a cabeça" ao cidadão e aos seus utilizadores. Mas, como se disse, o mais importante será sempre a fiel e indubitável reprodução (ou descrição) do que ficou estabelecido. E – perdoar-se-á a insistência – é preciso que fique claro que a formalização do acto é o seu "desenho" documental, não a caneta que se usou para o fazer.

5. Nos países da tradição latina já de há longa data que o notário tem desempenhado as funções de documentador público, de um modo privatizado – o que entre nós apenas foi interrompido após a última Guerra Mundial – mas não patrocinando os interesses do cliente, como se fora um advogado ou solicitador, visto que não elabora o documento representando apenas uma das partes. Actua necessariamente *super partes*, de um modo independente, isento, tendo a missão e obrigação legal de configurar o acto ou o negócio jurídico de

Titulação de actos e contratos

acordo com a lei e com a *vontade real* dos outorgantes – *de todos* os outorgantes – dando-lhes uma imparcial e acessível *explicação* das cláusulas convencionadas[7] para que os negócios jurídicos fiquem indubitável e claramente formalizados.

Mas quando os advogados e solicitadores que agora, à luz das últimas reformas são chamados a formalizar quase todos os actos, temos de acentuar que, nesse caso, apesar da sua função os obrigar a *patrocinar* os interesses do seu cliente – e não os da "parte contrária", não podendo pois ter a postura *equidistante* que necessariamente tem o notário –, no entanto é também indispensável que actuem com a competência e o cuidado que sempre foram características da actividade notarial, isto é dando forma legal aos actos de acordo com o que lhes parece ser o pretendido pelas partes: portanto, *de modo a consignar clara e legalmente a sua vontade.*

Usando uma linguagem simples, bastará apenas lembrar o seguinte: dar forma a um contrato é principalmente *confeccioná-lo*. E confeccionar bem *qualquer coisa* representa sempre uma vantagem e um progresso. E todos temos de estar conscientes que na formalização dos negócios jurídicos é sempre indispensável que se respeitem os princípios da verdade e da isenção, bem como o do respeito pela lei e pela vontade real das partes.

Claro que a autenticação do documento (que é o que advogados e solicitadores podem fazer, porém agora, infelizmente, até outros que não têm que ter qualquer preparação jurídica!) não consiste na sua *elaboração* – a qual só é inerente ao *instrumento notarial* – mas sim na aposição do *termo de autenticação* e são apenas as regras deste que, em princípio, devem ser observadas. Todavia, acontece que normalmente (e bem) são eles mesmos que preparam o documento e, consequentemente, aplicar-se-á o que referimos a propósito dos cuidados que se devem ter na sua *confecção*. Contudo, cabe

---

[7] A leitura e explicação dos actos é exigida pelo Código do Notariado (nomeadamente no art.º 46.º, n.º 1, l) e no art.º 50.º) para o *instrumento notarial* (ou seja para o documento *autêntico*) mas não para o mero "termo de autenticação" (isto é para o documento *autenticado*), em que apenas se exige que as partes declarem que conhecem o conteúdo do documento e que este exprime a sua vontade (art. 151.º, n.º 1, a) da C.N.).

ainda acrescentar o seguinte: mesmo quando assim não é e são as próprias partes que já trazem o documento feito, antes de o autenticar, o advogado ou o solicitador que vai apor o *termo* faria bem em analisar o *conteúdo* do documento, sobretudo para procurarem aperceber-se *se ele é legal e se corresponde ao que é pretendido pelas partes*. De resto, estas são obrigadas a *confirmar o conteúdo* do documento perante quem o vai autenticar[8] e o próprio termo deve conter a declaração de que estão cientes do seu conteúdo e de que ele exprime a sua vontade[9].

6. Há ainda um ponto para o qual gostaria de chamar a atenção. Trata-se do seguinte:

Sabemos que entre nós vigora a regra da liberdade declarativa herdada do Código Napoleónico e portanto os actos não especialmente previstos não se acham sujeitos a uma predeterminada formalidade. Isto porque a própria lei entende que muitas das situações são comezinhas e não justificam especiais cautelas. Todavia, quando as justifica, mormente porque há outros valores a salvaguardar, indicados pela generalidade dos autores, tais como os da veracidade das declarações, da segurança dos negócios ou da própria protecção de terceiros, também se considera que deve impor-se uma *especial formalização*, sujeita mesmo à necessidade de *autenticação*. E, como bem se sabe, é neste sentido que comummente se usa a palavra formalização.

Tem, no entanto, sido difundida a ideia – a despropositada ideia, diria – de que *essa* formalização é nociva à vida dos cidadãos, antiquada e desajustada das novas tecnologias. Contudo, além do que já se disse relativamente ao instrumento utilizado na documentação, ter-se-á ainda de reconhecer que, ao contrário do que se propagandeia até por alguns ditos "juristas", esta é que é uma visão já retrógrada, ultrapassada e desajustada da realidade contemporânea. Sabemos todos

---

[8] Exigência esta que determinada pelo n.º 1, a) do artigo 150.º do Código do Notariado.

[9] Além desta referência exigida pela alínea a) do artigo 151.º do mesmo C.N. o corpo do artigo indica ainda que o termo deve conter, com as adaptações necessárias, determinadas menções previstas no n.º 1 do artigo 46.º, que são as do instrumento notarial.

que a comunicação e a contratação electrónica quando nasceram eram livres e descuidadas, mas que hoje em dia exigem apertados cuidados de formalização, de validação, de "chaves" e inclusive de certificação (que inicialmente se descuravam) e cuja imprescindibilidade o próprio legislador (nacional, internacional e comunitário) veio actualmente a confirmar em sucessivos diplomas. E também há que reconhecer que, por mais ultra liberal que seja um sistema jurídico, acaba por se verificar que é sempre necessário cumprir certas formalidades quando se querem obter algumas garantias.

Ora, este reconhecimento e aquela confirmação legal na própria contratação electrónica representam, ao que penso, uma evolução positiva no sentido de se ter reconhecido que há uma *necessidade social* de ser defendida a verdade e a autenticidade dos actos e dos negócios jurídicos, seja qual for o instrumento técnico e o meio pelo qual eles *são confeccionados.* Importa é que o sejam *bem* de modo competente e isento e, para tanto, não interessa que se use uma pena de pato ou um computador da última geração.

De modo que creio ser impreciso dizer-se que a formalização dos actos tem para a lei uma perspectiva de "excepção" e que assim deve ser e é desejável que seja. Será talvez mais correcto dizer-se que não, porque afinal coexistem dois princípios *com idêntico relevo*: um de liberdade declarativa e que em geral se aplica e terá de continuar a aplicar aos actos mais vulgares e às transacções que envolvem a generalidade dos bens móveis. E um outro *princípio* – acentuo, "princípio" ou, caso se preferira, uma regra essencial, mas nunca uma "excepção" – e que consiste na *indispensabilidade* de determinadas exigências de forma, de certificação e de autenticação das declarações, ou seja, de uma *formalização* cuidada, certificada e autêntica, sempre que estiverem em causa bens duráveis e de elevado custo, como é o caso dos imóveis, e que exijam a protecção dos próprios contraentes e de terceiros, bem como a salvaguarda de determinados valores, directivas, padrões e garantias. E isto sem prejuízo de poder (quiçá dever) ser estabelecida maior flexibilização no tocante ao regime das invalidades formais.

Creio que tudo isto afinal resulta dos princípios que enformam o nosso "sistema jurídico". E, resumindo numa palavra simples e breve a minha singela opinião, direi: resulta do nosso sistema jurídico que coexistem e tudo aconselha a que devam continuar a coexistir dois princípios: por um lado, um princípio genérico de liberdade declarativa e, pelo outro, a par dele e com idêntica relevância, um *princípio* também comum, que se pode designar como o da *formalização necessária* e que tem lugar e se deve aplicar – sobretudo atentos os princípios gerais do direito civil e outros, como os da protecção do consumidor – sempre que tenham de ser salvaguardados os indicados valores e que esteja e deva estar em causa o cumprimento de uma *forma especial* (solene e autêntica) para a necessária defesa da substância do acto ou da sua credibilidade pública, não existindo, por outro lado, razão bastante para que, no caso, se abandone essa regra da *formalização necessária*.

7. Decorre do que se disse que quando se fala genericamente em *desformalização* não se está a falar em alguma coisa que aprioristicamente se deva considerar *benéfica* ou *progressiva*. Depende de um *equilíbrio* dos valores e das circunstâncias, do *como* se quer desformalizar e do *quanto* se quer desformalizar. E deve sempre ser ponderado se é correcto que os actos sejam formalizados por quem está para tal técnica e juridicamente habilitado ou, pelo contrário, por quem ignora o que seja um acto jurídico. A resposta afigura-se-nos óbvia, pelo que não carece de demonstração ou mesmo de mais desenvolvimentos.

Por conseguinte, e em suma, temos de convir que a desformalização *é nefasta* quando serve para descredibilizar os actos e negócios jurídicos. As grandes empresas poderão dela prescindir, visto que dispõem de meios, de bons quadros técnicos e de avençados escritórios que as assessoram. Não assim as pequenas e pequeníssimas que abundam no nosso País e os próprios cidadãos que *só saem prejudicados* com a falta de um competente e especializado apoio técnico-jurídico[10], visto que sem ele facilmente surgem as complicações e os conflitos.

---

[10] Por isso, quer quando são notários (cuja preparação e *provas públicas* no Ministério da Justiça estão estatutariamente consagradas) quer quando são advogados e solicitadores chamados a formalizar documentos, há sempre necessidade de, com estudo sério, se prepararem devidamente para poderem efectuar a formalização e autenticação de documentos.

8. A finalizar lembrarei o seguinte: tem-se dito – e bem – que para haver progresso económico é preciso que o investimento cresça. Mas, a este propósito e no que toca à área da Justiça, é importante que ela funcione e que funcione bem. Mas não funciona bem, tanto se os Tribunais demorarem tempo excessivo na apreciação e decisão das causas, como também se os actos e contratos não forem devidamente titulados, gerando a insegurança das relações, o prejuízo dos cidadãos e a desconfiança dos agentes económicos.

É portanto necessário que todos tomemos consciência de que ao formalizar cuidada e competentemente os negócios jurídicos se está a desempenhar uma apreciável função de indiscutível interesse social, até porque dar uma forma correcta aos actos e contratos significa também assegurar a própria eficácia dos seus efeitos jurídicos.

Não podemos deixar que em nome de uma pressa excessiva, a irreflexão e a impreparação jurídica na elaboração dos actos venham a vulgarizar-se e a conduzir-nos ao atraso económico e ao retrocesso social.

9. Que fique, pois, esta opinião e este voto: um contrato mal feito "não vale a tinta com que é assinado". E é importante para todos nós tomar a sério esta questão – diria até ter vivo empenho – na adequada formalização dos actos não apenas para se caminhar no sentido do bom desempenho profissional, mas sobretudo para prestar um contributo eficaz para que prevaleça a verdade das transacções, a justiça na apreciação dos negócios e assim se consiga contribuir para o próprio crescimento económico.

BALCÃO ÚNICO[*]

1. O que devemos entender por esta expressão? "Balcão" significará o local onde se onde se embrulha um pacote de mercadorias? Ou significa antes o escritório onde se executam alguns actos e se formulam diversas petições?

Muito embora a expressão "balcão único" seja algo inédita para designar serviços jurídicos, foi a utilizada pelos actuais *legi ferentes* – aliás, numa imitação, a meu ver infeliz, da expressão americana, *"One Stop Shop"* – que, aparentando alguma modernidade, nos parece, porém, bastante inadequada (assim como outras idênticas: "loja", "depósito", etc.) porque, ao menos no âmbito do direito civil (e bem ao contrário das tecnologias, em que os americanos são *excelentes*) só teremos a desaprender com o primário e *arcaico* sistema americano, de mera raiz consuetudinária (já que baseado no *"case law"*) e com as próprias concepções americanas para quem só importa o imediatismo irreflectido e sempre "à vontade do freguês", que menosprezam o controlo dos actos e a segurança jurídica e desconhecem o valor do documento com força probatória plena e força executiva. E assim a importada – e para o direito latino *desadequada* – expressão "balcão", embora mais pareça indicar que se refere a uma mesa de velha mercearia e não à formalização de actos jurídicos, é no entanto, de facto *apenas a estes* que está a aludir.

Na verdade, lendo o preâmbulo dos diplomas que instituíram esse denominado "balcão único", chegamos à conclusão que realmente se trata da formalização de actos e contratos, bem como da imediata solicitação dos procedimentos que lhes estão conexos, como é o caso da promoção do pagamento de impostos ou da requi-

---

[*] Texto baseado na intervenção no IV ENESOL, realizada em 23 de Abril de 2009 na Universidade Portucalense.

síção dos registos. Pretende-se, portanto, que se faça um *atendimento generalizado* aos interessados e principalmente no que concerne aos negócios jurídicos que eles queiram celebrar e aos actos que lhes estão ligados. Daí que em vez da expressão "balcão" nos parecesse mais apropriada uma outra, como esta de "atendimento". E depois o chamar-se-lhe *único* ou *múltiplo* seria mais ou menos indiferente, ainda que pessoalmente prefira este último adjectivo, visto que é mesmo de um *atendimento múltiplo* que se trata.

Não parece, pois, que os jovens licenciados devam temer os intuitos do legislador, que por certo não quer empurrá-los para o "balcão" de uma mercearia ou para uma caixa de supermercado como adequada saída profissional. Aquela linguagem apenas traduz uma divulgação (publicitária) do que se pensou ser moderno, afinal um certo fascínio "*youpie*" pelas concepções americanas dos actos imediatos, dos meros contratos de adesão pré-preparados para serem subscritos na hora ou no minuto e irreflectidos quanto baste, que prescindem de análise ou de elementar apreciação jurídica até porque se considera que os juristas são uns "chatos" complicados, que urge ultrapassar, pois nesta "história" de documentos o que há é que os aligeirar e "queimar etapas", visto que a rapidez é tida como o valor supremo.

Mas será assim, é deste modo que temos de entender e realizar o que se anuncia e, por vezes, "aos quatro ventos"?

Parece que não e por várias razões.

Apesar de se ter de reconhecer a *óbvia importância* (e necessidade) de uma célere acção na promoção e execução dos actos, bem como na *concentração* destes num único "serviço" de atendimento e quiçá mais benéfico ainda no "amigável" e fácil acesso (e quase sempre por via electrónica) a diversos serviços do Estado e até de outras entidades, todavia não podemos pensar que só importa a rapidez e que *tudo* se pode fazer abreviada e imediatamente, "a despachar" o mais possível.

Assim, cabe notar que quando a lei veio permitir que advogados e solicitadores – e ainda, não sabemos muito bem porquê, outras entidades que não têm de ter qualquer formação jurídica – pudessem praticar actos, como é o caso da autenticação de documentos, que antes só os notários podiam realizar, não terá pretendido que essa autenticação consistisse na mera aposição de um carimbo ou no

Balcão único 561

preenchimento de um impresso com uma rápida rubrica, apto para todos os ganhos devidos e indevidos e para os cobiçados equívocos ao estilo pretendido pelo grande gestor norte-americano e pelos seus diversos serventuáris, mas que depois pode gerar graves consequências, desinformação, insegurança e descrença no sistema.

Não: *temos de presumir* que o legislador não quis que a realização de tais actos de autenticação se efectuasse de qualquer maneira ou com cuidados aligeirados. Pelo contrário, como felizmente não foram estabelecidas regras diferentes, *têm de se aplicar* as que estão previstas no Código do Notariado, nomeadamente as que respeitam ao tema dos "actos notariais" e à autenticação de documentos que constam da Secção VII do Capítulo II (artigos 150.º, 151.º e 152.º), bem como a outras que ao longo do Código vêm explicitadas, devendo salientar-se que devem merecer particular cuidado as que concernem à *recusa da prática de actos nulos* (tal como prescreve o artigo 173.º, n.º 1, alínea a)) ou à utilização de materiais facilmente alteráveis (como é o caso da escrita a lápis) susceptíveis de motivar a própria nulidade do acto. Além disso, devem ser cumpridas *todas* – insisto, todas – as demais regras procedimentais respeitantes à composição, escrita, redacção e ressalva das palavras constantes dos termos lavrados por quem autentica o documento. Não menor atenção deve merecer a indicação de todos os outros requisitos exigidos, mormente os que constam do n.º 1 do artigo 46.º (até à alínea n), tendo-se presente que a falta de algumas dessas menções pode também gerar a nulidade do acto, com o *consequente risco* de indemnização que venha a ser pedida a qualquer profissional que proceda à indevida autenticação do documento.

Diga-se ainda que pensamos que todas estas normas têm de ser aplicadas não só ao termo de autenticação – e quanto a este ponto isso será incontroverso, até porque é a própria lei que remete para o Código do Notariado – mas também, em geral, *ao próprio documento particular* que se autentica. Ou seja, qualquer entidade que procede à autenticação do documento *não deve* – sublinhemos, *não deve* – autenticá-lo se este for intrínseca ou formalmente inválido, se for adulterável ou contiver alguma expressão ou convenção contrária às imposições legais.

Apenas para citar um exemplo fácil e simples, vejamos a seguinte situação: suponhamos que no documento particular é dito que o vendedor transmite ao comprador um "lote de terreno" destinado a construção urbana a destacar do prédio descrito na respectiva Conservatória sob o número "X". Quem autentica deverá advertir o interessado e dizer-lhe que o documento tem de identificar o alvará de loteamento, como manda o n.º 1 do artigo 49.º do Decreto-Lei n.º 555/99, de 16 de Dezembro. Se esse interessado disser que não existe alvará ou insiste em não o mencionar no documento, quem iria proceder à autenticação deve pura e simplesmente *recusá-la*.

Por estas e por outras é que não se entende a razão pela qual o legislador deu a pessoas que não são juristas nem têm qualquer preparação jurídica, a faculdade de autenticar documentos que se admite poderem substituir a escritura pública.

De facto, como se vê mesmo neste sumário exemplo da simples venda de um lote de terreno, quem autentica os documentos tem *necessariamente* de possuir conhecimentos jurídicos, mormente nos domínios do direito civil, do direito processual e do direito administrativo, já que está a exercer uma função notarial. E no nosso sistema jurídico os notários sempre foram obrigados a ter boa preparação jurídica. Em alguns países – como o caso da Bélgica francófona ou da Itália – debate-se mesmo a questão de dever ser exigido o doutoramento para o exercício dessa função.

E se me é permitido dar um testemunho pessoal da experiência como advogado e como conservador, diria que nos casos mais complicados sempre me foi útil a troca de impressões com os notários que iam elaborar o documento autêntico. E sei que o mesmo ocorria com outros colegas. E sabíamos isso até porque há diversas exigências legais para a prática de uma multiplicidade de actos jurídicos e de um modo geral os notários são bons juristas e quase sempre *estão a par* dessas exigências e dos (infelizmente) cada vez mais frequentes (ainda que se anuncie o contrário) *condicionalismos legais*.

Ora, se estes conhecimentos e competência profissional têm, de um modo geral existido, quer entre nós, quer no âmbito dos países que integram o "notariado latino" – que, como é sabido, são aqueles em que também vigora um sistema jurídico romano-germânico – então, diria, quem vai exercer uma função autenticadora dos documentos não pode "baixar a guarda" e com um eventual desleixo ou falta de preparação acabar por descredibilizar a sua classe profissional e, pior do que isso, incutir *desconfiança* nos cidadãos e pôr em risco o próprio comércio jurídico.

Notem que, ao dizer isto não quero atemorizar ninguém, mas fundamentalmente apelar para *a necessidade do estudo* e da vossa cuidadosa preparação jurídica.

Falando ainda da autenticação de documentos:

Sob outro ângulo, há que reconhecer que o legislador também procurou que a autenticação do documento avulso – cuja força probatória é equiparada pelo artigo 377.º do Código Civil à do documento autêntico – se revestisse de garantias de veracidade, mormente no tocante à data em que é feita a autenticação. Criou assim o chamado *depósito electrónico do documento* que tem de ser feito pela entidade que procede à autenticação, visto que o n.º 3 do artigo 38.º do Decreto-Lei n.º 76-A/2006, de 29 de Março, condicionou – e avisadamente – a validade desses actos de autenticação (e outros, como reconhecimentos, certificação de traduções e conferência de fotocópias) ao seu "registo em sistema informático".

A regulamentação desse registo informático veio a ser feita pela Portaria n.º 657-B/2006, de 29 de Junho, que atribuiu competência para o seu desenvolvimento e gestão, no caso de advogados à Ordem dos Advogados e no caso de Solicitadores à Câmara dos Solicitadores. Refere depois a Portaria que estas entidades gestoras devem garantir os meios de segurança necessários à correcta e lícita utilização do sistema e também da autenticação dos profissionais que a ele têm acesso. Devem ainda ser recolhidos os dados referentes aos actos e documentos, incluindo a sua natureza e espécie, a identificação dos interessados, bem como a de quem pratica o acto, o número deste e a sua data e hora. Outros registos informáticos se desenvolveram, como foi o caso do que, quanto às procurações, a recente Portaria n.º 307/2009, de 25 de Março, estabeleceu.

Quer dizer que embora todos os actos de autenticação de documentos, procurações, certificações de traduções, reconhecimentos e conferência de fotocópias, possam ser praticados de forma reservada e privada no próprio escritório do solicitador, todavia a lei pretende, e bem, que sejam revestidos de *garantias públicas*, que fundamentalmente se traduzem na necessidade do registo informático junto Ordem ou da Câmara e, é claro, na observância da lei notarial na parte aplicável à espécie do acto em causa.

2. Dito isto, procuremos perceber em que consiste o atendimento múltiplo que vem sendo designado como "balcão único".

Uma primeira observação é esta: uma coisa é o documento e a sua autenticação – que à luz das actuais disposições pode também ser feita pelo solicitador e não apenas pelo notário, como sucedia anteriormente – e outra, muito diferente, são as licenças camarárias ou outras, a decisão sobre as obrigações tributárias ou a própria feitura de registos, visto que tudo isso sempre foi e parece-nos que *terá de ser feito* pelas respectivas repartições.

Por isso, o que está em causa para o solicitador não é ser ele próprio a lavrar os registos (e é claro que não nos estamos a referir aos meros depósitos), executar os actos internos das diversas repartições públicas ou a emitir os licenciamentos que se mostrem necessários, mas é sim ser ele a *promover e solicitar* tais actos junto das entidades competentes para tanto – o que, diga-se e esclareça-se, desde sempre lhe incumbiu fazer, sem que pudesse ser acusado do exercício ilegítimo de funções, pois que isso obviamente *faz parte integrante da sua actividade profissional*, ao contrário do que sucede com outras entidades, como é o caso das câmaras de comércio ou de indústria, a que a lei agora veio autorizar essa "procuradoria" – que só não se poderá dizer que é ilícita porque afinal foi a própria lei nela consentiu, não se sabe muito bem porquê.

E então em que consiste a novidade?

Dir-se-á: fundamentalmente na possibilidade de autenticação do documento que baseia o facto registável e na circunstância de este constituir título bastante para tal, podendo portanto substituir a escritura pública *e também* na faculdade de se ter acesso e de se promoverem actos imediatamente, sobretudo *on line* – como acontece com actos de registo comercial e também do predial regulados pela Portaria n.º 1535/2008, de 30 de Dezembro – evitando-se, deste modo, a deslocação pessoal às conservatórias e a outras repartições e possibilitando-se assim que as indicadas petições, solicitações e diversos actos anteriores ou subsequentes à autenticação do documento, sejam feitas na mesma altura, ficando o cliente logo servido nesse âmbito da titulação do acto, bem como das correspondentes obrigações fiscais e do pedido de registo.

Balcão único 565

É claro que o que se referiu quanto ao advogado ou solicitador a propósito do atendimento múltiplo e da execução dos actos de registo, já se não aplicará aos casos em que o apelidado "balcão único" funciona na conservatória, visto que então deve, *ela mesma*, efectuar logo o registo. É o que sucede com a conhecida "casa pronta". Nesse caso é feito o título e também de imediato lavrado o próprio registo e não apenas formulado o pedido. Não são, porém, estes e outros actos das conservatórias, como o cognominado "balcão de heranças" (que funciona nas conservatórias do registo civil), que ora cumpre comentar, mas sim e apenas os que são do âmbito da advocacia ou da solicitadoria.

3. Vejamos então, por último, quais são os principais actos e contratos em que o advogado ou o solicitador podem intervir.

Numa síntese rápida e no tocante aos chamados "actos notariais" poder-se-á dizer que são praticamente todos, com excepção dos documentos autênticos – como é o caso típico da escritura pública ou do testamento – que permanecem da competência exclusiva do notário ou de quem possa exercer a função notarial, tal como acontece com o cônsul ou o agente diplomático.

Assim, o advogado ou solicitador pode autenticar documentos, certificar traduções, bem como a conformidade de cópias e fotocópias com os respectivos originais, fazer reconhecimentos, designadamente os circunstanciais e, é claro, efectuar as participações, comunicações e petições que em geral ao notário incumbe fazer quando intervém em todos esses actos.

Visto que no tocante à formalização da generalidade dos negócios jurídicos a lei veio permitir (nomeadamente no artigo 22.º do Decreto-Lei n.º 116/2008, de 4 de Julho) o uso do documento particular autenticado, podem esses profissionais intervir elaborando todos os actos extrajudiciais relativos ao reconhecimento, constituição aquisição, modificação, divisão ou extinção dos direitos de propriedade, usufruto, uso e habitação, superfície, servidão, hipoteca – em suma, a generalidade dos direitos reais sobre imóveis e bem assim dos factos, incluindo os sujeitos a registo, respeitantes às sociedades civis e comerciais.

Cabe ainda dizer o seguinte: a atribuição destas competências foi feita em diversos diplomas legais bem conhecidos – desde o Decreto-Lei n.º 28/2000, de 13 de Março ao 76-A/2006, de 29 de Março, a vários outros que aqui será supérfluo citar – mas neles, e salvo raras excepções, como a da já citada Portaria 657-B/2006, não é feita qualquer indicação das regras *procedimentais* que devem ser observadas. Quer isto dizer que, como já se sublinhou a propósito da autenticação, têm de se aplicar as normas previstas no *Código do Notariado*, incluindo as referentes às *menções* que hão-de constar dos termos, das certificações, dos reconhecimentos e de quaisquer outros actos relativamente aos quais a lei confere ao solicitador competência para os praticar.

E, feita esta observação, dever-se-á ainda acentuar o seguinte: apesar de o legislador referir que teve o propósito de simplificar actos e procedimentos, não se pode – não se deve – interpretar esse anúncio no sentido de que quem autentica um documento ou faz um reconhecimento ou uma certificação *tenha o direito* de "facilitar" ou diminuir as formalidades legais, nomeadamente fazendo-se menção da comparência das partes quando elas na realidade não estiverem presentes, ou assinaram em casa o documento que depois um solicitador conhecido vai autenticar no seu escritório, ou quejandos comportamentos que constituem falsidades e acabariam por descredibilizar a própria função e a autenticidade dos documentos.

É bom que nos lembremos do seguinte: não são conhecidos casos ou pleitos judiciais em que, relativamente a uma escritura pública, tenha sido posta em dúvida a comparência dos outorgantes em determinado dia e cartório notarial. Ora, se isso é assim e tem sido assim no que toca ao documento autêntico notarial, é bom que os advogados e solicitadores tenham presente este facto: será mercê da experiência concreta *da sua própria actuação* que hão-de, ou não, vir a merecer por parte dos juízes, dos agentes económicos e da população em geral, aquele crédito que é indispensável para que o documento autenticado possa, na prática, equivaler ao documento autêntico, mesmo à face da opinião pública e sobretudo até na formação da convicção dos julgadores sobre alguma controvertida matéria de facto que directa ou indirectamente esteja relacionada com o conteúdo desse documento.

A diminuição de formalidades, isto é, a permissão legal da substituição do documento autêntico pelo mero documento autenticado, ao que me parece, *não deve querer dizer* aligeiramento da atenção, descuido com o cumprimento da lei, ignorância de pormenores, de cláusulas ou de especificações necessárias.

A verdade, a dignidade e a competência na actuação concreta são condições indispensáveis para que o advogado ou o solicitador possa gozar do respeito profissional não apenas do cliente mas, em geral, da própria sociedade que honradamente deve servir.

É pois esta a minha singela mas vigorosa mensagem e faço votos para que possa ser proveitosa para todos vós.

DESFORMALIZAÇÃO
DOS ACTOS NOTARIAIS E REGISTRAIS
E ACTOS NOTARIAIS DO ADVOGADO[*]

1. O título que a ELSA PORTUCALENSE propôs para esta intervenção dá azo a que se procurem identificar alguns conceitos. E o que surge em primeiro lugar é o de desformalização", seguindo-se-lhe o de "actos notariais", bem como o de "actos notariais do advogado".

Tenho tido ocasião de abordar o tema da desformalização, confrontando-o com outros conceitos com os quais aparece frequentemente confundido, como é o caso dos de simplificação e de desburocratização. E nessa altura, falando da desformalização dos actos jurídicos e no que afinal se terá de entender pelas expressões *formalizar* e *desformalizar*, recordava que numa acepção ampla os conceitos de formalizar e de manifestar a vontade – mormente a vontade negocial - se podem equivaler. Mas o conceito de formalizar pode significar *impor formalidades,* o que de resto, e como regra geral, não corresponde ao que se acha estabelecido na nossa lei civil que, consabidamente, consagrou o princípio da liberdade de forma.

Todavia num sentido mais restrito – que é também o mais corrente – formalizar seria dar forma *segundo determinadas formalidades*, isto é, de acordo com certas *fórmulas*, meios e regras predeterminadas através das quais a vontade se pode exprimir e a lei considera adequado que se exprima.

Sendo certo que *formalizar* um acto ou negócio jurídico é algo *sempre indispensável*, visto que tem necessariamente de revestir uma forma externa que o torne cognoscível, é conveniente que o seja de um modo quanto possível *inequívoco*. Por conseguinte, a ideia da

---

[*] Conferência promovida pela ELSA PORTUCALENSE e realizada na Universidade Portucalense em 28 de Abril de 2009.

verdade e *exactidão* da formalização dos actos a nosso ver deve substar intrinsecamente ligada àquele conceito.

Importa-nos, porém, saber se o legislador, com as diversas medidas que mais recentemente tomou ao abrigo do chamado programa "*simplex*", pôs ou não de lado quaisquer cuidados com a formalização e se, nessa óptica, teria consagrado o princípio da liberdade declarativa para *todos os actos,* incluindo os referentes aos imóveis.

Colocada assim a questão, teremos de responder: é evidente que não.

O que transparece da legislação é algo diferente: por um lado, é a atribuição da *competência* para a autenticação de documentos, certificação de traduções, reconhecimentos de assinaturas e alguns outros actos, a certas entidades, a começar pelos advogados e solicitadores e, pelo outro, a permissão do uso do documento autentificado – e não apenas do autêntico, do qual é paradigma a escritura pública – para a formalização da generalidade dos negócios jurídicos.

Ou seja: certos actos que apenas podiam ser praticados nos cartórios notariais, pelos notários e determinados funcionários auxiliares passaram a poder sê-lo também por essas entidades.

2. Chegamos assim à questão que decorre do tema proposto pela "Elsa Portucalense": afinal o que *é isto* de actos notariais? O que devemos entender por "actos notariais"?

Serão os actos praticados pelo notário ou que só ele ou sob sua imediata responsabilidade podem ser lavrados? Ou não serão antes aqueles que o Código do Notariado prevê, independentemente da pessoa que os pratique? Ou afinal não sendo exactamente nem uma coisa nem outra, em rigor que espécie de actos serão estes?

Para que possamos ter uma ideia um pouco mais fundamentada convirá buscar uma resposta na doutrina. E à míngua de trabalhos que na doutrina nacional tenham tratado do conceito de "acto notarial", encontramos ao invés múltiplos estudos de vários autores que, mormente no âmbito do *notariado latino*, têm versado este tema. E é mesmo frequente que os manuais de direito notarial contenham um extenso capítulo sobre o *acto notarial* ou até que tenham esse título, como é o caso da muito conhecida obra que em Itália foi publicada

Desformalização dos actos notariais e registrais e actos notariais...

por ARISTOTELE MORELLO em colaboração com outros autores[1]. Todavia, neste e noutros trabalhos conhecidos, não encontramos uma *definição* univocamente aceite do que seja o acto notarial. São-nos, por assim dizer, apontados os contornos essenciais e os elementos básicos que o permitem caracterizar.

Um desses elementos, que penso se deve considerar de capital importância – e que constitui, por assim dizer, *um denominador comum* entre os Autores e também abrangendo as várias espécies de actos – é o de se tratar do que fica revestido da fundamental consequência jurídica da sua *autenticidade*, conceito este que está ligado, como dispõe o artigo 371.º do Código Civil (C.C.), à força probatória plena do documento, que adiante iremos procurar explicitar. Quanto aos outros elementos, sendo embora relevantes, não são de universal verificação, mas sim apenas próprios de alguns dos actos, como é o caso da escritura pública.

De entre estes elementos cumpre basicamente salientar os seguintes: a autoria do documento, a verificação da identidade, capacidade e suficiência de poderes de quem o outorga, a redacção inequívoca, a conformidade e legalidade das declarações, o arquivo e acesso público ao conteúdo e certificação do documento.

Vejamos, então, um pouco mais detalhadamente cada uma destas características que são geralmente apontadas como próprias do acto notarial.

Assim, e em primeiro lugar, quanto ao que legalmente se deve entender por documento autêntico é n.º 2 do artigo 363.º do C.C. que no-lo diz e que aqui, uma vez mais[2], poderemos recordar.

Para que os documentos sejam havidos como autênticos exige a lei que se cumpram duas condições básicas:

1) Que sejam lavrados "com as formalidades legais", isto é, que se cumpram os requisitos, prescrições e solenidades exigíveis, quer como elementos prévios, quer também no próprio momento em que são exarados; e,

---

[1] Referirmo-nos a "l'Atto Notarile", *Giufré Editore*, Milão, 1977, em colaboração com E. FERRARRI e A. SORGATO.

[2] Reeditamos aqui o que, de um modo geral, dissemos na conferência que em procurámos dar uma definição de escritura púbica.

2) Que provenham de uma autoridade pública[3] nos limites da sua competência[4], ou do notário[5], ou ainda, dentro do círculo de actividade que lhe é atribuído,[6] de outro oficial público provido de fé pública.

Sendo certo que o n.º 1 do artigo 369.º do C.C., quanto às autoridades públicas, esclarece que a autenticidade do documento por elas exarado depende da sua competência em razão da matéria e do lugar e da inexistência de impedimento para o lavrar (ainda que n.º 2 e o artigo seguinte estabeleçam presunções de autenticidade) a

---

[3] A lei não especifica agora – como o fazia o C.C. de 1867 no § 1.º do art.º 2423.º – quais são as *autoridades públicas*, mas ter-se-á de entender que são, genericamente, os funcionários da administração central e local, além de magistrados e agentes detentores de poder público. A desnecessidade de se ter especificado resultará da restrição que logo a seguir é feita: "*nos limites da sua competência*".

[4] Isto é, "dentro dos limites dos seus poderes oficiais" (cf. VAZ SERRA, op. e loc. cit., pág. 81). Os autores (v.g. JACINTO RODRIGUES BASTOS, "Das Relações Jurídicas", pág.130) citam um clássico exemplo de FERRUCI relativo ao documento emanado de uma câmara ou junta de freguesia declarando que certo indivíduo pagou uma dívida particular e que seria "chocante" considerá-lo documento autêntico. Terá, porém, *autenticidade* quando essa junta atestar que o mesmo indivíduo reside na freguesia.

[5] A lei distingue – e bem – a "autoridade pública" do *notário* que, exercendo uma actividade *pública*, não está, todavia, integrado em qualquer funcionalismo *público*. Mas é *provido de fé pública*. Quer dizer que o nosso legislador, em conformidade com *os princípios* do "ordenamento latino", também aqui acolhe (ainda que em parte tacitamente) a integração do nosso notariado no "notariado latino" – único que, aliás, verdadeiramente se pode chamar *notariado*.

[6] Afigura-se que esta *maneira de dizer* da lei quando referida ao *notário* torna-se não só arrevesada como pouco esclarecedora. De facto, a função notarial não abrange "um círculo" mais ou menos restrito de actividades, visto que se destina *precisamente* a "conferir fé pública" (*a dar autenticidade*) a *todos* os "actos jurídicos extrajudiciais". Contudo, esse "círculo de actividade" justifica-se, plenamente quando se fala de qualquer "outro oficial público". Por isso, optamos por enunciar o requisito *da proveniência* do documento de forma tripartida: 1) autoridade pública "nos limites da sua competência"; 2) notário; 3) outro oficial público no seu "circulo de actividade".

verdade é que no tocante ao notário a lei, e bem, não faz restrição alguma, até porque é ele mesmo que funcional e legalmente tem *competência* – e portanto pode sempre – atribuir *fé pública*[7] aos documentos e a quem, consequentemente, incumbe geralmente *conferir-lhes autenticidade.*

E atribuir *fé pública* o que é?

A resposta não é fácil, mas se quisermos simplificá-la numa palavra diremos que a *fé pública* se traduz naquilo em que a lei considera bastante para merecer a *confiança pública*, ou seja, para que todos possam confiar na veracidade do que se acha consignado pela entidade que goza desse crédito.

Mas será a autenticidade a única particularidade relevante do acto notarial?

A resposta é obviamente negativa. Há várias outras características que distinguem e definem o acto notarial. Destas, quiçá a mais emblemática seja a da própria *autoria* do documento. A este propósito faz-se notar que o notário é o *auctor* latino. É ele que tem a função e a obrigação de *redigir* o documento, consignando as manifestações de vontade dos outorgantes de modo que as declarações que vão ficar plasmadas no documento correspondam, quanto na altura for possível percepcionar, às vontades reais desses mesmos outorgantes.

Tem pois o notário a obrigação de ao lavrar o documento exprimir fielmente as declarações, o pensamento e as pretensões dos outorgantes, mas também *redigindo-o* clara e acertadamente de modo a *conformá-lo* com a previsão legal[8], sendo portanto "um ins-

---

[7] Escrevemos num antigo parecer: "dar fé pública, na formação do documento ou na sua publicidade jurídica, *realiza o direito* – o que consabidamente constitui um dos principais fins do Estado". E pormenorizava-se: "relativamente aos factos a que respeita, poder-se-á distinguir a fé pública administrativa, a judicial, a notarial e a registral", sendo que a notarial é, no âmbito privado documental, *genérica.*

[8] O n.º 1 do art.º 4.º do *Estatuto do Notariado* (aprovado pelo Dec.-Lei n.º 26/2004, de 4/2) diz que compete ao notário redigi-lo devendo "indagar, interpretar e *adequar ao ordenamento jurídico*" e esclarecer as partes "do seu valor e alcance" (itálico nosso). E também basicamente o mesmo refereo n.º 1 do art.º 4.º do Código do Notariado, bem como similares disposições de diversos países que fazem parte do *notariado latino.*

trumento válido *na forma* e *no fundo*"[9] para o fim querido pelas partes. Neste sentido, e como vem sendo dito pela doutrina, contrai "uma obrigação de resultado", de modo a garantir o bom funcionamento do comércio jurídico[10].

Por tudo isto sói dizer-se que o notário tem a *paternidade* do documento, mas talvez fosse ainda mais apropriado aludir-se à *maternidade*, visto que há todo um processo geracional enquanto ele vai sendo concebido, elaborado e instruído com os elementos e documentação necessária, até que venha a formado, nascendo, acabado e válido, perante a ordem jurídica.

Este procedimento da *confecção do documento* – que o notário co-outorga e em que se co-responsabiliza com as partes – e o lavra de modo a que contenha as "inequívocas, genuínas e lícitas manifestações de vontade dos outorgantes"[11] para ser (e parecer) verdadeiro tem de ser tomado com *independência*. Por isso o notário, apesar de exercer uma função privatizada e liberal, não pode *patrocinar* o interesse concreto de qualquer das partes que outorgam o documento. Poderia mesmo ser responsabilizado civil, criminal e disciplinarmente se porventura o fizesse. E note-se a propósito que a tutela disciplinar é exercida não apenas pela Ordem, como também pelo Ministério da Justiça através do Instituto dos Registos e do Notariado.

Quer dizer: o notário é o *documentador público* que, apesar de ser remunerado directamente pelas partes através da cobrança dos emolumentos respectivos e previstos pelos actos, no entanto, ao exercer a função, está necessariamente *super partes*, tem de actuar como um árbitro e um julgador que aprecia a justeza, legalidade e conformidade das declarações que vai consignar no documento que, sendo por si exarado, a lei qualifica como *autêntico*.

---

[9] Síntese que JEAN RIOUFOL e FRANÇOISE RICO fazem em "Le Notariat Français", *Presses Universitaires de France*", pág. 116.

[10] *Idem.* Poder-se-á acrescentar que, deste modo, contribuem *determinantemente* para a certeza na contratação e consequente diminuição da conflitualidade e, portanto, para a *pacificação* da vida social.

[11] Estas foram as expressões que utilizamos na tentativa de definição de escritura pública (conferência no *Congresso do Notariado Português* em 18 de Maio de 2007).

Ora, os outros profissionais, pesem embora as suas qualificações, a sua probidade, honestidade e até elevada competência jurídica – qualidades que não se questionam nem de modo algum estão aqui em causa – não têm *funcionalmente* essa posição *neutral*. Pelo contrário, é próprio do exercício da advocacia e da solicitadoria o *patrocínio* do seu cliente, a defesa das suas posições e dos seus interesses. Constitui mesmo um imperativo profissional patrocinar o interesse do seu cliente, não os mesclando com os das outras partes, tenham estas, ou não, o patrocínio de um outro colega.

Talvez por isso mesmo a lei não conferiu a estes profissionais a *fé pública* genérica e abrangente a que aludimos a propósito da função notarial e a própria faculdade de elaborar o "documento autêntico", de que é paradigma a escritura pública. Foi-lhes, sim, dada a possibilidade de *autenticar* determinados actos e documentos "nos termos da lei notarial", para usarmos a expressão do artigo 377.º do Código Civil. E tal possibilidade foi mesmo conferida aos advogados e solicitadores em pé de igualdade com outros profissionais – ao que se afigura, inadmissivelmente – visto que estes em princípio não têm (e não são obrigados a ter) qualquer qualificação jurídica, como é o caso de funcionários sem tais habilitações ou de agentes de câmaras de comércio e indústria.

Este *menosprezo* do legislador pelas qualificações jurídicas[12] que deviam ser consideradas *indispensáveis* para autenticar documentos – isto é, para praticar afinal uma das mais significativas espécies dos actos notariais – não lhes retira, no entanto, uma vez que sejam autenticados, a força probatória plena própria dos documentos

---

[12] Chegou a ser considerada progressista a concepção saxónica, que ainda mais se radicalizou nos Estados Unidos, segundo a qual todos os actos, mesmo com fortes repercussões contratuais e financeiras, deviam ser praticados o mais elementar e rapidamente possível, sem quaisquer peias ou entraves controladores, considerando-se que afinal isso seria o melhor para a sociedade e para o funcionamento da chamada economia de mercado. A experiência e o descalabro dos últimos tempos, que como se sabe nasceu precisamente nos Estados Unidos e com as incontroladas hipotecas do "*sub-prime*", tem feito reflectir, até mesmo os teóricos do ultra liberalismo, na necessidade da regulação dos mercados e do controlo da legalidade dos actos, porque afinal há os valores da certeza, da segurança e da confiança que são mais importantes do que o imediatismo.

autênticos, tal como prescreve o artigo 377.º do Código Civil. E diga-se ainda: para ajudar à sua credibilização a lei prescreveu determinadas regras, úteis e oportunas, como as concernentes ao registo informático e à digitalização. Mas atenção: de harmonia com a parte final daquele preceito, cabe notar que os documentos autenticados *não substituem* os autênticos "quando a lei exija documento desta natureza para a validade do acto".

Entre nós o legislador tem vindo a autorizar o mero documento autenticado para titular um sem número de actos, inclusive os concernentes aos imóveis e às sociedades comerciais. Frisemo-lo todavia: *entre nós*. E no caso do acto se destinar a produzir efeitos noutro país?

Nesse caso – e *não obstante* o conhecido princípio da *lex loci* no tocante à forma dos actos – permitimo-nos duvidar. De facto, também já não foi aceite em Portugal um documento que havia sido autenticado em Gibraltar e que se destinava a titular um determinado registo para o qual a lei inglesa não exigia a escritura pública, mas a portuguesa sim. O caso foi sucessivamente apreciado nas Instâncias que sempre negaram a suficiência desse documento, entendimento este que o Supremo confirmou[13]. E se porventura viesse a ser apresentado na vizinha Espanha ou em qualquer outro país no âmbito do Notariado Latino um documento para aí titular um registo e para o qual a lei interna desse país exigisse a escritura pública, *temos fortes dúvidas de que tal documento viesse a ser aceite.*

Por outro lado, como é sabido, o próprio documento autêntico, designadamente a escritura pública, faz prova plena dos factos que o titulador pôde comprovar, mas, como é explicado pela doutrina[14], já não o faz da *sinceridade* das declarações prestadas pelos outorgantes. Ou seja: é apenas certo que eles realmente declararam aquilo que

---

[13] Cf. os Acórdãos da Relação do Porto de 12 de Julho de 1994 (*in* "Colectânea 1944-, IV, pág. 184 e segs.) e do Supremo de 3 de Outubro de 1995 (*in* BMJ 450, p 508).

[14] Cf., entre outros, PIRES DE LIMA e ANTUNES VARELA, C.C. Anotado, 4.ª ed. em colaboração com HENRIQUE MESQUITA, pág. 328, ALBERTO DOS REIS, Cód. Proc. Civil, Anotado, (comentário ao art.º 530.º), III, pág. 365 e segs., RODRIGUES BASTOS, "Das Relações Jurídicas", V, pág.153 e segs., PLANIOL – RIPPERT, "Traité", VII, n.º 1452.

ficou consignado no documento, embora não se considere certificado que tais declarações correspondem à verdade substantiva.

Muito bem: mas teremos de reconhecer que perante qualquer julgador em princípio será diferente a apreciação da validade intrínseca e da sinceridade das declarações quando está em causa o documento autêntico, mormente a escritura pública cujo texto, como se disse, foi ponderado, redigido e confrontado pelo notário, ou quando se trate do documento meramente autenticado. É que, naquele, o documentador teve de *indagar* a vontade dos outorgantes e o fê-lo de modo a conformar e controlar de forma adequada e *super partes* a legalidade das declarações prestadas e, como também se referiu, com eles co-outorgando o documento e com eles se co-responsabilizando. Afinal, foi ele mesmo que o preparou e *o redigiu* utilizando as expressões e formando as frases num sentido apropriado e juridicamente inequívoco. Por tudo isto, o que neste documento é dito, inclusive quanto à chamada sinceridade das declarações, deve necessariamente merecer por parte do julgador um crédito muito maior, de rara e difícil contestabilidade[15].

Ao invés, o documento que foi autenticado (e que o poderá ser – a nosso ver *inadmissivelmente* – por um indiferenciado funcionário ou por uma câmara de comércio) é um documento *avulso*, que pode ser pré-elaborado, já feito – e inclusivamente *não se sabendo por quem*, visto que a sua autoria não tem de ser referenciada – e ao qual é apenas aposto um *termo de autenticação*, que visa, é certo, credibiliza-lo através da verificação da identidade dos outorgantes referindo que se inteiraram do seu conteúdo e que ele exprime as suas vontades, sendo ainda observados os demais requisitos previstos nos artigos 151.º e 152.º do Código do Notariado, bem como o seu registo electrónico, mas faltamdo-lhe a *autoria* e a *conformação* da vontade das partes.

Em suma: o documento autêntico, de que é paradigma a escritura pública e o documento autenticado *são documentos diferentes* e este pertence, quer à face da doutrina, quer na economia do nosso Código

---

[15] Pode mesmo sustentar-se – como fez ALBINO MATOS – que, quanto a certas matérias, possa ter havido uma *confissão* extrajudicial (o mesmo que a judicial) constituindo no caso a declaração uma *prova pleníssima*, que não admite prova em contrário (cf. "Temas de Direito Notarial – I, págs. 381 e segs.).

Civil,[16] à espécie dos *documentos particulares.* Mesmo quando a autenticação é feita perante o notário, trata-se igualmente de documento particular, nos inequívocos termos do n.º 3 do artigo 35.º do Código do Notariado.

Por todas estas razões, e sobretudo quando se trata de negócio jurídico complexo ou quando há alguma possibilidade de futuramente vir a ser contestado, ou até se houve um *patrocínio* apenas de uma das partes, parece-nos que o advogado ou o solicitador não fariam mal – muito pelo contrário – se aconselharem o "seu" cliente a celebrar a escritura pública, até porque a posição *neutral* do notário e a genérica *credibilidade* deste documento *autêntico* o tornam, como é sabido, praticamente incontestável.

Dito isto, e quanto à permissão do mero documento autenticado, cabe ainda sublinhar o seguinte:

> – Quando é um advogado ou solicitador que autentica um qualquer documento que a legislação actual veio permitir que tivesse equivalência ao autêntico e que, portanto, se pode destinar aos fins em que tradicionalmente apenas este serviria, como é o caso típico de constituir *título para registo*, então também diremos o seguinte: esse advogado ou solicitador só desempenhará bem a sua função se actuar como referimos que o notário *tem de fazer* quando elabora o documento autêntico e não como o faria alguém que numa câmara de comércio desconhece em absoluto o que é o documento autêntico, um membro de uma junta de freguesia que é membro do seu partido mas não chegou a concluir a 4.ª classe ou um qualquer funcionário que ignora os princípios fundamentais do direito. E dizemos isto sem menosprezo algum por essas pessoas. Mas, *est modus in rebus...*

Há ainda que referir: apesar da presumível falta de habilitações de todos esses personagens, a lei decidiu conferir-lhes o poder de autenticar fotocópias, traduções e até documentos. No entanto, com

---

[16] Na realidade não só o artigo 363.º n.os 1 e 3 claramente o inculcam, como o artigo 377.º começa por dizer expressamente "os documentos particulares autenticados...", como ainda este preceito se insere na Subsecção III que trata dos "documentos particulares".

o advogado ou o solicitador *deve ser diferente*, visto que têm preparação técnico-jurídica e, consequentemente, *têm obrigação* de saber elaborar os documentos com os requisitos que a lei prevê, não se limitando a apor carimbos de autenticação. E no caso de não terem sido eles próprios a elaborar o documento devem lê-lo com atenção e verificar se contém alguma ilegalidade, pois nesse caso devem pura e simplesmente recusar-se a autenticá-lo. É que as disposições do Código do Notariado devem considerar-se aplicáveis, incluindo portanto o artigo 173.º [17]. No que concerne aos contratos, parece-se-nos que, na medida do razoável e do exequível, devem evitar o impresso ou a formulação pré-elaborada[18], procurando antes redigir o acto com apuro, *ajustar* com precisão e clareza as declarações das partes ao que a lei prevê e consente. *Nunca* devem autenticar actos que, em si, sejam feridos de irregularidades e muito menos de irregularidades graves, de falsidades ou de nulidade. Por outro lado, no tocante às cláusulas, devem ter particular cuidado com eventuais contradições e tratando-se das que visem produzir efeitos reais, procurar saber se podem ou não ser registadas e quais os elementos necessários para o registo[19]. Por último, ter especial cuidado no sentido de evitar que o documento possa vir a ser adulterado ou mal interpretado, não permitindo que contenha expressões dúbias nem deixando que, por exemplo, fiquem espaços em branco, curando de os traçar ou inutilizar e, sendo o documento electrónico, só o autenticar depois de devidamente encriptado. Em suma, actuar com a atenção e em moldes dentro do possível similares àqueles que referimos a propósito da intervenção notarial no documento autêntico.

---

[17] Cita-se este artigo, mas os demais, mormente os que respeitam aos requisitos e formalismos a observar devem igualmente considerar-se aplicáveis. E o mesmo se diga no tocante à redacção dos actos.

[18] Não queremos, evidentemente, dizer que se deva evitar seguir uma *minuta* do acto. Pelo contrário, são *extremamente úteis* e quase todos os manuais de direito notarial as contêm (alguns quase até só contêm minutas), focando os actos mais frequentes e recordando os elementos que devem ser mencionados.

[19] Dizia a Dr.ª ZULMIRA NETO, quando ensinava direito notarial, que ao minutar uma escritura e sobretudo se o caso era complexo, procurava sempre ver se o registo se podia fazer. Ou seja, tentava, como sói dizer-se, "pôr-se na pele do conservador". Esta excelente prática, própria de uma profissional distinta é, em termos gerais, aquela que procuramos indicar.

580   *Temas de registos e de notariado*

E – deixem-me dizê-lo – será exactamente na medida em que advogados e solicitadores saibam cumprir estes objectivos que os documentos por si autenticados poderão vir a ganhar, sobretudo ao nível da jurisprudência, alguma credibilidade, semelhante à do documento autêntico e que deve ser apanágio de qualquer acto lavrado por um jurista competente.

3. Vejamos por último, ainda que muito brevemente, a questão do registo e do título que o poderá basear.

Falando da titulação dos actos é legitimo pensar-se que tratamos da documentação legalmente exigível para consignar esses actos, ainda que as palavras *título* e *documento*, embora frequentemente utilizadas como sinónimas, no entanto, para a ciência jurídica, não queiram significar exactamente o mesmo.

Com efeito, poder-se-á dizer que o documento tem um sentido formal, pois é a declaração escrita destinada a comprovar um facto, ao passo que o título tem um significado substantivo, visto que é a razão jurídica ou a causa desse facto, que está traduzida no documento. Nesta perspectiva dir-se-á que o documento *contém o título* ou ainda – exprimindo-nos de outro modo, quiçá mais prático e ajustado ao tema proposto – para titular actos e contratos é necessário *dar-lhes forma através de documentos*, pelo que, sem estes, não ficam titulados.

Deste modo, devemos concluir que os documentos são essenciais para efeitos dos registos predial e comercial.

Vimos já que a desformalização apregoada pelo legislador consistiu sobretudo na permissão do documento autenticado para titular vários actos, sobretudo os referentes a imóveis, que anteriormente apenas o podiam ser através da escritura pública.

E quanto ao registo? Os nossos códigos não exigiam – ao contrário do que, por exemplo sucede em Espanha e em geral em toda a América Latina[20] – que o pedido de registo tivesse de ser instruído

---

[20] Vide, por ex., o art.º 3.º (§ 1.º) da *Ley Hipotecaria* que exige para titular o registo de aquisição ou de constituição de direitos reais a "escritura pública, executória, ou documênto autêntico expedido pela Autoridade judicial, pelo Governo ou seus Agentes" (cf. ainda os comentários de J. M. Garcia Garcia a pág. 24 da "Legislación Hipotecaria y del Registro Mercantil", 29.ª ed. *Civitas*, 2008).

Desformalização dos actos notariais e registrais e actos notariais... 581

com o "documento autêntico". Ao tratar dos documentos, o n.º 1 do artigo 43.º do actual Código do Registo Predial, tal como idênticos preceitos dos códigos anteriores, indica-nos apenas que os factos são registados com base nos "documentos que legalmente os comprovem", isto é, *remete* para as leis que *substantivamente* regulam os diversos actos – como é o caso da legislação civil e administrativa – a definição do documento bastante para os comprovar. Consequentemente, tendo sido alteradas as disposições que concernem aos factos registáveis, no sentido de admitir como suficiente o documento autenticado, nenhum óbice se poderá colocar ao registo dos factos com base nesses documentos. Além disso, no tocante ao registo comercial, o artigo 39 do Decreto-Lei n.º 76-A/2006, de 29 de Março e no que respeita ao registo predial, o artigo 23.º do Decreto-Lei n.º 116/2008, de 4 de Julho, vieram estatuir que as referências feitas à escritura em todas as disposições legais ou regulamentares, devem ser entendidas como dizendo respeito ao "título que formaliza o acto" de acordo com as regras que vieram tornar suficiente o documento autenticado a que aludimos.

Uma palavra ainda para tocar em três pontos a respeito deste último diploma e da reforma operada no registo predial, que nos parecem significativos: a obrigatoriedade do registo, a comunicação inter-serviços e a certidão permanente.

Em primeiro lugar, uma das mais relevantes medidas tomadas na recente reforma do registo consistiu na introdução dos artigos 8.º-A a 8.º-D referentes ao registo predial *directamente obrigatório*. Sabemos que o Código de 84 tinha já tornado o registo *indirectamente obrigatório* com a introdução em todo o país do princípio da legitimação dispositiva, acabando também com a anterior dualidade de regimes – registo obrigatório e registo facultativo – consoante se tratasse ou não de um concelho onde vigorava o cadastro geométrico da propriedade.

Mas esta indirecta obrigatoriedade que, salvo raras e justificadas excepções, não permitia a titulação de actos se não fosse demonstra-

---

Cf. ainda a 1.ª conclusão da Comissão III da "Carta de Buenos Aires" – 1.º Congresso do CINDER (*Centro Internacional de Direito registral*) que diz: "título para efeitos de inscrição no Registo (...) é o documento autêntico...".

do, perante o titulador, que o alienante ou onerante de qualquer bem imóvel estava legitimado para o fazer porque o prédio estava registado a seu favor, veio afinal demonstrar-se que não era suficiente para garantir que em qualquer momento o registo publicitava a verdade. De facto, alguns dos adquirentes, depois de lavrado o documento aquisitivo, não se preocupavam em registar o prédio, motivo bastante para que o registo por vezes permanecesse desactualizado, não cumprindo assim uma das suas principais finalidades que é a de publicitar *com verdade e rigor* a situação jurídica dos prédios de modo a credibilizar o próprio tráfico imobiliário.

É que, na época actual exige-se que a informação seja verdadeira, célere e garantida. Sem estas características o comércio jurídico imobiliário tornar-se-ia cada vez mais ineficiente. O conhecimento da *situação jurídica* dos prédios é hoje indispensável para que qualquer comprador ou investidor se decida a concretizar o negócio. Os próprios mediadores consideram necessária essa informação mesmo na fase *pré-negocial.* Por outro lado, os contraentes a maior parte das vezes nem se conhecem, pelo que a velha ideia dos clássicos tratadistas de que quando realiza as transacções "o homem escrupuloso considera-se vinculado mesmo pela palavra dada"[21] está actualmente, ainda que com mágoa nossa, de todo ultrapassada.

Ora o registo predial obrigatório permite, ao menos na generalidade dos casos[22], que seja publicitada a verdadeira situação jurídica dos prédios.

A outra medida que, por certo, todos aplaudem é a que, na perspectiva da simplificação, permite a comunicação entre os serviços da Administração e o acesso às respectivas bases de dados. Trata-se de uma louvável providência prevista, entre outras disposições, no n.º 1 do artigo 73.º do Código do Registo Predial, que abrevia o

---

[21] A frase é de ENNECERUS-NIPPERDEY, tendo sido citada por Rui de Alarcão – *op. cit.*, pág 178 e nota (4) – extraída do *Allgemeiner Teil des BürgerlichenRechts*, 14.ª ed., 1955, § 154.º, I.

[22] É claro que mormente as situações que decorrem da prevalência da posse (do que em princípio discordamos, mas trata-se de matéria que não está aqui em tabela) fazem com que a informação registral não seja de todo fiável, com as nefastas consequências que daí podem advir.

Desformalização dos actos notariais e registrais e actos notariais... 583

tempo e os gastos e, como é habitual dizer-se, "facilita a vida" ao cidadão utente dos serviços.

Referirei, por último, que o acesso directo às bases de dados por parte de diversas entidades públicas e, pela dos particulares, a certidão permanente em sítio da Internet, constituem outras tantas vantagens para todos e em especial para quem quiser aceder à informação registral – que, diga-se, é essencial para a segurança do comércio jurídico e contribui para credibilizar as transacções e a própria vida económica.

Portanto, em resumo e numa breve síntese final diria o seguinte: quem tiver a incumbência de elaborar os documentos não deve entender que com a chamada *desformalização* dos actos notariais e registrais o legislador terá pretendido que se "facilite" ao ponto de permitir que se faça tudo o que os interessados pretendem. Pelo contrário, o princípio da legalidade não pode deixar de ser observado e deve substar sempre como uma barreira que no Estado de Direito tem de impedir o incumprimento das prescrições regulamentares e das normas substantivas.

Deste modo, o documentador e o registador têm de estudar e de se manter permanentemente actualizados se quiserem cumprir as funções que o Ordenamento lhes permite exercer.

OUTROS TEXTOS

NOTA PREAMBULAR À APRECIAÇÃO DA REFORMA DO REGISTO COMERCIAL[*]

– Não se entende –

O registo só *o pode ser* se, pelo menos, consignar e for constituído por um elenco de *factos verdadeiros* e que o Ordenamento como tal os reconheça. Quando qualquer pessoa (singular ou colectiva) se dá, ou se deve dar, ao trabalho de *registar* determinado facto é porque pretende que fique *publicamente* reconhecido e garantido que ele ocorreu. Por conseguinte, se um dado registo não permitir, no mínimo, comprovar tal ocorrência, para que serve? Mais vale que não exista, que não se ande a "gastar o dinheiro" dos utentes (públicos e privados) com tal enganosa instituição.

Estar "registado" um acto ou facto *tem* de significar que ele *existe* e é *verídico* devendo, por conseguinte, considerar-se que ficou perante todos assegurada a respectiva prova. Esta é a mais elementar das finalidades de um registo. Se este objectivo não é cumprido ou não pode ser cumprido e se fica aberto o caminho à fraude ou ao erro é porque *não há* registo. Não *pode* ter essa designação.

Será que os tais "legisladores" que criaram essa falácia dos chamados "registos por depósito" – os quais serão tudo o que se quiser menos registos – pensam que os casos em que há fraude são escassos e que, portanto, *não vale a pena* que o conservador verifique a autenticidade dos documentos que titulam os factos nem a sua legalidade? É claro que só algum néscio poderia sustentar essa tese, pois, como é evidente, basta que haja *um só caso* (e desde a reforma

---

[*] Texto em parte elaborado como mero sumário introdutório para o debate sobre a reforma do registo comercial realizado na Faculdade de Direito do Porto em Maio de 2007 e que foi posteriormente aditado, sobretudo na sua parte final.

588   *Temas de registos e de notariado*

infelizmente já houve muitíssimos) ou até que simplesmente *possa haver algum* para que tal "registo" deixe de ter qualquer interesse.

Por outro lado, se o registo for fiável, se prestar uma informação credível, pode ser um instrumento de grande utilidade e relevo económico-social, inclusive para a própria realização da Justiça, como noutras oportunidades temos tido ensejo de procurar demonstrar[1].

Porquê então, em vez de aperfeiçoar o sistema existente, para que pudesse funcionar ainda melhor, transformá-lo antes numa "coisa qualquer", incapaz de cumprir a sua função básica?

Não se percebe.

Não se percebem estas e muitas outras coisas mais, a começar pela desvalorização da função qualificadora. É claro que o juízo sobre a legalidade dos actos só deve ser feito – e só pode ser bem feito – por quem conheça as leis e o seu significado, ou seja, por um jurista especializado na matéria em causa.

Porquê então atribui-la – e para actos por vezes complexos (como é o caso de alterações de contrato, designações e destituições de gerentes e administradores, etc.) – a funcionários auxiliares a quem não é exigida qualquer preparação jurídica?

Também não se percebe.

Sobretudo não se entende que se queira "aligeirar" o controlo de entrada de documentos – e até eliminá-la totalmente, como acontece nos *famigerados* "registos por depósito" – sabido como é que a verificação da legalidade e validade dos títulos é absolutamente indispensável para que um registo possa ser considerado credível.

Por isso, também neste ponto não se percebe a *ratio* do decreto.

Apresentaram-se várias "desculpas" para justificar a reforma, tais como a da simplificação e da adaptação às novas tecnologias. Só que não se vê onde estará a simplificação se passa a ser cometido às sociedades o encargo de controlar o cumprimento dos princípios registrais passando a ser *elas próprias* que vão ter a obrigação de "qualificar" (contratando advogados?) os actos que pretendam "registar" por depósito. Mas afinal a simplificação não deveria ser para todos os utentes, *in casu*, também para as sociedades? E são estas

---

[1] Em alguns estudos publicados nesta Colectânea e num outro sob o título "A importância económica dos registos".

Nota preambular à apreciação da reforma do registo comercial   589

que passam a ter tais incumbências, ou seja, tais "complicações" e dificuldades? E para elas onde está então a simplificação?

Não se percebe.

A introdução das chamadas novas tecnologias é algo manifestamente necessário. Só que isso não obriga a que *o conteúdo* das inscrições registrais seja diferente. Se continha o essencial e era correcto não tem de ser alterado. Se era seguro não deve tornar-se inseguro. Pelo contrário: quem tem alguma noção (por muito elementar que seja) das regras informáticas sabe que um importante objectivo a prosseguir é o de encontrar cada vez mais e melhores "chaves" que permitam assegurar a inalterabilidade de tais conteúdos e ao mesmo tempo impedir o acesso abusivo aos mesmos. Como regra básica, a informação deve ser válida, segura e credível. Ora, se isto indubitavelmente é assim, então porque é que a reforma veio *desqualificar* o conteúdo dos registos? Porque é que quanto aos tais "depósitos"[2] *não pode* o conservador controlar o seu conteúdo? Porque não se lhes aplicam os princípios? Porque passam tais "registos" a não ter qualquer credibilidade, nem segurança, nem certeza de validade?

Uma vez mais tem de dizer-se: não se percebe.

Alteraram-se várias disposições mas não se descortinam razões válidas para tanto. Desde logo, (para dar um exemplo facilmente perceptível) o chamarem-se transcrições a registos que não "transcrevem" coisa alguma, antes *inscrevem* factos, tal como antes da reforma. Então porque se alterou a denominação desses registos? Porquê agora introduzir um *erro* conceptual e linguístico?

Não se entende.

A faculdade que é conferida aos utentes, mormente às sociedades, de poderem efectuar determinados registos constitui um *direito* que tem todas as reconhecidas vantagens, incluindo a de possibilitar uma "salvaguarda", uma oponibilidade e uma prova futuras. Por isso, quem está nas conservatórias sabe que por vezes os interessados ficam descontentes quando não podem (por a lei não consentir) registar determinados factos que gostariam de ver inscritos no sistema. Que fez agora o "legislador"? Eliminou alguns dos factos

---

[2] A sua análise mais detalhada está feita no texto da conferência, publicada neste livro.

registáveis (que eram *facultativamente* registáveis!) E na justificação preambular até acha que isso é *um benefício* para os utentes!

Não se entende.

Como é bem sabido, a reforma foi feita através de um diploma de 29 de Março de 2006. Como diria de la Palisse, "uma reforma é uma reforma". Supõe-se que tenha sido minimamente pensada e reflectida. Mas não o foi. É que, como se comprova, *menos de um ano depois*, concretamente em 17 de Janeiro de 2007, foi publicada uma "reforma da reforma", ou seja, foram alterados perto de metade dos artigos que já o tinham sido em 2006[3]. Entende-se isto?

Parece que temos de concluir que também não se entende.

A reforma é, pois, numa perspectiva jurídico-registral, completamente ininteligível.

Foi por isso que já em tempos escrevi alguns textos ("O verdalejo", "Considerações em torno da Universidade Independente" e J'Accuse). É evidente que, neste último, não quis voltar ao *Capitão Dreyfus* e ao panfleto de ZOLA...

Em todos procurei apenas focar, no âmbito dos Registos e Notariado, o que por certo se há-de considerar ter sido o nefasto papel dos "legisladores" dos novos tempos.

E queremos que fique clara uma coisa: a busca de melhores soluções é quase sempre incompatível com o objectivo dos efeitos bombásticos e de apressada promoção.

Por outro lado, têm sido alterados Códigos – portanto diplomas fundamentais – por "legisladores infantis" que pouco ou nada sabem das matérias dos diversos domínios, cujos princípios (bem ponderados e estruturados no sistema jurídico) ousam modificar apenas para obter uma "aparência" de melhoria e o aplauso fácil, ainda que tais "medidas" acabem por descredibilizar os sistemas, gerando o pior de tudo: a desconfiança na Justiça, na Lei e, no domínio registral, na veracidade do que se acha inscrito nas tábuas.

---

[3] Referimo-nos apenas ao Dec-Lei n.º 8/2007, mas já o de 2006 havia sido rectificado nesse ano (em 26/5) e foi posteriormente (depois da nossa conferência na FDUP) em vários outros: o Dec-Lei n.º 318/2007, de 26/9, o Dec-Lei n.º 34/2008, de 26/2, o 116/2008, de 4/7, rectificado em 25/8,... e outros e os que certamente ainda virão.

Ora, "uma vez que se destrói a confiança é difícil recuperá-la"[4]. Na entrevista que Antonio Garrigues (o conhecido Advogado espanhol que preside a um dos maiores, senão o maior, escritório de advocacia da Europa) deu à revista "Registradores", referindo-se ao que se passa em Espanha, em que os registos têm cada vez maior credibilidade, disse: "não conheço nenhuma outra profissão que se tenha modernizado e internacionalizado tanto como a registral". E concluía: "o que fizeram os Registos espanhóis, merecerá a pena estudá-lo"[5]. Em Portugal fez-se exactamente o contrário. Em vez de se prestigiarem os registos (e o notariado) melhorando-se a *qualidade* do serviço prestado, buscou-se a *quantidade* de muitos, toscos e desacreditados actos, a "estatística" para "inglês ver". Ao invés do que ocorreu em Espanha, quis-se descredibilizar o registo comercial e, se porventura não se teve tal manifesto e deliberado propósito, a verdade é que, "de facto e de direito", se conseguiu esse lamentável "feito"[6].

Por tudo isto, é uma reforma que não se entende.

---

[4] A frase textual é de Miguel Martin (*in* "Registradores" n.º 50, pág. 29) . No mesmo número desta Revista (pág. 30) é também dita outra verdade manifesta: o que está claro é que *o empresário não investe sem que alguém lhe proporcione uma garantia. E os sistemas registrais destinam-se precisamente a proporcionar a garantia do que publicitam.*

[5] Frases reproduzidas no n.º 50 dessa Revista, a pág. 62.

[6] Infelizmente não só no âmbito dos Registos e do Notariado, mas em praticamente todos os domínios da organização social: da Justiça – incrivelmente beliscando-se a Judicatura, fundamental Órgão de Soberania em qualquer Estado de Direito – à Saúde (hospitais, farmácias – com medicamentos vendidos em bombas de gasolina....), enfim parece que se tem pretendido "americanizar" a sociedade, *desregulando* e banalizando as instituições (porque convém?) em vez de procurar imitar os sistemas mais sérios e seguros, como no campo jurídico são indubitavelmente os de raiz germânica.

A PUBLICIDADE REGISTRAL E A SEGURANÇA DO COMÉRCIO JURÍDICO IMOBILIÁRIO*

1. Sabemos todos que a publicidade, a comunicação e a divulgação pública do conhecimento de factos, actos e direitos está, no nosso tempo, em plena actualidade. Vivemos no seio da chamada "sociedade de informação", informação esta que é transmitida à velocidade da luz. O passado é presente e o futuro já era. Verifica-se uma einsteiniana "contracção do tempo". O que há poucos anos se pensava que só se realizaria num porvir algo longínquo, com o virar do milénio já aconteceu.

Quanto às técnicas da comunicação – de toda a espécie de publicidade – são, à vista de todos, alvo de uma crescente atenção.

Todavia, no que toca aos direitos das coisas e sobre as coisas, isto é, quando se trata de direitos reais e se fala da sua publicidade, uma grande parte de juristas – mestres do direito, jurisconsultos, doutores, – persiste na ideia de continuar a valorizar e a acreditar na posse que, a meu ver, na era contemporânea, perdeu a essencial característica de revelar uma aparência do direito e muito menos com cariz público e notório.

Trata-se de belas e enraizadas construções, mas que se tornaram arcaicas e desligadas da realidade objectiva, tema este a que já me havia referido inclusivé quando, no ano passado, a Faculdade de Direito de Coimbra promoveu uma série de encontros comemorando os 35 anos do Código Civil e os 25 da Reforma de 78.

Trata-se, contudo, de uma matéria que não tem sensibilizado a doutrina e a jurisprudência e, quanto à prática forense, também nada vemos de novo.

---

* Intervenção num Seminário realizado em Coimbra em 27 de Novembro de 2004.

594   *Temas de registos e de notariado*

Creio, porém, que continua a ser indispensável interrogarmo-nos: corresponde o tradicional entendimento à realidade da vida e do mundo no século XXI?

Quando na acção de reivindicação de um prédio o autor alega que é seu proprietário porque o adquiriu originariamente, já que há mais de 20 anos, por si e antecessores que representa, vem praticando em seu próprio nome e interesse, à vista de todos e sem oposição, os competentes actos materiais conducentes à usucapião – estamos concretamente a falar de quê? De uma pura rotina. Perdoem-me: de uma trivial e arcaica "usança" – de uma verdadeira rotina – que ainda é acolhida pelo Supremo, mas que já está desligada da vida.

Se geralmente nem os vizinhos se conhecem, que aliás hoje são uns e amanhã são outros, se ignoramos se compraram o imóvel ou simplesmente o arrendaram, se desconhecemos tanto o essencial como qualquer pormenor que lhe respeite, pergunto: onde está a *visibilidade*, a *ostensividade* do direito? Não estaremos a persistir num equívoco? Parece-me que sim. Por outro lado, também parece evidente que estas dificuldades não se circunscrevem a uma simples *questão de prova*. Alcançam o cerne do direito, mormente dos direitos reais. Trata-se do conhecimento e reconhecimento público dos factos e da própria certeza e credibilidade do direito. É que, quando mudamos de século e de milénio, não mudamos só uma página do calendário. Mudamos tudo, a começar pela informação, pelas regras da publicidade e da comunicação.

Poucos são os que escrevem cartas ou enviam trabalhos pelo correio. É claro que é o *e-mail* que se utiliza.

Quando se quer saber algo consulta-se a Internet. Quando os poderosos grupos financeiros compram um Banco concretizam o negócio por correio electrónico. Se é assim, como todos sabemos que é, poderei ser eu a dizer que tudo isto é inválido, que mais certa seria a estabilidade de outrora, alicerçada numa duradoura posse que ao longo de muitos anos sempre tinha sido pacífica pública e continuada?

Ainda que o quisesse não poderia retornar à vida do 2.º milénio. E se ela agora é outra o direito *tem de se lhe ajustar* e o jurista tem a obrigação de para isso contribuir.

Nesta perspectiva é que ouso dizer: hoje em dia, salvo raros casos pontuais que, precisamente por essa sua quase excepcionali-

A publicidade registral e a segurança do comércio jurídico imobiliário 595

dade, não devem basear qualquer normativo ou alicerçar a teoria e a prática jurídicas – a posse deixou de constituir o alicerce da publicidade dos direitos reais.

É que, sob um ângulo, a multiplicidade das transacções imobiliárias, bem como a sua diversidade e velocidade e, sob o outro, o real desconhecimento público das diversas situações de facto ou, mesmo quando conhecidas, serem-no de forma ambígua, determina que, actualmente, só *um sistema técnico-científico*, isto é, um registo público dos direitos permite que estes se publicitem, e, portanto, que os bens se transaccionem com um mínimo de segurança. E a actual prática generalizada, quer dos "operadores imobiliários", quer de quaisquer interessados que pretendam obter informações sobre as titularidades e os encargos dos prédios pelo já usual correio electrónico ou procurando carregar num "clic", torna *impensável* que se defenda a primazia de uma sempre problemática e longa averiguação sobre a identidade de quem exerce idóneos e convictos poderes de facto sobre o imóvel.

Daí que devamos concluir que qualquer sistema registral, mesmo que dotado de escassos efeitos, acaba por ser, neste novo milénio, mais declaradamente indispensável e, afinal, dotado de maior e melhor credibilidade para os contraentes do que uma cada vez mais falível demonstração da posse que pudesse ter efeitos aquisitivos.

Aliás, não nos esqueçamos de que entre nós o princípio da legitimação de direitos, expressamente consagrado no artigo 9.º do Código do Registo Predial de 1984 e que tornou, como se tem reconhecido, o registo indirectamente obrigatório, vigora há mais de 20 anos. Ou seja, quem nestas últimas duas décadas tiver transmitido o direito de propriedade sobre imóveis ou constituído qualquer encargo ou outro direito real *foi obrigado*, para conseguir ver titulados notarial ou judicialmente esses direitos, a juntar o documento comprovativo de que o prédio estava registado em seu nome. Quer dizer: necessitou provar que estava *legitimado* para o alienar ou onerar. E, note-se isto já é sabido da generalidade da população, mesmo em aldeias remotas.

Além disso, se também co-existem várias outras disposições legais que, para a transmissão, obrigam a um registo prévio – como é o caso da propriedade horizontal ou do loteamento urbano – afigura-se pertinente a seguinte interrogação: se estas disposições legais já vigoram há mais de vinte anos, que sentido tem hoje uma invocação em contrário, mas afinal "in fraudem legis", da decantada posse? E com que consistente substrato de facto?

Convictamente penso que a resposta realista é esta: no nosso tempo já não é possível que a publicidade dos direitos reais se faça e muito menos que se faça *fundamentalmente* com base no tal poder de facto manifestado por forma correspondente ao exercício de um direito real. Temos, sim, que nos socorrer de um sistema de registo que, qualquer que seja, é já em si mesmo muito mais acessível e credível do que a concelebrada posse.

Dito isto, cabe, no entanto, perguntar: E que sistema de registo?

A resposta, ao se crê, não comporta grandes hesitações: será o que só permita inscrever actos *válidos* e que o faça com menores custos finais e com maior eficiência e celeridade.

São conhecidos basicamente três grupos de sistemas registrais: um deles, o mais elementar, que apenas visa facilitar a busca de informação e que, não garantindo o conteúdo dos direitos, assim como a titulariedade dos bens, não chega a alcançar a essencial finalidade da segurança do comércio jurídico imobiliário. Existe em boa parte dos países saxónicos (mas já não no Reino Unido) e, ao que julgo, nem sequer devia ser considerado entre os sistemas de registo. Destes, sim, já fazem parte os de origem francesa conhecidos como de mera oponibilidade, cuja protecção se baseia na inopobilidade face a terceiros dos factos sujeitos a registo e nele não inscritos. Têm estes sistemas algumas, embora leves, limitações ao ingresso dos documentos e não conferem ao adquirente um alto nível de segurança, pelo que esta só se alcançará através de procedimentos judiciais que apreciem e definam o direito do alienante.

Existem, por último, os sistemas eficazes, de *fé pública regis-tral*, que adoptam os princípios que permitem alcançar os fins de uma fiável publicidade de direitos, de titularidades, quer no mais elevado grau, próprio dos da tradição germânica, para os quais o direito publicitado é o único que realmente existe, quer também nos que, não tendo essa característica, conseguem no entanto, alcançar uma protecção suficiente, dirigida a quem dela careça, designada-mente ao adquirente que contrata confiado no que o registo publica. É que a aquisição mantém-se se efectuada a título oneroso e de boa fé, sendo atempadamente feito o registo.

A publicidade registral e a segurança do comércio jurídico imobiliário   597

Nestes sistemas, de fólio ou base real, vigoram os princípios da verdade, da prioridade, do trato sucessivo, da especialidade, da legitimação, da exclusividade e, sobretudo, o da *legalidade,* de modo que só ingressam no registo os actos formal e substancialmente válidos e tabularmente admissíveis, isto é, compatíveis com o que do próprio registo constar. Estes são os sistemas vigentes em Espanha e, de certo modo, em Portugal, ainda que aqui com certas hesitações, sobretudo jurisprudenciais. E, note-se, não é importante que vigore um regime constitutivo. O que é relevante são os efeitos da garantia do publicitado. A propósito da confusão que a nossa jurisprudência usualmente faz entre os efeitos e o regime constitutivo do registo, talvez seja oportuno recordar mais uma vez que o n.º 2 do art. 4.º do C.R.P. não contempla uma excepção em sentido próprio, dados outros múltiplos (e análogos) casos, inclusive actualmente o da penhora que "se realiza" com o registo.

Quanto aos sistemas registrais deve ainda acentuar-se que os denominados *registos de direitos* evitam elevados custos de transacção, bem como a criação de alternativos meios de defesa do consumidor, sempre mais caros, como ocorre com os conhecidos seguros. Aliás, precisamente porque os sistemas com diminutos efeitos jurídicos não dão aos adquirentes a devida protecção, nem facultam aos intervenientes no mercado imobiliário a indispensável segurança, também não podem contribuir decisivamente para o incremento das correspondentes transacções e, em última análise, para o próprio desenvolvimento económico.

Tudo isto tem sido objecto de múltiplos estudos, seminários e conclusões de que muito resumidamente destaco apenas alguns excertos das firmadas, no 1º tema do XII Congresso Internacional do Direito Registral. Aí foi dito que:

"a necessidade da existência de instituições eficazes que garantam a segurança jurídica das transacções entre particulares é reconhecida de forma geral para um eficiente funcionamento da economia e, por consequência, para o crescimento económico". Este não se compatibiliza com *a escassez de informação.* Ora, "os sistemas de segurança jurídica cautelar ou preventiva, em geral, são instituições surgidas, precisamente, com uma finalidade de informação garantida. No âmbito dos direitos de propriedade e demais direitos reais sobre os imóveis – por natureza ou por disposição legal – essa é uma das finalidades fundamentais dos sistemas registrais imobiliários: diminuir a incerteza jurídica mediante a contenção dos custos de informação. E, na medida em que o conseguem, contribuem para a eficiência do mercado e, portanto, para o crescimento económico".

Nesta perspectiva, "pode afirmar-se que serão preferíveis aqueles sistemas registrais imobiliários que diminuam em maior medida a incerteza com um menor custo relativo. Mais concretamente, aqueles que, no seu âmbito de competência própria, proporcionem mais e melhor informação, evitem em maior medida comportamentos oportunistas das partes contratantes, reduzam a assimetria de informação jurídica entre elas e imponham menores custos de conservação dos seus direitos." E sublinhou-se ainda que "de entre os sistemas registrais são os de fé pública – registo de títulos – os que cumprem em maior medida as condições de eficácia requerida". Ora, para que estes sistemas possam funcionar eficazmente é indispensável que respeitem uma série de princípios básicos. Nomeadamente, é essencial que se adoptem procedimentos que seleccionem rigorosamente aquilo que se pretende inscrever. É o que se conhece, como princípio da legalidade.

Dir-se-á: quanto mais rigoroso for o crivo da entrada dos actos requeridos mais fiável e seguro é o sistema de registo.

E permitam-me que cite agora o notável estudo "A Função Económica dos Sistemas Registrais" apresentando a 21 de Março de 2002 no Clube Século XXI, em Madrid, pelo Decano do Colégio de Registradores de Espanha e Professor de Direito Civil, FERNANDO MÉNDEZ que, recordando ser o crescimento da economia dependente de uma eficaz estrutura económica assente também numa adequada organização dos direitos de propriedade e na instituição de mecanismos que facilitam a segura, pouco dispendiosa e eficiente transacção dos bens, refere, logo no início desse seu trabalho, o informe anual de 1996 do Banco Mundial onde se afirma taxativamente.

"Um registo da propriedade resulta essencial para que o desenvolvimento de uma economia de mercado funcione. Melhora a segurança da titularidade diminui os custos de transferências dos bens e proporciona um mecanismo de baixo custo para resolver eventuais disputas sobre os bens".

E, quanto aos sistemas de fé pública ou "registos de direitos" lembra que são assim denominados porque produzem o efeito que

A *publicidade registral e a segurança do comércio jurídico imobiliário*   599

consiste em assegurar a quem adquire, mediante contraprestação, confiado no que o registo publica, a consequência de ser mantido na sua aquisição ainda que se resolva o direito do transferente.

"O Registo desempenha assim uma dupla função: de publicidade e de garantia do publicado".

Consequentemente, a contratação torna-se menos custosa e totalmente segura para os adquirentes, já que tanto os direitos como os seus titulares estão perfeitamente definidos. E, como "o nível de segurança jurídica do tráfico está em função directa dos efeitos atribuídos ao sistema registral pelo ordenamento de cada país, estes, de fé pública, não carecem jamais de qualquer outro meio complementar, semelhante ao seguro de títulos ou de créditos, o que sempre necessariamente onera as transacções, os direitos e as garantias imobiliárias."

Resumindo: É manifesto que a *certeza do direito* (em sentido amplo, incluindo a certeza das titularidades) é um valor essencial da ordem jurídica e constitui mesmo uma das mais valiosas conquistas para o adequado funcionamento da sociedade civilizada. Interligado com este princípio está o da clara e segura publicidade dos direitos, mormente dos direitos sobre as coisas, de tal modo que o contraente interessado – o consumidor, como ora é genericamente designado – não contrate enganado, até porque não lhe terem sido revelados direitos ou encargos ocultos incidentes sobre o objecto da relação.

Os sistemas registrais são precisamente os instrumentos idóneos para que se revelem, se publicitem, se hierarquizem, se graduem e afinal *se efectivem* os direitos e os encargos sobre os imóveis.

Tais sistemas serão tanto mais eficientes quanto maior for o controlo da legalidade dos actos, a fiabilidade dos títulos registáveis e a fé pública reconhecida ao assento registral.

Num mundo globalizado, da acelerada – electrónica – contratação, da competitividade generalizada, exige-se para a própria credibilidade e realização do direito substantivo que o registo publica seja, em regime *de exclusividade* – como, evidentemente, é indispensável – o instrumento ao serviço do conhecimento e da publicitação dos direitos e que não deverá, portanto, ser prejudicado pelas voláteis, intituladas e duvidosas situações, sobretudo quando estão em causa as transacções de um crescente comércio jurídico internacionalizado.

Ainda há escassos meses participei em Múrcia numa reunião comunitária de registadores e juízes e soube então que alguns dos colegas presentes já registavam mais transacções de vivendas, de escritórios e de diversas outras propriedades feitas no estrangeiro e por estrangeiros do que das referentes aos seus próprios nacionais. E como se credibilizariam tais transacções sem um eficiente Registo?

A segurança do comércio jurídico imobiliário protege e revaloriza o direito, porque o acredita, e o registo, como dizia EHRENBERG, também faz prova documental da existência *dos direitos*. Actualmente, os nossos amigos Registradores de Espanha já conseguem disponibilizar a informação registral "on line", com um sistema totalmente informatizado. E grande parte da Europa, mesmo do Leste, que vem bebendo a ajuda espanhola, o tem conseguido. Até na tradicional Alemanha, a Reforma Registral de 1993 criou o "EDV – Gundbuch" em suporte informático e que pode ser consultado pela *Internet*.

Nos países com sistema registrais eficientes o volume das transacções e do crédito hipotecário, obtido com muito menores taxas de juro de que qualquer outro, tem aumentando enormemente, com o óbvio efeito de um consequente desenvolvimento económico.

Esta é uma matéria que exige a maior atenção por parte dos legisladores e dos governos. E, conquanto tenha algo de surrealista, peço licença para fazer uma quiçá ferina comparação entre a publicidade jurídica e os estados físicos da matéria: sólido, líquido e gasoso.

Assim, diria que a publicidade *verbal* e verbalizável é volátil – "verba volant" – já que, como no caso da posse, se centra quase sempre em testemunhos verbais, falíveis, não alicerçados em documento autêntico e no consequente assento que o tivesse analisado à luz da lei aplicável e dos requisitos juridicamente exigíveis. Esta será, pois, uma publicidade aérea *gasosa*.

A que é propiciada pela mera notícia da existência do *título* que se arquiva e que não é organizada com uma base real, incidente sobre os bens, é uma publicidade *líquida*. Amolda-se ao mero conteúdo do documento, assume acriticamente a sua forma.

Contudo, a que é conferida por um sistema registral de fé pública em que só é inscrito o que passou por apertado crivo, por um rigoroso critério de legalidade, obedeceu aos demais princípios, já citados, que informam o sistema e que pode conferir segurança ao tráfico, garantindo "erga omnes" as titularidades e as prioridades, essa sim, é uma publicidade *sólida*.

E desejável é que seja disponibilizada, como soi dizer-se em linguagem informática, "on line". Mas, mesmo quando assim não é, retarda sempre muito menos do que a fixação judicial do direito. Daí o contribuir eficazmente para a segurança e harmonização dos direitos e, consequentemente, para a concertação e a pacificação social.

A publicidade registral é a que oferece um conteúdo credível, diversamente do que ocorre com a mera notícia estatística, fiscal ou qualquer outra. Na época das televisões, sabemos que a imagem se sobrepõe ao conteúdo. No suporte registral o que fica *é o conteúdo* do assento.

E termino recordando que à notável evolução da ciência e da técnica tem de corresponder uma idêntica evolução do pensamento jurídico e dos instrumentos de publicitação dos direitos, comprovados pelo documento autêntico.

E, neste domínio, temos de nos consciencializar que o sistema registral é um poderoso instrumento ao serviço do direito, da publicitação, da hierarquização, da eficácia e da segurança das relações jurídicas, designadamente das que versem sobre os imóveis, bem como, no domínio mercantil, sobre sociedades comerciais e demais pessoas singulares e colectivas que desenvolvem actividade comercial.

A certeza, garantia, fácil prova e invocabilidade das referidas titularidades e encargos, tem como consequência a diminuição dos conflitos, o descongestionamento dos tribunais, a confiança indispensável ao desenvolvimento económico, a segurança do tráfego e, em última análise a fácil prova, efectivação e transferência dos direitos e, por tudo isso, a decorrente confiança na contratação.

ALGUMAS IDEIAS EM TORNO DOS REGISTOS E DA SUA RELAÇÃO COM O NOTARIADO*

1. Para se tentarem arrumar algumas ideias em matéria de publicidade registral – e da sua relação com a actividade notarial – convirá reflectir sobre uns quantos conceitos que passaram a circular nos últimos tempos como se fossem "verdades incontroversas", quando na realidade não o são.

Alinharemos apenas cinco temas a propósito dos quais nos parece terem sido difundidas muitas das inverdades e confusões mais comummente escutadas. Contudo, parece que devemos repensar as questões e, afinal, quiçá se possa reafirmar o seguinte:

1. Não existe – nem deve existir – um confronto ou concorrência entre a actividade notarial e a registral.
2. Sabendo-se em que consiste uma e a outra e quais os fins que são chamadas a prosseguir – e para bem do comércio jurídico *devem* continuar a prosseguir – é manifestamente absurdo pensar-se que qualquer uma delas "está a mais" e, portanto, deve ser absorvida pela outra.
3. A questão do chamado "duplo controlo" é uma falsa questão que teve a sua origem numa controvérsia conhecida, mas que actualmente não subsiste nem tem razão de ser.
4. O tema das designadas "novas tecnologias" não deve ter consequência alguma sobre o *conteúdo substancial* das funções (e das normas de registo) e entender-se que estas eram ou ainda são meramente burocráticas constitui outra das falácias que é necessário desmistificar.

---

* Texto elaborado em Junho de 2009 para um debate sobre a organização do notariado e dos registos.

604 *Temas de registos e de notariado*

5. A organização, estrutura e funcionamento da actividade registral não deve divergir da notarial – já que uma e outra são *complementares* – nem é coerente ou vantajoso que se conceba uma delas apenas como privada (e privatizada) e a outra como inteiramente pública e estatizada.

Depois de repensados estes pontos procurar-se-ão apontar algumas sugestões.

2. Numa breve análise do primeiro tema dir-se-á que, embora o notariado e os registos operem no mesmo *mundo* do direito privado, fundamentalmente no tocante ao acto e ao negócio jurídico, as acções que praticam e a actividade que exercem não são coincidentes.

É por demais sabido que a titulação dos actos e bem assim a certificação de factos são matérias totalmente distintas da sua publicitação. E deve ser sublinhado que enquanto aquela *exige* o contacto directo com as pessoas, a indagação da sua vontade e a sua expressão clara e precisa – de modo isento, imparcial e competente, na incontroversa afirmação dos factos e com o pressuposto de uma *efectiva* fé pública – a actividade registral (toda, mas queremos referir-nos principalmente aos registos predial e comercial) não tem por fim tal consignação e titulação de factos, mas, por outro lado, *exige*, isso sim, a *verificação* e *controlo* de tudo o que já se acha *titulado* – e seja qual for a origem dos títulos – de modo a que o seu conteúdo seja conhecido, e reconhecido pela Ordem Jurídica, como *válido* e *oponível erga omnes* (e não apenas às partes que intervieram nos títulos) com o inerente ordenamento dos actos titulados, relativamente ao bem em questão (ou eventualmente à pessoa jurídica em causa) de modo que os direitos fiquem *hierarquicamente definidos*. Por isso, consabidamente, a actividade notarial destina-se à prova concreta – e prova plena – do *acto celebrado* (bem como à do *facto certificado*), ao passo que a actividade registral tem por fim a comprovação (e também de modo *autêntico*) da *situação jurídica* do *bem* em causa, a qual necessariamente engloba os múltiplos actos (e com *distintas proveniências*, incluindo a judicial) que sucessivamente se lhe referem.

Neste sentido, é indispensável que num sistema de registo de direitos – e este é o que defende os cidadãos, credibiliza o comércio jurídico e realmente *interessa* nos ordenamentos jurídicos que se baseiam na "lei civil" – exista sempre uma "barreira de entrada" dos títulos, de modo a que só possam *entrar* e *ficar* na base registral aqueles que válida, inequívoca e adequadamente titulam o acto requerido. E isto no tocante a qualquer espécie de títulos: administrativos, notariais e até judiciais. De facto, mesmo no que a estes últimos diz respeito (e sem pôr em causa que *definem* o direito, mas, é claro, apenas no que concerne ao *pedido* que foi formulado e às *partes* que intervieram no processo) podem realmente, em si mesmos, não titular o acto solicitado. Por isso, o controlo da legalidade *e aptidão* do documento apresentado para titular o registo requerido é sempre *indispensável*, mesmo quando se trata do documento judicial. E esta actividade nada tem a ver com uma supérflua burocracia. Tem, sim, com a certeza e salvaguarda dos direitos – de forma distinta da que pertence ao foro e ao âmbito judicial, mas com *análogo objectivo de defesa dos direitos e da legalidade*. É que só assim o sistema responderá eficazmente e não engana terceiros...

Por isso, trata-se de uma função – que tal como a função notarial – só pode ser exercida por juristas especializados, independentes e autónomos, que decidam com *isenção*, inclusivamente face ao poder executivo. E é manifestamente *retrógrado* (e até desconforme com uma pretendida valorização dos conhecimentos, das carreiras e das licenciaturas) que se pretenda atribuir "competência" para o exercício daquela função de *apreciar* a legalidade e validade dos títulos a funcionários que não tenham a necessária preparação jurídica.

Há ainda que sublinhar o seguinte: exactamente por tudo isto as funções de registar e de titular não devem ser exercidas pela mesma pessoa ou pela mesma entidade. Não pode quem titula declarar que o título que elaborou ingressa *qua tale* no sistema registral, assim como não pode quem tem de dizer se o acto pode ou não ingressar (e ingressar definitivamente) ser a mesma pessoa ou entidade que o titulou, ainda que isso possa ser aparentemente mais cómodo. É que, evidentemente, em qualquer dos casos, não está *isento* face à qualificação registral: qualquer pessoa tem a sua própria opinião, mas, como é óbvio, nunca pretenderá que o acto que praticou (e que visava a sua *adequada* titulação) seja depois, por si próprio, recusado ou posto em causa.

Existe, portanto, uma subjacente *incompatibilidade* e *conflito de interesses* que afasta a vantagem e pertinência dessas duas funções (salvo em poucas e identificadas hipóteses) serem exercidas pela mesma pessoa. No entanto, sendo-o, é a própria segurança do comércio jurídico, bem como a eficácia e *confiabilidade* do registo, que ficam (necessariamente) prejudicadas.

Deve também ser destacado um outro importante aspecto do exercício das funções: o notariado lida essencialmente com *pessoas* e é quase sempre necessário que o Notário procure indagar a sua vontade real a fim de que o documento a possa traduzir. É, pois, uma função que se exerce em permanente "relação de proximidade" com os interessados e que até permite várias espécies de contacto directo e inclusive a deslocação para fora do cartório.

A actividade registral – excepto no caso do registo civil, que ora não está em causa – lida basicamente com *bens* e com os actos que, sobre eles, os interessados *praticaram*, com vista à definição e publicitação da sua *situação jurídica*. A presença das pessoas não é normalmente necessária, salvo quando a lei admite que a declaração que documenta o acto seja directamente feita na conservatória (como em certos casos não é "problemático" e até *já há muitos anos* ocorre nas declarações e registos provisórios de aquisição e de hipoteca).

Com efeito, no registo, o documento habitualmente já está feito (e, nos casos do documento judicial e administrativo está-o sempre) pelo que os interessados não têm que *argumentar* com o Conservador (nem quiçá o *deverão* fazer, já que lhe não incumbe consignar as *intenções* das partes nem decidir controvérsias ou dirimir conflitos) pois a este cabe, sim, analisá-lo objectiva e isentamente, quer *em si* mesmo, verificando o que contém, quer à luz dos outros direitos inscritos. E é também do interesse das partes *que o faça* de modo competente e isento e que quando justificadamente considere que estas o devem completar ou rectificar elas mesmas o admitam e o possam fazer, ainda que tal lhes acarrete algum incómodo, mas sobretudo para que, desse modo, fiquem mais bem *assegurados* os seus direitos e também para que se evitem futuros conflitos. É sabido que o "facilitismo" agrada no momento, mas a prazo gera insegurança e conflitualidade e, por isso, constitui um grave *erro*.

Em suma, portanto: trata-se de funções *distintas*, que em geral até se revestem de alguma *incompatibilidade* e que se processam com perspectivas diferentes. Consequentemente, não "concorrem" entre si.

3. O que vem de dizer-se por si só demonstra que não deve entender-se ou pretender-se que qualquer uma destas funções deva *absorver* a outra, tal como seria disparatado sustentar que a actividade judicial devesse "açambarcar" a do Ministério Público, ou vice-versa.

Aliás, a este propósito, as analogias poder-se-iam multiplicar, abrangendo múltiplas instituições (públicas e privadas) e até casos comezinhos da vida quotidiana, sendo, como é, certo que o progresso na generalidade das áreas sociais – tais como as do tráfico imobiliário, dos mercados, dos serviços, do ensino e outras – se alcança mais eficientemente com a *especialização* e *diferenciação* de funções e não com a sua fusão.

Em suma: a *especialização*, também em matéria notarial e registral, não se deve "diabolizar", visto que, ao contrário do que se quer difundir, é progressiva e *ao final* resulta melhor para todos – incluindo os utentes – e para a devida segurança dos seus direitos, o que evidentemente é um *inestimável bem*, de muito maior valor do que a "facilitação", a grande rapidez ou um maior (mas ilusório) comodismo do momento.

O rápido, o fácil, o excessiva e irreflectidamente fácil (desde o dinheiro fácil aos títulos fáceis) em geral agrada sempre no imediato – como agradou em muitas das inovações no domínio dos registos e do notariado – mas *a prazo* é geralmente *nocivo* e o poder político tem portanto a obrigação moral de não propagandear tais ideias, que afinal resultam falaciosas.

É ainda injustificado pretender-se que quaisquer pessoas (e que, para cúmulo, até nem sejam juristas) podem indistintamente praticar actos notariais e de registo. Tal como propalar-se que isso é melhor ou mais acertado para o "cidadão", a quem, assim, se evitam "maçadas" inúteis.

Dizer isto significa que quem o proclama o que afinal parece querer é uma mera "aprovação" popular, fácil, mas de facto não mostra percepcionar a essência dessas funções, dos seus objectivos e da *necessidade* da sua real *fiabilidade*, não só para as partes como para *todos*. Dizer-se que um simples documento autenticado – e para mais autenticado por quem *patrocina* e tem a *obrigação funcional* de patrocinar *apenas* a parte que lhe conferiu mandato – pode *sempre* substituir a escritura pública (elaborada por quem tem de estar *super partes* e deve manter um *arquivo público* acessível a todos) constitui um rematado logro, que, afinal, só serve para enganar os cidadãos. Por outro lado, difundir-se a ideia de que "quem quer que seja" (incluindo os notários) pode *efectuar registos* oponíveis *erga omnes*, representa outro ardil sofístico e inteiramente descabido. Lembremo-nos que se qualquer pessoa – e não apenas quem tiver a inerente responsabilidade de admitir o registo – pudesse *registar* numa *instituição qualquer* (e até que fosse numa mera federação desportiva) *tudo o que lhe aprouvesse*, tal registo *perderia todo o valor*. E é óbvio que nunca poderia desempenhar a essencial função de prestar uma informação válida e credível e de ter todos os conhecidos efeitos, designadamente os de poder "hierarquizar" os direitos e de ser oponível *erga omnes*. E isto para além de não ser susceptível de conferir a necessária *confiança* ao mercado, a *segurança* dos direitos e a *prevenção da conflitualidade*.

E também se perde tal *indispensável confiança* se um ou alguns registos puderem ingressar no sistema sem controlo (bastará, por ex., pensar numa ilícita transmissão de quota), publicitando, como se fora um facto real e correcto, uma qualquer ilegalidade...

Tem sido propalada a absurda ideia de que quem titula os actos já pode *efectuar* o registo, quando na realidade apenas se deveria dizer que pode (e até deve) *requisitar* (e pagar) o correspondente acto de registo. E é afinal o que se quer dizer? Mas, se é, nisso *não há novidade alguma,* pois estando lavrado o documento, já desde o Código de 84 que a lei admite que *qualquer pessoa* possa pedir o registo (art.º 39.º, nº 2, c) – na redacção inicial). E isto está certo, pois quanto mais se facilitar *o acesso ao registo* também tanto mais se contribui para que este esteja actualizado e, portanto, melhor possa desempenhar a sua função de uma efectiva e credível publicitação dos direitos e da verdadeira *situação jurídica* dos bens. Por isso, dever-se-á dizer que a obrigatoriedade do registo (e pese embora a sua não estruturada *sanção* e também a *irrisória* gratuitidade até

Algumas ideias em torno dos registos e da sua relação com o notariado   609

2011[1]) é uma das medidas positivas (em registo *predial*, diga-se, já que em comercial *as não há*) que se adoptaram.

É igualmente certo que quanto mais rigoroso for o "crivo" de entrada num sistema registral tanto mais se previnem as invalidades e falsidades, as ilegalidades e em geral quaisquer fraudes e, por outro lado, melhor se asseguram os direitos dos cidadãos. Mas, para que tal crivo da qualificação do pedido – em sede de "justiça preventiva" – possa funcionar eficazmente, é óbvio que não pode ser gerido pela *mesma* pessoa que elabora o título, uma vez que, como se referiu, nunca teria a necessária *isenção*, pois estaria sempre interessada em que o "seu" título não fosse posto em causa.

Por conseguinte: para além da apontada conveniência da especialização e diferenciação de funções – e a especialização constitui obviamente um avanço *progressista* – verifica-se ainda que, como se fez notar, há em matéria notarial e de registo, um "soi-disant" subjacente "conflito de interesses" entre quem titula e quem deve apreciar a viabilidade do pedido para o seu ingresso tabular. E é também por isso que quem tem o dever funcional de registar (de *qualificar* o pedido, sem o que nem sequer há um registo jurídico) não deve ser *o mesmo* que "preparou" o título.

Deste modo, no que toca às funções de elaborar o título, por um lado, e de registar o facto titulado, pelo outro, ter-se-á de concluir que é descabido, senão mesmo incongruente, pensar-se que qualquer uma delas é supérflua e que, assim, poderia (ou deveria) ser dispensada ou integrada na outra. Na verdade, *são funções diversas*, que não se justapõem, e por isso a ideia do "dois em um" não parece que se deva aplicar generalizadamente a registos/notariado.

4. Um ponto sobre o qual nos parece necessário fazer alguma reflexão é o do "duplo controlo". Com efeito, tem sido difundida a ideia – que parece ter surgido no seio do notariado espanhol – segundo a qual era desnecessário que o registador qualificasse "substantivamente" um documento cuja legalidade já tivesse sido aprecia-

---

[1] A *intenção* pode ter sido muito boa, mas de boas intenções... Aliás, já há 50 anos que o registo era obrigatório em grande parte do País e o Código de 84 tornou-o *indirectamente obrigatório* em todo o território nacional.

da em sede notarial. É que – como se propalava – isso seria não apenas desnecessário, porque repetitivo, como constituía uma real incomodidade e perda de tempo para as partes. Assim: no caso de ser o Notário a qualificar, não seria preciso que o Conservador o fizesse. Mas, no caso de ser este a efectuar a qualificação, já não era necessário o documento notarial. Bastaria, portanto, que no aspecto substantivo, *apenas uma* das entidades qualificasse.

Ora, esta ideia, aparentemente correcta, passou a circular no âmbito do "Notariado Latino", transitou para os programas dos partidos políticos e, estando hoje tão difundida, parece que se tornou numa verdade indesmentível. Mas é?

A nosso ver *não é* e por muitas razões.

Desde logo porque Notário e Conservador qualificam aspectos *distintos* dos actos e sob perspectivas diferentes: aquele no tocante à *forma* que deve ter o documento e, portanto, como é que o acto deve ser *formalizado* para produzir efeitos *inter partes* e este (o registador) tendo em vista a *publicitação* desse mesmo acto e como é que ele deve ingressar no sistema de registo para validamente produzir efeitos *erga omnes*. Também por isto o próprio *enquadramento legal* da qualificação é distinto: no que toca ao registo é basicamente o constante dos artigos 68.º do Código do Registo Predial e 47.º do Código do Registo Comercial (normas *consensuais*, que provieram dos sucessivos códigos e que são idênticas às dos códigos espanhóis e dos de vários outros países), mas disposições estas que *não têm equivalente* no Código do Notariado (no nosso e nos dos países do "Notariado Latino").

Notarialmente, o que é essencial e relevante é que *para a celebração do acto* sejam apresentados os documentos legalmente exigidos e que fique claramente declarado – para que também o título o venha inequivocamente a traduzir – qual é a *vontade real* dos outorgantes e que esta e a sua expressão seja (venha a ficar) *conforme* com a da lei.

Por outro lado, é errado dizer-se que há sobreposição de verificações. O que o Notário verificou – nomeadamente os diversos elementos do acto, tais como a identidade, capacidade e suficiência de poderes dos outorgantes, as declarações que eles fizeram, bem como a regularidade dos documentos apresentados – é insofismável.

É *autêntico* e, por isso, no caso do *documento notarial*, não tem o Conservador de *voltar a verificar* todos esses pontos: nem o deve fazer, nem parece certo que o faça.

No entanto, tal como tem sido "dito e redito" pela doutrina, sendo o Notário que titula (mas não, evidentemente, se o título é *particular* e meramente autenticado por quem *não tem* a *fé pública* geral), é incontroverso que as partes exibiram os documentos que o Notário consignou e prestaram – e realmente *quiseram prestar* – as declarações que ficaram plasmadas no documento. E isso, no documento notarial, *tem de se considerar incontroverso*.

Por estes motivos, não há Conservador algum que não prefira que lhe seja apresentado um documento autêntico *notarial* em vez de um mero documento autenticado por quem *patrocina* o(s) interessado(s) que lhe conferiu (ou conferiram) mandato para tanto e consequentemente não pode ter a postura *equidistante* das partes, imparcial e *isenta* relativamente a *todos* os intervenientes no acto, tal como o Notário tem.

Todavia – e como a doutrina unanimemente reconhece – não incumbe ao Notário analisar e comprovar a chamada "sinceridade das declarações" que os outorgantes produziram. Tal sinceridade e validade *só fica definida* na sentença judicial transitada. Daí que, quando esta é apresentada, a qualificação registral deva ser diferente da que tem lugar relativamente a qualquer outro documento: particular (ainda que autenticado), notarial ou administrativo. De resto, e em consonância com isto, cabe ainda dizer: os actos notariais, assim como os registrais, não *transitam em julgado*. Aliás, ao contrário do acontece com a sentença transitada, são susceptíveis de correcção, de alteração e de rectificação (e até de uma *nova interpretação* documental lavrada por outro "colega"), o que por vezes ocorre precisamente para "dar resposta" ao que no registo deve ser entendido.

Deste modo, não há que "ir na onda" quando insistentemente se fala em duplo controlo (notarial, administrativo ou outro). Trata-se de uma visão intrinsecamente *errada*. De facto, em síntese, a verdade é uma: quando estão em causa o acto notarial, por um lado, e o de registo, pelo outro, deve dizer-se que se controlam "coisas" diferentes e sob perspectivas diferentes.

Este brevíssimo apontamento já é, por si só, demonstrativo de que a chamada *dupla qualificação* é uma *falsa questão* – é mesmo uma falácia – que tendo surgido no seio do notariado espanhol[2] foi depois difundida na generalidade dos países europeus.

Todavia, uma coisa é certa: a escritura nunca forma *caso julgado*, e portanto é susceptível de reapreciação. Designadamente, se porventura pretendeu titular um acto *nulo* (como já ocorreu, mormente em matéria de loteamento urbano) não pode nem deve sustentar-se que tenha de ingressar no registo *qua tale*, sem discussão alguma, isto é, que o Conservador *deva sempre registar* apenas pelo facto de o Notário ter tido aquele (ainda que erróneo) entendimento. A escritura, sendo um documento fundamental, *não é uma sentença*: não *define*, uma vez por todas, o direito, nem é esse o seu papel.

Mas as partes só têm a ganhar se o título for elaborado pelo Notário, jurista habilitado, independente e dotado de *fé pública*. E, como se disse, não haverá Conservador algum que não "prefira" (mil vezes) esta espécie de títulos...

Também só têm a lucrar (as partes e todos) se o registo for um "registo de direitos" em que *plenamente* vigore o princípio da legalidade[3], a par dos outros, como o da necessária (e que *tem* de ser *incontroversa*) prioridade, sob a égide e responsabilidade do Conservador e que, portanto, a *validade* dos actos inscritos possa merecer a confiança geral e que a segurança do comércio jurídico *seja uma realidade* – nem que para a obter o interessado possa sentir, uma ou outra vez, alguma incomodidade, porque afinal teve de apresentar mais um documento ou de rectificar o que já estava feito.

---

[2] A "história" é já muito antiga, derivou de velhas rivalidades, foi depois teorizada (v.g. por ROCA SASTRE) e veio posteriormente a ser *amplificada* devido a uma "guerrilha" entre juristas eminentes, professores de direito, um deles Notário e o outro Registador.

[3] E não como *infelizmente* passou a ocorrer em muitos actos de registo comercial, ficando o público em geral e os próprios juristas, incluindo juízes e notários, sem saber se o que *agora* (desde o D.L. 76-A/2006) desse registo consta é ou não verdade.

Algumas ideias em torno dos registos e da sua relação com o notariado 613

5. Certas críticas favoráveis às reformas que se têm processado nos "registos e notariado" surgem por se considerar que eram necessárias para que os sistemas se pudessem adaptar às "novas tecnologias".

Ora, esta ideia constitui mais um logro, "vendido" sobretudo àqueles que pouco percebem de informática e olham para o computador como um brinquedo esotérico cujos "mistérios insondáveis" ainda são inacessíveis ao comum dos mortais... Mas isso já ninguém o pensa: como é patente, as tecnologias são hoje *vulgaríssimas*. Uma criança ainda no infantário utiliza-as com a maior das facilidades.

E, é claro, as tecnologias são meramente *instrumentais*. As normas que estruturam um sistema jurídico é que são *substantivas* e tanto podem ser aplicadas usando-se uma esferográfica como um ordenador. Com certas diferenças: a informática permite grande facilidade e rapidez de procedimentos, bem como a intercomunicação imediata, não só entre serviços no mesmo local e da mesma espécie, como de espécie diferente e que estejam localizados em qualquer parte. Por isso, facultam a criação de bases de dados e uma inter-informação extremamente fácil e célere sobre o que estas contêm.

Deste modo, como parece evidente, as tecnologias não demandam a criação de novos sistemas jurídicos. Pelo contrário, têm de estar ao serviço – e devem *ajustar-se* – a *qualquer sistema* que, ao tempo em que foram introduzidas já vigorasse e que deve subsistir se também se entender que era *o mais adequado*. Não é o contrário: não deve alterar-se um sistema jurídico para que ele *melhor se adapte* às novas tecnologias, como afinal parecem defender muitos dos actuais "novos-ricos" da tecnologia que olham para a informática maravilhados, quiçá sentindo-se co-autores da sua invenção.

Mas é claro que não são os progressos tecnológicos, por maiores que sejam (como de facto são) que justificam a maioria das alterações, muitas das quais se têm de considerar *erradas*, como é o caso dos chamados "registos por depósito" que *ninguém controla* (salvo no velho e correcto caso das contas, que consabidamente são só de controlo fiscal) e que também têm determinado *erróneas informações* (publicitando inclusive actos nulos, tais como ilícitas transmissões de quotas) e bem assim da qualificação – da que, várias vezes, se tem de considerar uma *medíocre* qualificação – feita por funcionários desqualificados (que "fazem o que podem", mas que não têm a necessária preparação para discernir questões jurídicas) e que tem vindo a motivar a "desconfiança" dos operadores económicos e da própria jurisprudência. O grande avanço tecnológico da "sociedade de informação" devia contribuir para uma maior *segurança* e *confiança* e não o contrário – mas afinal, nessa área do registo comercial, é "esse contrário" que se tem verificado.

Acresce que não são as novas tecnologias que justificam uma competitividade ou "concorrência" entre os serviços de registo e os notariais (ou de outros "documentadores") já que, como se referiu, se trata de funções diferentes, que se revestem de uma essencial importância *pública* no domínio da segurança jurídica e que *devem* ser exercidas por entidades diferentes e imparciais e não com um qualquer objectivo *mercantil* e *calculista*, como o da concorrência.

A especialização é vantajosa e pelo contrário o apelo à realização de uma grande quantidade de actos (e o valorizarem-se sobretudo as estatísticas *quantitativas*) pode ser, e até normalmente é, *nociva*, visto que, neste domínio, a correcção, a licitude e a certeza dos factos, actos e contratos *é que realmente interessa* e, além de duradoura, é muito mais relevante e benéfica para a sociedade. Aliás, nos países da Europa mais avançados, sobretudo nesta área jurídica, e apesar de múltiplas "pressões" (em grande parte provenientes dos próprios notários) também não se considera que os registos e o notariado devam entrar em concorrência.

O que, em nome do avanço tecnológico, não pode nem deve fazer-se é diminuir *as garantias* de veracidade e da própria real intervenção das partes, como ocorre no registo comercial (e também no civil em alguns actos) sobretudo com os depósitos.

As tecnologias são, é claro, meramente instrumentais, mas essa instrumentalidade *não pode pôr em causa* a isenção do registrador, nem dos próprios gestores informáticos, bem como a *segurança*, sob qualquer ângulo: segurança jurídica, segurança das declarações, segurança da reserva da vida privada, segurança dos dados, inclusive no tocante a antigos arquivos. É por isso inconcebível (e "usurpador" do próprio *património histórico* nacional) que, depois de proceder à digitalização, se destruam (!) antigos livros de registo. Por outro lado, sendo na área do registo tais instrumentos *geridos* por meros técnicos de informática (integrados numa estrutura *burocrática* do Estado) põe-se em causa a *fiabilidade* e o devido funcionamento dos instrumentos tecnológicos, precisamente por não serem dirigidos pelos

Algumas ideias em torno dos registos e da sua relação com o notariado 615

próprios serviços registrais, como ocorre em Espanha, que neste domínio muito nos tem a ensinar...

Trata-se, portanto, de uma matéria que devia ser re-equacionada e, no tocante aos registos, vir a ser gerida pelo "colégio" (ou instituição) respectivo(a), sem prejuízo de também se acompanharem os permanentes avanços da técnica.

6. A organização, o exercício e o funcionamento do notariado, por um lado, e a dos registos, pelo outro, não deve ser divergente. Trata-se, como se recordou, de estruturas instrumentais (e relevantes) da vida jurídica que, sendo essencialmente *integrantes* uma da outra, devem ser concebidas, organizadas e instituídas de modo *complementar* e *compatível*.

Nomeadamente, se uma foi inteiramente privatizada – ainda que, a nosso ver, *excessivamente* privatizada – é incongruente pretender-se que a outra permaneça (e até seja cada vez mais!) totalmente estatizada.

Tendo esta realidade sido percepcionada no Brasil (pois ao tempo da ditadura militar, ter-se-á pretendido funcionalizar o registo imobiliário) o tema chegou a ser debatido no Parlamento Federal quando aprovou a nova Constituição e, por geral *consenso* dos diversos partidos (coisa raríssima!), ficou a questão *resolvida* no artigo 236.º do actual Constituição, onde claramente se estabelece que os serviços do notariado e dos registos funcionam *em regime privatizado*, ainda que sob a final decisão do poder judicial.

A estrutura *comum* destes serviços foi entre nós – e *tradicionalmente* – bem entendida, visto que, desde a sua criação, funcionaram em regime privatizado. Com o Estado Novo passaram, também ambos, a operar funcionalizadamente. Em Espanha, sempre tiveram gestão privatizada, apesar das sucessivas épocas da República popular, da Guerra Civil e do "franquismo". De resto, parece haver uma certa *unanimidade* entre os partidos políticos espanhóis no sentido de considerar que são serviços que funcionam bem e que *devem continuar* com a sua tradicional estrutura *privatizada*. Sendo os sistemas registrais na Europa muito diversos (caso dos de raiz germânica, que é para-judicial) – mas também porque *isso ocorre com os sistemas jurídicos* – o certo é que se caminha no sentido de reconhecer, sobretudo nos que são idênticos ao nosso, que o melhor regime é o que perfilha a *privatização* quanto à *gestão* destes serviços. Note-se que mesmo na tradicional Inglaterra (em que o registo é *constitutivo* desde 2002) a privatização dos registos continua a ser total.

Para além de todos os conhecidos benefícios que decorrem para os cidadãos, eles também existem para o Estado, visto que *emagrece* deixando de ter de gerir mais um conjunto de agentes da "função pública" – e eliminando assim da sua "pesada máquina burocrática" um considerável número de funcionários da Administração.

Por outro lado, tem de ser uma vez mais sublinhado que tanto no que concerne ao registo predial, como ao comercial, trata-se de instituições que (tal como no notariado) *estão ao serviço* do *direito privado*, no âmbito do qual o Estado *não tem de se intrometer*, nem é benéfico que se intrometa. Só o terá de fazer quando estiver em causa algum direito público (como no caso do fiscal ou do administrativo). Permita-se que repita um velho dito: "nos registos e notariado o Estado só estorva"...

No que toca à gestão informática do serviço é óbvio que passaria necessariamente a pertencer aos colégios (ou às ordens profissionais, embora se entenda que esta não é a mais adequada estrutura[4]), cessando assim as "desculpas" pela falta de "recursos", de "isenção" face ao notariado e ainda pela má gestão que, consabidamente, está ligada aos serviços públicos estatizados.

Um dos "entraves" que era apontado ao funcionamento em rede dos registos e à sua gestão em termos privatizados consistia na excessiva diferença na repartição dos proventos derivados de grandes dissimetrias no volume das transacções imobiliárias e decorrentes injustiças inerentes à competência territorial *exclusiva* e bem assim a de outros "constrangimentos" a ela associados. Mas, com a eliminação dessa exclusividade (diga-se, da "competência territorial") desapareceram também aquelas objecções.

Outro dos óbices que têm sido levantados diz respeito aos actuais funcionários que, alegando "direitos adquiridos", querem continuar a

---

[4] Tive ensejo de manifestar esta opinião antes de ter ficado consagrada em lei a criação da "Ordem dos Notários". De facto, afigura-se-nos que o conceito de "ordem" é próprio dos colégios reguladores das profissões *puramente liberais* – como a dos advogados – mas não já das que têm um cariz publico-privado, como é o caso dos notários.

ter o estatuto de funcionários públicos. Sabe-se que, aquando da privatização do notariado, os registos funcionaram àquele propósito como "pára-raios" de todos os que, estando a prestar serviço nos extintos cartórios públicos, não aderiram à privatização. Mas, para além dessa "integração" não ter sido conduzida de forma ideal, o certo é que, também agora, permanecendo o registo civil público, idêntica solução poderia haver, embora mais bem regulamentada e também por forma a permitir a integração em vários outros serviços, sobretudo na área da justiça, reconhecidamente carentes de mais funcionários.

Em síntese, dir-se-á que, no respeitante aos registos, sob um primeiro e essencial aspecto, não se pode pretender que algum dia haja ou possa haver qualquer espécie de *concorrência* com outras entidades. Apesar da sua gestão poder ser (e dever ser) em regime privatizado, tal como ocorre em Espanha, na Inglaterra ou no Brasil, os registos *têm* sempre de funcionar em regime de *monopólio* – como se crê que acontece em qualquer dos sistemas vigentes. Trata-se, por sua própria natureza, de uma espécie de serviços que só pode ser efectuado *numa única instituição*. É que, como é manifesto e pacífico, se porventura fosse possível registar noutros locais, perder-se-ia toda a possibilidade de ser definida a real situação jurídica dos bens e a prioridade dos direitos.

Quanto a este tema da privatização, parece consensual que apenas poderia não ser privatizado o registo civil (como não o é em Espanha e em quase todo o Mundo), mas os outros (isto é os registos predial e comercial) sim, embora subsistindo, tal como no notariado, uma óbvia *natureza pública* do serviço que é prestado: a velha "administração pública de direito privado". Ou, dito de outro modo: serviço público – necessariamente público – mas gestão privada[5].

Esta *incindível* "dupla natureza" – pública e privada – *continua a ter* tradução no actual "Estatuto do Notariado" (art.º 1.º, n.º 3 do

---

[5] Acrescente-se que isso nada tem de inédito: há em todo o Mundo (parece que até na China) serviços públicos confiados a uma gestão privatizada, como é o caso de hospitais, consulados honorários (e estes, *sublinhe-se*, que também praticam alguns actos de registo e de notariado, que têm de funcionar, com de facto funcionam, em regime de *monopólio* na respectiva circunscrição), e varios outros serviços.

D.L. n.º 36/2004) embora os "poderes instituídos" (de todos os quadrantes) por vezes a pareçam ignorar... Mas deve permanecer, visto que a aludida privatização se refere *apenas* à gestão dos serviços e não *à função*, que é pública. Por isso, mesmo em Espanha, habitualmente diz-se que "Notários e Registradores são funcionários públicos", ainda que não em sentido estrito, mas sim, como entre nós a lei referia, *de direito público privativo*. Podiam enquadrar-se (ainda que haja alguma controvérsia) naquela que tem sido entendida como "administração autonómica do Estado", ou num estatuto que parcialmente fosse análogo ao do Ministério Público, ou num outro mais adequado "estatuto especial".

A finalizar, recorde-se uma vez mais: os registos, salvo em certos casos específicos, não devam estar incumbidos de praticar actos notariais. Aliás, estando *ambos* os serviços privatizados, não tem o Estado que assumir o papel de "patrono" de um deles (como tem acontecido com os registos) favorecendo-o em detrimento do outro.

Portanto: quanto aos registos predial e comercial afigura-se que a sua *gestão* deveria ser privatizada. De resto, nem parece defensável que num sistema registral como o nosso, que desde a sua instituição foi praticamente decalcado no espanhol (e nas respectivas "leis hipotecárias"), exista um notariado que foi privatizado a par dos registos que não o foram.

7. Procuremos então alinhar alguns dos pontos que, no âmbito do notariado e dos registos, se podem considerar merecedores de alguma atenção.

Dir-se-á:

– Qualquer sistema registral está ao serviço – é instrumental – do direito substantivo, devendo portanto adequar-se aos princípios que o Ordenamento acolhe. Ora, é sabido que, entre nós, um desses *princípios básicos* é o da legalidade. Consequentemente, é descabido que tenham sido introduzidos no registo comercial vários "registos por depósito" em que ninguém controla nada. Por outro lado, é igualmente descabido que sejam funcionários impreparados (por não terem qualquer formação jurídica) a decidir sobre a viabilidade de um pedido de registo. Em todos estes casos trata-se de *falsas simplifica-*

Algumas ideias em torno dos registos e da sua relação com o notariado   619

ções, desordenadas, conducentes ao descrédito, que podem eventualmente seduzir alguns "apressados", mas que a prazo se vão revelar nocivas para todos os "operadores económicos", para a indispensável confiança no *sistema registral* e para o próprio comércio jurídico.

– Os serviços notariais e de registo são socialmente indispensáveis e têm, pois, manifesto interesse público. Mas, embora complementares, *são inteiramente distintos*: na actividade notarial trata-se sobretudo de *formalizar* o acto jurídico (dar-lhe forma legal), auscultar e conformar isentamente a vontade das partes, bem como de certificar e, em geral, autenticar com "fé pública" todos os casos a que os interessados (cidadãos ou entidades, *mesmo públicas*) queiram conferir tal cariz de autenticidade e na registral de *publicitar* os factos e hierarquizar os direitos (titulados em diversas origens, incluindo a judicial e a administrativa) tornando-os oponíveis *erga omnes*, com vista à publicitação e presunção legal da *verdadeira situação jurídica* dos bens e à própria segurança do comércio jurídico.

– Consequentemente, não deve existir – nem realmente há razão *válida* para que exista – conflito, disputa ou concorrência entre a actividade notarial e a registral. Trata-se de funções muito diferentes, ainda que complementares, sendo a sua *especialização* necessária e benéfica para os cidadãos. Seria, pois, ilógico (e insensato) sustentar-se que qualquer uma delas "está a mais" e que poderia ou deveria ser absorvida pela outra.

– Não é adequado nem salutar para a segurança do comércio jurídico que o acto de registo possa ser, e venha a ser, praticado pela mesma pessoa que o titulou, mesmo porque essa pessoa, por regra, não fica independente e *isenta* para depois exercer a função qualificadora.

– Por outro lado, a questão do "duplo controlo" é uma falsa questão que emergiu no notariado espanhol, mas que actualmente já se reconhece não ter razão de ser, visto que tudo aquilo que o Notário verifica autenticamente – desde a identidade e capacidade das partes, ao que estas declararam ou aos documentos que exibiram – não é sindicável pelo Conservador. São-no, porém, outros aspectos, *inclusive substantivos*, visto que o acto notarial nunca forma "caso julgado" (ao contrário da decisão judicial transitada) e é, pois, susceptível de revogação, alteração e rectificação (mesmo por diferente notário). Acresce que um e outro controlam sobretudo coisas distintas e com finalidades e perspectivas diferentes.

– A matéria das "novas tecnologias" que é necessário adoptar e incentivar – as quais, como é óbvio, demandam uma titulação segura e uma publicidade registral credível – não tem que ter consequência alguma sobre o conteúdo *substancial* das normas jurídicas, nomeadamente de registo, e das funções de registar e de titular[6-7]. Importante é que a *gestão informática* seja fiável, isenta e *esteja a cargo* (e portanto seja da responsabilidade) de quem tem de exercer as funções (no caso, registral e notarial).

– O funcionamento da actividade registral não é antagónica da notarial nem dela deve divergir ou com ela concorrer, até porque são aqui "qualidades negativas" os conceitos de "competitividade" e de "rivalidade" (Rousseau). Além disso,

– Tratando-se de funções públicas, mas de direito privado, é incongruente que apenas uma delas – a notarial – funcione em regime de gestão privatizada e a registral continue a subsistir noutro, totalmente estatizado. O certo e o adequado é que ambas tenham um regime idêntico e compatível.

Eis, em muito breve síntese, o que pareceu oportuno referir.

---

[6] Ainda que várias vezes debatida, não está definitivamente terminada a questão da pertinência e validade da *escritura pública electrónica*, nem é aqui oportuno enunciar sequer os argumentos aduzidos. Dir-se-á, no entanto, que mais dia menos dia por certo se reconhecerá a plena validade desse importante título notarial.

[7] No tocante ao registo, o que a nosso ver poderia ser útil era introduzirem-se algumas normas relativas ao conhecimento descritivo dos prédios através da "geoinformação" e sua conexão com a abertura e actualização das descrições.

III
ADENDA

ESTATUTO DO CONSERVADOR[*]

1. Ao discorrer sobre o estatuto do conservador e falando para quem o é, a primeira palavra que ocorre é esta: *é gratificante ser conservador*. E isto não obstante as múltiplas incompreensões que sempre surgem, de todos os lados. É que muitos – desde juristas e políticos aos anónimos cidadãos – falam do conservador e dos registos sem um mínimo de "sapere", no sentido de saber do que se está a falar.

Todavia, para que se possam transmitir algumas ideias básicas, convém recordar que o conservador tem como principal missão a de lavrar os registos de factos e actos com efeitos jurídicos. Desde o nascimento, ao casamento e à morte quando falamos do registo civil, das aquisições modificações e extinções dos vários direitos reais ou de acções judiciais que lhes respeitem, se tratamos do registo predial ou de automóveis e ainda da "vida jurídica" – também do nascimento até à extinção – das pessoas singulares e colectivas que exerçam o comércio, mais frequentemente sociedades, cooperativas e empresas públicas, se falamos de registo comercial.

Ou seja: poder-se-á dizer, sem exagero, que todos os cidadãos empresas e operadores económicos acabam por "ter de lidar com os registos"[1] que estão incluídos, assim como também acontece com o notariado, na *função legitimadora* do Estado. O que, desde logo, evidencia a sua importância social e a necessidade de que sejam bem geridos.

---

[*] Conferência feita num Encontro sobre o tema realizado no Funchal em 10 de Dezembro de 2004.

[1] Como foi recentemente acentuado por ANTÓNIO FIGUEIREDO no Seminário Ibérico em Coimbra. E o mesmo igualmente se verifica no notariado. Só que – com a devida vénia – não o referimos expressamente porque o tema em tabela versa *apenas* sobre o estatuto do conservador.

Daí que possamos de imediato extrair esta intuitiva e óbvia primeira conclusão: sendo os registos jurídicos dirigidos e orientados pelo conservador, então este terá de ser um bom gestor, um competente e proficiente jurisperito especializado nestas matérias.

2. Convém, todavia, precisar o seguinte: tratando-se da referida e importante função legitimadora do Estado, ela não é, porém, uma "função pública" *stricto sensu*. É bem conhecida a expressão de ZANOBINI que, aliás, foi em 1918 o título da sua obra doutoral, a "Administrazione publica del Diritto privado". Ou seja: os factos inscritos no registo civil predial e comercial inserem-se na *esfera privada de actos e relações individuais*. Não estamos a lidar com o *direito público* nem em sentido estrito com o direito administrativo, mesmo enquanto este se dirige a quaisquer concessões a particulares. Estamos sim e só a tratar de *direito privado* – civil e comercial. Até quando, processualmente, se coloca a questão de recorrer contenciosamente das decisões de conservadores, ter-se-á de o fazer para a jurisdição cível e não para a administrativa.

É sempre pertinente acentuar ainda que quando o conservador do registo civil preside à celebração de um casamento, decide favoravelmente um afastamento da presunção de paternidade ou subscreve qualquer assento é às *pessoas individuais* e à sua esfera jurídica privada que se reporta, não ao Estado ou a qualquer permissão estatal. De igual modo quando o conservador do registo predial inscreve a aquisição de um prédio, uma hipoteca que garante o valor em dívida ou lavra qualquer outro acto é no âmbito da esfera jurídica desse cidadão ou da pessoa jurídica em causa que tudo se passa. E, evidentemente, o mesmo ocorre quando o conservador do registo comercial regista a constituição de uma sociedade ou outro acto previsto na lei. E tudo isto *dentro da esfera da sua competência*.

Por isso também que cada uma das conservatórias tem autonomia em relação às demais. Mesmo havendo alguma denominada "central" ela não tem tutela sobre as outras. Tudo com vista à conveniente protecção e defesa dos direitos subjectivos e privados dos cidadãos tal como é, de resto, a perspectiva geral da doutrina. Aludirei apenas a dois autores: AMORÓS GUARDIOLA e LACRUZ BADEJO. Escreveu o primeiro: "a protecção que o Registo outorga ao titular que pretende inscrever o direito é predominantemente privada e organiza-se em atenção a um direito subjectivo privado". Disse o segundo: "ao contrário de outros interesses públicos e sociais (...) a protecção dos registos jurídicos é predominantemente privada e organiza-se tendo em atenção um interesse individual, a eficácia de um direito subjectivo privado, a protecção de um puro direito civil".

Note-se que mesmo entre os países que pertenceram à ex-União Soviética (casos da Hungria, da Checoslováquia e outros) esta realidade da natureza estritamente privada dos registos jurídicos era reconhecida.

Por isso, uma segunda conclusão resulta evidente: o conservador actua e decide no exclusivo âmbito da inscrição *das relações jurídicas privadas* que hão-de ser publicitadas com base na sua própria competência funcional e não noutra qualquer, inclusive da área pública ou política.

3. Decorre de tudo isto que a função do conservador é de natureza *jurisdicional voluntária ou graciosa* num duplo sentido: por um lado significando que tem por objectivo assegurar o cumprimento e execução do direito registral essencialmente qualificando a legalidade de documentos e declarações por forma a lavrar assentos que são dotados de autenticidade e de fé pública e, pelo outro, no de que não se trata de actividade *judicial* tendo em vista decidir e dirimir litígios e conflitos, nem também se insere na pura esfera privada para somente ter em vista o *patrocínio* de concretos interesses individuais, como uma espécie de advocacia.

Ora, sucede que esta característica e especificidade da função é normalmente mal compreendida, mesmo por alguns juristas que a pretendem enquadrar exclusivamente numa das clássicas dicotomias da actuação privada ou pública. Mas essa dificuldade não tem relevo, já que o importante é sempre a verdade. Ora torna-se por demais evidente para quem tem algum conhecimento teórico e prático da actividade registral que ela só funciona ou *só funcionará bem* se for respeitada essa essencial característica jurisdicional, de tal modo que o conservador possa decidir inscrever apenas os actos válidos e tenha igualmente a noção de que o está a fazer na esfera clara das relações jurídicas privadas, em que todas as partes são iguais, mesmo quando se dá a circunstância de um dos sujeitos da relação ser uma entidade pública.

Deste modo, parece que é correcto propor uma terceira conclusão: a actividade do conservador tem de pautar-se pelos princípios inerentes ao labor próprio de uma *jurisdição voluntária*.

4. Desta conclusão se extrai uma outra com ela interligada: a actuação do conservador segundo tais princípios é essencial não apenas para que o Estado – e refiro-me, é claro ao ente público soberano que em si próprio consubstancia a sociedade civil e corporiza a Nação e não a qualquer dos poderes que o gere – esse Estado, dizia, cumpra a importante função da qualificação, validação e hierarquização de actos e negócios jurídicos, mas também para que os sujeitos desses actos tenham os seus direitos salvaguardados "erga omnes", face a todos os demais.

Sucede que este último aspecto é sobremaneira relevante quando tais sujeitos pertencem ao grupo dos chamados "operadores económicos" – instituições de crédito, agentes mercantis e empresários – que manifestamente carecem da defesa e segurança jurídicas que só um sistema de registo pode dar. E é sabido que os (impropriamente) chamados meios alternativos dos registos imobiliários – como é o caso dos "seguros de títulos" que além de muito mais caros e com prémios que anualmente se vencem – *não asseguram* a entrega do bem e as suas inerentes mais valias, mas apenas uma indemnização de natureza pecuniária fixada no momento do contrato. Ainda recentemente no Congresso de Santiago de Compostela se referiu que – cito – "não é possível o bem-estar social e o desenvolvimento sem um Registo rápido e seguro que proporcione a efectiva realização do direito". E o Ministro presente na sua intervenção declarou que o Registador é um *colaborador necessário* para os objectivos da certeza e da segurança do direito.

Por isso é a instituição registral – e na sua tríplice espécie, civil, predial e comercial – a única vocacionada para publicitar eficazmente, aos sujeitos de direito e à sociedade em geral, a constituição, modificação e extinção de todos os já referidos actos que respeitam à vida e aos negócios jurídicos dos cidadãos.

Assim, uma quarta conclusão se impõe extrair: a actividade registral, a cargo do conservador, é essencial designadamente para conferir *fé pública*, presunção legal de verdade dos actos inscritos, geral oponibilidade contra todos e fixação prioritária dos direitos, factos e relações passíveis de uma publicidade jurídica.

5. Depois de subido mais este degrau na tentativa do conhecimento da função do conservador, há ainda que realçar que ela não se limita ao referido fim de tornar cognoscíveis todos os assinalados importantes factos e actos, mas sim, essencialmente a integrá-los, ou não, no sistema registral, se favoravelmente decidida a sua admissão às tábuas e depois de prévio processo de qualificação jurídica.

Muito embora esta tenha uma perspectiva diversa tratando-se do registo civil (em que, à semelhança do notariado, são recebidas *declarações directas dos interessados*[2]) ou de registo predial e comercial, o certo é que *em todos os casos* tem o conservador que formular um juízo sobre a legalidade do pedido de inscrição do facto. E, note-se, quando este consta de documento – caso do registo predial e comercial – há igualmente que apreciar a sua validade intrínseca (salvo no caso da sentença judicial transitada) e formal, de modo que só ingressem no sistema os actos compatíveis com os anteriores assentos registrais e com a lei.

De outro modo, para usar as palavras de JERONIMO GONZALEZ "os assentos só serviriam para enganar o público, favorecer o tráfego ilícito e provocar novos conflitos". E, por isso, quanto mais apertado for o crivo da qualificação jurídica mais certos e seguros serão os registos. E por isso também que é necessário apurar a compatibilidade de quaisquer declarações e documentos, mesmo tratando-se de decisões judiciais, com a realidade tabular.

Este *"nobile officium"*, como é usualmente designado, visa fundamentalmente aproximar tanto quanto possível o conteúdo das inscrições e assentos ("lato sensu") com a verdade jurídica e fáctica.

Juízo que é de "crítica jurídica", como realça LACRUZ e que, não sendo função judicial, é exercido com independência semelhante.

---

[2] Esta conferência foi feita antes das alterações legislativas posteriormente introduzidas que criaram a "casa pronta", a "empresa na hora", etc. Todavia, o que a seguir é referido mantém actualidade, excepto no registo comercial quanto aos chamados "registos por depósito" os quais, porém, a nosso ver, rigorosamente te não se podem considerar "registos".

628   *Temas de registos e de notariado*

E não se traduzindo em ditar comandos ou sentenças, na realidade procura, num foro extrajudicial, ordenar a sequência dos direitos e assegurar a eficácia das relações jurídicas.

Será assim acertado propor esta quinta conclusão: para que o conteúdo dos assentos registrais possa corresponder à sempre almejada verdade das situações e dos factos que se pretendam inscrever é necessário que conservador, cumprindo o princípio da legalidade, formule um prévio, competente e aprofundado juízo sobre a registabilidade de tais factos.

6. E, neste ponto, somos conduzidos a uma nova ilação: se assim é, como efectivamente será, então o conservador tem de estar preparado, para capazmente ajuizar sobre o que deve, ou não, ter acesso às tábuas.

Já há anos que o legislador nacional – na esteira, aliás, do que ainda em maior grau ocorre em países de referência na tradição jurídica europeia, como é o caso da Espanha e da Alemanha – tem considerado necessário que, para se exercer a função de conservador dos registos, se possua uma licenciatura em direito e se seja aprovado em concurso público com provas de habilitação. Mais recentemente, pelo menos a partir do Dec.-Lei 92/90, que face ao disposto no art. 65.º produziu efeitos desde 30 de Dezembro de 1989 (para legitimar o curso desse ano), este ingresso na carreira tem-se tornado progressivamente mais difícil. Assim, desde a selecção de ingresso com as provas de aptidão para se poder ser auditor e frequentar o curso de extensão universitária, até à aprovação neste curso e aos posteriores estágios no notariado, no registo civil, no registo predial e comercial (para que os auditores possam adquirir uma formação, principalmente numa perspectiva prática) à ulterior informação dos formadores, até finalmente prestar provas públicas e aí obter aprovação. Assim, para que o auditor possa concorrer a um lugar de conservador tem decorrido, em média, um prazo de 4/5 anos após a licenciatura em direito. Isto é, mesmo depois da prova de acesso, o licenciado tem de passar por um apertado crivo em que mais de mil candidatos pretendem frequentar um curso no qual, por vezes, menos de cinquenta são os admitidos. Para se poder iniciar a actividade de conservador dos registos decorrem portanto todos esses anos, quase equivalentes aos necessários para a própria licenciatura em direito.

Assim, de um modo algo idêntico ao que permite o ingresso na magistratura judicial, o legislador tem exigido que os conservadores adquiram, depois do curso de direito, uma preparação teórica e técnico-prática que lhes possibilite o ulterior exercício da função.

Mas, presentemente, não se trata apenas de um elevado grau de exigência académica. É requerido que no dia a dia se demonstre uma adequada preparação, porque na sociedade há relações complexas, os problemas multiplicam-se e, consequentemente, uma actualização constante mostra-se indispensável. Aliás, será sempre graças ao seu saber e aptidão funcional que qualquer registador consegue simplificar a resolução dos problemas, interpretar devidamente as normas à luz do seu espírito e alcance e bem assessorar os interessados nas suas pretensões. É sabido que a impreparação anda normalmente ligada ao distanciamento face aos utentes e ao que (em antigos relatórios) já chamei "medo decisório", que conduz à incapacidade de enfrentar os problemas e as soluções.

Por conseguinte a boa preparação é não só necessária, mas de igual modo benéfica para a sociedade e para os utentes.

Daí que a sexta conclusão seja esta: o conservador é e tem se ser um jurisperito competente, com a adequada formação, preparação e especialização, sobretudo nas matérias que é chamado a tratar e a resolver.

7. Para que possa desempenhar esta tarefa também algumas outras condições são requeridas, devendo primacialmente destacar-se a independência e a autonomia funcional, a liberdade decisória e a isenção necessariamente desvinculada de qualquer poder.

Só quando se acham reunidas estas condições é que os cidadãos têm a garantia de que os seus direitos são devida e adequadamente inscritos, sem quaisquer ilícitas alterações do seu conteúdo, provindas até de indevidas intromissões de quaisquer poderes.

Com efeito, as matérias que são submetidas à qualificação do conservador, respeitem elas ao estado civil, aos direitos de propriedade e demais "ius in re", à inscrição de penhoras, hipotecas e outros direitos ou à vida das sociedades comerciais, são sempre, como já se referiu, do foro *privado* e, portanto, neste domínio, o Estado não tem que intrometer-se, mas sim que assegurar que tais direitos sejam defendidos e respeitados.

Por isso, não será despropositado sustentar que o conservador está muito mais próximo das pessoas e da sua esfera individual do que do Estado e dos seus agentes. A função do conservador tem de ser exercida com isenção, inclusive face ao poder governativo e político, tal como vem sendo reiteradamente dito, nomeadamente nos congressos internacionais de direito registral de Buenos Aires (1972) Madrid (1974) Porto Rico (1977) México (1980) e outros. Aí se vem insistindo que a qualificação, para que o registo seja credível, deve ser independente (e cito) "tanto frente à actividade judicial como à administrativa".

Consequentemente, dever-se-á formular uma sétima conclusão:

No estatuto do conservador deve incluir-se a confirmação da necessidade que existe, para que a sua função seja devidamente desempenhada no interesse dos cidadãos, de ele ser um profissional independente, isento e livre na apreciação dos factos que visam a publicitação dos direitos.

8. Concluindo-se, portanto, que o conservador terá de agir de forma isenta, autónoma e livre perguntar-se-á se ele é ou não um agente da Administração. Ora, a resposta, ao que crê, e tendo presente a conclusão segunda, só poderá ser esta: não é um agente ou funcionário da Administração no sentido estrito. Se o fosse, como nota Pau Pedrón no seu tratado "A Publicidade Registral", o "primeiro tipo de documentos que não poderia qualificar seriam os emanados de órgãos superiores da Administração". De resto, o próprio juízo de qualificação dos factos registáveis – e que, como se disse, dizem respeito aos factos com efeitos jurídicos privados e, portanto, recorde-se também, algo distanciados e diversos de outros actos realizados por organismos específicos (casos do RNPC e do Arquivo de Identificação) apesar de incluídos nos "Registos e Notariado" – é estruturalmente distinto do correspondente a uma permissão administrativa. É que a inscrição de tais relações jurídicas privadas é tarefa característica da jurisdição voluntária, isto é, da administração *autónoma* que não da administração pública geral[3].

---

[3] Na última revista "Registradores" (Setembro/Outubro 2004) o Decano dos Registradores de Espanha, Fernando Méndez, na entrevista que deu, refere

Trata-se de "gerir" ou publicitar determinados interesses próprios das pessoas, regulados pelo direito civil e comercial, diferente portanto do exercício da *autoridade pública* que o direito administrativo prevê e cujos preceitos se hão-de aplicar.

Esta é, aliás, uma posição defendida mesmo por reputados Autores e tanto na doutrina nacional (desde MARCELO CAETANO a ROGÉRIO SOARES, ROBIM DE ANDRADE e demais autores) como na estrangeira (de ZANOBINI a CARNELUTTI, LEYVA DE LEYVA, PUGLIATI, CARBONNIER, SANTORO PASSARELLI e tantos outros) não parecendo mesmo que haja notórias teses em sentido contrário.

Há, todavia, que esclarecer o seguinte: tudo isto não significa que na conservatória e na gestão das conservatórias se não tenham de praticar alguns actos administrativos – caso de cumprimentos fiscais, aquisição de equipamentos e de várias outras operações necessárias[4]. Mas não é disto que estamos a falar.

O que importa reter é o seguinte: os *actos típicos* praticados pelos conservadores (assim como pelos notários) não são, como facilmente se reconhecerá, actos administrativos – cuja definição se tem aliás mostrado difícil – os quais, na sua essência, representam sempre uma estatuição, um comando ou um licenciamento da autoridade ou do agente administrativo.

Ora, um assento registral – trate-se de um casamento, nascimento ou óbito, da aquisição de um prédio, do registo de uma acção ou de qualquer dos muitos outros legalmente previstos – não são, como é evidente, ordens ou licenças, isto é, em sentido próprio, actos administrativos.

Por isso, uma oitava conclusão se poderá extrair: os conservadores não se incluem no elenco as autoridades ou dos agentes administrativos e também os actos típicos que praticam – assentos e inscrições registrais – não são actos administrativos.

---

que modelo registral espanhol, público – assente no Estado, mas com autonomia – é o conveniente. E, como se sabe, tem gestão privada. A *Administração Autónoma do Estado* pode abranger autarquias, corporações e até hospitais, que, como as conservatórias, devam ser geridas descentralizadamente e com a sua autonomia própria.

[4] De resto, a actividade administrativa é, em si, mais própria da D.G.R.N. e não de cada uma das conservatórias

9. Próxima desta proposição está uma distinta, mas que lhe é análoga. Trata-se do seguinte: não sendo agente administrativo o registador tem, como já antiga lei reconhecia, um estatuto específico.

E, na velha discussão – *função pública* "versus" *função privada"* – é certo que tanto os registos, sobretudo imobiliários (tal como o notariado) nasceram em todo o mundo como funções privadas, muito embora com perfil público e, no tocante à remuneração, os honorários ou emolumentos devidos pela prática dos actos fossem oficialmente tabelados. Não eram, portanto, apresentados "ad hoc" segundo a carteira do cliente, mas fixados por regulamento.

Entre nós, contudo, e diversamente do que aconteceu noutros Estados, como foi o caso da Espanha e da Inglaterra em que sempre mantiveram a natureza privada, o legislador nacional, centralista e funcionalizador, retirou-lhes tal cariz privado. No entanto, a verdade seja dita, afirmava-se sempre a especificidade das funções do conservador e do notário.

Recentemente e como é bem sabido, foi iniciado o processo da privatização do notariado e, quanto aos registos, mantiveram a sua vigente natureza que poderíamos definir como "sui generis", não sendo totalmente pública nem privada (a lei designou-a como de *direito público privativo*).

Ora este é, possivelmente, um enquadramento correcto, ainda que a nosso ver – e talvez com a única excepção do registo civil – devesse ser mais acentuada a vertente da *gestão privada*, com o que todos teriam a lucrar, mormente os cidadãos que ocorrem a estes serviços.

De facto, a pura "função pública" é sempre exercida com alguma "burocracia". É mesmo este um sentido da expressão. MARCELO CAETANO definiu-a como "o conjunto dos agentes distribuídos pelas diversas funções que a lei institui e regula e hierarquicamente subordinados aos órgãos". E a burocracia é, manifestamente, um factor de entrave à celeridade dos actos e à pronta satisfação do direito privado.

Ora o registo é, como vimos, necessário para publicitação do estado civil das pessoas e dos seus direitos, principalmente os imobiliários e societários. E não só em sentido *objectivo*, dos factos e das relações jurídicas, mas também do próprio direito *subjectivo* das pessoas.

Daí que as múltiplas condições e fiscalizações impostas pelo legislador, sobretudo nos registos predial e comercial, acabem por motivar atrasos e dificuldades não directamente imputáveis aos conservadores, mas sim a imposições "burocráticas". É verdade que o sistema registral careceria ainda de maior agilização com a adopção de avançada tecnologia. Mas também sobre estes aspectos está provado que um regime privatizado (ou semi-privatizado) proporciona sempre uma muito maior eficácia. Haja em vista o que acontece noutros países que nos são próximos. Citarei apenas os casos da Espanha e da Inglaterra, em que recentemente se adoptou nova legislação sobre os registos, em estrutura privatizada e com efeito constitutivo de direitos.

Se recordarmos também os países nórdicos e os germânicos – onde, como se sabe, na Alemanha, o conservador é "Richter", a reforma 1993 criou o "EDV – Grundbuch", consultável pela *Internet* – comprovamos essa conveniência.

Em suma: o conservador não deve ser nem sentir-se um *serventuário do Estado* nem *temer* decidir *contra o Estado* quando estiver em causa um direito de propriedade, de hipoteca, societário ou qualquer outro de um modesto cidadão, mas cuja inscrição deva prevalecer *contra* o que é pretendido pelo "poder político".

O conservador está, sem distinções nem hierarquias, ao serviço dos cidadãos – indistinta e isentamente de *todos* eles – e sobre a inscrição deste tipo de direitos não pode ser um dirigente da Administração a dar-lhe uma ordem deste tipo: inscreva esta hipoteca antes daquela penhora, faça este casamento ou aquele divórcio, lavre esta amortização de quota ou aquela liquidação de uma certa sociedade de que não gosto. O conservador *tem de ser* independente da Administração e dos Governos.

É manifesto que os direitos de propriedade e todas as relações jurídicas privadas devem *estar ao abrigo* de quaisquer ideias autoritárias e ilegais. Neste domínio não temos que inventar nada. Apenas seguir o que a teoria e a prática tem sido estruturadamente dito desde o passado até aos nossos dias e quer entre nós quer em países civilizados e evoluídos.

Acresce que o conservador exercendo a sua função numa perspectiva também privada pode – e até diria deve – assessorar os interessados (como, aliás, a própria lei refere) tanto na preparação pré-registral de processos, como mesmo após a apresentação, verificando o conteúdo de outros documentos, contactando as partes e sugerindo, por exemplo, uma apresentação complementar.

Esta espécie de consultadoria é diversa da que é exercida noutros âmbitos profissionais, como os próprios dos advogados ou correctores da bolsa, visto que o registador não toma (nem deve tomar) *parte directa nos negócios*. Cabe-lhe, sim, facilitar e auxiliar a sua inscrição tabular.

Trata-se de um ponto muito importante que, dadas as limitações de tempo apenas podemos aflorar.

O que se referiu permitirá já formular uma nona conclusão: a função do conservador dos registos é "sui generis", de direito público privativo e autónomo, devendo ser exercida de modo isento, inclusive face ao Estado, tendo aspectos de natureza pública e também privada, o que tudo isto carece de ser reflectido no seu estatuto.

10. Para não me alongar mais e para que possa extrair apenas mais uma ilação direi que, em consequência directa dessa vertente privada, os honorários, emolumentos ou taxas – como se queira chamar – devidos pela prática de actos cobrem os custos do sistema e das instalações devem também cobrir as remunerações percebidas pelos conservadores e por todos quantos os auxiliam no trabalho quotidiano.

É certo que, com o virar do século, foram introduzidas alterações na tabela que, a nosso ver, não correspondem a uma justa repartição de encargos e a um tarifário coerente. Desde logo porque não é correcto nem verídico dizer-se que todos pagam o mesmo. Esta afirmação, que chegou a constar de cartazes afixados em conservatórias e cartórios, está imbuída de demagogia e inquinada de erro.

Com efeito se é justo que se pague o mesmo por igual acto ou serviço, já não o é quando se tem de pagar o mesmo por serviço diferente.

Ora, quando se regista uma complexa hipoteca para garantir o crédito de vários milhões concedido por um sindicato bancário, com complexas cláusulas contratuais e valores em diversas moedas, em que para qualificar o título o conservador despende largas horas, não se pode dizer que estamos perante um acto *idêntico* ao que é solicitado pelo cidadão que apenas pretende registar uma vulgar hipoteca (e muito embora também se trate de hipoteca) respeitante a um humilde e singelo empréstimo para reparar a sua casa.

Efectivamente, cobrar o mesmo por acto de igual valor e complexidade é justo e está certo. Cobrar o mesmo por actos de dificuldade e de valores *totalmente diferentes* é injusto e está incorrecto.

Mais uma vez se passou do 8 para o 80 e não se quis seguir o exacto "caminho do meio". Na verdade, se as antigas tabelas emolumentares pecavam por exagerada tributação variável e, incompreensivelmente, sem tectos que limitassem razoavelmente os valores, não se pode dizer que a total ausência de escalões tenha sido uma medida justa.

Ademais de tudo isto, é evidente que a responsabilidade, mesmo pecuniária, do conservador, no caso de haver culpa, é muito diferente se relativa a um acto de insignificante valor ou a um outro de elevadíssimos montantes.

É assim que, presentemente, os emolumentos se acham desajustados e, como disto decorre, também o mesmo se passa com a participação que aos conservadores é devida. Ainda que este seja um aspecto do estatuto a que, em diversas intervenções do passado, nunca havia aludido, no entanto, porque agora e muitas vezes se ouve falar do tema com profundo desconhecimento, será pertinente que a ele me refira, mesmo porque estando aposentado nunca seria afectado por quaisquer modificações que porventura ocorram. Daí também não poder ser criticado por presumível parcialidade.

A este respeito do estatuto remuneratório, convém uma vez mais lembrar que nada temos que inventar. Basta-nos olhar para a Espanha ou, se nos quisermos virar para o ocidente, para as Américas, do Canadá à Argentina, passando pelo Brasil. É sabido que neste país muitos serviços públicos padecem de conhecidos problemas (e mesmo de lamentáveis corrupções), mas não certas instituições privatizadas, como os registos, sobretudo imobiliários. E, como é sabido, muito bom seria para os conservadores portuguesas se auferissem a quinta parte dos emolumentos que recebem muitos dos seus colegas brasileiros.

Digo isto como simples aparte, pois queria evitar esta forma de abordar o problema. Quanto ao assunto, há sobretudo que redizer o seguinte: trata-se da publicitação de relações jurídicas privadas e, por isso, *são os interessados que as hão-de custear*. O conservador é o jurista especializado que executa essas tarefas e por elas é responsável, mesmo em termos de responsabilidade civil – diversamente do que acontece com os juízes – e, por conseguinte, deve auferir o correspondente a esses trabalhos da sua responsabilidade pessoal. Caso lhe corresponda, em termos de proveitos, receber tais participações emolumentares, é óbvio que os registos se farão melhor e mais celeremente.

Somos humanos e não é necessário grandes especulações para confirmar que assim é. Por outro lado, se os emolumentos forem transparente e legalmente percebidos também é certo que, por todos, incluindo os próprios interessados que desejassem agradecer até a auxiliares que os atendam, nunca se colocaria a questão de o tentar, visto que os emolumentos, incluindo os pessoais, já remuneram, transparentemente os serviços prestados. A proximidade que o registador tem face ao "cliente" – ou "consumidor", como agora é designado – e que, como se disse, tem mais afinidade com a do profissional liberal, bem como a sua aludida responsabilidade pessoal, aconselha, legitima e justifica que a remuneração seja fundamentalmente percebida na base emolumentar, de resto à semelhança do que sempre foi e também é nos países que nos são próximos. O que se acaba de dizer poderá apenas ter alguma correcção no tocante ao registo civil, que quanto a muitos actos é, e bem, gratuito. Mas se continuar a existir um "cofre" comum – como entre nós ocorreu a partir dos anos 40 – é também certo que se pode estabelecer uma adequada repartição e assegurar a base e o mínimo emolumentar, até porque algumas das maiores conservatórias para tal contribuirão. Nesta óptica, importante é também que as tabelas sejam revistas e se estabeleçam valores justos. Ocorre ainda dizer que não se afigura certo que parte dos emolumentos dos registos sirvam para fins alheios à instituição e para custear serviços que nada têm a ver com os actos publicitados e com os direitos dos utentes.

Necessário é, sim, que a todos os níveis, sejam dadas as condições para o bom exercício do cargo de conservador dos registos.

Estas considerações permitem-nos já propor uma décima conclusão: o estatuto remuneratório dos conservadores deve ser estabelecido – como aliás está previsto na legislação vigente e sempre ocorreu no passado e nos países que nos são próximos – com base em participação sobre os emolumentos pagos pelos interessados,

Estatuto do conservador 637

sendo ainda assegurados, como actualmente são, adequados valores mínimos.

11. Apresentamos e de modo assaz breve, dez conclusões. São como que dez mandamentos que lembram os do Profeta que foi salvo das águas. E ficou escrito que, ao descer da montanha e vendo que o povo estava a adorar o bezerro de ouro, quebrou as tábuas da lei.

Perdoando-se a afoiteza da analogia, também apeteceria rasgar estas dez proposições – várias vezes afirmadas, ainda que de modo algo diverso – se acaso fossem desprezadas ou esquecidas tanto pelos próprios conservadores, como pela sociedade civil e pelos seus dirigentes. É que, por uma parte, trata-se de condições que se afiguram necessárias para o bom exercício da função e, pela outra, são também requisitos para que a Instituição registral tenha a valia jurídica e a importância socio-económica que pode e deve ter, tal como tem sido posto em relevo em vários "fóruns" nacionais e internacionais.

Importância esta cada vez mais sentida, num mundo globalizado em que a contratação electrónica assume especial significado. No sistema espanhol está já em funcionamento um serviço com a denominada *firma electrónica avançada* cujo programa permite não só publicitar a identificação, as titularidades e os encargos dos prédios no chamado tempo real – com os consequentes e óbvios benefícios para a economia – como identificar e autenticar a firma do registador e as comunicações entre todas as conservatórias.

É que os nossos vizinhos reconheceram o que é evidente: um eficaz sistema de registo permite oferecer a prova material e autêntica dos direitos de propriedade e dos encargos reais em suporte documental compatível com a actual contratação, que se quer célere, credível e segura, até porque fundamentalmente baseada no documento autêntico.

E quanto à importância dos Registos em geral recordemos só – mas, dado o seu alcance, isto basta – que o Banco Mundial decidiu financiar a 100% a instituição de sistemas de registo civil em países altamente carenciados e subdesenvolvidos – caso típico dos da África Sub-Sariana. É que, diz a Resolução, o recenseamento da população sobretudo através dos assentos de estado civil (v.g. de nascimento, casamento e óbito) é básico para que se possam criar as condições mínimas para o desenvolvimento social e para o progresso desses povos.

638   *Temas de registos e de notariado*

No tocante ao registo imobiliário também o Banco Mundial já em 1996 no "World Development Report" afirmava textualmente o seguinte: "um registo de propriedade resulta fundamental e essencial para o desenvolvimento de uma economia de mercado que funcione. Melhora a segurança da titularidade e do domínio, diminui os custos das transferências de bens e proporciona um mecanismo de baixo custo para resolver as eventuais disputas sobre os bens".

Quanto ao registo comercial bastará também uma só referência: a da 1.ª Directiva em matéria societária – ou seja, a n.º 68/151/CEE, de 9 de Março – que impõe aos Estados-Membros o sistema registral para a maioria dos actos, desde o constitutivo, às respectivas alterações estatutárias, capital, sede, dissolução, nomeação de gerentes, prestação de contas, enfim, tudo o que é juridicamente mais relevante na vida jurídica das sociedades comerciais.

Ainda sobre o tema do registo predial gostaria apenas de recordar dois pontos. O primeiro é este: depois da queda do muro de Berlim os países de Leste quiseram ou instituir novos sistemas de registo, de propriedade privada, ou ampliar e melhorar os que já tinham, mas que estavam letárgicos e hibernavam entorpecidos. Com o prestimoso e forte auxílio dos ocidentais, sobretudo dos espanhóis, a tarefa está quase concluída. Na província de Moscovo, com mais de 20 milhões de habitantes, e com inúmeros prédios, pude, há 2 anos, comprovar que cerca de 3/4 de todos esses imóveis já se encontravam registados a favor dos respectivos proprietários e – pasme-se, tendo principalmente em atenção as múltiplas dificuldades decorrentes da radical mudança da prática política e do regime dos direitos reais – foi-nos dito que não se tinham levantado questões significativas porque os registadores tinham resolvido a maioria dos problemas. Designadamente, haviam-no feito sem que, na generalidade das situações, as partes tivessem tido necessidade de recorer aos tribunais.

O segundo ponto, também significativo, é o seguinte: está demonstrado que a simples *diferença da taxa de juro*, e só num ano, entre o crédito hipotecário e o que não tenha essa garantia inscrita no registo, tendo em conta o montante dos "aranceles" (isto é, dos emolumentos que em Espanha se cobram pelos registos), bem como o volume global do crédito hipotecário, é, por si só, suficiente para pagar todo o sistema registral desse país – incluindo tanto o registo predial como o mercantil, bem como todos os pagamentos dos honorários de registadores e auxiliares, rendas de instalações e demais gastos.

Quer dizer: fica provado que, do ponto de vista financeiro, o registo predial auto sustenta-se sem qualquer peso para a economia e para o Estado e só com a mais valia deste acto – a hipoteca – que é, consabidamente, um dos muitos que quotidianamente se pratica.

Sob a perspectiva geral, o crédito hipotecário, tendo menores taxas de juro representa também, e por isso, forte incentivo à economia, mormente às transacções imobiliárias. E nos países com bons sistemas registais que merecem a confiança dos operadores económicos mormente dos bancos, as próprias taxas de juro do crédito hipotecário são mais baixas, em média, entre um e meio a dois pontos percentuais.

É que o registo permitiu não só publicitar "erga omnes" a existência do encargo, mas garantir em todos e cada um dos casos a sua real consistência e assegurar eficazmente o seu grau prioritário. A instituição de crédito sabe-o e está também ciente de que não pode haver controvérsia sobre a prioridade do seu crédito, sejam quais forem as transferências patrimoniais que ocorram.

Apesar das incertezas do Mundo actual, a realidade é que os efeitos precisos e *garantidos* dos actos jurídicos perduram e fortalecem a vida social, a economia e as instituições. E não há dúvida que o Registo contribui decisivamente para o conhecimento das situações jurídicas, para a confiança do mercado e reflexamente para que se consiga obter uma verdadeira e estruturada credibilização da *situação jurídica* dos bens.

12. Vamos acabar esta singela intervenção sublinhando que o estatuto do conservador tem de se ajustar às funções que exerce e aos fins que serve. Ora, a instituição registral é daquelas que deve perdurar e está provado que é mesmo indispensável nas sociedades contemporâneas para a realização, publicitação, certeza e garantia dos direitos das pessoas – incluindo a básica definição do seu estado civil –, para a confiança na negociação, para a justiça, para a efectiva prossecução da actividade legitimadora do Estado e, decorrentemente, para o próprio desenvolvimento económico.

Tudo isto deve ser redito não para presunção e vanglória dos registadores, mas sim para a necessária defesa da instituição que o mesmo é dizer dos direitos individuais. Lembra-me, a propósito, a antiga invocação templária, que ainda se conserva inscrita em velhos monumentos: *"non nos Domine, non nobis (...)"*. E é também aqui o caso: não por nós um adequado estatuto, não para nós, mas sim para o bom serviço à cidade e aos cidadãos.

Nesse estatuto é indispensável ficar claro que o conservador é responsável pelas decisões, mas tal também implica que seja livre, isento e autónomo no exercício do cargo. E nesta Região Autónoma é sobremaneira pertinente acentuar, falar e fazer que todos entendam bem além da necessidade da autonomia a indispensabilidade da isenção e da liberdade – sempre difícil de conquistar e de manter.

De novo me vem à ideia a queda do muro e o memorável concerto da "Coral" de Beethoven – a célebre nona sinfonia que, sob a batuta de LEONARD BERNSTEIN, a Filarmónica de Berlim então executou na Porta de Brandenburgo. Só que, no coro do quinto andamento, que como se sabe inclui o hino à alegria – "an die Freunde" de SCHILLER, – a palavra "Freunde" (alegria) foi substituída por "Freiheit" (liberdade). Que, no sentido etimológico alemão significa igualmente independência e isenção. Isenção que, note-se também pressupõe sempre diligência, empenho, assunção de responsabilidade, trabalho eficiente, atencioso, gentil trato, adequada postura.

É tudo isso a, meu ver, o básico, o essencial do estatuto do conservador. Defendendo-o, proclamando-o, defenderemos a classe e a instituição registral, repetindo estas verdades em que firmemente acreditamos, reafirmando-as com maior ou com menor propósito, a horas e a desoras, agradando mais ou agradando menos, faremos que sejam conhecidas e reconhecidas. *Venceremos* na defesa da Instituição e da dignificação do serviço que se presta. Com humildade, mas com convicção e esperança, o devemos dizer, como CALAF: venceremos. Venceremos para o bem de cada um dos mais modestos utentes, para o bem de terceiros, para o bem dos operadores económicos, para o bem dos Colegas, para o bem da sociedade em geral.

O DR. ANIBAL BELO E A REFORMA DO NOTARIADO*

É de conhecimento generalizado que o Dr. Aníbal Belo teve, ao longo da vida, interesses diversificados. Concretizaram-se e desdobraram-se eles em múltiplas actividades e intervenções: desde as do âmbito profissional ao literário e fazendo-o quer em meios associativos e colóquios, quer em mais reduzidos e circunscritos círculos, designadamente ideológicos e artísticos.

No tocante ao exercício da sua profissão de notário, tive oportunidade de o acompanhar, desde a sua ida para a Póvoa de Varzim, na resolução dedicada dos problemas quotidianos bem como na mais árdua (conquanto mais relevante) busca dos ajustados caminhos jurídicos.

As tentativas de válida resposta aos problemas chegaram mesmo a traduzir-se em projectos e sugestões, – algumas apresentadas com a colaboração de outros colegas – incidindo sobretudo na área das (necessárias) reformas legislativas.

Já depois da sua vinda para Matosinhos liderou, conjuntamente com a *Associação de Notários,* o movimento que visava obter a consagração normativa de que a função notarial deve ser exercida em regime *privatizado*, como "profissão liberal", ainda que sob a fiscalização e com a supervisão do Estado.

Tivemos ensejo de debater longamente esta questão, logo quando o conheci na Póvoa, mas foi sobretudo depois da sua vinda para Matosinhos que aprofundamos o tema. Ficávamos por vezes *até às tantas* a conversar, analisando os diversos pontos de vista e as reacções

---

* Texto escrito para o livro de homenagem ao Dr Aníbal Belo, edição da Universidade Fernando Pessoa.

que se suscitavam tanto por parte do poder político como da de outros colegas.

O Dr. Belo sabia que *não bastava* estar assegurado – como sempre esteve – que as partes pudessem escolher livremente o notário. Para que este não se transformasse em insípido burocrata (e, por vezes, notávamo-lo com mágoa, isso acontecia) era necessário que deixasse de ser considerado como "funcionário público". Isto é: para os cidadãos em geral, sobretudo os utentes dos cartórios, e para os próprios notários, só vantagens adviriam com a reforma que passou a ser globalmente conhecida como a "privatização do notariado".

Acrescente-se ainda que a preocupação do Dr. Belo quanto a esta questão não representava algo de insólito ou desviado da nossa tradição técnico-jurídica, nem tão-pouco da do direito comparado. Na verdade, desde a remota instituição do notariado até á época que se seguiu à Constituição de 1933, a função *nunca* foi exercida em Portugal com um cariz público-administrativo. Identicamente, na generalidade dos países que formam a *comunidade internacional* (incluindo, é claro, os da Comunidade Europeia) onde também nunca o foi, nem é.

Deste modo, entendeu sempre o Dr. Belo que a aludida reforma era verdadeiramente necessária e urgente. E por isso se entusiasmou com ela, a tal ponto que passou a ser conhecido e reconhecido por todos (colegas, governantes e público em geral) como um verdadeiro *especialista* na matéria.

Louvável e consensual foi, pois, o convite que teve, por parte de Vera Jardim (então Ministro da Justiça), para integrar a Comissão de Reforma do Notariado. Presidida pelo Prof. João Caupers, dela também faziam parte o Dr. Vidigal (Director-Geral), o Dr. Luís Branco (representante da Ordem dos Advogados), o Sr. Pereira (do Sindicato dos Trabalhadores dos Registos e do Notariado) e o Dr. Orvalho (do Gabinete da Reforma Administrativa). O Dr. Belo era, nesta Comissão, *o único notário* – o que, desde logo, evidencia e ratifica a sua competência profissional e o alto apreço que, inclusive ao nível governamental, lhe foi tributado.

Trocamos, frequentemente, diversas opiniões sobre os temas e as opções que então se colocavam. E uma coisa é certa: o que essencialmente preocupava o Dr. Belo não era a sua "tranquilidade" futura. Era antes a *melhor forma que haveria de os notários exercerem as suas funções*: a sua utilidade prática e social, a sua credibilidade, a prontidão na execução do trabalho quotidiano, a boa qualidade da assessoria jurídica que poderiam prestar, a defesa da legalidade e da fé pública do "acto notarial", reforçando a sua autenticidade (e diminuindo, portanto, a conflitualidade, só judicialmente derimível), em suma, poder contribuir eficazmente para que a "reforma do notariado" fosse conveniente para a colectividade, actualizando e modernizando procedimentos e estruturas. Foi com estes objectivos que o Dr. Belo participou diligente e ardorosamente – como era seu timbre – nas sessões da "Comissão de Reforma" que, durante bastante tempo e com uma periodicidade semanal, tiveram lugar no Ministério da Justiça. Cheguei a encontrá-lo algumas vezes no percurso Lisboa-Porto (e abro um parêntesis para dizer que fez essas deslocações inteiramente à sua custa), tendo tido, também nesses momentos, ocasião de confirmar o seu entusiasmo pelas *conclusões* que se iam firmando no sentido de se concertar um projecto legislativo coerente.

E, de facto, a proposta de lei acabou por ser enviada à Assembleia da República. Mas ficou a meio caminho. Coisa curiosa: também isso aconteceu já depois de terem sido aprovadas as *bases da privatização* (no tempo em que era Secretária de Estado da Justiça a Dr.ª Eduarda Azevedo) com os votos favoráveis *de todos* os partidos que, na altura, tinham representação parlamentar. Só que, em última instância (vá-se lá saber porquê!) tais bases não chegaram a ser promulgadas. Quer dizer: apresentaram-se textos e projectos que foram aprovados em sede parlamentar, mas não tiveram sequência!

Pena foi, nomeadamente porque as propostas em que o Dr. Belo interveio representavam um considerável avanço e formavam um *todo coerente,* abrangendo o "Estatuto do Notariado" – no qual começava por se afirmar, como sempre consideramos dever ser incontroverso, que "o notário é um profissional liberal com formação jurídica adequada, investido no exercício de funções públicas" – , bem como o "Licenciamento dos Cartórios Notariais" e, finalmente, as bases estatutárias da "Ordem dos Notários Portugueses". Relativamente a estas, devo confessar que me pareceu que a designação não terá correspondido inteiramente às ideias do Dr. Belo (nem às minhas). É que se entendia, como também julgo ser correcto, que o notário não exerce uma *típica* e "pura e simples" profissão liberal, unicamente enquadrável, como as demais, numa "ordem".

Afigurou-se-nos sempre que também havia (e co-existia) uma componente *pública* ("a administração pública de direito privado", na velha e conhecida tese de Zanobini) que não poderia ser ignorada ou disfarçada com o simples enquadramento (de cariz *corporativo*) numa estrutura associativa *apenas* gerida pelos próprios notários. Parece que a vertente pública da função (por muitos considerada "jurisdicional"), o controlo da legalidade, a fé pública, a equidistância, a total independência, e mesmo a "primazia" do notário perante as partes – tudo isto pressupunha uma superstrutura que não se compatibilizava com uma "ordem". Esta seria, aliás, mais ajustável à tradição jurídica anglo-saxónica (que, como se sabe, é a vigente nos Estados Unidos, onde nem sequer se "conhece" o "notariado latino"), mas não à latina e germânica.

Quem conheceu a concepção que o Dr. Belo tinha do notariado pode afirmar que correspondia à da tradição romano-germânica. Nesta, o notário exerce uma profissão liberal, que é, todavia, balizada por uma série de poderes-deveres *públicos.* Pode sintetizar-se dizendo que lhe cabe *elaborar* o documento sob a sua responsabilidade, de modo a conformá-lo com a lei. A vontade das partes passa a ser *assumida* como a própria "vontade do ordenamento jurídico". Dito de outro modo: o notário é o "autor" latino, pertencendo-lhe o "officium civile" pericial de elaborar um documento lícito e incontestado, para isso aconselhando os interessados, ajustando o que pretendem às regras legalmente previstas e ao condicionalismo admitido. Não se trata, pois, de *mera actividade certificadora.* É-lhe inerente uma análise *da legalidade* do acto, que é função própria da "jurisdição voluntária".

Consequentemente, o documento notarial goza de fé-pública, de exequibilidade e de autenticidade. Não pode ser destruído por prova testemunhal em contrário e, para ser objecto de um procedimento judicial executivo, não carece o titular do direito, assim documentado, de instaurar previamente uma *acção* declarativa. Pode *executar* o seu direito titulado e *definido* no instrumento notarial.

Ao invés, o sistema saxónico desconhece a figura do notário latino. É baseado num quase *primitivo* direito consuetudinário, na subjectiva "equity", no que Guiménez-Arnau chamou a "eficácia normativa da jurisprudência". Assim, o documento elaborado pelo (impropriamente denominado) "notary" pode *igualmente* sê-lo pelo "solicitor," pelo "scrivaner" ou pelo "barrister".

Nestes ordenamentos é desconhecido o "documento autentico". Faltam ao (assim chamado) notariado saxónico as características de independência, de fé pública, de controle da legalidade e de custódia dos documentos. Os actos poderão ser sempre judicialmente atacáveis, mesmo pela reconhecidamente frágil prova testemunhal.

Pareceu-nos que, sem prejuízo de a privatização do notariado representar um passo certo, correcto, importante – e que, de resto, nos iria colocar a par dos restantes países da Comunidade em que estamos integrados – a sua "saxonorização" (americanização), pelo contrário, seria negativa, até geradora de um *aumento de conflitualidade*, na medida em que a diminuição da "certeza" jurídica dos documentos a isso necessariamente conduziria. E é bem sabido quanto importa, cada vez mais, evitar o recurso aos tribunais.

Aliás, tem havido em Estados de raiz jurídica saxónica múltiplas intervenções no sentido de neles se passar a adoptar o modelo latino, o que também denota o reconhecimento da maior valia deste tipo de notariado. E somos nós agora, que *(improvisadamente)* queremos defender que a não tem?

Já depois de aprovada a proposta de lei em que o Dr. Belo desempenhou um importante papel, outro governo veio adoptar critérios deferentes. Começou por se dizer que o melhor não era a *privatização do notariado*, mas sim a *privatização dos actos*. Creio que este *retrocesso*, baseado em teses de cariz saxónico (teses essas que os próprios americanos agora – sobretudo depois do 11 de Setembro – parece que pensam abandonar) não augura nada de progressivo e com valia, mormente no âmbito social e jurídico.

O Dr. Belo chegou a tomar contacto com estas "inovações" e afrontá-las com coragem, mas igualmente com tristeza, sobretudo por verificar que, também neste domínio, em vez de se estudarem e aprofundarem as questões, afinal o que se quis foi agradar às grandes empresas e privilegiar um *imediatismo* aparatoso e demagógico.

É que confundiu-se o que seria uma louvável agilização de procedimentos com a efectiva impreparação, *incompetência* e descredibilização de certos "pseudo-autores" das autenticações. E, como sempre, quando o improviso impera, não houve o bom-senso de adoptar experiências coerentes, comprovadas, conformes com o "ordenamento jurídico" e também já testadas noutros países, designadamente em Espanha, com quem mantemos fortes relações económicas. Quis-se inovar a todo o custo, "descobrir a pólvora", sem fundamentados estudos prévios (tirando da cartola algumas breves notas *escritas* em Macau e *Hong –Kong* e praticamente desconhecidas do mundo jurídico) com a altanaria própria dos impreparados e ignorantes nestas matérias e que apenas se auto-convenceram de ter alcançado o sétimo degrau da sabedoria.

É claro que temos de caminhar para a celeridade da contratação, para a outorga de instrumentos públicos por via electrónica, para a adopção dos mais modernos meios que a evolução técnico-científica nos proporciona. Mas isso não quer dizer que se deva apostar na falta de credibilidade ou no descontrolo da legalidade.

Parece, sim, que seria correcto aumentar as possibilidades de haver uma intervenção *notarial*, mesmo nos casos de se utilizarem meios electrónicos. E, ao que se crê, seria tão simples quanto isto: fazer intervir "no sistema" uma *autenticação* do notário, que poderia, de imediato, "on line", verificar a identidade e capacidade dos intervenientes, a veracidade das suas declarações, a legalidade dos actos.

Ou seja: liberalizar a função notarial não é atribuí-la a pessoas impreparadas, indiscriminar "ad libitum" a abertura de cartórios, generalizar a desconfiança, a dependência dos "grandes escritórios", a subserviência às empresas, sem o mínimo crédito de quem "documente" actos e contratos. Isso traduz-se, mesmo a curto prazo, em aumentar os conflitos judiciais (o que pode interessar a outros sectores) e, em síntese, a descredibilizar fortemente os actos celebrados no país.

Não foi esta a ideia nem a luta do Dr. Belo.

Foi, sim – e, por isso, reconhecidamente, também a este propósito, o devemos recordar – a da pacificação social, com a indispensável seriedade, competência, liberdade, veracidade e dignidade da função notarial.

Em 5 de Fevereiro de 2003

"Et nunc et semper"

SISTEMA REGISTRAL PORTUGUÉS* (RESÚMEN)

1. El sistema portugués es, en gran medida, original, pero con muchas semejanzas al español. Incluso la primera Ley Hipotecaria Portuguesa (de 1 de Julio de 1863) fue prácticamente calcada de la Ley Española de 8 de Febrero de 1861.

- La evolución legislativa fue distinta y más prolija en Portugal. La legislación hipotecaria llegó a estar incluida en el anterior Código Civil (de *1886* – art.ºˢ 949 a 1004) en que se estableció que el Registro era *constitutivo*. Después de varios diplomas fue publicado – en 31 de Marzo de 1928 – el primer Código de Registro Predial, que solo estuvo en vigor un año. Sin embargo, el de 1929 (4 de Julio de 1929) ya lo estuvo por 30 años. Y fue el de 1959 (8 de Octubre de1959) el que consagró una importante reforma del Registro (v.g. estableciendo el registro *constitutivo* de la hipoteca, el principio de tracto sucesivo, la presentación del pedido por correo, y otros). El siguiente – de 28 de Marzo de 1967 (modificado el 12 de Junio de 1969) se mantuvo vigente hasta el actual – de 6 de Julio de 1984 (ya que el de 29 de Junio de 1983 no llegó a entrar en vigor) –, y que también ya tuvo varias alteraciones (en 1985, 1990,1992, 1993,1996 y 1999 – siendo esta última (Decreto-Ley n.º 533 de 11 de Diciembre de 1999) hasta ora la más importante.
- Los actuales objetivos del legislador siguen siendo principalmente la simplificación procesal, la del *pedido* y la del propio

---

* Texto da aula no curso de pós-graduação para registadores da Ibero-América, ministrado em Outubro de 2005 na Faculdade de Direito da ESADE, em Barcelona.

contenido del registro, la correspondencia de los elementos de la descripción predial con los del sistema fiscal, la mayor *desformalización* de títulos inscribibles – y, principalmente, la total informatización del sistema registral.

2. Los principales *principios hipotecarios* vigentes en Portugal son semejantes a los del derecho español. Así:

a) El *principio de prioridad* está expresamente consagrado en el art.º 6.º del Código de Registro Predial (o simplemente "Código") y su concepto *es lo mismo* que en España, pero su "delimitación" tiene algunas diferencias. Asi:

  – En caso de *recurso*, habiéndose dictado resolución favorable para el recurrente, el registro tendrá la prioridad correspondiente al asiento de presentación. El *indebido* rechazo no perjudicara la prioridad del registro (art.º 6, n.º 4).

  – Cuando se trata de inscripción provisional, si es convertida en definitiva, conserva la prioridad que tenia como provisional (art.º 6, n.º 3)

  – La hipoteca presentada *en la misma fecha* no sigue le regla general de prioridad por orden de presentación, porque concurrirá en proporción del crédito garantizado (art.º 6, n.º 2).

  – La prioridad está *definida* por el orden de presentación . Y esta queda anotada en un libro "Diario" (actualmente informatizado, como los demás, en todas las oficinas ya informatizadas) de un modo más simplificado que en el *asiento de presentación* español. La presentación puede ser hecha por correo.

  – No existe, en el sistema portugués, el concepto – ligado a la prioridad – de "cierre registral". Todavía, no son admitidas inscripciones *definitivas* contradictorias. La posterior incompatible es admitida, pero solo como provisional (que podrá ser, o no, convertida).

b) El *principio de legitimación registral* en su sentido de *presunción de exactitud* y también en el de *legitimación dispositiva* (como, muy bien, dice García García) está contemplado en el sistema portugués.

- En el primer sentido los artículos 7.º y 8.º del Código nos dicen, respectivamente, que "el registro *definitivo* constituye presunción de que el derecho existe y pertenece al inscrito, en los precisos términos en que el registro lo define" y que los actos comprobados por el registro no pueden ser judicialmente impugnados sin que simultáneamente se pida la cancelación del registro, no debiendo proseguir las acciones si esta petición no está formulada.
- La *presunción* de que nos habla el precepto no es *iuris et de iure*, sino *iuris tantum*, como nos dice toda la Doctrina y Jurisprudencia. No obstante, yo creo que (a la luz del Ordenamiento, como un todo coherente) deberíamos, si, hablar de un *terciun genus* que no corresponde exactamente ni a una ni a otra de las presunciones *típicas,* sobretodo porque la presunción (a *efectos probatorios*) que ofrece el sistema registral *no es* eludible por *cualquier prueba*, incluso documental, (como ocurre con la *iuris tantum*) *ni*, por otra parte, es – salvo en algunos casos, como los de inscripciones hipotecarias – inatacable (como las *iuris et de iure*). No es posible desarrollar aquí este tema. Sin embargo, creo que puede quedar esta idea: la presunción que nos ofrece el sistema registral es mucho más *fuerte* que la típica *iuris tantum.*
- El principio de legitimación en su vertiente de *legitimación dispositiva* está contemplado en el articulo 9.º del Código de Registro Predial *y también* en el articulo 54.º n.º 2 del Código del Notariado. Nos dice (en una muy breve formulación) que (salvo algunos y raros casos, como el peligro de vida de los otorgantes) *no se pueden* transmitir derechos sobre inmuebles (o muebles equiparados) ni constituir *onus* o cargas si ese inmueble no estuviere inscrito a favor de la persona que lo trasmite o contra la cual se pretende inscribir la carga. Este principio fue introducido por los actuales Códigos de Registro de 1984 y de Notariado (éste mas exactamente por las alteraciones del Decreto-Ley n.º 286/84, reintroducidas por el Código de 1995) y fue considerado por muchos como *un avance* en el camino de la importante finalidad del derecho: la coincidencia de

la verdad jurídica con la verdad material. Efectivamente, el Notario titulador puede comprobar la identidad de los otorgantes, más no *la verdad* de lo que le dicen. Así, es necesario comprobar, con la certificación del Registro, que están *legitimados* para transmitir u onerar. Y, de conformidad con este principio, los Notarios no pueden otorgar escrituras de transmisión u oneración de inmuebles si el transmitente u onerante no prueba que está, para ello, *legitimado* y los Jueces tampoco deben homologar actos si no se efectúa la citada prueba.

c) *Principio de (in)oponibilidad* y *principio de fe publica*, así como concepto de tercero, no tienen, en la Doctrina, un entendimiento pacifico, no obstante, la oponibilidad estar expresamente consagrada en el articulo 5.º del Código que nos dice que (exceptuados los casos de adquisición originaria, de ciertas servidumbres y de bienes indeterminados) los actos sujetos a registro solo producen efectos contra terceros después de registrados. Y, para este efecto (del art.º 5.º), se *definen* "terceros" como los que los que de un mismo autor hayan adquirido derechos entre si incompatibles – o sea, se trata del "tercero latino".

– Sobre la *fe pública,* además del artículo 17.º n.º 2 del Código (que tiene como epígrafe "Declaración de Nulidad") existe una importante disposición de derecho sustantivo: el artículo 291.º del Código Civil. Nos dice la disposición registral (art.º 17, n.º 2) que la declaración de nulidad (de los bienes indeterminados) del registro no perjudica los derechos adquiridos a título oneroso por tercero de buena-fe, cuando el registro de los hechos sea anterior al de la acción del efecto retroactivo de la anulación del negocio de nulidad. En el articulo 291.º del Código Civil queda dicho – y como excepción a la regla (art. 289) del efecto retroactivo de la anulación del negocio – que la declaración de nulidad del negocio jurídico sobre inmuebles no perjudica los derechos adquiridos sobre los mismos, a título oneroso, por terceros de buena-fe, cuando el registro de adquisición sea *3 años* (n.º 2 del Art.) anterior al de la acción de nulidad o del acuerdo sobre la nulidad. Como se verifica, aquí ya estamos ante la denominada adquisición tabular y el concepto germánico de "tercero". Estos artículos siguen motivando debates doctrinarios principalmente porque la disposición del Código de Registro Predial no exige el transcurso de un plazo de 3 años. Predominante es la opinión que considera que el artículo 291.º respecta a las invalidadas substantivas y el 17.º n.º 2 a las regístrales.

Quedamos aquí solo con estas muy breves referencias.

d) *Principio de tracto sucesivo:* está bien enraizado en el sistema portugués -principalmente desde el Código de 1959, donde quedo expresamente formulado, hasta el actual (art.º 34) y comprende dos aspectos: uno que corresponde al concepto clásico de tracto sucesivo y otro que entre nosotros siempre estuve reglamentado en el mismo precepto, que se reconduce al problema de la *inscripción previa* de predio no descrito. Diremos apenas que este problema está, desde el Código de 1984, muy simplificado y no hay, por lo tanto, necesidad de desarrollarlo.
Cuanto al aspecto clásico bastará decir que su reglamentación legal es idéntica a la del derecho español.

e) *Principio de instancia:* los registros deben de ser solicitados por los *interesados,* o sea, por quien tiene legitimidad para hacerlo. Y, además, no basta presentar los documentos y hacer una petición *verbal,* como en España. Hay que formularlo por escrito, aun en un impreso propio (que posiblemente irá ser abolido), donde se indican, muy sencillamente, certos elementos básicos: predio (es suficiente su número de descripción), acto pretendido (adquisición, hipoteca, etc.) y documentos adjuntos. En el propio impreso suelen declararse varios elementos, legalmente permitidos, tales como alteraciones descriptivas del predio, ciertos puntos en que en los documentos son omitidos, etc.

f) *Principio de legalidad:* Este esencial principio está expresamente previsto en el art.º 68.º del Código(tiene exactamente este epígrafe: "principio de legalidad") que, regulando la *calificación registral,* nos dice que compete al Registrador enjuiciar de la viabilidad de la solicitud de registro, en base a la ley, en los documentos y en los registros anteriores, verificando, en especial, la identidad del predio, la legitimidad de los interesados, la regularidad formal de los títulos y la validez de los actos titulados.

Además de este precepto hay otros que lo complementan, como, principalmente los art.os 69,70, 71 y 43. En los primeros se trata de reglamentar los casos en que el registro debe de ser rechazado (y que están *típicamente* previstos o hechos *provisionalmente por dudas* – una particularidad del derecho registral portugués – y de los *despachos* escritos que el Registrador debe inscribir.
En el Art. 43 (y siguientes) el Código trata de indicar los documentos que pueden acceder al registro, o sea, el ámbito del principio de legalidad con respecto a la titulación.

g) *Otros principios:* El sistema portugués incluye otros principios, tales como el de voluntariedad, de tipicidad y de *especialidad*. Es importante que, sobre este, digamos que no está definido en un determinado artículo del Código, mas de sus varios preceptos resulta que es totalmente acogido. Efectivamente, hay una fuerte *preocupación* del legislador en cuanto a la "realidad del predio" (o sea, de la *finca registral*) y sus elementos que deben de constar en el "folio" – y no podemos olvidar que se trata de un sistema de "folio real" – y en cuanto a los actos *determinados* que pueden acceder al registro.

3. Los *Títulos* inscribibles son los que *legalmente pueden comprobar* los hechos registrables. Esta es la regla general enunciada en el art.º 43.º, n.º 1 del Código.
Se dice – pero creo que con alguna falta de rigor – que el documento-regla es la *escritura pública*. Diremos, creo que mejor, que el contrato translativo de la propiedad inmobiliaria debería, como regla, ser titulado por escritura pública (art.º 80.º, n.º1, del Código de Notariado). Más, hay muchos actos registrables que pueden ser comprobados por *otros* documentos (v.g. judiciales, administrativos, *autenticados*..) – incluso algunos firmados presencialmente ante el Registrador. Este es el caso – muy frecuente (v.g. en las

zonas-dormitorio de las grandes ciudades representa más de 50% de todos los actos) – de los registros *provisorio*s de adquisición y de hipoteca, que, en conformidad con el art.º 47.º , son hechos en base a la declaración del propietario firmada en presencia del Notario *o* del Registrador. Creo que se puede decir que ésta representa una declaración *autenticada*.

Además de este artículo 47.º, los siguientes, hasta el 59.º, tratan de otros documentos "especiales".

En síntesis, se podrá concluir que lo necesario es que la forma *legalmente exigible* para cada acto sea respetada.

4. Quizá sea oportuno que se diga algo sobre lo que son *registros provisorios*.

Un punto esencial y *común* a todos los registros provisorios es su vigencia temporal *limitada*. Efectivamente, los registros provisorios *caducan* si no son convertidos en definitivos o (en algunas hipótesis, como la del contrato-promesa) *renovados* dentro del plazo de vigencia (art.º 11.º, n.º 2). Este plazo es, por regla general, de seis meses – que además, es el *único* plazo de los registros provisorios por dudas – y, en ciertos casos, un año o mas.

Son, en resumen, los que *deben* ser hechos (la ley lo permite), pero no lo *pueden ser definitivamente*, (porque existe un óbice de hecho o de derecho) ni tampoco deben ser rechazados (porque no se trata de cualquiera de las hipótesis previstas en el artículo 69.º), o sea, casos en que pudiendo *ingresar en las tablas*, estas deben, todavía, publicar que se está aguardando que la situación jurídica quede resuelta o aclarada.

Los registros provisorios pueden serlo por naturaleza o por dudas. Los primeros se refieren a los *casos típicos* previstos en la ley – en las distintas párrafos del art.º 95.º del Código – y respectan a situaciones en que se aguarda o una decisión (una acción judicial, una decisión aún no tramitada en el juzgado, etc.) o una titulación. Este es el caso, muy frecuente, del contrato-promesa, de transmisión o de la declaración, hecha por el propietario (aunque provisionalmente inscrito) de que va a hipotecar el predio. Cabe decir que, en Portugal, los bancos normalmente no financian con hipoteca si ésta no estuviere provisionalmente inscrita – precisamente porque así se aseguran que, cuando el contrato sea titulado (dentro del plazo normal de seis meses) la prioridad de la hipoteca ya *quedó fijada* con el registro provisorio (si, evidentemente, este se pudiere convertir en definitivo).

Los registros provisorios por dudas son *todos los otros* que no puedan ser hechos definitivamente, porque existe un motivo que lo impide, pero que no está incluido entre aquellos que justifican el rechazo (v.g los de manifiesta nulidad , falta de titulación, registro ya hecho, etc.). Cabe notar que estas *no son* dudas subjetivas del Registrador. Este debe de tener la *certeza* de que aquel registro se califica como provisorio por dudas, consignando los *motivos* en despacho escrito y fundamentado.

Los registros provisorios ya tienen, entre nosotros, antigua tradición – desde la Ley Hipotecaria de 1863 – y su concepto tuvo fuertes críticos (se escribió que "desacreditan la ley") y grandes defensores (no de ellos decía que se "debe de hacer *propaganda* del registro provisorio) y quizás la verdad sea que pueden facilitar – *y facilitan* – la actual contratación, sobre todo la electrónica, no solo por permitir una posterior *titulación autentica*, como también por poder en *fijar* la prioridad por largo plazo.

5. Los sistemas regístrales, en lo que respecta a la organización del registro, se clasifican, como se sabe, en los de base o *folio* real y de base personal. El sistema portugués se incluye en los de *folio real*, porque parte de la *descripción* de los predios (su identificación, composición, su número catastral y de descripción) y es sobre ella que se inscriben los hechos. Así, existe la "ficha" del predio (ordenada numéricamente y por departamento) y es en el contenido de la misma que se ordenan las inscripciones. Claro que la "ficha informática" no es exactamente así (las inscripciones siguen *después* de la descripción) pero la regla es la misma.

Quizás la más importante clasificación de los sistemas dice, respecto a los efectos de la inscripción: efecto *declarativo* o *constitutivo*. La casi unanimidad de los autores nos dice, sin dudar, que el sistema portugués es típicamente declarativo. No comulgo integralmente con esta opinión principalmente porque:

El artículo 4.º del Código (que trata de la eficacia) nos dice en su apartado 2 que se *exceptúa* la hipoteca cuya "eficacia entre las propias partes depende de la realización del registro".

Así el registro, en lo que respecta a la hipoteca es claramente *constitutivo* (hay prestigiosos profesores que incluso dicen que sin registro la hipoteca *no existe*, (o sea, no solo que no produce efectos, sino que ni siquiera *existe*) . Por otra parte, no se trata de una "excepción" en sentido técnico-jurídico, porque hay más casos, como el del embargo judicial. En la actual redacción de Código de Procedimiento Civil se dice que la "penhora" (el embargo ejecutivo) de inmuebles "se realiza (se constituye) mediante la *comunicación electrónica hecha por el tribunal a la conservaduría*". Por eso, dicho embargo sobre inmuebles no produce *cualquier efecto* si no es registrado.

Sin poder desarrollar aquí este tema, también quería decir lo siguiente: hay casos en que nuestra ley no prevé un *efecto constitutivo* (y en que tampoco se puede hablar, rigurosamente, de tal efecto), sino que, en la practica, las consecuencias de *no registrar* son idénticas. Citaré apenas dos (pero frecuentes y significativas) ejemplos: el primero de la propiedad horizontal no registrada El artículo 62.º, n.º 1, del Código de Notariado nos dice que no se puede efectuar ningún instrumento notarial relativo a piso o local independiente si la propiedad horizontal no estuviere inscrita en el registro predial. Esto es: la ley prohíbe que se otorgue cualquier contrato de un piso autónomo (y la única excepción de acto, en cierto caso, efectuado en el *mismo dia* que se constituye la propiedad horizontal no es relevante *ni desmiente* nuestra conclusión) si el *régimen* de la propiedad horizontal no estuviere registrado. Por eso, en estos casos, nuestra ley *condiciona* la posibilidad de titulación – y de ulteriores registros – a la *circunstancia* del *anterior* registro de propiedad horizontal. Otro caso, muy distinto, es el del registro de "*loteamento urbano*" y del precepto del n.º 3 del artículo 80.º del Código, que dice que tal registro determina que se abran las descripciones (autónomas) de todos (y cada uno) de los lotes destinados a la edificación. Por eso que también no podrá ser titulado cualquier acto relativo a tal "parcela de terreno", *como finca autónoma*, si aquel registro no estuviere hecho. Es que la concesión administrativa para hacer un *loteamento urbano* y "destacar" la parcela es solo eso: *un permiso* – que confiere al propietario el *derecho potestativo* de tener varios predios autónomos. Y este derecho solo se torna *efectivo* con el registro de permiso de loteamento o con la descripción de la parcela.

Hace unos tres años (en las conferencias conmemorativas del 35.º aniversario del Código Civil) presenté en Coimbra estos ejemplos y propuse que se formulase un concepto nuevo: el de efecto semi-constitutivo o *para-constitutivo* del registro. En estos casos el acto existe y produce efectos – pero no todos. El registro será un *supuesto necesario* para que los produzca. Y también creo que no se trata de situaciones en que se exige *una legitimación dispositiva.* En el caso de loteamento parece claro que no. Y en el de la propiedad horizontal igualmente creo que no porque no está en causa un problema de *titularidad*, sino de *régimen* de derecho real, *del estatuto* predial (inmobiliario).

Por otra parte, pienso que esta idea de poder proponer-se un concepto *intermedio* debería de ser acogida y más bien estudiada, decididamente porque la propia evolución del mundo actual hace evolucionar los sistemas para figuras técnicas y jurídicas intermedias que no corresponden precisamente a ninguna de las clásicas categorías.

6. En el sistema portugués también se prevé no solo la cancelación de los registros, incluso en ciertos casos de rectificación decidida por el "Conservador", como la *anotación de caducidad* por el mismo verificada. Son las hipótesis que el artículo 12.º prevé. Entre ellas hay las de *expurgación de registros*, como ciertas cargas antiguas de muy pequeño valor. No es posible analizar más detenidamente este tema. Se dirá simplemente que con esta disposición se procura que el registro esté actualizado.

Otra particularidad del sistema – según la lúcida observación de Garcia Garcia – son los "*averbamentos.*" Estos pueden ser a la descripción o a la inscripción. Se trata (salvo en los casos de subinscripción, de los que no nos queda tiempo para hablar) de una figura tabular que – no siendo destinada a consignar algo transitoriamente, como la anotación – tiene por finalidad *alterar, actualizar* o *rectificar* el contenido del asiento.

En el sistema portugués, incluso antes de la informatización de los registros, hubo una constante preocupación del legislador y de los registradores para redactarlos de una forma simple y esquemática (v.g. comprador..., vendedor... fecha...etc.) y no con otros elementos que no estén previstos en las correspondientes disposiciones del Código. Es decir: el asiento debe de ser sucinto y preciso.

7. Un último apunte sobre la competencia del Registrador en materias como los recursos, las justificaciones de derechos y las rectificaciones de registros. En el primer caso (de recurso) el Registrador puede – antes de enviar el *proceso de registro* a la Dirección--General o al Tribunal – sustentar o reparar su decisión cuando calificó. Si repara, el recurso, evidentemente, termina. El acto será, todavía, hecho con la *prioridad* correspondiente a la fecha de la presentación (inicial) porque es la regla del art.º 6.º ,n.º 4 y porque quedó *anotado* en la "ficha" de la finca que el acto (rechazado o provisorio por dudas) estaba pendiente de recurso.

Otra particularidad son las "justificaciones de derechos" cuando no hay título – porque se extravió, no se sabe donde está, etc. – o existe una situación de *usucapión*, pueden ser hechas en la conservaduría. Los interesados juntan los documentos exigidos por ley y presentan testigos, y el Registrador al final graba un *despach*o que será publicado (o recurrido para el Tribunal).

Idénticamente, en los casos de rectificación de registro – de que no se puede recurrir jerárquicamente, sino solo contenciosamente – el Registrador puede requerir testigos y debe proferir el despacho final.

Se trata de casos casi-judiciales que el legislador por el Decreto-Ley 272/2001, de 13 de Octubre, retiro de la competencia de los Tribunales para atribuírsela a los Registradores (y también de mercantil y de registro civil) por considerar que se trata de casos de jurisdicción voluntaria y que "no consubstancian un verdadero litigio".

Hagamos votos para que *todos* los legisladores reconozcan el papel y el estatuto del Registrador, como importante colaborador del derecho, y de los registros que, sobretodo en el mundo actual, son un instrumento fundamental para el desarrollo económico, para tornar conocida la *verdad* de muchas situaciones relevantes y por encima de todo, mejorar el propio funcionamiento de las relaciones sociales.

Gracias por vuestra atención.

ÍNDICE

Dedicatória 5

Prefácio 7

Nota Introdutória 11

I
TEXTOS DIDÁCTICOS

REGISTO PREDIAL:

Publicidade e princípios do registo 17
Apontamentos de direito registral: o pedido, o processo e os actos de registo 61
Notas sobre as justificações 97

REGISTO COMERCIAL:

As sociedades no novo quadro notarial e de registos 121

REGISTO CIVIL:

Noções básicas de Registo Civil 137

NOTARIADO:

Apontamentos de direito notarial 183
Em busca da definição de escritura pública 201

II
TEMAS GERAIS

EM CONGRESSOS INTERNACIONAIS:

O Registo Imobiliário necessário instrumento do progresso económico e social
(Congresso de Marrakech) 237
As garantias dos direitos reais mediante o sistema de registo e o sistema de seguro
(Tema 1 do Congresso do Uruguai) 259

660   *Temas de registos e de notariado*

O registo imobiliário e o direito à protecção dos dados pessoais (Tema 2 do Congresso do Uruguai) 263

O registo como instrumento de protecção das garantias jurídicas do aproveitamento económico das coisas (Congresso de Moscovo) 275

A actividade notarial e registral na perspectiva do direito português (Congresso de Direito Comparado no Rio de Janeiro) 291

EM CONFERÊNCIAS E ENCONTROS NACIONAIS:

A posse, o registo e seus efeitos 327

Publicidade dos direitos reais – posse, registo e prova dos direitos 347

Efeitos registrais decorrentes da execução urbanística 377

O direito de superfície, os volumes e o conceito de prédio urbano 393

O título e o registo (Breve apontamento) 419

Que simplificação? O Registo Comercial ainda existe? 429

Formalizar, desformalizar, desburocratizar, simplificar - nos registos e no notariado: *quid iuris?* 465

Apreciação crítica às alterações ao Código do Registo Predial 493

Simplificação – desburocratização – desformalização: qual o seu âmbito e critério? 519

O registo por depósito da cessão de quotas o antes, o depois... e agora? 535

Titulação de actos e contratos: desformalizá-la é bom para o cidadão? 547

Balcão único 559

Desformalização dos actos notariais e registrais e actos notariais dos advogados 569

OUTROS TEXTOS:

Nota preambular à apreciação da reforma do registo comercial 587

A publicidade registral e a segurança do comércio jurídico imobiliário 593

Algumas ideias em torno dos registos e da sua relação com o notariado 603

III
ADENDA

Estatuto do conservador 623

O Dr. Aníbal Belo e a reforma do notariado 641

O sistema registral português (aula na Faculdade de Direito da ESADE em Barcelona) 647